JN252532

デヴィッド・グレーバー
David Graeber

酒井隆史 監訳

高祖岩三郎
佐々木夏子 訳

負債論
貨幣と暴力の5000年

DEBT

以文社

負債論　目次

目次

凡　例

＊翻訳は原書の大文字表記は〈　〉で括り、原書のイタリック体には傍点を付した。

＊翻訳にあたっては、基本的に原文に忠実に翻訳したが、わかりづらい語彙などは随時訳者の注書きを加えた。短い文は［　］で括り、やや長い文の場合は剣印（†）を付し、脚注として欄外に掲げた。

＊文献中の引用は原則として訳文に沿うようにしているが、部分的に改訳したところがある。

＊旧新訳聖書については、いちいち頁数をあげることはしていないが、新共同訳、日本聖書協会、二〇〇一年を使用している。

負債論

貨幣と暴力の五〇〇〇年

第一章　モラルの混乱の経験をめぐって

負債〔名詞〕①借金の総計。
②金銭を借りている状態。
③好意や奉仕に対して抱く感謝の念。
——Oxford English Dictionary

銀行に一〇万ドル借りているなら、きみは銀行に所有されている。
銀行に一億ドル借りているなら、きみが銀行を所有している。
——アメリカのことわざ

二年前、ひょんなことから、わたしはウェストミンスター寺院の園遊会に出席していた。とはいえ、いささか居心地が悪い。招待客たちが愛想よくなかったり、友好的でなかったりしたわけではない。パーティーをまとめたグレアム神父はよく気のつく魅力的なホストだった。だが、場違いな場所に来てしまったという感はどうにもぬぐえない。やがてグレアム神父が近づいてきて、噴水の近くにいる方とあなたがお会いしたらきっと面白いですよ、という。入念な身だしなみでかためたその若い女性は、神父によれば弁護士とのことである。「でも活動家的なタイプです。彼女はロンドンの反貧困団体のために法的支援をおこなっている財団で働いています。きっと話が合うはずですよ」。

わたしたちはおしゃべりした。彼女はじぶんの仕事について語った。わたしはこれまで長年にわたってグローバル・ジャスティス運動――メディアでは一般的に「反グローバル運動」と呼ばれている――にかかわってきたことを話した。彼女は興味を示した。むろん彼女は、シアトルやジェノバ、催涙ガスや路上の闘いについて、これまでたくさんの情報にふれていたのである。でも……それでなにか成果はあったのでしょうか？

「最初の二、三年間での成果は実際にとてもめざましいものだったとわたしは考えています」

「たとえば？」

「たとえば、わたしたちはＩＭＦをほとんど完全に粉砕したのです」

あいにく彼女がＩＭＦについてよく知らないことがわかったので、こう説明した。ＩＭＦすなわち国際通貨基金は、基本的に世界の借金取立人の役割を担っているのだ、と――「［借金を返さないと］痛めつけに押しかけてくるような連中の高級金融版だといってもいいでしょう」。それから歴史的背景の説明もおこなった。一九七〇年代の石油危機のあいだ、ＯＰＥＣ加盟諸国が新たに手にした膨大な富を西側の銀行に流し込んだため、それらの銀行はどこに投資してよいかわからなくなってしまったこと。かくして、シティバンクやチェースバンクは世界中に代理人を送り込み、第三世界の独裁者や政治家たちにカネを借りるよう［融資(ローン)を引き出すよう］説得した（当時それは「ゴーゴー・バンキング」と呼ばれていた）こと。極端な低金利ではじまったそれらの融資だが、一九八〇年代初頭の米国の金融引締政策によってほとんど即座に二〇パーセント近くにまで跳ねあがったこと。そのことが一九八〇年代と一九九〇年代を通じて第三世界の債務危機を招いたこと。そこでＩＭＦが介入し、再融資と引き換えに、基礎食品の価格維持政策あるいは戦略的食料備蓄さえも放棄するよう貧困国に要求するにいたったこと。無償の健康保険、無償の教育の放棄もそこにはふくまれていること。そしてこういったことすべてが、地球上で最も貧しく最も脆弱な人びとのための最も基本的な支援の解体をひきおこしたこと。貧困、公共資源の略奪、社会の崩壊、暴力の蔓延、栄養失調、絶望、生活破綻についてもわたしは話した。

「ところで、あなた自身の立場はどういったものだったのですか？」と弁護士は問いかける。

「ＩＭＦについて？　廃止したいと考えていました」

「いいえ、そうじゃなくて。第三世界の債務についてです」

「ああ、それも放棄させたいと考えていました。さしせまった要求は、直接的な被害を招いたＩＭＦによる構造調整プログラムの押しつけを止めさせることでした。でもわたしたちはそれをおどろくほど敏速に達成してしまったのです。より長期的な目標は債務帳消しでした。ヨベルの年の大赦†（biblical Jubilee）のようなやり方に則してです」。

そしてわたしは彼女にこう語った。「わたしたちの意見としては、三〇年ものあいだ、最貧国から最富裕国への資金流出がつづいたのですが、そんなことはもうまっぴらです」

「でも」と彼女は異議を唱えた。まるで自明のことであるかのようにこういうのである。「彼らはお金を借りたのですよ！　やっぱり借りたお金は返さないと（Surely one has to pay one's debts）」

この時点で、わたしは、この会話が当初の予想とかなり違ってしまっていることに気がついた。

どこからはじめるべきだったのか。これらの融資（ローン）が、選挙で選出されたわけでない独裁者によって引き出され、そのほとんどが独裁者自身のスイスの銀行口座に直接振り込まれてしまったことから話をはじめるべきだったのかもしれない。そのうえで、飢えた子どもたちの――字義通りに――口から食物を剥奪する（taking food from the mouths）［take food by mouth で食物を摂取するという意味がある］ことによって借金が返済されていることが公正かどうか、じっくり考えてみてもらうこともできたはずだ。独裁者もその取り巻きですらも、ふところは痛まないようになっているのである。あるいは、これら貧困国の多くが現時点ですでに借用分の三倍から四倍の金額を返済しているにもかかわらず、複利のミラクルによってほとんど元金さえ減っていないことについて考えてもらうという手もあった。あるいは次のような意見を示すこともできたはずである。それらの国々に再融資するからといって再融資してほしかったらワシントンやチューリッヒで立案された正統なる自由市場経済政策――それらの市民が同意したことは一度もなかったしこれからもないだろう――にしたがえなどと要求していいはずはないし、一方では民主的体制をとれと押しつけながら、その一方ではいざ選挙が実行されたとなると、選出されただれかれに文句をつけ、国内政策も統制できていないと述べたてるのはいささか誠実さに欠ける、と。そのうえで、ＩＭＦが押しつける経済政策がうまくいったためしなどないのである、とダメ押しもできたはずだ。だが、ここにはより根本的な問題があった。負債は返済されねばならない、という前提そのものである。

実のところ「借りたお金は返さなければならない」という言明について注目すべきは、標準的な経済理論にとってさえもそれが真実ではないということである。そもそも貸手がある程度のリスクを受け入れることは大前提である。もしあらゆる融資が、はなはだしく無謀であるものもふくめてともかくも回収されねばならないなら（たとえば破産法がないとすると）、その結果は大破局であるに違いない。貸手がばかげた融資を組むはずがないなどと考える根拠がどこにあるだろうか？

「そうですね、それが常識だということはわかっています」とわたしはいった。「だけどおかしなことではありますが、経済的にみれば、それ［借りたお金は返さねばならないということ］と、実際に認められている融資［借金］の方法は異なっているのです。金融機関とは収益性のある投資にむけて資金を流す手段と考えられています。もし貸したお金と利子について、どんな手段を行使してもすべて回収することが銀行に保証されているなら、システム全体が作動しなくなってしまうのです。たとえば、わたしが王立スコットランド銀行の支店に行って、「万馬券を当てるのに確実な予想をもらったんで数百万ポンド融資してくれないかな」というとします。もちろん銀行員たちは笑うでしょう。もしその予想がはずれたら、わたしからお金を回収する手段がないことを知っているからです。そこで、彼らの貸したお金がなにが起ころうと必ず戻ってくることを保証する法律があるもの、と想像してください。たとえばわたしの娘を奴隷にして売り飛ばすとか、わたしの臓器を売るとか、手段はなんでもよいのです。その場合、どうなるのでしょう？　コインランドリーの設置みたいに収益の見込めそうな計画をもってくる人間を

---

† 「ヨベルの年」とは「安息年の七年周期が七回めぐった後の第五〇年目。ヨベルの原意は「雄羊の角笛」、「レビ記」二五章八節以下によれば、この年は農閑年であり、その「贖罪日」に雄羊の角笛が国中に吹き鳴らされて、売却地はもとの所有者に返還され、すべての貸借関係は解消され、イスラエル人奴隷は解放されなければならなかった。古代メソポタミアにおいて王が発布した徳政令に似る」（『岩波キリスト教辞典』より）。

待つ必要なんてなくなるでしょう？　基本的に、これこそＩＭＦが地球規模で作りあげた状況なのです。そのようにして、これらの銀行全部が、あきらかにうさんくさい輩に何十億といった大金を優先的に手渡すことになったのです」。

実際にはここまではいえなかった。なぜなら、おおよそこのあたりまで話が進んだところで、わたしたちが金銭の話をしていることに気づいた酔っぱらいの投資家があらわれ、モラル・ハザードについての滑稽な話をはじめたからだ。だが、どういうわけかまもなく話題は、くどくて、とくに面白くもない彼の性的な武勇伝に変わってしまった。わたしは退散した。

だが、その後数日のあいだ例の一節が頭のなかでぐるぐる回りつづけたのである。

「ともかく借りたお金は返さないと」

この言葉がかくも強力なのは、それが実質的には経済的な言明ではないからである。すなわちモラル[†]の言明だからである。とはいえ、つまるところ借りを返すこと（paying one's debts）こそが、モラルのすべてではないのか？人びとに与えられるべきものを与えること。各自の責任を受け入れること。じぶんに対する義務をはたすよう他者に期待しているように、あなたも他者への義務をはたすこと。そして約束を破ること、または負債の返済を拒否すること以上に、あきらかな責任回避の事例はあるだろうか？

わたしが気づいたのは、まさにその自明さこそがこの言明を厄介なものにしているということである。これは醜悪なことを穏やかで平凡にみせかける文句なのである。手厳しいように感じられるかもしれない。だが、いったんその影響力を目の当たりにするなら、厳しく考えないことはむずかしくなる。わたしはそれを経験していた。おおよそ二年にわたるマダガスカル高地での滞在でのことである。わたしの到着の直前、マラリアが大流行した。もうかなりのことマダガスカル高地にマラリアは発生していなかったので、数世代を経るなかで多くの人びとが免疫を失っていた。そのためこの流行はことさら猛威をふるったのである。問題は蚊を撲滅する計画の維持には多額の経費がかかることだった。蚊が繁殖を再開していないことを確認するための定期検査、そして発見された場合には殺虫剤散布が必要になる。決して大金ではない。だがＩＭＦに押しつけられた緊縮財政政策のため、政府は監視プログラムを削減しなくてはならなくなっていた。一万人近くの人びとが死亡した。子どもを失い悲嘆にくれる若い母親にわたしは出会った。無責任な融資の損失、しかもどうみても収支にさしたる影響もなさそうな損失を認めたくないシティバンクを救うために、一万人の人命の喪失が正当化される。そんな事態を是認するのは、さすがにむずかしいようにおもわれるかもしれない。だが、申し分なく立派にみえる――それどころか慈善団体のために働く――女性が、それを自明の理とみなしていたではないか。いずれにしても彼らはお金を借りたのだから、その負債は返済されなくてはならない、と。

---

† moral, morality は本書の鍵をなす概念である。moral, morality の語源であるラテン語の mores（モーレス）は、もともと集団の慣習や慣行を意味し、そこから、それらによって育まれた個人の道徳的意識、心情、態度、そして共同体の倫理的規範などを意味するようになった。「道徳」は、この後者の、しかも右の列挙にあるように、限定された意味を帯びてしまうが、モラルは前者の、集団の慣習や慣行もふくめたニュアンスをもち、集団的次元と個人的次元の両者をまたぎ、さらにそれらの交錯する次元をも示唆する、もう少し広い意味をもっている。本書では、このモラルという語彙のはらむ意味の多層性が十分に活用されているようにおもわれる。また、アダム・スミスの『道徳感情論』が精神性にかかわる領域すべてを対象にしているというような意味での、モラル概念の拡がりも考慮に入れるべきであろう。そのため翻訳では、通常この言葉からイメージされる、道徳、道徳性ないし道徳規範といった訳語をなるべく用いず、基本的に、モラル、モラリティ、あるいは、文脈によって、「道徳」もふくめたいくつかの語彙をあてている。

つづく数週間のあいだ、この一節が頭をめぐっていた。なにゆえ負債なのか？　いったいなにがこの概念を奇妙なまでに強力なものにしているのか？　消費者負債（consumer debt）はわたしたちの経済の活力源である。近代のあらゆる国民国家は赤字支出の上に成り立っている。負債は国際政治の中心的課題にまでなっている。だが、そもそも負債とはなんなのか理解している人間、または負債についてどう考えたらよいかわかっている人間はどこにもいないようにみえる。

負債とはなにかについてわたしたちが理解していないという事実そのもの、あるいはこの概念の融通無碍であることそれ自体が、負債の力の基盤である。もし歴史の教えというものがあるとしたら、暴力に基盤を置く諸関係を正当化しそれらをモラルで粉飾するためには、負債の言語によってそれらを再構成する以上に有効な方法はないということだ。その理由は、とりもなおさずそうすることで、悪いことをしたのは被害者の方であるとみせかけることができるところにある。このことをよく理解しているのがマフィアである。侵略軍の司令官たちも理解している。数千年ものあいだ、暴力を生業（なりわい）とする男たちは犠牲者たちにむかって、おまえたちはおれたちに借りがあるのだといいきかせてきた。もし身におぼえがないにしても、犠牲者たちは［少なくとも］「命を借りている（owe them their lives）［生きていられるのもおれたちのおかげだ］」（殺し文句である）のだ。なぜなら、殺されずにすんでいるのだから。

いまでは、たとえば軍事的侵略は人類に対する犯罪と規定されている。国際裁判所が介入する場合には侵略者に賠償金の支払いを命じるのが通例である。第一次世界大戦後、ドイツは巨額の賠償金を支払わねばならなかったし、イラクは一九九〇年のサダム・フセインによるクウェート侵攻のための支払いをいまだつづけている。だが第三世界の債務、マダガスカルやボリビアやフィリピンといった国々の債務は、ちょうど正反対に作用している。第三世界の債務国は、ほとんど例外なく一度はヨーロッパ諸国によって攻撃され征服されたことのある国々である。そして多くの場合、かつての侵略国に債務を負っている。たとえば一八九五年にフランスは、マダガスカルを侵略し、女王ラナバロナ三世をいだく統治体を解体し、みずからの植民地であると宣言した。彼らお好みの言い回しでいえば「平定（pacification）」のあと、ガリエニ将軍が最初に着手したことのひとつがマダガスカル人に重税を課すことだったのだが、その目的のひとつは侵略にかかった経費の穴埋めであった。ところがそれだけでなかったのである。フランスの植民地は財政的な独立経営を求められていたため、鉄道、道路、橋、プランテーションなど、フランス植民地体制が建設を望む諸設備に必要な諸経費の負担にもあてられたのだ。これらの鉄道や道路、橋、プランテーションを望んでいるのか、マダガスカル人納税者の意志が問われたことは一度もなかったし、建設の場所や方法に意見を反映させることも許されなかった。[*1] まさにその正反対に、このような計画に強硬に反対した数多くのマダガスカル人が、フランス軍とフランス警察によって、その後、半世紀にわたって虐殺されたのである（ある報告書によるとその数は一九四七年の一度の反乱だけで一〇万人にのぼる）。それまでにマダガスカルがそれに匹敵しうる損害をフランスに与えてきたわけではない。にもかかわらず、はじめからマダガスカル人たちはフランスに借金を負っていると言い聞かされてきたのである。そして今日にいたるまで、彼らはフランスに債務があるとみなされ、世界中がその取り決めの妥当性を認めている。「国際社会」なるものがモラル上の問題を感知するとしたら、多くの場合、マダガスカル政府が債務の返済を滞らせるときだけなのである。

だが負債とはたんに勝者の正義であるだけではない。それはまた勝つはずではなかった勝者を罰する方法にもなりうるのだ。その最もめざましい例は、恒久的な負債懲役（debt peonage）状態におかれた最初の貧困国である、ハイチ共和国の歴史である。ハイチはかつてのプランテーション奴隷によって建国された。その奴隷たちは普遍的権利と自由が高らかに宣言されている［フランス大革命の］ただなかで反乱を企てるのみならず、じぶんたちを隷属状態に戻すために送られたナポレオン軍を打ち破るほどの無鉄砲な勇気をそなえていた。フランスはただちに、プランテーションの没収および無駄に終わった戦費の損害賠償として、新共和国には一億五〇〇〇万フランの債務があると主張した。そしてアメリカ合衆国をふくむすべての国々が、その債務が返済されるまでハイチに通商停止措置を課すことに合意したのである。債務は意図的に返済不可能な額（一八〇億ドル相当）に設定され、返済不可能であるがゆえの通商停止措置によって、以後「ハイチ」の名は債務と貧困と人類の悲惨の同義語となる。*2

ところが、ときに負債はその逆を意味することもあるようにみえる。第三世界には厳格な条件での債務返済を主張していたアメリカ合衆国は、一九八〇年代から自国の負債を膨張させ、その額は第三世界全体の債務総額を優に追い越すまでになった——主要には軍事支出である。合衆国の対外債務は、諸外国（ドイツ、日本、韓国、台湾、タイ、湾岸諸国といった）の投資家が所有するTボンド（財務省長期証券）の形態をとっている。そして多くの場合、それらの諸国は合衆国の軍隊によって保護され、赤字財政支出の原因そのものである重装備の米軍基地によって覆われている。中国がゲームに加わるようになった現在、事情は若干変化したものの（のちに示す理由により中国は特殊事例である）、それほど大きな変化ではない。つまり、中国さえも、非常に多額のTボンドを所有することで、ある程度は合衆国の利益に奉仕させられているのであって、その逆ではないのだ。

では、合衆国財務省にむかって集中をつづける、この貨幣の本質とはなにか？　これらは「融資（ローン）」なのか？　それとも「貢納（トリビュート）」なのか？　過去、自国領土外に数百もの軍事基地を維持した軍事大国はふつう「帝国」と呼ばれていたのであって、帝国は定期的にみずからの臣民に進貢を要求していた。アメリカ合衆国政府は、当然ながらじぶんでは帝国ではないと主張するだろう。だが、このような支払いを「貢納」ではなく「融資」とみなすことのただひとつの理由は、本当に起きている現実を否認すること以外にはない。

歴史を通じて、ある種の負債ならびにある種の債務者が特別扱いを受けてきたことは事実である。一七二〇年代にイギリスの大衆紙に債務者監獄の環境が暴露されたさいに最大のスキャンダルになったことがらのひとつは、これらの監獄がたいてい二つの区画に分かれていることであった。貴族の在監者は、フリート監獄やマーシャルシー監獄†への短期間の収監を流行のように考えていて、制服を着た召使いに給仕をさせることも定期的に娼婦の訪問を受けることさえも認められていた。他方「庶民の側」では、貧困におちいった債務者が狭い独房で鎖につながれ、ある報告書によると「汚物と害虫によって覆われ、死にいたるまで情け容赦なく飢えとチフスの苦しみのなかに放置されていた」[*3]。

ある意味で、現在の世界経済の秩序をこれと同様のことの規模拡大版とみなすことができる。この場合、さしずめアメリカ合衆国はキャディラックに乗った債務者であるが、その隣の独房ではマダガスカル人の貧民が飢えにあえいでいる――そんななかキャディラックの債務者の使用人たちはといえば、マダガスカル人にむかってきみの抱える問題はひとえにきみ自身の無責任なおこないゆえのものであり、しかるに自己責任なのだ、と説教している、といったところであろう。

だが、ここにはより根源的な問題、熟慮に値する哲学的な問いがある。銃をちらつかせて一〇〇〇ドルの「みかじめ料」を要求するギャングと、おなじく銃をちらつかせ一〇〇〇ドルを「貸してくれ（ローン）」と要求するギャングのあいだの違いはなにか？　ほとんどの点で違いなど存在しないのはあきらかだ。だがいくつかの点でここにはひとつ

† マーシャルシー監獄（Marshalsea Prison）は、ロンドン南部サザーク区に位置していた。チャールズ・ディケンズの小説「リトル・ドリット」の舞台である。ディケンズの父ジョン・ディケンズが、借金が返済できなかったため、三カ月投獄されている。一八四二年に閉鎖。

の差異が存在する。韓国や日本に対する合衆国の債務の場合、もしもなんらかの理由で勢力均衡が反転した場合、もしアメリカが軍事的覇権を失うなら、つまりギャングが手下を失うなら、この「貸出／融資（ローン）」がまったく違ったふうな取扱いを受けはじめるかもしれない。要するに、まごうことなき債務になるかもしれない。しかし、決定的な要素はやはり銃であるようにみえる。

おなじことをもっと巧み（エレガントリー）に述べている古いヴォードヴィルのギャグがある。以下の引用は、スティーヴ・ライトによるその改作版である。

> こないだ、友人と通りを歩いてましてね、そうしたら銃をもった男が路地から飛び出してきて「手を上げろ」と脅すんです。
>
> わたしは財布を出しながらこう考えましたよ。「あり金ぜんぶさしだすこともないよな」。それでカネをいくらか出して、友人にむかっていいました。「よう、フレッド。これはおまえに借りている例の五〇ドルだ」。
>
> 強盗は頭にきて、じぶんのカネを一〇〇〇ドル取り出すと、フレッドに銃を突きつけて、わたしにそれを貸すようせまるんです。で、その一〇〇〇ドルを取り戻したというわけです。

つきつめていえば、銃をもった男は、じぶんが望まないことはどんなこともする必要はない。だが、たとえ暴力に基盤をおいていようと、ある体制を効率よく運営するには、ある種の規則の集合体を設定する必要がある。それらの規則はまったく恣意的でかまわない。それらがどのようなものであろうと問題でないのである。あるいは少なくとも最初の段階ではどうでもいい。問題は、ひとたび負債の観点から物事を枠づけしはじめると、人びとは不可避にだれがだれになにを負っているか、問いはじめてしまうということにある。

負債についての議論は、少なくとも五〇〇〇年前からつづいている。人間の歴史、少なくとも国家と帝国の歴史の大部分にわたって、ほとんどの人間がおまえたちは債務者なのだと告げられてきた。[*4] 歴史家、とくに思想史家たちは、奇妙なことにその人間的な帰結を考えることに乗り気ではなかった。そうした状況が——なににもまして——ひんぱんに怒りと敵意を引き起こしてきたからである。おまえたちは劣等だから幸福などとは縁はないのだ、と人びとに告げたとしてみよう。おどろくべきことに、それが武装蜂起につながることはめったにない。だが、おまえたちは潜在的には対等（equals）なのだが負け犬である。しかるに、おまえたちは所持しているものはおまえたちにはふさわしくない。それは本当はおまえたちのものではないのだ。このように告げるほうが怒りをかきたてる可能性が高い。これこそ歴史が、わたしたちに教えようとしていることなのである。富者と貧者のあいだの闘争は、何千年にもわたり、おおよそ債権者と債務者のあいだの紛争というかたちをとってきた。利子の支払い、負債懲役制度、大赦、所有権回復、不当利得返還、羊の没収、ブドウ園の差し押さえ、債務者の子どもを奴隷にして売り飛ばすこと……などなどについての正邪をめぐる係争である。その証拠に過去五〇〇〇年にわたって、民衆蜂起は、注目すべき規則性をもって、その発端においておなじような現象をみせている。すなわち債務記録——碑版、パピルス、台帳などなど、特定の場所と時代とでそれはさまざまな形態をとるわけだが——の儀礼的破壊である（債務記録の破壊のあと、反乱者たちはたいてい土地の所有権と税額の査定の記録を標的にする）。偉大な古典学者モーゼス・フィンリーが好んで述べたように、古代世界におけるあらゆる革命的運動は単一のプログラムを共有している。「負債を帳消しにし、土地を再分配せよ！」[*5] というものだ。

わたしたちはこのことを見落としがちであるわけだが、そのことは、現代のモラルの言語、宗教の言語のどれほど多くが直接にこうした紛争から発生しているか考えれば、なおさら奇妙におもわれる。「報い［勘定、決済］（reckoning）」や「贖罪［買い戻し、弁済、質受］（redemption）」といった言葉は古代の金融言語から直接に流用されている。だが、それらはとくに顕著な事例というだけである。もっと視野を拡げれば、「罪責性（guilt）」「自由（freedom）」「寛容（forgiveness）」、さらに「罪業（sin）」といった言葉についてさえおなじことがいえる。だれがなにをだれに実際に負っているのかをめぐる議論は、善悪についての基本的な語彙の形成にあたって中心的な役割を担ってきたのである。

こうした言語の多くが負債についての議論において形成されてきたという事実は、負債概念を奇妙なまでに支離滅裂なものにしてしまっている。だが結局のところ、最初の前提が道理にかなっていようがいまいが、王を相手に議論するには王の言語を使用するよりほかないのである。

こうして負債の歴史をながめてみるならば、最初に眼につくのが、なによりもまず根深いモラル上の混乱である。ほとんどの場所でほとんどの人間が、(1)借りた金を返すことは純粋にモラルの問題であるという考えと、(2)習慣的に金を貸す人間はだれであろうと邪悪であるという考えを共存させていることが、それを最もよく示している。とはいえ、たしかに(2)についての見方は揺れ動いている。その極端な事例のひとつが、フランスの人類学者ジャン＝クロード・ガレーがヒマラヤ山脈東部で遭遇した状況だろう。一九七〇年代まで、下位カーストに属する人びと――現在の地主カーストによって何世紀も以前に征服された人びとの子孫であるとみなされているため「被征服者」と呼ばれている――は、永続的な債務依存状態におかれていた。土地も金銭ももたない彼らは、食い扶持を獲得するだけのために地主に借金（ローン）を乞うよう余儀なくされていた。金銭が目的であるわけではない。その「借金の」額といえばたいしたことはなかった。そうではなく、貧しい債務者たちは労働のかたちで利子を支払うことになっていたからである。すなわち、債権者の屋外便所を清掃したり家畜小屋に屋根をつけ直したりすることで、少なくとも食事と住居にありつけることを意味していたからである。「被征服者」にとって――つまり実質的に世界のほとんどの人びとにとって――人生で最大の支出は婚礼と葬儀である。そしてそれには大金がかかるものである。だから始終、借金しなければならない。ガレーの説明では、その場合、一般的に上位カーストの債権者が、債務者の娘一人を担保（security）として要求する。貧しい男が娘の結婚式のために借金を強いられると、多くの場合、花嫁自身が担保になる。花嫁は婚礼の夜のあとで債権者の家に出頭し、そこで債権者の愛人として数ヵ月すごすのであるが、飽きられると近くの丸太小屋に送られ、そこで一年か二年売春して父親の負債を返済する。負債が完済されはじめて、夫の元に戻り結婚生活がはじまる。[*6]

これは衝撃的であるのを通り越して常軌を逸しているようにもみえる。だがガレーの報告によれば、現地で不正感が拡がっていたようにはみえない。だれもが世の中とはこんなものだと感じていたのだ。モラルにかかわる問題の絶対的権威とされていた地元のバラモンのあいだでも、懸念の声があがることはなかった。とくにおどろくことではないのだが、多くの場合バラモン自身が有力な金貸しだったのだから。

もちろん、ここでも閉ざされた扉のむこう側では人びとが本当になにを話し合っていたのか知るよしもない。もし毛沢東主義者の反政府勢力が突如この地域を掌握し（このインド農村地域では実際にそうした勢力のいくつかが活動している）[†] 地元の高利貸を裁判にかけたなら、わたしたちは突然ありとあらゆる見解を耳にすることになるだろう。

それでもなおガレーの描写しているのは、すでに述べた通り、ある極端な可能性、すなわち、高利貸自身が究極的なモラル上の権威であるという状況である。たとえばこれを、金貸しのモラル上の立場が深刻に問題にされていた中世フランスと比較してみよう。カトリック教会は利子付きで金銭を貸す慣行をつねに禁止してきた。だ

† Arundhatj Roy, *Walking with the Comarades*, DGA, 2011（アルンダティ・ロイ著『ゲリラと森を行く』粟飯原文子訳、以文社、二〇一三年）などを参照されたい。

がこの規則はしばしば形骸化してしまったため、教会制度は、町から町を遍歴しては、犠牲者から搾り取った利子を全額返還し懺悔しないかぎり地獄に落ちるだろうと高利貸に警告する、托鉢修道士による説教運動にお墨つきを与えることになった。

こういった説教の多くはいまも残されているが、それらは自責の念のない金貸しへの神の審判の身の毛もよだつ逸話で充満している。すなわち、狂気やひどい病に襲われ、肉体を引き裂いてはむさぼり喰らう蛇や悪魔に脅かされる、臨終の悪夢にとり憑かれた金持ちの男たちの物語である。このような説教運動が最高潮に達した一二世紀には、より直接的な制裁が行使されるようになった。教皇が地方教区に有名な高利貸の全員を破門するよう指示したのである。彼らには聖餐の受領が許されず、浄められた墓地への遺体の埋葬も、どのような条件であっても認められなかった。フランス人枢機卿のひとり、ジャック・ド゠ヴィトリーは一二一〇年前後にとくに影響力のあった金貸しの物語を記している。その金貸しの友人たちは、規則を無視して地元の教会墓地への埋葬を許可するよう教区の司祭に圧力をかけた。

だが、死んだ高利貸の友人らが執拗にくいさがるので、彼らの圧力をかわすために、司祭はお祈りをしてこういった。「遺体をロバの背に乗せて、神様はなにがお望みか、遺体をどうなさるかみることにしよう。教会だろうと、墓地だろうと、他のどこだろうと、ロバが運んでゆく場所が埋葬の場所だ」。死体はロバの背に乗せられた。ロバは右にも左にもそれることなく、まっすぐ、町の外の、盗賊どもが絞首台に吊るされている場所まで死体を運んでいくと、後脚を高々と跳ね上げて、絞首台の下の糞便のなかにそれを放り投げた。[*7]

世界文学をながめてみるならば、金貸し――あるいは定義上利子を課す人物を意味する職業的金貸し――についての好意的な表象などひとつたりともみいだすことはできない。かくも一貫して悪のイメージがこびりついている職業がほかにあるのか（たとえば死刑執行人？）わたしには確信がない。死刑執行人とは異なり、高利貸がたいてい共同体のなかで最も裕福で有力な人物であることを考えるならば、これはきわめておどろくべきことである。しかし、「高利貸（usurer）」という名そのものが、金貸しザメ（loan shark）［それ自体高利貸を意味する］、血まみれのカネ（blood money）［殺人償金］、一ポンドの肉（a pound of flesh）［『ヴェニスの商人』における借金のかた］、魂の売り渡しといったイメージを喚起しているのである。そして、それらすべての背後には悪魔が控えているのであって、なおかつ、悪魔自身もある種の高利貸、会計簿と帳簿を携えた邪悪な会計士として表象されていた。あるいはさもなくば、高利貸の背後にとり憑いて、罪深い生業（なりわい）ゆえに地獄と契約を交わしてしまったその悪党［高利貸］の魂について回収できる時を手ぐすねひいて待ちわびる、そのような存在として表象されていたのである。

　歴史的に金貸しが汚名を挽回するために効果のある方法は二つしかなかった。第三者に責任を転嫁するか、借手の方がはるかに性質（たち）が悪いと言い張るかである。たとえば中世ヨーロッパにおいて領主たちは、しばしば前者のやりくちを採用して、ユダヤ人たちを矢面に立たせている。領主たちの多くが「われらの」ユダヤ人——つまり、みずからの私的な庇護のもとにあるユダヤ人——とさえ呼びつのったのだが、このことがふつう実際になにを意味していたかというと、まずじぶんの領地で徴利［高利貸］以外の手段で生計を立てる方法をユダヤ人から剥奪すること（つまりユダヤ人たちが広範囲に嫌悪されるよう保証するわけだ）、ついで折りをみてユダヤ人たちは忌まわしい連中であると吹聴しながら攻撃すること、そして彼らから金を奪うこと、これである。それに対し、後者のやりくちは、当然、より一般的である。しかしふつうそれは、貸付（ローン）については借方貸方ともに等しく有罪であるという結論にたどり着く。要するに、そんなやりとりはまるごと卑劣な取引（ビジネス）であり、双方ともに呪われているに違いないというわけだ。

キリスト教以外の宗教的伝統は、それぞれ異なった観点を有している。中世のヒンドゥー教の法典では、（利子が元金を上回ってはいけないという主要な規約があったが）有利子貸付が認められていただけでなく、返済を怠った債務者は債権者の家庭の奴隷に、さらにのちの法典には馬や雄牛に生まれ変わるとしばしば強調されていた。貸方に対する寛大な姿勢、および借方に対する因果応報の訓戒は、多くの仏教の宗派のなかにふたたびあらわれる。ただし、金貸しがやりすぎたとみなされる場合には、ヨーロッパでみられたものとまったく同種の物語が登場しはじめるのである。たとえば中世日本に、後七七六年頃のある裕福な県主の妻である広虫女（ひろむしめ）のおぞましい運命の物語――作者は実話だと主張している――がある。彼女は強欲きわまりない女であり、

酒に水を加えて量を多くして売って、多くの利益をえた。貸すときは小さな枡で与え、返すときは大きな枡でもらった。稲を貸しつけるときは小さなはかりを用い、大きなはかりで徴収した。利息は強引に取立てた。大変道理にそむいている。あるときは十倍にして取立て、あるときは百倍にして取立てた。貸したものを人からしぼりとっても満足せず、いっさいの慈悲をもみせることがなかった。そのため大勢の人はまったく困って、家を捨てて逃げ、異郷を流浪することとそのきわみに達した。[*8]

彼女の死後、七日間にわたって封印されたひつぎを前に僧侶たちは祈祷した。七日目になると、不思議なことに彼女の身体は息を吹き返す。

そこで棺をのぞいてみると、臭いことこのうえなく、腰から上は牛となっており、額からは四寸ほどの角が生えていた。両手は牛の足となり、爪は裂けて牛のひづめに似ていた。腰から下は人の形をしていた。飯を嫌って草

を食べ、食べ終わると反芻した。裸で衣服をつけず、糞と土に臥した。[*9]

見物人が押し寄せる。罪悪感にさいなまれ恥じ入った家族は、すてばちで許しを請おうと試みた。すべての人の負債を帳消しにし、財産のほとんどを寺院に寄付したのである。かくして、ありがたや、ついに怪物は死んだ。

じぶん自身僧侶であった作者はこの物語について、時期尚早の輪廻を明快に示唆する事例であると考えている――「道理にかない、かつ正しいもの」を侵害したために、この女は因果応報（カルマ）の掟によって罰せられたのだ、と。この作者が抱えていた矛盾は、仏教の経典のはっきりとこの問題にふれている範囲のうちで、先例が示されていないということである。そもそも、たいてい雄牛として生まれ変わることになっていたのは、債権者ではなく債務者であった。その結果、この物語の教訓を説明する段になると作者の説明はあきらかに混乱をきたしてしまう。

経にあるとおりで、「物を借りて返さないなら、牛馬に生まれて償わなければならない」。負債を負っている人は召使いのようなもので、物を持った人は主人のようなものだ。また借りている人は雉のようなもので、貸している人は鷹のようなものである。ただし、相手が借りていても、それを強引に取立てると、かえって、牛馬になって、借りた人に使われるので、度を越して取立て、催促してはいけない。[*10]

では、どちらが罰せられることになるのか？　双方ともにたがいの家畜小屋で動物となってしまうなんてことはありえない。

あらゆる偉大な宗教的伝統は、なんらかのかたちでこの板挟みにぶつかっている。一方においては、あらゆる人間関係が負債を巻き込んでいる以上、ひとはみなモラル上の妥協を強いられている。関係をもつというだけで、すでに双方ともなんらかの罪を負っているのだ。少なくとも、もし返済［お返し］が遅れてしまえば罪を背負う大いなる危険を犯すことになるのだから。その一方で、あのひとは「だれにもなにも負っていない［借りがない］」かのようだ、などと表現するとき、わたしたちは決してその人物を美徳の模範と評しているわけではない。世俗世界においては、モラルとはその大部分が他者への義務をはたすことから成り立っており、わたしたちはそういった義務を負債として想像するという根深い傾向をもっているのである。僧侶たちであれば、世俗世界から完全に退くことによってこのようなジレンマを避けることが可能かもしれないが、わたしたちの多くは首尾一貫しているとはとてもいえない世界に生きることを運命づけられている。

＊＊＊＊

広虫女の逸話は、告発を告発者に投げ返そうとする衝動を完璧に例示するものである。死んだ高利貸とロバの物語においてと同様、糞便と獣と屈辱の強調がはっきりと勧善懲悪（ポエティック・ジャスティス）［詩的正義］を表現しており、債務者がつねに味わっている汚名と不名誉の感情を経験するよう、債権者は無理強いされるのである。それは「だれがだれになにを負っているのか」という先述した問いを、より生々しくより肉感的な方法で問いかけるものなのだ。

この逸話はまた「だれがだれになにを負っているのか」と問うやいなや、ひとがいかに債権者の言葉を用いはじめてしまうのかということの完璧な実例でもある。わたしたちが借金を返済しないときには「牛馬に生まれて返済［償い］（repayment）をしなければならない」のとおなじように、あなたが理不尽な債権者であればそのときもまた「返済［償い］する（repay）」ことになる。かくして因果応報（カルミック）の正義さえも商取引（business deal）の言語に還元されてしまうのである。

ここで本書の中心的な問いにたどり着く。わたしたちのモラルおよび正義の感覚が商取引の言語に還元されるとして、それはいったいなにを意味しているのだろうか？　モラル上の義務を負債に還元するということは、いったいどういうことなのか？　モラル上の義務が負債へと転換するとき、いったいなにが変化するのか？　わたしたちの言葉がかくも市場によって象(かたど)られてしまっているようなとき、そうしたことについてのわたしたちの語り口はいかようなものなのか？　ひとつの水準においては義務と負債の違いは単純かつ明白である。負債とは一定の額の貨幣(マネー)を支払う義務のことである。それゆえに負債は、それ以外の義務とは異なり厳密に数量化することができる。このことが負債に単純で冷酷で非人格的なものと化す余地を与えてしまうのであるし、ひるがえって負債を譲渡可能なものにするのである。もしある人間が恩義あるいは生命をべつの人間に負っているという場合、それは個別具体的であるその特定の人間に負っているということである。それに対して、もしある人間が利率一二パーセントで四万ドルを負って［借りて］いるとするなら、債権者がだれかということは本当のところはどうでもよい。どちらの側も相手がなにを必要とし、なにを欲しているのか、なにをすることができるのかについて思案をめぐらせる必要はないのである。ところが恩義や尊敬、感謝を負っている場合であれば、その相手についての具体的なもろもろに配慮する必要があるのは確実である。つまり、［負債においては］人間的なもろもろの影響を推測［計算］(calculate) する必要はないのである。推測［計算］する必要があるのは元金と差引残高と違約金と利子のみ。あなたが自宅を手放し異郷を流浪することになっても、あなたの娘が鉱山で売春することになっても、それはたしかに不運かもしれないが債権者にとってはささいなエピソードにすぎない。カネはカネであり、取引は取引なのだ。

この観点からすると、決定的な要素、つまり以下で詳細に探求されるであろう主題とは、モラルを非人格的な算術に変換し、それによって、さもなくば非道にもあさましくもみえるだろう物事を正当化する貨幣の権能である。これまで強調してきた暴力という要因は、それと比べるならば副次的なものにみえるかもしれない。「負債」と純粋なモラル上の義務のあいだの差異は、返済の義務を強いるために、債務者の所有物を押収したり痛めつけられたいのかと脅す武器を携えた男たちがいるかいないかの違いではない。たんに、債務者がどれほど負って［借りて］いるのかを数字で特定する手段を有しているということに［その差異は］あるのだ［というわけである］。

しかしながらもう少し詳しくみていくと、暴力と数量化というこれらの二つの要素が密接にむすびついていることがわかる。実際どちらかが欠けていることはほとんどないのである。かつてフランスの高利貸たちは、有力者の友人や用心棒を抱えていたため、教会権力さえ脅迫することができた。さもなくば、厳密には違法行為であるはずの負債の取立てが、なにゆえ可能なのであろうか？　あるいは広虫女はまったく債務者に譲歩しなかった――「いっさいの慈悲をもみせることはなかった」――わけであるが、そのとき彼女の夫は県主［権力者］だった。彼女には慈悲などみせる必要がなかったのである。ところが背後に武器をもった男たちを従えているわけではない者には、そのように厳しくふるまう余地がそもそも存在しない。

暴力あるいは暴力による脅迫がどのように人間関係を数学に変えてしまうのか、本書ではその仕組みがくり返しとりあげられるだろう。それこそが、負債という主題を取り巻くすべての周囲に漂っているモラル上の混乱の源泉なのである。そこから生じるジレンマは文明そのものとおなじぐらい古い。この形成過程については、その最初期の事例を古代メソポタミアの記録に観察することができる。その最初の哲学的表現はヴェーダにみいだされ、有史時代を通してたえまなくあらわれ、いまもまだわたしたちの諸制度の最も本質的な骨組み、すなわち国家と市場の骨組み、そして自由、道徳、社会性（sociality）の性質についての最も基本的考え方の骨組みの土台として横たわっている。それらすべてが戦争と征服と奴隷制の歴史によって形成されてきたのだが、わたしたちはもはやそのありようについて知覚することすらできなくなっている。なぜなら、わたしたちはもはや、異なった方法で想像力をはたらかせることができなくなっているからである。

＊＊＊＊＊

負債の歴史を再検討するにあたってなぜいまがとりわけ重要な時期であるのか、その理由はあきらかである。二〇〇八年九月に金融危機がはじまり、世界経済全体がほとんど悲鳴をあげ停止するにまでいたった。多くの点で世界経済は実際に停止したのである。汽船は航海を止め、空っぽの波止場に何千隻もが停泊したままになった。[*11] 建物の建設が中断されたためクレーンは分解された。銀行は大幅に融資（ローン）を停止した。つづいたのは世間の怒りと混乱だけではない。それは諸国民の命運を左右する負債や貨幣や金融機関の本質についての真に公共的な対話のはじまりでもあったのだ。

しかしそうおもえたのも一瞬にすぎなかった。その対話はついに起きることはなかったのであるから。

人びとがそういった対話を求めた理由は、過去一〇年ほどのあいだに聞かされてきた話がとんでもない虚言――これ以上に妥当であるような表現は存在しない――であることがさらけだされたからである。何年ものあいだだれもが、超絶的に洗練された最新の金融イノベーションのあれこれについて聞かされてきた。クレジット・デリバティブ、コモディティ・デリバティブ、モーゲージ担保証券デリバティブ、ハイブリッド証券、債務スワップなどなど。こういった新たなデリバティブ市場は信じがたいほど洗練されているために、ひんぱんに耳にする話によると、ある有力な投資銀行など取引プログラムを運営するために天体物理学者を雇わなければならなかったほどである。あまりに複雑になりすぎたため、金融業者さえも理解不能になったからだ。ここにひそむメッセージは見え透いたものだ。ぜんぶ専門家に任せてしまえ、である。きみの頭では理解できっこない。たとえ金融資本家をそれほど好ましくおもっていないにせよ（その美点をほめ讃える者はほとんどいないのだが）、ともかく彼らが実に有能ではあるのはたしかだ。超能力者なみに賢いので金融市場が民主的に管理されることなど想像だにすることはできない（学者たちの多くもその罠にはまっていた。二〇〇六年と二〇〇七年にわたしが参加した学術会議では、流行の社会理論家たちが、最新の情報技術にむすびついた新たな証券化の形態について、こぞって発表していたことをおぼえている。力、時間、可能性——つまり現実そのもの——のまさに本質のうちに浮上してきた変容を、その証券化のあたらしい形式が先触れしている、というわけだ。「おめでたい奴ら(サッカーズ)だ！」とおもった。そして実際おめでたかった）。

ほとぼりがさめるにしたがって、その（すべてとはいわずとも）多数が念の入った詐欺以外でないことがあきらかになった。ゆくゆくは債務不履行が不可避になるよう仕組まれたローン契約を貧しい家庭に売りつけるような操作が、その内実だったのだ。それらの借手が債務不履行におちいるまでにどれだけかかるかに賭けること、ローンと賭金をひとまとめにしどのみち儲かるとうそぶきながら（おそらく借手の退職勘定の代理人である）機関投資家に売り飛ばすこと。こうした操作によって、上記の投資家たちはそのような［証券化された］パッケージを貨幣のように流通させることができたのである。そしてその賭金への支払い責任を巨大保険コングロマリットに転嫁し、その結果生じた負債の重みの下に沈みそうになったら（確実に予想できた）、納税者総体による救済が必要になったというわけだ[*12]（そしてそのようなコングロマリットはたしかに救済されたのだ）。いいかえると、一九七〇年代後半にボリビアやガボンの独裁者相手に金を貸すさいに銀行のやったことを、極度に洗練させただけなのである。すなわち、その事実が露呈したとしても政治家や官僚が手を尽くして損害を弁済させてくれるであろうことを周知のうえで、まったく無責任な融資をおこなうことである。しかも、どれだけ多くの人びとの生活が壊滅的に破壊されようとそ知らぬ顔で。

だが、このたびの銀行家たちは、もはや想像を絶する規模でそれをおこなったという点が異なっている。世界中のすべての国々の国内総生産（ＧＤＰ）の合計を負債総額が上回った。そして世界を景気後退に放り込んでシステム自体を崩壊寸前にまで追いつめたのだ。

軍隊と警察は予測される暴動と騒乱への弾圧にすばやくそなえたが、ひとまずはなにも起こらなかった。しかしシステム運営の方法についても目立った変化は起きなかった。当時はだれもがこう期待していた。資本主義を体現するような大企業（リーマン・ブラザーズ、シティバンク、ジェネラル・モーターズなどの）が解体し、優越性を自称していた知識体系がすべて虚偽だったことが暴かれた。かくしてわたしたちはようやく、負債と金融機関について広範な対話を再開することができるのだ。そしてそれは対話だけにとどまらないだろう、と。

ほとんどのアメリカ人が抜本的な解決策を受け入れようとしていた。経済的にはどのような結果になろうとも、圧倒的多数のアメリカ人が、銀行ではなく悪質な住宅ローンにはまり込んだ一般市民こそ救済されるべきだと感じていたことを統計が示している。アメリカ合衆国においてこれは前代未聞のことだった。植民地時代からアメリカ人といえば、債務者に対する同情にかけてはとくに厳しい人たちだったのだから。アメリカに定住した民衆の大部分が借金から逃げてきた人びとだったことを考えれば、これはある意味で奇妙である。だがアメリカはそれ以外のどこよりも負債を支払うことがモラルの問題であるという考え方が深く根づいた国なのである。植民地時代には、支払い不能におちいった債務者の耳がしばしば柱に釘づけにされた。合衆国は世界で最後に破産法を採択した国のひとつである。すなわち、一七八七年の憲法がはっきりと新政府に破産法制定を指令していたにもかかわらず、それを実現しようとするあらゆる試みは一八九八年になるまで「モラル上の理由」から拒絶されつづけてきたのである。[*13] だからこの変化は画期的なものであった。メディアや立法府において議論の調停役をもって任じてきた人びとが、いまはその時機ではない「議論には時期尚早である」と裁断しつづけてきたのは、おそらくこのためであろう。合衆国政府は実質的に三兆ドルを緊急救済（ベイルアウト）につぎこむ一方、改革にはいっさい手をつけなかった。銀行は救済された。だが、わずかな例外をのぞき、小規模債務者に救済の手がさしのべられることはなかった。[*14] それどころか、一九三〇年代以降最大の不況のまっただなかで、小規模債務者に対するしわ寄せ（バックラッシュ）がすでにはじまっている。そして、それを駆動しているのは、じぶんが尻拭いしてもらった政府に、今度は法をあますところなくふりまわして財政困難におちいった一般市民を罰するよう促している金融企業なのである。「金銭を借りていること自体は犯罪ではない」とミネアポリス＝セントポールの『スター・トリビューン』紙は報じている。「それなのに、借金を返済できない人びとが毎日投獄されている」。ミネソタ州では、「債務者に対して発行された逮捕状は、過去四〇年間に六〇パーセント増加し、二〇〇九年には八四五件におよんだ。イリノイ州とインディアナ州南西部では、裁判所の命じた返済期限にまにあわなかったという理由で、債務者を監獄に送った判事が何名もいる。最小限の支払いを調達するまで収監される、という極端なケースさえある。二〇一〇年一月にはイリノイ州ケニーの男性に、貯木場への債務三〇〇ドルを工面するまでの「無期限収監」を判事は言い渡した[*15]」。

つまり、わたしたちは債務者監獄のようなものの復活にむかっているわけだ。これではいずれなにかが弾けるに違いない。二〇一一年、中東を大衆運動が席巻し、その反響が世界を駆け抜けたあと、ヨーロッパと北米においても数多くの人びとが、二〇〇八年に提起された基本的な問いについての対話を求めはじめた。それらは、わずかのあいだ注目を集めたが、暴力的な弾圧に直面し、やがてメディアも無視するようになっていった。そのあいだにも世界経済はまちがいなく次の大きな金融破局にむかって転落しているにもかかわらず——問題はそれがいつになるかだけである。

いくつかの主要な諸機構さえ、これが事実であることを控え気味にではあるにはしても認めざるをえないところにまで事態はきている。アメリカにおいては、連邦準備制度が二〇一二年の夏に大がかりな住宅ローンの救済計画を提案したが、政治家たちはそれをまともにとりあげようとしなかった。しばらくのあいだは、ドミニク・ストロス＝カーンのＩＭＦですら、みずからを世界資本主義の良心として位置づけ直しはじめ、次のような警告を発したのである。もし経済がいまのままの歩みをつづけるならばなんらかの破綻は不可避であるし、その場合、もはや緊急救済（ベイルアウト）はありえないであろう。だれもそれにもちこたえられるはずもなく、その結果、ついにすべてが瓦解してしまうだろう、と。「第二の緊急救済は「民主主義への脅威」となる恐れ、IMFが警告」なる新聞の見出しがおどった[*16]（もちろん、ここでは「民主主義」とは「資本主義」を意味している）。現在のグローバル経済システムを維持することに責任を感じている人びと――ほんの二、三年前まで、現存システムはこのまま永続するかのようにふるまっていたような――さえ、あらゆるところに黙示録的光景をみいだしているのだ。この事実はたしかに重大な意味をもっている。

＊＊＊＊＊

この点についてIMFは正しい。わたしたちが空前の変化の瀬戸際に立っていることはまちがいない。

じぶんたちを取り巻いているものが絶対的に新しいと想像することは、おそらくありきたりな衝動だろう。貨幣ほどそれをよくあらわす事例はない。これまでわたしたちは幾度聞かされてきただろうか？　現金をプラスチックへと、ドルを電子情報の配列へと非物質化する仮想貨幣の到来が、わたしたちを前代未聞の新たな金融世界にいざなうだろう、云々と。わたしたちがまったくの未知の領域にいるという発想は、もちろんゴールドマン・サックスやAIG［アメリカン・インターナショナル・グループ（American International Group, Inc.）の略称。ニューヨークに拠点をおく保険会社］といった企業がうまく利用してきた道具のひとつであった。すなわち、そうした企業は、それをもって、わたしたちの眼も眩むような新金融手段を理解できる者はどこにもいないと人びとに信じ込ませてきたわけである。だがもっと広い歴史的尺度で問うてみるならば、わたしたちが最初に学ぶことはそもそも仮想貨幣など新しくもなんともないということである。実のところ、それこそが貨幣の原型だったのだから。信用制度や借用証（tabs）さらには経費勘定（expense accounts）さえも、現金よりもはるかむかしから存在していた。こういった事象はほとんど文明とおなじぐらい古いのだ。実際、わたしたちのみるところ、地金（bullion）が支配的な時代――金や銀そのものが貨幣とみなされる――と貨幣が抽象物であり仮想的な計算単位とみなされる時代を往復する傾向を歴史は示している。しかし歴史的にみて先行するのは信用貨幣であり、今日わたしたちが眼にしているのは、中世においては、あるいは古代メソポタミアにおいてすらも、いわずもがなの常識とみなされていたであろうもろもろの想定の回帰以外ではない。

だが歴史は、わたしたちが将来経験するかもしれないことについて、魅力的なヒントを与えてくれるものだ。たとえば過去をふりかえるなら、仮想的な信用貨幣の時代は、ほとんど例外なく、事態の混乱を防ぐために考案された制度の創造をともなっている。すなわち、金貸しが官僚や政治家と結託して万人を絞り上げるような事態（いま起きているような）を阻止することこそがその目的だったのだ。ただし、わたしたちの信用貨幣の新時代は、それとはちょうど逆向きにはじまっているようにみえる。この時代は、債務者ではなく債権者を保護するために設計された、IMFのようなグローバルな制度の創設とともに開始したのであるのだから。ただし、わたしたちがここで話題にしている歴史的尺度においては、一〇年や二〇年などほんの一瞬にすぎない。将来なにが起きるのか、わたしたちはほとんどなにもわからないのである。

＊＊＊＊

本書が取り扱うのは負債の歴史である。だが本書は同時にその歴史を利用して、人間とはなにか、人間社会とはなにか、またはどのようなものでありうるのか――わたしたちは実際のところたがいになにを負っているのか、あるいは、このように問うことはいったいなにを意味するのか――について根本的に問いを投げかける。そのため、本書は一連の神話に穴を穿つことからはじまる。物々交換の神話のみならず、神々や国家への原初的負債（primordial debt）といった、物々交換の神話に対抗する神話もその対象になる。こういったもろもろの神話は、それぞれのやり方で、経済および社会の本性についてのわたしたちの共通感覚［常識］の基盤を形成している。こういった常識的な観点においては、国家と市場は、なによりもまず、真っ向から対立する原理として高くそびえ立っている。ところが、歴史的現実によってあきらかになるのは、国家と市場はともに誕生し、つねにもつれ合ってきたことなのである。これからみていくように、このような誤った見方のすべてが共有するひとつのことがらがある。すべての人間関係を交換へと還元してしまう傾向である。すなわち、あたかもわたしたちの社会とのつながり、さらには宇宙とのつながりさえもが、商業取引とおなじ言葉で想像可能であるかのようにみなすという傾向である。ここからまたべつの問いがみちびかれる。交換でないとしたらなにがあるのか？　第五章でわたしは、その問いに対する応答の模索をはじめるつもりだが、そのさい人類学の成果に依拠しながら、経済生活のモラル上の基盤を分析してみたい。ついで貨幣の起源についての問いに戻り、交換の原理そのものがその大部分を暴力の帰結として出現したということ――つまり貨幣の真の起源は、犯罪と賠償、戦争と奴隷制、名誉、負債、そして救済のうちにみいだしうることを論じたい。ひるがえってこれによって、第八章でみるように、仮想貨幣と物的貨幣の時代の大いなる交替をともなった、過去五〇〇〇年間の負債と信用についての実在の歴史を開始するための端緒が与えられるだろう。ここでみいだされることの多くがまったく意表をつくものである。すなわち、近代的な権利と自由についての諸概念の起源が古代の奴隷法にみいだしうること、投資資本の起源が中世中国の仏教にあること、アダム・スミスの最も有名な議論の多くが中世ペルシアの理論家たちによる自由市場論から盗用されてきたらしいこと（ちなみにこのことは、現在の政治的イスラームの要求を理解するための興味深い含意をはらんでいる）など。これらすべてが、諸資本主義帝国によって支配されてきた過去五〇〇年について、あらためて考えなおすための条件を設定し、少なくとも、いま真に賭けられていることへの問いを開始することを可能にするはずである。

とても長いあいだ、わたしたちのあいだには、もはや〈大きな問い〉を立てることはできないという知的合意が存在してきた。しかし、ますます、そうした問いを立てるという選択以外の余地はなくなってきたようにおもわれるのだ。

第二章　物々交換の神話

あらゆる微妙で複雑な問いについては、完璧なまでに簡潔で明瞭である、が、誤っている答えがつきものだ。

——H・L・メンケン（若干書き換えている）

ただの義務、すなわち、あるやり方でふるまわねばならないという感覚、あるいはだれかになにかを負っている［借りがある］という感覚、それと負債との違いとは、正確にいえば、なんであろうか？　答えは単純だ。貨幣である。負債と義務の違いは、負債が厳密に数量化できることである。このことが貨幣を要請するのである。

　貨幣こそが負債を可能にするというだけではない。貨幣と負債はまったく同時に登場している。いまに伝わる人類最初期の書き物による文書のなかにメソポタミアの銘板がある。それらに記録されているのは、信用による貸借、神殿による支給の配分、神殿領地の地代、穀物と銀それぞれの価格などである。おなじく、モラル哲学の最初期の文書のいくつかは、モラルを負債として想像すること、つまりそれを貨幣という観点から想像することがなにを意味するのか、についての考察である。

　したがって負債の歴史とは必然的に貨幣の歴史なのである。そして負債が人間社会においてはたしてきた役割を理解する最もかんたんな方法は、幾世紀にもわたり貨幣がまとってきた形態とその使われ方――そして後追いであらわれたそうした事象の意味についての議論――をたどることである。なお、これは必然的に、わたしたちが慣れ親しんできたものとは大変異なった貨幣の歴史になるだろう。たとえば経済学者たちが貨幣の起源について語るとき、負債は常に二次的なものである。最初に物々交換があらわれて、ついで貨幣がやってくる。信用（クレジット）はそのあとではじめて発展する。たとえば、フランスやインドや中国における貨幣の歴史にかんする書物をひもといたとしても、そこにあるのはたいてい鋳貨［硬貨］（coinage）の歴史であって、信用協定についての議論はほとんど不在なのである。ほぼ一世紀のあいだ、筆者のような人類学者たちは、このような見方にはなにか大きなまちがいがあると指摘してきた。実際の経済的生活はどのように営まれているのか、それを検討したとき観察されることがらと標準的な経済史とはなんの関係もない。現実の共同体や市場などのほとんどすべての場所でほとんどだれもが、実にさまざまなかたちで、だれかに負債を負っていて、それらほとんどの取引が通貨を使用することなくおこなわれていることが発見されるのだ。

この食い違いはどこからくるのだろうか？

ひとつにはたんに証拠資料の性質によっている。たとえば硬貨類は考古学的記録として残されているが、信用協定についての資料はふつう保存されていない。だが問題はもっと根深いところにある。信用と負債の存在は経済学者たちにとって常に躓きの石であった。金銭の貸し借りをする人びとが、純粋に「経済的」な動機によって行動していると（たとえば、他人に貸すのもいとこに貸すのもなにも変わらないというように）言い張るのは、ほとんど不可能だからである。そのため、信用と負債がいっさい消し去られた想像世界を設定したうえで貨幣の物語をはじめることが妥当におもえてしまうのだ。現実的な貨幣の歴史を再構築するために人類学の道具類を導入する以前に、こうした慣例的な解釈のなにがまちがっているのか把握しておく必要がある。

経済学者は一般的に貨幣について三つの機能を指摘する。交換の媒体、計算の単位、価値の蓄蔵である。総じて経済学の教科書ではなかでも交換の媒介機能が主要なものとみなされる。以下にその典型的な例がある。

貨幣は市場経済のはたらきにとってなくてはならない。それがない生活がどんなものか、想像してみるとよい。貨幣経済とはべつの選択肢は物々交換である。つまり、財（グッズ）とサービスをべつの財やサービスと、貨幣を媒介にして交換するかわりに、直接交換することである。

物々交換のシステムは、どのように機能するのか？ きみが、朝食にクロワッサンと卵とオレンジジュースが欲しいとしよう。食料品店へ行って、お金を払ってそれらを買うかわりに、それらの品物をもっていて交換する気がある人をみつけなければならない。さらにパン屋、オレンジジュース調達人、卵売りが、欲しがるものも準備しなければならない。きみがたとえエンピツをもっていたとしても、彼女たちがそれを欲しがっていなければ、どうにもならない。

物々交換のシステムは、欲求の二重の一致を必要とする。つまり交換を実現するには、わたしが欲しいものをもっているだけでなく、わたしがもっているものを欲しがる人をみつけねばならない。比較的、未発達な経済におけるように、交換される財の範囲がせまい場合、交換する相手をみつけるのは困難でなく、そこで物々交換が実施される。[*1]

この終わりの方の指摘はうさんくさい。だが、あまりにあいまいな表現なので、反証するのはかんたんでない。多くの財にかこまれた複雑な社会においては、物々交換は耐えがたいほどの努力を要請する。きみがふだん食料品店で購入するような財すべてを提供し、ひきかえに、こちらが提供する財すべてを受け入れてくれる人をみつけようとすることを想像してみよう。

こんな欲求の二重の一致という問題を、ある種の合意された交換の媒体（あるいは支払い諸手段）がうまく解決してくれるわけだ。[*2]

これが実際に起こったことでなく、あくまでも想像上の実験として提示されていることを強調する必要がある。たとえばベッグ、フィッシャー、ドーンブッチらによれば、「社会が交換の媒体に恩恵をこうむっていることを理解するには、物々交換の経済を想像するとよい」。マウンダース、メイヤース、ウォール、ミラーによると、「もしきみの労働を、だれか他人の労働の成果と直接に交換しなければならなかったなら、どれだけ不便だろう」。パーキンとキングだと、「きみが雄鶏はもっているが、バラが欲しい場合、どうするか[*3]」となる。こうした例をあげていたらきりがない。今日使われているほとんどすべての経済学教科書が、この問題をおなじやり方で提示している。それらは一様にこう述べる。歴史的にみれば周知のごとく貨幣が存在しなかった時代があった。それはどんな状態だっただろう？　つまり、経済はいまのままで、ただ貨幣だけが存在していない状態を考えてみよう。なんと不便なことだったろう！　だからこそひとは便利さを求めて貨幣を発明せねばならなかったのだ、と。

経済学者にとって貨幣の物語は常に物々交換による空想世界からはじまる。問題は、この空想世界を時空間のどこに位置づけるか、である。穴居人か太平洋諸島民かアメリカ開拓地か？　経済学者ジョセフ・スティグリッツとジョン・ドリフィルは、想像上のニューイングランドあるいは中西部の街らしき場所に、わたしたちをみちびいている。

小さな街で、鍛治屋や仕立て屋、食料品屋や医者と、物々交換している、古き時代のお百姓を想像してみたまえ。だが、かんたんな取引が成立するのに、欲求の二重の一致がなければならない。（…）ヘンリーは芋をもっているが靴が必要だ。ジョシュアは靴を余分にもっているが芋が欲しい。物々交換が両者を満足させるだろう。だが、もしヘンリーは薪をもっているが、ジョシュアがそれを必要としていないとすると、ジョシュアが靴をうるための交換対象として、よりたくさんの人びとを見つけ、多方向の交換を実現しなければならない。貨幣は、多方向の交換をはるかに容易にする方法を提供する。ヘンリーは、じぶんの薪を売って、貨幣をえてから、それでジョシュアの靴を買う。[*4]

くり返すが、これは現状によく似ているものの、貨幣をもぎとったみせかけの世界にすぎない。そのため不条理なものなのである。そもそもそんな場所にいったいだれが、なんのために食料雑貨店をひらくのか？　それに、いったいどうやって商品を集めるのか？　まあそれはおいておこう。経済学の教科書を作成するだれもがどうやらこのおなじ物語を語らねばならないと感じているようなのだが、そこにはある単純な理由がある。経済学者にとって、この物語はかつて語られたあらゆる物語のなかでもいちばん重要なものだからである。それに、この物語をくり返すことで、あの意義深い一七七六年、グラスゴー大学道徳哲学教授アダム・スミスが実質的に経済学という学問分野をこの世にもたらすことになったのである。

スミスはいっさいをでっちあげたわけではない。紀元前三三〇年にはすでにアリストテレスが、政治についての論文のなかでいくぶんか似たような線に沿って考察しているのである。はじめに家族はじぶんたちに必要なものすべてを生産せねばならなかった。それが次第に、ある者は穀物を育て、ある者はぶどう酒をつくり、そしてたがいに交換し合う、といった具合に専門分化していったのであろう。[*5] このような過程から貨幣が登場したに違いない。アリストテレスはこのように考えた。しかし、この物語をたびたびもちだした中世のスコラ哲学者とおなじく、アリストテレスもまた貨幣がいかにあらわれるのかについて決してはっきりしていない。[*6]

コロンブス以降の時代、スペインとポルトガルの冒険家たちが金と銀を求めて世界中を探査するにつれて、こんなあやふやな物語は消え去っていった。物々交換の土地を発見したという報告はどこからもなかったからである。インド諸島やアフリカにむかった一六世紀と一七世紀の旅行家たちのほとんどが、すべての社会が政府をもちすべての政府が通貨を発行しているのだから、あらゆる社会が独自の形態の貨幣をもっていると考えていた。[*7]

こうしたなかアダム・スミスは、同時代には慣習的であったそうした知識を決然と転覆せんとはかったのである。なによりもスミスが対立したのは貨幣は政府によって発明されたという考え方であった。この意味でスミスは、ジョン・ロックのような自由主義的哲学者の伝統の知的継承者である。政府は私有財産（private property）を保護する必要性から発生したもので、その役割に自己限定するときに最良のかたちで機能する、というのがロックの主張であった。スミスはこの議論を拡張し、財産と貨幣と市場は政治的諸制度以前に存在していただけでなく、まさに人間社会の基礎そのものであると主張した。さらに政府は、貨幣にかかわる出来事においてどのような役割を担うにせよ、通貨の安定性を保障する役割に自己限定すべきである。スミスが、経済的なものを固有の原理と法則を有する――つまり倫理学や政治学と区別された――人間的探求の場であると主張することができたのも、こうした議論を展開することによってのみだったのである。

スミスの議論が詳細な検討に値するのは、わたしの考えでは、それが経済学という学問の大いなる創設神話だからである。

厳密にいって経済的生活の基盤とはなにか？　スミスはこの問いをもってはじめる。「分業というものは、こうした広い範囲にわたる有用性には無頓着な、人間の本性上のある性向、すなわち、ある物をほかの物と取引し、交易し、交換しようとする性向の、緩慢で漸進的ではあるが、必然的な帰結なのである」。動物はこれをしない。スミスが観察するには「犬どうしが、一本の骨をべつの骨と、公正に、しかも熟慮のうえで交換するのを見た者はだれもいない」[*8]。ところが人間は、みずからの意志にゆだねるならば、不可避に事物を取り替えたり、比較したりしはじめるだろう。これこそ人間固有のいとなみなのだ。論理や会話さえも、実際には交易（トレーディング）の形態でしかなく、万事において人間は常に各人にとって最高の有利さを求め、交換から最大の利益を引きだそうとするものなのだ。[*9]

まさにこの交換への衝動こそが、転じて、人間のあらゆる達成と文明に貢献してきた分業を創出したというわけである。ここで舞台は、経済学者たちにとってのもうひとつのはるか遠くの空想の国へと転換する――その国の住民は、北米インディアンと中央アジアの遊牧民が合体したかのような人たちである。[*10]

たとえば、狩猟や牧畜をいとなむ種族のなかで、ある特定の人物が、弓矢をほかのだれよりもすばやく巧妙に作るとしよう。彼は弓矢を、しばしば仲間たちの牛や羊や鹿の肉と交換し、そしてついには、このようにするほうが、じぶんで草原に出てそれらを捕らえるよりも、いっそう多くの牛や羊や鹿の肉を手に入れることができる、ということをさとるようになる。こうして自分自身の利益にたいする関心から、弓矢作りが彼のおもな生業になり、彼は一種の武器作りとなるのである。べつの人は、じぶんたちの小さい小屋や移動家屋の骨組と屋根を作ることに秀でているとしよう。彼はこの手腕で隣人たちに役立つようになり、そのさい隣人たちは、おなじように、彼に家畜や鹿の肉を報酬として与え、ついに彼は、この仕事にうちこみ、そして一種の大工になるのがじぶんの利益だとさとるようになる。おなじようにして第三の人は、鍛冶屋や真鍮工となる。第四の人は、未開人たちの衣類の大きい部分をしめる獣皮のなめし工や仕上工になる（…）。

専門の弓矢の制作者やテント小屋の制作者などがあらわれてはじめて、人びとはそこに問題があることを理解しはじめる。おびただしい事例が示すように、わたしたちには、想像上の未開人（imaginary savages）から小さな街の商店主に即座に飛躍してしまう傾向があることに注意しよう。

しかし、分業が発生しはじめた当初は、こうした交換の力はしばしばその作用を大いに妨害され阻止されたにちがいない。ある人がある商品を自分で必要とする以上にもっているのに、他の人はそれをもっていない、と仮定しよう。すると前者は、この余剰物の一部をよろこんで手放すだろうし、後者もそれをよろこんで購買するだろう。ところがもしこの後者が、前者が必要とするものをたまたまなにももっていないなら、彼らのあいだにはどんな交換も行われるはずはない。肉屋はその店に自分が消費する以上に多くの肉をもっており、酒屋とパン屋はその肉の一部をそれぞれ購買したいと思っている。ところが、彼らはそれぞれの職業の生産物のほかには、交換に提供するものをもっていないし、また肉屋にはすでに、彼がさしあたり必要とするパンとビールはすべて手持ちがあるとしよう。

（…）

このような事態の不便を避けるために、社会のあらゆる時代の世事にたけた人たちは、分業がはじめて確立されたあと、おのずから事態を次のようなやり方で処理しようとつとめたにちがいない。すなわち、世事にたけた人は、自分自身の勤労の特定の生産物のほかに、ほとんどの人が彼らの勤労の生産物と交換するのを拒否しないだろうと考えられるような、なんらか特定の商品の一定量を、いつも手元にもっているというやり方である。*11

そこでだれもが、いやおうなく、べつのだれもがみな欲しがるであろう物を貯蔵しはじめるはずだ。このことは逆説的な効果をもたらす。ある時点で、（すでにだれもがもっているのだから）その商品の価値は低下するはずだが、そうならずに、より高価値のものになっていくのである（なぜなら、それはついには通貨になるのだから）。

アビシニアでは、塩が商業と交換の共通の用具であったといわれる。インドの海岸のある地方ではある種の貝殻が、ニューファウンドランドでは干鱈が、ヴァージニアでは煙草が、わが西インド植民地のあるところでは砂糖が、また他の国々では生皮またはなめし皮が、共通の用具だといわれている。そしてわたしの聞くところでは、今日スコットランドのある村では、職人が貨幣の代わりに釘をもってパン屋や居酒屋にでかけることもめずらしくないという話である。[*12]

もちろん、少なくとも遠隔地交易にとっては、次第に、貴金属がすべてをしのぐことになる。貴金属は、耐久力、持ち運びの好便さ、同一単位への分割可能性という意味で、通貨として理想的に機能するからだ。

さまざまな金属類が、こうした目的のためにさまざまな国民によって使用されてきた。鉄は、古代スパルタ人のあいだで、商業にとっての共通の用具であった。銅は古代ローマ人のあいだで、また金銀はすべての富裕で商業的な国民の間で、共通の用具であった。

（…）

そのような金属は、もともとは刻印も鋳造もされないで粗製の延べ棒のままで、この目的のために使用されていたらしい。

（…）

こうした粗製の状態のままで金属を使用することには、二つのたいへん大きい不便がともなった。第一は、それらの重さをはかるうえの煩雑さであり、第二は、それらの純度をはかるうえの煩雑さである。貴金属の場合は、少量が少しちがっても、価値に大きい差異が生じるから、重さをはかるという仕事でも正確を期するのには、少なくとも精密な錘（おもり）と秤（はかり）とを必要とする。とくに金の重さをはかるのは、微妙な識別力のいる操作である。[*13]

ここから議論がどこへむかうか予想するのはやさしい。粗製の鋳塊(インゴット)を使用したほうが物々交換よりもかんたんであるが、さらに諸単位を標準化すれば、つまり金属片に異なる諸価値に対応した重量と純度を保証する統一された指標を刻印すれば、ことはいっそう容易になるのではないだろうか？　あきらかにそうである。こうして鋳貨が生まれたのである、と。なるほど鋳貨の発行はそこに政府の介入があったことを意味している。一般的に造幣局を運営しているのは政府だからである。ところが標準的な物語によれば、政府は通貨供給を保証するという限定された役割しか担ってこなかったし、多くの場合そのやり方は劣悪であった。というのも歴史全体を通して節操のない王たちが、硬貨の質を低下させたりインフレを誘発し単純な経済的常識にすぎないもののうちに政治的な大混乱を招き入れることで欺瞞をはたらいてきたからである、と。

意義深いことだが、経済学という学問領域を基礎づけるはたらきのみならず、「経済」と呼ばれる事象が存在するという発想そのもののうちでこの物語は重要な役割をはたした。「経済」とは、固有の諸規則によって作動するモラル上の生活あるいは政治的生活から独立した領域であり、経済学者がみずからの研究分野とみなすことのできるような領域である。しかるに「経済」とは、そこで取引と物々交換というわたしたちの自然的性向が存分に発揮される場所のことである。そしてわたしたちは、いまだ取引をおこない物々交換をつづけている。これらからもそれをやめることはないだろう。貨幣とはたんにその最も効率的な手段にすぎないのだ。

のちにこの物語の細部を精緻なものにしたのが、カール・メンガーやスタンリー・ジェヴォンズなどのような経済学者であった。この物語にさまざまな方程式を追加して以下を論証することが、その精緻化のすべてである。すなわち、ランダムな欲望をもつ人びとのランダムな寄せ集めが、貨幣として使用される単一の商品のみならず統一的な価格体系をも、理論上では生みだすことができる、というわけだ。その過程で経済学者たちはまた、あらゆるたぐいのみごとな技術的用語への置き換えをはたしていった（たとえば「不都合（inconveniences）」は「取引コスト（transaction costs）」へと変貌をとげた）。だがここで見逃してならないのは、まさにこの物語がいまやほとんどの人びとにとって端的に常識と化してしまったことだ。たとえば、学校や博物館は子どもたちにそれを教え込んでいる。こうしてこの物語を知らぬ者はいなくなる。「むかしむかし物々交換がありました。でも物々交換がなりたつにはとても骨が折れたのです。そこでひとは、お金を発明しました。そこから銀行や信用が発展したのです」。ここにみられるのは、まったく単純な直線的進歩、すなわち洗練化と抽象化の過程である。その過程をたどって人類は、石器時代におけるマンモスの牙の交換から株式市場やヘッジファンド、証券化されたデリバティブにいたるまで、論理的かつ必然的にみちびかれてきたというわけである。[*14]

この物語はあらゆるところにはびこってきた。貨幣のあるところならどこでもこの物語がつきまとう。このようなこともあった。マダガスカルのアリヴォニマノという街で、わたしは、現地の霊媒が自宅のたんすに隠していると公言してはばからない小さな精霊カラノロに会見をする「幸運」にめぐまれたのである。この精霊は悪名高い高利貸であるおそるべき女性ノルディンの兄弟のものであり、わたしは正直この家族にかかずらうのに気がすすまなかったのだが、友人たちのいく人かがどうしてもと言い張った。なんといっても古代からやってきたんだから、というのである。精霊はついたての背後から、この世のものともおもわれぬ不気味な震え声で話しかけてきた。しかし、その声が本当に関心をもっているのはあきらかに金銭（マネー）がらみの話のみである。とうとうやりとりにがまんできなくなり、わたしはたずねてみた。「すると、古代に、あなたがまだ生きているとき、なにを貨幣として使っていたのですか？」

ただちに謎の声は応じた。「いや、貨幣は使っていなかったのである。古代では、われわれは、あれと引き替えにこれという具合に、商品を直接に物々交換していたのだ……」。

かくのごとく物語の浸透はすさまじい。この物語はわれらが経済システムの創設神話となってしまったのである。マダガスカルのような場所においてさえあまりに深く常識として根づいてしまっているために、地球上のほとんどの人びとは貨幣の発生についてそれ以外の可能性を想像しえないほどだ。

＊＊＊＊＊

しかし、悩ましいのはそのようなことが実際に起こったという証拠がないことであり、むしろそんなことが起こっていないことの方を膨大な量の証拠は示していることである。

数世紀にもわたって研究者たちは、この物々交換のおとぎの国を発見しようと努力してきたが、だれひとりとして成功しなかった。アダム・スミスは物語の舞台を先住民の住まう北米に設定した（アフリカや太平洋を好む人たちもいた）。スミスの擁護のためにいうとスミスの時代には、少なくともスコットランドの図書館では、アメリカ先住民の経済機構にかんする信頼すべき情報はえられなかった。だが後続の者たちには申し開きの余地がない。一九世紀中盤には、なによりもルイス・ヘンリー・モーガンのイロコイ六部族連邦についての研究が幅広く流布していた──それらの研究はイロコイ諸部族連邦の主要な経済制度がロングハウス[†]であって、そこに物財のほとんどが貯蔵されては女性たちの評議会がそれらを分配している、ということをあきらかにしていた。要するに、だれも矢じりを肉の塊と交換することなどしていなかったのである。ところが経済学者たちはこうした情報についてひたす

---

† 文字どおり複数の居室が連なる長屋式の家屋である。一つの居室を共にする家族的小集団が幾つも連合した家屋共同体であり、血縁のみに規定されない複合的な社会関係をなす。東南アジアの諸民族に広くみられるが、北アメリカのイロコイ族にもみられる。

ら無視をきめこんだ。[*15] たとえばスタンリー・ジェヴォンズは、現在では貨幣の起源についての古典とされている著作を一八七一年に公刊したが、そこではインディアンたちが鹿をヘラジカやビーバーの革と交換していたというスミスの事例をうのみにし、それがでっちあげであることをあきらかにするはずの現実のインディアンの生活についての記述を利用していない。ちょうどそのころ宣教師や冒険家、植民地の行政官たちは、スミスの本を片手に物々交換の国との遭遇を期待しながら世界中に散らばっていた。ところがそれを発見した者はどこにもいない。そのかわり発見されたのは、ほとんど無際限に多様である経済システムだった。なのに今日にいたるまでだれも、隣人どうしの日常的な経済的やりとりが「あの一匹の牛と引き替えに二〇羽のトリをあげよう」などという形態をとっている地域を発見することはできていないのである。

物々交換についての人類学からの考察といえば、ケンブリッジ大学のキャロライン・ハンフリーの著作が決定的だが、その結論がまたきわめつけに重要である。「物々交換経済について純粋で単純な事例が記述されたことなどない。物々交換からの貨幣の発生についてはなおさらである。入手可能なあらゆる民族誌が、そんなものは存在していなかったことを示している」。[*16]

だからといって物々交換が存在しないというわけではない。あるいはスミスいうところの「未開人」は、物々交換を実践したことなどないというわけでもない。ここでいいたいのは、おなじ村人のあいだで物々交換が利用されるにしてもスミスが想像したような形態ではないということである。ふつう物々交換が起きるとすれば、それはよそ者どうしのあいだにおいてであった。敵どうしのあいだですら例外ではない。ブラジルのナンビクワラ族からはじめよう。彼らはあらゆる基準を充たしているようにおもわれる。すなわち、その社会は単純社会であり、分業的要素があまりなく、伝統的にせいぜい一〇〇人程度の小規模なバンド[†]に組織されている。ときとして、あるバンドが近隣でべつのバンドのたき火を見つけた場合、交易を目的とした会合の交渉のため、彼らは特使を送る。もしその提案が受け入れられたなら、まず女性と子どもを森に隠し、それから相手のバンドの男性を野営地に招待する。それぞれのバンドには一人ずつ首長がいる。みながそろったところで、それぞれの首長は、公式の演説をおこなって相手方のバンドをほめそやし、みずからのバンドを卑下してみせる。だれもが武器をおいてともに歌い踊る――とはいえ、この踊りは軍事的対決を擬態するものなのだが。それから、それぞれの側の人間が、個別に近づきあって交易をおこなうのである。

ある個人がある物を欲したとすると、かれはいかにそれが良いものかまくしたてることでそれを賞揚する。ある男がある物品を大切にしており、それとの交換に大きな代価を求めているとすると、それが大変価値あるものだといわずに、それはたいした物品でないので、むしろ保持することを望んでいることを強調する。相手方が欲しがっている斧について「この斧はたいしたものではない。古いし、切れがよくない」といいたてるであろう。

最終的な合意に達するまで怒りに充ちた調子で口論がつづけられる。合意に達するとそれぞれの側は相手の手から物品をひったくる。ある男がネックレスを物々交換しているなら、それをみずからとって相手に渡すのでなく、相手側がそれを強引に取らねばならない。口論はしばしば喧嘩になるが、それは一つのグループが多少未熟で、相手方の議論が終わる前にその物品をひったくる場合に起こる。[*17]

この取引（ビジネス）全体は、大宴会でとどめをさすのだが、そこで女性たちがふたたびあらわれる。だがそのことが抗争を

---

† バンドとは「採集狩猟民社会にみられる誘導的な居住集団を指［す］。……一般に三〇人から一〇〇人程度からなる小規模な集団で、五〇人内外からなっている場合が多い。採集、狩猟、漁撈などを行いながら、動植物資源を追って季節的に移動する」『［縮刷版］文化人類学事典』弘文堂、六二一頁。

招くこともある。飲めや唄えやの宴の最中には誘惑の機会もふんだんにあるからだ。[*18] ときとして、これが嫉妬のいがみ合いに発展し、人が殺されることもある。

したがって、祝祭的な空気に包まれているにもかかわらず、潜在的には敵どうしである一歩まちがえれば戦争状態に転じるような人間のあいだで、物々交換はおこなわれる。そしてこの人類学者を信ずるならば、どちらかの側が相手にごまかされたとおもい込んだとき、この関係はただちに現実の戦闘に転化するのである。

ここで世界の反対側に視点を移して、オーストラリアの西アーネムランドに注目してみよう。グヌィング族は、ザマラグ *dzamalag* と呼ばれる祝祭的な物々交換の儀式によって近隣の部族をもてなすことで知られている。実際の暴力の脅威はここではるかに少ない。その理由のひとつは、この地域一帯に広がる「半族体系[†]（moiety system）」の存在によっている。そこでは、じぶんとおなじ半族に属す人間どうしは、たとえ出身地がどこであろうと結婚はもちろん性交でさえ許されておらず、属する半族が違っていればルール上は相手とみなしてかまわない。つまりある男性にとって、遠隔地の諸共同体のなかでさえ、おおよそ半数の女性は厳しく禁止され、半数は堂々と狙えることになる。この地方はまた地域ごとの専業化によってつながりあっている。それぞれの集団に独自の交易用産品があって、それをもって他の集団と物々交換するのである。

以下にあげるのは、ロナルド・バーントという人類学者が一九四〇年代に観察したザマラグの描写である。

ここでもまた、よそ者たちが、はじめに何度か交渉したあと、ホストの野営地に招かれるところからはじまる。この事例では、ビジター［訪問者］たちは「称賛の的であるのこぎり状の槍」で知られていたが、一方、ホストたちは良質のヨーロッパ布地を入手するルートをもっていた。男女双方からなるビジター側が「輪状地（ring place）」というキャンプの踊り場に入ってくるところから交易ははじまる。次に、そのうちの三人が音楽を演奏してホストを楽しませる。二人の男が歌いはじめ、三人目はディジェリドゥ *didjeridu*［ユーカリの木からつくられるオーストラリア大陸先住民の金管楽器」で伴奏する。しばらくしてホスト側から女性たちがやってきて、演奏する者たちに襲いかかる。

男たちも女たちも立ちあがって踊りだす。二人のグヌィング族の女たちが反対側の半族に属する歌う男たちに「ザマラグを与える」ところから儀式ははじまる。女たちはそれぞれの男に布切れを与え、打ったり、ふれたり、さらには地面に引き倒し、ザマラグの夫と呼びながら、エロティックな仕草で男と戯れる。それから、笛吹きの男にも反対側の半族のべつの女が、布を渡し、打ち、そして戯れる。

　これがザマラグ交換の口火を切る。ビジター集団の男たちがしずかに座っているあいだ、反対側の半族の女たちがやってきて、布を与え、打ち、交わろうと誘う。やむことのない歌や踊りと愉悦と拍手喝采が入り乱れるなかで、女たちはその男たちにやりたい放題のことをおこなう。女たちは男たちの腰巻きを取り上げ、性器にふれ、「輪状地（ring place）」からひきずりだし、性交に誘おうとする。男たちは、気のすすまないふりをしながら、ザマラグのパートナーとともに踊り手を照らすたき火から離れたやぶ地におもむき、性交する。男たちは女たちにタバコかビーズを与える。もどってきた女たちはザマラグへの参加を促した夫たちにタバコの分け前の一部を与える。順番がくるとこの夫たちはそのタバコを、今度はじぶん自身のザマラグのパートナーの女たちへの支払いにあてるのである[*19]。

入れ替わって新手の歌い手と奏者があらわれると、またもや女たちに襲撃され、やぶ地にひきずりこまれる。男

---

† 社会生活のさまざまな領域が二つの相補的に分かれていることを双分制というが、二分された各々の集団が半族と呼ばれる。

たちはグヌィング族の歓待の評判をおとしめないよう、妻たちに「恥ずかしがるな」とたきつける。次第に男たちも、ビジター側の妻たちに近づいて布を贈り、打ちつけ、やぶ地に誘い込む。ビーズとタバコは循環する。最終的に、参加者たち全員が最低一回はつがいあい、ゲストたちも取得した布地に満足すると、女たちは踊りをやめ、二列に並び、ビジターもそれに呼応して列をつくる。

このとき、ビジター側の一方の半族の男たちが反対側の半族の女たちに踊りながら近づき、「ザマラグを与える」。男たちは女たちを刺すかのようにシャベルのような幅広の刃先の槍をかまえるが、刺すかわりに彼女たちを歯の平らな部分で打つ。「ぼくらはきみたちを刺さない。もうペニスで刺したのだから」。彼らは女たちに槍を進呈する。それからビジター側のもう一方の半族の男たちも、反対側の半族の女たちに同様の行為をしかけ、彼女たちにのこぎり状の歯の槍を進呈する。これで儀礼の終わりである。そのあと大量の食物がふるまわれる。[*20]

これはとりわけ劇的な事例である。だが劇的であるほど事例は示唆に富んでいる。(音楽と踊り、潜在的な敵意、性的な魅惑といった)ナンビクワラ族の物々交換にみられたすべての要素を引き受けながら、それらを祝祭的な遊戯に転化すること。ホストであるグヌィング族がここで実行しているのはこれである。西アーネムランドでは隣接する部族が比較的友好的である関係にあるという事情がそれには一役買っている。この祝祭的な遊戯にも、おそらく危険がともなわないわけではないが、(この人類学者が強調するように)参加者はみなそれを途方もなく楽しい行事とみなしているのである。

こうした物々交換による交易の事例すべてに共通しているのは、ふたたび会うことのほとんどない、どのような継続的な関係ももつことがないようなよそ者どうしの交流であることだ。一対一の直接的交換がふさわしいのはこのためである。つまり、それぞれの側がそれぞれの交易をおこない、それっきりというわけだ。まず、音楽と踊りで快楽を共有しながら、社交性（sociability）という外皮で場を包み込むことで、こうした儀式の舞台がひらかれる。すなわち、交易は、ありふれた共生［宴会］（コンヴィヴィアリティ）という基盤なしにはありえないのである。つづいて実際の交易がはじまるが、異人間で物的財を交換するさいに必然的に介在する潜在的敵対性――というのもどちらの側にも相手をださないという理由はないのだから――を、そこでは双方が遊戯的な攻撃性によって存分に見せびらかす。ナンビクワラ族の場合、社交性の外皮がきわめて薄いがゆえに、遊戯的な攻撃性は常に本物の攻撃性に転化してしまう危険性をはらんでいた。グヌィング族の場合は、性的なものへのおおらかな姿勢のゆえに、共有された快楽と攻撃性をまったく同一のことがらへと、きわめて巧妙に仕立てあげてしまうのだ。

ここで経済学の教科書の言葉をおもいだそう。「貨幣のない社会を想像してみたまえ」。「物々交換の経済を想像してみたまえ」。以上の事例が豊富なかたちで示していることがあるとすれば、ほとんどの経済学者の想像力がいかに不自由なものかということである。[*21]

なぜだろうか？　いちばんかんたんな答えはこうだ。そもそも「経済学」と呼ばれる学問領域は、靴と芋とか布と槍などを交換するにあたって、諸個人に最も有利な条件を探るやり方をなによりもまず主題にすえるものである。このような学問領域は、こうした財の交換が、戦争や情熱や冒険や神秘、あるいは死とは切れたところにあるということを想定しなければ、そもそも存立すらありえない。だから経済学は人間のさまざまな行動領域のあいだの分離を想定しているわけである。だがグヌィング族やナンビクワラ族にとってそのような分離は端的に存在しない。こうした分離がありうるとしたら、それは弁護士や刑務所や警察といったきわめて特殊な制度的環境の存在があってはじめてのことなのである。たがいに関心があるわけでもなく関係を継続していきたいつもりもないが、相手方の所有物を最大に利用したいとしか考えていない人間たちが、それにもかかわらずいちばん手っ取り早い手段（盗み）に訴えるのを控えるとしたら、それはそうした制度的環境があるからこそなのである。ひるがえって、買い物をおこなう場である市場と、音楽や祝祭、性的誘惑に没頭する場である「消費領域」とが真っ二つに分かれている、とわたしたちが想定してしまうのはまさにこのためである。いいかえるとアダム・スミスがその普及に絶大なる貢献をした経済学の教科書の土台を形成する世界像は、いまやわたしたちの共通感覚の一部に組み込まれてしまったため、それとはべつの世界のありかたについて想像することすらむずかしくなったのだ。

これらの事例から、なぜ物々交換を基盤にした社会が存在しないか、はっきりしはじめる。そのような社会があるとしたら、それは、たがいに一触即発だが寸止めの状態にある、つまりいまにも襲いかかるかまえをみせつつも実際に実行に移すことはない、といった具合に、永遠に宙づり状態にある社会でしかありえない。なるほど物々交換はたがいをよそ者とはみなしていない人びとのあいだでも起きることがある。だが、たいていの場合、その人びととの関係はよそ者どうしのそれとみなしてもかまわない。つまりそこには、責任感や信頼関係も、あるいは継続した関係性を発展させる意志もみられないのである。たとえばパキスタン北部のパシュトゥン語族は気前のよい歓待で知られている。物々交換の成立するのは、そのような歓待（あるいは親族関係やそれ以外の関係性）の絆でつながっていない人びととのあいだにである。

男たちのあいだで好まれる交換形態は、物々交換、あるいはアダル－ハダル *adal-badal*（ギブ・アンド・テイク）である。男たちは、常にじぶんの所有物を、なにかよりよいものと交換する機会をうかがっている。しばしば交換は、ラジオとラジオ、サングラスとサングラス、腕時計と腕時計というように、同種の物品どうしでおこなわれる。だが、場合によっては、自転車とロバ二頭というように、相似していない物品も交換される。アダル－ハダルは、常に親族でない者どうしでおこなわれ、男たちに相手方から有利を引きだす喜びを与えている。ある者がより得な取引きをしたとおもえるようなよい交換が、自慢と誇りを与えるのだ。交換がうまくいかない場合その者は契約を破棄しようとし、それができない場合には、事情を知らない者にその欠陥品をつかませようとする。アダル－ハダルする最良の相手は空間的に遠方にいて文句をいう機会のない者である。[*22]

このような良心に欠ける動機のみられるのは中央アジアだけではない。それは物々交換の本性にかかわっているようだ。それからすると、スミスの時代の一、二世紀前には、「取引と交換（truck and barter）」という言葉が、「だます、巻き上げる、あるいは詐欺」を意味していた——フランス語、スペイン語、ドイツ語、オランダ語、ポルトガル語でも事情はおなじ――という事実の意味もわかるだろう。[*23] ある物をべつの物と直接に取り替えて、そこからありうるかぎりの利益を引きだそうとするようなふるまいは、ふつうどうでもよい人間、二度と会うこともない人間との関係の様式である。そんな［二度と会うこともない］人間をだましはしないという理由がどこにあるだろうか？　それに対して、隣人や友人というような気がかりな相手には、公平で親切な交流を求め、そのひとの個人的な必要、欲望、状況に配慮するだろう。ある物をべつの物と交換するにせよ、それを贈与とみなしたがるはずだ。

＊　＊　＊　＊　＊

このことをよりわかりやすくするために経済学の教科書と「欲求の二重の一致」の問題に戻ってみよう。ちなみに、ヘンリーが必要としていたのは靴であったがもっていたのは芋だけだった。ジョシュアは靴をよけいにもっていたが、芋はぜんぜんいらなかった。貨幣はまだ発明されていなかったので、彼らは困っていた。どうすればよいのか？

いまの段階でまずあきらかなのは、ジョシュアとヘンリーについてもっと知る必要があるということである。彼らはいったいだれなのか？　彼らは知り合いどうしなのか？　そうだとしたら、どのような関係にあるのか？　彼らはともに小さな村に住んでいるようだ。おなじ小さな村に住んできた二人の人間だから複雑な歴史を共有しているのではあるまいか。彼らは友人だろうか、競争相手だろうか、愛人だろうか、敵だろうか、あるいはそれらのうちの複数だろうか？

もともとの著者たちは、彼らをほぼおなじような社会的地位にある隣人で、さほど近しくないが友好的につき合っていると想定しているようだ。つまり考えられるかぎりしがらみなく対等であるような関係である。だとしても、これでは十分ではない。たとえばヘンリーがセネカ族のロングハウスに住んでいて靴が必要だったとしよう。ここではジョシュアが介入する余地はまったくない。ヘンリーは妻に靴が必要であることを告げる。妻はそれをべつの既婚女性たちに相談し、それから共同住宅の貯蔵庫から材料をとりだし、彼のためにそれを縫って靴に仕立て上げるだろう。あるいは、想像上の経済学教科書にみあったシナリオをみつけるために、ジョシュアとヘンリーをナンビクワラ族あるいはグヌィング族のバンドのような、小さくて緊密な共同体においてみよう。

【シナリオ1】

ヘンリーがジョシュアに近づいて、「いい靴じゃないか！」という。

ジョシュアは「ああ、たいしたものじゃないよ。でも気に入ったのなら、ぜひどうぞ」。

ヘンリーは靴をもらう。

ヘンリーの芋は話題にのぼらない。なぜなら、ジョシュアが芋を必要としたときヘンリーがそれをくれるであろうことは、どちらにとってもいわずもがなだからである。

おおよそこんな具合であろう。むろんこの場合、ヘンリーがその靴をいつまで保持できるかは定かでない。おそらくその質によるとおもわれる。それがふつうの靴ならば、ヘンリーに渡ってそれでおしまいだろう。それがことさら上物ならば、ほかのだれかの手に渡りもするだろう。一九六〇年代にカラハリのブッシュマンを研究したジョン&ロルナ・マーシャルが、現地協力者にナイフを贈ったさいの有名な逸話がある。彼らがそこを去り一年後に戻って来て発見したのは、それまでのあいだに、その部族のほとんどだれもが一度はそのナイフを所有していたことである。その一方で、アラブ系の友人のいく人かがわたしに教えてくれたのは、それほど厳密に平等主義的ではない環境においては融通もきくということである。ある友人が腕輪あるいは鞄をほめたとして、ふつうならば、ただちに「あげるよ」と返答することが予期されている。だが、あくまでもそれを手元にとどめておきたい場合には、「そう、きれいでしょう。これはもらいものなの」と返事すればいいのだ。

だが、あきらかにこれらの教科書の著者たちは、もう少しだけ非人格的な取引を想定しているようにおもわれる。著者たちの頭のなかでは、二人の男性は、どちらも家父長的な一家の家長であっておたがいに友好的だが、それぞれ独自の供給品（サプライズ）を保有している、といったところである。おそらくかれらは、スミスの例にあるような肉屋やパン屋のあるスコットランドの村、あるいはニューイングランドの入植地に住んでいる。ただし、なんらかの理由で、彼らは貨幣というものを知らない。これはなんとも奇妙な空想なのだが、ともかく、そこでどうなるか考えてみよう。

【シナリオ2】

ヘンリーがジョシュアに近づいて、「いい靴じゃないか！」という。

あるいは——状況を若干現実的にすれば——ヘンリーの妻がジョシュアの妻とおしゃべりしている。そこで彼女は口をすべらせ、ヘンリーの靴が古くなっていて、魚の目に苦しんでいることを訴える。

そのことが伝わって、ジョシュアはあくる日、ヘンリーをたずね、あくまでも隣人のよしみだとことわって、余分のかれの靴を贈り物として与える。ジョシュアはどのような意味でもそのお返しを期待していない。

ジョシュアの言葉が、本意かどうかはどうでもよい。ともかくそうすることで、ジョシュアは貸しをつくった(registers a credit)。ヘンリーはジョシュアに借りをつくった[借りを負った]。

ヘンリーはどのようにジョシュアに借りを返すのか？　無限の可能性がある。おそらくジョシュアは本当に芋が欲しいのかもしれない。ヘンリーはひそかに機会を待って、これもたんなる贈り物だとして芋をとどける。あるいはジョシュアはいまのところ芋を必要としていないが、ヘンリーはそのときまで待っている。または一年後、ジョシュアは宴会を準備しながらヘンリーの納屋におもむいていう。「りっぱな豚だな……」。

これらのどのシナリオにおいても、経済学の教科書が際限なくひきあいにだす「欲求の二重の一致」の問題は端的に消えている。ヘンリーはジョシュアがいま欲しがっているものをもっていないかもしれない。だが隣人どうしならば、そうした機会がやってくるのはあきらかに時間の問題にすぎない。[*24]

とするならば、ひるがえってこのことは、スミスが示唆したようなかたちで共通に受領される物品を貯蔵する必要もまた消えるということも意味している。それとともに通貨を発展させる必要も消失する。実在する数多くの小共同体が示しているように、だれがだれになにを負って[借りて]いるか、だれもが記憶しているのだから。

注意深い読者諸氏はすでにお気づきだろうが、ここにはただひとつ大きな概念上の問題がある。ヘンリーが「ジョシュアに借りがある」という場合、「なにをどれほど？」ということである。しかし、どのようにして親切を数量化するのだろうか？　どのような根拠にもとづいて、これだけの芋、あるいはこれほどの大きさの豚が、一足の靴とほぼ等価であるなどといえるのか？　まにあわせの値ぶみにとどまるにせよ、XがおおよそYに等しいとか、少しだけ良い、少しだけ悪いとか判断する、なんらかの方法がなければならないのである。このことは、少なくともさまざまな物品の価値を比較する計算単位という意味で、貨幣のようなものがすでに存在しているはず、ということを示唆しているのだろうか？

　ほとんどの贈与経済には、この問題を解決するまにあわせの方法が存在している。事物のさまざまな類型（タイプ）には、一連の位階づけられた範疇（カテゴリー）が設定されているものである。豚と靴は、おおよそ等価の地位にある対象とみなされているかもしれない。となると、どちらか一方を他方のお返しに贈ることができる。珊瑚の首飾りは、まったく別物であるとみなされていて、べつの首飾り、あるいはべつの宝石をもってお返ししなければならないかもしれない。人類学者たちは、こうした事態を、さまざまな「交換領域（spheres of exchange）」の創造と呼ぶならわしである。*25 これによっていくぶんか事態は単純なものになる。間文化的な物々交換が規則的に定例化するとき、類似した原理にしたがって「交換が」おこなわれる傾向がある。（槍に対しては布というように）あの物品はこの物品とだけ交換できるというふうになるわけで、そのことが伝統的な等価物の形成を促進するのである。しかしながら、これは貨幣の起源という問題については、まったく参考にならない。それどころか、それをかぎりなく厄介なものにしてしまう。「そもそも」ある特定のものとしか交換できないというのに、なぜ塩や金（きん）あるいは魚を貯め込む「必要がある」というのだろうか？

　物々交換がことさら古い現象ではないこと、真に普及したのは近代においてはじめてであること、実のところ、そう考えるには正当な理由がある。知られているほとんどの事例において物々交換の起きるのは、貨幣の使用に親しんでいるが、なんらかの理由でそれをふんだんにもちあわせていない人たちのあいだにおいてなのだ。手の込んだ物々交換のシステムの出現するのは、しばしば国民経済が崩壊するときである。最近の例では、一九九〇年代のロシア、そして二〇〇二年のアルゼンチンである。そのとき、ロシアではルーブルが、アルゼンチンではドルが、実質的に消失した。[*26] 場合によっては通貨のようなものがそこから発展することさえある。たとえば、捕虜収容所や刑務所では、よく囚人たちがタバコを貨幣のように使うことが知られていて、経済学の専門家をおおいに喜ばせている。[*27] しかしそこであげられているのは、貨幣を使いながら育ったにもかかわらずいまやそれなしでやりくりせねばならない人びとなのである。まさしく最初にあげた経済学の教科書によって「想像された」状況そのものだ。

それよりもひんぱんに利用される解決策はある種の信用システムを導入することである。ローマ帝国が崩壊したあとにも、さらにはカロリング帝国崩壊のあとにも、ヨーロッパのほとんどの地域が「物々交換に回帰した」とされるが、そのときみられるのは、むしろ、この信用システムの導入であるようにおもわれる。人びとはもはやその硬貨を使用していなかったが、旧帝国の通貨をもとに帳簿をつけ［勘定し］つづけていた。[*28] おなじように自転車をロバと取り替えるのを好むパシュトゥンの男たちも、貨幣の使用に慣れていなかったどころではない。その地域において貨幣は、何千年ものあいだ存在してきたのだ。彼らは対等の者たち（equals）のあいだでの直接的な交換を好んでいるにすぎない。なぜかというと、この場合、ことさらそれが男らしいと考えられているからである。[*29]

おどろくべきことに、アダム・スミスがあげた魚や釘やタバコを貨幣として使用する事例においてさえおなじようなことが起こっていた。『国富論』の登場以後の時代に、学者たちはこれらの事例のほとんどすべてを調べあげ、事例のすべてにおいて、人びとが貨幣の使用に十分に親しんでいること、そして現実に貨幣を使用し**ている**――計算単位として――ことを発見したのである。[*30] ニューファンドランド島で貨幣として使用されていると考えられていた干し鱈の例をとってみよう。ほぼ一世紀前にイギリスの外交官だったA・ミッチェル・イネスが指摘したように、スミスの記述していることは実際には単純な信用協定によってつくられた幻想だったのだ。

ニューファンドランド島で漁業がはじまった初期には、ヨーロッパ人の定住民はいなかった。漁師たちがそこに出むくのは、魚が捕れる季節のみであった。漁師以外の者といえば、干し鱈を買いつけ漁師たちに日用品を売る商人たちであった。漁師たちは、獲物を商人たちに、ポンド、シリング、ペンスなどの単位で測られる市場価格で売り、その代価を帳簿に売掛金(クレジット)として記入させ、それを使って必需品を購入していたのである。商人たちが負う差額は、イギリスやフランスにおいて、為替手形(ドラフツ)によって支払われていた。[*31]

スコットランドの村においても事情はまったくおなじである。だれかが地元のパブに立ち寄って、屋根葺(ぶ)き用の釘をおき、ビール一杯を所望(しょもう)するなどといった事態は実際には存在しなかったのである。スミスの時代の事業主たちは使用人たちに支払う硬貨の備えがないこともしばしばであって、賃金が一年あるいはそれ以上滞ることもままあった。そのあいだ事業主たちには、生産物か余分な材料や材木や布地や縄などを担保としてさしだすことが許されていたのである。雇用主たちが使用人たちに借りている額面の利子の役割を果たしていたのが釘である。使用人たちがパブで飲み食いし、相応の時期がきたらツケを返すため一袋の釘をさしだしていたのはそのためだ。ヴァージニアでタバコを法定貨幣とする条例が定められたのは、プランターたちが収穫期のあいだ地元の商人たちにじぶんたちの生産物［タバコ］を債権(クレジット)として受け取るよう義務づけるという意図によってのようだ。事実上この条例は、ヴァージニアのすべての商人たちを、好むと好まざるとにかかわらず、タバコ産業の仲買業者にしてしまった。西インド諸島の商人たちすべてが砂糖販売人であることを余儀なくされたのとおなじである。そこでも、彼らの裕福な顧客のだれもが負債の返済のために砂糖をさしだしていたからである。

このように、ここで最初にあげてみたいくつかの事例は、実際の貨幣（金銀の硬貨）が不足しているため人びとが信用システムをあれこれ工夫していく事態を示している。だが、経済史の紋切り型の見方に対する最大の衝撃は、翻訳によってもたらされた。最初はエジプトの象形文字、ついでメソポタミアの楔形文字である。それらは、書かれた歴史についての学者たちの知識をスミスの時代にさかんに参照されたホメロスの時代（前八〇〇年頃）から約前三五〇〇年へと、ほぼ三〇〇〇年も押し戻した。まさにこの種の信用システムが、事実上、硬貨の発明に数千年間も先行していたということが、これらの文書によってあきらかにされたのだ。

最良のかたちで記録が残されているのがメソポタミアのシステムである。その点については（一見して似ている）ファラオのエジプトも（あまり知られていない）殷の中国も（まったく知られていない）インダス文明も及ばない。楔形文字による記録のほとんどは金融についてのものであって、わたしたちがメソポタミアについて多くの知識を有しているとしたら、そのめぐりあわせゆえにである。

シュメール人の経済は巨大な神殿と宮殿の複合体によって支配されていた。これらの機構は、聖職者や官吏、工房で働く工作者たち、巨大な地所で働く農民や牧羊者たちなどからなる数千人のスタッフを抱えていた。古代シュメールは数多くの独立した都市国家に分かれていたが、前三五〇〇年頃、メソポタミア文明の幕が上がるまでには、神殿の管理者たちは、単一の統一された会計業務の体系を発展させていたようだ。ある意味ではこの体系はいまもわたしたちに受けつがれている。というのも、一ダースとか一日二四時間といったことをわたしたちはシュメール人に負っているからである。[*32] 基本的な貨幣単位はシェケルであった。一シェケルの重量の銀は、一グル（gur）ないし一ブッシェル（bushel）の大麦と等価とされた。一ミナ（mina）は、六〇ミナス（minas）に分割されたが、一シェケルは一人前の大麦に相当する。これは一カ月は三〇日ということと神殿の労働者たちへの大麦の給付は一日に二度であることという原則にもとづいていた。この意味における「貨幣」が商業取引の産物ではないことは容易にみてとれる。「貨幣」は、実質的に官僚たちによって発明されたものであり、その目的は貯蔵資材の動きを管理とさまざまな部門間での物資のやりとりの差配†だったのである。

神殿の官僚たちはこの体系を利用して負債（地代、手数料、貸付金など）を銀で計算していた。銀が貨幣であったのはその結果である。そして銀は未加工の塊として、スミスの表現によると「粗製の延べ棒（ルードバー）」として流通していた。*33 これについてスミスは正しかったのである。だが、彼の考察で正しかったのはその部分のみである。というのも、そもそも銀の流通量はさほどのものではなかったからである。銀のうちのほとんどは、神殿や宮殿の宝物殿にうやうやしく鎮座し、なかには用心深く保管されて、文字通り数千年ものあいだおなじ場所にとどまることになった。銀の鋳型を規格化し刻印すること、権威をもって純度を保証するなんらかの制度を創設することはたやすかったはずだ。技術は存在していた。だがそうする必要性を感じた者はいなかった。ひとつの理由は、負債が銀によって計算されていたにせよ、それが銀によって支払われねばならないわけではなかったからである。実際に負債は多

† メソポタミアの尺度については時代と場所によって変わるのでここでグレーバーがなにを直接に参照にしているのか不明であるが、参照されているのが確実であるマイケル・ハドソンの論文の一節をここで参考にあげておきたい。「初期の度量衡と同様、利子の賦課についてもカレンダーを基盤としていた。というのも、のちにトマス・アクィナスの指摘したように、利子とは時間への支払いをあらわしているのだから。時間の尺度の標準化は、長さに多様性のある太陰暦の一月（平均二九日）を、統一された三〇日という行政管理的な一月におきかえることでおこなわれている。食糧割当が一日二回であるとして、神殿と宮殿はその一月あたりの尺度を六〇単位に分割した。これによって一月分の「ブッシェル（bushel）」の六〇分の一が標準的な一食分の尺度である「クォート（quart）」となる。／この六〇進法的な分数計算の体系はシュメール経済に浸透している。大きな制度機構は、大麦の「ブッシェル」あたり銀一ミナという等価性にその会計システムを基礎づけていた。ミナの重量を六〇銀シェケルに分割することで、各シェケルは大麦の一「クォート」と等価とされた（Michael Hudson, Reconstructing the Origins of Interest-Bearing Debt）」。

かれ少なかれ手元にあるどんなものによっても支払い可能だったのである。神殿や宮殿あるいはその官吏に借金のある農民たちは、ほとんどの場合、大麦で負債を清算していたようだ。だからこそ銀の大麦に対する比率を固定することがかくも重要だったのである。とはいえ、羊や家具、瑠璃(るり)をもってしても、受領に支障はなかった。神殿や宮殿は巨大な産業機構を形成していたのである。だから利用法のないものはほとんどなにもないというわけだ。[*34]

メソポタミアの各都市に出現した市場においても、商品価格はやはり銀によって計算されていた。そして神殿や宮殿による統制に完全に服していない商品価格は、需要と供給にしたがって変動する傾向にあった。しかしここでもまた現存する証拠資料の示すところによれば、ほとんどの取引が信用(クレジット)を基盤としていた。取引に銀を実際に使用した数少ない人たちは、商人(神殿のために活動することもあれば自由に活動することもあった)であった。しかし、その彼らでさえも、ほとんどの取引を信用(クレジット)によっておこなっていたのである。ましてや、「エール女」や地元の居酒屋からビールを買うような一般の人びとは、やはりここでもツケで飲んで、それから収穫期に大麦だったりあるいは手元にあるものをかき集めて支払っていた。[*35]

ここにいたって貨幣の起源にかんする旧来の物語はほとんどあらゆる点で崩壊してしまう。ひとつの歴史的理論がここまで絶対的かつ系統的に論駁されることもまれであろう。二〇世紀に入っての数十年で、貨幣の歴史を完全に見直すのに必要な著作はすべて出揃っていた。土台となる作業をおこなったのは——先ほど鱈の話題で参照した——ミッチェル・イネスであり、一九一三年と一九一四年にニューヨークの『銀行法雑誌(*Banking Law Journal*)』に発表された二本の論文である。これらの論文のなかで、ミッチェル・イネスは既存の経済史が足場をおいている誤った前提をきわめて冷静に列挙しながら、真に必要なのは負債の歴史であると主張している。

商業にかんして流布している誤謬のひとつは、次のようなものである。すなわち、近代においてはじめて貨幣を預金する仕組みが信用（クレジット）と呼ばれて導入され、かつこの仕組みが知られる以前には、あらゆる購入は現金で、要するに硬貨によって支払われていた、と。注意深い研究が示すのは、まさにこの逆が真実であるということである。旧時代に硬貨が商業においてはたしていた役割は、今日よりはるかに小さかった。実際に、硬貨の量があまりに少なかったおかげで［中世イングランドの］王室と支配階級（エステイトイズ）は、小規模の支払いのために、さまざまな種類の代用貨幣（トークン）を必要としていたぐらいである。鋳貨の量があまりにもささやかだったのでときおり王たちはそれらすべての硬貨を再鋳造や再発行のために引き上げたが、それでも商業にはさしつかえなかったのである。*36

実のところ、貨幣史についての標準的見解はここからまったく後退している。物々交換からはじまって、貨幣が発見され、そのあとで次第に信用システムが発展したわけではない。事態の進行はまったく逆方向だったのである。わたしたちがいま仮想貨幣（ヴァーチュアル・マネー）と呼んでいるものこそ、最初にあらわれたのだ。硬貨の出現はそれよりはるかにあとであって、その使用は不均等にしか拡大せず、信用システムに完全にとってかわるにはいたらなかった。それに対して物々交換は、硬貨あるいは紙幣の使用にともなう偶然の派生物としてあらわれたようにみえる。歴史的にみれば物々交換は、現金取引に慣れた人びとがなんらかの理由で通貨不足に直面したときに実践したものなのだ。

興味深いことになにも起きなかった。新しい歴史はついに書かれなかった。どの経済学者もミッチェル・イネスを論駁することはなかった。ひたすら無視したのだ。あらゆる証拠資料が物語の誤りを明示しているにもかかわらず、教科書がそれを書き換えることはなかった。いまだ貨幣の歴史は実質的には鋳貨の歴史として描かれている。そこで想定されているのは、過去において貨幣と鋳貨とはおなじものであったということである。いまだ鋳貨が大幅に消失した時代については、経済が「物々交換に回帰した」時代だったと記述されている。この一節がなにを意味するのか、ほとんど知られていないにもかかわらず、あたかも自明のものとみなされている。その結果、たとえば九五〇年に、あるオランダの街の住民は、いったいどのようにして、じぶんの娘の婚礼のためにチーズやスプーンを購入し楽隊を雇ったのか、わたしたちにはほとんどなにもわからなくなっている。ましてやペンバやサマルカンドでこうした行事がどのように差配されたのか知るよしもないのである。[*37]

第三章　原初的負債

生きとし生けるものはすべて神と聖者と父と人に負債を負って生まれる。ある者が生贄を捧げるのは、その誕生にあって神に負債を負っているからである。（…）ある者が聖典を朗唱するのは、聖者に負債を負っているからである。（…）ある者がおのれの子どもを望むのは、生まれ出たことについてその父に負債を負っているからである。（…）ある者が歓待を与えるとしたら、その者が人に負債を負っているからである。

――シャタパタ・ブラーフマナ I.7.12, I-6

負債を清算するかの如く、悪夢の祟りを追い払ってしまえ。

――リグ・ヴェーダ 8.47.17

今日、なぜ経済学の教科書が架空の村からはじまるかというと、その理由は、実在する村について語ることができなかったことにある。アダム・スミスが語った物々交換の地など実際には存在していないことを認めざるをえなくなった経済学者たちもいる。[*1]

ではなにゆえその神話が不朽のものとされているのか、それが問われねばならない。主流派経済学者たちは『国富論』のそれ以外の論点はよろこんで放棄してきた。たとえばスミスの労働価値説や株式会社の否定といったところである。[*2] しかるになぜ、物々交換の神話を、巧妙にでっち上げられた啓蒙主義的寓話として退け、そのかわり、原初的な信用協定を、あるいはなにかより歴史的証拠に合致するものを、理解しようとしないのか？

物々交換の神話は経済学の言説全体の中核をなしているため、なきものにするわけにはいかない、といったところが答えであろう。『国富論』執筆時にスミスがなにをしようとしていたか、ここでおもい起こそう。同書はなによりもまず、経済学という生まれたばかりの学問分野を、ひとつの科学として定立する試みであった。このことは、科学としての経済学が、それ自身の固有の研究領域、つまりわたしたちが今日「経済」と呼ぶものをもつことになった、というだけにとどまらない。「経済」なるものが存在するという発想そのものがスミスの時代にはまったく新しいものだったにしても。そこで、スミスが示したかったのは、この経済なるものが同時代にアイザック・ニュートンが発見していた物質世界を支配する法則と同種の法則にしたがって動いている、ということだった。ニュートンは、神を宇宙の時計製造人として表象した。その時計製造人は世界という物理的機構を人間の究極的利益に奉仕すべく作用するものとして創造し、創造したあとはその自動運動にゆだねたのである。スミスが試みたのは、この意味でのニュートン的議論だった。[*3] 神またはスミスのいう〈天の摂理（Divine Providence）〉は、巧みにものごとを組み立てるので、足枷のない自由市場さえ与えられれば、わたしたちの自己利益の追求は、「利己的である」にもかかわらず「神の見えざる手」によってみちびかれて一般的福利を促進するのである。スミスの有名な「見えざる手」とは、『道徳感情論』で述べられた通り、〈天の摂理〉の代理人である。それは文字通り「神の手」だったのである。[*4]

ひとたび経済学が学問分野として確立されるや、神学的議論はもはや必要でも重要でもないとみなされはじめた。足枷のない自由市場なるものが本当にアダム・スミスの述べたような結果を生みだすのか、という議論はそれ以降も継続されているが、しかし「市場」についてそれが自然に存在するものなのかとはだれも問うことがない。そこから派生する基本的な諸前提も常識とみなされるようになった。あまりに常識として根づいたので、すでに言及したとおり、価値ある物品が取引されているのをみると、おたがいこの交換に物質的利益があるとふんだんだな、と、有無をいわさずおもい込んでしまうのである。そこから派生する興味深いひとつの結果が、そのため経済学者たちは貨幣の存在ないし不在にまつわる問いそのものをとくに重要でないとみなすようになったことである。というのも貨幣とは交換を促進させるべく選ばれたひとつの商品であり、じぶん以外の商品の価値を測定するために使用されるにすぎないからである。貨幣にそれ以外のどのような特別な性質がありえようか。近代経済思想にいまだ影響力を誇る新古典派の指導的学者の一人であるポール・サミュエルソンは、一九五八年においてもなお、彼がいうところの「貨幣という社会的な仕掛け（the social contrivance of money）」に軽蔑を表明している。サミュエルソンの主張によれば、「最も先進的な工業社会においてさえ、交換をその裸の本体にまで分解し、雲のような役をしている貨幣の幕を取り去ってしまうなら、われわれは個人間の取引や国と国とのあいだの通商が、だいたいにおいて、物々交換に行き着くことを発見するのだ」[*5]。こうして経済学者たちは、財とサービスが生産され交換される「実体経済」の性質をぼかす「貨幣ヴェール（veil of money）」について語ることになった[*6]。

これを常識としての経済学の最後の神格化と呼ぼう。貨幣自体に意義はなし。経済——「実体経済」——とは膨大な物々交換なり。だが問題は、歴史が示しているように、貨幣が存在しないならそのような大規模な物々交換のシステムも発生することはないということだ。中世ヨーロッパで起こったとされる経済の「物々交換への回帰」にあってさえも、人びとは実際には貨幣の使用を放棄していなかった。放棄されたのは現金の使用にすぎない。中世には硬貨自体は流通をやめていたにもかかわらず、だれもが古代ローマの通貨を用いて道具や家畜の価格を評定しつづけていたのだ[*7]。

ひとがじぶんたちのことを経済学者たちがすすめるやり方で想像することを可能にしたのは、まさに貨幣である。すなわち、主要な生業（なりわい）が事物の交換であるような個人および国家の集合として想像することを可能にしたのである。だがそれとともに、貨幣の存在それだけではこのような世界観を植えつけることはできなかったこともはっきりしている。貨幣だけで十分だったなら、経済学という学問は、古代シュメールあるいはアダム・スミスが『国富論』を発表した一七七六年よりはるか以前に生まれていたはずである。

ここに欠けている要素は、まさにアダム・スミスが価値を切り下げようと試みたもの、つまり政府の政策の役割である。スミスの時代のイングランドでは、肉屋や金物屋、服飾小間物屋の世界である市場を、それ自身で完全に独立した人間活動の領域としてみることができるようになっていた。その理由はイギリス政府が市場の育成に積極的に関与したからである。このことは法律や警察を必要としたが、スミスのような自由主義者たちが提唱し（実現させ）た具体的な通貨政策も必要とした[*8]。それには通貨価値を銀に連結し安定させると同時に、貨幣供給、とりわけ流通する小銭量の大幅な増加が必要だったのである。ひるがえってこのために、大量の錫や銅だけでなく当時唯一の紙幣供給源であった銀行の慎重な統制も必要となった。『国富論』に一世紀先だって、フランスとスウェーデンで、少なくとも二度ほど国家支援による中央銀行創設の試みがあったが、大失敗に終わっている。どちらの場合も、中央銀行たろうとした組織が主として投機にもとづいて紙幣を発行したものの、投資家たちのそれに対する信用が失われるやいなや崩壊した。スミスは紙幣の使用を支持したが、先達ジョン・ロックと同様、イングランド銀行とスコットランド銀行の相対的な成功は、紙幣を貴金属にしっかり連結させておく政策のおかげであると考えていた。この見解が主流派経済学のものとなったわけだが、そのため貨幣を信用（クレジット）とみなすもうひとつの（オルタナティヴ）諸理論——ミッチェル・イネスの主張したような——は、たちまち周縁的な地位に追いやられてしまったのである。その擁護者は変わり者とみなされ、なによりも悪質な銀行と投機バブルをみちびく思想として切り捨てられた。

というわけで、これらの代替的（オルタナティヴ）理論が実際にどのようなものだったか、考察してみるのは有益だろう。

貨幣の国家理論と貨幣の信用理論

ミッチェル・イネスは「貨幣信用理論」として知られることになる系譜の主唱者であった。一九世紀を通じて、その立場は出身地であるイギリスではなく、当時の新進競合国であった二つの大国、アメリカ合衆国とドイツで最も熱心な賛同者をえた。信用論者たちは、貨幣は商品ではなく計算手段である、いいかえると、貨幣は「モノ」ではないと主張した。一時間や一立方センチメートルにふれることができないように、一ドルや一ドイツマルクにふれることはできない。通貨単位とは抽象的な尺度単位にすぎない。そして信用論者たちが正しく認めていたように、歴史的にいえば、そのような抽象的な計算システムは、交換のためのなんらかの「代用貨幣（トークン）」の使用にはるかに先んじて出現していた。[*9]

そこで次の問いは当然、以下になる。貨幣が尺度にすぎないなら、それはなにを測定するのか？　答えは単純だ。負債である。一枚の硬貨とは実質的に借用証書（ＩＯＵ）なのである。世間一般の通念では、銀行券とは一定の金額の、（金であれ銀であれ、なんであれ）「実質貨幣」による支払いの約束であり、約束であるべきである。それに対して、信用論者にとっては、銀行券とは金一オンスと等価値であるなにかを支払う約束にすぎない。貨幣とは常にそれだけのものなのだ、と主張する。この意味で、一ドル銀貨、銅とニッケルの合金で金に似せてデザインされたスーザン・Ｂ・アンソニー一ドル硬貨、ジョージ・ワシントンの肖像が印刷されている緑色の紙切れ、どこかの銀行のコンピュータ上のデジタル・ブリップ――これらのあいだに、根本的な違いは存在しない。一片の金が借用証書にすぎないという考え方は、常に概念としては理解しにくいものである。だが、このようなことが真実であるのはまちがいない。というのも、金や銀の硬貨が使用されているときであってもそれらが金銀地金の価値で流通することは、ほとんど絶対にないからである。

信用貨幣はどのように発生しえたのか？　経済学教授たちの架空の町に戻ってみよう。ジョシュアはヘンリーに靴を贈ることになっている。ジョシュアの好意を受け取りっぱなしにするより、「お返しに」等価値のものを「贈る」約束をすることにする。[*10]そこでヘンリーはジョシュアに借用証書を渡す。ジョシュアは、ヘンリーがなにか有用なものを手に入れるまで待って、それから借用証書をヘンリーに戻す。ここでヘンリーが借用証書を破棄してしまえば、そこで話は終わりになる。だがジョシュアが、じぶんがべつのなにかを負って「借りて」いる第三者、たとえばシーラにその借用証書を渡したとしよう。その借用証書は、第三者によって第四者、たとえばローラに対する負債の決済に使用されることもできる。となると、ヘンリーはその額面をローラに負う「借りる」ことになる。かくして貨幣が誕生した。なぜならそこに論理的な終点は存在しないからだ。いまや、シーラが靴を一足イーディスから入手したいと考えているなら、シーラはイーディスにその借用証書を手渡し、ヘンリーは信用できる人間だと彼女に確約するだけでよい。原則として、借用証書をあてがわれた人びとがヘンリーを信頼しつづけるなら、その借用証書が数年にわたって町で流通しつづけない道理はない。実際にそれが十分つづくなら、人びとは発行人のことは忘れ去ってしまうだろう。起こっているのは、まさにこうしたことなのだ。人類学者キース・ハートがじぶんの兄について話してくれたことがある。一九五〇年代、その兄はイギリス軍兵士として香港に駐留していた。兵士たちは、イギリスにおける銀行口座の小切手に署名して、飲み屋の勘定を支払っていた。現地の商人たちはしばしばそれにかんたんに裏書きしてたがいにやりとりし、通貨として流通させていた。あるとき、彼は六カ月前に切ったじぶんの小切手のひとつを、現地の商人の勘定台で発見した。それは四〇もの異なった中国語の署名で覆われていたのである。

ミッチェル・イネスのような信用論者が主張したのは、かりにヘンリーがジョシュアに紙切れではなく金貨を一枚与えたとしても事態は基本的に変わらないということだ。一枚の金貨とは一枚の金貨と等価値のなにかを支払う約束なのである。つまるところ、一枚の金貨はそれ自体でなにかの役に立つことはない。人がそれを受け入れるのは、他のだれもがそうするであろうと想定しているからだ。

この意味において、通貨単位の価値とは、ある対象物の価値の尺度ではなく、ひとがべつの人間によせる信頼（トラスト）の尺度なのである。

信頼というこの要素は、もちろん、すべてをより複雑にする。初期の銀行券は、中国人の商人たちのように各受領者が署名をよせて負債の合法性を保証した点をのぞいて、ほぼわたしが先に述べたようなプロセスを通じて流通していた。しかし一般的に表券主義（Chartalist）――ラテン語の *charta*［紙］すなわちトークン［標章、しるし］に由来してそう呼ばれる――の立場の困難は、人びとが紙切れを信用しつづける理由を立証することにある。つまるところ、だれか別人が借用証書にヘンリーの名前を［偽って］署名するという可能性をどうして除外して考えられるのか？　実際、この種の負債＝トークン［引換券］・システムは、だれもが知りあいである小さな村ならば、あるいは一六世紀イタリアや二〇世紀中国における商人たちのようなもっと分散した共同体であっても、だれもがたがいを追跡する手段がありさえすればうまくいくかもしれない。だがこのようなシステムが成熟した通貨システムを創造することはできないであろうし、できたという証拠もない。中規模な都市を想定した場合さえ、すべての人びとが日々の取引の大部分をそういった通貨ですませられるだけの十分な数の借用証書を供給するには、数百万ものトークンを必要とするだろう。*11　それらすべてを保証するためには、ヘンリーは想像を絶する富豪でなくてはならない。

しかしもしヘンリーが、かのイングランド王ノルマンディー公アイルランド卿アンジュー伯であるヘンリー二世だったら、ほとんど問題は消えてなくなるであろう。

表券主義の確立にとって真の駆動力は、実は「ドイツ歴史学派」として知られることになる系譜から生まれている。その最も有名な提唱者は、一九〇五年に『貨幣国家理論［貨幣国定学説］』［『貨幣国定学説』宮田喜代蔵訳、岩波書店、一九二二年］を発表した歴史学者Ｇ・Ｆ・クナップである。*12　もし貨幣が尺度単位にすぎないのなら、皇帝や国王が、当然そこに介入していなければならない。皇帝や国王は、ほとんど常に、王国中で統一された度量衡や尺度のシステムを確立することに心を砕いている。そしてまたクナップが観察したように、そのようなシステムはいったん確立されるや、長期にわたり安定して存続する傾向がある。ヘンリー二世の治世のあいだ（一一五四年―一一八九年）、西ヨーロッパに居住するほとんどだれもが、三五〇年ほど以前にシャルルマーニュが確立した通貨システムを利用して――つまり、ポンド、シリング、およびペンスを使用して――帳簿をつけていた［勘定していた］。そういった硬貨のいくつかは実際に存在したことはなく（シャルルマーニュがポンド銀貨を鋳造したことは一度もない）、実際のシャルルマーニュのシリング銀貨やペンス銀貨で流通しつづけていたものはなく、流通している硬貨にしても、その大きさ、重さ、純度、価値はまったくバラバラだったにもかかわらず、人びとはそれを使用していたのである。[*13] 表券主義者によれば、ここにはなんの問題もない。重要なのは、信用と負債［債権と債務］を尺度する一定のシステムが存在し、そのシステムが長期にわたって安定していた、ということなのだ。シャルルマーニュ通貨の事例がことさら眼を惹くのは、彼の帝国そのものはあっというまに瓦解したのに、彼が創造した通貨制度は、かつての領土内で、八〇〇年以上にもわたって帳簿をつける［勘定する］ために使用されていたことである。これは、一六世紀に、まったく明確なことに「想像貨幣（イマジナリー・マネー）」と呼ばれていた。そしてドゥニエやリーブルが計算単位として完全に放棄されたのは、ようやくフランス革命のころになってのことであった。[*14]

　クナップによると、流通している実際の物体としての貨幣が、この「想像貨幣」に対応するかどうかは、とくに重要ではない。それが純銀であろうと、悪鋳された銀であろうと、革製の代用貨幣であろうと、鱈の干物であろうと、どうでもいいのだ。つまり、国家が、それによる税金の支払いを受け入れさえすればよい。というのも、なんであろうと国家に受け入られているものは、当の受け入れられているというそのことによって通貨となるからである。ヘンリー［一世］の時代のイングランドにおける、最も重要な通貨形態のひとつは、刻み目のつけられた「割符棒（タリー・スティック）」で、負債を記録するために使用されていた。「割符棒」は、はっきりと借用証書であった。すなわち、取引当事者双方が、ハシバミの棒に刻みをつけて借金の額を示し、それを半分に割るのである。債権者が保存する半分は「ストック（stock）」と呼ばれた（「株主（ストック・ホルダー）」の語源である）。債務者が保存する半分は「スタッブ（stub）」と呼ばれた（それが「半券（チケット・スタッブ）」の語源となった）。租税査定人たちは、これらの棒を使って、地方の州長官が抱えている負債の合計を計算したのである。とはいえ、しばしば、ヘンリーの王室会計局は、納税期限を待たずに、割引価格でもって割符（タリー）を売りに出した。かくして、割符（タリー）は、それを使って取引する意志のある人間に対しては政府への債務のしるしとして流通したのである。[15]

現代の銀行券は、反転したかたちではあるが、それと類似の原理で動いている。[16] 先ほどのヘンリーの借用証書にまつわる寓話を、ここでおもいだしてみよう。読者はヘンリーの方程式にひそむ奇妙な点に気づいたかもしれない。借用証書が貨幣としての役割をはたすのはあくまでヘンリーがみずからの負債を返済しないかぎりにおいてである。実にこれこそが、最初に成功した近代的中央銀行であるイングランド銀行設立当初の論理だったのだ。一六九四年にイギリスの銀行家たちからなる協会が、国王に一二〇万ポンドの融資をおこなった。そのかわりに彼らが受け取ったのは、銀行券発行にかんする王室お墨つきの独占権だったのである。このことが実際になにを意味したかというと、国王が銀行家たちから借りている金銭の一部に相当する借用証書を、当の銀行家たちが王国の居住者——銀行から借りるつもりがあるか銀行にじぶんの金銭を預けるつもりのある——に融資する権利をえたということである。つまり、新たに生まれた国王の負債を流通させる、ないし「貨幣化する」権利である。これは銀行家たちにとってねがってもない取引であった（彼らは国王に最初の貸付に対する年利八パーセントを課すとともに、そのおなじ［貨幣化されたところの］金銭を借りる客にも重ねて利子を課すことができたのだ）。だが、それがうまくいくのはあくまでも元の融資が未払いであるかぎりにおいてである。今日にいたるまでこの貸付けは返済されていない。返済日が来ることもありえない。もし返済されてしまったら、英国の金融システム全体が消滅してしまうだろう。[17]

このように考えると少なくとも初期王国の多くが採用した財政政策のあきらかな謎のうちのひとつを解決するのに役立つ。そもそもなぜ王国は臣民たちに納税を強いたのか？　これはあまり問われることのない問いである。一見したところ答えは自明にみえるからだ。政府が税を要求するのは民衆の金銭を手に入れたいからに決まっている。だがもしアダム・スミスが正しければ、そして金と銀が政府から完全に独立した市場の自然なはたらきを通じて貨幣になったのなら、金山と銀山を支配することだけですむではないか？　そうすれば国王は、必要な金銭をすべて手中におさめることができるではないか。実際に古代の国王たちは通常それをおこなっていた。領地内に金山や銀山があれば王たちはそれらを独占したのである。とすれば、金を徴収し、じぶんの肖像をそこに刻印し、臣民たちのあいだで流通させたあとで、そのおなじ臣民たちに、それを［税として］返すよう要求する目的はなんなのか？

　これはちょっとした難問である。だが貨幣と市場が同時に出現したのでないとするのなら、完全に理にかなっている。これが市場を生みだす最もかんたんで効果的な方法だからだ。ここで仮説的な一例をあげてみよう。ある国王は五万人からなる常備軍を維持したい。古代および中世の諸条件のもとでは、それだけの兵力を養うのは大問題であった。このような軍勢は、駐屯しているあいだに、野営地の一〇マイル以内で食べられるものならなんでも食い尽くしてしまう。行軍中でなければ、必要な食糧を貯蔵し入手し運搬するためだけに、ほとんど［軍勢と］おなじ数の人間と動物を雇う必要が出てくる。[*18] それに対して、兵士たちに硬貨を配布し、ついで、王国内のすべての世帯にその硬貨の一部を王に返すべしと要求するなら、一夜にして国民経済は兵士への物資供給のための巨大機械に転換することになる。いまやすべての世帯が、硬貨を手に入れるためにあれこれと方法をさがしだし、兵士の欲しがるものを供給するという全般的なもくろみに参加することになる。市場はその副次的効果として発生するのである。

　これはいささか漫画じみた事例ではあるとはいえ、市場の発生したのが古代の軍隊の周囲においてであることはまったくあきらかである。カウティリヤの『実利論』、ササン朝の『統治の環（circle of sovereignty）』、中国の『塩鉄論』などを一読してみれば、古代の支配者たちはそのほとんどが、実に多くの時間を費やして鉱山と兵士と税と食糧のあいだの関係について考えをめぐらせていることがわかる。この種の市場の創出は、兵士を養うのに便利なうえにあらゆる面で有益である、というのが彼らの結論だった。役人は、必要物資を直接民衆から徴収する必要も、あるいは、それらを王の地所や王立の作業場で生産する方法を考案する必要もなくなる。いいかえるなら、国家と市場はいずれにせよ対立するというスミスの遺産に由来する根強い自由主義的想定にもかかわらず、歴史の記録によれば事実はその正反対であるということだ。国家なき社会は市場もたない傾向があるのだから。

だれしも予想はつくだろうが、「貨幣国家理論［貨幣国定学説］」はアダム・スミスの伝統に則った主流の経済学者にとって、常に禁句（アナテマ）であった。事実、表券主義は経済理論の大衆迎合的（ポピュリスト）な暗部であり、それを好むのはもっぱら変わり者とみなされがちであったのだ。[*19] 不思議なことに、市場はみずからの論理にそっておのずと発展するというスミスの議論に理論上は傾倒しているにもかかわらず、しばしば主流経済学者たちは、実際には政府のために活躍することになって、表券主義者たちが描写したような政策——つまりそれまでなかったところに市場を創出するための税制——を追求するよう助言しているのである。

これはことさら植民地世界にあてはまる。ここでしばしマダガスカルに戻ってみよう。島の征服が完了した一九〇一年、フランスの将軍ガリエニが最初におこなった政策のひとつが人頭税の課税であることはすでに言及した。これは大変な重税であったばかりでなく、発行されたばかりのマダガスカル・フランによってのみ支払い可能だった。いいかえると、ガリエニは、まず紙幣を刷り、それから住民にそのカネの一部を返せ、と要求したわけだ。

そこでとくに眼を惹くのは、この税について説明する彼の言い回しである。*impôt moralisateur*、すなわち「教育課税」ないし「道徳課税」というのがそれである。いいかえるなら、その課税は——当時の言葉づかいを用いるなら——先住民に労働の価値を教えこむための企てだったのである。「教育課税」は収穫期のすぐあとに支払い期限がくるので、さっそく国中の小さな町に住みついていた中国人やインド人商人たちに米の収穫の一部を売ることが農民による納税の一番かんたんな方法だった。しかしながら収穫期はあきらかに米の市場価格が最下落する時期である。ところが収穫物を売りすぎてしまうと、一年を通じて家族を養うぶんは残らない。かくして農民は、自作の米を売り、おなじ年に価格がはるかに上昇した時点でおなじ商人から信用（クレジット）で買い戻すよう余儀なくされた。その結果、農民たちはすぐさま絶望的な債務地獄におちいったのである（商人たちが高利貸も兼ねていた）。負債を返済する最もかんたんな方法は、コーヒーやパイナップルなど換金作物を売ることか、さもなくば都市部やフランス人入植者が島中に設置したプランテーションに子どもをさしだし賃金を確保することであった。この計画全体が、小農から安価な労働力を搾り取るシニカルな計画にすぎないようにみえるし、実態としてもそうだった。しかし、それだけにとどまるものでもない。植民地政府は、農民たちの手もとにいくばくかの金銭を残させて、中国人商店で入手できるささやかな贅沢――傘、口紅、クッキーなど――に慣れさせねばならないという意図を（少なくとも内部文書では）隠していない。農民たちが、新しい趣味や習慣、期待を発展させることが決定的に重要だったのである。つまり、征服者が立ち去ったあとも継続するであろう消費需要の基盤をととのえ、マダガスカルを永遠にフランスにつないでおくことが必須だったのだ。

　たいていの人間は愚か者ではないし、だからたいていのマダガスカル人は征服者たちのもくろみを正確に理解していた。決然と抵抗した人びともいた。フランスの人類学者ジェラール・アルタブは次のような観察をしている。侵略から六〇年以上たってからも、島の東海岸の村々の住民たちは人頭税支払いのための金銭をかせぐためコーヒー農園への出頭を義務づけられていたが、支払いを終えると現地の商店で売られる商品を努めて無視し、そのかわりに残金をすべて親族の年長者に譲った。年長者はそのカネで祖先への供犠のための畜牛を購入したという。*[20] 罠にははまらないよ、と多くの人びとがあけすけに語っている。

　とはいえ、そのような反抗は、たいていどこかで命脈を断つものである。かつてはなにもなかった島の諸地域にさえ、市場が徐々に形成されていった。それとともに小売店のネットワークがいやおうなくやってくる。わたしが訪れた一九九〇年頃は、革命政府によって人頭税がついに撤廃されてから一世代は経過していたが、市場の論理は直感的に受容されるようになっていて、みたように霊媒師たちでさえアダム・スミスに由来するとおもわれる一節を唱えていたのである。

このような事例はあげだしたらきりがない。そこに市場がそれまで存在していなかった世界ならどこでも、ヨーロッパの軍隊に征服されたあとでは、おなじようなことが起きたのである。物々交換を発見はしなかったが、ヨーロッパ人たちは市場のようなものをそこにつくるため、主流派経済学が拒絶したまさにその技術を存分に活用したのである。

神話を求めて

人類学者たちは、ほとんど一世紀ものあいだ、物々交換の神話について不満をもらしつづけてきた。かくもおびただしい反証にもかかわらずあいもかわらぬ物語を語りつづけるにはわけがあるのだ、と、経済学者たちがわずかないらだちをチラつかせながら反論することもたまにある。すなわち、人類学者たちがもっとよい物語をみつけなかったからだ、というわけだ。[*21] なるほどもっともな反論である。だが、それに対してなら人類学者にはかんたんな返答がある。なぜ人類学者たちが、単純で説得力ある貨幣の起源の物語を提唱できないかというと、そういったものが存在すると信じる根拠がないからである。貨幣は音楽や数学や装身具とおなじように「発明された」ものではない。わたしたちが「貨幣」と呼ぶものはまったくもって「もの」ではない。それは、一つのXは六つのYに相当するというように、物事を割合として数学的に比較するひとつの手段なのである。だからそれはおそらく人間の思考とおなじぐらい古いものとなる。起源であるものをより具体的に求めようとするやいなや、わたしたちは今日「貨幣」と呼ぶものに収斂している数多くの多種多様な習慣や実践を発見してしまうのだ。経済学者や歴史家などなどが単一の定義にいたることに非常な困難をおぼえる理由がまさにこれなのである。

信用論者たちは、長いあいだ、説得力のある説話（ナラティヴ）の欠如に悩まされてきた。だからといって一八五〇年から一九五〇年にわたる通貨をめぐる論争における各陣営がすべて、神話という武器を動員するという習慣をまぬがれていたというわけではない。このことはおそらくとりわけアメリカ合衆国にあてはまる。政府が雇用創造のために自由に支出できるよう、ドルの金からの完全な切り離しを推進しようとしたグリーンバック党員たち†は、一八九四年に「ワシントン行進」というアイデアを発明した——アメリカ合衆国史のうちにやむことなく反響しているアイデアである。一九〇〇年に公刊されたライマン・フランク・ボームの『オズの魔法使い』が、ウィリアム・ジェニングス・ブライアンの人民党キャンペーンのための寓話であったことは広く認められている。ブライアンは銀貨自由鋳造の公約をかかげて大統領選挙に二度出馬した。金本位制を金銀複本位制にかえ、金と並行して銀貨の自由な鋳造を認可するという公約である。[*22] グリーンバック党員たちとおなじように、この運動の主要な構成員は債務者であり、とりわけ一八九〇年代のきびしい不況のあいだに差し押さえの大波におそわれた『オズ』の主人公ドロシー一家のような中西部の農民たちであった。人民党的な読解からすれば、東西の悪い魔女たちは（通貨供給引き締めを促進しかつそこから利益をえている）東海岸と西海岸の銀行家たちを、カカシは（負債の罠から逃れるための脳みそをもたない）農民を、ブリキの木こりは（農民と連帯して行動するあたたかい心（ハート）をもたない）産業プロレタリアート

† 一八七五年設立。農産物価格の下落、高額の鉄道運賃、政府によるデフレ通貨政策に苦しむ農民を主要な支持者として、不換紙幣グリーンバックスの増発によりインフレを起こすことで農産物価格の上昇を訴えた。グリーンバック労働党と組織をあらため、紙幣増発、兌換反対、労働時間短縮、中国人移民制限をかかげて選挙にのぞみ、一八七八年には一四人の議員を連邦議会に送っている。

を、臆病なライオンは（介入する勇気をもたない）政治家階級をそれぞれ表象している。黄色のレンガ道、銀の靴、エメラルドの都、不運な魔女にかんしては説明は不要であろう。[*23]「オズ」とはもちろん「オンス」の一般的な略語である。[*24]ボームの物語は、新たなる神話創造の試みとしてはすばらしく効果的であった。だが政治的プロパガンダとしてはそれほどでもない。ブライアンは大統領選に三度失敗し、銀本位性が採用されることはなく、『オズの魔法使い』がそもそもなにを意味していたのかおぼえている者すらいまやまれである。[*25]

とりわけ「貨幣国家論者［貨幣国定論者］」たちにとって、この問題［神話の欠如］は依然、悩ましいものだった。税金を使って征服領に市場を創出したり税金で兵士やそれ以外の国家要員に支払いをする支配者の物語は、ことさら刺激的というものではない。国民意志の具現者としての貨幣というドイツ的思想はたいしてうまく伝播しなかった。

しかしながら、大規模な経済崩壊（メルトダウン）のたびに、旧来の自由放任主義的経済学者たちは一撃をくらってきた。ブライアンの運動が生まれたのは一八九三年の恐慌への反作用からである。一九三〇年代の大恐慌までには、政府が貨幣と貴金属との安定した連結を保証しているかぎり市場は自己調整しうるという発想そのものが徹底的に失墜することになる。およそ一九三三年から一九七九年のあいだに、すべての主要な資本主義国は方向転換し、いずれのヴァージョンかはともかくケインズ主義を採用していた。正統派ケインズ主義の出発点にある想定は、政府が効果的に乳母の役割を演じないかぎり資本主義的市場がうまくいくことはないというものである。最もよく知られているのは、景気の下降期における大規模な赤字「呼び水政策」である。一九八〇年代にはイギリスのマーガレット・サッチャーと合衆国のレーガンが、これらいっさいを切って捨てる一大ショーを演じてみせたが、本当にどこまで切り捨てられたかはうたがわしい。[*26]いずれにせよ、サッチャーとレーガンの活躍したのは、ドルを貴金属から完全に切り離すという一九七一年のリチャード・ニクソンの決断によって、先行する通貨についての正説がさらなる大打撃をくらった直後だった。ニクソンの決定によって国際金本位制が廃止され、以後世界経済を支配することになる変動する通貨システム［変動通貨制］（floating currency regimes）が導入された。要するに、すべての自国通貨はそれ以降、新古典派経済学者の好む言い方をすれば、公共の信頼のみを基盤とする「法定不換紙幣（フィアット・マネー）」と化したのである。

さて、ジョン・メイナード・ケインズは、信用理論、国家理論［国定学説］という――彼の好んだ言い方をすれば――「もうひとつの伝統（オルタナティヴ）」なるものに対して、以前以後の等しく高名な、どの経済学者よりもオープンだった（それに依然としてケインズが二〇世紀の最も重要な経済思想家であることはまちがいない）。ケインズがその伝統にどっぷりひたっていた時期もある。一九二〇年代には、貨幣の起源をつきとめんとして、メソポタミアの楔形文字に記された金融記録の研究に数年をついやしたこともある。後年その時代をふり返ってケインズは「バビロンの狂気」と呼んでいる。*27『貨幣論』の冒頭で展開されている結論は、第一原理ではなく歴史的記録の丹念な検討から出発すればどのみちだれもが到達するはずの唯一の結論であった。つまり狂った異端分子たちこそが基本的に正しかったということだ。その最初期の起源がなんだったにしても、過去四〇〇〇年のあいだ、貨幣は実質的に国家の創造物だった。ケインズの観察するところでは諸個人はたがいに契約を交わすものである。諸個人は、借りをつくり、支払いを約束する。

それゆえ国家は、契約に含まれている名称もしくは記述に照応する物の支払いを強制する法の権威としてなによりもまずあらわれる。しかし国家が、これに加えていかなる物がその名称に照応するかを定め布告し、そしてその布告をときに変更する権利を要求するとき――すなわち辞典を再編集する権利を要求するとき――国家は二役を演ずることになる。この権利はすべての近代国家によって要求されているが、少なくとも約四〇〇〇年のあいだそのように要求されつづけてきたのである。クナップの表券主義――貨幣とは国家に特有の創造物であるという学説――が完全に実現されるのは、貨幣の発展がこの段階に到達したときである。（…）今日ではすべての文明社会の貨幣が表券主義的であることは議論の余地がない。[*28]

ここでいわれているのは、国家は必然的に貨幣を創造するということではない。貨幣とは信用であり私人間の契約上での合意（たとえば融資（ローン））によって存在することができるのであって、国家は合意を執行し法律条項を指令するにすぎない、ということだ。かくしてケインズの次なる劇的な断言があらわれる。銀行は貨幣を創る、そしてその権能に内在的限界は存在しない。銀行がどれほど貸付けようと借手は特定の銀行にカネを返すよりほかない。だから銀行システム全体の観点からすると借方と貸方の総計は常に相殺されるであろう。[*29] これが含意するものは根源的（ラディカル）である。だがケインズ自身はそうでなかった。結局のところケインズは、同時代の主流派経済学の枠内に回収すべく、この問題から牙を抜くことに余念がなかったのである。

ケインズはたいした神話作者というわけでもなかった。オルタナティヴな伝統が物々交換の神話に回答を与えてきたとすれば、それはケインズ自身の作業に由来するものではなく（最終的にケインズは貨幣の起源はとりたてて重要ではないと結論した）、ケインズの根源的（ラディカル）ないくつかの示唆を限界までつきつめるのをおそれなかった現代のネオケインジアンたちの著作のうちにある。

貨幣についての国家＝信用理論（state-credit theories of money）の真の弱い環は、常に税という要素だった。初期の国家がなぜ（市場を創設するために）税を要求したのかを説明することと、「いかなる権利において？」と問うことはべつのことがらである。だから古来の統治者がたんなる悪党ではなく、税がたんなる強奪ではないと仮定するなら――わたしの知るかぎり最初期の政体に対してさえ、そのようなシニカルな見解をとった信用論者はないのだが――それはどう正当化されるのかと問う必要がでてくるのだ。

いまでは、その答えなら知っているとだれもがおもい込んでいる。税金を払うのは、それでもって政府が保障（サービス）を与えてくれるからさ、というわけだ。この保障は治安からはじまるのだが、ちなみに多くの場合、初期国家が実際に提供できた唯一の保障（サービス）が軍事的保護だった。もちろん、いまでは政府はあらゆるものを提供している。こういったことはどれも、万人がなんらかのかたちで合意したある種の原初的「社会契約」に遡行するといわれている。ところが、いつ、だれによってその契約がなされたのかを知るものはいないし、この問題にかぎって――それ以外の問題ならそんなことはないのに――遠い祖先の決定によって拘束されなくてはならないのはなにゆえかを知るものもいない。[*30]むろん、このような事態も市場が政府に先行すると仮定すれば筋が通るのだが、実際にはそうではない。それを理解するやいなや、議論全体がたちまち崩壊するのである。

国家＝信用理論をふまえつつ考案された代案的（オルタナティヴ）な解釈がある。それは「原初的負債論」と呼ばれ、主としてフランスで、経済学者だけでなく文化人類学者や歴史家、古典学者をもふくむ研究者チームによって展開されている。当初はミシェル・アグリエッタおよびアンドレ・オルレアンの、[*31]最近ではブルーノ・テレの周囲に集った研究者たちである。それ以降、このアプローチは、合衆国およびイギリスのネオケインジアンたちにも採用されている。[*32]

この立場が浮上してきたのはごく近年のことであり、ユーロの性質をめぐる論争がきっかけだった。欧州における共通通貨創設は、ありとあらゆる知的議論（共通通貨は共通の欧州国家の創設を必然的にともなうのか？　あるいは共通の欧州経済ないし欧州社会の形成をともなうのか？　これらは究極的におなじことなのか？）を触発したが、それとともに、はなばなしい政治的議論をも触発した。ユーロ圏創設の先頭に立ったのは、中央銀行の主要な課題がいまだにインフレ対策であるドイツだった。そのうえ、金融引締政策ならびに均衡予算の要請が欧州における福祉国家政策をすこしずつ切り崩していく主要な武器として使用されたものだから、ユーロ圏創設は必然的に、一八九〇年代のアメリカで白熱したような、銀行家と年金受給者、債権者と債務者のあいだの政治闘争の賭け金となったのである。

通貨政策と社会政策を分離しようとするどんな試みも究極的には誤りであるというのが、原初的負債論者たちの核となる主張である。彼らによれば、これらは常に同一のものであった。政府は貨幣創造のために税を使うが、それが可能であるのは、市民全員がおたがいに負っている負債の守り手となるからである。負債こそ社会の本質そのものなのだ。負債は貨幣や市場にはるかに先立って存在しており、貨幣と市場自体はそれをバラバラに切り刻む手段にすぎない。

さらに議論はつづく。当初この意味における負債は国家ではなく宗教を通じて表現された。この主張を裏づけるために、アグリエッタとオルレアンは初期のサンスクリット語による宗教文学の文献に注目する。ヴェーダおよびブラーフマナに編纂された聖歌、祈祷、詩、それにつづいて数世紀にわたって書かれた聖職者の解説、現在ではヒンドゥー教の思想の基盤と考えられている文書類である。これは一見したほど見当違いな選択ではない。これらのテキストは負債の本質についての知られているかぎり最古の歴史的考察なのであるから。

実際、前一五〇〇年から一二〇〇年のあいだに書かれた最初期のヴェーダの詩でさえ、負債への関心を示してやむことがない。負債はそこで「罪責性（guilt）」および「罪業（sin）」の同意語として扱われている。[*33] 祈りの言葉の数多くが、信者を負債の束縛または拘束から解放するよう神に訴えているのだが、ときに、これらの言葉が文字通りの負債に言及することもある。たとえばリグ・ヴェーダ（10.34）には、「常に恐れてやまず、負債を背負い、金（かね）を求めて、家なくさまよう」賭博師のみじめな境遇についての長い描写がみられる。はっきりと隠喩として表現されている箇所もある。

これら聖歌のなかで目立っているのは死の神ヤマ［ヴェーダにおける天界の死者の王］である。負債を背負うことは〈死〉のもたらす重みを背負うことである。神に対するものであれ人に対するものであれ、どのような責務回避も、どのような約束破りも、〈死〉の影のもとで生きることである。最初期のテキストにおいてさえ、負債はしばしば広い意味での内なる苦悩を代理しているようにおもわれるが、ひとは神々――とりわけ供犠の炎を表現するアグニ――に、負債からの解放を乞うのである。注釈者たちの手ですべてより合わされてひとつのより包括的な哲学へと編纂されたのは、ブラーフマナがはじめてである。結論はこうだ。人間の存在自体がひとつの負債である。

> 生れ落ちた人間は負債である。彼自身死せるものとして生まれ、自己を供犠としてはじめてみずからを死から救済するのである。[*34]

供犠（sacrifice）（そしてこれら初期の注釈者たち自身が「自己犠牲的聖職者（sacrificial priests）」だったが）は、かくして「〈死〉に支払われる貢物（tribute）」と呼ばれている。というか、これは言い回しの問題である。だれよりも聖職者たち自身がよく知っていたように、現実には供犠は〈死〉のみならず神々すべてにむけられていた。死は中間項（intermediary）にすぎないのである。ところがこのように事態を把握してみるや、ひとつの問題がたちまち浮上した。人生をこんな決まり文句でもって言い表そうとするとき、だれしもぶつかる問題である。すなわち、わたしたちの生そのものが貸付された（オン・ザ・ローン）ものだとして、いったいだれがあえてその負債を返済しようとするのか？　負債を背負って生きることは有罪であり不完全であることだ。とはいえ、それを完済するということはただ消滅［死滅］を意味するのみなのではないか。かくして供犠の「貢物」をいわば利子の支払いとみなすことが可能になった。一時的に動物の命を本当に負って［借りて］いるもの、すなわち、わたしたち自身の代理物にするわけである――要するに、不可避的事態［死］のたんなる延期なのだ。[*35]

聖職者である注釈者たちは、このジレンマから逃れるためのさまざまな方法を提起している。取り巻きたちに次のように説法しはじめた野心的なバラモンたちがいた。供犠の儀式は、適切におこなわれさえすれば、人間の制約から完全に脱出し永遠を獲得するひとつの道を約束するだろう、と（永遠の前ではあらゆる負債はその意味を失うからである）。[*36] それとはべつの、負債という観念を拡大解釈するという方法もあった。そうすることであらゆる社会的責任がなんらかの負債となる。ブラーフマナに二つの有名なくだりがあるが、そこでは次のような主張がなされている。わたしたちは負債として生まれ落ちた。神に対する負債は供儀によって返済される。だがそれだけではない。ヴェーダの最初の教えをつくりあげた賢者にもわたしたちは負債を負っているのであって、それは学習によって返済しなくてはならない。わたしたちの祖先（「〈父たち〉」）に対しては、子どもをつくることによって返済しなくてはならない。そして最後に、あきらかに人類全体を意味している「人間たち（men）」に対しては、よそ者を歓待することで返済しなくてはならない。[*37] こう考えるならば、しかるべき人生を歩んでいるものはだれであれ、常になんらかの実存的負債を返済しつづけているということになる。しかし、それによって負債の意味がたんなる社会的義務へとずれていくにつれ、おのれの存在は〈死〉から借り受けたものであるとみなすよりも畏怖感ははるかに薄められてゆく。[*38] まさに社会的義務とは常に諸刃の剣だからである。とりわけ子どもの父親ともなれば、ひとは債務者であると同時に債権者ともなるのだ。

原初的負債論者たちの成果は、ヴェーダを構成する諸文書のなかに符号化（エンコード）されたこうした諸理念が、ガンジス川流域の初期鉄器時代でのみみられた儀礼担当者の知的伝統に特有のものではなく、人間的思考の本性であり歴史にとっての本質であると提起したことにある。たとえば、フランスの経済学者ブルーノ・テレが一九九九年に『消費者政策会報（*Journal of Consumer Policy*）』に発表した「通貨の社会＝文化的諸次元――ユーロへの移行が含意するもの（The Socio- Cultural Dimensions of the Currency: Implications for the Transition to the Euro）」なる退屈な題名の試論から、こうした［原初的負債論者の］主張を考えてみよう。

貨幣の起源には、生のそれ以前と以後にある不可視の世界としての死の「表象の関係」がある――この表象は人類に固有の象徴機能の産物であり、誕生というものをすべての人間が負う原負債として、そこから人類が出現する宇宙の力能に負う負債として描出するものである。

この負債の支払いは完済が不可能であるため、地上では決して清算されることがなく供犠の形式をとる。その供犠は、生きるということのツケ（クレジット）を埋め合わせることで生を延長し、場合によっては神と一体化して永遠を獲得することさえ可能にする。しかしこの端緒の信仰＝主張は、主権的［至高の］諸権力の発生にもむすびついている。この諸権力の正当性は、原宇宙全体を代表［表象］する力能のうちにある。そしてこうした諸権力こそが、負債を清算する手段として貨幣を発明したのである…。この貨幣という手段は、死を課すことが生を守る永遠の手段になるという供犠の逆説を、抽象化によって解消することを可能にする。このような制度を通して、信仰は主権者の肖像が刻まれた通貨にゆだねられる［転移される］（…）そして貨幣が流通することになるが、その返済は生という負債への課税／清算（tax/settlement）というこのべつの制度によって組織されるのである。かくして貨幣は支払い手段としての機能もまた担うようになる。*39

いずれにせよこれは、ヨーロッパの議論の標準がアングロ＝アメリカ世界の潮流といかに異なっているかをみごとに描写している。アメリカの経済学者がこういったことを書くなどという事態は、とうてい想像することができないからである。それでもここには、かなり巧妙な綜合がみてとれる。ひとは人間本性にみちびかれて「物々交換」にいたるなどということはない。むしろ人間本性がはっきりと示しているのは、人間は貨幣のような象徴をたえず形成してやまないということである。このようにして、人間はみずからを不可視の力にかこまれた宇宙にある者、すなわち宇宙への負債を負った者とみなすようになるのだ。

この巧みな展開によって、もちろんここまでの議論は「貨幣国家理論〔貨幣国定学説〕」へと折り返されることになる。なぜなら、テレが「主権的権力」という言葉によって実際に意味しているのは「国家」だからだ。最初の王たちは聖なる王であり、じぶん自身が神か、あるいは、宇宙を支配する究極のエネルギーと人間とのあいだの特権的な媒介者かのいずれかであった。こう考えていくと、徐々にあきらかになってくる。人間の神々への負債とは、実のところ常に、人間を当の人間へと形成した社会への負債だったのだ。

イギリスの社会学者ジェフリー・インガムはこう書いている。「原初的負債とは、個々人の存在を保証する社会の連続性と持続性に対して生けるものが負っているものである[*40]」。この意味では「社会への負債」を負っているのは犯罪者だけではない。わたしたち全員が、ある意味で有罪なのであり犯罪者ですらあるのだ。

たとえばインガムは、貨幣がそのようにして出現したという証拠は存在しないが「無視できない間接的な語源的証拠がある」として、次のように述べている。

あらゆる印欧語において、「負債（debt）」を表す語は、「罪業（sin）」または「罪責性（guilt）」の同意語であり、このことは、宗教と支払い、「貨幣」による聖なる領域と世俗の領域の媒介、これらのあいだのつながりを描きだしている。たとえば、貨幣（ドイツ語の *Geld*）、賠償または供犠（古英語の *Geild*）、税（ゴート語の *Gild*）、そしてもちろん罪責性（guilt）のあいだには連続性がある。[*41]

もうひとつの興味をそそるつながりをあげてみよう。なぜ牛はひんぱんに貨幣として使用されてきたのか？　かなり以前のことになるが、ドイツ人の歴史家ベルナルド・ラウムは次のように指摘した。実際に物品を交換するにあたってそれによって支払われることはないにもかかわらず、ホメロスの作品において、船や甲冑一式の価値を測るさいにはいつも雄牛が使われている、と。この理由について、雄牛がかつて神への生贄として供されたものであるからという結論は逃れがたい。そのゆえに雄牛が絶対的価値を代表していたのである。［一方で］シュメール文明から古代ギリシアにいたるまで、神殿で供物として捧げられていたのは銀と金であった。どの地域であっても貨幣は神々への捧げものに最もふさわしい物品から発生しているようにみえる。*42

もしも、じぶんを創造してくれたということで、社会に対して万人が負っている原初的負債の庇護を王が引き継いだだけであるとするならば、それは、なぜ、政府がわたしたちに税金を支払わせる権利があると感じるのかについて、すっきりとした説明になる。税とは端的に、じぶんを形成した社会に対してわたしたちの負う負債の尺度にすぎないというわけである。しかし、このような議論でも、この種の絶対的生の負債がどのようにして貨幣へと換算可能になるのか、はっきり説明されていない。貨幣は、定義上、異なるものの価値を尺度し、比較するひとつの方法である。これは、信用論者と古典経済学者双方にとって、問題の枠づけ方こそ多少異なっているにせよ、同様に大問題であった。貨幣についての物々交換論からはじめるならば、さまざまな商品への欲求の度合いを測定するために特定の商品が選択されるその理由と過程やいかに、という問題が解決されねばならない。信用理論から出発すれば、第一章でふれた以下の問題がのしかかることになる。すなわち、モラル上の義務が特定の金額へと転化するのはいかにしてか？　だれかに対する恩義の感情にすぎないものが、どのようにして、負債の返済にあてる羊や魚、銀塊の量を正確に数えあげる計算システムに転化可能であるのか？　あるいはこの章での文脈では、神に対して負う絶対的負債が、どのようにして、従兄弟やバーテンダーに対して負うようなきわめて具体的な負債にいたりつくのか？

原初的負債論者が与える回答は、ここでもまた巧妙なものである。もし税がじぶんたちを創造した社会に対して負う絶対的負債を表象するなら、社会に対して負うもっと具体的な負債を計算しはじめるときが実質貨幣（リアル・マネー）の創造にむかう第一歩である。つまり、罰金や手数料や違約金を計算しはじめるときであり、あるいは、なんらかの損害を与えてしまった個人、したがって「罪業（sin）」や「罪責性（guilt）」の関係にある個人に対して負う負債を計算しはじめるときである、と。

この議論は実際、みかけよりも突拍子のないものではない。わたしたちがこれまで検討してきた貨幣の起源についての理論すべてについて奇妙なことのひとつは、それらが人類学的証拠をほとんど完全に無視していることである。人類学者たちは、国家なき社会で経済が実際にどのように動いてきたか、国家と市場によって伝統的な人間の営みが解体されつくしていない場所でいまだ経済がどのように作動しているかについて膨大な知見を有している。たとえば東アフリカや南アフリカにおける貨幣としての牛の使用について、南北アメリカやパプアニューギニアにおける貝殻貨幣（ウォンパム†（wampum）が最も有名な事例である）について、ビーズ貨幣、羽根貨幣、鉄輪、子安貝、スポンディルス貝殻、真鍮の棒、キツツキの頭皮の貨幣としての使用について、枚挙にいとまのないほどの研究が存在している。[*43] こういった文献が経済学者に無視されている理由は単純である。この種の「原始通貨（primitive currencies）」が物の売買に使用されることはめったになく、使用されたとしても、それが鶏や卵や靴やジャガイモといった日常的な資材の売買であることは決してないからである。それらは事物の入手にではなく、主として人びとのあいだの関係の調整のため、とりわけ結婚の取り決めや、殺人や傷害から生じるいさかいの調停のために使用されるのである。

わたしたち自身の貨幣もおなじようにはじまったと信じるに足る根拠はいくらでもある。英語の“pay”（支払う）

もまた、"pacify"（静める）や"appease"（なだめる）といった語に由来している。酔った喧嘩の末に、だれかの兄弟を殺してしまった。心から後悔し、このことがはてしない血讐のきっかけになってしまうのを心から避けたいというねがいを表明するために、そのだれかになにか貴重な物を与える、といった具合に。[*44]

負債論者はとりわけ後者の可能性に関心をもっている。人類学の文献を無視しながら古い法典に眼をむける傾向にその理由の一端はある。ここで彼らにインスピレーションを与えているのは、二〇世紀の最も偉大な貨幣研究家の一人であるフィリップ・グリアーソンの先駆的業績である。貨幣は最古の司法上の慣行から出現した可能性があると一九七〇年代にはじめて示唆したのが、グリアーソンなのである。グリアーソンはヨーロッパ暗黒時代の専門家で、六〇〇年代から七〇〇年代にかけてローマ帝国が崩壊したあと、多くのゲルマン諸族――ゴート、フリジア、フランクなど――によって確立され、ロシアからアイルランドまでいたるところでたちまち法典のモデルとなった、いわゆる「蛮民法典（Barbarian Law Codes）」に魅了されるようになった。たしかにそれらは魅力的な文書群である。一方で、それらの文書群は、その時代のヨーロッパの「物々交換への回帰」についての慣習的な説明がいかにまちがったものであるかを非常にはっきり示している。ほとんどすべてのゲルマン法典が、課税評価をおこなうためにローマ帝国の貨幣を使用していたのである。たとえば窃盗の罰金には、盗人はくすねた財産を返還するだけでなく、それが彼の手もとにあった時間分に相当する未払いの使用料（または金銭が盗まれた場合は利子）を支払うべきである、とする請求が、ほとんどの場合に追加されている。その一方で、しばらくするとローマ人による支配を受けたことのない領土――アイルランドやウェールズ、北欧諸国やロシアなど――に住む人びとの法典もそれを継承した。だが、それらはもっと示唆に富んでいる。それらの法典は、使用される支払い手段の点、および賠償を

---

† 貝殻でつくられた円筒形の玉に穴をあけ数珠つなぎにしたもの。北米インディアンによって通貨や装飾に用いられた。

必要とする傷害および侮辱などの明確な分類の点の双方において非常に創造的であったようだ。

ウェールズの法律における賠償は、主に牛によって、アイルランドでは牛または女奴隷(bondmaids/cumal)によって計算されていたが、どちらの場合でも相当量の貴金属の使用がともなっていた。ゲルマンの法典では、賠償は主として貴金属によっていた。(…)ロシアの法典では、銀およびテンからリスまで、等級づけられた毛皮であった。それらの細分化は、注目に値する。人身傷害の場合、腕や手や人差し指や爪の喪失について、脳がみえる、あるいは骨が露出する頭部の強打について、想定されていただけでなく、各世帯の財産に対する補償範囲についても、いくつかの細目が明記されていた。サリカ法典第二編は、豚の窃盗を扱っており、第三編は牛、第四編は羊、第五編は山羊、第六編は犬の窃盗を扱っている。その各々に異なる年齢と性別の動物を差異化する洗練された分類がともなっている。[*45]

これは心理学的におおいに理にかなっている。すでに述べたように、厳密な等価性の体系――健康な若い乳牛は三六羽の鶏と等価であるといった――が贈与交換のあれこれの諸形態からいかにして出現することが可能だったのか、想像するのはとても困難である。ヘンリーがジョシュアに豚を与え、お返しに受け取ったものが不適切だと感じるなら、ヘンリーはジョシュアをけちん坊と揶揄するかもしれないが、正確にどの程度けちであるかについて、ヘンリーが数学的公式をもちだすことはほとんどありえない。ところが、ジョシュアの豚がヘンリーの庭をめちゃくちゃにし、そのことから喧嘩になりヘンリーがつま先を失ったら、ヘンリーの一家はジョシュアを村の集会に引っぱり出すことになる。人びとが狭量になって法的権利にうるさくなり、本来支払われるべき対価に見合わぬはした金しか受けとっていないと感じ、憤怒を表明するようになるのは、まさにこのような文脈においてである。これが厳密な数学的特定性を呼び込むのである。たとえば、二歳の妊娠中の豚の正確な価値を測る能力といったものを、である。さらにいえば、賠償金の取立てこそが常に等価計算を要請してきたに違いない。たとえば、罰金はテンの生皮であるのに罪人一族がテンを所有していないとする。リスの皮をどれほど用意すればそのかわりになるのか？　銀の装身具ならどれほどだろうか？　こういった問題がたえず発生してきて、どの種類の貴重品がそれ以外の貴重品と同等なのかについて、荒削りではあっても少なくとも一連の規則の制定につながったに違いないのである。このことはたとえば、なぜ中世ウェールズの法典が、異なる年齢や条件の乳牛の価値だけでなく、材木一つひとつの値段（コスト）におよぶところの一般家庭にありそうなあらゆる物品の貨幣価値まで詳細な分類を明記したのか――こういった品物のほとんどが当時市場で購入可能だったようにはみえないという事実にもかかわらず――を説明している。[*46]

＊　＊　＊　＊

以上のような議論のうちには、きわめて説得力のあるなにかがひそんでいる。ひとつには、この前提が直感に訴えるところが大きい。つまるところ、わたしたちは自己存在すべてを他者に負っている。これはいわずもがなの真実である。わたしたちが話し、そのなかで思考する言語、習慣と意見、好きな食物、灯りを点けたりトイレを流したりする知識、さらに社会的因習に立ちむかう抵抗の身ぶりや反乱の流儀にいたるまで、わたしたちはすべてを他者から学んだのであり、それらの人びとのほとんどははるか昔に死んでいる。そうした人びとに対して負っている負債を想像するならば、ただただ無限というしかない。そこから以下の問いが浮上する。これを負債として考えることに意味はあるのか？　結局のところ負債とは定義からして少なくとも返済することを想像できるものである。ところが、じぶんの両親への借りを清算したいと望むことはとても奇異なことなのである。そこにはもはや彼らを親とは考えたくないというふくみがひそんでいるのだから。そうだとしたら、人類全体に対して借りを清算したいなどとわたしたちは本当に望んでいるのだろうか？　そもそもそこにはたして意味があるのだろうか？　それにそういった欲望は本当に全人類の思考にとって本質的な特性なのだろうか？

これをべつの方法で問うこともできる。原初的負債論者は神話を記述して、そこにあらゆる社会に常に存在してきた人間の条件の深淵なる真実を発見したのだろうか？　そしてそれがいくつかのインドの古い文書のうちにとくにはっきり表明されていたということなのか？　あるいは、彼らはじぶんたちの神話を発明しているのではないか？

後者であることはまちがいない。彼らは神話を発明しているのだ。

ヴェーダという資料を選択することのもつ意味は大きい。わたしたちはこれらの文書を創作した人びとについてほとんどなにも知らず、それらの人びとを形成した社会についての知識もきわめて乏しい。[47] ヴェーダ時代のインドに有利子貸付が存在したのかどうかさえわたしたちは知らないのである。そのことはあきらかに、供犠とはわたしたちが〈死〉に対して負っている［〈死〉から借りている］貸付の利払いなりと、実際に聖職者たちが考えていたのかどうかにかかわってくる。[48] その［えられる知識の乏しさの］結果、資料はまっさらなキャンバスのようなもの、または未知の言語の象形文字で覆われたキャンバスとして機能することが可能になる。その表面にほとんどなんでも望むものを投影できるのである。ところが、すでにより広い文脈についてなんらかの知識のたくわえのあるべつの古代文明に眼をむけるなら、支払いとしての供犠といった観念が決して自明のものではないことがわかる。[49] 古代の神学者たちの仕事を詳しく調べてみると、神学者たちの大多数が供犠とは人間が神々と商業的関係をむすぶことのできるひとつの方法であるという考えになじんでいたこと、しかし、それをあきらかにばかげているとも感じとっていたことがわかるのである。そもそも欲するものすべてを神がすでに手に入れているとするなら、人間はいったいなにを取引すればいいのだろうか？　というわけだ。[*50] 前章でわたしたちは、王に贈与をおこなうことがどれだけ困難かをみてきた。相手が（［一神教の］〈神〉はいうまでもなく）神々となると問題ははてしなく拡大していく。交換とは平等を含意しているものである。したがって宇宙の力と取引することなど最初から端的に不可能であると考えられていたのである。

神々への負債が国家に領有されそれぞれが税制の基礎となった、という考えもまた吟味に耐えうるものではない。ここで問題なのは、古代世界において、自由市民が税を支払うことは、ふつうはなかったということである。一般的にいって貢納を徴収されたのは被征服民のみだったのである。これは古代メソポタミアにおいてすでにそうだった。独立都市の住民たちに直接税を支払う必要は通常なかったのだ。同様に、モーゼス・フィンリーが記している通り、「古代ギリシア人は直接税を専制的とみなし可能なかぎり回避した」[*51]。アテナイの市民はいかなる種類の直接税も支払うことはなかった。それどころか市は、ときに市民に金銭をばらまくことさえあったのだ。ある種の逆課税（reverse taxation）である。ラウリオン銀山からえられた利益を直接的に配分することもあれば、陪審員をつとめたり集会（アッセンブリー）に出席したことへの気前のよい報酬という間接的なかたちをとることもある。ところが支配下にある諸都市となると貢納をおさめねばならなかった。ペルシア帝国内においてすら征服された地方の住民は大王に貢納をおさめなければならなかったが、ペルシア人はその必要はなかった。[*52] ローマも同様である。市民は長期にわたって税を支払わなかっただけでなく、市民以外に課されていた貢納の手当（dole）というかたちでの分配にあずかる権利を有していた。これは名高い「パンとサーカス」の「パン」に該当するものである。[*53]

いいかえるなら、この世界には死と税以外に確実なものはないという、ベンジャミン・フランクリンの言葉は誤っていたということだ。これによって、あるものへの負債はべつの［優越せる］ものへの負債の変種にすぎない、という主張を維持することは大きな困難にみまわれる。

しかしながら、これら［の批判］によっても「貨幣国家理論［貨幣国定学説］」に対する致命的な打撃となるわけではない。なぜなら、税を要求しなかったこれらの国家ですら、手数料や罰金、関税、科料などは徴収したからである。とはいえ、国家とはそもそもある種の宇宙的・原初的負債の守護者として理解されていたと主張するような理論と、貨幣国家理論［貨幣国定学説］との整合性をつけるのはきわめて困難である。

ヴェーダの創作におそらく二〇〇〇年先立って、有利子の貨幣貸付という実践が最初に発明されたにもかかわらず――それに世界ではじめて国家が生まれた場所もまたメソポタミアであったにもかかわらず――、「原初的負債論者」がシュメールやバビロニアについてあまり語ることがないというのは奇妙なことである。しかしメソポタミアの歴史をみてみると、それほど意外なことでもないことがわかってくる。ここでもまたみいだされるのは、さまざまな点でこうした理論家たちの予想とは正反対の事態だからである。

ここで読者には、メソポタミアの都市国家が壮大な神殿によって支配されていたことを想起してもらおう。それらの巨大かつ複合的な産業施設には、羊飼いや艀曳きから紡績工や織工、踊り子や聖職者兼行政官にいたるまで、しばしば何千もの人びとが配置されていた。遅くとも前二七〇〇年には、野心的な支配者たちはそれらの模倣をはじめ、似たような条件で組織された宮殿複合施設を構築している。ただし神殿の場合には、その中心に神または女神――召使いである聖職者によってまるで生きている人間のように食事や衣服を与えられ娯楽も提供される聖像に表象された――の部屋が置かれていたが、宮殿の場合、現実に生きている王の寝殿をその中心に置いていた点が違っていた。シュメール人の支配者たちは、それに近いところまでいくことはあっても、おのれを神だと宣言するにまでいたることはめったになかった。しかしながら、宇宙の支配者の権能において臣下の生に干渉するとき、公共の負債を課すよりも、民間の負債を帳消しにするという手段を彼らはとったのである。[*54]

いつ、そしてどのようにして有利子貸付が生まれたのか、正確にはわからない。それは文字に先行するようだからだ。神殿の管理官が、隊商による交易に融資する方法としてそのアイデアをおもいついた、というのが可能性としては最も高い。古代メソポタミアの川谷はきわめて肥沃であり、莫大な余剰穀物およびその他の食物を生みだし、おびただしい数の家畜を養い、ひるがえってそれが巨大な羊毛および皮革産業を支えていた。ところが、それ以外にはほとんどなにもなかったため、この交易がきわめて重大な意味をもったのである。石や木、金属、さらには銀さえも貨幣として使用されていたが、それらはどれも輸入しなければならなかった。そのため、きわめて古くから神殿の管理官たちは地元商人——商人たちは民間人であることも神殿の官吏自身であることもあった——に物財を前貸しする習慣を発展させ、ついで商人たちはそれを売るために海外に遠征したのである。神殿にとって利子はそこから発生する利益の分け前をうる方法のひとつにすぎなかった。[*55] しかしながらいったん確立されるや、その原理はあっというまに普及したようだ。まもなく、商業貸付だけでなく、消費貸付も出現する。これは、その語の古典的な意味で徴利［高利］[†]（usury）である。前二四〇〇年頃にはすでに、地方の役人や大商人が財政難におちいった農民に対して担保をとって貸付（ローン）をおこない、返済できなくなるとその財産を取り上げることが広範な慣行であったようにみえる。取り上げられる財産は多くの場合、穀物、羊、ヤギ、家具からはじまり、ついで畑や家、そして最

---

† usuryは高利、高利貸と訳されることが多い。だが、のちに本文でも論じられるように「古典的な意味」でのusury（ウスラ）とは、金銭貸借にとどまらず、保険、為替、信用売買など幅広い領域を包含するものであり、利率の高低にかかわらず価値の増殖をあてにしておこなわれる活動を指していた。ヨーロッパ中世の展開のなかで、利子という性格をもつこのusuryが「暴利」を意味するようになり、利子にはinterestがあてられるようになる、この変容が重大な意味をもつのである。このような「古典的な意味」の文脈にある場合、usuryには「徴利」という訳語をあてる。この点については、大黒俊二『嘘と貪欲——西欧中世の商業・商人観』名古屋大学出版会を参照せよ。

終的には、家族の一員にまでいたった。召使いがいたら即刻とられ、その後、子どもや妻がつづき、極端な場合には債務者自身にまでおよんだ。そして「負債懲役人（debt-peons）」におとしめられることになる。負債懲役人とは奴隷ではないが奴隷にきわめて接近した存在であり、債権者の家庭、ときには神殿や宮殿で永久に奉仕を強制された。理論上ではもちろん債務者が借金の返済を終えれば免責されうるはずだが、いわずもがな資産がむしり取られれば取られるだけそれは困難になっていった。

その帰結は多大なものがあり、しばしば社会を引き裂く脅威となった。なんらかの理由で不作がくれば、膨大な農民人口が負債懲役人に凋落していっただろうし、家族はバラバラになっただろう。時をおかず、負債を負った農民たちが差し押さえを恐れてわが家を捨てて逃亡し、都市文明周縁の砂漠に暮らす半ノマド集団に合流するにつれ、土地は放棄された。全面的な社会崩壊の可能性に直面し、シュメールのちにはバビロンの王たちはくり返し、経済史家マイケル・ハドソンが「クリーン・スレート」［石版(スレート)を白紙に戻す、債務帳消し］と呼ぶところの全面的特赦を布告している。典型的には、こういった法令によって未払いの消費者債務は無価値、無効であると宣言され（商業貸付の債務は影響を受けなかった）、土地はもとの所有者に戻され、負債懲役人もわが家に帰宅することができた。ほどなくして全面的特赦の布告は権力の座にはじめてつく王の慣習となり、また多くの王たちがその在位期間中に定期的にその布告をくり返すよう強いられたのである。

シュメール語でそれは「自由の宣言」と呼ばれた。そして知られるかぎりの人間の言語のなかで「自由」を意味する最古の語であるシュメール語のアマギ *amargi* の文字通りの意味が、「母のもとに戻ること」［アマ（母）に子をギ（戻す）という意味である］であるのは意味深い。というのも、解放された負債懲役人についに認められたものこそ、それであるからだ。[*56]

マイケル・ハドソンの主張によれば、メソポタミアの王たちは壮大なうぬぼれのゆえにそうする立場に身をおいたにすぎない。権力を獲得した王たちは、じぶんはいま文字通り人間社会を再創造していると自負していた。だからそれ以前のあらゆるモラル上の義務も帳消しできたのである。ところがこのような例は、「原初的負債論者」の考えから想像しうるかぎりかけはなれている。[*57]

＊＊＊＊

おそらくこういった研究全体の最大の問題は、最初の仮定、すなわち「社会」なるものに対する無限の負債からはじめるという仮定である。そこでは、神々にむけてひとが投影しているのは社会に対するこの負債であるということになる。そして、つづいて王たちや国民政府によって徴収されるのは、このおなじ負債であるというわけだ。

社会という概念がかくも誤解を招きやすいのは、世界は「社会」という一連のコンパクトなモジュール単位に組織されていて、だれもがじぶんはそのなかのどこにいるのか知っていると想定されているからである。歴史的にみれば、これはきわめてまれな事例である。わたしがチンギス＝ハンの支配下に暮らすキリスト教徒のアルメニア人商人だったとしよう。わたしにとっての「社会」とはなんだろう？　わたしが育った都市か？　わたしが日々活動する（複雑な独自の行動規範を有する）国際的な商人社会か？　アルメニア語話者か、あるいはキリスト教徒（あるいは正教徒かもしれない）か？　はたまた地中海から朝鮮半島まで拡がるモンゴル帝国の住民か？　歴史的にみて、人びとの生活にとって王国や帝国が最も重きをなす参照点だったことはほとんどない。王国は盛衰する。強くもなるし、弱くもなる。政府が人びとの生活に存在感を示すことがあっても、まったく散発的になのである。そして歴史上の大部分の人間にとって、じぶんがどの政府に属しているのか明白だったことはなかったのだ。ごく最近にいたるまで世界の多くの住民は、じぶんがどの国の市民なのか、あるいはそれがなぜ重大な問題なのか、確信をもったことなどなかったのである。ポーランドでユダヤ人として生まれたわたしの母が、むかし彼女の子ども時代の冗談を教えてくれた。

ロシアとポーランドの国境に沿って小さな町がありました。その町はどちらの国の町なのか、だれにもはっきりしていなかったのです。ある日、正式な協定が調印され、まもなくして国境線を引くために測量士たちが到着しました。測量士たちが道具を設置した近くの丘に、なん人かの村人たちが出向いていきました。

「われわれはどっちの国にいるのかね？　ロシアか？　ポーランドか？」

「わたしたちの計算によると、あなたたちの村は、きっかり三七メートル、ポーランド領に入っています」。

するとと村人たちは、よろこんで踊りはじめます。

「どうしたのですか？」と測量士はたずねました。「いったいなにが変わるというのですか？」

「わからないのですか？」村人たちは答えました。「もうあんなにひどいロシアの冬にがまんしなくていいんですよ！」

わたしたちはじぶんの存在を可能にするすべての人びとに対して無限の負債を負って生まれてきた、しかるに「社会」と呼ばれる自然な単位は存在しない。とはいえ、もしそうだとすれば、わたしたちは本当のところだれに対してなにを負っているのか？　万人？　万物？　それとも、人や物によって程度に強弱があるのか？　それに、かくも拡散しているなにものかに、どうやって負債を支払うのだろう？　あるいは、より端的にいって、いったいだれが、どんな根拠をもって、返済方法を指示する権威を発動できるのか？

このように問いを提起してみたとき、ブラーフマナの作者たちは空前絶後の洗練をきわめたモラルについての省察を与えてくれている。先述したように、これらのテキストがどのような条件で作成されたのか、はっきりしない。

しかしこれまでに知られた証拠資料は、いくつかの重要な文書が前五〇〇年から前四〇〇年のあいだのどこか――おおよそソクラテスの生きた時代――に作成されたことを示している。その頃インドでは商業経済や硬貨、利子付貸出といった制度が日々の生活に根づきはじめていた。その時代のインドの知識階級も、ギリシアや中国の知識階級とおなじように、それらの事象のふくむ意味と格闘していたのである。インドの場合、それは次のような問いに集約される。わたしたちの責任を負債として想像することはなにを意味するのか？　じぶんの実在をわたしたちはだれに負っているのか？

彼らによる答えに（古代インドにも王や政府が確実に存在していたにもかかわらず）「社会」にも国家にも言及がみられないのは意義深い。そのかわり負債は、神に、賢者に、父に、「人間たち（men）」に［個別的に］定められている。彼らの定式をより現代的な言語に翻訳することはさほどむずかしくはなさそうだ。そこで次のようにまとめてみた。結局、わたしたちが自己の存在をなによりもまず負っているのは、

- 宇宙、宇宙の力、現代的にいいかえると〈自然〉に対して。わたしたちの存在の基盤に対して、である。それに対する負債は儀式によって返済される。儀式は小さきわれらを凌駕する存在すべてへの敬意と承認の行為である。[*58]
- わたしたちにとって最も価値ある知識と文化的成果をなしえた人びとに対して。人間の存在は、それらの知識と文化的成果によって、枠組み（フォーム）と意味、そしてまた形態（シェイプ）をも受けとる。ここにはわたしたちの知的伝統を創造した哲学者や科学者だけでなく、ウィリアム・シェイクスピアから中東のどこかでイースト菌入りのパンを発明したが忘れ去られたままの女性までふくまれる。それらの人びとに対する負債は、わたしたち自身が学習し人間の知識と文化に貢献することで支払われる。

・わたしたちの両親、およびその両親——つまり祖先に対して。じぶん自身が祖先となることで返済される。
・人類全体に対して。異邦人に対する寛容によって、人間的諸関係つまり生を可能なものにする、社会性（ソーシャリティ）にかかわる基本的なコミュニズム的土台を維持することによって返済する。

このように整理してみると、議論が前提そのものをむしばみはじめる。これらは商業的負債とはなんの関係もない。つまり、子どもをつくれば両親への返済になるかもしれないが、無関係のだれかに現金を貸すことで債権者に返済したとみなされることはふつうない。*59

わたし自身疑問におもう。本当にこれが的を射た答えなのか？　ブラーフマナの作者たちが本当に示そうとしていたのは、究極的には、宇宙に対する人間の関係は根本からして商取引とはほど遠く、そうなる可能性もないということであろう。商取引は平等と分離の双方をふくむからである。先にあげた事例はどれも分離の克服にかかわっている。じぶん自身が祖先となることによって祖先への負債から解放される［自由になる］。じぶん自身が賢者になることによって賢者への負債から解放される。人道的にふるまうことによって人類への負債から解放される。宇宙となるといわずもがなである。すでに万物を有しているゆえに神々との取引が不可能であるとすれば、宇宙との取引もまちがいなく不可能なのだ。宇宙はすべてであり、そのすべてには必然的にあなた自身も包摂されるのだから。実のところこのリストは以下のようなふくみを巧みなやりかたで表現していると解釈することさえできる。負債から「自己を解放する（freeing oneself）」ただひとつの方法は、文字通りに負債を返済することではなく、負債など存在しないことを示すことである、と。負債が存在しないのは、ひとは実際には分離などしていないので、負債を帳消しにして分離し自律した存在に到達するという考えそのものが、はなから馬鹿げたものであるからである。あるいは、人類または宇宙から分離した存在としておのれをみたて、こうして一対一の取引を可能であるとする想定自体が、死によってのみ返答の与えられる犯罪なのである。わたしたちの罪責性（guilt）は、宇宙に対する負債を返済できないことによるものではない。わたしたちの罪責性とは、〈存在するすべて、またはこれまで存在してきたすべて〉と、いかなる意味であれ同等のものと考えるほどおもいあがっているため、そもそもそのような負債を構想できてしまうことにあるのだ。*60

あるいはこの等式のもうひとつの側面に目をむけてみよう。かりにわたしたち自身が、宇宙あるいは人類への絶対的負債の立場にあると想像することができたとしても、次の問いがあらわれる。いったいだれが、宇宙または人類を代弁してこの負債がいかに返済されるべきかその方法を告げる権利をもっているのか？　宇宙全体から独立しているから宇宙との交渉ができるという主張よりも不合理なものがあるとしたら、それは彼岸（the other side）を代弁しているという主張である。

今日の個人主義的な社会にふさわしいエートスを求めるとするならば、次のようにいえるだろうか。ひとはみな人類、社会、自然または宇宙（いかようにもお好みでよい）に対して無限の負債を負っているが、［じぶん以外の］べつのだれかが支払い方法を指示できるわけではない、と。これは少なくとも知的には筋が通っている。もしそうだとすれば、確立された権威のシステムのほとんどすべて――宗教、道徳、政治、経済、刑事司法体制――を、それぞれ異なる欺瞞の方法とみなすことができる。それらは計算不可能なものを計算できるとうそぶき、制約なき負債のうちのあれこれの部分をかくかくしかじかのように返済せよと指令する権限を詐称するにすぎないのだ、と。だとすれば、人間の自由とは、返済方法をどうしたいかをじぶん自身で決定するわたしたちの能力ということになる。

わたしの知るかぎりこれまでにこのような発想をした者はいない。実存的［存在的］負債についての理論は、そのかわり権威の構造を正当化する――あるいは権威の座を主張する――手段に常に堕してきた。ヒンドゥー教の知的伝統の例がこれに該当する。人類への負債は、初期の若干の文書にあらわれただけですぐさま忘却された。のちのヒンドゥー教の注釈者たちのほとんどが、それを無視し、そのかわりひとが父に対して負う負債を強調することになる。[*61]

＊＊＊＊

「原初的負債論者」には、それ以外にも重要な課題があった。彼らが本当に興味をもっていたのは宇宙ではなく「社会」だったのである。

ここでふたたび「社会」という言葉に回帰しよう。これがかくも単純かつ自明な概念にみえるのは、たいていの場合、「国（nation）」の同義語として使用されているからである。要するに、アメリカ人が社会への負債を返すといったようなことが語られるとき、スウェーデンやガボン住民への責任が念頭におかれているわけではない。入念な国境管理と社会政策をともなった近代国家においてはじめて、このようなやり方で、すなわち単一の境界に囲まれた統一体として「社会」を想像することが可能になった。だから、それ以外の言葉がなかなかみつからないとはいえ、この「社会」という概念をヴェーダの時代や中世に遡及的に投影することは、常に一片の欺瞞なしにはありえないのだ。

原初的負債論者がおこなっているのは、まさにこれ、すなわち概念の過去への投影であると思われる。

実際に、原初的負債論者の語る複雑な思考のすべて――社会なるものが存在しており、それに対してひとは負債を負っており、政府はそれを代弁しており、世俗的神のようなものとして想像されうるといった――は、おおよそフランス革命の頃かその直後に一斉に出現したものである。いいかえると、それは近代的国民国家の理念に並行して生まれたのである。

一九世紀初頭のオーギュスト・コントの著作のうちに、すでにこれらの思考がすべて出揃っているのがはっきりみてとれる。哲学者で政治パンフレット作家でもあったコントは、現在では「社会学」という用語をはじめて世に出したことで最もよく知られている。晩年になって彼はついに「社会の宗教」を提唱するにまでいたったが、「社会の宗教」とは彼いうところの〈実証主義〉であり、中世カトリックに広く範をとるものであった。すべてのボタンが背中にある（そのため他人の助けがないと着用できない）祭服であふれていた中世カトリックである。「実証主義的教理教育」と名づけられた最後の著作のなかで、コントは社会的負債をはじめて明確にかかげた理論を主張した。あるときとある人間が、想像上の〈実証主義の司祭〉に人権概念についてどう考えるかたずねてみる。司祭はその観念を笑い飛ばし、まったくばかげている、個人主義から生まれた誤謬であると応じる。実証主義が理解するのは義務だけなのだ。結局、

わたしたちは先祖と子孫と同時代人に対してあらゆる種類の義務の重荷を背負って生まれる。これらの義務は、わたしたちの誕生からだれかになんらかの奉仕をすることができるようになるまでに、すでにひたすら増大しているか、あるいは蓄積されている。となると、いったいどんな人間的基盤に「権利」という観念を位置づけることが可能なのか？[*62]

「負債」という言葉こそ使用しないものの、コントの意図するところはあきらかである。ひとは、その支払いについて少なくとも考えることのできる年齢に達する以前に、すでに無限の負債を蓄積している。それまでにその負債をだれに負っているのか見積もる方法はない。だから、人間がじぶん自身を［その負債から］解放する／救済する（redeem）手段は、人類全体への奉仕のほかにない、というわけだ。

生前にはコントは奇人とみなされていた。というのも実際そうだったからである。だがその発想には影響力があった。社会への無限の義務という彼の思想は、最終的に「社会的負債」という観念に結晶化し、社会改良家や、のちにはヨーロッパおよびそれ以外の多くの地域で社会主義的政治家によって取り入れられたのだ。[*63]「われわれはみな社会への債務者として生まれる」。フランスでは、この社会的負債という思想は、すぐさま、ある種のキャッチフレーズやスローガン、そしてついには常套句(クリシェ)となった。[*64]この見解によると、国家とはわたしたちを形成するところの社会にだれもが負っている実存的負債の管理者にすぎない。そのことは少なくとも、たとえ完全に意識されてはいないにせよ、じぶんの存在のすべてが他者の存在と完全に依存しあっているという事実に具体化されている。

また、現在あるかたちでの社会学という学術分野の創設者、エミール・デュルケームの思想の形成に寄与したのが、これらの［コントの影響下にあった］人びとの形成する知識人・政治家サークルであった。デュルケームによれば、あらゆる宗教のあらゆる神々は常にすでに社会の投影である。だから、社会の宗教などあらためて必要でさえない、と、こう議論することで、ある意味でコントの考えをコント自身よりうまく提示してみせたのである。デュルケームにとって宗教とはすべて、わたしたちの相互依存、決してその総体について自覚されることのない無数のやり方でわたしたちに影響している依存を、認識する方法にすぎないのである。「神」と「社会」は、究極的に同一のものなのだ。

これまで数百年にわたって、相互依存によってだれもが負う負債の守護者、個人を個人たらしめている無形の社会的総体の正当な代理人は、必然的に国家でなくてはならないと想定されてきた。これが問題なのである。ほとんどすべての社会主義体制、ないし社会主義的傾向をもつ体制も、つまるところ、この想定になんらかのかたちで訴えることにいきついた。悪名高い一例をあげると、ソビエト連邦はそれによって市民の他国への移住禁止を正当化したのである。ソビエト連邦こそ人民を創造し、ソビエト連邦こそ人民を養育し、教育し、いまある人民につくりあげたのだ、と。とすれば、われわれの投資の果実を取り上げ、べつの国に移送させようとする権利をいったいだれがもっているのか？　まるで連中はわれわれになにも負っていないかのようではないか？　このようなレトリックは社会主義体制に固有のものではない。ナショナリストの訴えるのもまったくおなじ議論である。とりわけ戦争となるとそれは顕著なものとなる。そしてあらゆる近代的政府は、程度の差こそあれナショナリストなのである。「原初的負債」という思想のうちに、究極のナショナリズム神話をみてとることさえできる。わたしたちは、かつてわたしたちを創造した神々にわたしたちの生を負っていた。動物を生贄にするというかたちでその利子を支払い、究極的にはみずからの生によって返済を完了した。今日わたしたちはじぶんたちを形成した〈国〉（Nation）に対してみずからの生を負っているのであり、税というかたちでその利子を支払い、敵から国を防衛するさいにはみずからの生命をもって支払っている。

これは二〇世紀の大いなる罠である。一方には市場の論理がある。たがいになにも負うことのない個人の出会う場であると好んで想定されているのが市場である。他方には国家の論理がある。だれもが決して返済しえない負債を背負って出発する場所である。そして市場と国家は正反対のものであり、それらのあいだ［中間］にこそ人間の唯一の真の可能性があると、わたしたちはたえまなく教えられてきた。しかしこれはあやまった二分法である。国家は市場を創造する。市場は国家を必要とする。どちらもたがいなくしては存続しえないし、少なくとも今日知られているようなかたちでは存続しえないのである。

第四章　残酷さと贖い

主はこういわれる。
イスラエルの三つの罪、四つの罪のゆえにわたしは決して赦さない。
彼らが正しい者を金で、貧しい者を靴一足の値で売ったからだ。
——「アモス書」第二章六節

読者はお気づきだろうが、貨幣を商品としてみる者たちと借用証書としてみる者たちのあいだには論争があり、決着がついていない。どちらが正しいのか？　いまや答えは明白なはずだ。双方である。この主題の研究でおそらく最も高名な人類学者キース・ハートは、これについて何年もまえに指摘している。彼の有名な観察によると、どんな貨幣にも両面がある。

ポケットのなかの硬貨をみてみたまえ。一方は「表」、つまりその硬貨を鋳造した政治的権威の象徴であり、他の面は「裏」、つまり交換におけるその硬貨の支払い価格の明細である。一方は、通貨を保障しているのは国家であり、貨幣とはそもそも社会における人と人の関係、つまりそのしるしであることを、わたしたちに想起させている。もう一方の面が明示しているのは、硬貨とは物であるが、それはみずから以外の物と特定の関係をとりもつことができるということである。*1

貨幣が、近隣者どうしの物々交換の不便を克服するために発明されたのではなかったのはあきらかである。そもそも近隣者どうしが物々交換する理由などなかったのだから。だがそれでも、純粋な信用貨幣のシステムは相当な不便に直面していただろう。信用通貨は信頼（トラスト）に基盤をおいているが、競争の激しい市場においては信頼自体が稀少な商品になってしまう。このことは、ことさらよそ者どうしの取引にはあてはまる。ローマ帝国の内部において、ティベリウスの像が刻印された銀貨はそれが含有している銀の価値よりもはるかに高い価値［価格］で流通していたようだ。古代の硬貨は、例外なくその金属実質より高い価値で流通していたのだ。[*2] これは主に、ティベリウスの政府がそれらを額面通りの価値［価格］で受領するのをいとわなかったことによっている。しかしながら、ペルシア政府はおそらくそんなことはしなかったし、マウリア朝や中国の諸政府なら絶対にそんなことはしなかったであろう。大量のローマの金貨と銀貨が流出し、インドや中国にまで到達することになったが、おそらくその主要な理由はそもそもそれらが金と銀から鋳造されていたからである。

ローマや中国などの巨大帝国にいえるのであれば、なおさらシュメールやギリシアの都市国家にはあてはまる。中世ヨーロッパあるいはインドのほとんどの地域に拡がっていた、王国や行政区、小公国などの不連続の格子状領土についてはもちろんのことである。すでに指摘したように、なにが内部でなにが外部かといった境界は、しばしば明白でなかった。しかるに、ある一定の共同体の内部――町、都市、ギルドあるいは宗教結社――となれば、ほとんどなんでも貨幣として機能することができた。それを受領して債務を解消する意志をもつ任意のだれかが存在するということを、だれもが知っているかぎりにおいて。ことさらきわだった例をひとつあげると、一九世紀シャムのいくつかの都市においては、地元の賭博場が発行した中国産の磁器製［ゲーム用］模造硬貨――基本的にポーカーチップのようなもの――が、小銭として使用されていた。こうした賭博場のどれかが、営業不振におちいったり、免許を失ったりした場合、賭博場の所有者たちは、町中に触れ役を送りだし、ドラを打ち鳴らさせて、三日間の買い戻し期間のあることを告知させる義務があった。[*3] もちろん大きな取引においては、共同体の外部で通用している（やはりふつうは銀や金の）通貨が使用されていた。

おなじように、イギリスの小売店は、幾世紀ものあいだ木製か鉛製、革製の代用通貨（トークン・マネー）を自家発行していた。こう

した慣行は、名目上は違法であったが、比較的近年まで継続されていたのである。ここに一七世紀において、バッキンガムシャー州のストニー・ストラトフォードで小売店を経営していたヘンリー某の事例がある［上図参照］。
この事例がおなじ原理にもとづいているのはあきらかである。ヘンリーは、じぶんの商店で払い戻しのできる借用証書形式の小銭を供給していた。それは、少なくともその商店のお得意のあいだでは、幅広く流通していただろう。しかし、ストニー・ストラトフォードから遠くはなれて普及していたということはありそうにない。ほとんどの代用通貨は、実際には、二、三ブロック四方を越えて流通することはなかったのである。より大きな取引にあたっては、ヘンリーをふくめただれもが、イタリアやフランスをふくむ、どこでも受け入れられる形態の貨幣をたよっていた。[*4]
歴史の大部分を通じて、洗練された市場のみいだされる場においてすら、多様な種類の通貨のごたまぜ状態がみいだされる。それらの通貨のなかには、よそ者どうしの物々交換から出現していたものもあるだろう。たとえば、中央アメリカのカカオ貨幣やエチオピアの塩貨幣は、ひんぱんに参照される事例である。[*5]信用システムからあらわれたものもあるだろう。あるいは、どのような種類の財なら租税やそれ以外の負債の支払いとして受領可能か、をめぐる折衝の末、あらわれたものもあるだろう。このような問題はしばしば際限のない議論の的となった。どのような物品が、通貨として受領可能とされたか。そこからわたしたちは、しばしば、特定の時代、特定の場所における諸政治勢力の均衡状態について知ることができる。たとえば、植民地時代のヴァージニアの農園主は、小売店主に対してじぶんたちのタバコを通貨として受領させる義務を法制化することに成功した。それとおなじように、中世ポメラニアの農民たちは、ある時点で支配者たちを説得して、ローマの通貨でおさめられていた租税や謝礼や関税を、ワインやチーズや香辛料、鶏肉、卵、あげくのはてはニシンによっても支払い可能なものにしたようだ。そのことで行商人たちは多分に辛酸をなめることになる。通行料を支払うためにそれらをわざわざ携帯しなければならないか、現地においてそれらを売り手に有利な価格で購入しなければならなくなったのだから。[*6] これは農奴というよりは自由農民の地域においての話である。そこで農民たちは相対的に強い政治的立場にあった。それ以外の時代や場所においては領主や商人の利害が凌駕している。

かくして貨幣は、商品と借用証書（debt-token）のあいだをほとんど常にさまよっているのである。硬貨がわたしたちの頭のなかで貨幣の典型として存続している理由は、おそらくこれである。硬貨とはここではそれ自体商品として価値があり、政治的権威の紋章が刻印されることでさらに価値をあげる金銀の断片のことである。貨幣とはそもそもなんであるのかを規定する分岐点をほぼ完璧にまたがっている。さらにいえばこれら二面の関係性は恒常的に政治的係争の的であったのだ。

いいかえるなら、国家と市場、政府と商人の抗争は、人間の条件にとって本来的なものではないのである。

＊　＊　＊　＊　＊

起源についてのわれらが二つの物語――物々交換の神話と原初的負債の神話――は、一見、これ以上ないほどへだたっているようにみえる。だがそれらはおなじコインの裏表でもある。一方は他方を前提にしているのである。すなわち、わたしたちがみずからと宇宙の関係を負債として把握することができるのは、人間生活をさまざまの商取引からなるものとみなしてはじめてなのだ。

実例を示すために、意外な証人を呼びだしてみよう。フリードリッヒ・ニーチェである。世界を商業的観点から想像しようとしたとき生じる事態を、たぐいまれなる明晰さをもって透視できたのが、ほかならぬこのニーチェであった。

ニーチェの『道徳の系譜学』の公刊は一八八七年である。そこでニーチェは、アダム・スミスから直接拝借したといってもおかしくないような議論から出発している。だが、スミスよりもさらに大胆にその議論を推し進め、物々交換のみならず売り買いそのものが、それ以外のどんな人間関係の形式にも先行していると主張するのである。彼のみるところ、

> 負い目という感情や個人的な義務という感情はすでに指摘したように、存在するかぎりで最も古く、最も原初的な人格的な関係に根ざすものである。すなわち買い手と売り手の関係、債権者と債務者の関係から生まれてきたものなのだ。この関係のうちで人格と人格が直面し、人格が他の人格との関係でみずからを計ったのである。どれほど低い文明であっても、このような関係が確認されないような文明はまだみいだされていないのである。
>
> 値段をつけること、価値を測定すること、同等な価値のあるものを考えること、交換すること――これらは人間のごく最初の思考において重要な位置を占めていたものであり、ある意味では思考そのものだったのである。人間の最も古い種類の鋭敏さが育てられたのはここにおいてであり、人間が他の動物と比較してみずからに誇りをもち、優越感を抱いたのも、ここにおいてである。
>
> ドイツ語の「人間（メンシュ）」（「サンスクリットで精神を指す」マナス）という語も、まさにこの自己感情を表現したものかもしれない。人間はみずからを、価値を測る生物として、価値を見積もって測定する生物として、「まさ

に評価する動物そのもの」として特色づけたのである。買うことと売ること、およびそれに付随する心理的な要素は、あらゆる社会的な組織形式や結びつきの端緒よりもさらに古いものである。交換、契約、負債、権利、義務、補償などの感情の萌芽は、まず個人の権利のきわめて原初的な形式として生まれたものであり、それがやがて（他の複合体と比較すると）ごく粗野で初歩的な複合的な共同体へと移行していったのである。同時に、力と力を比較し、測定し、計算する習慣もまた、この共同体のうちに移行したのだった。[*7]

ふり返ってみれば、スミスもまた、言語の――つまり人間的思考の――諸起源を、「ある物をほかの物と交換する」人間の本性にあるとみていたが、彼にとってそれはまた市場の起源でもあった。[*8] 取引する衝動、諸価値を比較する衝動こそ、わたしたちを知的存在にし、他の動物と分かつ当のものである。社会はそのあとではじめてやってくる。このことが意味しているのは、他者への責任についてのわたしたちの諸観念が最初に形成されたのは、厳密に商業的な観点によって、ということである。

しかしながらスミスとは異なり、そうした取引のすべてが一挙に解消される世界がありうるという発想は、ニーチェには決して浮かばなかった。どのような商業計算のシステムも債権者と債務者を生みだすことになる、と、彼は考えていたのである。実のところ、人間のモラルの出現も、まさにこの事実に由来する、とニーチェは信じていた。ドイツ語の *schuld* が「負債（debt）」と「罪責性（guilt）」をともに意味することに、彼は注意を促している。まず、借りがある［負債を負っている］ということは、そのまま罪責のうちにあるということであり、債権者は歓喜をもって借りを返せない債務者を処罰したのである。「たとえば、借りにふさわしいだけ肉を切り取るなど、債務者の肉体にあらゆる屈辱と拷問を与え」[*9] ることによってである。実際、ニーチェは、潰された目にはいくら、切り取られた指にはいくら、と一覧表にしてみせた、原初の「蛮民法典」について、真のその目的は目や指の賠償額の設定ではなく、債務者の肉体をどれほど債権者が自由にできるかの制度化である、とまで主張している! いうまでもなくニーチェはこの件について、ほんのわずかの証拠すら提供していない（それは存在しないのだ）[*10]。だがここで証拠を求めるのは的外れであろう。ここでわたしたちが相手にしているのは、実在する歴史ではなく、あくまでも想像領域における思考のいとなみだからである。

ニーチェはつづけて次のようにいう。人間が共同体の形成をはじめたとき、共同体とじぶんたちとの関係性について、彼らは、必然的にこうした［負債の］観点から想像をはじめた。部族はひとに平和と安全を与えてくれる。それゆえひとは部族に負債を負う。部族の法にしたがうことはその負債を返済するひとつの方法である（ここでも「社会への借りを返すこと」である）。だがニーチェによると、この負債は――またもや――供犠［犠牲］によって支払われる。

原始的な種族社会の内部では――太古の時代（primeval times）のことだが――、生存している世代は常に前の世代に、とくにごく初期の、種族の基礎を築いた世代にたいして、ある法的な義務を感じるものである。

（…）

ここで支配的な力を発揮しているのは、みずからの種族は祖先の犠牲と働きの力だけによって存続しているのだという確信であり、――これにはみずからの犠牲と働きによって返礼しなければならないという確信である。こうして人は一つの負い目を認めたのであるが、この祖先は強力な霊として存在し続けていることが感じられ、その力によって新しい世代に新たな利益と［利益の］〈前貸し〉を与え続けていることが感じられるだけに、祖先へのこの負い目はますます大きくなってゆくのである。しかし［こうした恩恵は］無償で与えられるのだろうか？　そもそもかの粗野で「魂の貧しい」時代には、無償なものはありえなかったのだ。それでは何を代償として支払うことができるのだろうか。それは犠牲であり（当初はごく粗雑な意味で食べ物だった）、祝祭であり、礼拝堂であり、崇拝であり、とくに服従であった――というのはすべての習俗は、祖先が作りだしたものであり、祖先の指令や命令に等しいものだったからだ――。それに十分な代償を支払っているだろうか？　この疑いは決して消えることがなく、常に大きくなりつづける。[*11]

いいかえるならば、ニーチェにとって、アダム・スミスの人間本性にかんする前提から出発するならば、必然的に原初的負債論の系譜に帰着するということである。かたや、ひとが先祖伝来の法律にしたがうのは先祖への負い目ゆえである。共同体には「怒る債権者のように」ふるまう権利があって、［共同体の］だれかが法を犯せばじぶんたちに罰する権利があると感じてしまう理由は、まさにこれである。より一般的にいうならば、ひとは秘められた感情をふつふつと抱えているものである。すなわち、祖先に返済を終えることなど決してできはしないし、どんな供犠［犠牲］も（初子の生け贄さえも）真の贖罪にはなりえないであろう、と。先祖を畏怖し共同体が強く大きくなればなるだけ、「必ず先祖が神に転身していく」のである。共同体が王国に、王国が普遍的な帝国に成長していくにつれ、神々もまたより普遍的なものを体現し、より壮大な、より宇宙的な相貌をあらわし、天を支配し、稲妻を落とすようになる。そしてそれは、「地上における最大の負債の感覚をもたらした」最高神、つまりキリスト教の神においてついに頂点に達する。わたしたちの始祖アダムさえ、もはや債権者でなく侵犯者、すなわち、おのれの〈原罪〉の重荷をわたしたちに譲渡する債務者になったのだ。

こうして債務者のうちに疚しい良心がしっかりと根をおろし、食い込み、広がり、ポリープのように広く、深く成長し、ついには負い目が解消できないがために、罪も償えなくなり、贖罪の不可能性（永遠の罰）という思想に凝縮されるようになる——。（…）——こうしてわたしたちはキリスト教の天才的な一撃の前に、逆説的であると同時に驚くべき逃げ道の前に立ち尽くすのである。責めさいなまれた人類はこの逃げ道を前にして、しばしの安らぎを手にすることができた。この逃げ道とは、神が人間の負い目のためにみずからを犠牲にしたとか、神が人間の負い目をみずから払い戻したとか、人間がみずから払い戻すことができなくなったものを払い戻すことができるのは神だけであるとか、主張する教えである——債権者がみずからを、債務者のために犠牲にする、それも愛から（しかしそんなことが信じられるだろうか？——）、自分に負債を負う者への愛から、みずからを犠牲にするというのだ！[*12]

こうしたことはすべて、ニーチェの最初の前提から出発するかぎり、まったく理にかなっている。だが問題は、この前提そのものが狂っているということだ。

ニーチェ自身、おそらく、この前提が狂っていることを知っていた。実のところ、これこそが彼の問題の核心だったのである。ここでニーチェは、ひとまず、同時代に支配的だった（そして結局いまなお支配的な）人間本性についての標準的で常識的な前提から出発している。つまり、人間は合理的な計算機であること、商業的な自己利益が社会に先立っていること、「社会」自体がそこから帰結する紛争にまにあわせにふたをかぶせる方法でしかないこと、などである。要するに、ニーチェは、つきなみなブルジョア的諸前提から出発し、それらの諸前提を推し進めた結果、ブルジョアの読者に対し否応なしにショックを与えるにまでいたったということである。

それは意義のあるゲームであったし、ニーチェはだれよりもすぐれたプレイヤーだった。だがそのゲームのプレイは、徹頭徹尾、ブルジョア的思考の枠内でのみ展開している。それを超えたところにあるものには一切ふれもしていないのだ。ニーチェは返済の失敗ゆえにたがいの肉体を切り刻む未開の狩人を空想したが、その空想を真に受けたがっている人間への最良の対応は、実際の狩猟採集民の言葉を贈ることだ。デンマークの探検家であり人類学者かつジャーナリスト、ピーター・フロイヘンの『エスキモーの本』によって有名になったグリーンランドのイヌイットがそれである。ある日、セイウチ猟がうまくいかず腹を空かせて帰ってきたとき、猟に成功した狩人の一人が数百ポンドの肉をもって来てくれたことについて、フロイヘンは語っている。彼はいくども礼を述べたのだが、その男は憤然として抗議した。

その狩人はいった。「この国では、われわれは人間である」。「そして人間だから、われわれは助け合うのだ。それに対して礼をいわれるのは好まない。今日わたしがうるものを、明日はあなたがうるかもしれない。この地でわれわれがよくいうのは、贈与は奴隷をつくり、鞭が犬をつくる、ということだ[*13]」。

この最後の一節は、人類学の小さな古典ともいわれているが、これに似た貸しと借りの計算の拒絶は平等主義的な狩猟社会についての人類学文献全般にみいだされる。狩猟民は経済的計算の能力ゆえにみずからを人間であると考えるかわりに、そのような打算の拒絶、だれがなにをだれに与えたか計算したり記憶することの拒絶に真に人間であることのしるしがあると主張した。それ［貸借計算］をしてしまえば、「力と力を比較し、測定し、計算することをはじめてしまう世界、負債を通じてたがいを奴隷あるいは犬に還元しはじめる世界を形成してしまう。まさにそういう理由からである。

いついかなる歴史のなかにもひそんでいる語られざる無数の平等主義的精神とおなじく、彼もまた人間が計算する性向をもっていることを知らなかったなどといっているわけではない。もしそのような性向に無知であったなら、あえて右のようにはいわなかっただろう。いうまでもなくわたしたちは計算する［打算的］性向をもっている。わたしたちはあらゆる性向を有している。実人生のどんな状況にあっても同時に異なった矛盾する方向にわたしたちをみちびいてしまう、さまざまな性向がわたしたちにはある。ほかのだれより真実を体現するような人間はいないのだ。本当の問題は、わたしたちが人間性の基礎をどちらにおくか、したがって文明の土台をどちらにおくかにある。ニーチェの負債の分析が有益だとすれば、それは、人間的思考が本質的に商業的計算にあり、売り買いが人間社会の基礎であるという前提から出発したとき——そう、またもやそれを宇宙と人間との関係の思考の始点にすえたとき——わたしたちは必ずや、その宇宙とじぶんたちの関係について負債を通して認識してしまう、という事態を暴露するからである。

＊＊＊＊＊

ニーチェはもうひとつ、べつの文脈においても有益であるようにおもわれる。「贖い／救済（redemption）」という概念の理解にとって、である。ニーチェの「太古の時代（primeval times）」にかんする思考は不条理かもしれないが、キリスト教にかんするその一連の分析——負債の感覚が根強い罪責感に、罪責感が自己嫌悪に、自己嫌悪が自己拷問に、どのように変容するかについての分析——はまったく正しいように感じられる。

たとえば、キリストはなぜ「救世主（redeemer）」とみなされるのか？「救う（redeem）」のそもそもの意味は、なにかを買い戻すこと、あるいは借金のかたにとられたものを取り戻すこと、つまり負債を完済することでなにかを獲得することである。キリスト教の教えの神髄である救済、人間を劫罰から救うための神自身の子の生け贄、こういったことが金融取引の言語で形成されねばならなかったということは考えてみれば印象的である。

ニーチェはアダム・スミスとおなじ諸前提をたわむれに採用したかもしれないが、初期のキリスト教信者はあきらかにそうでなかった。この思考のルーツは、小商店主たちからなる国民というスミスの前提よりも、もっと根深いところにある。人間の条件を考えるために市場の言語を借用したのは、ブラーフマナの書き手たちだけではなかった。実のところ、多かれ少なかれ、主要な世界宗教すべてがそうしてきたのである。

その理由は、ゾロアスター教からイスラーム教まで、あらゆる世界宗教が、人間の生活における貨幣と市場の役割についての激しい議論のなかから出現したからである。まず人間存在とはなにをたがいに負っているものであるのかという根源的な問いがあった。その根源的問いにとって、こうした諸制度はいったいどのような意味をもっているのか。そこでとりわけ問題になっていたのはこれである。こういった負債についての問い、負債についての議論は、その時代の政治的生活の全領域に浸透していたのである。これらの議論は、蜂起や請願、改革運動のただなかで提起された。そして、こうした運動のなかには、神殿や宮殿の内部にも同調者を獲得したものもあった。強権的に弾圧されたものもあった。だが、使われた言葉、スローガン、そして具体的争点のほとんどは、歴史のなかに消失してしまった。紀元前七五〇年に、シリアの酒場でどのような政治的議論が交わされていたか、わたしたちは端的になにも知らないのだ。その結果として人類は、書かれた当時にはどの読者にも容易に理解できただろうが、いまや推測する以外にない政治的暗示に充ちた聖典を、数千年をかけて解読を試みることになったのである。*14

聖書のもつ異例性のひとつは、こうした大きな文脈の情報を断片的にとどめていることである。「贖い／救済」という観念に戻ってみよう。どちらも「贖い／救済（リデンプション）」と訳されているヘブライ語の *padah* と *goal* は、他人に売ったものを買い戻すという意味で、とくに先祖伝来の土地の回復、あるいは担保として債権者の手元にあった物品（オブジェクト）という意味で使われていた。*15 預言者や神学者たちがなによりまず念頭においていた事例は、この担保物品の回復であったようだ。担保にとられたもの、とりわけ借金のかたにつれていかれた家族の買い戻しである。ヘブライ人の諸王国の経済は、預言者たちの時代までに、メソポタミアで長年生起していた事態にも似た、累積的な債務危機の深刻化する端緒にあった。貧乏人は、凶作の年にはとくに、裕福な隣人あるいは金持ちの高利貸に借金を重ねていくうち、農地の権利を失い、それまで所有していた土地の借地人となりはじめる。息子や娘を債権者に召使いとしてさしだしたり、外国に奴隷として売り払うことさえあったようだ。[*16] 初期の預言者の言葉は、こうした危機への暗示をふくんでいる。なかでも、古代ペルシア帝国の時代に書かれた「ネヘミヤ記」が、いちばんはっきりとその点を表現している。[*17]

またある者はいった。「この飢饉のときに穀物をえるには畑も、ぶどう園も、家も抵当に入れなければならない。」またある者はいった。「王が税をかけるので、畑もぶどう園も担保にして金を借りなければならない。同胞もわたしたちもおなじ人間だ。彼らに子どもがあれば、わたしたちにも子どもがある。だが、わたしたちは息子や娘を手放して奴隷にしなければならない。ある娘はもう奴隷になっている。どうすることもできない。畑とぶどう園はもう他人のものだ。

この嘆きと訴えを聞いて、わたしは大いに憤りを覚え、いたたまれなくなって貴族と役人をこう非難した。「あなたたちは同胞に重荷(ウスラ)を負わせているではないか。」こうしてわたしはまた大きな集会を招集した[*18](「ネヘミア記」第五章三‐七節)。

ネヘミヤは、バビロン市で生まれたユダヤ人で、ペルシア帝王の献酌官［宮廷や貴族の宴席で酒をついでまわる者］だったことがある。前四四四年に彼は、帝王を説きふせて、みずからの生地ユデアの執政官に就いた。ネヘミアはまた、エルサレム市で二世紀以上前にネブカドネザル二世に破壊されてしまった神殿を、再建する許可を獲得した。この再建の過程で、諸々の聖典が再発見され修復されるのである。ある意味で、まさにこのとき、現在ユダヤ教と呼ばれるものが創造されたのだ。

しかし、故郷に戻るやいなや、ネヘミヤは社会的危機に対応せねばならなかった。まわりは、納税できない貧窮化した農民や、貧者の子どもたちを「借金のかたに」奪いとる債権者でいっぱいだったのである。彼の最初の対応策は、古典的なバビロニア流の「債務帳消し（クリーン・スレート）」の布告であった。バビロン市生まれの彼は、あきらかにその一般的原理を熟知していたのだ。商業上の負債以外はすべて帳消しにされねばならぬ、というのがそれだ。利子率にも上限が設定された。しかしそれと同時に、ネヘミヤは、いまでは「出エジプト記」「申命記」「レビ記」などにとどめられている古いユダヤ律法の、再発見、改訂、再発行をやってのけた。その原理を制度化することによって、それらの律法は、いくつかの点で、さらに先鋭化した。[19]それらのうちで、最も有名なのは、ヨベルの律法（Law of Jubilee）である。その法の告げるところによれば、あらゆる負債が、「安息の年（Sabbath year）」（つまり七年後）には自動的に無効になり、負債のために束縛され苦しんでいる者すべてが解放されることになる。[20]

メソポタミアにおいてと同様に、聖書においても、「自由（freedom）」とは、なによりもまず負債の影響からの解放を意味するようになった。時間がたつにつれ、ユダヤ人の歴史そのものが、この観点から解釈されるようになる。エジプトにおける拘束状態からの解放は、神による贖い／救済なるものの最初の範例となるふるまいであった。ユダヤ人の歴史的苦難（敗戦、征服、国外追放）は、ついには救済者の到来によって最終的に贖い／救済されるべき逆境とみなされるようになる。しかしこれは、エレミアなどの預言者たちが警告したように、ユダヤの民が、みずからの罪業（たがいを隷属状態におとしいれること、邪神にかしずくこと、戒律にそむくこと）を心から悔いたあとではじめて達成されるはずのものだった。[21]この観点からすると、キリスト教信者たちがこの思想を採用したことは少しもおどろくにあたらない。贖い／救済とは、個人の罪業（sin）と罪責性（guilt）の重責からの解放であり、歴史の終焉とは、天使のラッパの大音響が最終的な大赦（Jubilee）を告知するとともに、すべてが白紙に戻され、あらゆる負債が免除される瞬間のこととなる。

だとすると、「贖い／救済」とはもはやなにかを買い戻すことではない。それよりも、計算［会計］（accounting）システム総体を破壊するという問題である。中近東の多くの都市で、これは文字通りの事態を指していた。すなわち、債務帳消しの過程に共通にみられる行動は、金融出納の記録されていた粘土板の儀礼的な破壊だったのだ。まさに、歴史上、はるかに非公式的なかたちではあるものの、どの農民蜂起においてもくり返されてきた行動だ。[*22]

これはもうひとつの問題につながる。そうだとして、最終的な贖い／救済の到来する以前に、とりあえずなにが可能なのか？［イエスによる］あれこれの不穏な寓話のうちのひとつ、「悪しきしもべのたとえ」において、キリストは、この問題とあからさまにたわむれているようにみえる。

そこで、天の国は次のようにたとえられる。ある王が、しもべたちに貸した金の決済（settle accounts）をしようとした。決済しはじめたところ、一万タラント借金しているしもべが、王の前につれてこられた。しかし、返済できなかったので、主君はこのしもべに、じぶんも妻も子も、また持ち物もぜんぶ売って返済するように命じた。しもべはひれ伏し、「どうか待ってください。きっと全部お返しします」としきりにねがった。そのしもべの主君はあわれに思って、彼を赦し、その借金を帳消しにしてやった。ところが、このしもべは外に出て、じぶんに百デナリオンの借金をしている仲間に出逢うと、捕まえて首を絞め、「借金を返せ」といった。仲間はひれ伏して、「どうか待ってくれ。返すから」としきりに頼んだ。しかし、承知せず、その仲間を引っぱっていき、借金を返すまでと牢に入れた。仲間たちは、事の次第をみて非常に心を痛め、主君の前に出て事件を残らず告げた。そこで、主君はそのしもべを呼びつけて言った。「不届きなしもべだ。おまえが頼んだから、借金を全部帳消しにしてやったのだ。わたしがおまえをあわれんでやったように、おまえもじぶんの仲間をあわれんでやるべきではなかったか。」そして、主君は怒って、借金をすっかり返済するまでと、しもべを牢役人に引き渡した。[*23]

（「マタイによる福音書」第一八章二三 - 四節）。

これは、かなり常軌を逸した文書である。ある次元では冗談だが、べつのある次元ではこれ以上ないほど深刻なものなのだ。

この文書は、しもべとの「決済」を求める王からはじまる。この前提は不条理である。王たちは、神々とおなじように、みずからの臣下と交換関係に入ることはできない。同格ではありえないからである。そしてここでは、あきらかに王が神である。だからどう考えても、最終的な決済などありえないのだ。

だとすれば、この文書にみることができるのは、せいぜい王の気まぐれなふるまいということになる。この前提の不条理をダメ押ししているのが、最初の男が負っている負債の額面である。古代ユダヤにおいて、ある者が債権者に「一万タラント」借りているということは、いまだったら「一〇〇〇億ドル」の借金があるというに等しい。この数値もまた冗談である。これは「どのような人間がどうあがいても返済しようのない額面」というにすぎない。[24]

無限の実存的負債をつきつけられて、このしもべは、あからさまな嘘をつくことしかできない。「一〇〇〇億ドルですか？　もちろん、お支払いできます。ただ少しの猶予をいただければ」。そしておなじいいかげんさで、即刻、君主も彼を放免してしまう。

だが、この恩赦にはしもべの意識していない条件のあることがわかる。つまり、この恩赦を受けるには、王にじぶんが受けたのとおなじように、しもべがほかの人間――この場合は、彼に（ふたたび現代の用語に翻訳すると）たとえば一〇〇〇ドル借りているべつのしもべ――を扱う意志があるかどうかにかかっている。この試練を通過しなければ、人間は永劫にか、あるいは、「彼が負ったすべてを返済するまで」、地獄に投げ込まれることになる――要するに、どちらもおなじことだが。

この寓話は長いこと神学者たちに難問をつきつけてきた。それはふつう、神の与える慈悲のかぎりなさと、それに比して、神の求める要求の少なさの隔絶についての注釈と解釈されている。またそのふくみから、永遠に地獄のなかで拷問を受けることが、みかけほど理不尽ではないということを示唆する方法とも解釈されている。たしかに「無慈悲なしもべ」は真に憎むべき人間である。それでもなお、わたしにとってよりおどろきであるのは、現世において、究極的には免罪（forgiveness）は不可能であるという暗示である。キリスト教信者たちは、主の祈りを復唱するたびに、それとおなじ意味のことをくり返している。神にむかって「われらが債務者を［債務から］免除いたしますので、われらの負債も赦免してください[*25]」と懇願しているのである。それはこの寓話のあらすじをほとんどそのまま反復しているわけであるが、その含意もおなじぐらい陰鬱なものだ。つまるところ、祈りを復唱するキリスト教信者のほとんどは、じぶんたちに借りのある者［債務者］を免除などしていないことを承知しているのだから。だとしたら、神に彼らの罪業を赦さねばならない理由があるのだろうか？[*26]

そのうえ、さらにしつこい暗示があって、どれほどがんばってもこの規範にしたがうことなどだれにもできぬ、というのがそれである。新約聖書のキリストをかくもおもわせぶりの人物のようにみせているのは、その発言に明快さがまったくないことである。すべてが二重に読めるのだ。あらゆる借金を免除すること、石を投げないこと、もう片方の頬をさしだすこと、敵を愛すること、貧者におのれの所有物を与えること、などを信徒たちに訴えるとき、はたしてキリストは本当にそれを期待しているのだろうか？　あるいは、だれにも応じるのは無理であることはあきらかであるから、しょせん、われわれ罪人の救済されるのはあの世においてのみなのだ——ほとんどいかなることをも正当化できる（実際されてきた）立場である——と信徒たちにおもい知らせる、この要請はその方法にすぎないのか？　後者は人間の生を先天的に堕落したものとみる視点であるが、それとともに精神的な事象でさえも商業的観点から枠づけしている。すなわち、悪魔と聖ペトロは、罪業、償い、免罪を書き込んだ、それぞれ別種の「会計帳簿（ledger books）」を携えているわけだ。そして、このようなイメージには、たいていある感覚、つまり、すべては空疎な芝居（シャレード）でしかないという感覚がつきまとっている。すべては空疎な芝居である、なんとなれば、このような罪業を列挙するゲームにわたしたちの存在が貶められているという事実そのものが、だれしも根本的に免罪に値しないことを露呈してしまっているからである、と。

あとでふれるように、世界宗教はまさにこのような両義性（アンビヴァレント）に充ちている。一方で、世界宗教は市場に対する怒号である。ところが他方で、そうした異議を商業的な観点から枠づけてしまう傾向をも世界宗教は有しているのである。人間の生を商取引に還元してしまうことがよくないのはそれがよい商取引ではないからだ、とでも主張するかのようなのだ。とはいえ、これらの少ない事例についてのわたしの考察からでも、貨幣の起源と歴史についての因襲的な説明のなかに、どれだけ多くのことが隠蔽されているかがあきらかになる。芋と靴を交換する近隣者たちの逸話には、ほとんど感動的なまでの無邪気さがある。古代人たちが貨幣について考えたとき、彼らが最初に念頭においていたのは、友好的な交換などではほとんどありえなかったのだ。

なるほど地元の酒場での借用証が頭に浮かんだ者もいただろう。商人や行政官ならば、貯蔵庫や経理簿、外国産の輸入食品が頭に浮かんだかもしれない。だが、ほとんどの人間の頭には、おそらく、奴隷売買、罪人の身請け、腐敗した徴税請負人、征服した軍隊による掠奪、抵当や利子、盗みやゆすり、復讐や懲罰などなどが浮かんだはずである。そしてなににもまして、家族をつくるため、すなわち、花嫁をえて子どもをつくるための貨幣の必要性と、おなじ貨幣の使用が家族を破壊してしまうこと――負債をこしらえ子どもや妻を奪われてしまうこと――のあいだの緊張関係が浮かんだはずである。「ある娘はもう奴隷になっている。どうすることもできない」。家族の名誉を守ることが男の力のすべてであった父権的な社会にあって、ひとりの父親の感情に対してこれらの言葉がどんな意味をもったのか想像することしかできない。しかしこれこそ、人類史の大部分で、大多数の人びとにとって、貨幣（カネ）というものがもった意味なのである。何年ものあいだ、場合によっては永遠に、息子や娘が不愉快なよそ者の家につれ去られ、食器を洗ったり、場合によっては性的享楽に供され、ありとあらゆる形態の暴力や虐待の対象になる、そして、両親たちは、おのれの庇護すべき者に起きた災厄を知っている隣人たちの目を避けながら、無力に待ちわびる。そのようなおそるべき未来図である。[*27] あきらかに、だれにとってもおおよそ考えうる最悪の事態である。だからこそ寓話のうちでは、そんな最悪の事態と生涯にわたって「獄吏に引き渡され拷問される」ことが交換可能なものとみなされているのである。ちなみに、これは父親のみからの視点である。娘にとってこれがどう感じられたか、想像するほかない。だが人類史を通して、それがどのようなものか、声なき無数の娘たちは知っていた（そして、いまも知っている）のだ。

それもこれも自然のなりゆきとして受け入れられていたのだ、という反論がくるかもしれない。すなわち、征服された住民への貢納の強要のように、それは憤りをかきたてたかもしれないが、善悪の問題、モラル上の問題とはみなされていなかったのだ、と。ものごとは起こるべくして起こる。なるほどたしかに人類史を通して、それがこうした現象に対する農民たちの共通の姿勢であった。だが歴史的記録にふれておどろくのは、債務危機にあっては多数者の反応がそれとは違ってくるということである。実際に無数の人びとが怒りの声をあげたのだ。そしてそうした事例はおびただしく、まさに現代の社会正義の言語、わたしたちの人間の隷属と解放についての語り口にまで、古代における負債をめぐる議論が反響をやめないでいるのである。

それ以外の多数のことがら、たとえば、カースト制や奴隷制にはおなじような抗議行動がみられないがゆえに、このことがことさら眼を惹く。[*28] まちがいなく奴隷や不可触賤民たちも少なくとも劣ることのない悲惨を経験したはずだ。多くの人びとがみずからを取り巻く条件に抗議してきたのはうたがいない。ではなぜ債務者たちの抗議が、「とりわけ」かくも大きなモラルの重みを担っているようにみえるのか？　なぜ、債務者たちにかぎって、聖職者、官吏、社会改革者たちの同調を獲得することに成功したのか？　なぜネヘミヤのような官吏たちは債務者の不満や抗議、大動員の呼びかけには、同情をもって配慮したのか？

実際的な理由をあげる人びともいる。古代には戦時に戦闘に徴用されるのは自由農民である。ところが債務危機はそのまさに自由農民を壊滅させる。だからである、と。[*29]これが要因のひとつであるのはうたがいないのだが、唯一のものではないこともあきらかだ。たとえば、ネヘミヤが高利貸に怒りをむけたのは、なによりもまずペルシア帝王のため兵を徴募できるかどうかを案じていたからである、ということを示唆するものはなにもない。それはより本質的なことにかかわっているのだ。

負債をそれ以外のことがらから峻別しているのは、それが平等の仮定を条件としていることである。奴隷であることあるいは下層カーストであることは、本質的に劣位にあるということである。そこにあるのは生粋のヒエラルキーである。だが負債において問題となるのは、対等の当事者（equal parties）として契約をむすぶ二人の個人である。法的な意味で、少なくとも契約にかんするかぎり二人は同等なのである。

それに加え、多少なりとも社会的に対等な個人がたがいに金銭を貸し借りしていた古代において、その条件はたいていきわめて寛大なものだったようにおもわれる。しばしば無利子であったし、利子つきの場合でも大変な低金利だった。「金利は加算しないでくれたまえ」、と、前一二〇〇年頃の粘土板に、ある富裕なカナン人がべつのカナン人に書き記している。「つまるところわれわれはおたがい紳士なのだから」と。[*30]近親者のあいだでの貸付金であれば、そのほとんどが、いまとおなじく、だれも真面目に返済を期待しないただの贈与だったであろう。だが富者と貧者のあいだでは、やはり事情は違っていた。

問題は、カースト制や奴隷制における身分の区別とは違って、富者と貧者をへだてる線が厳密にひかれたことはない、という事実である。ある農夫が、「人は助け合うもの」となっているから、金持ちのいとこに借金をたのみこんだはいいが、二、三年後に、ぶどう園を取りあげられ、息子と娘をつれ去られるはめにおちいった。そのとき、この農夫の反応はどのようなものか、想像してみよう。この［いとこの］ふるまいは、法的観点からは正当化できる。貸付は相互扶助ではなく商業上の関係であると主張すればいいのである。要するに、契約は契約である、というわけだ（このふるまいは、そのいとこが上位権力に依拠することができるのが前提となるのだが）。だが、感情的には手ひどい裏切り以外にはおもえなかったはずだ。さらにいえば、契約違反として問題を定義づけることは、事実上はモラルの問題である、と主張することに等しかった。二人の当事者は対等でなければならない。だが、片方がその契約を守る［約束を尊重する］ことができなかった、ということになるのである。心理学的にみれば、債務者のおかれた状況のもたらす不名誉［恥辱］は、これによってますます痛ましくなるばかりである。というのも、それによって、おまえの娘の運命をみじめなものにしたのは自業自得だ、といえるようになってしまうからである。だが、まさにこのことが、モラルによる非難を投げ返す動機をいやおうなく強力なものにするのである。「同胞もわたしたちもおなじ人間だ。彼らに子どもがあれば、わたしたちにも子どもがある」。わたしたちはみなおなじ人間なのだ。わたしたちには、おたがいの必要性と利害に配慮する責任がある。それなら、いったいどうしてわたしの兄弟は、わたしに対してこんなことができたのだ？

旧約聖書の場合、債務者たちは強力なモラルによる議論を巧みに組み立てている。すなわち「申命記」の作者たちがくり返し読者に想起させているように、ユダヤ人はみなエジプトで奴隷だったではないか？　そしてだれもがおなじように神に救済／贖罪されたではないか？　この約束の地を、みなで分かち合うよう与えられたのに、ある者が他の者からそれを取り上げるのは正しいおこないなのか？　解放された奴隷たちが、たがいの子どもを奴隷に貶め合っているのは正しいことなのか？[*31]　だが古代世界においては、おなじような状況下にあるほとんどすべての場所で、類似した議論がおこなわれていた。アテナイでも、ローマでも、そして、この問題では、中国においても

――中国では、鋳貨そのものが、くり返し起こった破滅的な洪水のあと、売り払いを強いられた子どもたちを家族が買い戻せるよう、ある皇帝によって発明されたという伝説がある。

人類史を通して、階級間の公然たる政治的抗争が出現したとき、それは負債解消の申し立てというかたちをとっていた――拘束された者の解放、そしてたいてい、土地のより公正な再分配というような。聖書やそれ以外の宗教的伝統のうちに、わたしたちは、これらの主張を正当化するためのモラル上の議論の痕跡を認める。それらは通常、あらんかぎりの想像による歪曲を加えられているが、不可避的に、一定の度合いで、市場そのものの言語を取り込んでいるのである。

第五章　経済的諸関係のモラル的基盤についての小論

負債の歴史を語ること、それは、必然的に、市場の言語がどのようにして人間の生活のあらゆる側面に浸透するようになったかを再構成することでもある。そして、市場の言語におもてむき対抗してあげられたモラル上、宗教上の声に語彙を与えることでもある。ヴェーダもキリスト教の教義も、おなじような奇妙な展開を示すことをすでにみた。まず、すべてのモラルを負債として語り、ついでその身ぶりそのものによって、モラルは実際には負債に還元できないこと、なにかべつのものに基盤をおく必要があることを提示するのである。[*1]

だがべつのものとはなにか？　宗教的伝統が好むのは、壮大な宇宙論的答えである。こうした負債のモラリティに対する代案は、宇宙との連続性の認識、あるいは切迫する宇宙の崩壊の予感／期待のなかでの生のいとなみ、あるいは神性への絶対的服従、あるいはべつの世界への撤退におかれるのである。わたし自身といえば、目標はより控えめなものなので、正反対の手法を採用したい。もしわたしたちが、経済生活のモラル上の基盤、より拡げていえば、人間の生活を本当に理解したいなら、とても小さなことがらからはじめなくてはならない。たとえば、社会的実存の日常的細部、友人や敵、子どもたちに対するわたしたちのふるまい——それらのふるまいにともなうのは多くの場合（塩をとってあげたりタバコを一本ねだったりといった）あまりに小さな身ぶりだから、通常それについて考えることはほとんどない。人類学は、人間がじぶんたちを組織化する方法が、いかに多様で、いかに膨大であるかを提示してきた。しかし、人類学は同時に、いくつかの注目すべき共通点をもあきらかにした。人びとが物品のやりとりをおこなうとき、あるいは他者がじぶんたちになにを負っているか議論するとき、どこにでも出現し、常に呼びだされる、根本的なモラルの原理がそれである。

ひるがえってみれば、人間の生活がかくも複雑な理由のひとつは、これらの原理の多くが、たがいに矛盾しているからである。これからみていく通り、こういった諸原理は、常にわたしたちに対し根本的に異なったいくつかの方向に張力をおよぼしている。交換のモラル的論理、つまり負債のモラル的論理は、そのうちのひとつにすぎない。いかなる状況にあっても、完全に異なる原理が共存する傾向にあり、それらが共に影響力を及ぼすこともあるのである。この意味で、第一章で議論されたモラル上の混乱は、決して新しいものではない。ある意味で、モラルの思考は、この緊張の上に築かれているのだ。

＊　＊　＊　＊　＊

したがって負債がなにかを本当に理解するためには、人間が他者と切り結ぶそれ以外の義務とそれとがどう異なっているか、理解することが必要になる。そのことは、転じて、負債以外の義務について、それらがなんであるのかを位置づけることでもある。だがこの作業によって独特の難題がもちあがる。現代の社会理論は——経済人類学をふくめ——この点についておどろくほど参考にならないのだ。たとえば、フランスの文化人類学者マルセル・モースの一九二五年の論考『贈与論』以来、贈与についての文化人類学的文献は膨大な数にのぼる。市場経済とはまったく異なる原理で動く「贈与経済」についての文献ですら大変な量である。しかし結局、こういった文献のほとんどすべてが、ひたすら「贈与交換」に焦点を絞っているのである。ひとが贈与をするときにはかならずや負債が発生し、受けとる側はのちに同種の返礼をせねばならないという想定があるのだ。偉大な宗教の場合とおなじように、もっとも公然とそれに反対する思考のうちにも市場経済の論理が浸食してきたわけだ。かくして、ほとんどゼロから新しい理論をつくるためにも、ここからはじめなければならないのである。

問題の一端は、現在の社会科学において経済学の占める並外れた地位にある。経済学はいろいろな意味で主導的な学問分野とみなされている。アメリカでは、なにごとかの運営にたずさわる重要人物はだれであれ、なんらかの経済理論の訓練を受けていること、少なくともその基本的な教義に精通していることになっている。その結果、これらの教義は、疑問の余地なき社会的通念とみなされるようになった（その正当性に挑戦するさい、最初に受ける反応はたんに無知な人間として扱われることである。「あなたはラッファー曲線［最適な税制の設定により最大の税収が得られるとする理論］についてご存知ないようですな」とか「どうもきみは経済学の初級講座を受講した方がいいんじゃないか」などというわけだ。この理論は、あまりにも自明な真実とみなされているため、それを理解してさえいれば賛同しないなどありえないとみなされているのである）。そのうえ、たとえば「合理的選択理論」など、われこそ「科学的なり」と大声で唱えている社会理論の諸分野も、人間心理について経済学者とおなじ仮定から出発している。人間とは、あらゆる状況下で可能なかぎり最良の条件を、すなわち、最小の犠牲ないし投資で最大の利益と快楽と幸福を手に入れることをひたすら計算する利己的な行為者である、というものだ――実験心理学者たちが、そのような仮定は端的に誤りであるといくどもくり返し表明してきたことを考えれば、奇妙なことである。[*2]

かねてより、社会的相互作用の理論を、もっと幅広い人間本性観のうちに根拠づけながら構想したいと考える人びとは存在していた。彼らによれば、モラルの生活とは、相互利益以上のなにか、なによりも正義の感覚に動機づけられている。ここで鍵となる言葉は「互酬性（reciprocity）」である。つまり、公平、均衡、公正、対称性といった感覚であり、もろもろの尺度の集合体としての正義のイメージのうちに具現されている。そこからすると、経済的取引とは障害を起こしがちで悪名高い変種であるとはいえ、均衡のとれた交換原理の変種（ヴァリアント）にすぎない。だが詳細に検討してみれば、すべての人間関係は互酬性の特定の変異体上に基礎をおいていることがわかる「というわけである」。

一九五〇、六〇、七〇年代には、このような思潮の大流行があった。それは、合衆国におけるジョージ・ホーマンズの「社会交換理論」からフランスにおけるクロード・レヴィ＝ストロースの構造主義にいたるまで、当時「交換理論」と呼ばれた装いのもとに無限の変奏へと発展していった。人類学の知的守護神に祀り上げられたレヴィ＝ストロースは、人間生活は、（言葉の交換からなる）言語、（女性の交換からなる）親族、（物の交換からなる）経済の三つの領域からなるという驚嘆すべき議論を提起した。彼によれば、この三つの領域はすべて、おなじ互酬性の基本法則によって支配されている。[*3]

いまではレヴィ＝ストロースという星の輝きは失われた。ふり返ってみると、ここまで極端な主張は若干ばかげてさえみえる。だがそれにしても、これにとってかわる大胆な新理論を提唱した者はいない。そのかわり、これらの仮定がたんに背景に引っ込んだにすぎないのである。ほとんどだれもが、社会生活は、その根本的性質から互酬性の原理にもとづいており、そのため人間のすべての交わりは、ある種の交換として理解するのが妥当であると想定しつづけているのだ。だとするなら、負債こそが実にすべてのモラリティの根底にあることになる。負債とは、いまだ均衡が回復されないときに発生するものだからだ。

しかし本当にすべての正義（ジャスティス）は、互酬性に還元可能なのだろうか？　ことさら正しく（ジャスト）はみえない互酬性の形式をおもいつくのはかんたんである。「汝が欲するところを人になせ」は、倫理体系にとってはすぐれた基盤にみえるだろう。しかしわたしたちのほとんどにとって、「目には目を」が喚起するのは、正義というより野蛮な復讐である。[*4]「情けはひとのためならず「よきおこないはおのれに返る」」は好ましい感情であるが、「魚心あれば水心」だと政治的堕落を一口にあらわす言葉になる。逆に、あきらかにモラルに則しているようにみえるけれども、互酬性とはつながりがない関係性もある。しばしば引かれるのが母子関係の例である。わたしたちの多くは、まず両親から正義とモラルの感覚を学ぶ。だが親子の関係をとくに互酬的［相互関係的］であるとみなすのは、きわめて困難である。だからといって、それはモラルぶくみの関係ではない、とあえて結論をくだすことが、わたしたちにできるだろうか？　それは正義とはなんの関係もないのだろうか？

カナダの小説家マーガレット・アトウッドは、近著を負債からはじめているが、似たような逆説がそこにはみられる。

自然誌家アーネスト・トンプソン・シートンは、二一歳の誕生日に奇妙な請求書を受けとりました。それは父親によって記録された、アーネストの幼少期および思春期までのあらゆる支出の明細であり、そこにはアーネストの出産時に医者から請求された費用までふくまれていました。さらに奇妙なことに、アーネストはそれを支払ったといわれています。わたしはつねづねシートンの父親のことをろくでなしだとおもっていましたが、いまではそれを考え直しています。[*5]

わたしたちの多くは考えを改めることなどないはずだ。そのようなふるまいは、残酷で非人間的なものにみえる。シートンはまちがいなくそう考えたはずだ。彼は請求書の支払いをすませ、その後二度と父親と話すことはなかったのだから。[*6] そしてまさにそのために、かかる請求書がかくも常軌を逸してみえるのである。勘定を清算することは、双方が決別することができるということでもある。それをやってみせることで、父親は、息子とはこれ以上なんのかかわりもない、ということを示唆したのである。

いいかえると、両親に負うものを一種の負債として想像できるとしても、それが実際に返済可能である、とか、それが返済されるべきものだとすら考える者はほとんどいないのである。とはいえ、もし返済が不可能なら、いかなる意味においてそれは「負債」なのか？　また負債でないなら、いったいなんなのだろうか？

＊＊＊＊

互酬性への期待が壁にぶちあたってしまうような人間的相互作用の事例は、その代案（オルタナティヴズ）を求めるに絶好の場所である。たとえば一九世紀の旅行記には、このような事例を山のようにみることができる。アフリカのある地域で活動していた宣教師たちは、薬を投与したさい受けた反応にしばしば驚愕を示している。以下は、コンゴのイギリス人宣教師が語った典型的な事例である。

わたしたちがバナに到着した一、二日後、ある現地人がひどい肺炎にかかった。コンバー［ある宣教師の名］が病人を治療し、濃いチキンスープで命をつなぎとめた。彼の家はキャンプの隣にあったので、かなり丁寧な看護と配慮が与えられたのである。わたしたちがふたたび旅にでる準備が整ったころには、彼は回復していた。ところが彼はわれわれの元にやって来て、おどろくべきことに贈り物を要求した。そしてわれわれがそれを拒否すると、彼はそれとおなじくらい驚嘆して気分を害した。われわれは、贈り物をして感謝を示すべきは彼の方ではないかといった。彼はこう返した。「そうともさ！　あんたら白人は本当に恥知らずな連中だよ！」[*7]

二〇世紀初頭の数十年間に、フランス人哲学者リュシアン・レヴィ＝ブリュールは、「現地住民」が［じぶんたちとは］まったく異なる論理形式で行動している事態を示そうとして、これと類似の逸話を収集した。たとえば、溺れているところを助けられた男が、素敵な衣服をくれるよう救命者に要求した話。虎に襲われて治療を受けたあとで、ナイフを要求した者の話。中央アフリカで活動していたあるフランス人宣教師は、彼に対して、こうしたことが規則的に起きるのだと述べている。

だれかの命を救ったりすると、まもなくその人物が決まって訪れるのです。いまやこちらは彼に対する義務がある。そして彼に贈り物をしないかぎり追い払うことはできないのです。*8

そう、たしかに、命を救うというおこないにはなにか常軌を逸したところがあるし、そういう感覚がほとんどいつもつきまとう。出生と死にまつわる事象は、それがなんであれ無限の領域にかかわらざるをえないのであり、それゆえ、日常的なモラル的計算手段のすべてを超出しているのだ。わたしの子どものころのアメリカでは、この種の逸話はありふれていたが、それはたぶんこのためである。子どものころ、いくども聞かされたことをおぼえているのが、イヌイット（またときには仏教徒や中国人である。だが不思議なことにアフリカ人だったことはない）の世界では、だれかの命を救うと永久にその人物の面倒をみる責任があるとみなされるという話である。これは、わたしたちの互酬性についての感覚に逆らっている。だがどういうわけか、それはまた妙に理にかなってもいる。

これらの逸話に登場する受難者［命を救われる側の人間］がいったいなにを考えていたのか、知るすべはない。彼らがだれであり、どんな期待をもっていたのか（たとえばふつうは医者とどのように交流したのか）わからないからだ。しかし推測することならできる。思考実験を試みてみよう。だれかがだれかの命を救うとする、すると二人は兄弟のようになる、そんな場所があると想像してみよう。いまではどちらも、あらゆるものを共有し、一方がなにかを必要としているときには、それを与えることになっている。そうなってみると受難者（現地人）は、新しい兄弟（宣教師）が非常に豊かで必要とするものはほとんどないが、それに対してじぶんはといえば多くのものを欠いていて、しかもそれを宣教師の側は与えることができる、ということに確実に気づくはずだ。

もうひとつ（そしてこちらの方がよりありそうだが）、厳密に対等ではない、むしろその正反対の関係を想像してみよう。アフリカの多くの地域では、熟達した治癒者（curer）は政治的にも重要人物であり、かつての患者［命を救われた者］を広範に及ぶ縁故者として抱えている。かくして彼への追随を望む者たちは、自己の政治的献身を宣誓することになる。この場合、問題を複雑にするのは、アフリカのこれらの地域では、［治癒者兼政治家である］大人物の追随者たちが、比較的強力な交渉権を有していることである。よき追随者の買収は容易ではない。大人物たちには、その追随者たちがライバル陣営に走らないよう寛大にふるまうことが期待されている。こう考えてみると、シャツやナイフを要求することは、宣教師たちがその男を追随者として望んでいるかどうかを確認する行為だったということになる。対照的に、宣教師にお返し［お礼］することは、父親に対するシートンの身ぶりとおなじく侮辱であることになる。つまり、じぶんの命を救ってくれたにもかかわらず、これっきり宣教師とはなんの関わりももちたくないということなのだ。

これは思考実験である――くり返すと、実際にアフリカ人の受難者たちがなにを考えていたのか、わたしたちにはわからないからである。いいたいのは、このような形態の徹底的な平等および不平等が、世界には存在していること、それぞれが固有のモラリティ、つまり任意の状況下で正しいこととまちがったことについての固有の思考と論拠を有していること、そして、これらのモラリティは報復的応酬（tit-for-tat exchange）とはまったく異なったものである、ということなのだ。以下、本章の残りでは、経済的関係が基盤をおくことのできる三つの主要なモラルの原理の存在を提示することで、主だった可能性をおおざっぱに図示しておこう。その三つはあらゆる人間社会にみいだされるものであるが、わたしはそれらを、それぞれ、コミュニズム、ヒエラルキー、交換（エクスチェンジ）と呼びたい。

コミュニズム

ここでは、コミュニズムを、「各人はその能力に応じて［貢献し］、各人にはその必要に応じて［与えられる］」という原理にもとづいて機能する、あらゆる人間関係と規定しよう。

この用法が多少挑発的であることは認める。「コミュニズム［共産主義］」は、強力な感情的反応を呼び起こしうる言葉であって、もちろん、主な理由は、それが「コミュニズム［共産主義］」体制と同一視されてしまう傾向にある。ソヴィエト連邦およびその衛星国家、そして今日でも中国やキューバを支配する諸々の共産党が、じぶん自身の体制を「コミュニスト［共産主義的］」と規定したことがないことは皮肉である。それらの自己規定は「社会主義」である。「コミュニズム」は、常に遠くにある、どこか不明瞭なユートピア的理想であり、通常それには国家の死滅がともなっている。つまり遠い未来のどこかで達成されるはずのものなのである。

コミュニズムについてのわたしたちの思考は、ある神話に支配されている。遠いむかし、人類はすべてを共有していた――エデンの園でも、サトゥルヌスの黄金時代でも、旧石器時代の狩猟採集集団でも。それから〈失楽園（the Fall）〉がやってくる。その結果、いまやわれわれは権力と私的財産の分極に呪われている。いつの日か、技術の発展と全般的な繁栄によって、そして社会革命あるいは〈党〉の指導によって、ついにすべてをもとに戻し、共同所有と集合的資源の共同管理を回復するであろう。これが夢想となるのだ。過去二世紀にわたって、コミュニスト［共産主義者］と反共主義者は、このような展望がどれだけ妥当か、それは祝福さるべきことか悪夢か、議論してきた。ところが、コミュニズムとは集団的所有である、そして遠い過去に存在した「原始共産制」はいつの日か回帰するであろう、という基本的枠組みは、だれしもみな共有していたのである。

だれしも口にしたがるこの物語については、「神話的コミュニズム」――または「叙事的コミュニズム」とさえ――呼ぶことができるだろう。それはフランス革命の日々以来、無数の人びとを鼓舞してきた。しかし一方で、人類に甚大な損害をもたらしてきたのも事実である。わたしはいまや、この議論全体にけりをつけるべきだと考えている。実のところ、「コミュニズム」は、魔術的ユートピアのようなものではないし、生産手段の所有ともなんの関係もない。それは、いま現在のうちに存在しているなにかであり、程度の差こそあれあらゆる人間社会に存在するものなのだ。ただしこれまでに、あらゆるものごとがそのような「コミュニズム的」やりかたで組織されたことはないし、どのようにしてそれが可能なのかも想像することはむずかしい。しかし、わたしたちはみな、かなり多くの時間をコミュニストのようにふるまってすごしている。とはいえ、一貫してコミュニストのようにのみふるまう者はいない。この単一の原理によって組織されたひとつの社会という意味での「コミュニズム社会」が存在することは、決してありえない。だが、あらゆる社会システムは、資本主義のような経済システムさえ、現に存在するコミュニズムの基盤のうえに築かれているのだ。

「各人はその能力に応じて、各人にはその必要に応じて」という原理から出発すると、（しばしば形式的な合法性の問題にすぎない）個人的所有権または私的所有権の問題、そしてより直接的かつ実践的である、だれがどのような条件でなにを入手しうるのかという問題を無視することが可能になる。[*9] その原理が行為を統御する原理（operative principle）である場合には常に、たった二人の人間の交流であってさえも、わたしたちはある種のコミュニズムの現前に立ち会っているといえるのだ。

なんらかの共通のプロジェクトのもとに協働しているとき、ほとんどだれもがこの原理にしたがっている。[*10] 水道を修理しているだれかが「スパナを取ってくれないか」と依頼するとき、その同僚が「そのかわりなにをくれる？」などと応答することはない。たとえその職場がエクソン・モービルやバーガー・キング、ゴールドマン・

サックスであったとしても、である。その理由はたんに効率にある（これを「コミュニズムは端的にうまくいかない」という旧来の思考に照らして考えると実に皮肉である）。真剣になにごとかを達成することを考えているなら、最も効率的な方法はあきらかに、能力にしたがって任務を分配し、それを遂行するため必要なものを与え合うことである。[*11] ほとんどの資本主義企業がその内側ではコミュニズム的に操業していることこそ、資本主義のスキャンダルのひとつである、ということさえできる。なるほど、たしかに資本主義には民主主義的に運営されるという傾向はみられない。それどころか、多くの場合、軍隊式トップダウンの指揮系統によって組織されている。だがここには、しばしば興味をひく緊張がある。トップダウンの指揮系統は、とくに効率的とはいえないからだ。それは、上にいる者の愚かさと、下にいる者の怒りに充ちた不活性を促進する傾向にあるのだから。即興の必要性が高まれば高まるほど、協働はより民主主義的になっていく傾向がある。発明家たちは常にこのことをよく理解してきたし、起業する資本家もしばしばそのことに気づいている。さらに近年ではコンピューターエンジニアたちがその原理を再発見した。だれもが話題にするフリーウェアのようなものの原理のみならず、企業組織の原理としてさえである。

このことがまた、洪水や停電、経済恐慌といった大災害の直後に人びとが同様にふるまい、まにあわせ（ラフ・アンド・レディ）のコミュニズムに立ち返る傾向があることの理由であろう。たとえ短期間であっても、ヒエラルキーや市場などは、だれにも手の届かないぜいたく品になる。このような時間を生きた者はだれもが、赤の他人が姉妹兄弟になり人間社会が再生したように感じる特別な経験におもいあたるはずだ。このことが重要なのは、そこに示されているのが、たんに協力関係があるという以上のことだからである。実に、コミュニズムこそが、あらゆる人間の社交性［社会的交通可能性］(sociability)の基盤なのだ。コミュニズムこそ、社会を可能にするものなのである。だれに対しても、その人が敵対関係にないとすれば、少なくともある程度は「各人はその能力に応じて、各人にはその必要に応じて」の原理にもとづいて行為することが期待できる――そうした想定は常に存在している。たとえば、ある場所への行き方を知りたい者がいる、べつのある者は道を知っている場合などである。

それはあまりに自明視されているので、こうした事態が実際に露呈するのは例外的事象においてである。南スーダンのナイル川流域の牧畜民であるヌアー族の調査を一九二〇年代におこなった文化人類学者E・E・エヴァンズ＝プリチャードは、故意にまちがった道を教えられたときのくやしさをこう報告している。

あるとき、わたしはある場所への道順を尋ねたのだが、意図的に欺かれた。がっかりしてキャンプに戻り、どうしてまちがった道を教えてくれたのか人びとにきくと、彼らの一人はこう答えたものである。「お前はよそ者だ。それだのにどうして正しい道を教えなければならないのか？　相手がヌアーだったとしてもその男を知らない場合には、道をきかれると「そのまままっすぐ行きなさい」といって、その道がいくつかに分かれていることはいわないだろう。しかし、いまではおまえはわれわれのキャンプの成員になっているし、われわれの子供たちにも親切にしてくれるから、今度道をきかれたら正しく教えてやろう[*12]」。

ヌアーの人びとは常に抗争に巻き込まれている。そこでは、どんなよそ者でも奇襲のための格好の場所をさがしている敵である可能性があるので、そのような人物に有益な情報を教えるのは愚かなことである。それに加え、エヴァンズ＝プリチャード自身の状況に、あきらかに問題があった。彼はイギリス政府のエージェントであった。ヌアーの人びとをそこに強制移住させる前に空軍を送り、まさにこの居留地の住民を空襲したのはその政府だからだ。そうした情勢にかんがみるなら、住民のエヴァンズ＝プリチャードに対する扱いは、きわめて寛大だった。だが主要な問題はべつにある。かくも甚大なる事態――生命と身体への直接的な脅威、民間人へのテロ爆撃といった――

がなければ、人びとが日常的に見知らぬ人間に正しい道を教えまいと考えることがないことだ。[*13]

道を教えることだけでない。会話は、とくにコミュニズムにかかわる領域である。嘘や侮辱や酷評などなど、言葉による攻撃は重要である。だがそうした言葉は、その力のほとんどを、ふつうひとはそんな風にふるまうものではないという共通観念からみちびきだすのである。ひとは他人の感情を配慮するものだという想定がなければ、侮辱がひとを苦しめることはない。それに、ひとは本当のことをいうものだと想定しない人間に対して、嘘をつくことはできない。だれかとの友好的な関係を解消したいと心底望むとき、わたしたちはその人間に言葉をかけることを完全にやめる。

火やタバコを分けてもらう、といったちょっとした親切にかんしても同様である。他人にタバコをねだることは、同額の現金や食物を求めることより無理がないようにみえる。実際、同好の喫煙者と認知されると、そのような依頼を拒絶するのはむずかしくなる。そうした事例――マッチ、ちょっとした情報、エレベーターをあけておくといった親切――においては、「各人はその能力に応じて」の要素が非常に小さいので、わたしたちの多くはそれについてあえて考えずに応じているといえる。その逆に、べつの人間――それが見知らぬ者であっても――の要求がきわめて大きいかあるいは極端であったとしても、このことはあてはまる。たとえば、だれかが溺れているような場合である。子どもが地下鉄の線路に落ちてしまったとして、可能な状況にあればだれでも助けようとするはずだ、とわたしたちは想定しているのである。

これを「基盤的コミュニズム（baseline communism）」と呼びたい。たがいを敵どうしとみなさないあいだがらで、必要性が十分に認められ、またはコストが妥当と考えられるなら、「各人はその能力に応じて、各人にはその必要に応じて」の原理が適用されてしかるべきである、という了解である。もちろん適用される基準は共同体によって大きく異なる。非人格的な巨大な都市共同体においては、その基準が火を拝借し道をたずねる以上になることは、あまりないかもしれない。火を借りたり道をたずねたりのやりとりなど、とてもささいにみえる。だが、そのささいなことが大きな社会的関係の可能性を基礎づけるのである。より規模が小さく、非人格的である度合いが低く、とりわけ社会的階級に分断されていない共同体では、おなじ論理がさらに拡大することだろう。そのような共同体では、しばしばタバコだけでなく食物の要請も拒否することができなくなる。知らない人間からであっても拒否できないこともあるのだから、共同体に属しているとみなされる者からであれば確実に拒否できないのだ。エヴァンズ＝プリチャードは、道をたずねたさいのゴタゴタを記述したちょうど一頁あとに次のように記している。この［彼には誤った道を教えようとした］おなじヌアーの人びとは、キャンプの一員と認めた人物には、ほとんどあらゆる共同消費の品目について、要求されると拒絶することは不可能だと考えている。だから、穀物やタバコや道具や農耕器具を余分にもっていることが知られてしまった男女は、みずからの備蓄をあっというまに費消してしまうことになる。[*14] しかしこういった気前のよい共有（シェアリング）と寛大という基本線（ベースライン）が、すべてにわたって拡大されることは決してない。実際、自由に共有される物品は、まさにその自由に共有されるという理由によって、ささいで取るに足りぬものとして扱われている。ヌアーの人びとのあいだでは、真の富は牛に具現している。牛を惜しみなく共有（シェア）する者はない。事実、ヌアーの若い男たちは、命をかけて牛を守るよう期待されていることを学ぶ。そして、そのおなじ理由から、牛が売買されることも決してない。

成員がたがいを平等とみなしている社会では、食物やそれ以外の基本的必需品とみなされているものは、いずれも共有（シェア）する義務があり、その義務が日常的モラルの基盤となる傾向がある。もうひとりの文化人類学者オードリー・リチャーズは、「しつけがとてもゆるやかな」ベンバ族の母親たちが、「例外的に」きびしく叱りつける様子を記述している。[*15] オレンジなどのごちそうをもらった子どもたちが、それをただちに友だちと共有（シェア）しない場合がそれである。だがこのような社会においては——考えてみればどんな社会でも——共有（シェアリング）とは、人生の喜びが集中するひとときでもある。そのため、共有（シェア）の必要性は、最良のときと最悪のとき、飢饉のときと極端に満ち足りたときの両極において、ことさら鋭いものになる。初期の宣教師による北米先住民についての記述は、まったく知らない人間にまで与えられる飢饉のさいの寛大さについて、畏敬にあふれた観察をほぼ例外なくふくんでいる。[16] またそれと同時に、

> 釣りや狩猟や交易から戻ると、彼らは多くの贈り物を交換する。特別に良いものを獲得すると、それが買った場合であれ与えられた場合であれ、それで村全体に饗宴を施す。あらゆる種類のよそ者に対する彼らの歓待は注目に値する。[17]

饗宴がより手の込んだものになればなるだけ、ある物品は惜しみなく分かち合い（シェアリング）（たとえば食物や飲み物）、ある物品は注意ぶかく配分する（distribution）という、二つのやり方の結合がさかんに目にされるようになる。たとえば報償肉（prize meat）がそうである。獲物であれ生贄であれ、とても手の込んだ典礼やおなじぐらい手の込んだ贈与交換にしたがって割り当てられるのだ。贈与のやりとりは、多くの場合、きわだって遊戯的な性質を帯びており、民衆的祝祭をしばしば特徴づける遊戯（ゲーム）、競技（コンテスト）、野外劇（ページェント）、演技（パフォーマンス）との連続性をもっている。社会一般のレベルとおなじく、宴（コンヴィヴィアリティ）の共有においても、その上にすべてが構築されるある種のコミュニズム的基盤をみいだしうる。そしてそれによって、共有（シェアリング）にはモラルのみならず快楽も関係しているということがはっきりとするのである。孤独な快楽も常に存在するものであるが、最も悦ばしい活動にはほとんどだれにとっても常になんらかの共有（シェアリング）がともなうものである。音楽、食事、酒、ドラッグ、ゴシップ、劇、セックス。わたしたちが楽しいとおもうほとんどのものごとの根には、ある種のコミュニズム的感覚が存在している。

だれかがコミュニズム的関係のなかにあることを判別する最も確実な方法がある。いかなる収支決算［損得計算］もなされていないのみならず、それを考慮することさえ不快とみなされている、あるいは端的に異様であるとみなされているという状態である。たとえばフーデノサウニー連合†ないしイロコイの各村やクラン、民族は、二つの「半族（moieties）」あるいは片割れに分割されていた。*18 これはよくあるパターンである。世界のそれ以外の場所（アマゾンやメラネシア）でも、一方の側の成員は他方の側の成員としか結婚できない、または他方の側で育てられた食物しか食べることができない、といった取り決めが存在する。これらの規則は、基本的な生活必需品について、たがいが依存し合うようはっきりと設計されているのである。イロコイ六部族連邦においては、それぞれの側が相手側の死者を埋葬することになっている。「去年はこちらがそちらの死人を五人埋葬したが、そちらはこちらの死人を二人しか埋葬してないじゃないか」と、どちらかの側が不満を述べること以上にばかげたことはないのだ。

「基盤的コミュニズム」とは、社交性（ソーシャビリティ）の原材料、すなわち社会的平和の究極的実体であるわたしたちの根本的相互依存の承認であると考えることができる。とはいえ、おおよその状況において、この最小限の基本線（ベースライン）では十分でない。連帯精神をもってふるまうにしても、対面する相手によってその濃度には常に差があるものだし、制度のなかにも連帯と相互扶助の原理にとくに比重をおくものがある。わたしたちがより多くの連帯精神をもって接する傾向のある人びとのなかには、だれよりも愛する人びとがあげられる。なかでも母親は無私の愛の範例である。ほかには、近親や妻、夫、恋人、親友がふくまれる。わたしたちは彼らとすべてを分かち合い、あるいは少なくとも必

† 一七世紀に結成された、イロコイ六部族連邦の前身である五部族連邦。モホーク族、セネカ族、オノンダ族、オナイダ族、カユガ族からなる。ロングハウスを建てる人びとという意味がある。

要な時には助けを求めることができることを知っている。そして、どこであっても親友というものの定義はこれである。そのような友情が、たがいになにごとも拒むことのできない「盟友（bond-friends）」または「義兄弟（blood brothers）」として、契りの儀式によって正式のものとなることもある。そう考えれば、どのような共同体も「個人主義的コミュニズム」の諸関係と交錯しているとみなしうるだろう。「個人主義的コミュニズム」とは、すなわち、さまざまな強度と度合いにおいて「各人はその能力に応じて、各人にはその必要に応じて」の原理にもとづき形成される一対一の関係なのである。[*19]

このおなじ論理は、集団の内部に拡張されうるし、実際拡張されている。協働する作業集団だけでなく、ほとんどいかなる内集団［in-group, 個人がみずからそれと同一感を抱いている集団］も、独自の基盤的コミュニズムの創造によって自己規定している。ある事物は、集団内で共有（シェアリング）されるかまたは自由に入手でき、ある事物は、要求があれば他の成員に供与されるとみなされているが、部外者に与えたり部外者と共有（シェアリング）されたりすることは決してない。たとえば、漁師の連合内で、他の会員の網を修理すること、事務所における文房具の支給、商品仲買業者のあいだでまわる情報などなど。また、収穫や引越しなど特定の状況で、常に助けを求めることのできるような人びとがいる。[*20] ここから、引越しや収穫の手伝いからはては困窮者に利子なしで金銭を貸すといった、だれだれにはこれこれをあてにできるといった諸関係を、さまざまの形態のもとで、分かち合い（シェアリング）、プーリング［共同受託］するにまで発展することもある。最終的には、さまざまな種類の「コモンズ」があり、共通資源の共同管理が存在する。

日常的コミュニズムの社会学は、広大に広がる潜在性を秘めた分野だが、わたしたちの奇妙なイデオロギー的見落としのため、十分それを認めることができず、それゆえ、これまで著述することもできなかった。ともかく、概要はここまでにして、三つの決定的ポイントに絞ってみよう。

第一のポイント。わたしたちがここで実際に扱っているのは互酬性ではないということ。あるいはせいぜい、最も広い意味での互酬性を扱っているだけである、というべきか。[*21] 双方の側で平等なのは、相手があなたのためにおなじことをするであろうという知識であって、相手が必ずやそうするはずだという知識ではない。イロコイ族の事例をみれば、なにがこのことを可能にしているのかはっきり理解できる。すなわち、こうした諸関係が永遠を想定して成り立っているということである。社会はこれからもずっと存在するものだ。それゆえ、村の北側と南側も、当然、これからもずっと存在するものである。収支決算が必要にならないのはこのためなのだ。おなじように、ひとはじぶんの母親や親友を、そんなことはないとよくわかっていても、これからも永遠に存在するかのように扱う傾向がある。

第二のポイントは、有名な「歓待の法」にかかわっている。「未開社会」（国家と市場の双方を欠く人びと）と呼ばれるものについての一般的な紋切り型（ステレオタイプ）――共同体の成員でないものはだれであれ敵としてみなす社会なる――と、実際の「未開人」が示すおどろくべき寛大さに畏敬の念を抱いた初期ヨーロッパ旅行者の報告のあいだには、いっぷう変わった緊張が存在している。なるほど、双方に一片の真実がある。見知らぬ者たちが危険な潜在的敵対者であるとしたら、どこであっても、その危険を克服するふつうの方法は、大仰なまでの寛大な身ぶりである。まさにその身ぶりの壮大さによって、あらゆる平和な社会関係の土台である相互的な社会性（ソーシャリティ）のうちに、見知らぬ者たちを投げ込むのである。たしかに、ひとがまったく未知の人間に対応するときには、そこにはしばしば試行錯誤のプロセスが介在する。イスパニョーラ島のクリストファー・コロンブスも、ポリネシアのキャプテン・クックも、逃げだすか攻撃するか、はたまたすべてを提供しようとする島民たちについての、似たような逸話を報告している。ところが島民たちはその後、船に侵入し、めずらしいものをなんでも勝手にもちだしはじめては、船員たちから暴力的な脅しをうけるはめになるわけだが。かくして船員たちは、見知らぬ者どうしの関係は「正常な」商業的交換によって仲介さるべし、という原則を、力を尽くして確立することになったのである。

潜在的に敵対者である見知らぬ者とのやりとりが「すべてか無か」の論理を促進するであろうことは、理解にかたくない。その緊張は英語のうちにすら保持されている。たとえば、"host"（接待する）、"hostile"（敵対的）、"hostage"（人質）そしてもちろん"hospitality"（歓待）といった言葉は、すべておなじラテン語の語源を共有している。[*22] ここで強調したいのは、こういった身ぶりはすべて、あらゆる人間の社会生活の土台としてすでに論じてきた「基盤的コミュニズム」の極端な表出にすぎないということである。たとえば、友と敵の違いは、きわめて多くの場合、食物の共有関係によって分節されている――しかも、おおよそ、最も日常的でつつましい土着の食物によって。たとえば、ヨーロッパと中東で共通のよく知られた原理にあっては、パンと塩を分かち合う人びとは決してたがいを傷つけ合ってはならないことになっている。なによりまず分かち合いに供されるものほど、しばしば敵と共有してはならないものになる。食糧や日常的所有物の分かち合いについては非常に寛大なヌアーのあいだでも、ある男がだれかを殺害したとなると血讐がそれにつづく。その近隣のだれもが、たいていの場合、どちらかの側に加担しなくてはならなくなるのである。そして対立する側に属する者と一緒に食事をすることは厳しく禁じられたり、あるいは、敵となってしまった者に以前使用されたカップやボウルから飲むことさえ禁じられる――おそろしいことが起きないようにである。[*23] こうしたことがもたらす事態は、はなはだしく不都合なので、それが、なんらかの合意にむけて交渉しようとする主要な動機となる。おなじ理由で、食物、ないし、公認の典型的（archetypal）食物を共有した人びとは、どれほど一触即発の関係にあったとしても傷つけ合うことは禁止されている。ときには、これがほとんど滑稽な形式性を帯びることもありうる。たとえば、次のようなアラブの強盗の逸話がある。アラブの強盗が、とある家に泥棒に押し入った。砂糖が入っているとおもい、壺に指を突っ込んで調べてみると、それは塩だった。持ち主のテーブルで塩を食べてしまった強盗は、盗んだものをすべてもとの位置にうやうやしく戻すことになった。

三番目のポイント。コミュニズムをたんなる財産所有権の問題でなく、モラリティの原理として考えはじめると、この種のモラリティが、商業さえもふくむあらゆるやりとり（transaction）のうちで、ほぼ常に機能していることがあきらかになってくる。もしある人間どうしが社会的関係を切り結んでいたら、相手の状況を完全に無視することはむずかしい。貧窮している人間に対して商人はしばしば割引をおこなうものであるが、貧困地域の小売店主が顧客とおなじ民族集団に属していることがほとんどない主要な理由のひとつが、これである。商売人が、じぶんの育った界隈でカネをかせぐことはほとんど不可能なのだ。貧しい親戚や幼なじみに、経済的優遇を与えろ、とか、少なくとも楽な返済条件でツケにさせろという圧力に、常にさらされことになるからである。その逆もまた然りである。ジャワ島の農村部でしばらく暮らしたことがある文化人類学者が、かつてわたしに語ったところによると、彼女は地元のバザールでどれくらいうまく交渉できるかによって、じぶんの語学力を試していた。ところが、地元の人びととの支払い金額あたりにまで値下げさせることがなかなかできず、落胆していたという。「でもね」、とあるジャワ人の友人が、ついに彼女に説明した。「金持ちのジャワ人にはもっとふっかけているんだよ」。

ここでもまた、例の原理に立ち返ることになる。必要（たとえばさしせまった窮乏）や能力（たとえば想像を超えた富）がきわだって存在し、かつ社会性（ソーシャリティ）がまったく不在でない場合、いくぶんかのコミュニズム的モラルがほとんど不可避的に人びとの考え方に忍び込んでくる。[*24] 中世のスーフィー神秘主義者ナスレッディン・ホジャについてのトルコの民話は、供給と需要の概念そのもののうちにこのように複雑さの導入される様子を描写したものである。

ある日、ナスレッディンが地元の茶店をまかされた、そのときです。近くで狩りをしていた王さまと数名の召使いが朝食をとりに立ちよりました。

「うずらの卵はあるかね？」と王さまはたずねます。

「必ず見つけてさしあげましょう」とナスレッディンは答えました。

王さまが一ダースのうずらの卵のオムレツを注文すると、ナスレッディンは急いで探しに出かけました。王様とその一行が食べ終わると、ナスレッディンは金貨一〇〇枚を請求しました。

王さまは困り顔です。「この地方では、うずらの卵はそんなにめずらしい「希少（レア）な」ものなのかね?」

「このあたりでうずらの卵はそれほど珍しくは「希少では」ございません」。とナスレッディンは答えました。

「めずらしい「希少である」のは、王さまのご訪問であります」。

交換（エクスチェンジ）

コミュニズムは、これまでみてきた通り、相互的（ミューチュアル）な期待と責任を必然的にふくむという意味をのぞいては、交換にも互酬性にも基礎をおいていない。したがって、この場合も、交換はまったく異なった原理にもとづいて機能すること、根本的に異なった種類のモラルの論理であることを強調するために、べつの言葉（「相互性（mutuality）」?）を使用した方がよりよいようにおもわれる。

交換とは等価性にまつわるすべてである。相対する双方が、それぞれ与えたぶんだけ受けとるといったやりとりのプロセスである。言葉（口論の応酬）や殴打、さらには銃撃についても、交換として語ることができるのは、そのためである。*25 これらの例において、厳密な等価性が実在するわけではない——たとえ正確な等価性を測定する手段があったとしても——が、むしろあるのは等価性にむかうやりとりの不断のプロセスである。実は、ここにはある種の逆説が存在する。どの事例においても、それぞれの側が他方をしのごうと努力する。しかし、どちらかが圧勝でもしないかぎり、おおよそ結果は互角だなと双方がみなす時点で、すべてを打ち切ってしまうのがいちばん無難なのである。物質的な財の交換にかんしても、同様の緊張がみいだされる。しばしばそこには競争の要素がある。そうでなくとも、その可能性は常に存在する。しかし、それと同時に、どちらも収支決算／損得計算をおこなっていること、（ある種の永遠という概念を内包しているコミュニズムとは異なって）常に関係全体が解消され、双方がいつでも終止符を打つことができること、このような自覚が存在するのである。

この競争の要素が、まったく異なった仕方で作用することもありうる。物々交換や商業的交換において、取引する双方が、取引される財の価値にしか興味をもっていない場合——経済学者がそうすべきだと主張するように——彼らは最大の物質的利益を求めようとするだろう。他方、長いあいだ文化人類学者たちが指摘してきたように、取引にあたる人びとの関係を、どのように反映し、どのように再調整するかという点からやりとりされる物品に主要な関心のむけられる贈与交換の場合、そこに競争が入ってくると、まさに正反対に作用する可能性が高い。つまりだれがより多く与えることができるかを人びとに見せびらかし、寛大さを競いあうことになるのである。

ひとつひとつ例証してみよう。

商業的交換の特徴は、その「非人格性」である。わたしたちにとって、なにかを売る人間、またはなにかを買う人間がだれなのか、原理的にはまったくどうでもいい。たんに二つの対象物の価値を比べるだけである。たしかに、すべての原理がそうであるように、実際には、その原理が完全にまっとうされることはめったにない。取引が実行されるためには、最小限でも、なんらかの信頼の要素がなくてはならない。自動販売機を相手にしているのでもないかぎり、おもてむきにはなんらかの社会性（ソーシャリティ）の装いが求められるのである。最も非人格的なショッピングモールやスーパーマーケットにおいてさえ、店員たちには、最低でも、人間的なあたたかみや忍耐などなどの、ひとに信頼をもたせるふるまいが期待されている。中東のバザールでは、お茶や食物、タバコを分かち合い（シェアリング）する手の込んだプロセスを通じ模倣的友情を確立したあとでなければ、おなじくらい手の込んだ値切りの交渉が開始されることはない。これは基盤的コミュニズムを通じて社会性（ソーシャリティ）を確立することからはじめられる興味深い儀礼であり、しばしばそこから価格をめぐるはてしないにせの喧嘩がつづいていくのである。これは買い手と売り手が、少なくともそのやりとりのあいだは友だちである、という想定のもとでおこなわれる（だからこそ、相手の理不尽な要求に対して憤慨し怒る資格が各自に与えられる）が、すべては芝居の一場面でしかない。ひとたび物品の持ち主が入れ替わるやいなや、二人がこれ以上かかわりあいをもつことは、まったく期待されないのだ。[*26]

この種の「値切り交渉」――マダガスカルでそれを指す言葉の文字通りの意味は「売り買い決戦（battle out a sale）」（*miady varotra*）である――は、多くの場合、それ自体が楽しみの種にもなることがある。

わたしがはじめてマダガスカルの首都にある巨大な衣服市場アナラケリーをおとずれたとき、マダガスカル人の友人に遭遇した。セーターを買いにきたというのである。友人はおよそ四時間かけて、セーターをようやく手に入れた。そのプロセスはおおよそ以下のように進行した。友人はある屋台にぶらさがっている適当なセーターに目星をつける。値段を尋ねる。つづいて彼女は、売り子と機知（ウィット）に富んだ長時間の口論（バトル）を開始する。例外なく、そのような口論には、侮辱や憤慨の芝居がかった表明、怒りとともに立ち去るふりなどが織り込まれる。たいがい議論の九〇パーセントは、最後の二、三アリアリ――二、三ペニーということ――というごくわずかな値段の違いについやされるのだが。とはいえ、売り手が譲歩に失敗することが取引全体をご破算にしてしまう可能性があるため、そのささいな差異が、双方にとって深遠なる原理的問題と化すわけである。

わたしが二度目にアナラケリーをおとずれたときは、べつの友人と一緒だった。彼女もまた若い女性だったが、お姉さんに頼まれた布地の買い物リストを手にしていた。どの屋台でも彼女はおなじ手続きをふんだ。近づいて値段を聞くだけである。

男が彼女に値段を伝える。

「わかりました」そして彼女はたずねた。「で、結局本当はいくら？」

男が彼女に告げた。彼女はお金をわたした。

「ちょっと待って！」とわたしはたずねた。「それでおしまいなの？」

「もちろん」と彼女は応じた。「で、なにか問題がある？」

わたしはべつの友人と一緒だったときの出来事を説明した。

「ああ、なるほど」と彼女はいった。「そういう酔狂なひとっているよね」。


交換はわたしたちの負債の解消を可能にしてくれる。交換は負債をチャラにする手段、つまり関係を終わらせる手段を与えてくれるのである。売り子に対してひとのもつ関係は、たいていの場合、関係のあるふりにすぎない。だからこそ隣人に対して、ひとは負債を返済しないことを好むのだ。ローラ・ボハナンが、ナイジェリア農村部のティブ族の共同体に到着したときのことについてこう記している。隣人たちは、「トウモロコシ二本とカボチャ一つ、鶏一羽、トマト五個、ピーナッツ一づかみ[27]」など、ちょっとした贈り物を携えて、ただちにやってきた。どう応じていいのか途方に暮れながらも、ボハナンは感謝を示し、名前といただきものを書き留めた。しびれを切らしてか、二人の女性が彼女にむかって、こういった贈り物にはお返しが必要であると説明してくれた。隣人から卵を三つ受けとり、なにもお返ししないことはまったく不適切なことである、と。必ずしも卵を返す必要はないが、おおよそおなじ価値のなにかを返す必要がある。金銭で返すことも可能であるし、それで不都合なことはない。その場合、もらった側は、慎重に間をおき、そしてなによりも、卵の費用をぴったり返してはならない。少しだけ多いか、少しだけ少ないか、どちらかでなくてはならない。なにも返さなければ、その人物はじぶんを搾取者とか寄生者へとおとしめることになる。まったくの等価物を返してしまうと、その人物は隣人となんの関係ももちたくないとほのめかしていることになる。［こういうわけである。］ボハナンが学んだところ、ティブ族の女性たちは、「決してだれも最後に受けとった物品の等価を返すことがない、終わりなき贈与の循環」のなかで、オクラひとつかみやわずかな小銭を返却するために、一日のかなりの時間を費やして数マイルもはなれた居住地へ歩いていく。そして、それによって継続的に社会を形成しているのである。ここにはまちがいなくコミュニズムの痕跡がある。良好な関係にある隣人たちは、緊急時におたがいを助けあう信頼関係にある。しかし、永続的であると想定されているコミュニズム的関係とは異なって、この種の近所づきあいは常に、形成し維持することに努力が必要なのである。なぜなら、どのようなつながりであれ、いついかなるときにも壊れうるからだからだ。

この種の応酬的（tit-for-tat）な、またはほとんど応酬的であるような贈与交換の変奏は無限に存在する。最もなじみぶかいものは、贈り物の交換である。わたしがだれかにビールをおごる。そのだれかはわたしに次のビールをおごる、というわけである。完全な等価性は平等を含意している。だが、それより若干、複雑な例を考えてみよう。わたしは友人をすてきなレストランに招待して、夕飯をごちそうする。慎重に計算された間をおいて、彼らもおなじことをする。人類学者がこれまで長らく指摘してきた通り、このような習慣の存在そのもの、とりわけ好意を必ずやお返しする必要があるとひとが感じることこそ、標準的な経済理論では説明できないものなのである。標準的な経済理論においては、あらゆる人間の相互作用は究極的には商取引であり、ひとはみな最小の経費ないし最小の努力で、じぶん自身のため最大の利益を手に入れようとする利己的個人であると想定されているからである。[*28] ところが、この［応酬の］感情はきわめて現実的なものであり、体裁を保つ余裕のない者にとっては切実な重圧にもなりうる。では、わたしが自由市場経済の理論家を高価な夕飯に招待したとして、この経済学者は、お返しをはたすまで――わたしへの負い目に居心地悪いおもいをして――いくぶんか威厳の低下を感じるであろうが、それはなぜか？　彼がわたしと競争関係にあると感じているとしたら、より高価な食事にわたしを招待しようとするだろうが、それはなにゆえか？

先に言及した饗宴と祝祭をおもいだそう。ここにもまた、宴会（コンヴィヴィアリティ）と遊戯的（ときにはそれほど遊戯的ではないわけだが）競争の基盤が存在している。一方では、みんなの快楽が高められる──せんじつめれば、高級フランス料理店でひとりきりですばらしい食事をしたいと心からねがう者がどれだけいるだろうか？　他方では、事態はたやすく他人の一枚上をいくゲームに成り果ててしまう──そこから強迫観念や屈辱や怒り、さらにはこれからみるように、もっとまがまがしいことさえ生じることがある。こういったゲームが定式化されている社会もあるが、強調すべきなのは、こういったゲームが本当に発展するのは、多かれ少なかれ平等［対等］の地位にあると承認し合う人びとないし集団のあいだでのみ、ということだ。[*29]　想像上の経済学者に戻ろう。だれかから贈物をもらったり夕飯をご馳走になったりしても、彼が威厳の低下を感じるかどうかはあきらかでない。恩恵をほどこす側が、およそ同等の地位や威厳をもつとみなしている人間、たとえば同僚などの場合、彼がそう感じる可能性は高いだろう。招待した人物がビル・ゲイツやジョージ・ソロスならば、おそらく彼はタダめしにありついたと結論づけ、とくになにもしないだろう。機嫌をとろうとする格下の同僚や熱心な大学院生がおなじことをした場合は、招待を受け入れるだけでその人間に好意をほどこすことになる、と結論づけることだろう。だがそれは、もし彼が招待を受け入れればの話であって、実際にそうすることはおそらくない。

このこともまた、地位と威厳の微細な等級で分割された社会であればどこにでもあてはまるようにおもわれる。ピエール・ブルデューは、アルジェリアのカビル族ベルベル人の男たちの名誉のゲームすべてを支配している、「挑戦と応酬の弁証法」について記述している。そのゲームにおいては、侮辱や攻撃（反目や戦闘のなかでの）や窃盗や威嚇は贈与交換とまったくおなじ論理にしたがうとみなされている。[*30]　贈り物をさしだすことは、名誉でありかつ挑発である。それに応えることは、無限の芸術的手腕を必要とする。きわめて重要なのはタイミングである。返礼する贈り物を適度に異なりかつ少しだけ立派なものにすることも同様に重要である。そしてなにより重要なのが、おのれの器に合わせ相手を選ぶべしという暗黙のモラル上の原則である。年上で、より裕福で、より尊敬すべき人物に挑戦すれば、鼻であしらわれ、屈辱的な目にあう危険性がある。尊敬すべきだが貧しい人間に、お返しできないような贈り物をして圧倒することは、たんに残酷であり、贈り主の評判をも傷つけることになる。インドネシアにも、これについての逸話がある。金持ちの男が、窮乏したライバルに恥をかかせるため、立派な雄牛を生贄にした。貧しい男は、平然と一羽の鶏の生贄をおこなうことで、彼に完膚なきまでの屈辱を与え、競技に勝利した。*31

こういったゲームは、地位がある程度だれにでも開かれている場合にはますます手の込んだものとなる。事態があまりに明快すぎる場合、それ自体が独自の問題を引き込んでしまうのだ。王への贈り物はたいてい、とりわけ慎重を要するややこしい企てである。ここでの問題は、(贈り主がべつの王でないかぎり)王に贈り物をすることはできない、ということである。定義上、王はすでにすべてを所有しているからである。だがその一方で、妥当な範囲で努力することも期待されている。

ナスレッディンは、王様を訪問するよう命じられました。隣人はナスレッディンがかぶらの入った袋を抱えて道を急ぐのを目にして、こうたずねます。

「それをいったいどうするんだい?」

「王様に会うために呼び出されたのだ。贈り物にもっていくにはこれが一番いいんじゃないか、とおもってな」。

「王様にかぶらをもっていくのかい? でもかぶらは百姓の食べ物だぞ! 王様じゃないか! もっとふさわしいものをもっていくべきじゃないかい? たとえばぶどうとか」。

ナスレッディンはなるほどとうなずき、ぶどうを一房もっていくことにしました。ところが王様はそれを喜ばなかったのです。「わしにぶどうをくれるというのか？　わしは王さまだぞ！　ばかばかしい。この白痴を追い出して、作法を教えてやれ！　ぶどうをひとつ残らず投げつけてから、宮殿から追い出してしまえ！」

皇帝の守衛はナスレッディンを脇の部屋に引きずっていき、ぶどうを投げつけはじめました。ナスレッディンはひざまずいて泣きはじめます。「神様、ありがとうございます。あなたのとてつもないご加護に感謝いたします！」

「なぜ神に感謝するのだ？」と守衛たちはたずねました。「おまえはすっかり侮辱されているというのに！」

ナスレッディンこう答えました。「こう考えていたところなんです。「かぶらをもってこなくてほんとによかった！」」「かぶらを投げつけられたら無事ではすまなかった」。

かたや、王がまだもっていないものを与えることも、もっと大きな災難のもとになることがある。帝政ローマ初期の頃に出回ったある発明家についての逸話である。発明家は盛大なファンファーレを伴奏にして、ティベリウス帝にガラスの器を贈物として献上した。皇帝はいぶかった。ガラスの塊のなにがそんなにめずらしいのか？　男はそれを地面に落としてみせた。するとこなごなに砕けるかわりに、くぼんだのである。発明家はそれを拾いあげ、押すだけでもとのかたちに戻した。

「どうやってそれを作ったのか、他の者にすでに教えたかね？」とおどろいたティベリウスはたずねた。

発明家は、まだだれにも教えていないと答えた。すると彼を殺せと皇帝は命じた。壊れないガラスを作る方法が他言されてしまえば、皇帝の金銀の宝物はすぐに無価値になってしまうからである。[*32]

王とかかわる最良の方策は、適度な努力でゲームを演じてみせながら、負けるように定めておくことである。一四世紀のアラブ人旅行家イブン・バットゥータは、シンドの王のしきたりについて語っている。その王は、やりたい放題の横暴を誇らしくみせつけることに特別な喜びをみいだす、恐ろしい専制君主であった。[*33] 外国の要人が王を訪問するさいには、盛大なプレゼントを贈ることがならわしであった。なにを贈られても王はいつも持参人にその何倍もの価値があるお返しをするのである。その結果、盛大な贈り物に費やす資金繰りのための金銭を訪問者に貸付ける、かなりの規模の事業が地元の銀行家によって発展することになる。王家からのそれ以上の返礼があるので、返済も支払いがよいことを知っていたからだ。王もこのことをわかっていたに違いない。彼はそれに反対しなかった。というのもじぶんの富が、考えられるあらゆる等価性をも凌駕するのをこれみよがしに示すことこそが主な目的だったからだ。いずれにせよ、もしさしせまって必要ならば、いつでも銀行家など収奪できることを王は知っていた。本当に重要なのは経済のゲームではなく地位にかんするゲームだということ、そしてみずからの地位が絶対的であることを王たちは知っていたのである。

交換において取引される対象は等価とみなされる。それゆえ、そこにひそむふくみから、［交換にあたる］人びとも等価であるとみなされる。少なくとも、贈り物にお返しされたり、金銭の持ち主が交替する瞬間にあっては、そして、それ以上の負債や義務が存在せず、両者がそれぞれ等しく自由に立ち去ることができるときには、そうである。逆にみれば、このことは自律を内包しているということである。等価と自律──どちらの原理も君主との相性は悪い。王が一般的にいかなるたぐいのものであれ交換を嫌うのはそのためである。[*34] だが、この潜在的な解消可能性と究極的な等価性という全般的な見通しの内部で、際限のない［交換の］変種（ヴァリエーション）、はてしのないゲームの可能性がみいだされるのである。だれかになにかを依頼するとき、お返しとして同価値のものを要求する権利をその人間に与えることになる、とわかっていながらそうすることがある。文脈によっては、他人の所有物をほめることさえ、この種の要求として解釈されることもある。一八世紀のニュージーランドで、イギリス人入植者がすぐさま悟ったことがある。マオリの戦士の首を飾る翡翠のペンダントを、それがひときわ美しかったとしても、ほめたりしない方がいいということだ。ほめられたマオリの戦士は、例外なくそれを贈ると言い張り、しばらく間をおいては入植者のコートや銃をほめるために戻ってくるのである。それを防ぐ唯一の方法は、彼がなにかを求める前にすばやく贈り物を与えてしまうことである。ときに贈り物は、それをすればじぶんもおなじ要求を相手にできるからなされるのである。贈り物を受け取ってしまえば、それは暗黙のうちに贈り主に権限を与えることになる。贈り主が等価であるとみなすものを受取人に要求する権限である。[*35]

ひるがえって、これらはどれも、ある物とべつの物を直接に取り替える物々交換にとてもよく似たなにごとかへと次第に転化していくこともある。みてきたように、このような転化は、マルセル・モースが「贈与経済」と好んで呼んだもののうちですら、そして見知らぬ者どうしのあいだですら起こりうるのだ。[*36] ティブ族の例がとてもよく示しているように、共同体内には、物事を相殺してしまうことへの抵抗がほとんど常に存在する。そのため、貨幣が存在して日常的に使用されているようなとき、しばしば友人や親族（村社会ではほとんど全員がそこにふくまれる）にそれを使うことは拒絶されるか、さもなくば第三章のマダガスカルの村のように、通常とは根本的に異なったやり方で使用されるのである。

ヒエラルキー

すると、交換には形式的な平等［対等性］、あるいは少なくとも平等［対等性］の可能性が内包されていることになる。王が手を焼くのは、まさにこのためである。

対照的に、はっきりとヒエラルキーのある関係――つまり少なくとも二者からなり、そのうちの一方が他方よりも上位にあるとみなされる関係——が、互酬性によって作動する傾向はまったくない。その関係は多くの場合、互酬性をあらわす言葉づかい（「農夫は食物を与え、領主は保護を与える」）によって正当化されているためみえにくいが、それらが機能する原理は真逆である。実際にはヒエラルキーは、先例の論理で機能する傾向にあるのだ。

このことの意味をはっきりと例証するために、［相互性のない］一方的な性格の社会関係の連続体のようなものを想像してみよう。搾取的性格の最大のものから慈恵的性格の最大のものを両極とした連続体であって、一方の極には窃盗あるいは略奪があり、他方の極には無私の施しがある。[*37] さもなくばいかなる社会関係ももたない人びとのあいだで物質的な相互作用が可能になるのは、これらの二つの極限においてのみである。じぶんの隣人を襲って金品を奪おうとするのはいかれた人間だけである。強姦や強奪を目的として農村を襲う掠奪めあての兵士や遊牧騎馬民族の騎兵の一団に、生存者と継続的な関係をむすんでやろうなどという意図はまったくない。しかし、似たような意味で、伝統的な諸宗教は、真の慈善（チャリティ）は匿名でしかなしえないとしばしば主張している。つまり真の慈善は、受取人に負債を負わせようなどとはしないということだ。この極端な形式が、逆転した押し込み強盗ともいえるひそかにおこなわれる贈与である。これは世界中で記録されている。文字通り夜中に受取人の家にこっそり忍び込み、だれのしわざかわからぬようそっと贈り物をおいていくというのがそれだ。サンタクロースあるいは聖ニコラオス（子どもの守護聖人であるだけでなく、盗人の守護聖人でもあることを想起すべき）の人物像を、このおなじ原理の神話的解釈としてみなすこともできる。この慈悲深い泥棒とはいかなる社会的関係をもつことも不可能で、そのためだれもなにも借りをつくることができない。この［サンタクロースの］場合、なによりも、そもそもこの人物が実在していないからであるが。

しかし、その連続体の両極にまでふれないところでなにが起こるか観察してみよう。旧ソヴィエト連邦のある無法地帯では、あまりにひんぱんに旅行者や列車、バスの略奪が起きるので、ついに［当のギャングたちによって］

被害者に小さな認可証を与える慣習が発展したという話を聞いたことがある。略奪ずみであることを証明させるためらしい。あきらかに、国家創設までもう一息の段階である。国家の起源について人気がある理論のひとつは、実際、この線に沿うものであって、一四世紀北アフリカの歴史家イブン・ハルドゥーンにまでさかのぼる。遊牧民の侵略者たちが、定住民たる村人たちとの関係を徐々に制度化していったというものである。掠奪は貢納となり、強姦は「初夜権」または王宮ハーレムの候補者の強制的確保となった。かくして征服や気ままな実力行使は制度化され、補食関係ではなく、領主が保護を与え、村人が食糧を与えるという、モラルの関係として認知されるようになる。ところが関係者全員が、じぶんたちは共有されたモラルの規範にもとづいてふるまっていると信じていたとしよう。王さえも、やりたい放題ではなく、家臣を使って収穫を召し上げる権限がどこまであるのか、その是非についての係争を農民に認めることで、諸々の制約内で行動しているといった状態である。しかし、たとえそのような場合であっても、農民たちが、与えられた保護の質あるいは量を、じぶんたちの計算［見込み］のたよりにしていたとはとても考えにくい。彼らがあてにしたとすれば、むしろ、習慣と先例という観点であろう。昨年、われわれはどれだけ支払ったか？　われわれの祖先はどれだけ支払わねばならなかったか？　というわけだ。他方にとっても同様である。慈善による寄付があらゆる社会関係の基盤となるならば、それは互酬性にもとづくものにはならないはずだ。あなたが物乞いに小銭をいくらか与え、あとになって彼がどこかであなたに気づいたとしよう。そこでこの物乞いが、あなたにいくばくかなりともお返しをくれる可能性はほとんどない。そのかわり、あなたが今度はもっと恵んでくれるはずだと考えるだろう。実際、慈善団体に寄付するとまったくそのようになる（わたしは「全米農業労働者組合」に寄付したが、これでもうけっこうですという言葉はまだ聞いていない）。こういった一方的な寛大なふるまいは、慣例的にその後も期待できるものとして扱われるのである[*38]。子どもにキャンディを与えるのとまったくおなじである。

これが、ヒエラルキーは互酬性とは正反対の原則にしたがって機能するということの意味である。優劣の線がはっきり引かれ、関係を規制する枠組みとしてすべての関係者に受け入れられ、さらに気まぐれな力の行使に悩まされないほど関係が十分に継続しているようなときは、常に関係は習慣と慣習の網の目によって統制されているものとみなされるであろう。ときにこのような状況が征服者の創始行為にその起源をもつと想定されることもある。あるいは、説明不要な祖先の習慣とみなされるかもしれない。ところが、ここから、王ないし上位の者に贈与する問題にまつわる、もうひとつの困難が発生する。その贈り物が先例となって慣習の網の目に追加され、それゆえ以後、義務とみなされてしまう危険性が常に存在するのである。クセノフォンによると、ペルシア帝国の初期、各地方は大王に、その地方の最も珍しく価値ある品々を贈与することを競っていた。これが貢納制の基盤となる。各地方は毎年おなじ「贈与」をおこなうよう期待されるようになってしまったのだ。[39] 偉大な中世史家マルク・ブロックによれば、おなじように、

九世紀の初頭にサン・ドニの修道士たちは、ある日ヴェールの王室地下倉庫のぶどう酒が足りなくなったので、二〇〇樽を運ばせるよう依頼された。しかるに、このぶどう酒提供はその後義務として毎年彼らに請求され、これを廃止するには皇帝の免許状が必要だったというのだ。またある伝えによると、アルドルでのことだが、その土地の領主がつれてきた一頭の熊がいた。住民はこの熊が犬と戦うのを見るのが好きで、自前でこの熊の飼料を負担することにした。やがて、熊は死んだ。しかし、領主は相変わらず飼料を要求しつづけたという。[40]

いいかえると、封建領主への贈り物はなんであれ、「とりわけ四回のうち三回くり返されると」先例として受けとめられ、慣習の網の目に追加される傾向にあった。その結果、上位者へ贈り物をする者たちは、贈り物が将来強

要されることがないことを法的に定める「既得権非侵害証書」を受けることを主張するようになったのである。ここまで形式化されることは例外的であるとはいえ、不平等から開始する社会関係は、どのようなものであれ、不可避に類似した論理にもとづいて動きはじめることになる。なぜなら、いったん関係が「慣習」にもとづいたものであるとみなされてしまうと、なすべき義務や恩義のあることを証明するには、それが以前におこなわれていたことを示すだけでよくなってしまうからである。

しばしばこのような取り決めがカーストの論理へと転化することがある。式典の衣服を織ること、王室の祝宴に魚を献上すること、王の髪を切ることなどの責務が、それぞれ特定のクランにあてがわれるのである。つづいて、それらのクランは、織工や漁師や理髪師として知られるようになる。[*41] この点は、どれだけ強調してもしすぎることはない。なぜなら見落とされがちなもうひとつの真実を理解させてくれるからだ。すなわち、アイデンティティの論理は、常に、そしてどこでも、ヒエラルキーの論理と密接にからみあっているということである。本性によって区分された人びとについて、つまり、根本的に異質である種々の人間存在なるものについてひとが意識するようになるのは、ある人間が他の人間よりも上位に位置づけられるとき、または王や高僧、建国の父などとの関係にしたがってすべての人びとがランクづけられるときに、はじめてなのである。カーストや人種のイデオロギーはその極端な例にすぎない。ある集団が、じぶんを他集団よりも上位や下位に位置づけて、通常の公正な取引の基準が適用されなくなるようになったとき、いつでもそれは生じているのである。

実際、これに似たことは、より小規模に、最も親密な社会関係においてさえ起こっている。わたしたちがだれかを異なった種類の人間だと認識するまさにその瞬間に、その人間がじぶんよりも上か下かに関係なく、通常の互酬性の規則は変更をこうむるか、または打ち棄てられる。ある友人が一度だけ並外れて気前よかったとしよう。わたしたちはお返しししたいと望むはずだ。しかし彼女がくり返しおなじようにふるまいつづけるなら、わたしたちは彼女は気前のよい人なのだと結論をくだす。そうなると、めったにお返ししなくなるのである。[*42]

ここで単純な定式を示すことができる。ある行為が反復されると、それは慣習となり、その結果、慣習は行為者の本質的性格を決定するようになる。べつの見方をすれば、ある個人の性質は、他者が過去にその人物に対してどのようにふるまったかによって決定されうる。貴族であることの大部分は、過去に他者がその人間を貴族として扱った(というのも貴族はとくになにかをすることはなく、優越性が推定されるなんらかの地位に就いていることだけにほとんどの時間を費やしている)から、それが継続されるべきである、と主張することなのだ。かような人物たるための技術といえば、その多数が、お前たちはこうじぶんを扱えと他者たちに知らしめるようなやり方でじぶん自身を扱うことにあてられている。たとえば実在の王たちは、黄金で身を飾ることで、じぶんをまさに黄金のように扱えと提示しているのである。こうした事例の対極に、虐待の自己正当化がある。わたしのかつての学生であるサラ・スティルマンは次のことを指摘している。アメリカ合衆国では、中流階級の一三歳の少女が誘拐され、強姦され、殺害されたなら、悲痛な国民的危機とみなされ、テレビをもっただれもが、その推移を数週間にわたって見守るだろう。だがその一三歳の少女が児童売春婦で、長年にわたって組織的に強姦されてきたあげくに殺害されたことがあきらかになれば、たいしたことではないとみなされるのだ——そのような人間にありがちな出来事にすぎない、と。[*43]

優位者と劣位者のあいだで贈与や支払いのかたちで物質的富がやりとりされるさいの主要な原理とは、それぞれに与えられる物品は、それぞれ質において根本的に異なり、相対的価値を数量化することは不可能であるというものである。その結果、勘定の清算など想像さえできなくなるのである。中世の著述家たちは、司祭たちは万人のために祈りを捧げ、貴族たちは万人のために戦い、農民たちは万人に食糧を与えるといったふうに、社会をヒエラルキーとして想像してやまなかった。だが、そうだとしても、一トンの小麦と等価なのは何回の祈祷であるのか、どの程度の軍隊による保護なのか、などといった考えは、そのなかのだれの頭にも浮かぶことはなかった。そのような計算を試みた者すらひとりとしていなかったのである。「身分の低い（lowly）」人びとには必然的に劣悪な（lowly）ものしか与えられず、その逆も然り、ということでもなかった。ときに、ことはその真逆でもある。ごく最近まで、おおかたの高名な哲学者や芸術家、詩人、音楽家は、金持ちのパトロンをみつける必要があった。現代人の感覚にとっては奇妙に映るのだが、詩人や哲学者の著名な作品には、多くの場合、心ばかりの給付を与えてくれた、だれもおぼえていないような伯爵やら侯爵の叡智や徳を讃える、大仰で媚びへつらった序文がついてくる。高貴なパトロンは、たかだか寝室や食事あるいは金銭を提供したにすぎないこと、そのクライアントは『モナ・リザ』を描いたり、『トッカータとフーガ　ニ短調』［ヨハン・ゼバスティアン・バッハによるオルガン曲］を作曲することで謝意を示したということ、これらの事実［低い地位から高い地位への返礼の破格さ］をもってしても、貴族に本来そなわっている優位性を損なうものとはみなされていなかったのである。

この原理には大いなる例外がひとつ存在している。それはヒエラルキー的再配分の現象である。だがここでやりとりされるのは、類似の種類のものというよりも、そっくり同一のものである。たとえば、ナイジェリアのポップスターのファンたちが、コンサートの最中にステージ上に投げ銭をする。ポップスターは、ファンの住む地域をときおり訪問しては、リムジンの窓から（おなじ）硬貨を投げる。こういった場合である。このぐらいの規模ならば、問題になっているのは極小のヒエラルキーであるといえる。パプアニューギニアの大部分において、社会生活の中心にいるのは、カリスマ性をもった「ビッグマン」である。彼らは、大宴会でばらまくための巨額の富を獲得すべく、人びとをいいくるめ、甘言を弄し、あやつることに多大なる時間を費やしている。ここから、実のところ、たとえばアマゾンや北米先住民の首長に目を移すこともできるかもしれない。ビッグマンとは異なり、首長たちの役割はより形式化されている。だが実際にはこういった首長たちは、人びとのいやがることを強制しておこなわせるような力はもっていない（北米インディアンの首長たちが、かの有名な雄弁術と説得力をそなえているのは、まさにこのためである）。その結果として、彼らは受けとるよりも多くを与える傾向をもつのである。観察者たちがしばしば指摘しているように、村の首長たちは、常に気前よく与えるべしという圧力にさらされているため、個人の所有という意味では村で最も貧しい人物ということもよくみられるのである。

社会が実際にどの程度に平等か、まさにここから判断することができる。おもてむき権威的な立場にある人物が、たんに再分配の経路になっているだけか、それとも富を蓄積するために自身の立場を利用できるのか、である。後者の場合、さらにべつの要素、つまり戦争と掠奪を加えるならば、ほとんど貴族制社会そのものであるようにみえる。結局、とてつもない富を手にしたらだれもが、少なくともその一部を――しばしば大人数に対して寛大かつ劇的なやり方で――分け与えることになるものである。掠奪や強奪によって獲得される富が多ければ多いだけ、その富はより劇的かつ自己顕示的な仕方でばらまかれるようになる。[*44] 軍人貴族にあてはまることは、古代国家においてはなおあてはまる。そこでは支配者は常に、無力な者の保護者、未亡人と孤児の支援者、貧者の庇護者としてのれを表象するのであるから。近代的再配分国家――アイデンティティの政治を助長することで悪名高い――の系譜学は、その起源を、いかなる種類の「原始共産制〔原始的コミュニズム〕」でもなく、つきつめれば暴力と戦争に求めることができるのだ。

様相間の移動

くり返し強調しなくてはならないが、ここで話題にしているのは、いくつかの異なる種類の社会ではなく（みてきたように、わたしたちがそれぞれ別個の「社会」に組織されてきたという考えそのものがうたがわしい）、あらゆる場所で常に共存している諸々のモラルの原理である。わたしたちはみな、親しい友人のあいだではコミュニストであり、幼い子どもに接するさいには封建領主となる。そうでない社会を想像することは、きわめて困難なのである。

当然、次のような問いがあらわれる。もしだれもが、完全に異なったモラル計算（moral accounting）の体系のあいだを日常的に行き来しているなら、なぜだれもそのことに気づかなかったのか？　なぜ、そのかわり互酬性の観点からすべてをとらえ返す必要性を依然として感じつづけているのか？

ここで、互酬性とはわたしたちが正義を想像する主要な方法であるという事実に立ち返らねばならない。とりわけ抽象的に思考するとき、そしてとくに理念的社会像をつくろうとするとき、ひとはそこに退いてしまうのである。わたしはすでにそのような事例をあげてきた。たとえば、イロコイ族の共同体は、友人や家族、母方のクランの成員、さらには困難な状況にある友好的なよそ者まで、さまざまな種類の人びとの必要性（ニーズ）に、だれもが心を配ることを要請するエートスに基盤をおいている。そのようなイロコイ族が、村を二つに分割することに力を入れはじめ、片割れの側の死者を埋葬することを義務にしたのは、まさに社会を抽象的に考える必要があらわれてはじめてのことである。それは互酬性を通してコミュニズムを想像するひとつのやり方であった。おなじように、いちじるしく厄介で複雑な封建制度について中世の思想家が一般化するときにはいつも、そのすべての身分と秩序は、各自がみずからの職分に貢献するというひとつの簡潔な公式に還元されてしまう。「祈る者、戦う者、働く者」[*45]がそれである。そうした図式が現場で実際に活動する司祭や騎士や農民のあいだの現実の関係とはまったく無関係であるにもかかわらず、ヒエラルキーさえも究極的には互酬的なものとみなされるわけである。この現象は、人類学者にはおなじみである。みずからの社会や文化を総体として考えたことがなかったり、他者が一個の「社会」とか「文化」とみなしているものの内側にあるなどと考えてもみたことのない人びとは、どうやって世の中は成り立っているのか説明を求められてはじめて次のように応答するのである。「みんな苦労して育ててくれた母親に恩返ししてるからでしょう」とか、さもなくば、A族が婚姻によってB族に女性を与え、B族はC族に女性を与え、C族はA族に女性を与えて一周する、などといった概念的な図式をひねりだしてみせるのである。人びとが実際におこなっていることに、それが対応しているようにはとてもおもえないわけだが。[*46] 公正な社会を想像しようとするとき、均衡と対称のイメージ、すべてが均衡している優雅な幾何学を喚起しないことはなんともむずかしいのである。

「市場」というものが存在するという考えも、それと大きく異なっていない。うまく問いを投げかけるならば、経済学者たちもたいていそのことを認めるだろう。市場とは現実ではない、と。市場とは、だれもがまったくおなじ動機とまったくおなじ知識をもって、まったくおなじ利己的計算のうえで交換をおこなう、自己充足した世界を想像することで生みだされた、数学的モデルなのである。経済学者たちは、現実は常により複雑であることを承知している。だが数学的モデルを作成するためには、常に世界を戯画化する必要があることも承知しているのだ。そのこと自体はなにも悪くない。厄介なことになるのは、そのモデルをふりまわして、市場の指令を無視する者はだれであれ罰せられるべし、などと断言してもいい(おおよその経済学者が)ということになるからである。または、ひとは市場システムのなかで生きているのだから、あらゆることが(政府の介入は例外)公正の原理にもとづいているとか、現行の経済システムは巨大な互酬性のネットワークであり、最終的にはすべて帳尻が合い、すべての負債は清算されるのだ、などといった断言に短絡してしまうからである。

これらの諸原理はたがいにもつれ合っており、特定の状況においてどの原理が優勢になるのか、言い当てることはたいていむずかしい。その理由のひとつは、経済的なものであれなんであれ、人間のふるまいをなんらかの数学の公式に還元できるふりをするのはばかげている、というところにある。それでもこのこと[諸原理のもつれあい]は、一定の度合いの互酬性は、どんな状況においても可能性として存在していることを含意している。だからこそ、そのつもりの観察者は、互酬性が存在するというなんらかの口実を常に発見できてしまうのだ。さらにいえば、特定の諸原理はべつの原理へとすりかわってしまう内在的傾向をそなえているようにもみえる。たとえば、極端にヒエラルキー的な関係の多くは、（少なくとも一時的には）コミュニズム的原理にもとづいて作用することができる。あなたに金持ちのパトロンがいるとしよう。必要なときにおもむけば、彼はあなたを助けてくれるはずだ。しかし、これはあくまで、度合いの問題である。そのパトロンが、根本にある不平等を覆してしまうほどの多大な支援を提供するとは、だれも期待していないのだ[*47]。

おなじように、コミュニズム的諸関係も、実にたやすくヒエラルキー的不平等関係に変容してしまう可能性をはらんでいる——たいてい、だれも気づかないうちに。どうしてそうなるのか、理解するのはむずかしいことではない。異なった人たちの「能力」と「必要性」は、ときにはなはだしく不均衡だからだ。真に平等主義的な社会はこのことを熟知しており、だれかが極端に他をしのいでしまう——狩猟社会におけるすぐれた狩人など——危険性のまわりに、洗練された防衛手段をはりめぐらす傾向がある。おなじように、だれかがだれかに心から借りがあると感じさせてしまうなにごとにも警戒心を抱く傾向もある。注目の的になるほどの成果をあげた者は、冷やかしの対象になる。たいていの場合、なにか意義のあることを成し遂げたときの唯一のつつましいふるまいは、じぶんを笑い飛ばすことである。デンマークの著述家ピーター・フロイヘンは『エスキモーの書』のなかで、グリーンランドでは、どれだけ招待主が事前に自己卑下するかによって、招待客にふるまうごちそうの出来を知ることができるといっている。

老人は笑った。「知らない人もいるだろう。わたしはこんなにも腕の悪い狩人で、女房は何でも台無しにしちまうひどい料理人だよ。たいしたものはないが、外に肉の切れ端があるだろう。犬に何度かやって食べたがらなかったから、まだそこにあるだろう」。

これは、エスキモー流の裏返しの自慢であって、これでみな、よだれを垂らして待つことになる（…）。

読者は、右の著者が肉を分けてもらったことに感謝の念をあらわしたら怒りだした、前章でみたセイウチ狩猟者を想起するはずだ。結局、ひとはたがいに助け合うものであり、いったんなにかを贈与として扱ってしまうならば人間以下のなにかに変貌してしまうのだ。「この地でわれわれがよくいうのは、贈与は奴隷をつくり、鞭が犬をつくる、ということだ[48]」。

ここでの「贈与」とは、無償で与えられるものではないし、ひとがたがいに与え合うというふつう想定されている相互扶助のことでもない。だれかに感謝するということは、そのだれかがそのように「感謝のもととなるように」ふるまうことがなかったかもしれない、ということでもある。それゆえ、そのだれかがそのようにふるまうことを選択したということが、義務と負債の感覚を――したがって劣位を――生みだしてしまうのである。合衆国のコミューンや平等主義的共同体は、しばしば同様のジレンマに直面し、忍び寄るヒエラルキーに対する独自の防衛手段を考案することを余儀なくされている。コミュニズムがやがてヒエラルキーに転化してしまう傾向は不可避だ、というのではない――イヌイットたちのような社会は、何千年ものあいだそれを回避してきたのだ――そうではなく、ひとは常に警戒する必要があるということである。

それとは対照的に、コミュニズム的な共有（シェアリング）を前提とした関係から平等な交換関係への移行が困難なこと――しばしばまったく不可能なこと――はよく知られている。わたしたちは友人関係のうちに、いつもそれを観察しているはずだ。すなわち、もし、だれかがあなたの気前のよさにつけこんでいると感じたとしよう。そういう場合、なんらかのやり方で払い戻しを求めるよりも関係を解消してしまう方がはるかにかんたんである。悪名高い大食漢についてのマオリの物語は、その極端な例である。その男は自宅の近くの海岸をうろうろしながら、収穫物の一番いいところを執拗にねだっては漁師たちをいらいらさせてきた。だが、食物を求める直接の訴えを拒否することは事実上不可能であるため、漁師たちは律儀に要求を呑んできた。だがある日、我慢の限界に達した人びとは、男を殺害してしまったのである。*49

よそ者どうしのあいだで社交性（ソーシャビリティ）の土台を創造するには、他者の所有物をわがものにすることで他者の限界を試す手の込んだ過程が必要とされることを、これまでにみてきた。同様のことは、和平交渉あるいは起業上のパートナーシップ構築の場合においてさえ起こりうる。*50 マダガスカルでは、一緒に起業しようと考えている二人の男は、しばしば血の契りを交わす義兄弟になることを、わたしは教えられた。血の契りを交わす義兄弟であるファティドラ *fatidra* は、限界のない相互扶助の盟約からなる。ひとたび要求されたら拒むことは決してないことを、双方が厳粛に誓うのだ。実際には、こんな合意を交わすパートナーは、相手になにごとかを要求するにあたって、たいてい慎重な配慮をするものだ。それでも、わたしの友人たちのいうには、このような盟約に達した最初のうちは、ときおり好んでそれを試すことがおこなわれる。相手の新しいペットの犬や着ているシャツ、相手の妻あるいは夫と一夜をすごす権利（みんなのお気に入りの例である）を要求することもある。ただひとつ限界があるとしたら、一方が要求できるものは相手方も要求できるという認識のみである。*51 ここでもまた問われているのは最初の信頼の確立である。たがいの約束（コミットメント）がうたがいえないものであることが確認されたら、いわば土台が固められたことになる。二人の男は委託売買をおこなったり、資金の前払いをしたり、利潤を分配（シェアリング）したり、あるいは、以後、信頼をもとにたがいに協力しあって商売上の利益を追求するようになる。しかしながら、交換関係がヒエラルキーへと変質してしまうおそれのある瞬間があって、それは最も名高くかつ最も劇的なのである。つまり双方が平等にふるまい、贈り物をやりとりしたり競り合ったり商品を取引したりしながら、どちらか一方が均衡を完全に打ち破るようなことをしてしまうときである。

贈与交換が相手に一歩先んじるゲームに変容する傾向があること、および、いくつかの社会においてはこの潜在的可能性が大規模な公共の競技に形式化されていることについて、すでに言及した。これは「英雄社会」としばしば呼ばれるものにおいて典型的である。英雄社会とは統治機構が弱体であるか不在であるかで、統治機構のかわりに戦士たる貴族を中心に組織された社会である。貴族たちは忠実な家臣を側近として抱え、めまぐるしく変化する同盟と抗争のなかでたがいにむすびついている。『イリアス』から『マハーバーラタ』［古代インドのバラタ族の戦争を題材とする叙事詩］から『ベオウルフ』［北欧の英雄叙事詩］まで、ほとんどの叙事詩はこの種の世界を描きだしている。そして人類学者たちは、ニュージーランドのマオリ族やアメリカ北西海岸のクワキウトル族、トリンギット族やハイダ族のあいだに同様の取り決めを発見してきた。英雄社会においては、饗宴の開催やお決まりの寛大さの競合は、「財産による戦い（fighting with property）」とか「食物による戦い（fighting with food）」といった具合に、よく戦争の延長として語られる。このような饗宴を催す人びとはしばしば活気に充ちた派手な演説に熱中するのであるが、その内容といえば、気前のよい盛大な宴によって標的となった敵をいかに壊滅させ粉砕させたか（クワキウトル族の首長たちは、好んで巨大な山を自称した。その山から贈り物が巨大な岩のように転がってくるというわけである）、とか、いかにして敵を征服し奴隷——イヌイットのメタファーでいう——の身分に貶めたか、である。

こういった発言を字義通りに受けとるべきではない。こういった社会のもうひとつの特徴は、高度に発達した大言壮語（ボースティング）の技芸なのであるから。[*52] 英雄的な首長や戦士たちは、平等主義的な社会における首長や戦士らが自己卑下するのとおなじくらい一貫して、じぶん自身をほめちぎる傾向がある。贈与交換の競争で敗退したからといって、実際に奴隷に貶められたというわけではない。しかし、敗退した人物は、ついに奴隷と成り果てたように感じることだろう。そして、その帰結が破局的なものにもなることもある。ある古代ギリシアの史資料によると、ケルト人の宴会では、敵どうしの貴族たちが馬上槍試合の一騎打ちと、敵に豪華な金銀の宝物を贈答する寛大さの競争を交互におこなっていた。これがときに当事者を窮地に追いつめることもあったのだ。贈り物があまりに豪勢であるために、それに対抗することができなくなるのである。このような場合、じぶんの名誉を守ることのできるただひとつの応答は、おのれの喉をかっ切り、富を随行者に分配することであった。*53 その六〇〇年後であるが、アイスランドのサガ†に、エギルという名の年老いたバイキング人の事例がみられる。エギルはじぶんよりも若く、いまだ活発に掠奪にはげんでいるアイナーという男と友人になった。ある日、アイナーはみごとな盾を手に入れる。「その盾には古い物語が刻まれてあり、文字のあいだは高価な宝石と輝く黄金で飾られていた」。このようにみごとな盾はこれまでだれも目にしたことがない。アイナーはそれを携えてエギルを訪問した。ところがエギルは留守である。アイナーは慣習にしたがい三日待ったが、そのあと、宴の間に贈り物として盾を吊るし、馬に乗って立ち去った。

エギルは帰宅し盾を目にした。そしてこのような宝物は、いったいだれのものかと聞いた。アイナーがたずねてきてその盾をあなたに贈ったのだ、とだれかが教えた。するとエギルはこういった。「地獄に堕ちろ！　わしが一晩中寝ずに、奴の盾についての詩をつくるとでもおもっているのか？　馬を出せ、奴のあとを追って殺してやる」。アイナーにとって幸運なことに、早々に出発していたため、すでにエギルとは遠く離れていた。そういうわけでエギルは観念し、アイナーの贈り物についての詩をひねりだしたのである。*54

---

† 古代、中世の北欧の散文学の総称であり、とくに、中世アイスランド、ノルウェーの国王、豪族などの俗説にもとづく史伝やその運命を描いた一連の物語。

＊＊＊＊＊

競覇的な贈与交換が、ひとを文字通り奴隷にしてしまうわけではない。それはたんに名誉の問題である。だが、こういった人びとにとっては、名誉こそがすべてなのだ。

負債、とくに名誉の負債を支払うことができないことが、これほどの危機となる主たる理由は、これこそ貴族が取り巻きを集めるやり方そのものだからである。たとえば古代世界における歓待の掟は、どの旅人にも食事と寝床が与えられ、尊い客人として扱われられねばならないと明記している。とはいえ、それは一定の期間にかぎられる。ぐずぐずと居つづけるならば、客人はゆくゆくはたんなる従者に成り果ててしまうことになろう。このような居候の役割は、人類史の研究者たちにおおよそ無視されてきた。ところが、帝政ローマから中世の中国にいたる多くの時代、少なくとも都市部において、最も重要な関係といえば、おそらくパトロン-クライアント関係であったのだ。裕福で要職にある人物ならいずれも、追従者や幇間（たいこもち）、終身的食客、その他の自発的寄食者たちにかこまれていた。当時の演劇や詩には、このような人物がたくさん登場する。[*55] おなじように、人類史のほとんどにおいて、立派な中流階級であるとは、毎朝、家から家を訪問し、地元の実力あるパトロンに敬意を表示することを意味していた。今日でも、相対的に豊かで力をもった人びとが、支援者のネットワークを集める必要を感じるときには、インフォーマルなパトロン-クライアント・システムがいつでも形成される。これは地中海岸や中東やラテンアメリカの多くの地域でよく記録されている慣行である。こういった関係性は、これまでこの章を通じて検討してきた三つの原理すべての場当たりの混合で構成されている。にもかかわらず、観察者たちは、それらを交換と負債の言語にあてはめることを主張してゆずらないのである。

最後の事例である。一九七一年に公刊された『贈り物と掠奪品（*Gifts and Spoils*）』という論文集に、ロレーヌ・ブラクスターという人類学者による短い文章が収められている。フランス側ピレネー山脈の、住民のほとんどが農民からなる、ある行政地区についての論考である。そこでは、だれもが相互扶助――この地域では奉仕活動（*rendre service*）と呼ばれる――の重要性を強調している。おなじ共同体に住む人びとは、たがいの面倒をみて、隣人が困っているときには援助しなくてはならない。これこそが共同体的モラルの本質であって、実際ひとが、共同体らしきものの存在を察知するのはこのようなときである。ここまではよい。しかしながら、だれかがことさら恩恵を施しすぎてしまうと相互扶助はなにかべつのものに変容してしまう、と、彼女は述べている。

ある男が工場におもむき、社長に仕事をくれないかと依頼し、社長が仕事をみつけてやる。これは奉仕の一例となる。仕事を手に入れた男は、社長に恩を返す［返報する］（repay）ことは決してできないが、社長に敬意を表すこと、あるいは菜園からの収穫物で象徴的な贈与をおこなうことはできる。贈与に見返りが要求され、かつ物質的なお返しが不可能な場合、恩返し［返報］は支持(サポート)または尊敬によってなされるのである。

相互扶助はこうして不平等に変質してしまうわけだ。パトロン‐クライアント関係がこうして生まれる。わたしたちはすでにこれについては観察してきた。では、わたしがこの一節をなぜ選んだかというと、著者の言い回しがとても奇怪であるからである。完全に自己矛盾をきたしているのだ。社長が男の頼みをきいてやる。男は恩を返すことはできない。それゆえ、男は折りをみてはトマトの籠を携え社長の家をおとずれ、敬意を表しつつ恩を返す。さて、それで結局どっちなのか？　男は恩を返すことができるのか、できないのか？

ピーター・フロイヘンのセイウチ狩猟者ならば、ここでなにが起きているのかまったくもってよくわかる、と、まちがいなく考えるはずだ。トマトの籠を持参することは「ありがとう」と述べることに端的に等しい。それは、じぶんは恩義という負債を負っていること、まさに鞭が犬をつくるように贈与が奴隷をつくってしまった事態を承認する方法なのだ。社長と従業員は、いまや根本的に異なった種類の人間である。ここで厄介であるのは、それ以外のすべての点において根本的にはなにも違わないということだ。十中八九、二人とも中年のフランス人男性であり、一家の父であり、似たような音楽やスポーツ、食物を好む共和国市民であるはずだ。彼らは平等であるべきなのだ。だから、決して清算しえない負債の存在の承認のしるしであるトマトさえ、あたかもそれ自身、一種の返済であるかのように表象されねばならないのである。それは貸付の利払いであって、完済されさえすればふたたび二者は本来の対等の地位に復帰することができるというわけだ。そうだれもが信じているふりをしているのである。[*57]

クライアントに工場での仕事をみつけてやることが親切であるということが、多くを語っている。なぜならここで起きている事態は、そもそもだれもが工場で仕事をえた場合に起きる事態とあまり異ならないからである。おもてむき、賃労働契約は対等の者たちのあいだの自由契約となっている。だが、どちらか一方のみがパンチカードを押すことになる合意が成立するや、もはや二人は対等ではありえない。[*58] 法律はここにわずかばかり問題のあること認めている。あなたの平等［対等性］(equality)を永遠に売り渡すことはできないと法律が主張するのはそのためである。この取り決めは次のような場合にのみ受容可能とされる。すなわち、社長の権力が絶対的なものではなく、その権力の行使が労働時間内に限定されており、労働者がいつでも契約を反古にして自己を完全に対等な立場に復しうる法的権利を有している、そのような場合である)。

もはや(少なくとも、しばしのあいだ)対等［平等］ではないとする対等な者たち(equals)のあいだのこの合意こそ、わたしにとって決定的に重要であるようにおもわれるのである。まさにこれこそ、わたしたちが「負債」と呼ぶものの本質だからである。

＊＊＊＊＊

では、負債とはいったいなにか？

負債とはきわめて個別具体的（スペシフィック）な事象である。そして負債は、きわめて具体的な状況から生まれる。それがまず必要とするのは、根本的に異なっている存在とはたがいにみなしていない二人の人間の関係である。少なくとも可能性としては対等であり、本質的な次元において実際に対等であるのだが、現在のところ対等な地位にはない。だが、事態を回復するなんらかの方法がある、といった二人の関係である。

　これまでみてきたように贈与をおこなう場合、なんらかの地位の平等が必要とされる。例の経済学教授が、じぶんの地位よりも非常に高いか非常に低い人物に夕食をごちそうになっても、義務の感覚を――どのような名誉の負債も――感じなかったのはそのためである。金銭の貸出においては、双方の側が法的に平等であることが必要とされる（子どもや狂人にお金を貸すことはできない。厳密にいえば貸すことはできるが、裁判所は取立てのさい味方になってくれない）。法律上の――モラル上というよりは――負債には、それ以外にも興味深い性質がそなわっている。たとえば免除が可能である。モラル上の負債では免除は必ずしも可能ではない。

　これが意味するのは、純粋に返済不可能な負債などというものは存在しない、ということである。状況を回復するためにとりうる方法がまったく存在しないなら、わたしたちはそれを「負債」とは呼ばないはずだ。件（くだん）のフランスの村民さえ、ことによると、パトロンの命を救ったり、宝くじに当たって工場を買収したりできるかもしれない。あの犯罪者は「刑に服すことで」「社会への借り［負債］を返してるんだよ」というようなことを、わたしたちは口走ることもある。そのようなときに本当はなにがいわれているかというと、しでかしたことがあまりにひどいので、自然権によってその国のどの市民にも授けられた平等な地位をその人物はいま剥奪されているのだ、ということである。しかしながら、わたしたちがそれを「借り［負債］」と呼ぶのは、それが返済可能であり、平等［対等性］が回復可能だからである。たとえその代価が薬殺（lethal injection）による死［死刑］であるにしても。

負債が返済されていないあいだ、ヒエラルキーの論理が支配的になる。互酬性は存在しない。刑務所に収監されたことのある者には周知であるように、最初に看守が告げるのは、刑務所での出来事は正義や公正などとはいっさい関係ない、ということである。それとおなじように、債務者と債権者は封建領主を前にした農民のごとく対峙し合うことになる。その関係を支配するのは判例法［先例からなる法］（the law of precedent）である。あなたが債権者に菜園でとれたトマトを持参していったとしても、債権者がお返しになにかをくれるだろう、などとはあなたは考えもしない。ところが、これからもあなたはトマトをくれるだろうと、債権者が期待することはありうるのだ。とはいえ、この状態がどこか不自然であるということは常に前提として存在している。というのも、負債は実際に返済されるのが当然であるからである［対等性の回復は常に可能であるはずだからである］。

まさにこのことが、実質的に返済不可能である負債を抱えた状況を、かくも困難で苦しいものにしている。債権者と債務者は究極的には対等であるため、債務者が対等性［平等］を回復することができない場合、あきらかに債務者側になにか問題があるとされる。それは債務者のせいに違いない、というわけである。

ヨーロッパの諸言語における「負債（debt）」の語源をさかのぼると、このつながりがはっきりしてくる。その多くが、「過誤（fault）」、「罪業（sin）」、「罪責性（guilt）」と同義語であるのだ。犯罪者が社会に借り［負債］があるように、債務者は常にある種の犯罪者なのである。[*59] プルタルコスによると、古代クレタでは、借金をする者は貸手の財布から金銭を奪いとるふりをする習慣があった。どうしてなのか、とプルタルコスは問うている。おそらく「債務不履行の場合には、彼らに暴力の罪を負わせ、罰することができるようにするためであろう」。[*60] 歴史上かくも多くの時代において、返済不能におちいった債務者を投獄することが可能であった、あるいは処刑することさえ可能であった――初期の共和政ローマのように――のは、まさにこのためである。

かくして負債とは完遂にいたらぬ交換にすぎないのである。とすると、負債は厳密に互酬性の産物であり、（必要と能力のコミュニズム、慣習と特性のヒエラルキーといった）それ以外のモラリティとは、ほぼ無関係であるということになる。なるほど、固い決意さえあれば、コミュニズムとはたがいに永続的に負債のある状態であり、ヒエラルキーとは返済不可能な負債から構築されている、と主張できることもだろう（実際にそうしている人たちもいる）。だがこれは、定義上あらゆる人間の相互作用は交換の諸形式でなくてはならないという前提からはじめ、それを証明するために知的曲芸をおこなうという常套手段ではないか？

その前提が誤っているのだ。すべての人間の相互作用が交換の諸形式であるということはない。交換の形式をとるものもあるというにすぎないのである。たしかに交換は、人間の諸関係を把握するためのひとつの特殊な方法を助長するものである。交換が対等性［平等］を内包していて、かつ分離をも内包しているからである。まさに金銭の持ち主が変わるとき、負債が帳消しにされるとき、そのとき、対等性［平等］が回復され、なおかつ、二人は背をむけ、関係も解消される。

負債とは、あいだ［中間］で生起するものである。二名の当事者がいまだ対等ではなく、それゆえ、たがいに背をむけ合うことができないときに生起する。だが負債の実行されるのは、いずれ対等［平等］でありうるというきざしのなかにおいて、である。そのような対等性［平等］が達成されてしまうや関係をもつ理由そのものが解消されてしまうがゆえに、興味深いほとんどすべてのことがあいだ［中間］で生じるのである。[*61] 実のところ、人間的な事象のおおよそすべてがあいだ［中間］で起こっている。たとえ、その意味するところが、そうした人間関係のすべてに、ささいな犯罪と罪責性、恥辱の要素がふくまれているということにせよ。

本章で先に言及したティブ族の女性たちにとって、このようなことは、たいした問題ではなかった。だれもがだれかに対して、いつもほんの少し負債があるようにすることによって、たとえそれが大変脆いものであったにしても、彼女たちは実際に人間社会を創造していたからである。その社会とは、三個の卵とかオクラ一袋を返済するといった義務や、生成や再編をくり返す——いつでも個別の義務は清算できるので——紐帯からなる精妙な網の目のことである。

わたしたち自身の文明の習慣もそれほど異なっているものではない。「おねがいします（please）」や「ありがとう（thank you）」をたえまなく口にしているアメリカ社会の慣習を考えてみよう。このふるまいはしばしば基本的モラルとして扱われている。わたしたちは、子どもたちが［おねがいします、ありがとうなどと］口にするのを忘れると、社会のモラルの番人——たとえば教師や聖職者——が万人に対するのとおなじく、すかさずたしなめる。一般に、こういった習慣は普遍的なものであると考えられがちである。だが、そうではない。[*62] このことは、イヌイットの狩人があきらかにしている。わたしたちの日々の礼儀の多くと同様、それは、かつて封建的な敬意表現の習慣だったものの民主化である。すなわちそれは、かつては領主や階層的上位者のみに対するものであった礼儀でもって、万人に接しなければならないということである。

おそらく、あらゆる場合にそうであるわけではない。満員のバスで座席を探しているとする。乗客のひとりが荷物を脇にどかして座席を空ける。わたしたちは微笑むか、お辞儀をするか、わずかな身ぶりで謝意を表する。あるいは、実際に「ありがとう」と声にだす。こういった身ぶりは、共通の人間であることの承認にすぎない。つまり、座席をふさいでいた女性が単なる物理的障害物ではなく人間であること、二度と会うこともないであろう人間に対して心から感謝を感じること、それをわたしたちは承認しているのである。テーブルのむこう側のだれかに「塩をとってくれる？」と頼んだり、配達物にサインをするさいに郵便配達人がお礼をいったりするときには、そのどれもあてはまらない。わたしたちはこういったことを、無意味な形式であると同時に社会のモラル上の基盤それ自体としても考えている。それらのあきらかな些末さは、どのような状況においても“please（おねがいします）”や“thank you”（ありがとう）と口にすることを原則的に拒否する者はほとんどないという事実によって推し量ることができる――“I'm sorry”（ごめんなさい）とか“I apologize”（申しわけございません）であれば、口にするのはとても無理だと感じる人間ですら［please, thank you については］そうなのである。

事実、英語の“please”は、“if you please”（もしよければ）、“if it pleases you to do this”（もしそうすることがあなたの意にかなうならば）の短縮形である。これはほとんどのヨーロッパ語にもあてはまる（フランス語 *s'il vous plaît*、スペイン語の *por favor*）。その文字通りの意味は、「あなたには、そうするいかなる義務もありません」である。「塩をとってちょうだい。でもそうしなくてはならないといっているわけではないけど！」。もちろん、これは真意とは異なっている。そこには社会的な義務があり、それを遵守しないことはほとんど不可能なのである。しかし礼儀作法（エチケット）とは大部分がていねいなフィクション（より不作法ないい方をすればウソ）の交換からなっている。だれかに塩をとってくれないかと依頼するとき、あなたはほとんど指令をくだしているのだ。「おねがい（please）」とつけ加え、これは命令ではないというわけだが、実のところは命令である。

英語の“thank you”は“think（考える）”から派生している。もともとは「あなたがしてくれたことをわたしは忘れません」という意味である。これもふつう真実を述べているわけではない。しかし他の言語（ポルトガル語の *obrigado* はその好例である）における標準的な言葉遣いは、英語の“much obliged”（誠にありがとうございます）」の形式にしたがっている。それは実際には「わたしはあなたに借りがあります（I am in your debt）」を意味している。フランス語の merci はよりあからさまである。それは begging for mercy（慈悲を請う）の“mercy”（慈悲）から派生しているのである。そう口にすることで、恩恵を施す人物の権力のもとに象徴的に自己を位置づけるわけだ。つまるところ、債務者は犯罪者だからである。"You're welcome"(どういたしまして)または"It's nothing"(なんでもありません、フランス語の *de rien*、スペイン語の *de nada*)と口にすることは、その人のために塩をとってあげたことによって想像上のモラルの会計帳簿に借方を記載したわけではない[貸しとみなしたわけではない]、と安心させるひとつの方法である。"my pleasure"(喜んで)という口にすることで、「いや、これは貸しではなくて借りなのです(it's a credit, not a debit)……あなたはわたしに塩をとってくれと依頼することで、わたしがそれ自体で尊いとみなすことをなす機会を与えてくれたわけで、あなたがわたしに親切を施してくれているのです!」といっているのである。*64

暗黙の負債計算法を解読することは(「わたしはあなたに借りがあります」、「いいえ、あなたはわたしになんの借りもありませんよ」、「実際に借りがあるとしたらじぶんの方だ」など、最終頁の存在しない台帳に無数のささいな項目を書き入れては消していくかのように)、なぜこの種のことがらが、モラリティ一般の、ではなく、中産階級のモラリティの本質とみなされるのかを理解するのに役に立つ。たしかに、いまや中産階級の感受性が社会を支配している。だが、こうした慣行を奇妙に感じる人びとはいまでも存在している。社会の頂点に位置する人びとは、いまだしばしば、敬意表現は主に階層的な上位者に対して払われるものであると感じており、郵便配達人や菓子職人がたがいに封建領主に対するかのように接し合うさまを眼にして、いささかばかばかしくおもっている。反対の極には、ヨーロッパの「庶民的」と呼ばれる地区――敵でなければたがいに助け合うものだという考えがいまだに残る小さな町や貧しい界隈など――で育った人びとたちがいて、ウェイターやタクシーの運転手の、わたしの仕事ぶりになにも問題はございませんか、といったたぐいの表現や、あるいは、まあまあお客なのにお茶も出しませんで、などといった表現が、しょっちゅうくり返されるのを耳にすると、慇懃無礼(insulting)であるように、しばしば感じている。いいかえると、中産階級的礼儀作法(エチケット)は、わたしたちはだれしも対等であると主張はしているのだが、そのやりかたはきわめて特殊なものなのである。一方では、だれかがだれかに指令することはないというふりをする（ショッピングモールで、立ち入り禁止区域にむかって歩いていく人物の前に屈強な警備員があらわれて「なにかお手伝いしましょうか?」と口にする場面を考えてみよう）。他方では、これまでわたしが「基盤的コミュニズム」と呼んできたあらゆる身ぶりを、それが本当は交換の一形態であるかのように扱う。その結果、ティブの近所づきあいのように、中産階級社会は際限なく再創造をくり返さなくてはならないのである。点滅しつづける影のたわむれのように、ただちに帳消しにされるつかのまの債務関係のはてしなき交差のように。

こういったことはすべて、比較的最近の発明物である。始終"please"や"thank you"といい合う習慣が最初に定着したのは、一六世紀および一七世紀の商業革命のさなか、中産階級の人びとのなかにであった。それは官庁や商店やオフィスにおける言葉づかいであり、過去五〇〇年のあいだに彼らとともに世界中に拡がっていったのである。それはまた、はるかに広範な哲学のひとつのしるし（トークン）にすぎないのであり、これまでに非常に深く浸透したためいまや不可視になってしまった、人間とはなにか、人間はたがいになにを負っているのか、といった問いに応じる一群の仮説なのである。

＊　＊　＊　＊

歴史的な新時代の転換点において、先見の明ある精神には、頭をもたげつつある時代のその含意を完全に理解できることがある――ときには後続世代には不可能なやり方で。そのような人物の手による文書で本章をしめくくることにしよう。一五四〇年代のどこか、パリにおいて、フランソワ・ラブレー――背教的修道士であり医師であり、かつ法学者である――は、のちに有名になる侮蔑的賛辞（mock eulogy）創作した。彼はそれを、傑作『ガルガンチュアとパンタグリュエル』の第三之書に挿入し、「借金礼賛」として知られるようになる。

ラブレーは、パニュルジュという名の放浪の学者、古典的学識への精通者で、「さは申せ、必要に応じていつでも金を調える術を六三手も心得て居り、そのなかでも一番御立派で、また一番普通に使う手は、こっそりくすねる遣り方[*65]」などとのたまうような者の口から、その賛辞を語らせている。

気のよい巨人パンタグリュエルは、パニュルジュを家臣にし、相当の身入りを保障しもするのだが、パニュルジュは、それも湯水のように散財し、いつも借金で身動きがとれない首のまわらぬ状態にある。それがパンタグリュエルの悩みの種なのである。返済できるよう努力した方がよいのではないか？　そうパンタグリュエルは提案する。

パニュルジュはぞっとしたようすで返答する。「乞い願わくば神様、借金皆済とは相成りませぬように！」（『第三之書』岩波文庫、四四頁）負債は、実に、彼の哲学の基盤なのである。

来る日も来る日もどなたかに借金なさいませ。そういたしますと、そのお方が、殿の御長寿福楽を、絶えず神様にお祈りくださいますよ。つまり、貸金がふいになっては一大事と、どこの集まりに行っても絶えず殿のことを褒めそやし、別な貸主を殿のために絶えず探し求めてくれることになりますが、それと申すのも、殿に新しい貸主から借金をおさせし、自分のほうへ御返済願いたいと念じてのことでして、他人の他所の泥で自分の堀を埋めようとの算段でございますな。[*66]

金貸しほど、あなたにお金が入るよう切望している者はいない。ちょうど主人の葬儀で生贄になることを定められていた古代の奴隷たちのように。奴隷たちが主人の長寿と健康を祈るとき、彼らは心の底からそうしていたのだ！　そのうえ、負債によって、ひとはある種の神になることができる。絶対的な無から、なにものか（金銭や好意にあふれた債権者）を生みだすことのできる神へと。

いや、それどころじゃございませんよ。もしわたしが生涯を通じまして、借財こそ天と地を結び繋ぐものであり、人類の血統を保持いたす唯一の道だと考えぬようなことがありましたら、——これなくしては、ほどなく人類も悉く死滅いたすと存じまするが、——更にまた、借財こそ、恐らくはアカデミヤ学派哲人のいわゆる万象を溌剌たらしむる宇宙の大神霊だと考えぬようなことがございましたら、いっそのこと、善きバボラン上人様に身も魂も捧げ奉ってもよろしゅうございますぞ。

　こういうしだいでございますから、殿の晴朗なるみ胸のうちに、或る世界の観念と形相とをお描き願いたい。殿のお好みに従い、哲人メトロドロスの想像いたしました第三十番目の世界でも、或いはまたペトロンの第七十八番目の世界でもかまいませぬが、債務者も債権者も全然居らぬような世界の姿をでございますな。借財のない世界をでございますよ！　そういう世界では、星辰の間の向上な運行が一向にござりますまい。一切合切が紊れて居りましょうぞ。ユピテルは父神サトゥルヌスに、何ら負うことなしと思えば、その天球（せかい）を奪い取ることとなりましょうし、かのホメロスに記された黄金を以って、一切の天使、神々、星宿、魔霊、精霊、英雄、悪魔、天、地、及びあらゆる原素をば、宙に釣りさげてしまうことにも相成りましょう。（…）月は、血塗られたように赤々とし暗澹たる趣を呈しましょう。何の理由（いわれ）があって、太陽は、その光明を月に頒ってくれましょうや？　いささかも、その責はないからでございますよ。太陽は、地上を照らすこともございますまい。星辰も、恵み深い力を及ぼしてはくれますまい。

（…）

各原素の間にも、特性交流（サンボリザシオン）や変化（アルテルナシオン）や変容（トランスミュタシオン）は一向に起らぬことになります。なぜかと申しますに、どの原素も、おたがいに厄介になり合うつもりはないからでございますし、おたがいに貸し与え合うことが何もないからでございます。「地」より「水」は作られますまいし、「水」は「風」に変りますまいし、「風」より「火」は作られませず、「火」が「地」を暖めることもいたしますまい。大地に生れ出ずるものは、さまざまな怪物、ティタネス、アロイダエ、ギガンテスの類ばかり。雨も降らず、光もささず、風も吹かず、夏もなく秋もございますまい。悪魔の頭目リュシフェールは、自らの警めを断ち切り、冥界の奥から、フゥリアエ、ポエナエ、角を生やした悪鬼などとともに出てまいり、大小の民族の神々をば悉く、天上界より追い立てようといたしますぞ（『第三之書』四七－九頁）。

さらにいえば、もし人間がたがいになにも負うことがなければ、人の生は「犬畜生の乱痴奇沙汰と相成るばかり」（同上、四九頁）、手に負えない乱闘に成り果てる。

人間同士の間でありながら、他人を助けるということはなくなり、いくら助けてくれ、火事じゃ、溺れる、人殺しだと呼ばわっても、だれも助けにはまいりませんや。なぜかと申しますに、相手が何も貸してくれたことがないからですし、こっちでも何の恩義も感じていないからなのでございますよ。相手が火事に会おうと、難破しようと、破産しようと、お陀仏になろうと、こっちのお腹が痛むわけはないというしだいです。今までも何も貸してくれなかったのだから、今後も何一つ貸してはくれまいから、ということになるのでございますね。

要するに、この世から、信仰、希望、慈悲の心が追い払われてしまいます（同上、四九頁）。

家族をもたぬ独り者であるパニュルジュの、人生におけるまったき天職［全召命（entire calling）］とは、大金を手に入れ、それを使い果たすことなのである。そして、そんなパニュルジュこそ、当時まさに生まれつつあった世界にふさわしい予言者とみなされるべきなのだ。彼の視点は、もちろん富める債務者のそれであって、返済にしくじると伝染病まみれの地下牢に閉じ込められてしまう恐怖に脅えねばならぬ［貧乏人の］債務者のそれではない。とはいえ、彼の述べることは、好感度あふれるわれらがブルジョア的ふるまい［儀礼行為］(formalities) の背後でまどろんでいる、交換としての世界についての想定からの論理的な帰結であり、ラブレーはいつものように陽気な倒錯でもって背理法 *reductioad absurdum* を駆使しているのである（ちなみにラブレー自身はブルジョア的ふるまい［儀礼行為］を嫌悪していた。その著作は基本的に古典的学識と卑猥な冗談のまぜこぜである）。

そして、ラブレーのここで述べていることは真実である。あらゆる人間の相互作用について、ある物をべつの物のかわりに与えることの問題と定義するなら、継続的である人間関係のすべては負債の形式をとることになる。負債がなければだれかがだれかになにか借りがあるということもなくなるだろう。負債なき世界は、原初的混沌へと、万人の万人に対する闘争へと逆行してしまうことだろう。他人に対してだれも、いかなる責任も感じなくなるだろう。人間であるという単純な事実に、なんの意味もなくなるだろう。だれもが、じぶん自身の正しい軌道の維持さえあてにできない、孤立した惑星になるだろう。

パンタグリュエルには、そもそもそんなお話自体、認めがたい。彼はこう述べる。この問題に対するじぶんの心情は「おたがいの慈しみや慈愛を除いては、汝は、だれにも、なにも借りてはならない」[*67] という使徒パウロの言葉に尽きている、と。そしてそれにふさわしい聖書的な身ぶりで、パンタグリュエルは宣言する。「過ぎ去ったことは、赦してつかわすが」『第三之書』（五七頁）［すべての負債から汝を解放しよう（From your past debts I shall free you）］

パニュルジュは返答する。「いかほど殿におん礼申しあげても申しあげ切れるものではござりませぬ（What can I

do but thank you)」(同上、五七頁)。

第六章　性と死のゲーム

旧来の経済史の検討に立ち返ってみると、そこでまず眼につくのは、いかに多くのことが抹消されているかである。人間生活のすべてを交換に還元することは、その他すべての経済的経験（ヒエラルキーやコミュニズム）を除外してしまうだけでなく、成人男性でない者たち、つまり、日々の存在を相互利益を求め合う交換（スワッピング）に還元することが相対的に困難な圧倒的大多数の人間を、後景に溶解させてしまうことを意味する。

その結果、わたしたちは現実の商売のおこなわれている様態について、殺菌された見方しかできなくなってしまうのである。ショップやモールのこぎれいな世界は中産階級的環境の典型であるが、システムのトップもボトムも、つまり投資家の世界にせよギャングの世界にせよ、おおよそ取引というものは、グヌィング族あるいはナンビクワラ族のものとそれほど異なってはいないやり方でおこなわれている——少なくとも、セックス、ドラッグ、音楽、派手な食事のふるまいや、暴力沙汰の起きる可能性、といった点においては。

ニール・ブッシュ（ジョージの弟）事件をみてみよう。妻との離婚訴訟の過程で、彼は、タイや香港で、重要な商談が終わったあと、申し立てによれば、謎のようにあらわれた女たちと不倫のあったことを認めた。

「それがかなりおどろくべき事態であることは認めますよね」、そう彼の妻の弁護士のひとりが指摘した。「ホテルの部屋のドアを開けるとそこに女性が立っていて、その女性と性行為におよぶというのですから」。

「ふつうにあることじゃないですよね」。ブッシュは、そう返事しながら、それでも、じぶんにはそういうことがひんぱんに起きるのだと認めた。

「彼女らは売春婦だったのでしょうか？」

「わかりません」[*1]。


実際こうしたことは、大金が絡む場合であれば、お決まりのコースなのだろう。

こう考えると、経済的生活は、矢をティピー［アメリカン・インディアンの使用する移動式住居］の柱と素朴に交換するような物々交換からはじまる、といった経済学者たちの主張は、涙ぐむほどユートピア的である。そこには、だれかがだれかを強姦したり辱めたり拷問することなんてないというのだから。

こうして、わたしたちの語る歴史は、穴だらけになってしまった。そこにおいて女性は、ブッシュのホテルのタイ女性のように、なんの説明もなく、突如としてあらわれるほかないのである。第三章で引用した貨幣学者フィリップ・グリアーソンによる、蛮民法典のなかの貨幣についての一節をおもい起こそう。

> ウェールズの法律における賠償は、主に牛によって、アイルランドでは牛または無賃で働かされる女性（ボンドメイド）（クマル *cumal*）によって計算されていたが、どちらの場合でも相当量の貴金属の使用がともなっていた。ゲルマンの法典では、賠償は主として貴金属によっていた。[*2]

第一行目の終わりで立ち止まることなく、このくだりを読みつづけることが、はたしてできようか？　ボンドメイド？　それは「奴隷（slaves）」を意味するのではないか？（むろんである）。古代アイルランドでは、女性奴隷が、あまりに数多く存在し、かつ重要だったので、彼女らは通貨として機能するようになったではないか？　それはどのようにして起こったのか？　それに、ここで貨幣の起源を理解しようとするなら、人びとがおたがいを通貨として使っていたという事実が、とりわけ興味深く、かつ重要ではないのか？[*3]　それにもかかわらず、貨幣にまつわるどんな資料も、それについて多くをふれていない。諸法典が形成されたころまでは、奴隷少女たちは、実際に取引されていたわけではなく、計算単位として使われていただけのようだ。それでも、ある時点では、実際に売り買いされていたに違いない。彼女たちはいったいだれだったのか？　奴隷にいたる経緯はどのようなものか？　戦争で捕虜になったのか？　両親に売られたのか？　負債のためか？　彼女らは、主要な売り買い品目だったのか？これらすべての質問に対する返答は「イエス」のようだ。だが、それ以上を語ることはむずかしい。その歴史はほとんど書かれていないのだから。[*4]

　ここで悪しきしもべの寓話に戻ってみよう。「しかし、返済できなかったので、主君はこのしもべに、じぶんも妻も子も、また持ち物もぜんぶ売って返済するように命じた」。どうしてこうなってしまったのか？　ここで問題になっているのは、奴隷そのものであることに注意しよう。返済のための使役ですらないのである（彼はすでにみずからの債権者のしもべなのだから）。男の妻と子どもたちが、羊や陶磁器と変わるところのないもの――債務不履行のおりに清算さるべき財産――とみなされることになったのは、どうしてか？　一世紀のパレスチナにおいては、男がじぶんの妻を売ることは、あたりまえだったのだろうか？（そうではなかった）。[*5]　男が妻を所有していないとすれば、彼が借金を返せないからといって、なぜ彼女を売ることができたのだろうか？

　ネヘミヤの逸話についても、おなじ疑問がわいてくる。なるほど、わが娘を他人に奪いとられる父親の嘆きに同情しないのはむずかしい。だが、こう問うこともできる。なぜ男自身を「借金のかたに」とらないのか？　娘がカネを借りたわけでもないのに。

諸伝統社会において、父親による子どもの売却は決してよくみられるものではない。それはきわめて特殊である歴史をともなった慣行なのだ。つまり、それが出現するのは、シュメールからローマ、中国までの偉大な農業文明において、貨幣、市場、有利子貸付の証拠資料のあらわれはじめる時代においてなのである。その後、もっとゆるやかにではあるが、これらの文明に奴隷を供給する周辺地域にもあらわれるようになった。[*6] さらにいうと、史実を検証してみれば、中東や地中海の「伝統」をきわだって特徴づけている父権的名誉への強力な執着そのものが、じぶんの子どもたちを譲渡（alienate）する父親の権力とともに出現するといえるようだ――市場によるモラル崩壊の危険性とみなされたものへの反応として、である。どうしたわけか、こうしたことはどれも、経済史の領域外に追いやられている。

このような排除が欺瞞的であるのは、貨幣が過去において使用された主要な目的を排除してしまうのみならず、それによって現在への明確な視座を見失ってしまうからである。ニール・ブッシュのホテルの部屋に謎のごとくあらわれたタイの女性はいったいだれだったのか？　借金した親の子どもであることはほぼ確実であろう。おそらく、彼女たちは、契約による負債懲役人（contractual debt peons）だったのだ。[*7]

とはいえ、話題を性産業に絞るのは誤りであろう。いまもむかしも、借金を抱えた女性たちがその時間の大半を費やしているのは、縫い物であり、スープの下ごしらえであり、便所掃除である。聖書においてさえそれはあてはまる。「隣人の妻をむさぼる」なかれという十戒のいましめは、性欲に心を奪われることでなく（不倫はすでに第七戒でいわれている）、彼女を債務奴隷――つまり庭掃除をしたり洗濯物を干したりする使用人――として奪うことについてのものである。[*8] こうした状況のほとんどにおいて、性的な搾取はせいぜい付随的であるにすぎないのだ（たいてい違法であるが、にもかかわらずときに実行され、なおかつ象徴的に重要であるような）。くり返すと、慣習的なおもい込みを捨てさえすれば、過去およそ五〇〇〇年のあいだ、望むほど事態は変わっていないことがわかるだろう。

＊＊＊＊＊

このようなおもい込みについて、「原始貨幣（primitive money）」——イロコイ族のウォンパム[†]（wampum）、アフリカの布貨幣、あるいはソロモン諸島の羽根貨幣であれ、国家や市場が存在しない場所にあらわれる——とかつて呼ばれたものにかんする人類学的文献を参照するならば、いっそう皮肉にみえてくる。それがもっぱら経済学者たちが語りたがらない種類の取引に使用されているからである。

実際、「原始貨幣」という用語は、まさにこの理由から誤解をまねきやすい。というのも、現在使用されているたぐいの通貨の粗野な形態を、この用語は想像させてしまうからだ。だがまさにそのようなもの［貨幣の粗野な形態］こそ、どこにも見当たらないものなのである。たいてい、そうした通貨が、なにかの売り買いに使われることはない。[*9] そのかわり、人びとのあいだの関係を形成し、維持し、または再組織するために使用されるのである。たとえば、結婚をとりもち、父権を確立し、争い事を解消し、葬式で悲嘆にくれる者を慰め、罪においては赦しを求め、条約を調停し、追随者を獲得するなど——すなわち、ヤム芋、シャベル、豚、あるいは宝石の取引以外のほとんどすべて、である。

しばしばこうした通貨がきわだって重要なものになるのは、社会生活そのものが、そうした物資（スタッフ）を獲得し配分することを基軸としてまわっているようなときである。しかし、あきらかにそれらの通貨は、貨幣あるいはまさに経済とは実のところなんなのかについて、［わたしたちの常識とは］完全に異なった考え方を表現している。そこでわたしは、それらを「社会的通貨（social currencies）」と呼び、それらを使用する経済を「人間経済（human economies）」と呼ぶことにした。とはいえ、これらの社会がそれ以外の社会よりも必然的に人間的であるということではない（とても人間的な社会もあればすさまじく暴力的な社会もある）。それらの経済システムの主要な関心が、富の蓄積ではなく、人間存在の創造と破壊、再編成であるというだけである。

歴史的にみれば商業経済——いまでは市場経済と呼ぶ方が好まれている——は比較的新しいものだ。人類史のほとんどの時代は、人間経済が支配的だった。だから、その名にふさわしい負債の歴史を書きはじめるには、以下の問いからはじめねばならない。人間経済において人びとが蓄積している［ためこんでいる］のは、どのような負債なのか？　どのような種類の貸し借り（credit and debit）なのか？　そして人間経済が商業経済に席をゆずるとき、あるいは凌駕されるとき、なにが起きるのか？　これはつまるところ次の問いをいいかえたものである。「たんなる義務がどのようにして負債に転化するのか？」。だが、これは抽象的に問われるべきではなく、歴史的記録を検討し、実際に起こったことを再構成することを必要とするのである。

わたしが、つづく二章において試みたいのはそれである。まず、人間経済における貨幣の役割を確認し、ついで、人間経済がより大きな商業経済の軌道に突然一体化されるときなにが起きるかを論じてみたい。この点で、アフリカにおける奴隷交易は、とりわけ破局的な事例として参考になるだろう。つづく章では、ヨーロッパと中近東の初期文明における商業経済の最初の出現に立ち戻ってみたい。

不適切な代替物としての貨幣

---

† 貝殻玉。貝殻でつくられた円筒形の玉に穴をあけ数珠つなぎにしたもの。北米インディアンによって貨幣、装飾などに使用された。

貨幣の起源にかんする最も興味深い理論は、経済学に転向したフランスの人類学者フィリップ・ロスパベが最近提唱しているものである。彼の仕事は、英語圏ではほとんど知られていないが、きわめて独創的であり、わたしたちの問題に直接ふれるものである。ロスパベの主張によれば、起源における「原始貨幣」は、いかなる意味でも借りを返す方法でなかった。どうやっても支払い不可能である負債の存在を承認する方法だったのである。この議論は、詳細な検討に値する。

ほとんどの人間経済において、貨幣はなによりもまず結婚をとりもつために使われる。その最も単純でありふれたやり方は、「花嫁代価［価格］（bride-price）」と呼ばれていたものに表現されている。求婚者の家族が女性側の家族に、犬の歯やタカラガイなどなんであれ現地の社会的通貨を贈り、贈られた側は娘を求婚者の花嫁としてさしだす。これが女性の売買として解釈されるであろうことは容易に理解できるし、また二〇世紀はじめのアフリカやオセアニアの植民地官吏の多くは実際にそう結論した。この慣行は、一種のスキャンダルとなり、一九二六年まで国際連盟は、これを奴隷制の一形態として禁止すべきかどうか議論している。人類学者たちはそれに反対した。ちょっと待ってくれ。人類学者たちは説得した。これは、たとえば雄牛――草履はいうまでもない――を買うといったこととはまったく違うのだ、と。つまるところ、あなたが雄牛を買うとしても、あなたはその雄牛に対する責任はもたない。あなたが実際に買っているのは、その雄牛を自由に処分する権利だからである。それはひとはまったく異なっている。夫は妻に対し、妻が夫にもつのとおなじぐらい多くの責任をもつことになる。結婚はそれととのあいだの関係を再編成する方法なのである。第二に、あなたが妻を本当に買っているのであれば、あなたは彼女を売ることができるはずだ。そして第三に、その支払いの真の意義は、女性の子どもたちの地位にかかわるものである。もし彼がそこでなにかを買っているのだとするならば、それは彼女の子孫をわがものとする権利ということになるのだ。[*10]

人類学者たちがこの論争に勝って、「花嫁代価（bride-price）」は「花嫁代償［婚資］（bride-wealth）」といいかえられた。しかし人類学者たちは「ここで本当にはなにが起きているのか？」という問いに答えることはなかったのである。フィジー島の求婚者の家族が、鯨の歯を結婚する女性に手渡すとき、それは、未来の夫の庭を耕す使役への前払いなのか？　あるいは彼女の子宮の未来の多産性を買っているのか？　あるいは、これは純粋に形式的な行為、つまりある契約をむすんだしるしとして、人から人へと手渡しされるドル札に相当するなにかであるのか？

ロスパベによると、そのどれでもない。鯨の歯は、それがどれほど価値があるものだろうと、支払いのとる形式のひとつではない。実のところそれは、どのような支払いも不可能なほどかけがえのない価値あるものを要求していることの承認なのだ。女性の贈与に見合う支払いは、ただひとつ、べつの女性の贈与のみである。それまでに、ひとができることといえば、ただ、その未払いの負債を認知することだけなのである。

＊＊＊＊＊

求婚者たちがこれを明確に表明する場所がある。すでに前章でふれたナイジェリア中部のティブ族である。ティブについての既存の情報のほとんどは、彼らがまだ大英帝国の支配下にあった二〇世紀中盤にえられたものである。[*11] 本来の結婚は姉妹の交換という形式をとるはずだ、と当時はだれもかれもが主張していた。ある男がじぶんの姉妹をべつの男に結婚させる。そのべつの男は新しい義理の兄弟の姉妹と結婚する。これが完璧な結婚である。なぜなら、ある女性と引き換えに贈ることができるのは、もうひとりの女性だけだからである。

ただし、すべての家族に同数の兄弟と姉妹がいたにしても、いつもことがうまく運ぶわけではない。たとえば、わたしがあなたの姉妹と結婚したとしても、あなたがわたしの姉妹と結婚したいとはかぎらない（あなたが彼女を好んでいないとか彼女はまだ五歳になったばかりだとか）。その場合、あなたは彼女の「後見人（guardian）」になる。つまりあなたは彼女をべつのだれか——たとえばあなたが結婚したい女性の兄弟——に結婚させる権利をもつ。このシステムはたちまち複雑なシステムへと成長し、有力者たちは、しばしば広域に散らばった数多くの「被後見人（wards）」たちの後見人になった。彼らは、彼女らを交換（スワップ）し、取引し、その過程で、数多くの妻を蓄積するようになった。それに対して、あまり裕福ではない男たちは、年とってようやく結婚できるかあるいはまったくできなくなったのである。[*12]

もうひとつべつの方法が存在した。当時ティブ族は、束ねた真鍮棒を最も権威ある通貨として使用していた。真鍮棒は男性だけが保持していて、（女性によって支配されていた）市場での売買には決して使用されなかった。それらの通貨は男性が重要視するもの——牛、馬、象牙、儀礼的な肩書き、治療、魔力——の交換にのみ使われていたのである。ティブ族についての民族誌でアキガ・サイが説明しているように、この真鍮棒でもって妻を獲得することもできないことはないが、その場合きわめて大量に必要であった。まず求婚者になるために、二、三の束を彼女の両親に贈る必要があり、それから、彼女をついに連れ去ったあと（こうした結婚は常に最初は駆け落ちとして設定されたのである）、なにが起こっているのか怒ってつめよる彼女の母親に、二、三の束を贈ることになっていた。通常そのあと、少なくとも一時的にこの状況を収拾するため、女性の後見人に五束、贈る。そのうえ女性の出産のさいには、子どもの父親として認知させるため、女性の両親に対してさらに多くの束を必要とした。これによって彼女の両親からは解放されるものの、後見人への支払は永遠につづくのである。というのも、本当のところ、貨幣によって女性に対する権利を獲得することは不可能だからである。ある女性と交換の対象になるのはべつの女性しかないということは、だれもが知っていた。したがって、この場合、関与するだれもがいつかべつの女が贈られるはずという建前には服さねばならない。ある人類学者が的確に要約しているように、それまでは「負債の清算はまったく不可能」[*13]なのである。

ロスパベによると、ティブ族はあらゆる花嫁代償の横行の基底に伏在する論理をはっきりとさせただけである。求婚者が花嫁代償を贈るにしても、当該女性に対する支払いでは決してないし、彼女の子どもたちに対する権利の支払いでもない。このことが示唆しているのは、人間経済の論理において、真鍮棒や鯨の歯やタカラガイはもとより、牛（cattle）さえも人間の等価物とみなすのは不条理であるということである。ある人間の等価物であるとみなしうるのは、もうひとりの人間のみである。結婚において問題になっているのが、たんなるひとつの人間の生よりも価値あるもの、すなわち新しい生を生みだす能力をも有するひとつの人間の生であることを考慮するなら、なおのことそうなのである。

たしかに花嫁代償を支払う人びとの多数は、ティブ族とおなじく、このような事情をはっきりと認識している。通貨は負債を清算するためでなく、通貨によっては清算不可能である負債の存在を承認するために贈られる。しばしば双方は、いつの日か現物による返礼があるだろうことを少なくとも儀礼的なフィクションとして維持しようとする。求婚者のクランは、クランの女性のひとり、たぶん妻となる女性の娘か孫娘すらをもさしだして、いつか妻の出自であるクランの男性と結婚させるであろう、というフィクションである。さもなくば、女性の子どもたちの帰属について、（彼女のクランがそのひとりをもらい受けるというような）なんらかの取り決めがなされるかもしれない。可能性にはきりがないのである。

＊＊＊＊

ロスパベのいうように、こうして貨幣は「生命の代替物（substitute）として」[*14]はじまる。これを生債［生命＝負債］（life-debt）の承認と呼ぶことができるかもしれない。このことが逆に、結婚をとりもつものとまったくおなじ種類の貨幣が、血讐を回避するか解決するために殺人被害にあった家族に支払われる贖罪金（wergeld）（場合によっては「血資（bloodwealth）」とも呼ばれる）の支払いにも使われるのは、なにゆえかも説明している。この場合、その原因は、かなりはっきりしている。一方で殺人者の一族は、被害者の家族にひとつの生命を負っている［生命の借りがある（owe）］ことを認めているがゆえに、鯨の歯あるいは真鍮棒を贈るわけである。他方で鯨の歯あるいは真鍮棒は、どのような意味においても、殺害された親類への賠償ではないし、なりえない。こうした賠償を贈る者だれひとりとして、いくばくかの貨幣がだれかの父親、姉妹、子どもの価値の「等価物」たりうると考えるほど愚かでありえないのはたしかなのだ。

だから、この場合においてもまた、貨幣とはなによりもまず貨幣よりもはるかに価値のあるなにかを負っている［借りがある］ことの承認なのである。

血讐の場合、少なくとも「目には目を（life for a life）」の原理に合致しているとはいえ、復讐殺人さえも被害者の悲しみと苦痛の償いにはならないことを双方ともに了解している。この知恵こそが暴力沙汰ぬきに事態を調整する一定の可能性をつちかうのである。とはいえ、ここにおいてすらも、結婚の場合と同様、問題の真の解決は、ひたすら一時的に先送りされるのみである。

ひとつの事例が役立つかもしれない。ヌアー族には、もめごとを調整する祭司階級があり、文献では「豹皮首長（leopard-skin-chiefs）」と呼ばれている。ある男が殺人を犯した場合、彼はただちにその首長のホームステッド［家屋敷］にかけこんで助けを求める。そこは不可侵の聖域と考えられているからである。名誉の復讐を誓う殺害された者の家族さえ、それを犯せばおそろしい結末が待っていることを知っている。エヴァンズ・プリチャードの古典的記述にしたがうなら、首長はそこで殺人者と被害者の家族のあいだの仲裁を開始する。被害者の家族は、まずは常に［和解を］拒絶するので、これは大変むずかしい仕事になる。

首長はまず、殺害者側の親族がどのぐらいの頭数の牛をもっているかを調べ、賠償する意志があるかどうかをみる（…）。首長はそれから、死者の側の家族を訪れ、命の代償に牛を受け取ってもらえないだろうか頼む。頑固であることが威信を保つことの一つのポイントであるから、彼らはその申し出を拒絶するであろう。しかし、断ったからといって、それは、彼らが賠償をうけとる意志がないことを意味するのではない。首長はこの点をよく心得ており、もし譲歩しないなら呪詛する、などと威嚇しながら彼らに受領を強要する[*15]（…）。

ここに遠縁の親類が介入して、抗争中の親族の範囲を超えたもっと大きな共同体への責任、未解決の報復闘争が無関係の親類におよぼす災難を、関係者全員に想起させる。近親者たちは頑固にゆずらない姿勢を大いに示したあと、いくばくかの牛で死んだ息子や兄弟の命の償いがすむなどというのは屈辱的だ、と明言しながら、おおよそ徐々にそれを受け入れていく[*16]。現実には、形式的にはいったんことが収められたあとでも、なかなかそううまくはいかないのだが。ふつう牛を集めるのに何年もかかるし、またそれらが支払われたあとでさえ、双方はたがいに避けあいつづけるのだから。「とくに、ダンスのかもしだす雰囲気のなかでは、親族が殺された者にぶつかっただけでも喧嘩に発展する危険性があるので気をつける。なぜなら違法行為は決して赦されることはなく、恨みは最終的には人命で贖われるべきものだからである[*17]」。

つまりここでも花嫁代償とほとんどおなじことがいえる。貨幣が負債をぬぐい去ることはないのだ。ひとつの生命はべつの生命によってのみ支払うことができる。「血資」を支払う者にせいぜい許されていることは、負債の存在を承認し、不可能であることを知りつつも、いつか支払いたいという気持ちを明言しながら、問題を永遠に棚上げすることのみである。

世界を半周まわってみよう。まさにこうした状況を回避するため、イロコイ六部族連邦によって設定された手の込んだ機構について、ルイス・ヘンリー・モーガンが記述している。

「ある男がべつの男を殺すといった出来事が起こると、ただちに殺人関係の委員会において、双方の属する部族によって事件がとりあげられ、私的な復讐が悲劇的な結末を呼び込まないよう、和解にむけ、熱心な努力がなされた。

最初の査問会では、殺人者が罪を告白する用意があるかどうか、罪を償う気があるかどうか、確認される。彼にその気があるならば、ただちに査問会は、彼の名で、そのメッセージが込められた白いウォンパムのベルトをべつの査問会に送る。そこでこの査問会は、亡くなった者の家族をなだめ、いきりたつ家族を慰めて、ウォンパムを有恕（ゆうじょ）［容赦］（condonation）の印として受けとるようにうながした。[*18]

ヌアー族の場合とよく似ているのだが、複雑な一覧表があって、被害者の立場や犯罪の性質にしたがって、どれだけのウォンパムが支払われるべきか規定されていた。ヌアー族の場合もまた、これは支払いではないとだれもが主張していた。ウォンパムの価値は、どうみても死者の命の価値をあらわしてはいなかったのである。

白いウォンパムの贈与は、亡くなった人間の生を償うといったものではなく、悔悟にみちた罪の告白であり、赦しへの嘆願であった。それは共通の友人たちにうながされた和平協定の受諾だったのである[*19]（…）。

実は、怒りと嘆きを鎮めるための支払いを、失われた生の代替物になる新しい生の創造に転換させるシステム操作の方法もまた、多くの事例のうちに存在していた。ヌアー族のあいだでは四〇頭の牛が「血償」の標準的な価額として設定されていた。だが、これはまた花嫁代償の標準レートでもあった。そこにある論理は次のようなものである。ある男が結婚もできず子孫も残さぬままに殺害された場合、その魂が怒っているのはしごく当然である。つまるところ、みずからの永遠性を奪われたのであるから。これに対する最良の解決策は、和解のために支払われた牛を、いわゆる「死霊妻（ghost-wife）」を獲得するために使用することであった。死霊妻とは、死んだ男と形式的に結婚する女性のことである。その女性は被害者の兄弟のひとりと一緒になることもあるし、だれと住もうが好きにまかされることもあった。死んだ男は子どもたちの父親では決してありえないのだから、だれが彼女を妊娠させたのかはそれほど重要でなかったのである。［そのうえで］女性の出産した子どもたちは被害者の亡霊の子どもとみなされることになる。そういう次第で、男の子は、いつの日か復讐をとげる役割を担って生まれてくる、とみなされていたのである。[*20]

ヌアー族は、報復闘争となると常軌を逸して頑固であったようにみえる。だが、ロスパベは、世界のべつの地域から、それ以上にはなはだしい事例をあげている。たとえば、北アフリカのベドウィン族のあいだでは、報復闘争を仲裁する唯一の方法は、殺人者の家族が娘の一人をさしだし、被害者の最近親（next of kin）、たとえば兄弟と結婚させることであった。彼女が男の子を生んだ場合、その子は、死んだ叔父とおなじ名前を与えられ、少なくとも最も広い意味で彼の身替わりとみなされた。[*21] 女系社会であるイロコイ族は、女性たちをこのように交換することはなかったが、より直接的な方法をもっていた。ある男が死んだ場合、たとえそれが自然死だとしても、妻の親類は「闘技用マットにその名を刻んで（put his name upon the mat）」、ウォンパムのベルトを送って戦士団に任務を与える。それから戦士団は、敵の村を急襲し、捕虜を獲得してくるのである。捕虜は、拷問のあげく殺害されるか、あるいはクランの夫人たちが慈悲深い気分であれば（喪の悲しみは複雑なのでいつもそうとはかぎらない）引きとられた。このことは捕虜の肩にウォンパムのベルトをかけることによって示される。すると、彼には死者の名が与えられ、その瞬間から、被害者の妻と結婚したとみなされた。すなわち被害者の所有物すべての持ち主とみなされ、つまるところ、あらゆる意味でかつての死者とまったく同人物とみなされるのである。[*22]

こうしたことすべてが、貨幣とは人間経済においてなによりもまず、支払い不可能な負債の存在の承認とみなしうる、というロスパベの基本的考え方を裏づけている。

ある意味で、これらの議論は「原初的負債論」を想起させる。それによれば、貨幣は、わたしたちに生命を与えたものへの絶対的負債の承認からあらわれるのだから。異なっているのは、そのような負債が個人と社会あるいは宇宙のあいだにあるとイメージされるのではなく、ここでは二者のあいだの関係のネットワークとして捉えられているという点である。このような諸社会では、だれもがだれかに絶対的な負債をもつという関係にある。これは、だれもが「社会」に負っている［借りがある］というのとは違っている。もし、ここに「社会」についてのなんらかの観念があるとすれば——それははっきりとしていない——社会とはわたしたちの負債そのものなのである。

血債（レレ族）

ここからおなじみの問題にみちびかれるのは明白である。支払いようのない負債の承認のしるし（トークン）が、それによって負債が消滅するような支払い形態に転化できるのはいかにしてか？　問題はますますややこしくなるばかりのようだ。

だが、そうではない。アフリカの事例は、そうした転化がどのようにして起こるのか、はっきり示している。ただし、その答えは、いくらか不穏なものになるだろうが。これを示すためには、一つか二つのアフリカ社会を、もう少し詳細に観察してみる必要がある。

まずアフリカのレレ社会からはじめよう。メアリー・ダグラスが調査をおこなっていた一九五〇年代の半ばには、彼らは「血債（blood debts）」を、社会全体を組織する原理に転換することに成功していた。

当時レレ族は、おそらく一万人くらいの人口をもち、ベルギー領コンゴのカサイ川近くに拡がる起伏ある地で生活していた。レレ族は、より豊かでよりコスモポリタンである隣人のクバやブション グ族からは、粗野な田舎者とみなされていた。女性たちはトウモロコシやマニオクを育てていた。男性たちは無敵の狩猟者を自認していたが、ラフィア布を編んだり縫ったりすることにほとんどの時間を費やしていた。この地域の名を知らしめていたのはこの布である。この布は、あらゆる種類の衣類の素材であったばかりでなく、輸出品でもあった。レレ族は、この地方の服地製造業者をもって任じ、布は周辺の人びとの贅沢品と交換されたし、地域内部では、一種の通貨として機能していた。とはいえ、市場で使用されていたわけではない（市場は存在しなかった）のであり、ダグラスの発見したように――彼女にとってはきわめて不便だったわけだが――村の内部では、食料、道具類、食器類などな ど、ほとんど購入の対象がなんであれ使用できなかったのである。[23] それは純粋な社会的通貨だったのだ。

ラフィア布のインフォーマルな贈与が、すべての社会関係を円滑にしている。夫から妻へ、息子から母親へ、息子から父親へ。それらは和解のしるしとして、もめごとを解決するのである。それらは、お別れやお祝いの引出物ともなる。また、それを怠ると関係者の社会的紐帯を危うくするようなフォーマルなラフィアの贈り物もある。男性が大人になると、二〇枚の布地を父親に贈らねばならない。それを怠れば、彼は結婚のおり、父親からの援助をたのめなくなるのである。男性は、子どもを産むたびに妻に二〇枚の布地を贈らねばならない。[24]

布地はまた、さまざまな罰金や報酬にも、治療師の支払いにも使用された。たとえば、ある男の妻がだれかに言い寄られたことを訴えた場合、彼女の貞節に、二〇枚の布地が報償として与えられることが慣習であった（そう要求されるわけではなかったが、それをしないことははっきりと分別に欠けるとみなされた）。姦通者が捕らえられた場合、女性の夫への支払いは五〇枚から一〇〇枚の布地であった。あるいは夫と愛人が騒動を起こし、村の平和を揺るがせにした場合、それぞれが二枚を支払うべし、などといった具合である。

贈与は、上にむかって流れる傾向があった。若者たちは、父親や母親や叔父らに尊敬のしるしとして、たえずわずかな布きれを贈っていた。それらの贈与は、本質的にヒエラルキー的であった。つまり、受けとる者たちは、それに報いる必要をみじんも感じていなかったのである。その結果、年長者、ことに年長の男性は、常に余分な布地をもてあますことになったし、必要な量を編むことのできない若い男性たちは、大切な支払いがせまってくるたびに、年長者たちにたよらねばならなくなった。たとえば、多額の罰金の支払いが必要になった、妻の出産のために医者を呼ばねばならない、宗教集団に加盟したい、などといった場合である。だから彼らは常に、年長者に多少の借りをもっているか、あるいは少なくとも恩義を感じていたのである。だが、それと同時に、だれもが、これまで手助けをしたことがあり、それゆえ援助をたのみにできる、さまざまの友人や親類をもっていた。[*25]

結婚はとくに高くついた。というのも、その準備のためにいくつかのカムウッド棒を入手する必要があったからである。ラフィア布が社会生活のための小銭だとするなら、カムウッド棒——化粧品の製造に使われる稀少な輸入木材である——は高額単位の通貨だった。二、三本の棒が、百枚のラフィア布に匹敵していたのである。カムウッド棒をたくさん所持していたのは、ごく少数の個人にかぎられ、たいていはじぶん用に若干を蓄えておくくらいだった。そしてその大部分が、それぞれの村の宝蔵に保管されていたのである。

だからといって、カムウッド棒が花嫁代償のような用途に使われていたというわけではない。むしろ、それが使用されたのは結婚の折衝においてであり、そこでは実にさまざまの贈り物がやりとりされている。実のところ、ここには花嫁代償は存在していなかったのである。男たちが貨幣を使用して女性たちを獲得することもできなかったし、子どもたちを自由にする権利を主張することもできなかった。レレ族は母系であった。子どもたちが帰属するのも父親のクランではなく、母親のクランであったのだ。

だが、男たちが女たちを統制するにはまたべつの方法があった。[26] 血債（blood debts）のシステムである。人間は理由なく死ぬことはありえない、というのが伝統的なアフリカの人びとの多数に共有された認識であった。たとえば、レレ族の女性が出産の過程で亡くなると、それは彼女が不貞をはたらいたせいだと考えられた。死の責任は不貞の相手にある。ときに女性が死にぎわにそれを告白することもあるが、さもなくば決定は占いにゆだねられる。赤ん坊が死んだ場合もおなじである。だれかが病気になったり、木に登っているときすべり落ちたりした場合、その不幸の原因とみなすべき仲違いがあったかどうかおもい起こしてみる。それらすべてがうまくいかなかった場合には、魔術の力を借りて死をひきおこした邪術師（sorcerer）［他人に不幸をもたらすための呪術である邪術（sorcery）を用いる者］探しがはじまる。村全体が犯人だと認めたならば、その邪術師と目された人物は「血債」を負うことになる。つまり、彼は被害者の最近親に一個の人間の命を負う［借りている］とみなされるのである。犯人はそこで、じぶんの家族から若い女性すなわち姉妹や娘などを譲渡して、被害者の被後見人ないしは「人質［質草］（pawn）」としなければならなかった。

ティブ族の場合と同様、この仕組みはただちにとてつもなく複雑化していった。人質［人身質入］制度†

† 負債の担保として返済までに奴隷的労働に従事する一種の債務奴隷制度。「人質」という日本語も近世以前は負債の担保として人身を質入れするという意味があった。ここではpawnについては、「負債の抵当として質入れされた人間」という意味で、「人質」という日本語をあてるが、「人間質草」あたりがより適切であろうか。

(pawnship) は相続された。ある女性がだれかの人質(ポーン)であるとしたら、彼女の子どもたち、彼女の娘の子どもたちも人質(ポーン)であるだろう。このことは、ほとんどの男性もまた、だれかべつの男性に属するとみなされていたということを意味している。とはいえ、それでも血債の支払いとして男性の人質(ポーン)を受け取る者はいなかった。肝要なことは若い女性を獲得することのみだったのである。というのも、そうすればその女性は、人質(ポーン)である子どもたちをさらに生産［出産］しつづけるであろうからである。ダグラスのレレ族インフォーマントは、どの男性もできるかぎり多くの子どもを欲していることを強調している。

「どうしてもっと多くの人質(ポーン)がほしいのですか?」と聞いてみると、彼らはみな一様にこう述べる。「人質(ポーン)をもつ利点は、血債を負ったとき、人質(ポーン)のなかのひとりから支払うことができることです。そうするとじぶんの姉妹たちは自由でいられます」。「どうしてあなたの姉妹たちには自由であってほしいのですか?」と聞くと、答えはこうである。「ああ! 血債を負ったとき、姉妹のひとりを人質(ポーン)に出せば、ことをおさめられるじゃありませんか…」。

男性はみな常に血債を負うかもしれないと重々承知しているのである。かつてたぶらかした女性が出産の苦痛のなかで自分の名前を告白して死んだり、あるいは彼女の子どもが死んでしまったり、彼が口論しただれかが病気か事故で死んだとき、じぶんに責任が押しつけられるかもしれない(…)。ある女性が夫から逃げ、そしてそれがもとで争いごとが起こったなら、彼女には死がまとわりつくことになるだろう。それに彼女の兄弟あるいは彼女の母親の兄弟が、それを償なわねばならなくなる。女性のみが、血の賠償(blood-compensation)として受け入れられるので、また男性であれ女性であれ、あらゆる死には賠償が求められるので、女性がいくらあっても足りないのはあきらかである。男たちはみな人質制度の深みにはまって義務をためこんでいるし、女たちは生まれる以前、あえていえば彼女の母親たちが婚期に入る以前から、すでに抵当に入れられているのだ。*27
いいかえると、すべてがはてしなく複雑化したチェスに転化したのである。ダグラスもいうように、それゆえ「ポーン」という言葉がとりわけふさわしいのだ。まさに、レレ族の男性のほとんど全員が、だれかの人質（ポーン）であり、それと同時に、人質（ポーン）を確保し、交換し、買い戻すゲームに参加していたように［チェスのポーンは歩兵として相手方に攻め入り相手方を捕虜［人質］にするが、みずからも捕虜（ポーン）である］。村の生活にまつわる大きな事件や悲劇はどれも、たいてい女性をめぐる権利の移譲へと帰着することになる。そして、これらの［権利移譲された］女性のほとんどが、いずれふたたび交換の対象となるのである。

　ここでいくつかの論点を強調しておく必要がある。第一に、取引されていたのが、きわめて具体的に、ひとの生命であったことだ。ダグラスはこれを「血債」と呼んでいるが、「生債（life-debts）」のほうが妥当であろう。たとえば、ある男が溺れかけていて、べつの男が助ける。あるいは、ある男が死の病にあったが、ある医者が救う。いずれの場合も、おそらく、ひとりの男がべつの男に「生命（いのち）を負っている［生命（いのち）の借りがある］」といわれるであろう。レレ族の場合もおなじである。だが彼らはこれを文字通りの意味にとっているのだ。だれかの生命を救ったとする。救われた人間はあなたに生命を負って［借りて］いる。したがって、借りた［負った］生命は返済されなければならない。ふつうの返済方法は、生命を救われた男性にとっては、じぶんの姉妹を人質（ポーン）にだすこと、あるいはべつの女、すなわち、だれかから獲得した人質（ポーン）を譲渡することである。

　第二の論点は、なにものも人間の生命には代替不可能であるということである。「賠償は、ひとつの生命にはひとつの生命を、ひとにはひとをという等価性の原理に基礎をおいていた」。人間の生命の価値は絶対であり、ラフィア布やカムウッド棒やトランジスタラジオなどなどをいくら積もうが、なにものもその代替物とはなりえない。

第三の、そして最も重要な論点は、実のところ「人間の生命」が、「女性の生命」、あるいはより絞りこめば「若い女性の生命」を意味したことである。あきらかにこれは、資産を最大化することに等しい。つまり、ひとが望んでいたのは、妊娠し、子どもを産むことのできる人間であった。というのも、これらの子どもたちもまた人質になるはずだからである。フェミニストとは決していえないメアリー・ダグラスですらいやおうなく認めざるをえなかったのは、これらの取り決め総体が、あたかも男性による女性の統制を確保する巨大な装置であるかのように機能していたということである。なぜそうなるのかというと、まずなによりも女性たち自身は人質をもつことができなかったからである。[*28] 彼女らは人質になることしかできなかった。いいかえると、生債については、債権者ないし債務者になることができるのは男性のみであった（実際ほとんどの男性は両者を兼ねていた）。だから若い女性が貸金となり借金となってチェス盤上をあちこちに動かされるとき、動かす手は例外なく男性のものであったのだ。[*29]

もちろん、ほとんどだれもが人質であるか、人生の一時期は人質であったので、それ自体は大きな悲劇であったとはいえないだろう。男性の人質にとって、これはある意味では有利なことだった。というのも、人質の罰金や報酬そして血債のほとんどを支払わねばならなかったのは「所有者」だったからである。だからこそ、ダグラスのインフォーマントが口をそろえて主張したように、人質制度は奴隷制とはまったくべつものだったのである。レレ族は奴隷を保有していたが、決して多数ではなかった。奴隷は戦争捕虜であり、たいてい異邦人であった。彼らは家族もなく、保護すべき人間ももたなかった。それに対して人質であることは、一つならず、二つの異なった家族から面倒をみてもらうことを意味していた。じぶん自身の母親や兄弟をもち、いまや「主人」ももっているだから。

男性全員がじぶんを賭金にしたゲームに参加しているという事実そのものが、女性に、このシステムと戯れる機会を多く授けることになった。原則的には、女性は人質として生まれ、結婚するはずの男性も定められている。だが、実際には、レレ族の少女は成人すると男心をそそるような女性になるのがつねだった。レレ族の少女は幼児のときから、愛情をそそがれ、人をじらす技術を教えられ、たわむれの恋をしかけるようなことを教えられてきたのである。夫となるべき男性は、妻に対してごく限られた支配力をもつにすぎない。(…)男性どうしがたがいに妻を求めて争っているため、女性は策略や陰謀をめぐらす余地があるわけである。女性にしてみればじぶんを誘惑してくれる男性には事欠かず、その気にさえなれば夫を代えることができることには、疑問を抱く余地がない。[*30]

それに加えて、若いレレ族の女性は特別で強力な切り札を一枚もっていた。もしじぶんがおかれた状況をまったく受け入れたくないならば、いつでも「村妻(village-wife)」になるという選択肢がある。それをだれもがよく知っていたのである。[*31]

村妻という制度はレレ族特有のものであった。おそらくこれを説明する最良の方法は、仮定上の事例を想像してみることだろう。血債を通じて若い女性を人質(ポーン)にとったが、じぶん自身がこの女性と結婚しようと決めた、年老いた有力者がいたとしよう。形式的には、有力者にはそうする権利がある。が、この若い女性からしたら、年老いた男の第三夫人や第四夫人になどなりたくない。さもなくば、有力者はその女性を、じぶんの男性の人質(ポーン)のひとりと結婚させることに決めたとしよう。その人質(ポーン)は、女性の母親と生家から遠くはなれたところに住んでいる。女性は抗議する。有力者はそれを無視する。彼女は適当な時期をうかがって、ある夜、庇護を求め、敵方の村に逃げる。こういうことは常に可能であった。あらゆる村落には、むかしからの敵がつきものだからである。こうした状況のもとでやってくる女性を拒絶する村はない。その村では、ただちに彼女を、男性全員が保護する義務をもつ「村の妻(wife of the village)」と認定する。

このことは、アフリカの多数の地域とおなじく、ここでもほとんどの年長男性が複数の妻をもっている、ということを理解するための役に立つ。すなわち、若い男性が手中にできる女性の数が深刻なほど少ないということである。われらが民族誌学者（エスノグラファー）の説明するように、この不均衡は重大な性的緊張関係の源であった。

若い未婚の男性が、年長者の妻たちを切望していることはだれもが認めていた。実際に、誘惑の計画は彼らの娯楽のひとつであったし、誇るべき成果をあげない者は嘲りの対象にもなった。年長の男たちは、二、三人の妻をもつ一夫多妻者であることをやめたくなかったし、不貞は村の平和を破るものと考えられていたので、レレ族は未婚の男たちを満足させる取り決めを考えねばならなかった。

そこで、一八歳くらいの未婚男性が一定の人数を超えると、彼らには共通の妻をもつ権利を買うことが許されたのである。[*32]

ラフィア布で村の基金に適当な対価を支払うと、彼らは共同の家（コレクティヴ・ハウス）を建てることをみとめられ、ひとりの妻が割り当てられるか、あるいは競合する村から女性をさらうため徒党を組む許可をうる（あるいはべつの方法としては、女性が難民としてあらわれた場合、彼らは村民に彼女をもらいうける権利を要求し、例外なく認められた）。この共有の妻が、「村妻」と呼ばれるものである。村妻の立場は、大変優遇されていた。実際、新婚の村妻は、まるでお姫さまのように扱われていたのである。彼女は、庭仕事をすることもなく、薪や水を運ぶ義務もなく、料理さえも免除されていた。すべての家仕事は、熱意あふれる夫たちによっておこなわれた。彼らは、妻に森の珍味をもち帰るために狩りに精をだしたり、プラムワインで喜ばせたり、あらゆる努力を惜しまなかった。彼女は、だれの持ち物に手をだしても大目にみてもらえたし、関係者全員の困惑ぶくみの寛大さにつけこんで悪さをしかけることも許されていた。また彼女は、ある年齢組（age-set）［特定の年齢集団］のすべての成員――たぶん一〇人から一二人くらいの男たち――と、はじめのうちは彼らが望む場合ほとんどいつでも、性行為をおこなうよう義務づけられていた。*33

時がたつにつれ、村妻はふつう、三、四人の夫に、そして最終的にただひとりの夫に落ち着くことになる。家庭の構成は柔軟に変容したのである。それでも原則上、彼女は村落全体と結婚していることになっていた。子どもができたなら、村落が子どもたちの父親とみなされ、それゆえ、育てあげ、物資を供与し、結婚をとりしきるものであると想定されていたのである。村々が、ラフィア布やカムウッド棒などのつまった共有財産（collective treasuries）を保持する必要があった理由はこれである。ひとつの村落はふつう複数の村妻をもつ傾向があった。それゆえ、村落はじぶん自身［村民の、ではなく］の子どもや孫も抱えているわけであり、村落そのものが血債を要請し支払う立場に、ということは、人質（ポーン）を蓄積しなければならない立場におかれていたのである。

その結果、村々は、近代の株式会社のように、あたかも法律上は個人とみなされる組織集団である法人となった。とはいえ、ひとつの重要な違いがある。ふつうの個人と異なり、村々はみずからの権利主張を実力行使で裏づけることができた、という点である。

ダグラスが強調するように、このことは決定的であった。というのも、ふつうのレレ族の男たちは、たがいにそれができなかったからだ。*34 日常の出来事のなかでは、体系的な強制手段がほとんど完全に欠落していた。彼女が指摘しているように、これこそ人質制度（ポーンシップ）がここまで無害であった主要な理由である。約束事は実にさまざまであったにせよ、権威による決定をくだす政府も、法廷も、判事もいなかった。権威による決定を支える強制力を行使する準備能力のある武装集団もなかった。約束事はただ、事態にあわせて調整され解釈されるものなのであった。つまるところ、みなの感情が配慮されせねばならなかったのである。日常の出来事にあたって、レレ族は寛大で快い対応をするための、偉大なる蓄積をもっていた。男たちは、嫉妬の怒りから（たいがい筋の通った怒りである）ぶつかりあう衝動にひんぱんにとらわれたが、実際の衝突に発展することはきわめてまれであった。争いが生じたなら、だれもがただちに割って入ってひとまずやめさせ、一件を公の調停にゆだねたのである。[35]

それとは対照的に［外にむけては］村々は要塞化されてもいて、諸年齢組は、それぞれ軍事部隊として動員されうる状態にあった。組織的暴力が介在するとしたら、ここであり、ここのみである。なるほど、村落どうしが闘うとき、それもまた常に女性をめぐるものであった（ダグラスが話を聞いただれもが、大人がそれ以外のことで争うことがあるとはおもえないと強調している）。ところが村落どうしの場合［村落内とは異なり］、本当の戦争に発展する可能性があった。たとえば、ある村落の人質（ポーン）の要求がべつの村落の長老によって無視されたとする。その場合、その村落の若者たちが急襲部隊を組織して当該の女性を誘拐するか、あるいは彼女にかわる若い女性をさらってじぶんたちの共通の妻にするであろう。もちろん、これによって死の抗争が勃発するであろうし、さらには賠償の請求に帰着するであろう。ダグラスがそっけなく観察しているように、「なまじ実力の裏づけがあるために、村落はその人質（ポーン）の請求についてより穏健な姿勢をとる必要がなくなったのである[36]」。

まさに暴力の可能性の介入するこの時点で、生命の価値と貨幣のあいだに築かれていた壁が突然、崩れ落ちることになるのだ。

血による賠償をもとめて二つのクランが抗争するとき、権利主張する側に、相手方から満足な応答をうる見込みがいっさいない場合がある。［男の属する］政治システムが、男に（あるいはクランに）、物理的な強制力を行使したり、上位の権威に訴えてみずからの要求を貫徹させるための直接の手段を与えていないときである。そうした場合、男は、人質（ポーン）である女性への権利要求を放棄するよりは、もしえられるものならば、すすんで等価の財物を受けとるであろう。そのために必要な手順は、みずからの訴えを、実力によって人質（ポーン）を確保することのできる唯一の集団である村落に売却することであった。

村落にみずからの訴えを売却することにした男は、一〇〇枚のラフィア布あるいは五つのカムウッド棒を請求した。村落は、共有財産かあるいは成員からの貸付によってその額面を用意し、人質（ポーン）に対する権利要求を引き取ったのである。[37]

男が貨幣を手にするや、彼の訴えはそこで終わり、それを購入した村落がこんどは懸案の女性を捕獲する急襲の準備に移るであろう。

いいかえると、人間の売り買いが問題になるのは暴力が計算に組み込まれたときのみなのだ。強制力を行使して、現実の人間関係を特徴づける選好、責務、期待、責任の織り成す、はてしのない迷宮を断ち切ることのできる権能はまた、レレ族のすべての経済的関係を規制する第一のルールをも乗り超えることを可能にした。その第一のルールとは、人間の生命はただもうひとつの人間の生命とのみ交換できるのであって、物理的対象物とは決して交換できない、というものである。意味深なことに、ここで支払われた対価——一〇〇枚の布あるいはそれと等価のカムウッドの棒——はまた、奴隷一人の値段でもあった。[38]すでに述べたように、奴隷とは戦争捕虜である。とはいえ、奴隷が多数にのぼったことは決してなかったようではある。ダグラスは、奴隷をめぐる慣行が廃止されてから二五年ほどたった一九五〇年代に、奴隷の子孫を二人、ようやく確認しただけであった。[39]とはいえ、問題は人数ではない。奴隷が存在するという事実それだけで、先例が設定されるのである。つまり場合によっては、人間の生命の価値も数量化される可能性があらわれるのである。A＝A（ある生命とあるべつの生命は等価である）からA＝B（ある生命と一〇〇枚の布地は等価である）に飛躍が可能であるとしても、それは、槍をつきつけられることによってのみなのである。

人肉負債（ティブ族）

レレ族について詳細に検討したのは、なぜ「人間経済」という用語を使うのか、その経済の内部において生命とはなんなのか、人びとの日々の生活にはどのようなドラマが渦巻いているのか、そしてそうしたことのうちで貨幣はどのように機能しているのか、ひとつにはそんな問いへの概括的である応答を示したかったからである。述べたように、レレ族の通貨は純粋な社会的通貨である。それが使用されるのは、あらゆる訪問、あらゆる約束、男と女の生にとって重要なあらゆる瞬間を記録するためである。また、ここで実際に通貨として使用されていた対象物はなんだったか、それも重要であるのは確実である。ラフィア布は、衣類に使用されていた。メアリー・ダグラスの時代に、それはひとの身体を被うために使用される主要な布地であった。カムウッド棒は、男も女も、毎日じぶんを飾るための化粧に使っていたおもな素材、赤い練り粉の素材であった。それゆえ、ラフィア布とカムウッド棒は、ひとの物理的みかけを形づくり、仲間に対して、成熟し、品位をもち、魅力的で、威厳ある存在にみせる、そのために用いられる素材であった。つまりそれらは、むきだしの身体を社会的存在に変容させるものであったのだ。

これは偶然ではない。実に、わたしが人間経済と呼んできたものにおいては、ごくあたりまえのことなのだ。貨幣はほとんど常に、第一に人間を装飾するために使われる物品からあらわれている。飾り玉、貝殻、羽根、犬や鯨の歯、そして金や銀は、こうした使用法でよく知られている。これらのものは、人びとを飾りより美しくみせる以外にはなんの役にも立たない。ティブ族の真鍮棒は例外にみえるが実際にはそうでない。それらはおもに装身具をつくる素材として使われるか、単純に環状にねじり、踊りのさいに装着されたものだ。例外（たとえば牛）も存在するが、概して、政府それに次いで市場が介入したときはじめて、麦やチーズ、タバコや塩が、通貨としてあらわれたのである。[*40]

このことはまた、おおよそ人間経済を特徴づけている諸理念の特異な発展を描写している。一方で、ひとの生命は絶対的な価値である。それに対する等価物はありえない。一個の生命が与えられるにせよ奪われるにせよ、その負債は絶対である。多くの場所で、この原理はまさに神聖不可侵であった。ティブ族の場合、生命を与えることを手の込んだゲームによってお膳立てし、レレ族の場合は、生命を奪うことを、べつの人間の生命を贈ることによってのみ支払いが可能な負債の創造と捉えている。そのどちらの場合も、こうした慣行は、有力な男たちが女たちあるいは少なくとも女たちの多産性への権利を交換することに帰結する、とてつもなく複雑なゲームを形成するにいたったのである。

しかし、ここではなにかがすでに開放されてしまっている。ひとたびゲームが存在し、そうした代替の原理が出現すると、常にそれを拡張する可能性もあらわれる。拡張がはじまるやいなや、人びとを創造することを前提にした負債のシステムが――ここでさえも――突如として、人びとを破壊する方法に転化してしまうのだ。

ひとつの例として、もう一度、ティブ族に戻ろう。読者はおぼえているだろうが、もしある男が、妻と引き換えに譲渡することのできる姉妹か被後見人を有していない場合、彼女の両親と後見人に貨幣を贈ることで勘弁してもらうことが可能であった。ところが、そのような妻は真に彼のものとはみなされなかったのである。ここにもまた、眼を惹く例外がひとつ存在している。そのような男でも、奴隷すなわち襲撃によって遠い国から誘拐した女性であれば買うことができたのである。[*41] なんといっても奴隷には両親がいないか、あるいはいないかのように扱うことができた。つまり彼女たちは、ふつうの人間であれば、他者に対する自己同一性をそこで獲得する、相互の義務と負債のネットワークから、力づくで切り離された存在だったのだ。だからこそ彼女らは売り買い可能であった。

とはいえ、いったん結婚すると、買われた妻であっても、ただちに新しい絆を発展させるだろう。彼女はもはや奴隷ではないし、彼女の子どもたちとなると完全に正当な［嫡出子である］存在であった。実際に、真鍮棒の継続的な支払いによって獲得された妻の子どもたち以上に正統な存在であったのである。

ここには、おそらく一般的原理がある。人間経済において、なにかを売ることができるようにするには、まずそれを文脈から切り離す必要があるのだ。奴隷とはまさしくこれである。すなわち、奴隷とはじぶんたちを育てあげた共同体から剝奪された人びとのことである。新しい共同体にとってはよそ者であるから、奴隷には母も父もどのような親族もいない。だからこそ彼女たちは売り買いもできたし、殺害することさえできた。なぜなら、彼女たちの保持していた唯一の関係は、みずからの所有者たちとの関係だったからである。異邦人の共同体を襲撃しその女性を誘拐することができるレレ族の村落の権能、それこそが女性を貨幣によって取引することのできた、おなじレレ族の村落の権能にとっての鍵だったようにみえる――レレ族の場合、それがいかに限定された範囲のものであったにしても。つまるところ、奴隷女性の親類たちはそれほど遠くにいるわけではなく［たとえば近代の奴隷貿易などとは異なり］、説明を求めにたずねてくることも確実にできたであろう。最終的には、だれもが納得できる解決策をみつけねばならなかったのである。[*42]

それでも、そこにそれ以上のものがあることにこだわりたい。これらの記録のほとんどのうちには、はっきりとしたある自覚がみいだされる。つまり、多くのアフリカ社会は、こうした手の込んだ負債のネットワークも、もしごくわずかの狂いが生じたならば、絶対的に恐るべきものに転化してしまうという自覚にとり憑かれているのである。ティブ族はその顕著な事例である。

＊　＊　＊　＊　＊

人類学の研究者のあいだでティブ族は、三つの「交換領域（spheres of exchange）」にその経済的生活が分離されているという事実によって知られている。三つの「交換領域」とは、ティブ族の研究で最も著名な民族学者ポールとローラ・ボハナンによって提唱されたものである。通常、日常的な経済活動は、ほとんど女性の管轄であった。市場を統括し、オクラや木の実や魚など小さな贈与のやりとりを管理していたのは女たちだったのである。男たちはそれよりも高次元と自認されたことがら、すなわち、レレ族と同様に二つの単位からなるティブ通貨を使用しておこなうことのできる取引に従事していた。通貨を構成する二つの単位とは、地元で生産され広範囲に輸出されていたトゥグドゥ ***tugudu*** と呼ばれる布地と、大きな取引のための輸入品の真鍮棒の束である。[*43] これらは、（雌牛や購入された異邦人の妻など）派手で贅沢なものの購入にも使われていたが、主要には政治的問題の駆け引きや治療師を雇うこと、魔力の獲得や秘密結社への加盟などのために用いられた。政治的な面でいえば、ティブ族はレレ族より確実に平等であった。たくさんの妻をもつ有力な年長男性は、自家の範域内では息子たちやそれ以外の従属者（ディペンデンツ）たちに君臨してはいたが、それを超えては、どのような政治的組織も存在してはいなかった。最後に、もっぱら女性への男性の権利によって構成された後見人制度があった。さて「領域（spheres）」という観念である。原理的には、これら三つのレベル――日常的消費財、男性の威信財、女性への権利――は、完全に分離されていた。どれだけオクラがあっても真鍮棒を獲得することはできなかったし、どれだけの真鍮棒でもひとりの女性への権利を完全に獲得することはできなかったのだ。

　実際には、そのシステムの裏をかく方法がいくつかあった。たとえば、ある隣人が宴会を計画していたが、材料が足りない。そのとき、援助を申しでる人間があらわれ、あとで、こっそりと報酬として一束か二束の棒を要求されるといったような具合である。うまく立ち回って、ことわざのいう「ニワトリ転じて牛にする」「エビでタイを釣る」ためには、つまるところ富と威信をもってして妻を獲得するためには、「強心臓（ストロング・ハート）」、すなわち冒険好きでカリスマ的なパーソナリティを必要とした。[*44] だが「強心臓」はまたべつの意味も有している。ツァヴ *tsav* という実在する生物学的実体があって、それが人間の心臓で成長すると信じられていたのである。特定の人間に魅力とエネルギーと説得力を与えるのがツァヴだ、というわけである。したがってツァヴとは、ある種の人びとに他人の意志を動かすことを可能にする物理的な実体であり、かつ不可視の力であった。[*45]

問題は——そして当時ティブ族のほとんどの人びとは、これをじぶんたちの社会に特有の問題と信じていたようにみえるのだが——、ツァヴを人工的な方法で増強させることが可能であり、しかもその方法とは人間の肉を食べることのみであるということである。

ここでただちに強調せねばならないが、ティブ族が食人(カニバリズム)を実践していた様子はない。ほとんどのアメリカ人にとってとおなじように、人間の肉を食べるという考えに彼らは嫌悪と恐怖をおぼえていた。それでも数世紀にわたって、彼らのほとんどが、隣人——とりわけ政治的な指導者になるような男性の有力者——は、実はひそかに食人鬼ではないかという疑惑にとり憑かれていたようにみえるのである。そうした物語のなかでは、食人でツァヴをえた男たちは、尋常でない力を獲得することになっている。空を飛び、凶器をもろともせず、夜となれば魂を送りだしてはめぼしい人間を殺害する、そんな力である。このように殺害された犠牲者たちは、おのれの死さえ知らず、生気を失い、気が狂い、徘徊し、そのはてに食人の宴の餌食となるとされた。要するに、男たちは、おそるべき妖術師(witches)[意図せずとも他人にわざわいをもたらす霊力である妖術(witchcraft)を有している人間]となったのだ。[*46]

ムバツァヴ *mbatsav*、すなわち妖術師の結社は、たえず新しい成員を探している。成員を獲得する方法は、ひとをだまして人肉を食べさせることである。妖術師は、殺害したじぶん自身の近親者の肉の一部を取りだし、それを犠牲者の食べ物に混ぜる。もし犠牲者が愚かにもそれを食べてしまえば、彼は「人肉負債(flesh-debt)」の契約をむすんだことになる。そして妖術師たちの結社は、その負債を必ずや返済させるのだ。

友人か、あるいは年長の男性のだれかが、あなたには、たくさんの子ども、あるいは兄弟姉妹がいることに気づいた。そこであなたをだまして、その負債の契約をむすばせる。彼はあなたをひとりだけ食事に招いて、違うソースで料理された皿を二枚だすが、そのうちのひとつには調理された人肉が入っている（…）。

もしその料理を食べてしまったが、呪術師たりうるための潜在力である「強心臓」をもっていなければ、あなたは、気持ちが悪くなり、おそれおののきながらその家を退散することになる。だが、もし隠れた潜在力をもっているなら、その人肉があなたに影響を及ぼしはじめる。その夜、あなたの家は、鳴き叫ぶ猫やフクロウにかこまれる。奇怪な音が空気を充たす。あなたの新しい債権者が、悪の軍団とともにあなたの前にあらわれる。彼はあなたと食卓をともにするためにじぶんの兄弟を殺害した様子を語り、おまえは肉づきのよい健康な親類たちにかこまれて安らかにそこにそうしているというのに、じぶんは親類を失ってしまったと嘆くふりをするだろう。ほかの妖術師たちも同調しつつ、これがぜんぶ、あなた自身の過ちであるかのようにふるまうのである。「おまえはおのれで災難を望んだのだ。だから、いまたずねてやったというわけだ。ここに来て横になれ。おまえの喉を切り裂いてやろう」[*47]。

これを逃れる方法はただひとつ、あなた自身の家族の一人をかわりにさしだすことだ。それは可能である。というのも、あなたにはおそるべき新しい力がそなわっているからだ。しかし、それを使用するためには、べつの妖術師たちの指図どおりにしなければならない。あなたはあなたの兄弟、姉妹、子どもたちを一人ひとり、殺していかねばならないのだ。彼らの死体は、妖術師の一団によって墓から盗まれ蘇生させられるが、適度に太らされて拷問をうけたうえで、ふたたび殺され、切り分けられ、宴のために焼かれるためである。

「人肉負債」は、はてしなくつづく。債権者はいくどもやってくる。債務者がツァヴに対抗しうるほど強力な男たちに守られていないかぎり、すべての係累を失い、家族が全滅するまで「人肉負債」から逃れられない。かくして、債務者は、みずからおもむいて横たわり、屠殺され、そこで負債からついに解き放たれるのである。[*48]

奴隷売買

ある意味で、ここで起こっていることは明白である。「強心臓」を有した男たちは、力とカリスマをもっている。それを使って、彼らは負債を操作し、余分な食物を宝物に変え、宝物を妻、被後見人、娘に変え、こうして拡張しつづける家族の長となるのだ。だが、まさにそれを推進するのとおなじ力とカリスマが、この過程全体を反転させ、おそるべき一種の内破に追いやってしまう、そんな危険はつきまとう。人肉負債をつくってしまい、家族を食物へと変身させてしまう危険である。

さて、このことでふりかかるかもしれない最悪の事態を想像してみるなら、最悪のなかの最悪の事態のひとつにバラバラにされたじぶん自身の子どもの屍体を食べるよう強要されることがあがることは確実だろう。だが、人類学者たちは、長い時間をかけて、どの社会も少しずつ異なった悪夢にとり憑かれていること、そしてそれらの差異が重大であることを認識するにいたった。吸血鬼だろうと、グール［アラブ人の伝説にでてくる怪物］だろうと、あるいは人肉食のゾンビだろうと、いわゆるホラーの説話は、ふたをあけてみれば、常にそれを語る者自身の社会生活の特定の要素や、慣習的な相互作用のうちに宿る恐るべき潜在力――すなわち、認識することも直面することも望まないが、どうしても語らずにはおれないような恐るべき潜在力――を反映しているものである。[*49]

ティブ族の場合、それはなんだろう？　あきらかに、ティブ族には権威の形成にかんして大きな問題があった。ティブ族は、たくさんの妻、子ども、さまざまな寄食者たちにかこまれたひとりの長老によって統括された村落が、そこかしこに点在する風景のなかで生活をいとなんでいた。それぞれの村落では、長老はほとんど絶対的である権威を誇っていた。その外部には、公式の政治機構は存在しなかったし、ティブ族は徹底的に平等主義的だった。いいかえると、すべての男性が大家族の主になることをめざしていながら、どのような形式の主従関係についてもとてつもなく懐疑的だったのである。だから、ある男を正当な範囲で傑出した存在にしむけるその当の特質も、ほんの少し行き過ぎたら男を怪物に変えてしまうかもしれない、と信じるようになったのも無理はない。[*50]そうなるのも、ティブ族の男たちが権力の本質についてとても両義的な姿勢をもっているからである。実際、ティブ族のだれもが、ほとんどすべての長老が実際に妖術師であると考えていたようにみえる。ある若者が死んだとしたら、それはおそらく人肉負債を支払ったせいである、とみなしていたようなのだ。

しかしこれもまだ、だれもが感じるひとつの疑問に答えていない。なにゆえ、これらの事象がすべて、負債という観点から枠づけられているのか？

＊＊＊＊

ここでちょっと歴史をみてみよう。ティブ族の祖先がベヌエ川流域とその周りの土地に住みついたのは、一七五〇年あたりのようだ。それは現在のナイジェリア全体が、大西洋奴隷貿易によってズタズタに分断されたころである。歴史記述によれば、その移住のあいだ、ティブ族は妻や子どもたちの顔を塗り天然痘にかかっているようにみせかけ、侵略者がおそれて近寄らないように工夫していたという。[*51]彼らは、他者が近寄りがたい奥地に居をかまえ

──いずれ政治的友好関係を発展させることになるが──北と西に位置する王国からの侵略に対して断固たる防衛体制を固めていた。[*52]

つまりティブ族は、みずからの周りで起こっていたことを十分認識していた。たとえば、銅棒（copper bars）について考えてみると、彼らは、それが多目的通貨になってしまうことを避けるために、慎重にその用法を限定しているのである。

さて、銅棒は、何世紀ものあいだ、アフリカのこの地方では通貨として使用されていたが、少なくともいくつかの場所では、日常的な商取引のためにも利用されていた。それはとても便利であった。折って小さな単位にしたり、そのいくつかを引きだして細い針金にしたり、曲げて小さな輪にすることもできた。日常的な市場の取引にきわめて有用だったのである。[*53] ところが、一八世紀後半以降にティブランドで流通していたほとんどの銅棒は、バーミンガムで大量生産され、リヴァプールやブリストルを拠点とした奴隷商人たちによって、クロス川河口のオールド・カラバルの港を通して輸入されていたものである。[*54] クロス川に隣接した（ティブ族の領土のすぐ南に位置していた）すべての国々で、銅棒は日常的な通貨として使用されていた。こうして、銅棒がティブランドに流入してきたと推定される。すなわち、クロス川の行商人によって持ち込まれたか、外地を探索していたティブの商人によって購入されたのである。しかし、こうしたことを考慮に入れるなら、ティブ族が銅棒をそうした通貨として使用することを拒否したという事実は、二重の意味で意義あるものになる。

一七六〇年代だけでも、おそらく一〇万人ものアフリカ人が、クロス川を下ったカラバーやその近くの港に輸送されていた。彼らは鎖につながれ、イギリスやフランス、その他のヨーロッパの船につめこまれて、大西洋のむこう側に輸送されていた。大西洋奴隷貿易の時代全体でビアフラ湾からおそらく一五〇万人が輸送されたとおもわれるが、その一部である。[*55] 戦争や侵略で捕らえられたか、あるいはたんに誘拐された者たちもいた。だが、大多数は、負債のために身柄を押さえられた者たちだったのである。

ただし、ここでわたしは、奴隷貿易の組織化について、いくばくかの説明を追加しなければならない。大西洋奴隷貿易総体は、巨大な信用協定（credit arrangements）のネットワークであった。リヴァプールやブリストルを拠点とした船舶所有者たちは、地元の商人たちから有利な条件で融資を受けて物財を入手していた。アンティル諸島やアメリカのプランテーション経営者に奴隷を売却して（これもまた信用取引にて）上がる儲けを見込んでのことである。これにはロンドンのシティの委託業者がからんでおり、砂糖とタバコから上がる利潤でもって、そのような事業総体に最終的に融資を与えていたのは彼らである。[*56] 船舶所有者たちは、それからオールド・カラバル[†]のようなアフリカの港に商品を輸出した。カラバル自体は純粋な商業的都市国家で、ヨーロッパ人のように装い、ヨーロッパ式の屋敷に住み、ときには子息を英国で教育させることさえしていた豊かなアフリカ人商人たちに支配されていた。

ヨーロッパ商人たちは港に着くと、その港で貨幣として使用されていた銅棒でもって積荷の価値［価額］について交渉をおこなう。一九六八年、ドラゴンという船に乗船していたある商人は、決着をみた商品の価格を次頁の表のようにしるしている。

この五〇年後の貿易の絶頂期までには、大量の布地（マンチェスターの新しい工場の製品やインド産のキャラコ）や鉄製品、銅製品、そして飾り玉のような付随的商品、さらにいうまでもなく大量の銃砲類が、イギリスの船舶によって運ばれてきた。[*59] それらの商品はそれから、ふたたび信用取引によって、アフリカの商人たちに委託され、

---

† ないしオールド・カラバー。西アフリカのナイジェリア南東部の都市。古くから奴隷貿易ややし油などの輸出港として栄えた。一九世紀にイギリスの貿易基地となる。

鉄棒一本／四銅棒
飾り玉一束／四銅棒
ランゴ[*57]五つ／四銅棒
水鉢（一番）一つ／四銅棒
タンカード一つ／三銅棒
リンネル一ヤード／一銅棒
ナイフ六つ／一銅棒
真鍮の鈴（一番）一つ／三銅棒[*58]

さらに商人自身の代理人の手で川の上流に運搬されていった。

ここであきらかに生じる問題があって、それはどのようにして負債を担保するかであった。この貿易は、とてつもなくいかがわしく、かつ粗暴な生業（なりわい）であり、奴隷捕獲者たちといえば、とても信用保証という意味であてになりそうにない――とりわけ二度と会うことがないかもしれない外国人商人を相手にしたときは。[*60] その結果、ヨーロッパ人の船長たちによって、人質（ポーン）形式で担保を要求することのできる制度が迅速に形成されていった。

ここでの人質（ポーン）は、すでにレレ族でみたそれとはあきらかに大変異なっている。ヨーロッパ人が出現した一五〇〇年頃までには、西アフリカの王国や貿易都市の多くで、人質制度（ポーンシップ）の性格はすでに根本的な変化をこうむっていたようだ。それは実質的にある種の負債懲役制度と化していたのである。債務者は、貸付を受ける担保として家族の成員をさしだす。そして人質たちは債権者の世帯の従僕（ディペンデンツ）となり、畑を耕し、家事をみることになった。つまり個々の人間（パーソンズ）が担保となり、その労働が実質的な利子の代わりとなったのである。[*61] 人質（ポーン）は奴隷ではない。奴隷のように家族から切り離されているわけではないのである。しかし正確にいえば自由でもない。[*62] カラバルなどの港において奴隷船の所有者たちは、アフリカ人の取引相手に商品をまえもって融通する場合、担保として人質を要求する習慣を発展させた。たとえば、いずれ［船長に］引き渡すことになっている三人の奴隷につき、その商人自身の従僕を――家族の成員を一人ふくめるとなお望ましい――二人という具合である。[*63] これは実際には、捕虜の引き渡しとそれほど違ってはいなかったが、ときに、大きな政治危機に発展した。というのも、［アフリカ人商人による］発送の遅れを待ちきれなくなった船長が、人質たちを乗せたまま出発してしまうこともあったからである。

川の上流においても負債の人質が交易において大きな役割を担うようになった。一面で、この地域はやや独特である。西アフリカのほとんどの地域では、交易はダホメあるいはアシャンティのような大王国を経由しておこなわれていたが、そのことが戦争を誘発し、また過酷な懲罰を課すことになった。そこにおいて統治者たちにひんぱんに利用された手段は司法制度を操作することである。いかなる犯罪でも処罰は奴隷になることと規定する、あるいは本人を死刑に処したうえで妻と子どもは奴隷にさせる、とてつもなく高額の罰金を課して債務不履行におちいった本人と家族を奴隷として売却できるようにする、といった具合である。他面、この地域はきわめて示唆に富んでいる。というのも、より大きな統治構造の不在ゆえに、進行している事態の本質がみえやすくなっているのである。すなわち、暴力の全般化した環境が現存する人間経済のすべての制度の体系的な逸脱をみちびいたこと、そのとき人間経済は非人間化と破壊の支配する巨大な装置に転化してしまったということ、これである。

クロスリバー地方において、この貿易は二つの局面を経過したようにみえる。第一に絶対的な恐怖と混沌の時期。襲撃がひんぱんに生じ、単独で旅をする者だれもが、徘徊する盗賊団に誘拐され、カラバルに売られる危険性に直面していた。ほどなくして、村々は打ち捨てられ、人びとの多くは森へ逃げていった。畑で働く男たちは武装せねばならなかった。[*64]この時期は、相対的に短期のものである。第二期は、現地の諸商人組織の代表者たちが、地域全体で共同体を形成し、秩序を回復しようと試みたときにはじまる。その試みのなかで最も有名なのは、じぶんたちを「神の子」と呼んだアロ連合であった。[*65]彼らは、重装備した傭兵軍団と名高いアロチュクウの神託の権威に支えられて、苛酷なことで鳴り響く司法体系を新たに制度化した。[*66]誘拐者たちは狩りだされ、じぶんたちが奴隷として売られていった。街道と農場には治安が回復した。それと同時に、アロ連合は、地域の長老たちと協力して、儀礼的な規則と刑罰からなる法典を作成するが、それらはあまりに包括的で厳格なものであったので、それに抵触せずに暮らせる者はだれひとりいないというほどであった。[*67] あきらかに瑣末な規定であっても、その法を犯してしまい、かつ、罰金の支払いのできない者は、アロ連合に引き渡され、沿岸地域に送られた。訴追者は、その犯罪者に対応する代金を銅棒で受けとった。[*68] 当時の文書によると、たんに妻に飽きてそれで真鍮棒を必要とする男は、彼女を売り飛ばすべく常になんらかの理由をでっちあげる必要があった。そのような男の訴えに対し、村の長老たちは――利潤の分け前にありつくことになっている――ほとんど例外なく同意している。[*69]

だが、こうした商人組織の最も巧妙な計略は、エクペと呼ばれる秘密結社を拡散させることに手を貸したことである。みずからの成員を巻き込んで当の成員自身の奴隷化を推し進めたのが、このエクペであった。エクペは、大がかりな仮装パーティを主催し、その成員に神秘的な教義を伝授することで最も知られていたが、同時に債務を取立てる極秘の機構としても活動していた。[*70] たとえばカラバルにおいて、エクペ結社は、取引拒否(ボイコット)からはじまり(すべての成員は債務不履行者と取引することを禁じられていた)、罰金、差し押さえ、逮捕、そして最終的に処刑にいたる、幅広い制裁を実行する力を保持していた。処刑においては、不運な犠牲者となると、見せしめのため木に縛りつけられ放置され、下顎を切断された。[*71] とりわけ巧妙であったのは、[最下位の]九級の入会金を支払うことができさえすれば、だれにでも加盟が認められた点である。もちろん入会金はそれらの商人みずから供給する真鍮棒によって支払われた。カラバルにおける、それぞれの等級の加入料は次頁の表のようになる。[*72]

要するに大変高価であったということである。それでもたちまち会員であることが、どこにあっても名誉と風格を示す大いなる証になった。遠方の小さな共同体では、まちがいなく入会金はいささか抑えられていた。だが、それでも結果は変わるところがなかった。多数の人びとが、商人に借金をして加入料を支払うか、あるいは商人の供給する商品を購入したのである(その商品のほとんどがエクペのパフォーマンスで使用する道具や衣装をつくるための布地や金属である。彼らの負ったこれらの負債の取立て責任は、まさに彼ら自身が[エクペの一員であるから」負うことになったわけである。そしてこれらの負債もまた、人質として調達されたようにみえる人間によって支払われた）。

　これは実際にはどのように機能していたのか？　地域によって大きく異なっていたようだ。たとえば、クロス川上流のアフィクポ地域では、食物の調達などの日常的やりとりは、ティブ族とおなじく「交易や貨幣をともなうことなく」おこなわれていた。商人組織によって供給される真鍮棒は、奴隷の売買に使用されるか、さもなくばそのほとんどが、「贈与かあるいは葬式や肩書きやその他の祭式の支払いに」[*73]社会的通貨として使われていた。これらの支払いや肩書き、祭式の大部分が、商人たちによってその地域にもたらされた秘密結社とつながっていたのである。この一連の事態は、ティブ族の取り決めに似ていなくもない。だが、商人の存在が、その結果をまったく異なったものにしている。

　むかしは、クロス川の上流地域では、災難に巻き込まれたり負債を負ったりして即金が必要な場合、その男は

じぶんの子どものうちひとりかそれ以上、あるいは家族や家族以外の世帯の成員を「抵当（pledge）」として、村を定期的に訪問するアクナクナの商人にさしだした。さもなくば彼は、近隣の村を襲い、子どもを捕獲し、彼ないし彼女を、おなじ買い手に売りさばいたであろう。[*74]

このくだりは、秘密結社の一員であるために債務者は同時に債権回収者でもある、ということを認識していないと理解不能である。子どもを捕獲することは、西アフリカ全域でさかんであった「パニャリング（panyarring）」という地域的慣行を指している。返済をあきらめた債権者が、武装集団をひきつれ債務者の共同体を襲撃し――人間、物財、家畜など――、かんたんにもっていけるものならなんでも捕獲し、それらを担保として抵当［人質］（hostage）にすることを意味している。[*75] 人間や物財が債務者に属しているか債務者の親類に属しているかさえ、どうでもよかった。隣人の山羊あるいは子どもたちでも用は足りたのだ。というのも、ただ借金している人間に社会的圧力をかけることのみが目的だったからである。ウィリアム・ボスマンが指摘しているように、「債務者が正直者でその負債が正当なものならば、彼はただちに、債権者を満足させ、みずからの同胞を解放するため努力するだろう」。[*76] これは実際、中央権力が存在しない環境においては、とても理にかなったやり方だった。そのような環境のもとで人びとは、おなじ共同体に属する成員には大変大きな責任意識を感じていたが、その外部の人間にはそれをほとんど感じていなかったからである。右に引用した秘密結社の場合、債務者はみずからの負債――現実的なものであれ想像的なものであれ――を、じぶんの家族をさしださずにすむように、どうも組織外の者たちに押しつけようとしたふしがある。[*77]

このようなやり口が常にうまくいったわけではない。しばしば債務者は、じぶんの子どもや従僕を、次々に人質に出すよう余儀なくされ、しまいにはじぶん自身をさしだすよう強いられた。[*78] そしてもちろん、奴隷売買の最盛期においては、「人質行為（pawning）」は婉曲語法（euphemism）以上のものではなくなった。人質と奴隷の区別がほとんど消失したのである。債務者たちは、まず家族を、次いでじぶん自身を、アロ連合に、そして英国に引き渡し、ついに手かせ足かせをはめられ、鎖につながれ、狭苦しい奴隷船に押し込められ、海のむこうのプランテーションに売られていったのだ。[*79]

＊　＊　＊　＊　＊

かつてティブ族は、うたがうことを知らぬ犠牲者たちを負債の罠に誘い込む、ずる賢い秘密結社の幻影にとり憑かれていた。それに捕われると、彼ら自身が、債務の取立人へと変貌し、じぶんの子ども、そして最後にはじぶん自身の身体でもって借りを返さねばならなくなるというわけである。なぜそんな強迫観念に脅かされていたかというと、二、三〇〇マイル離れたところの住民たちの身にそれが文字通り起こっていたからである。「人肉負債」という表現も、まったく不適切というわけではない。奴隷商人たちは、犠牲者たちを食肉に分解してしまったわけではないが、肉体そのものへと還元したのはたしかである。奴隷になるということは、じぶんの家族や親類、友人たち、そして共同体から引き離され、名前も同一性も尊厳も奪われることであった。ひとをして命令のみを了解する人間機械以上の一個の人間たらしめているもの、そのすべてを失うことだったのである。ほとんどの奴隷たちには、持続性のある人間関係を発展させるどのような機会も与えられなかった。カリブやアメリカのプランテーションに送られたほとんどの奴隷は、ひたすら労働を強いられ死んでいったのである。

注目すべきは、こうしたことといっさいが、すなわち、身体の抽出や切り離しが、人間経済の諸機構を通しておこなわれた、ということである。人間の生命こそが比類なき究極の価値であるという原理にもとづいている人間経済の諸機構を通して、である。すべてのおなじ制度——通過儀礼の報償も、罪とその賠償の計算法も、社会的通貨も、負債による人質(ポーン)も——が、対立物へと反転したのである。あたかも機械が逆方向に作動しはじめたかのように。ティブ族が感知していたように、人間存在を創造するために考案された歯車と装置が、おのれにむかって衝突し、人間存在を破壊する手段と化したのだ。

＊＊＊＊

ここで記していることがアフリカの特異例であるという印象を与えるのは、わたしの望むところではない。人間経済が商業経済（とりわけ先進的軍事テクノロジーと飽くことを知らぬ人間労働への要求をともなった商業経済）と接触するところならばどこでも、まったくおなじような事態をみいだすことができるのだから。たとえば、顕著なほど類似した事態が、東南アジアのとりわけ大王国の周縁部に居住している山間部や島々の人びとに起きている。この地域の歴史研究の第一人者、アンソニー・リードが指摘しているように、東南アジア全域において労働は、なによりも負債による束縛（debt bondage）の関係によって長らく組織されていた。

貨幣の浸透していない相対的に単純な社会においてさえ、相当の出費の必要とする儀礼が存在していた（…）たとえば、結婚にあたっての「花嫁代価」の支払いであるとか、家族が死んだ時の水牛の屠殺などである。そうした儀礼の必要こそが、貧乏人が金持ちに借りをつくる最もありふれた理由であることが、広く報告されている[*80]（…）。

タイからスラウェシにかけて報告されているひとつの慣行に、貧しい兄弟たちが一体となって、金持ちのスポンサーに、兄弟のひとりの結婚費用の支払いを依頼するというものがある。この金持ちは兄弟たちに「主人」と呼ばれるようになる。これはなににもましてパトロン - クライアント関係であるようにみえる。この兄弟たちには、たまになんらかの片手間仕事をしたり、「主人」が見栄を張りたいときには、取り巻きとして顔をだす、といった義務があるくらいである。それでも、法規上では、彼は兄弟たちの子どもを所有（オウン）しているし、「この従属者たち（bondsmen）たちが義務を果たせない場合には、彼の与えた妻を奪い返す［再所有する］ことができる」[*81]。

さらに、アフリカにもそれに類似の話がある。じぶん自身あるいは家族を抵当に入れる、あるいはじぶん自身を博打に賭ける農民の話、また刑罰が例外なく常に重い罰金というかたちをとる公国の話などなどである。「もちろんこれらの罰金が支払い不能で、罪人は、その被後見人ともども統治者や被害者側、あるいはかわりに罰金を支払うだれかの従属者（ボンズマン）になった」[*82]。リードによれば、こうした事態のほとんどが比較的無害なものだった。実際、貧しい男たちは、富裕なパトロンの債務者になることをはっきりと目的にして借りをつくることさえある。困窮のさいには食物を期待できるし、住む家や妻さえ与えてくれるのをあてにできる。あきらかにこれは通常の意味における「奴隷」ではない。ただしそれは、パトロンが、おのれの被護者（ディペンデンツ）たちを、マジャパヒトあるいはテルナテ［どちらも東南アジアに位置している］など遠隔の都市に居住する、じぶん自身の債権者たちに送ろうとしなければの話であるが。そうした場所に送られたなら、ほかの奴隷とおなじように、彼らも有力者の台所や胡椒のプランテーションで苦役についたことだろう。

このことを指摘することが重要であるのは、実際にアフリカに居住していない人びとは、往々にして奴隷売買のもたらした影響でその大陸がどうしようもなく暴力的で野蛮な場所だというイメージをもちつづけているからである。むしろ当のイメージこそが、アフリカの居住者たちに悲惨な結果をもたらしてきたわけであるが。とすれば、それと対極的に表象されているある地域の歴史をみてみるのがいいようにおもう。「一万もの寺院」で有名なバリである。この島は、人類学者の文献や旅行案内では、日がな花を生けたり、訓練され調和のとれた舞踊をおこなったり、穏やかで夢想的な芸術家たちが暮らしているように描写されている。

一七世紀から一八世紀には、バリはまだこのような評判を獲得していなかった。当時、ほとんど恒常的に戦争状態にあった一二ほどの喧嘩好きな小王国に分断されていたのである。実際、近隣のジャワに駐留していたオランダ人商人や事務官たちのあいだでの評判は、今日とはちょうど正反対であった。バリ人は、退廃的な阿片中毒の貴族たちに支配された、無教養で暴力的な人びとであるとみなされていたのである。しかも、その貴族たちといえば、すすんで臣民を奴隷として外国人に売り払うことで富を築いている、というわけだ。オランダがジャワを完全に支配するころには、バリはおおかた人間の輸出のための貯蔵庫になっていた。若いバリ女性は、売春婦と内妻［めかけ］の双方として、その地域一帯の諸都市でとりわけ大きな需要があったのである。[83] 島が奴隷貿易に巻き込まれるにつれ、その社会・政治制度総体が女性を強制的にひき抜く［抽出する（エキストラクション）］装置に変容していった。村落の内部でさえ、ふつうの結婚が「略奪婚（marriage by capture）」の形式をとったのである。それは演じられた駆け落ちのこともあれば字義通りの強制的な誘拐のこともあった。その場合、あとで誘拐者は、女性の家族になにがしかの支払いをして不満を抑えることになるのだが。[84] ただし、女性が本物の有力者にさらわれた場合、賠償はいっさいなされないだろう。一九六〇年代においてさえ、長老たちは、魅力的な娘は両親によって隠される慣習のあったことを記憶していた。

両親は彼女に、寺院の祭りに供え物をもっていくことを禁じた。王家の偵察者にみつけられ、男性の訪問者に女性の足下までしかみえないほど厳しく守られた宮殿の閨房に誘い込まれないようにである。彼女たちが正式に王子（raja）の低カースト妻（penawing）になるチャンスはほとんどなかった（…）。ほとんどの場合、二、三年のあいだ、もてあそばれたあと、奴隷のような召使いに身を落としていった。[85]

あるいは、もしその魅力的な娘がそのような地位に昇ることがあれば、上位カーストの妻たちが彼女をライバルとみなすだろう。そして彼女は毒を盛られるか海外に送られて、ジャカルタの中国人の経営する売春宿で兵士相手に商売するか、インド洋レユニオン島におけるフランス人プランテーション所有者の邸宅で便器の水を取り替えるか、といったことになる。[*86] その一方で王家の法典はお決まりの方法で書き換えられたが、例外があった。ここでは法権力（force of law）が、ことさら露骨に女性に敵対的だったのである。罪人や債務者が奴隷にされ国外追放されただけでなく、結婚している男はだれでも妻を離縁する権限を与えられた。それによって彼女は自動的に地元の支配者の所有物になり、その意のままにゆだねられるのである。男児をつくる以前であれば、夫と死別した女性さえもまた宮廷に引き渡され、外国に売られていった。[*87]

エイドリアン・ヴィッカーズが説明しているように、有名なバリの闘鶏――人類学の一年生のだれもが大変親しんでいる――からして、そもそも人間商品をつのる方法として王宮が奨励したものだった。

王たちは、都で大がかりな闘鶏を催して、民衆が借金を抱え込むのに荷担しさえした。闘鶏特有の雰囲気にあおられて興奮し浪費気分にはまり込んだ農民たちには、じぶんの持ち金を超える賭け金を張る者が多かった。賭けごとにはつきものの、巨万の富がころがり込むかもしれないという期待と競争のドラマとが野心をふくらませるのだが、実際にそれだけの賭け金をつぎ込めるほどの財力がある者はほとんどいなかった。結局、最後の雄鶏の胸に最後の爪が食い込む瞬間には、多くの農民が帰る家も家族もなくしてしまっていた。彼らも、そして妻や子どもたちもジャワに売られる身だった。[*88]

暴力についての考察

わたしは本書を、ある問いからはじめた。なぜ、人びとのあいだのモラル上の義務が負債と考えられるようになり、その結果、逆にまったくインモラルなおこないを正当化することになったのか？

この章では、その問いへの答えを提示することからはじめた。つまり、商業経済と、わたしが「人間経済」――貨幣が第一に物品の購入ではなく人間関係を創造し、維持し、かつ切断するための社会的通貨として機能している――と呼ぶもののあいだを区別することによって。ロスパベが説得力あるかたちで示したように、そうした社会的通貨のきわだった性質は、決して人間と等価にはならないということにある。社会的通貨はむしろ、人間というものは、いかなるものとも等価たりえないし、究極的には人間どうしでさえも等価ではないということをたえず想起させるものである。これが血讐（blood-feud）の根本的な真実なのだ。だれもじぶんの兄弟を殺害した男を赦すことはできない。なぜなら、どの兄弟もかけがえのない者だからである。なにものも、その代替物にはなりえない――殺害されたあなたの兄弟や、おなじ名前と地位のべつの男さえも、あるいは、兄弟の名を受けつぐであろう息子を産むはずの内縁の妻さえも、あるいは、いつか復讐を誓うであろう子を産むはずの死霊妻さえも。

人間経済においては、それぞれの人格(パーソン)は唯一(ユニーク)のものであり、比類なき価値をもつ。それぞれが他者との諸関係のただひとつの結合中枢(ネクサス)だからである。ひとりの女性が、娘であり、姉妹であり、愛人であり、ライバルであり、仲間であり、母であり、同世代者であり、教育者であるかもしれない。こういう具合に、多数の人びとと多様なかたちで関係しているのである。それぞれの関係性はそれぞれ唯一のものである。ラフィア布や銅線の束など、一般的な物品(オブジェクト)のやりとりを通してたえず維持されている社会においてすらも、である。ある意味では、これらの物品こそ、ある人物をその人物たらしめている。このことを示すのは、それらの物品が社会的通貨として使用されないときは、しばしば人間の身体を装いかつ装飾するために用いられるという事実である。つまり、他者のまなざしのなかで、ある人物がどういう人物であるかをかたちづくるのがそれらの物品なのである。それでもなお、わたしたちの衣装が、実際にわたしたちの人物を形成しているのではないように、ラフィア布のやりとりによって維持されている関係は常にそれ以上のなにかである。[*89] ということは、逆にいえば、ラフィア布は常にそれ以下のなにかであるということだ。だからこそわたしは、ロスパベがこうした経済においては、貨幣は決してある人物の代替物にはなりえないという事実を強調するのは正しいと考えるのだ。彼のいうのは、貨幣とは、まさに負債を支払うことは不可能であるという事実の承認であるということだ。だが、ある人間はべつの人間と引き替えることができる、あるいは、ある姉妹はべつの姉妹と等価になりうる、という観念さえも決して自明のものではない。この意味で、「人間経済」とは両刃の剣である。すなわち、つまるところ、これらもまた諸経済なのだ。いいかえると、諸々の質を諸々の量に還元することで得失計算を可能にする交換の諸体系なのである――このことは、こうした計算が単純に（姉妹の交換においてのように）1＝1、あるいは（報復闘争においてのように）1－1＝0になる場合においてさえあてはまる。

　このような計算可能性にひとはいかにしていたりつくのか？　人びとを同一であるかのように扱うことができるようになるのはいかにしてか？　レレ族の事例がヒントを与えてくれる。ある人間を交換の対象にする、たとえばある女性をべつの女性と交換するためには、なによりもまず、彼女を彼女が存在する文脈から剥奪（リッピング）することが必要である。つまり彼女をその彼女たらしめている諸関係の網の目――それによって、その女性そのものにほかならぬ関係性のかけがえのない交錯が生まれる――から剝ぎ取り、そうして彼女を足したり引いたりすることが可能な一般的価値に転化させ、負債を測定する手段として利用することである。このことは一定の暴力を必要とする。ある女性をクラムウッドの棒一本の等価物にするためには、よりいっそうの暴力が必要となる。その女性をじぶん自身の文脈から完全に剥奪し、奴隷にしてしまうには、継続的で組織だった大量の暴力が必要なのである。

ここではっきりさせねばならない。わたしは「暴力」という言葉を、比喩的に使っているのではない。わたしはたんなる概念的な暴力についてではなく、文字通り、骨を折り肉を切ること、殴ったり蹴ったりすることについて語っているのだ。それは古代ユダヤ人が、じぶんたちの娘が「隷属」状態におかれることについて語ったとき、詩的にではなく、文字通りの縄や鎖について語っていたこととおなじである。

わたしたちの大部分は、暴力についてあまり考えたがらない。近代都市において、比較的に居心地よく安全な生活を営んでいる幸運な者たちは、それが存在していないかのようにふるまうか、あるいはその存在をいやおうなくおもい知らされるような場合、広い「世間」をなすすべもなくひどく野蛮なところだと決めつける傾向がある。どちらの衝動も、わたしたちの日常的存在性が、暴力によってあるいは暴力の脅威によってどれほど規定されているのか考えずにすむようにしているし（たとえば、しばしばあげる例だが、正規の身分証明書なしに大学図書館に入る権利を主張するとどうなるか考えてみよう）また、戦争やテロリズムや暴力的犯罪などの重要性――あるいは少なくともその頻度――を強調しすぎるきらいがある。人間の諸関係を枠づけをあたえるための強制力の役割は、「伝統社会」と呼ばれるものにおいては、よりはっきりあらわれている――その伝統社会の多くで、わたしたちの社会ほど人間と人間のあいだの物理的な暴行はひんぱんにみられないにしても。ここに西アフリカのブニョロ王国の逸話がある。

あるとき、ある男が新しい村に移り住んだ。彼は隣人たちがどのような人たちか知りたかったので、夜中に、じぶんの妻を激しく痛めつけるふりをして、隣人たちがやってきて、彼をいさめるかどうかたしかめようとした。

妻にみせかけて実は山羊の皮を打ちすえているあいだ、殺されると妻は泣き叫んでみせた。だれもやってこなかった。そしてその翌日、男とその妻は、荷物をまとめ、ほかに住む場所を探すためにその村を去った。[*90]

いわんとすることはあきらかである。住むにふさわしい村落では、隣人たちがすぐさまやってきて、男を取り押さえ、なにゆえ妻がそんなひどい扱いを受けるのか、問いただしたことだろう。もめ事はみなの関心事となって、なんらかの共同的な解決にいたるはずだ。これがおよそひとの生きるやり方である。道理をわきまえた男と女であれば、隣人たちがたがいに気配りしあわないようなところは住みたくはないものだ。

この逸話はそれなりに啓発的だし魅力的でさえある。だが、それでも問われねばならない。ある共同体――この逸話の男が住むにふさわしいとみなす共同体でさえ――は、もし妻のほうが男を打ちすえていると考えた場合、どのように対応しただろうか？[*91]　わたしたちはその答えを知っている。先ほどの場合［男が妻を殴りつけた場合］には心配が返ってくるであろうが、この場合に返ってくるのは、嘲りであろう。一六、一七世紀のヨーロッパでは、妻に痛めつけられた夫たちを笑いものにする風刺的寸劇を楽しむ慣習が、若い村人たちにあった。夫を後ろ前にし、尻をさらして、町をひきまわし、人びとの嘲りの的にさえしたのである。[*92]　わたしの知るかぎり、どのアフリカ社会もここまではやっていない（どのアフリカ社会もあれほど多くの魔女を焼き殺してもいない――当時の西ヨーロッパは、とりわけ残忍な場所だったのだ）。それでもなお世界のほとんどの場所とおなじように、少なくとも潜在的には正当とみなされる暴力行為があり、他方にはそうではない暴力行為がある、そんな想定が異性関係を支配する枠組みをなしていたのである。[*93]

強調したいのは、この事実と人間の生どうしを取引する可能性のあいだには直接の関係があるということである。人類学者たちのお気に入りに、婚姻の優先的パターンを表現するために図表化するというものがある。場合によっ

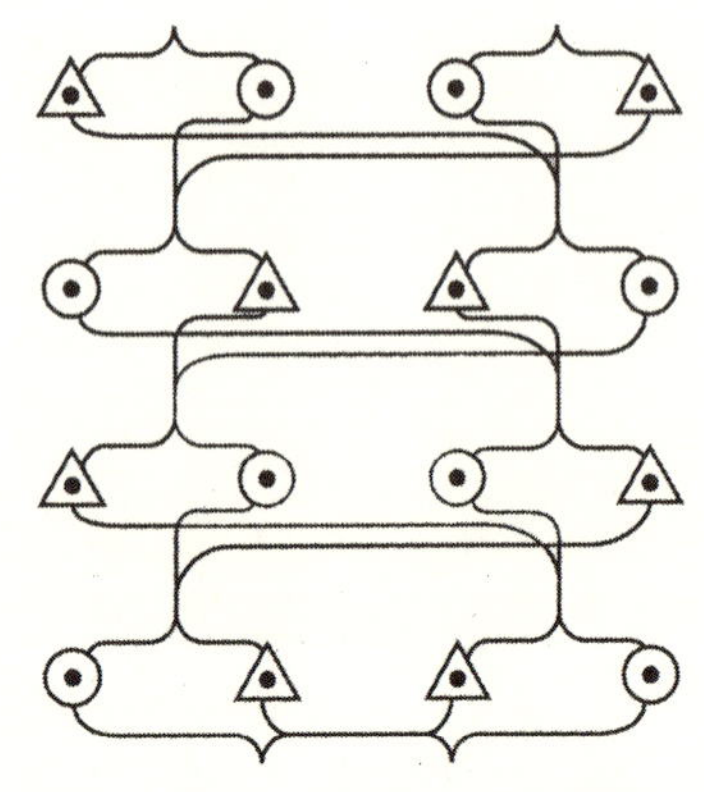

父母両系の「交差イトコ婚」の理想的パターン

ては、こうした図表（上図）が大変美しかったりする。[94]
ときに、次のティブ族の姉妹交換の図象（次頁）に示されているように、それらがある種の優美な整合性をもっている場合がある。[95]
人間というものは、おのれの欲望にしたがうままの状態で、じぶんたちを対称的なパターンに編成（アレンジ）するなどということはめったにない。こうした対称性には、陰惨な人間の犠牲をともなう傾向があるのだ。ティブ族について、アキガ［Akiga Sai（一八九八―一九五九）。ナイジェリア植民地期の歴史家であり作家。ティブ族に生まれた］はこう考えている。

古い体系においては、被後見人（ウォード）を保持している長老は、どんなに年老いていようと、らい病で足や手がなかろうと、常に若い女性と結婚することができた。どんな女性も彼をあえて拒絶しようとはしなかった。もしべつの男が、長老の被後見人に魅了されたなら、彼は、その交換として、じぶん自身の被後見人を強制的にその長老に与える。その少女は悲しみに打ちひしがれながらも、その長老の山羊革の袋を抱えて、彼についていかねばならなかった。少女が家に逃げ帰った場合、彼女の所有者は彼女を捕らえ、打ちすえたあと、縛りあげ、長老に送り返した。長老は満足し、黒ずんだ歯をむき出し

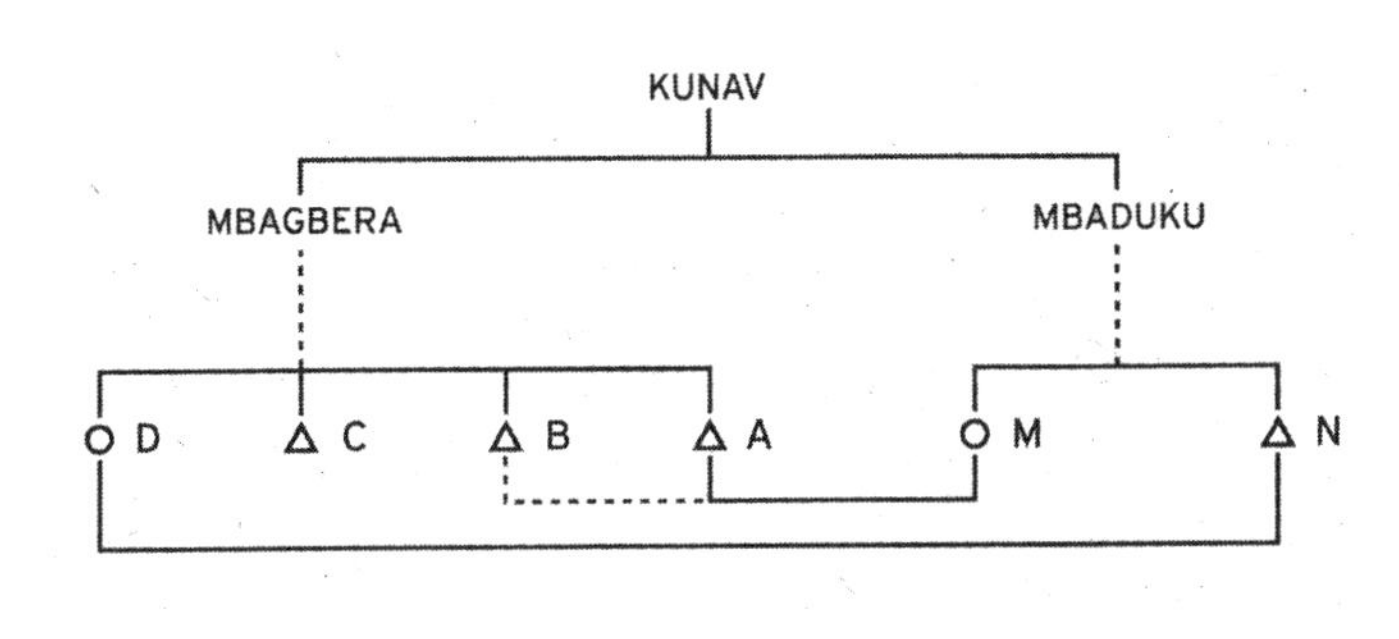

てにやりと笑って、少女にこういうのである。「いくら逃げてもわたしのところにつれ戻されるのだ。だから嘆くのをやめてわたしの妻になりなさい」。その女性はおもい悩み、いっそ大地がじぶんを呑み込んでくれればと乞い願った。意志に反して年老いた男に身請けされ、刃物で自死することを選びさえする女性たちもいたのだ。ところがこうした事態に直面してもティブ族は意にも介さなかったのである。[*96]

最後の一文がすべてを語っている。この引用は不公平かもしれないのだが（ティブ族は、アキガがこうした慣行を違法とする憲法改正を支持していることを十分承知していながらも、彼をみずからの最初の代議員に選出している）。とはいえ、この点は真の問題をじっくり考えるためにとても有効である。つまり特定の種類の暴力は、モラル上、許されると考えられているのである。[*97]後見人（ガーディアン）が逃亡した被後見人（ウォード）を打ちすえている場合、どの隣人もそれを止めに入ったりはしない。もし止めに入ったとしたら、それは、正当な夫のもとに返すためにも、より穏当な方法を使ったらどうかと、意見するためであろう。そして女性たちも、じぶんの隣人、そして両親さえもが、このような応答が精一杯であることをわかっていた。だからこそ「交換結婚」が可能であったのである。

わたしが「文脈から剥奪された（リップド）」人間というときに意味しているのはこのよ

うなことである。

＊＊＊＊＊

　レレ族は、幸運なことに、奴隷売買の惨害からはおおよそまぬがれていた。ティブ族はいまにも呑み込まれそうなきわどいところにあったが、その脅威を遠ざける英雄的な努力を怠らなかった。にもかかわらず、どちらの場合も若い女性をその生家から強制的に奪い去る機構を発展させ、まさにそれが女性たちを交換可能なものにしてしまっていたのだ——とはいえ、ある女性と交換可能であるのはべつの女性のみであることを保障する原理をいずれも保持してはいたが。まれな例外として女性たちが物品と交換される場合もあったが、それは戦争と奴隷制からの直接の帰結だった。つまり、それは暴力の水準がはなはだしく上昇していくようなときであった。

　奴隷売買の表現する暴力は、もちろん、規模をまったく異にしている。わたしたちがここで問題にしているのは、大量殺戮（ジェノサイド）の規模の破壊であり、世界史的な視点でいえばアメリカ大陸における文明の破壊あるいはホロコーストといった出来事に匹敵するものなのだ。どのような意味においても、その被害者たちを非難することはできない。ひたすら以下のような状況を想像してみるといい。突然、わたしたちの社会に、無敵の軍事技術によって武装したとてつもなく豊かで理解不能なモラルの体系をもった宇宙人があらわれ、人間の労働者をつれてくれば一人あたり一〇〇万ドル支払うと、にべもなく告知する。こうした状況を利用して儲けにありつこうとする悪辣な者は少なくとも一握りは常にいるものだ——そしてほんの一握りで事足りるのである。

　アロ連合のような集団は、ファシストやマフィア、そしてどこにでもいる右翼ギャングでおなじみの戦略を体現している。まず、あらゆるものが売りに出され、命の値段もきわめて安価であるような、暴力犯罪うずまく無制約の市場を開拓する。次に、一定の秩序を回復するような身ぶりで介入する——とはいえ当初の混沌した状況のなかでも、一番儲けにつながるような部分だけはすべて、とてつもなく苛酷なやり方で保持しておく。そしてこの暴力は法の構造そのもののうちに保持されているのである。こうしたマフィアはまた、ほとんど例外なく厳格な名誉の取り決めを強要することになるが、そこでは、なによりもまず負債を支払うことがモラル上の命法となる。

　これがべつの本だったら、わたしはここでクロスリバー地域の諸社会とバリの興味深い類似性についてふれたかもしれない。二つの地域はともに、すばらしい芸術的創造性の開花を経験していた（クロスリバーのエクペ結社の仮面はピカソに大きな影響を与えた）。なによりも、複雑巧緻な音楽とみごとな衣装と様式化された舞踊で充たされた劇的パフォーマンス――一種の想像的スペクタクルとしてのオルタナティヴな政治的秩序――を発展させていたのである。ところがそれは、いかなる過失も即刻連行されることにつながるような危険なゲームを日常生活化してしまったのと同時期のことだった。これらの二つの現象をつないでいたのはなんだったのだろうか？　興味深い問題だが、ここでつきつめることはできない。当面のもくろみにとって重要な問いは、これがどれだけ一般的な現象であったのか、である。すでに述べたように、アフリカの奴隷売買は、前代未聞の破局（カタストロフ）だったが、商業経済はすでに何千年にもわたって人間経済から奴隷を抽出してきている。それは文明と等しいほど古い実践なのである。わたしが問いたいのは、以下である。それが文明の構成要素であるとしたら、どの程度そうなのか？

　わたしがここで問題にしているのは、厳密な意味での奴隷制のみならず、人をその人たらしめている相互関係や共有された歴史、集合的責任の織物から、人間を切り離し、交換可能なものにする――つまり負債の論理の対象にしてしまう――過程なのである。奴隷制はたんにその論理的帰結にすぎず、そうした関係性の解体のとる究極の形態である。だが、まさにそのために、奴隷制はその過程全体の理解のための糸口を提供してくれる。さらに、その歴史的役割ゆえに、奴隷制はわたしたちの分かちもつ基本的な諸前提や諸制度を形成してきた。もはやそれにわたしたちが気づくことはなく、それがじぶんたちに及ぼしている影響もおそらく決して認めたがらないのだが。わたしたちが負債社会を形成してしまったのは、まさに戦争と征服と奴隷制の遺産が完全に消え去っていないゆえである。遺産はまだそこある。わたしたちが最も慣れ親しんでいる諸観念、すなわち名誉や所有、そして自由のうちにさえ、その遺産は宿っている。わたしたちはもはや、その遺産を直視することができないだけなのだ。

次章からは、そのような事態がどのように生じたのかをみてみたい。

第七章　名誉と不名誉　あるいは、現代文明の基盤について

ur5［HAR］：名詞。肝臓、脾臓、心臓、魂、
体、本体、基盤、融資、
義務、利子、剰余、利益、
利子付き負債、返済、奴隷女
——初期シュメール語辞典[*1]

それぞれに負うものを与えるだけでよい。
——シモニデス

前章では、社会的通貨をともなった人間経済が、どのようにしてべつのものに変質しうるのか、素描してみた。社会的通貨とは人間のあいだの関係を測定し、査定し、維持するために使用されるものであって、物質財の獲得のために使用されるとしても、おそらく付随的にのみである。わたしたちの発見は、純粋な物理的暴力の役割を考慮することなくそうした問題を考察することは不可能だ、というものだ。アフリカの奴隷貿易の場合、この暴力はまずもって外部から押しつけられたものであった。にもかかわらず、まさしくその突発性、まさしくその野蛮さが、べつの時代と場所においてはより緩慢でより無計画な方法で発生していたにちがいない過程を、いわば静止画としてわたしたちにみせてくれるのである。それはなぜかというと、人間をその文脈から剥奪(リップ)し、抽象化することにかけては比類なき能力を有する奴隷制が、いずれの地においても市場の発生に重要な役割を演じたと考えるに足る根拠があるからである。

では、そのような過程がより緩慢に発生すると、いったいなにが起こるのか？　この歴史のほとんどが永久に失われてしまったようだ。古代オリエントでも古代地中海世界でも、真に決定的な契機の多くは書かれた記録の登場直前に起こっていたようにおもわれるからである。それでも、おおまかな概要を再構成することは可能である。おもうに、そのための最良の方法は、ある奇妙で厄介な概念からはじめることである。すなわち、「名誉」の概念である。この概念は、ある種の遺物、あるいは象形文字ともみなすことができる。すなわちそれは、時間の経過から守られた断片なのであって、わたしたちが理解しようと試みているほとんどすべての問いへの回答がそこに圧縮されている。一方には暴力がある。兵士であれギャングであれ、暴力によって生きる男たちは、ほとんど不可避に名誉にとり憑かれている。そして暴力の行使が有無をいわさず正当化されるのは、名誉を傷つけられるときであるとみなされている。他方には負債がある。わたしたちは、名誉を借り［負っ］たり［信用借り］(debt of honor)、借り［負債］に名誉を与えたり［借りを支払う］(honoring one's debt)、同時にそれらの表現を使っているが、実は、このような［負債と名誉の］変化の表現には、義務から負債がどのようにして発生したかについての最良のヒントがみてとれる。あたかも名誉の概念には、たとえ負債を負っているにしてもそこで一番大切なのは経済的な貸借ではないのだ、という挑戦的な主張が反響しているかのようなのである。ヴェーダおよび聖書にみられる、市場それ自体の黎明期にさかのぼる議論の反響である。さらに厄介なことがある。名誉という観念は名誉剝奪［不名誉］(degradation) の可能性がなければ意味がない。それゆえ、この歴史の再構成は、自由とモラルをめぐる基本的な諸概念が、どれほどもろもろの制度――とりわけ奴隷制だがそれにかぎらない――の内部で形成されたかをあきらかにしてくれるのである。わたしたちがあまり考えることを望まない諸制度ではあるが。

＊＊＊＊

この概念をとりまくいくつかの逆説を明確にして、ここで真に問われていることをはっきりさせるために、中間航路を生き延びたとある男の物語にふれてみよう。一七四五年前後、ベニン王国領域内の農村共同体で生まれたオラウダ・イクイアーノ。一一歳のとき、自宅から誘拐され、その後ビアフラ湾で活動するイギリス人奴隷商人に売り飛ばされる。それから、まずバルバドス、次に植民時代のヴァージニアにあったプランテーションへと運ばれた。その後のイクイアーノの冒険――数多いのだが――が、自伝で語られている。一七八九年に出版された『オラウダ・イクイアーノ、あるいはアフリカ人グスタヴス・ヴァッサの生涯の興味深い物語[†]（The Interesting Narrative of the Life of Olaudah Equiano: or, Gustavus Vassa, the African）』である。七年戦争のほとんどを、イギリスのフリゲート艦に火薬を運搬してすごし、自由を約束されては、剥奪され、いく人かの所有者——たびたび嘘をつき自由を約束してはその約束を破るような——に売り飛ばされたあと、ペンシルベニア州のクエーカー教徒の商人の手に渡った。のちにその人物のおかげで、イクイアーノは自由を買い取ることになる。晩年は、商人として成功をおさめ、ベストセラー作家および北極探検家となり、英国で指導的奴隷廃止論者として名をはせた。彼の雄弁術と伝記の影響力は、一八〇七年のイギリスによる奴隷貿易廃止を導くうえで重要な役割を演じている。

イクイアーノの著作の読者たちは、この物語のある側面にしばしば困惑することになる。というのも、若い頃の彼は、奴隷制への反対の姿勢をほとんどみせていないのだ。それどころか、短期間とはいえ、自由の買い取り資金を貯めながらアフリカの奴隷購入の仕事に携わってさえいた時期もある。イクイアーノが奴隷廃止論をとるようになったのは、メソジスト派に改宗し、奴隷貿易に反対する宗教活動家たちと共に闘うようになったあとである。多くの人びとが疑問におもう。なぜこんなに長い時間がかかったのか？　奴隷制の悪を、彼以上に理解していた者はいないはずではないか？

奇妙にみえるが、その答えはまさにこの男の誠実さに宿っている。この本のなかできわだっていることのひとつは、彼が尽きることのない才知と意志をそなえているのみならず、なによりも名誉を重んじる男であることだ。ところが、ここから重大なジレンマが生まれるのである。奴隷にされることは、あらゆる名誉の可能性を剥ぎ取られることである。イクイアーノがなによりも望んだことは、剥奪されたものを取り返すことだった。しかし、問題となるのは、名誉とは、定義上、他者からどうみられているかに存在するということである。とすると、それを回復するために奴隷は、必然的にじぶんを取り巻く社会の規則と基準を身につけなくてはならないことになる。そしてそのことは、少なくともふるまいにおいては、名誉をじぶんから剥奪した当の制度について完全に拒絶することはできない、ということを意味している。

この経験それ自体が、奴隷制のはらむおそろしく根源的な暴力的側面のひとつであるようにわたしにはおもわれる。深く外傷を刻まれたみずからの体験から、イクイアーノはその制度が完全に不正であることを熟知している。しかし、失われた名誉を回復し、誠実さをもってふるまう能力を取り戻すためには、その制度の条件に即してふるまわねばならない。この経験である。おそらくこれは、［奴隷は］主人の言語で語らねばならぬ、という現象の一例なのだが、ここではそれが痛ましさの極限にまで達しているのである。

奴隷制を基盤とするすべての社会は、この苦痛に充ちた二重意識によって特徴づけられている。一方には、ひとがめざすべき最高のことがらが同時に決定的にまちがっているという自覚がある。しかしそれとともに、現実の本性とはこんなものだという感覚もある。歴史の大部分を通じて、奴隷たちが支配者に対して蜂起したときでも、奴隷制それ自体に対決することがほとんどなかったことの理由を考えるとき、このことは参考になるだろう。しかし、奴隷所有者ですらも、その裏側ではこのようなシステム全体がどこか根本的に倒錯している、あるいは不自然であると感じてもいるのである。たとえば、ローマ法を学ぶ学生は、一年目で以下の定義を暗記することになっている。

奴隷制：万民法にしたがい、自然に反して、ある人間がべつの人間の所有権に属することになる制度。[*2]

少なくとも、不名誉なものでありかつ醜悪なものであるとは、常にみなされていたのである。奴隷制に近すぎる

---

†　『アフリカ人、イクイアーノの生涯の興味深い物語』久野陽一訳、研究社、二〇一二年。

人びとにも悪評がつきまとってきた。とりわけ奴隷商人たちは非人間的な冷血漢として蔑まれてきた。歴史を通じて、奴隷制のモラル上の正当化が真剣に受け入れられたことは、たとえその支持者によってすらも存在しない。そのかわり、ほとんどの人びとは、わたしたちが今日戦争をみるように奴隷制をみてきたのである。まぎれもなく下劣な事業（ビジネス）ではあるが、それをかんたんに排除できると考えるのはナイーヴすぎる、という具合に。

名誉とは過剰な尊厳［剰余尊厳］である

では、奴隷制とはいったいなんだろうか？　前章ですでに、わずかだがその答えを考察している。奴隷制とは、ある人間固有の文脈から、つまり、人をその人たらしめているあらゆる社会関係から剥奪（リップド）されるということの究極的な形式である。べつのいい方をすれば、事実上、奴隷は死んでいるのである。

これが、この制度の広範な歴史調査をはじめておこなった学者アリ・アブド・アル＝ワヒード・ワフィ（Ali Abd al-Wahid Wafi）というエジプト人社会学者が、一九三一年にパリでくだした結論である。[*3]その見方からすれば、古代世界から彼の時代の南米にいたるまでのあらゆる場所で、自由人が奴隷に身を落とす、想定しうる経路は同一である。

（一）強制力の法による
　a　戦争で降伏するか捕虜になる
　b　奇襲攻撃か誘拐の犠牲者になる
（二）犯罪（負債をふくむ）に対する法的処罰

（三）父権（父親による子どもの売却）を通じて
（四）自発的な自己売却を通じて[4]

どこにおいてもまた、戦争における捕虜は絶対的に正当であるとみなされる唯一の事例である。それ以外はどれも、モラルの問題がつきまとっているのである。誘拐はあきらかに犯罪であるし、親が子どもを売却するのは極端に絶望的な状況にかぎられている。[5] 文献によれば、中国における飢餓はきわめて過酷であったため、何千もの貧しい男たちが宮廷で宦官として身売りできるようみずから去勢している。だがこのことはまた、社会の完全な崩壊の徴候ともみなされていたのである。[6] 古代人が熟知していたように、裁判の過程さえ――とくに負債による奴隷化の問題となると――たやすく腐敗したのだ。

あるレベルでは、アル＝ワヒードの議論はイスラーム世界における奴隷制の役割についての手の込んだ弁明（アポロジア）にすぎない。イスラーム世界の奴隷制が大いに批判を浴びたのも、それ以外の中世世界では奴隷制が広域にわたって消滅した時代さえ、イスラーム法が奴隷制を廃止しなかったからである。アル＝ワヒードの論じるように、なるほどムハンマドはその慣行を禁止しなかった。だが初期のカリフ制は、数千年にわたって社会問題と認識されてきた（司法の濫用や誘拐、子孫の売却など）諸々の慣行を実際に廃止することに成功し、奴隷制を戦争捕虜に厳格に限定した最初の政府でもあったのだ。

だが、アル＝ワヒードの本の最も耐久力ある貢献は、これらの状況すべてに共通しているものはなにか、という問いを、率直に立てたことにある。その答えは、単純さにおいてきわだっている。すなわち、人間が奴隷になるのは、さもなければ死ぬよりほかない状況においてのみである。これは戦争において明白である。古代世界において、勝者は敗者に対して完全な支配力をもつとみなされ、それがおよぶ範囲には女性や子どもまでふくまれていた。全員、端的に殺される可能性もあった。アル＝ワヒードはさらに主張する。おなじように、犯罪者が奴隷となるとしたら死刑囚のみであり、じぶん自身やじぶんの子どもを売却する者がいるとしたら、通常、飢餓に直面している者たちである。[*7]

とはいえ、さもなければ待つのは死のみであるがゆえに、奴隷はみずからの生命を主人に負っているとみなされているのだ、と、それだけいいたいわけではない。[*8] おそらくそれは、彼らが奴隷となったその時点においては真実だっただろう。ところがそれから以後はもはや、奴隷がなにかを負うことは不可能になる。というのも、ほとんどあらゆる意味で、奴隷は死んでしまったからである。ローマ法においてはこのことはまったくあきらかだった。ローマ軍兵士が捕虜になり自由を失った場合、その家族には兵士の遺言を読みあげ財産を処分することが義務づけられていたのである。そのあと自由を取り戻すことになれば、彼は一からやり直さなくてはならず、いまでは寡婦とみなされている女性［元妻］とも再婚せねばならないほどであった。[*9]

あるフランスの人類学者によると、西アフリカでも同様の原理が適用されている。

> 捕虜となりみずからのおかれていた環境から引き離されてしまった奴隷は、ちょうど戦闘に敗北したかあるいは殺されたかのように、社会的に死んだものとみなされる。かつてマンデ族のあいだでは、征服者によって連れ去られた戦争捕虜たちには、デゲ *dege*［雑穀のミルク粥］が与えられた――男は腹をすかせて死んではならないことになっているからである。そして自害できるように武器が与えられる。それを拒否する者は、誘拐者によって顔を平手打ちされ捕虜にされる。つまり彼は、人格をじぶんから奪った侮辱を受け入れたのである。[*10]

じぶんが死んだのにそれを知らない男、あるいはみずからの殺人者に仕えるために墓から呼び戻される者についてのティブ族の怪談、ハイチのゾンビ譚は、すべて奴隷制への本質的恐怖を暗示しているようにおもわれる。すなわち、奴隷とは一種の「生きる屍」であるという事態を暗示しているのである。

『奴隷制と社会的死†（*Slavery and Social Death*）』という著作――この制度についてこれまで書かれたなかでまちがいなく最も深遠な比較研究――において、オルランド・パターソンは、かくも徹底的かつ絶対的に自身の文脈から剥奪されることが厳密になにを意味していたのか、あきらかにしている。[*11] パターソンがなによりもまず強調するのは、奴隷制がそれ以外のあらゆる人間関係と異なるのは、それがモラルぶくみの関係ではないからだ、ということである。奴隷所有者は、それをありとあらゆる法的、家父長主義的言語によって飾りたてようとする。だがそれは虚飾にすぎず信じる者などいない。現実において、それは純粋に暴力にもとづく関係である。奴隷は服従しなくてはならない。さもなければ、殴られ拷問されその果てに殺されるかもしれないからだ。そしてだれもがそれを知っている。第二に、社会的に死んでいるということは、奴隷はほかのだれともモラルぶくみのつながりを保持していないことを意味する。彼は祖先と共同体、家族、クラン、都市から疎外されている。彼には、どう転ぶかわからない主人の気まぐれをのぞいて、契約や有意義な約束を取りつけることはできない。かりに家族をもちえたとしても、いつでもそれは崩壊の可能性にさらされている。彼を主人につなぎとめている純粋な力関係のみが唯一の大切な人間関係なのだ。その結果――これが第三の本質的要素なのだが――奴隷の状況は、徹底的な名誉剥奪(デグラデーション)の状況でもあった。マンデ族戦士の平手打ちはその告知である。すなわち、自害によっておのれの名誉を守る最後のチャンスを拒否した捕虜は、徹底的に卑しむべき存在とみなされることを受け入れなくてはならない。[*12]

しかし同時に、主人にとっては、この他者から尊厳を剥奪する権能が名誉の基盤になる。パターソンの指摘する

† 『世界の奴隷制の歴史』奥田暁子訳、明石書店、二〇〇一年。

ように、場所によっては奴隷たちを利益目的で働かせることさえしなかった――これについては、イスラーム世界が数多くの事例を提供している。そのかわり富豪たちが奴隷の従者の大群をはべらせていたのは、たんに自己の権勢の象徴をのみ目的としていた。

まさにこれこそが、名誉にかくもはかない性格を与えているものだとおもわれる。名誉を重んじる男たちには、完璧なゆとりの感覚と自己過信をあわせもつ傾向がある。そこには、命令する習慣と悪名高い心変わり、軽視および侮蔑に対する過剰な反応がある。そしてなんらかの「信用借り［名誉の負債］（debt of honor）」が未払いのままであることが男（ほとんど常に男なのだ）の傷であり恥であるという自覚がともなっている。名誉は尊厳とはべつのものだからだ。名誉とは過剰な尊厳［剰余尊厳］（surplus dignity）であるということさえできる。権力、およびその危険性についてのこの肥大した意識は、まさに他者の力と尊厳を剥奪したことから、あるいは少なくともその剥奪が可能であるという認識から生じたものである。名誉とは、最も単純な形式においては、短剣や剣で防衛されねばならない過剰な尊厳である（周知のように暴力的な男たちはほとんど例外なく名誉にとり憑かれている）。かくして、戦士のエートスにとっては敬意の欠如のしるしとみなしうるなにもかも――不適切な言葉や不適切な一瞥など――が、挑戦とみなされるか、挑戦の可能性として扱われる。だが、あからさまな暴力が起こらない状況でも名誉が問題となるときは常に、失われる可能性のある尊厳をたえまなく防衛していなければならない、という感覚がつきまとうのである。

その結果、今日にいたるまで「名誉」は矛盾する二つの意味をはらむことになった。一方では、名誉を単純に誠実さ／高潔さ（integrity）とみなすことができる。「立派な人間は約束を守る（Decent people honor their commitment）」。イクィアーノにとって「名誉」が意味したものとは、まさしくこれであった。名誉ある男たることは、真実を語り、法にしたがい、約束を守り、商取引において公正かつ良心的であることである。[*13] 彼の抱えた問題は、名誉が同時にべつのことを意味することであった。そしてそれは、最初に人間を商品に還元するために必要とされる暴力にまつわるすべてにかかわっているものなのである。

読者は疑問におもうかもしれない。それでは、こういったあれこれが貨幣の起源になんの関係があるのか？ おどろくべきことに答えは、すべて、である。すべてに関係しているのだ。最古の貨幣形式のいくつかは、まさに名誉と不名誉（デグラデーション）の基準として使用されていたようだ。つまり貨幣の価値とは、究極的には、他者を貨幣に変換する力の価値であった。クマル *cumal*――中世アイルランドにおける少女奴隷の貨幣――の奇妙な謎が劇的な具体例を与えてくれるだろう。

名誉代価（中世初期のアイルランド）

アイルランドの状況は、前章の終わりでみた数々のアフリカ社会の状況と、その初期の歴史の大半にわたってそれほど異なっていない。拡大する商業経済の周縁に人間経済が居心地悪くとどまっている、これがアイルランドの状況であった。さらにいえば、奴隷交易が非常に活発におこなわれていた時期もあった。ある歴史家がこう指摘している。「アイルランドには鉱物資源が存在しない。そこでアイルランドの諸王は、外国からの奢侈品を牛と人間という二つの輸出品で購入していた」[*14]。牛と人間の二つが貨幣の主要単位になったのは、当然のなりゆきだった。とはいえ、現存する記録があらわれた最初期、つまり六〇〇年前後には奴隷交易は消滅しており、奴隷制という制度それ自体が教会から厳しい非難のもとで衰退しつつあった[*15]。とすると、実際には牛やコップ、ブローチその他の銀製品、小規模取引では小麦やオーツの袋で支払われていた負債を計算するために、なぜクマルが単位として使用されつづけたのか？ さらに、より手前の問いがある。なぜ女たちなのか？ 初期アイルランドには多数の男性奴隷が存在していた。それでも男たちを貨幣として使用した様子はないのである。

中世初期アイルランド経済について知られていることがらの大半は、法を典拠としている。およそ紀元後七世紀から九世紀にかけて、有力な階級である法律家たちによって起草された一連の法典がそれである。しかしその文書群は、例外的に豊かなものである。当時のアイルランドではいまだに人間経済が支配的だった。それはきわめて農村的な経済でもあった。人びとはちりぢりに点在する家屋に住まい、小麦を育て、牛を飼っていた。ティブ族とそう異なってはいないのである。町に近いものがあるとしたら、少数の修道院周辺の集落だった。市場らしきものはほぼ皆無であったようだ。外国船が停泊するいくつかの沿岸地帯がわずかな例外で、主として奴隷と牛の市場だったと推定されている。[*16]

その結果、貨幣の使用は、ほぼ社会的な目的に限定されていた。すなわち、贈与がある。それに、職人、医師、詩人、判事、芸能人などへの報酬、さらに封建制にかかわるさまざまな支払い（領主は臣下に牛を贈与し、臣下は領主に定期的に食物を納めねばならなかった）である。法典の執筆者たちは——水差し、枕、たがね、厚切りのベーコンといった——日用品ほとんどの価格のつけ方さえ知らなかった。だれもこういったものに金銭を支払っていなかったようにみえるのである。[*17] 食品は家族のあいだで分かち合い（シェア）されるか、あるいは封建領主に贈られ、封建領主は、友人や競争相手、家臣のために催される豪勢な饗宴で、それをふるまった。道具や家具、衣服を必要とする場合、それらを製作する技術をもつ親族をたずねるか、だれかに支払いをして作ってもらった。物品そのものが売りに出されることはなかったのである。他方、王たちはそれぞれのクランに職務を割り当てていた。このクランにはなめし革を、こちらは詩人を、こちらは盾を提供すべし、といった具合である。これは大変面倒な取り決めであり、のちに市場はそれを迂回しつつ発展することになる。[*18]

貨幣の貸付がおこなわれることもあった。債務者による債務の引き渡しを保証する、高度に複雑な抵当と担保のシステムが、そこにみてとれる。だが、それは主に罰金の支払いに用いられたものである。これらの罰金は、法典のなかで長々と仔細にわたって説明されているが、現在の観察者にとって最も印象的なのはそれが注意深く等級づけられていることである。これはほとんどすべての「ゲルマン法」にあてはまる――そこでは通常、罰則の軽重は被害の性質のみならず被害者の身分にも少なくともおなじぐらい関連づけられているのである。だが、それがここまで体系的にみられるのはアイルランドにおいてのみなのだ。

この体系の鍵は名誉についての観念である。それは文字通り「面目（face）」である。[19]ある人物の名誉とは他者の目に映った尊敬のしるしであり、誠実さと高潔さと品位、かつあらゆる種類の不名誉や侮辱から自己と家族と従者を守る能力という意味の「力」でもあった。最高次の名誉を有する人びとは文字通り聖なる存在であった。すなわち、その人格と所有物は不可侵の聖域だった。ケルト人――なかでもアイルランド人――の制度において非常に異例であるのは、名誉が正確に数量化可能だったことである。どの自由人も、じぶんの「名誉代価（honor price）」、つまり尊厳への侮辱に対して支払われるべき価格をもっていた。ここにもまた等級づけがみられる。たとえば王の名誉代価は七クマルあるいは少女奴隷七名であった。これはどのような宗教上の職務にとっても基準となる名誉代価であり、司教または詩宗（マスター・ポエット）もこれとおなじ価格であった。（あらゆる出典がためらうことなく指摘しているように）このような支払いが少女奴隷そのものではおこなわれることは、ふつうはない。そのためこれらの人物の尊厳が傷つけられた場合、乳牛（milk cows）二一頭または銀二一オンスが支払われねばならなかった。[20]富農の名誉代価は牛（cows）二頭半であり、地位の低い領主も同額だったが、後者にかぎっては自由人従者一名ごとに牛半頭が追加された。そして領主が領主でありつづけるためには、自由人の従者を少なくとも五名はべらせていなければならなかったので、その結果、領主の名誉代価は最低でも牛五頭になった。[21]

名誉代価は贖罪金（wergeld）――男性や女性の生命の実際の価格である――と混同されてはならない。もしだれかがある男を殺害したなら、殺害者はそれを償うために七クマルに相当する財を支払う。そのうえでさらに（殺害によって）被害者の尊厳を傷つけたという理由により名誉代価が加算された。興味深いことに、王の場合だけは血の価格（blood price）と名誉代価が同額となる。

傷害のための支払いもあった。だれかがある男の頬を傷つけとすると、加害者は名誉代価に重ねて傷害の代償も支払うことになる（当然のことながら、顔を傷つけることはとくに非難された）。問題はこの傷害をどのように計算するかであった。というのも、それは肉体的損傷と被害者の地位の双方次第でさまざまに変わるからである。この点について、アイルランドの法律家たちは、さまざまな外傷をさまざまな種類の穀物で測定する巧妙な手段を発展させている。王の頬が切られた場合は小麦の粒で測定された。富農の場合はオート麦、小農の場合はただのエンドウ豆となる。それぞれの場合に牛一頭が支払われた。[*22] 同様に、たとえばだれかがある男のブローチ一個あるいは豚一頭を盗んだとすると、盗人はブローチ三個あるいは豚三頭を払い戻さなくてはならなかった。そこに、住居という聖域を汚したという理由で男の名誉代価が加算されるのである。領主の保護のもとにある農民を傷つけることは、ある男の妻や娘を強姦することに等しく、被害者ではなく被害者を保護すべき人物の名誉の侵害とみなされた。

最終的には、その人物の重要性にかかわらず、だれかをたんに侮辱しただけで「名誉代価」の支払い義務が発生した。たとえば、ある人物を饗宴に招待しなかった、屈辱的な（少なくともそう受けとられる）あだ名をつけた、風刺によって侮辱した、などである。[*23] 風刺は、中世アイルランドにおいては洗練された技芸であり、詩人は魔法使いに近い存在と考えられていた。言い伝えによれば、すぐれた風刺家は韻をふむことでねずみを殺したり、あるいは最低限、攻撃相手の顔に水泡を浮き上がらせることができたといわれている。公の場で冷やかされた男にはみずからの名誉を「手をつくして」死守しないという選択肢はなかった。そして中世アイルランドでは名誉の価値が厳密に定められていたのである。

牛二一頭が王の名誉にふさわしいようにはみえないかもしれないが、当時のアイルランドには、およそ一五〇人の王がいたことを銘記する必要がある。[*24] ほとんどは数千人ほどの臣民を有するだけだったが、諸地域を束ねる、より上位の王たちが存在しており、それら諸王の名誉代価は二倍であった。[*25] さらに司法制度が政治制度から完全に分離していたため、原則上は、裁判官たちは不名誉な行為をした者はだれであろうと——王もふくむ——降格させる権利を有していた。貴族の男性が富豪を門前払いにしたとか宴に招かなかった場合、逃亡者をかくまった場合、あきらかに盗品である牛のステーキを食べた場合、あるいはじぶんを攻撃する詩人を裁判所に突き出すことなく諷刺されるがままにした場合さえ、彼の価格は平民なみに引き下げられた。王にしても変わらなかった。戦場で逃亡する、権力を濫用する、あるいは畑仕事などの王としての威厳を低下させる仕事にたずさわるのをみられた、そういった場合すら、おなじ扱いをうけた。たとえば、親族を殺害するなど極悪非道をおこなった王には、どんな名誉代価もつかなくなる可能性さえあった。だからといって報復を恐れることなく王について好き勝手いえるということにはならなかったが、王は、保証人または証人としては裁判所で証言することができなくなった。というのも、個人の誓約ならびに法的地位もまた名誉代価によって定められていたからである。このような事態が、ひんぱんにとはいわないが、しかし、たしかに起きているのである。そして法についての知識が、人びとにその可能性を想起させた。ある有名な法的記録にふくまれている「名誉代価を喪失した七人の王」の一覧は、どれほど神聖でどれほど権勢を誇っていようとだれもが没落する可能性があるということを、万人に喚起させることを意図している。

アイルランドの資料が独特である点は、すべてが異様なほど克明に記述されていることである。そのひとつの理由は、法的な事業のすべてを娯楽の一形態とみなしていたふしさえある法律専門家たちがアイルランドの法典の作成にあたったからである。彼らは、実際にその事例が法廷で争われるかどうかにかかわりなく、はてしのない時間を投入して現存する法的原理のありうる帰結について考え抜いたのである。いくつかの条文はきわめて風変わりで（「もしだれかの蜂に刺されたら負傷の度合いを計算しなくてはならないが、刺されているあいだに蜂を叩き殺してしまったら蜂の再取得額をそこから差し引かなくてはならない」など）、基本的に冗談（ジョーク）とみなされるべきである。それでも結果として、名誉にかんする手の込んだ規則の背後にあるモラルの論理が、ここにおどろくべき率直さで提示されているのだ。女性についてはどうか？　自由人の女性には、彼女に最も近い男性親族（生きていれば女性の父親、そうでなければ女性の夫）のきっかり五〇パーセントの価格で名誉が与えられる。彼女の名誉が汚された場合、当該の近親者にその価格を支払うことになっていた。女性が独立した土地保有者であるときはべつである。その場合、彼女の名誉代価は男性と同等であった。身持ちの悪い女性の場合、侵害される名誉が存在しないので名誉代価はゼロであった。結婚についてはどうか？　求婚者は妻の父親に妻の名誉の価値を支払い、そうして妻の後見人（ガーディアン）となった。農奴についてはどうか？　おなじ原理が適用される。領主がひとりの農奴を獲得するさい、領主は等価である牛を与えることでその男の名誉代価を支払った。その瞬間から、だれかがその農奴を侮辱したり傷つけた場合、領主の名誉に対する攻撃とみなされ、それにともなう料金の徴収は領主にゆだねられる。一方、新たな従者を獲得した結果、領主の名誉代価は上昇した。いいかえると、領主は文字通り新しい臣下の名誉をじぶん自身のものへと吸収したのだ。[*26]

他方こういったことを考慮にいれれば、以下の二点についてともに理解できるようになる。すなわち、まず名誉の本質について。次になぜ少女奴隷が売買されることがなくなってからも――まちがいなく教会の影響によるものである――、信用借り（debt of honor）を計算する単位であることをやめなかったのかという点について。一見したところ、貴族や王の名誉が奴隷によって評価されることは奇妙にみえる。というのも奴隷とは名誉代価ゼロの人間だからである。だが個人の名誉が究極的には他者の名誉を取り上げる権能にもとづいているとすれば、これは完璧に理にかなっている。奴隷の価値とは、奴隷から取り上げられた名誉の価値であるからだ。

ときに任意に選んだただひとつの細部が、ゲームの全貌をあきらかにすることもある。ここではそれは、アイルランドではなく、書かれた時期こそいくぶん新しいものの、ほとんどおなじ原理にもとづいて機能しているウェールズのディメティアン法典である。ダヴェド王国の七つの聖なる司教座――その司教と僧院長は王国でも最も位が高く聖なる存在とみなされていた――に由来する名誉を列挙したあとで、文書は以下のように記している。

先に述べたこれらの主要な司教座のどれかひとつに就く僧院長を侮辱した者はだれであれ、七ポンド支払うべし。そしてその人物の血縁（kindred）である女を、血縁の汚名として洗濯女とし、名誉代価の支払いのしるしとして奉仕させよ。*27

洗濯女とは最も地位の低い召使いであった。そして、このようにして洗濯女と転じた女性は生涯を通じて仕えることになった。彼女は実質的に奴隷の地位へと貶められたのである。彼女の永遠の不名誉、同時に僧院長の名誉の回復でもあった。アイルランドの「聖なる」存在の名誉を女性奴隷によって計算する習慣の背後にも、なんらかの似たような制度が存在していたかどうか、わたしたちには知るよしもないが、その原理はあきらかに同一である。名誉とはゼロサム・ゲームである。じぶんの家族の女たちを保護する能力は男の名誉の本質的な一部分である。それゆえ家族の女を他人の家庭で卑しくつまらない雑用をさせるために引き渡すよう強要されることは、男の名誉にとって決定的な打撃となる。ひるがって名誉を奪った者にとっては、これがじぶんの名誉の究極的な確認となるのである。

＊＊＊＊＊

中世アイルランドの法律を、現在の視点からみてきわめて特異なものにしているのは、その註釈家たちが人間の尊厳に金銭的な価格をつけることに対し、まったく違和感を抱いていないことである。わたしたちにとって、聖職者の尊厳や王の威光といったものが一〇〇万個の目玉焼きや一〇万回分の散髪に等しい、などという考え方は端的に奇異なものである。これらはまさに、あらゆる数量化の可能性を越えたものとして考えられるべきことがらなのだから。もし中世のアイルランドの法学者たちが奇異とは感じなかったとしたら、それは当時の人びとが卵や散髪を手に入れるために貨幣を使用しなかったからだ。[*28] いまだ貨幣の使用が社会的目的に限定される人間経済であったがゆえに、人間の尊厳を測定できるのみならず、その数量を足し引きすることさえ可能な込み入った制度が形成可能だった。そしてそれによってわたしたちに、名誉それ自体の本質を理解するための比類なき窓口を提供してくれているのである。

そこからおのずと次の問いがあらわれる。かつては尊厳を測定することに使用されていたおなじ貨幣が卵や散髪に支払うために使用されはじめると、その経済になにが起こるのか？　古代メソポタミアや地中海世界の歴史があきらかにするように、その結果は根底的かつ永続的なモラル上の危機であった。

メソポタミア（家父長制の起源）

古代ギリシアで「名誉」をあらわす言葉は *time* であった。ホメロスの時代には、この語は、アイルランド語で「名誉代価」をあらわす言葉ときわめて類似した使われ方をしていたようだ。つまり戦士の栄光と傷害や侮蔑の損害賠償として支払われる補償の、双方を指示していたのである。しかしその後数世紀にわたる市場の拡張とともに*time*の意味は変化をはじめる。一方でそれは、「価格（プライス）」をあらわす語となる——市場で購入するあれこれの値段といったような。他方では、市場に対する徹底的な軽蔑の態度を意味するようになる。

実のところ、これは今日いまでもおなじことである。

ギリシアでは"timi"という語は名誉を意味しており、一般的にギリシアの農村社会で最も重要な価値とみなされている。ギリシアでは名誉は、しばしば気前のよい寛大さと金銭的費用や計算に対する露骨な軽視として特徴づけられている。ところが、このおなじ語がトマト一ポンドの値段といった「価格」の意味ももつのである。[*29]

「危機（crisis）」という語の文字通りの意味は十字路である。すなわち物事が二つの異なる方向のどちらにも転がる可能性もある分岐点のことである。名誉という概念の危機［分岐の可能性］にかんして奇妙なのは、それが決して解消［意味の統一］されたことがないことである。名誉とは、個人の金銭上の負債を快く支払うことなのか？　あるいは、金銭上の負債など真に重視するに値するとは感じないということか？　その両方であるようにみえるのだ。

さらに、名誉を重んずる男たちは、本当のところなにを重要と考えているのか、というのも疑問である。地中海の村人たちの名誉観となったとき、たいていわたしたちの頭に浮かぶのは、金銭に対する無頓着な態度についてよりは結婚前の処女性に対する大変な執着である。男性の名誉は身内の女性を守る男性としての能力ではなく、むしろその女性たちの性的評判を守る能力のうちにある。すなわち、母親や妻、姉、妹や娘にまつわるいかがわしい噂を、まるでじぶんに対する肉体的攻撃であるかのように応答する能力である。これはたしかに紋切り型（ステレオタイプ）ではあるが、まったく筋違いというわけでもない。ある歴史家が一九世紀イオニアにおける短剣の決闘についての五〇年におよぶ警察の捜査報告を調べたあげく発見したのは、それらのほとんどすべてが一方が他方の妻や姉妹を公衆の面前で淫売と罵倒したことをきっかけにしていることであった。[*30]

では、このような性的節度に対する想像を超える執着はなにゆえ生まれるのか？ ウェールズやアイルランドの資料にはそのような執着は見受けられない。そこにおいて最大の屈辱は、姉妹や娘がだれかの洗濯女に貶められることであった。とすれば、貨幣と市場の勃興とともになにがかくも多くの男性たちに性に対する不安を引き起こしたのだろうか？[*31]

これはむずかしい問いだが、少なくとも人間経済から商業経済への移行によって、あるモラル上の矛盾が引き起こされたことは想像できる。たとえば、かつては結婚をとりもち名誉の抗争を調停していたおなじ貨幣が売春婦を買うことにも使用できるとなったとき、いったいなにが起きるだろうか？

これからみていくように、まさにこうしたモラル上の危機のなかにこそ、名誉についてわたしたちが現在抱いている概念の起源のみならず、家父長制それ自体の起源をもみいだすことができる。少なくとも「家父長制」を「創世記」でおなじみの厳密な意味で定義するなら、このことはたしかである。子どもたちが家畜の群れを見張っているあいだですら隔離された妻と娘たちを見張っている、ローブを身にまとった厳格であごひげをたくわえた男たち。このようなおなじみのイメージの父親による支配である。[*32] 聖書の読者たちは常に、なにか原始的なものがここにひそんでいると考えてきた。つまり、砂漠の民である近東の最初期の住民たちは、常にこのようにふるまってきたのだ、と。二〇世紀前半に、シュメール語の翻訳が衝撃をもって受けとめられたのはそのためである。

シュメール語の最初期の文書、とくにおよそ前三〇〇〇年から二五〇〇年の文書のなかには女性が遍在している。初期の歴史書は、数多くの女性統治者たちの名前を記録しているだけでなく、女性たちが医師や商人、筆写者や公務員といった地位を占めていたこと、そして一般的に公的生活のあらゆる場面に自由に参加していたことをあきらかにしている。完全なジェンダー平等が存在したというわけではない。数字上ではあらゆる分野で男性が女性を凌駕していた。それでも現代先進諸国のほとんどの社会と、［比率においては］それほど変わらなかったようにみえる。だがつづく数千年のあいだにすべては変化していった。市民生活における女性の地位が崩壊するのである。徐々に、おなじみの家父長制的なパターンが貞節と結婚前の処女性に力点をおきながら形成され、行政と自由業における女性の役割は弱体化し、やがて消滅した。こうして女性の自立した法的地位は失われ、それによって夫の被後見人（ウォード）と化していったのだ。青銅器時代の終わり、前一二〇〇年頃には、多くの女性たちがハーレムに隔離され、（少なくとも場所によっては）ヴェールの着用を義務づけられるのを眼にするようになる。

実のところ、これはより広範に及ぶ世界的なパターンを反映している。科学と技術の進歩や学習の蓄積、経済成長――好んで「人間の進歩」と呼ばれる――が必然的に人間の自由を促進すると考える人たちにとって、常に躓き（つまづき）の石であった。女性にとってしばしば事態は正反対であるようにみえるからである。少なくとも、ごく最近まではそうだった。女性の自由はインドおよび中国でもおなじように徐々に制限されていったのである。なぜだろうか？

シュメール人にかんしては標準的な説明があって、それによれば、より家父長制的な慣習をもっていたと推定されている牧畜民が周辺の砂漠から徐々に侵入してきたから、となる。つまるところ、ティグリス川、ユーフラテス川に沿った狭い一帯のみが、集中的な灌漑事業とそれにともなう都市生活を支えることが可能だったのである。というわけで「文明」はその最初期から、「創世記」で描かれているような生活をしていたおなじセム系の言語を話す砂漠の民の徒党によって包囲されていた。時がたつにつれ、シュメール語が、まずはアッカド語、ついでアムル語、さらにアラム語、最終的にはアラビア語にとってかわられたことはまぎれもない事実である。これらのなかでは最も近年に属する事例がアラビア語への転換であるが、それをメソポタミアおよびレバントにもたらしたのは砂漠の牧畜民である。なるほど、以上の事情が重大な文化的変容をもたらしたのはたしかである。だが、完全に満足のいく説明とはいえない。[*33] かつての遊牧民たちは、この家父長制的習俗以外の多くの点では、すすんで都市生活に順応したようにみえるのである。それなのに、なぜこの点は例外なのだろうか？　さらに、この説明はきわめて地域限定的なものであって、より広範なパターンについてはなにも述べていない。それに対し、フェミニストの研究者たちは、むしろ戦争の規模と社会的重要性の拡大、ならびにそれにともなう国家の中央集権化を強調する傾向にある。[*34] 説得力があるのはこちらのほうである。国家がより軍事的になるならば、その法律が女性たちに対して比例して厳しいものになるのは確実なのだから。だがわたしはべつの補足的な議論をつけ加えたい。これまで強調してきたように、歴史的にみると、戦争と国家と市場はすべてたがいに育み合う傾向にある。征服は徴税につながる。徴税は市場を創設する手段となる。市場は兵士と行政官にとって好都合である。メソポタミアの事例にかぎっていえば、こういったすべてが負債の爆発的上昇と複雑な関係をもち、負債の爆発的上昇はあらゆる人間関係――その延長上で女性の身体――を潜在的商品に変容させる脅威をもたらしていた。同時にそれは経済競争における（男性の）勝者の側におそるべき反応を生みだすことになる。勝者たちは徐々に圧力を感じはじめたのである。じぶんたちの女は売り買いできぬことをどんな手を使ってもはっきりさせるべし、と。

メソポタミアにおける結婚についての現存資料が、これがどのように起こったのかについての手がかりとなりうる。

人類学の一般的な知見では、相対的に人口が少なく、土地がとくに不足しているわけでなく、それゆえ政治がもっぱら労働管理になっている状況においては、「花嫁代償（bridewealth）」が一般的になる傾向がある。人口が過剰で土地が不足している場合には、それにかわって「持参財（dowry）」が拡がる傾向にある。つまり、女性一人が家族に加わることは食い扶持がひとつ増えることである。だから、花嫁の父親も支払いを受ける側ではなく援助する側になって、なんらかのもの（土地、富、金銭…）を供与し、花嫁の新しい家庭を支えるよう期待されるのである。[*35] たとえばシュメール時代においては、花婿の父親から花嫁の父親に贈られる盛大な食物が結婚における主要な支払いであり、結婚式の饗宴に提供された。[*36] ところが、やがてこの支払いは、結婚式に一度、女性の父親に一度と、二度の支払いに分割され、銀で計算されるように——しばしば支払われるようにも——なった。[*37] 富める女性たちは、ときとしてそうした金銭同然にみなされていたようにもおもわれる。つまり、少なくともその多くが、［花嫁代償と］おなじ額面の銀製の腕輪や足輪を身につけていたようなのである。

だが時間がたつにつれ、この *terhatum* と呼ばれた支払いは、多くの場合、たんなる購買の性質を帯びはじめるようになる。それは「処女の値段」と呼ばれた——違法に処女を奪うことは彼女の父親に対する窃盗罪とみなされたのだから、たんなる隠喩ではない。[*38] 結婚は女性の「入手（taking possession）」と呼ばれ、財の所有にまつわる言葉とおなじ言葉で表現された。[*39] 原則としていったん所有されると妻は、じぶんの夫に対して厳格な服従義務があり、肉体的な虐待がある場合さえ離婚できなかったのである。

裕福であったり有力であったりする両親をもつ女性にとっては、このようなことはほとんどが原理上の問題にとどまっており、実際には、はなはだしい修正を加えられていた。たとえば商人の娘たちは一般的にかなりの額の持参財を現金で受け取り、それによってじぶんたちの権限で事業をはじめたり、夫の共同経営者としてふるまったりしている。しかし貧しい人びと——つまりほとんどの人びと——にとって結婚は、ますますたんなる現金取引のようなものと化していったのである。

この展開に奴隷制が一役買っていたのはまちがいない。実際の奴隷が多数存在したことはまれであるのだが、いかなる血縁ももたぬ商品にすぎない人びとの一群の存在することそれ自体が決定的であった。たとえばヌジ［古代メソポタミアの都市］では、「花嫁代価（brideprice）は家畜と銀で支払われ、その総額は銀四〇シェケルに相当した」——この著者はなんでもないようにこうつづける——「それが少女奴隷一人の価格と同等だったことを示す証拠がある」[*40]。これによって事態は不快なほどはっきりしたはずである。次もまたヌジなのだが、たまたま例外的に詳細な記録が残されていて、そのなかに裕福な男性が困窮している一家に割引きされた「花嫁代価」を支払い、娘を一人獲得するといった事例がある。それからこの娘は養女にされるであろうが、実際には内妻であったり、子守り女であったり、あるいは他の奴隷と結婚させられることもあったようだ[*41]。

とはいえ、ここで真に決定的な要因は負債であった。前章で指摘したように、人類学者たちは長らく花嫁代償の支払いと妻を購入することとは異なっていると強調してきた。つまるところ——これが先述した一九三〇年代の初期国際連盟における決定的議論だったのだが——もし男性が女性を本当に買っているならば、彼女を売却することもできるはずではないか？　というわけだ。あきらかにアフリカおよびメラネシアの夫たちは、第三者に妻を売り飛ばすことはできなかった。妻を実家に送り返し、婚資の払い戻しを要求するのが関の山だったのである[*42]。

メソポタミアの夫も妻を売ることはできなかった。あるいは通常はできなかった。ところが夫が借金(ローン)に頼ってしまったとき、すべてが一変する。というのも借金となれば、そのために妻子を抵当に入れることは——みてきたように——完全に合法であり、返済できなければ、まさに奴隷や羊や山羊とまったくおなじように、債務の人質(ポーン)である妻子を奪われる可能性があったのだから。このことはまた、名誉と信用が実質的に同一のものになったことを意味する。少なくとも貧しい男にとって、じぶんの信用価値とは、まさにみずからの世帯に対する統率力であった。そして（いわばそのコインの裏面として）家庭における権威ある関係、すなわち原則として配慮し保護する責任であるような関係が、実際に売買可能であるような所有権となったのである。

くり返すと、このことは貧者にとって、家族の構成員が賃貸ししたり売却したりすることの可能な商品になったことを意味した。娘たちを富者の家で働く「花嫁」としてさしだすだけでない。ヌジの銘板が示すところによれば、借金をすることによって家族の成員を賃貸しすることも可能であった。そこには、借金の「人質（ポーン）」として息子あるいは妻さえもさしだす男たちの事例が記録されているのである。それはあきらかに貸手の農場や織物工房における仕事に対する前払いであった。[*43]

最も劇的でかつ継続的な危機は売春に集中している。ただし、ここで「売春」として語ることが妥当であるかどうか、最初期の資料をもとにはっきりいうことは実のところできない。なるほど、シュメール人の神殿はしばしば多種多様な性的活動の機会を設けていたようにみえる。たとえば女神官のなかには、神々と婚姻しているか神々に捧げられているとみなされる人びとがいた。しかし、このことの意味する内実は、きわめて多様であったようにおもわれるのである。のちのデーヴァダーシー *devadasi* すなわちヒンドゥー教インドにおける「寺院専属の踊り子（テンプルダンサー）」の事例のように、独身にとどまる者もいた。とおもえば結婚を許されてはいるが子どもをもつことは許されない者もいた。エリート層の情婦／遊女（courtesan）たるべく富裕なパトロンをみつけるものと公然と認められている者もいた。また、神殿に居住し特定の儀礼において参拝者たちの性的な相手をする責任を負っていた者もいた。[*44] 古代の文献があきらかにしていることのひとつは、これらの女性たちがきわめて重要な存在とみなされていたことである。言葉の真の意味で、彼女たちは文明の究極的化身であった。要するに、シュメール経済の機構全体が、公的には神々の住まうところと考えられていた神殿を支えるために存在していたのである。彼女たちが、音楽や舞踊から芸術、料理、暮しの品性にいたるまですべてに渡る洗練の極致を表現していたのは、そのためだ。神殿の女神官たちならびに神々の妻たちは、最も高い次元で、この完全なる生活を具現していたのである。

シュメール人の男たちは、少なくとも最初期においては、じぶんたちの姉や妹たちが金銭のために性交をおこなうことに、なにも問題を感じていなかったようだ。このことも強調しておくべきである。その逆に、当時、現におこなわれていた売春にかんするかぎり（それに信用経済においては、売春も非人格的で現金（コールド・キャッシュ）な関係とはなりえないことをおもいだそう）、シュメールの宗教的文書は、それを人間文明の根源的な特性のひとつ、時の始源において神々から贈与されたものと捉え、生殖目的の性交は自然なものであるとみなしていた（つまるところ動物も性交はしている）のである。生殖を目的としない性交、快楽のための性交は神聖なものとみなされていた。*45

この売春と文明の同一化の最も有名な表現であるのは、『ギルガメッシュ叙事詩』におけるエンキドゥの物語である。物語の冒頭、エンキドゥは怪物である。裸で毛むくじゃらの「野人」であり、ガゼルとともに草を食べ、野牛とともに水飲み場で水を飲み、都市の人びとを恐怖におとしいれていた。エンキドゥを打ち負かすことができないため、ついに市民たちは女神イシュタルの神官でもあった聖娼婦［遊女］（courtesan）を送り込む。彼女はエンキドゥの前で服を脱ぎ、六晩七日にわたって交わり合った。それからというもの、かつての仲間であった獣たちはエンキドゥをみれば逃げ去るようになる。いまやあなたは叡智を学び神のごとき存在になったのだ（つまるところ彼女は神の配偶者なのだ）と彼女による説明を受けたあと、エンキドゥは礼儀正しい文明化された人間のように、服を着て都市に住まうことに同意するのである。*46

すでにその最初期のヴァージョンのなかで、エンキドゥの物語はある両義性（アンビヴァレンス）を示している。物語もあとになって、エンキドゥは神々によって死を宣告されるが、それに対する彼の即座の反応は、そもそもじぶんを野生状態からつれだした聖娼婦を弾劾することだった。たんなる街娼あるいは酒場の酌女に身をおとし、嘔吐する酔っ払いにかこまれ、客によって虐待され殴られるよう、エンキドゥは呪ったのである。のちに、彼はおのれのふるまいを恥じ、彼女に神の加護を祈ることになる。だが、この両義性の痕跡は端緒からみられ、時間とともにより強力なものになっていくのである。ことのはじめからシュメールとバビロンの神殿複合施設は、後年よりもはるかに魅力には欠けるとはいえ、性的サービスの提供者にかこまれていた。そうした人びとによってよく知られている時代までには、踊り子をはべらせた酒場や女装（ドラァグ）の男性（そのなかには奴隷も逃亡者もいた）、無際限といっていいほどの種類の娼婦たちでひしめく赤線地帯の中心となっていたのである。そのような人びとを名指す信じがたいほどの洗練をきわめた言葉が無数に存在していたが、それらのもった繊細なニュアンスはわたしたちには失われて久しい。それらの人びとの多くは芸人として一人二役を演じていたようにおもわれる。音楽家の役割も演じる酒屋の主人、歌手で踊り子であるのみならずナイフ投げの芸も演じる男性の異装愛者（トランスベスタイト）など。その多くは、主人によって労働を強いられた奴隷、あるいは宗教的な誓約や負債をまっとうしようとする女、借金のかたとなった女、さらに、借金の束縛からは逃がれたが行き場のない女であった。やがて、地位の低い神殿の女たちの多くは、奴隷として買われるか借金のかたに奴隷として仕えるかとなり、性愛的な儀式をおこなう女神官と神殿（つまり原理的に神）に属する――ときに神殿に寝泊まりしていた――娼婦の役割も、あいまいになっていった可能性がある。娼婦たちの稼ぎは神殿の公庫に追加された。[*47] メソポタミアにおける日常的取引のほとんどは現金によるものではなかったのだが、とすれば娼婦たちも例外ではなかったと考えられる――酒場の主人（その多くがかつて娼婦だったと推定される）の多数とおなじく、娼婦たちも顧客と継続的な信用上の関係をむすんでいた――それが意味しているのは、彼女たちがわたしたちのイメージする街娼よりも「遊女（courtesan）」に近い存在だったということである。[*48] ともかく、商業的売春の起源は、聖なる（あるいはかつての聖なる）慣行と商業、奴隷制、そして負債の奇妙な混合体のうちに絡まり合っているようにおもわれるのである。

＊＊＊＊

「家父長制」とは、なによりもまず、ある種の純潔の名のもとに大いなる都市文明を拒絶するという身ぶりのうちに起源をもっている。すなわち、官僚、商人、娼婦のふきだまりとみなされていたウルク、ラガシュ、バビロンといった大都市に抗って父による統制の再確立を志すものである。河谷から遠くはなれた周辺地域の田園地帯や砂漠やステップは、土地を追われ負債を抱えた農民たちの避難先だった。古代中東における抵抗は常に、叛乱の政治というより大脱出（エクソダス）の政治、つまり共同体や家族とともに——しばしば連れ去られてしまう前に——逃散することの政治である。*49［そのために］周辺地域で生活する部族民たちが常に存在して、繁栄の時代には、都市に流入してきた。窮乏の時代には、難民によってその数は膨れあがった——農民たちはふたたび実質的にエンキドゥと化するのである。周期的に彼らは同盟を結成し、征服者としてたびたび都市に侵入した。みずからの状況について、彼ら自身どう考えていたのか、確たることはなにもいえない。遊牧の叛徒の観点からの記録が残されているのは、肥沃な三日月地帯のむこう側で書かれた旧約聖書のみだからである。旧約聖書には父親の絶対的権威と移り気な女たちに対する嫉妬ぶくみの保護への異常なまでの強調がみられるが、それこそまさに、彼らがそこから避難してきた都市における人間の商品化そのものの帰結であり、それに対する抵抗の帰結でもあった。この主張をうたがわしめるものは聖書のテキストには存在しない。

世界中の聖典——旧約聖書、新約聖書、コーランをはじめ中世から現代にいたるまでの宗教文学など——は、腐敗した都市生活に対する軽蔑と商人に対する疑念、そしてしばしば強烈な女性嫌悪症（ミソジニー）の合体からなる、この叛逆の声を反響している。文明のゆりかごとしてのみならず娼婦の宮殿として集合的想像力のうちに永遠に刻印されることになったバビロンのイメージを考えてみるだけでよい。ヘロドトスは、あらゆるバビロンの乙女たちはじぶんの持参財を工面するために、神殿で春を売らねばならなかったと述べているが、それはギリシア人のあいだで広まっていた空想の反響でもあった。*50 新約聖書において聖ペトロは、しばしばローマを「バビロン」と呼んでいる。そして「ヨハネの黙示録」がバビロンを「神を冒涜する名前でおおわれた緋色の獣」に乗る「大淫婦」と呼ぶとき、おそらく、その最も鮮明なイメージを提供している。

17[4]　女は紫と赤の衣を着て、金と宝石と真珠で身を飾り、忌まわしいものや、じぶんのみだらな行いの汚れで満ちた金の杯を手に持っていた。17[5]　その額には、秘められた意味の名が記されていたが、それは、「大バビロン、みだらな女たちや、地上の忌まわしい者たちの母」という名である。[*51]

これは家長による都市憎悪の声であり、古代の貧者の父たちによる至福千年の怒りの声である。

わたしたちの知る家父長制は、新興エリートと新興破産者たちのあいだの一進一退の戦いのなかで形成されたものなのである。ここでのわたしの分析のほとんどは、フェミニストの歴史家ゲルダ・ラーナーのすぐれた仕事に触発されているのだが、ラーナーはある論考において売春の起源について、以下のように指摘している。

> 商業売春のもうひとつの源泉として、農民の窮乏化と、飢饉の時代を生き延びるために彼らがますます借金に依存するようなった結果、債務奴隷が発生するようになったことがあげられる。男であれ女であれ、子どもは負債の担保として譲渡されたり、あるいは「養子」として売られたりした。このような慣行から、家長のために女の成員に売春させることが容易に発展したのである。親が彼女を奴隷として売らざるをえなかったからかもしれないし、窮乏化した夫が彼女に体を売ることをさせたのかもしれない。そうして彼女は売春婦になったのだろう。あるいは奴隷にかわる最後の手段として、女たちがみずから売春婦になったのかもしれない。運がよければ、彼女たちはこの職業についても、妾になって上昇する可能性もあった。前二〇〇〇紀の中頃には、売春婦は貧乏人の娘のおあつらえむきの職業として定着するようになった。
>
> 有産階級の女性の性的規制がますます確固としたものになるにつれて、卑しからぬ［身持ちのよい］(respectable) 娘の処女性は家の財産となった。こうして、商業売春は男の性的欲求を満たすために社会的に

必要なのだと考えられるようになったのである。［そうなると］問題は卑しからぬ女性とそうでない女性をどうやって明確に、しかも永続的に区別するかということになる。

この最後の点は重要である。ラーナーのみるところ、この問題を解決するための知られるかぎり最も眼を惹く試みは、前一四〇〇年から前一一〇〇年のあいだに制定された中期アッシリア時代の法典にみいだされる。法典はまた中東の歴史におけるヴェール着用について、知りうるかぎり最古の言及をふくんでいる。さらに、ラーナーが強調するように、社会的境界［性差や身分差のような］の取り締まりを国家の責任とみなしている点でも最初である。[*52] 古代中東全体を通じて、おそらく軍国主義的なことで最も悪名高い国家の権威のもとでそれが起こったことに意外なところはない。

この法典は、女性を五つの階級に注意深く区分している。卑しからぬ女性たち（正妻および内妻の双方）、自由アッシリア人の寡婦や娘――彼女たちは外出のさいに「ヴェールで身を覆わなくてはならない」。そして娼婦と奴隷（ここでの娼婦のうちには、たんなる売春婦（harlots）のみならず神殿につかえる未婚女性たちもふくまれていたと現在ではみなされている）にはヴェールの着用は許されていなかった。この法規について注目すべき点は、法典に規定されている処罰が、ヴェールを着用しなかった卑しからぬ女性にではなく、ヴェールを着用してしまった娼婦と奴隷にむけられたものだったことである。その場合、娼婦は公衆の面前で五〇回棒で叩かれ、頭から瀝青をかけられる［恥辱をあたえる刑罰］規定であった。奴隷女性は耳を切り落とされるよう定められていた。これを幇助したことが証明された自由人男性は、棒で打たれ、一ヵ月の強制労働が課されることになっている。

卑しからぬ女性の場合、この法規はおのずと執行されることになると想定されていた。なにゆえ卑しからぬ女性が娼婦の装いで外出したがるだろうか、というわけだ。

わたしたちが「卑しからぬ（リスペクタブル）」女性というさいに念頭にあるのは、いかなる条件においても身体が売り買いされることのない人たちのことである［respectable woman には「素人」という意味もある］。彼女たちの肉体的存在は隠匿され、特定の男性の私的領域に永久に帰属させられている。ヴェールをまとって公共の場に出現するとき、たとえ公共の場であったとしても実質的にはそのような私的領域内部で歩きまわっていることを、彼女たちは装いによって示しているのである。*53 その一方で、金銭で交換できる女性たちは、そのことをただちに識別可能にしていなければならない。

アッシリア法典はひとつの孤立した事例である。前一三〇〇年をすぎてからもヴェール着用が義務となっているところなど、ほかにはみられないのである。だがいかに不均等で散発的であろうと、それはこの地域一帯で起きていた展開についての理解の糸口を与えてくれている。それらの展開は、商業、階級、挑戦的な男性的名誉の主張、そして貧民の逃亡のたえざる脅威など、複合的諸要素の交差によって駆り立てられていた。国家は、商品化を促進すると同時にその結果を改善するために介入するという複雑な二役を演じていたようだ。つまり負債の法規と父の権利を強化しながらも、周期的に恩赦（アムネスティ）を与えるという二役である。だがこの力学はまた、数千年のあいだに、性愛（セクシュアリティ）それ自体を、神からの贈与および文明的洗練の具現から不名誉、腐敗、罪業にむすびついたおなじみの連想への、体系的な格下げにみちびいたのである。

＊　＊　＊　＊

わたしが考えるに、すべての大都市文明の歴史を通じて観察される女性の自由の全般的低下を説明するものは、ここにある。個別の事例においては諸要素は異なったかたちで結合していたとはいえ、すべての都市文明において類似した事態が進行していたのである。

たとえば中国の歴史にみられるのは、花嫁代価と債務奴隷の双方を根絶せんとする継続的でおおむね失敗に終わった政府による政策と、少女たちを（買い手の好みに応じて）娘や妻や愛人や娼婦として販売することをふくむ、今日までつづく「娘たちの市場」の存在についての途切れることなく再帰する醜聞（スキャンダル）である。[*54] インドではカースト制が、さもなくば富者と貧者のあいだの差異であるものを、公式かつ露骨なものに仕立てあげていた。バラモンとその他の上位カーストの成員たちが油断おこたりなく娘たちを隔離してはあふれんばかりの持参財で嫁がせる一方で、下位カーストは花嫁代価の慣習のなかにあって上位カースト（「再生族」（twice-born））の成員から娘たちを売り飛ばしていると嘲弄されていた。カースト上位三階級はまた負債による奴隷化から保護されていたが、農村部の貧民の大多数にとっては負債への依存が制度化されていた。予想できるように、貧しい債務者の娘たちはたいてい売春宿へ、あるいは富裕層の調理場や洗濯場へと送られていた。[*55] どちらの場合も娘たちに桁外れにのしかかる商品化の推進力（プッシュ）と、商品化されるあらゆる可能性から女たちを守るために父権を再強化しようと試みる人びとの反動力（プル）のはざまで、女性の形式的・実質的自由は、少しずつではあるがますます制限され消滅していった。その結果、名誉をめぐる諸観念もまた変化をこうむり、市場のもたらす諸々の帰結に対するある種の抵抗となったのである。それと同時に（世界宗教のように）、はてしなく微妙なかたちで市場の論理を反響させるようにもなった。

とはいえ、豊富かつ詳細にわたる史資料のみつかる場所といえば古代ギリシアをおいてない。その理由のひとつは、商業経済の到来がかなり遅れて、シュメールからほとんど三〇〇〇年後であったためである、その結果、古典ギリシア語の諸文献は、この転換についてまさに実際に起きているかのように観察する比類なき機会を提供してくれているのである。

古代ギリシア（名誉と負債）

ホメロスの叙事詩の世界は、交易を軽蔑する英雄的な戦士たちの支配する世界である。多くの点で、その世界は中世アイルランドを顕著なまでに彷彿とさせる。貨幣は存在していたが、なにかを買うためのものではなかった。有力な男たちは名誉を追求しながら人生を送り、その名誉は追随者（followers）と財宝という物質的な形態をとっていた。財宝は贈与として与えられ、賞として授けられ、戦利品として獲得された。[*56] *time* がどのようにして「名誉」と「価格」の双方を意味するようになったか、うたがいの余地はない。このような世界では、それらのあいだに矛盾を感じる者はいなかったのだ。[*57]

その二〇〇年後に商業的市場が勃興をはじめると、すべては劇的に変化する。ギリシアの鋳貨は、当初、主要には兵士への支払のため、それに加えて罰金や納付金の支払い、政府への支払い、そして政府による支払いのために使用されていたようだ。だが前六〇〇年ごろになると、ほとんどすべてのギリシアの都市国家は、市民的独立のしるしとして独自の硬貨を鋳造するようになる。とはいえ硬貨が日常的取引に一般的に使用されるようになるまで、長くはかからなかった。前五世紀には、ギリシア諸都市における公開討論と共同体の集会の場であるアゴラが、市場の役割も担うようになっている。

商業経済の到来による最初の影響のひとつは、メソポタミアやイスラエルで長期にわたってみられたたぐいの債務危機の連続であった。『アテナイ人の国制』の著者が簡潔に記しているように、「貧民」は「男も子どもも妻も富者に隷属していた…」。[*58] 恩赦を要求する革命的な党派が出現して、ほとんどのギリシア都市は、少なくともしばらくのあいだ、根本的な債務帳消しを訴えて権力の座についたポピュリストの有力者たちによって支配された。ところが、ほとんどの都市が最終的にみいだした解決策は、近東のそれとは大きく異なるものであった。定期的な恩赦を制度化するかわりに、ギリシア諸都市は負債懲役制度を制限するか全面廃止する方向にむかい、ついで将来の危機を防ぐため［領土］拡張政策をとり、貧者の子どもたちを送り込んで海外に軍事的植民地を確立したのである。またたくまにクリミアからマルセイユまでの沿岸全体にギリシア人都市が点在するようになり、今度はそれらの都市が活発な奴隷貿易の流通経路としての役割をはたすようになった。[*59] 奴隷の急増は、転じて、ギリシア社会の性格を徹底的に変質させた。なによりも、つつましい生活を送る市民さえも都市の政治的・文化的生活に参加できるようになり、真の市民的意識を抱くようになったのである。だがこのことが旧貴族階級をして、新しい民主的国家の卑俗性やモラルの荒廃と彼らの眼にはみえたものからみずからを遠ざけるべく、ますます手の込んだ手段を発展させるよう駆り立てたのである。

ギリシアが真の幕あけをむかえる前五世紀には、だれもが金銭について議論していた。現存するほとんどの文献の執筆者は貴族であるが、彼らにとって金銭とは腐敗の化身であった。貴族たちは市場を軽蔑していた。名誉ある男たちの理想は、必要なものすべてをじぶん自身の地所で調達し、現金をいっさい手にしないことだったのだ。[*60] 彼らとて現実にはそれが不可能なことぐらいはわかっていた。それでも市場を構成する一般的住民たちの価値観から、あらゆる点において距離をとろうと試みたのである。かくして以下のような対立が好んで描かれる。葬儀や結婚式で贈答し合う美しい金銀の杯や祭壇には低俗な狩りに人びとが携える腸詰めや木炭を。途方もない訓練のすえに競い合う運動競技の気高さには庶民の洗練のかけらもない賭け事を。そして、料亭で彼らに付き添う洗練され教養ある遊女たちには公娼（ポルノイ *porne*）――アゴラ界隈の娼館に住まう奴隷少女からなり、男性市民の性的欲求に応ずるサービスとして民主的ポリス自身が後援していた――を。いずれの場合も貴族たちは、贈与と気前のよさと名誉の世界をあさましい商業的交換の上位に位置づけたのである。[*61]

このことの帰結としてメソポタミアでみたものとは微妙に異なる綱引きゲームがあらわれた。かたやふつうの市民の卑しい商業的感性とみなされるものに対する貴族による抵抗の文化がある。かたやふつうの市民の側からのほとんど分裂症的な反応がある。彼らは貴族文化のいくつかの側面を制限ないし禁止しようとしながら、同時に貴族的な感性を模倣しようとしたのである。この点においてきわだった事例は少年愛である。成人男性と少年のあいだの恋愛は貴族的慣行の典型をなすとみなされていた。実際にそれは若い貴族が上流社会の特権への手ほどきを受ける一般的な方法だったのである。そのため、民主政ポリスはこれを政治的に有害なものとみなし、男性市民間の性的関係を違法とした。ところがそれとともに、ほとんどだれもがその慣行に手を染めはじめたのである。

ギリシア農村共同体の日常生活の細部をいまだ広範囲にわたって特徴づけている名高いギリシア人男性の名誉への執着は、ホメロス的な名誉というよりもついに万人へと浸透をみせた市場価値に対する貴族的抵抗に端を発している。[*62] とはいえ、その女性たちに対する影響は中東においてよりも厳しいものとなった。ソクラテスの時代にすでに、男性の名誉が商業への軽蔑と公共の場における自己主張にますますむすびついていった一方、女性の名誉はほぼ性的な文脈においてのみ規定されるようになった。すなわち、処女性とつつしみと貞節の問題としてである。そのあげく、卑しからぬ(リスペクタブル)女性は家庭内では口をつぐむものとされ、公共生活の一翼を担うどのような女性もそのことによって売春婦あるいはそれに相当するものとみなされるようになった。[*63] アッシリアにおけるヴェール着用の習慣は中東では拡がりをみせなかったが、ギリシアでは確実に普及したのである。「西洋」の自由の起源についてのわたしたちの固定観念とはまったく矛盾するのだが、ペルシアやシリアの女性たちとは違って、民主政アテナイにおける女性たちは公共の場に出るにあたって、ヴェールを着用するものとされていたのである。[*64]

＊＊＊＊＊

かくて貨幣は、名誉の尺度から転じて名誉ではないものすべての尺度と化してしまった。男の名誉は金で買えると示唆するようなふるまいは、とてつもない侮辱となる。男たちも、しばしば戦争にとられたり山賊や海賊に誘拐され身代金目的で拘束されたりしたのだから、多くの中東の女性が経験したのとさして違わない束縛と救済のドラマを経験していたという事実にもかかわらず。それ［拘束状態にあること］をはっきりと示す［叩き込む(hummering it home)］——この場合はほとんど文字通り——方法は、身代金を要求している捕虜にじぶんたちの通貨の焼印を押すことであった。現代でいえば、たとえば想像上の外国人誘拐犯がアメリカ人の犠牲者と引き換えに身代金を受け取り、解放するさいにあえて額(ひたい)にドル印を焼きつける、というようなものである。[*65]

こう考えてみても、いまだはっきりしない問いがひとつある。なぜか？　なにゆえことさら貨幣がこのような名誉剝奪(デグラデーション)の象徴になったのか？　すべて奴隷制のせいだったのか？　そう結論づけてしまいたい誘惑にかられるかもしれない。古代ギリシア諸都市に、多数もの完璧に名誉を剝奪された人間存在［奴隷］が新たに出現したのである。このような状況のもとで、（自由女性はともかく）自由男性も売り買い可能であるなどという発想がきわだって侮蔑的に響くようになったのだろう、と。だが、そうでないのははっきりしている。アイルランドにおける奴隷貨幣についてこれまでみてきたように、人間存在が徹底的に格下げされる可能性があったとしても、それが英雄的名誉に対する脅威であることは、いかなる意味においてもない。ある意味で、それこそ英雄的名誉の本質でさえあったのだから。ホメロス時代のギリシア人たちも大きく異なってはいないようにおもわれる。一般的に西洋文学の最初の傑作と考えられている『イリアス』であるが、その物語の発端となっているアガメムノンとアキレウスのあいだの不和が少女奴隷[*66]の処遇をめぐる二人の英雄的な戦士の名誉をかけた争いであったことは、偶然であるようにはみえない。アガメムノンもアキレウスも、奴隷の境遇に身を落とすには一度の不運な戦の展開か難船さえあればよいことをよく知っていた。『オデュッセイア』でオデュッセウスは、いくども奴隷にされそうなところをかろうじて切り抜けている。後三世紀になっても、エデッサの戦いで敗れたローマ皇帝ウァレリアヌス（二五三年―二六〇年）は、捕虜となって、残りの人生をササン朝皇帝シャープール一世が馬に乗るさいの足台としてすごした。戦争の災い、かくのごとしである。これらすべてが軍人的名誉にとってなくてはならないものだった。戦士の名誉とは、ゲームにすべてを賭ける意志のことである。戦士の偉大さは、どれだけ深く彼が失墜しうるかということと直接に比例していたのである。

　すると、商業的貨幣の到来によって伝統的な社会的ヒエラルキーが混乱をきたしたということだろうか？　ギリシア貴族たちはしばしばそのように語っているが、その不平は不誠実であるとおもわれる。そもそもここまで洗練された貴族社会を可能にしたのは貨幣なのであるから。[*67] むしろ貨幣について貴族たちを本当に悩ませたのは、彼らもそれが欲しくてたまらなかったということだった。なにを買うにしても貨幣は使えたので、だれもがそれを欲しがったのである。つまり貨幣が欲望の対象でありうるのは、それが差別的でなかったからである。こうしてみれば、なにゆえポルノイの隠喩が［貨幣に］とりわけふさわしかったのかも理解できる。詩人アルキロコス［前七世紀、あるいは前八世紀後半のギリシアの詩人］いうところの「民衆に共有される」女は、万人に手が届くのである。原則上は、このような見境のない［無差別である］女に魅了されるわけにはいかぬ。だが実際はというと、当然、魅了されている。[*68] そして、そこまで無差別でかつ欲望を喚起させるものは貨幣以外には存在しない。なるほどギリシアの貴族たちは、たいていこう主張していただろう。われわれはポルノイに魅了されることなどない、われわれの饗宴にいつも出入りしている遊女や笛吹き少女、軽業師や美少年たちにしても娼婦などではまったくない（ときに実態は娼婦だと認めることもあったとしても）、と。貴族たちはまた、戦車競争や海軍のための戦艦の建造、悲劇の上演への後援といったみずからの高貴な営みに必要な硬貨が、漁師の妻が買う安物の香水やパイのために用いられるのと、よりによってまったく同一であること――違いといえばはるかに多くの硬貨を必要とするということだけ――に苦悶してもいたのだ。[*69]

こうしてみると、貨幣は欲望の民主化を持ち込んだといえるかもしれない。だれもが貨幣を欲するかぎり、身分が高かろうと低かろうが、そのおなじふしだらな物体を追い求めるというわけだ。だがそこで終わらない。ますます欲しくなるというだけなく、それが必要になってしまうのである。これは深遠なる変化であった。ホメロス的世界においては、ほとんどの人間経済においてと同様、人間生活にとって必要と考えられる事物（食糧、住まい、衣服など）をめぐる議論はほとんどみあたらない。だれもが有していると想定されているからだ。もたざる者であっても、最低限、裕福な世帯の奉公人（retainer）になることができた。奴隷さえも食うには困らなかったのである。[*70]ここでもまた変化のありようを強力に象徴するのは売春婦である。というのも娼館住まいの者といえば、奴隷のみならず、他方でたんに貧しいだけという者もいたからである。つまり、基本的必要性がもはや保証されえないという事実があったからこそ、彼女たち［貧しい自由民の売春婦］は他者の欲望に従属するよう余儀なくされてしまったのだ。ギリシア人の自給自足的世帯への執着の基盤に存在するのは、この他者の気まぐれに依存せねばならないことに対する極端な恐怖である。

こういったことすべてが、ギリシアの都市国家における男性市民が――のちのローマ帝国とおなじように――市場の危険と自由の双方から妻と娘を隔離するため異常な努力を払った背景であった。中東の男性市民とは異なり、彼らが妻や娘たちを負債の人質［抵当］としてさしだした様子はない。少なくともアテナイでは、自由民の娘が娼婦として雇われるのは合法でなかった。[*71]その結果、卑しからぬ（リスペクタブル）女性たちは、経済・政治生活の主要な局面からはほとんど排除され、不可視の存在となったのである。[*72]負債のゆえに奴隷となる者があるとしたら、それは通常、債務者だった。さらに眼を惹くのは、たがいに売春を告発し合うのは、たいてい男性市民だったことである。アテナイの政治家たちは定期的にじぶんのライバルたちが――男の求愛者から贈り物ぜめにあっている少年のような場合――金銭と引き換えに性を売買しており、しかるに市民的自由を失うにふさわしい、と訴えているのである。*73

＊　＊　＊　＊　＊

ここで、第五章で展開された諸原理に立ち返ってみるのも有益だろう。わたしたちが眼にしたのは、なによりもヒエラルキーの古い諸形態――ホメロス的世界における有力者とその従者の――が相互扶助の古い諸形態とともに衰退し、コミュニズム的諸関係が次第に家庭の内側に限定されるようになった事態である。

商業的市場が形成されはじめた前六〇〇年前後、多くのギリシア都市を「債務危機」がみまっているが、そこで問題になっていたのは、前者、つまりヒエラルキーの衰退であった。*74『アテナイ人の国制』の著者が、アテナイの貧民について富裕者の奴隷に身を落とした者として語るとき、念頭においていたのは、窮乏の時代に多くの貧しい農民が借金を重ね、その結果、じぶん自身の地所の分益小作人や従僕（ディペンデンツ）になってしまった、という事態である。奴隷として外国へ売り飛ばされた者もあった。こうした事態が、社会不安や騒乱、さらには負債帳消し、債務奴隷の解放、農地再配分などへの要求をうながした。公然たる革命にみちびかれた事例もいくつかある。メガラ［古代ギリシア、アッティカ西部のメガリスに位置していた都市国家］では、権力を奪取した急進派が有利子貸付を非合法化したのみならず、債権者が過去に徴収した利子すべての返還を遡及的に強制した。*75 それ以外の諸都市では、ポピュリストの僭主たちが農業関連の負債の無効化を公約し、権力の座についた。

こうした状況について、一見したところそれほどおどろくべき点はない。商業的市場が発達するにつれ、千年にわたって中東を苦しめていた債務危機と負債への抵抗、政情不安といった社会問題すべてが、ギリシアの諸都市でも急速に表面化するようになったといったところである。だが実のところ、事態はそれほど明快なものではない。まず、アリストテレスがおおざっぱな意味でいうところの貧民が「富者に隷属」するといった現象だが、それはことさら新奇なものではない。ホメロス時代の社会においてさえ、富裕な男たちが従属的な貧民階層から集めた召使いや従者に取り囲まれて暮らすのは、ごく自明のこととみなされていた。しかしながら、こうした［かつての］パトロン‐クライアント関係において決定的な点は、その関係性のなかでは、それぞれの側に［相手方への］それぞれの責任が想定されていた、ということである。高貴な戦士とそのつましい従者は根本的に異なった種類の人間であると考えられていたが、それとともに、両者ともそれぞれの（根本的に異なった）必要（ニーズ）を充足しあうよう期待されていたのである。ところが、このパトロン‐クライアント関係が負債の関係に変質してしまうと――たとえばトウモロコシの種の前渡しを貸付（ローン）ましてや有利子貸付として扱うことによって――すべてが変わってしまう。さらにいえばこの変化は、二つの点において完全に矛盾している。かたや、貸付（ローン）には債権者の側には［債務者への］継続した責任がないというふくみがある。かたや、ここまでずっと強調してきたように、貸付（ローン）においては、［債権者と債務者という］契約当事者のあいだにある種の形式的・法的な平等が想定されている。すなわち、少なくとも、特定のレベルで、いくつかの点においては、当該の二者は根本的におなじ種類の人間であると想定されているのである。なるほど、それは想像しうるかぎりで、最も無慈悲かつ暴力的な平等の形式ではある。だがそれが市場を前にしての平等と把握されているという事実が、このような［かつてのパトロン‐クライアント二者間の］関係性（アレンジメント）の持続をよりいっそう困難にするのである。[*77]

　同様の緊張が、農村共同体において――ふるいや鎌、炭、食用油、種トウモロコシ、犂を引かせるための牛など――なんでもたがいに与え合い、貸し借りをおこなっている隣人たちのあいだにもみいだしうる。一方で、こういった贈与や貸与について、農村共同体は人間による社交の基本的構造をなす本質的要素とみなしていた。他方で、要求の多すぎる隣人は常にいらだちを与える厄介者であった。それまで無償で与えられていた品目について、それを購入したり賃貸するといくらかかるか、だれもが正確に把握するようになると、ますますいらだちはつのるばかりであったのだ。地中海世界の農民が日々のジレンマととらえていたことを理解する最良の方法は、ここでも笑話を検討することである。エーゲ海のむこう側のトルコで後年生まれた民話のうちに、まったくおなじ懸念が反響している。

ある日ナスレッディンのお隣りさんがやってきて、おもわぬ用事ができたからロバを拝借できまいか、とたずねました。ナスレッディンは仕方なしに貸しました。ところが翌日もそのお隣りさんはやってきました。粉にひくための穀物をいくらか用立ててくれというのです。まもなくすると、悪びれる様子もなく、ほぼ毎朝あらわれるようになりました。ついに、ナスレッディンはうんざりして、ある朝、兄弟がやってきてロバをつれていってしまったと伝えました。

ところが、ちょうどお隣りさんが立ち去ろうとした矢先、庭から大きなロバの鳴き声が聞こえてきたのです。

「よお、ロバはいないといったんじゃなかったかね！」

「ちょっと待て、おまえはだれの言葉を信じるんだい？」、ナスレッディンはたずねました。

「わたしか、それとも動物かね？」

貨幣の出現によって、なにが贈与でなにが貸付（ローン）か、はっきりしなくなった可能性もある。一方では、贈与においてさえ、受け取ったものより少しだけ良いものをお返しすることがなによりである、と考えるならわしがあった。[*78]その一方で、友人間で利子を課すことはなかったのであり、そのようなほのめかしすらまちがいなく怨恨の種になった。とすると、気前のよいお返しと利子の支払いとの違いはなんなのだろうか？　これこそ、ナスレッディン民話の最も有名であるなかのある一篇の基盤である。このお話は、地中海世界およびその周辺地域の農民たちを数世紀にわたって楽しませていたようにおもわれる（ちなみに、ここには、ギリシア語をふくむ多くの地中海沿岸地域の言語において「利子（interest）」をあらわす言葉の字義通りの意味が「子孫（offspring）」であるという事実をもとにした言葉遊びがみられる）。

ある日、けちんぼで有名なナスレッディンのお隣りさんがやってきて、友人たちのために宴をひらくつもりだといいました。あんたの大鍋をいくつか借りることはできるかね？　ナスレッディンは、たくさんもっているわけではありませんでしたが、あるものはなんでも喜んでお貸ししますよと応じました。翌日、そのけちんぼは、ナスレッディンの大鍋を三つと、それとはべつの小さな鍋をもって戻ってきました。

「この鍋はいったいどうしたわけで？」とナスレッディンは聞きました。

「ああ、これは鍋の子ども（offspring）さ。わたしのところにいるあいだに鍋たちがこしらえた（reproduced）のさ」

ナスレッディンは肩をすくめてそれを受け取りました。けちんぼは利子の決まりを守ったことにご満悦の様子で帰っていきました。一カ月後、今度はナスレッディンが宴をひらくことになりました。そしてナスレッディンはお隣りさんから、はるかに豪華な瀬戸物の鍋を一ダースほど借りることになりました。けちんぼも貸してあげました。一日待ちました。そしてもう一日…。

三日目にしびれをきらしたけちんぼがやってきて、鍋はどうなったか尋ねました。

「ああ、鍋のことかい」。ナスレッディンは悲しそうにこういいました。「とんでもない悲劇だ。あいつらは死んじまったよ」[79]

英雄的システムにおいては、応酬的交換（tit-for-tat exchange）の論理に徹して作動するのは、信用借り［名誉の負債］（debt of honor）――贈り物への返礼、復讐、囚人になった友人および親族の救出や救済など――のみである。名誉と信用とは等しいのである。それは約束を守る能力であると同時にそれが守られない場合には「報復する／返済させる／五分五分になる（get even）」能力でもある。この表現が示唆するように、それは貨幣（monetary）の論理ではあるのだが、貨幣あるいはなんらかの貨幣的関係性はこれ［信用借り／名誉の負債］に限定されている。［ところが］かつてモラルの関係の本質であったものが、徐々に、そして微妙なかたちで、あらゆる種類の不誠実な策略の手段に変化してきた。しかも、進行中の事態の意味するところをだれも完全につかんでいないうちに。

このことについて、数多く残されている裁判の弁論が、わずかではあれ教えてくれている。前四世紀、おそらく前三六五年頃の事例がひとつある。アポロドロスは裕福ではあるが、生まれの卑しいアテナイ市民だった（父親は銀行家だったが奴隷として生まれている）。こういった紳士の多くと同様、アポロドロスも田舎に地所を入手した。そこで彼は隣人であるニコストラトスと友人になろうと努めた。ニコストラトスは貴族の出自だが、現在いくらか窮乏状態にあった。彼らはふつうの隣人づき合いをおこなった。少額の金銭を贈り合い貸し借りし、動物や奴隷も貸し借りし、どちらかが不在のさいにはたがいの地所の面倒をみた。ある日、ニコストラトスはひどい悪運にみまわれる。逃亡奴隷を追跡しているうちに海賊に捕らえられ、アイギナ島の奴隷市場で身代金目的に拘束されてしまったのである。親族たちは身代金の一部しか集められなかったので、ニコストラトスは残額を異邦人たちから市場で借り入れなくてはならなくなった。それらの人びとは、この種の貸付（ローン）を専門にしているプロで、その貸付条件の厳しさで悪名高かった。三〇日以内に返済しなければ、借金の総額は倍になる。返済がまったくなければ、債務者は救出費用を支払った者の奴隷になる。

涙ながらにニコストラトスは隣人に訴えた。いまやじぶんの全財産があれこれの債権者の抵当に入ってしまった。アポロドロスがそれほど多額の現金を自由にできるわけでないことをニコストラトスは承知していたが、この親愛なる友人に資産の一部を担保としていくらか工面してくれないだろうかと懇願した。アポロドロスは心を動かされる。ニコストラトスがじぶんにこれまで負っていたすべての債務はよろこんで免除しよう。だがそれ以上はむずかしい。ともかく彼は最善を尽くすことにした。結局、アポロドロスは、ニコストラトスの債権者を納得させるため、屋敷を抵当に、年利一六パーセントでじぶんの知人アルケサスから貸付（ローン）を受ける手はずを整えた。ところが、その間ニコストラトス自身は、じぶんの親族から利子をともなわないエラノス貸付（*eranos* loan）［無利子で無制限の市民間の貸付制度］をとりつけていた。まもなくしてアポロドロスはじぶんがはめられたことに気づきはじめた。この困窮した貴族は、新興成金である隣人につけこんでやろうという腹づもりだったのだ。ニコストラトスは、アルケサスおよびアポロドロスの敵数名と申し合わせて、彼を「公的債務者（public debtor）」つまり公庫に対する債務を履行しない人物だと虚偽の訴えをおこす。これによって、第一に、アポロドロスがだれか（たとえば金を取り戻すためにじぶんをだました人物）を法廷に訴える権利を失う。第二に、そのだれかが彼の家に侵入して家具やその他の財産をもち去る口実を与える。おそらくニコストラトスは、じぶんより社会的地位が低いはずの男に借りをつくることを心地よくおもっていなかったのだ。若き友アイナーからの過度にすばらしい贈り物に対し、謝意を示す哀歌（エレジー）を作詩するよりいっそ殺してしまおうと考えたバイキングのエギルのように、ニコストラトスもこう結論をくだしたにちがいない。生涯、身分の低い友人に恩義を感じて生きるより、力づくと詐欺によって金を奪い取る方がまだ名誉であり我慢もできよう、と。まもなく事態はあからさまな肉体的暴力へと発展し、事件全体が法廷で決着をみることになった。[*80]

　この逸話にはすべてがふくまれている。まず相互扶助がある。すなわち、裕福な者たちのコミュニズム、必要が大きければ、あるいは費用が捻出可能ならば、友人や隣人たちはたがいに助け合うものだという期待がある。[*81] 実際、ほとんどの人びとは、結婚や飢饉や身代金といった一大事にそなえて金銭を共同出資するサークルに参加していた。さらにここには、人間を商品に還元し、それによって最も凶暴な性格の計算を経済生活にみちびき入れてしまう、略奪的暴力の遍在する危険がみてとれる。それは海賊の側のみならず、おそらくそれ以上に市場のそばにひそむ金貸しの側に見受けられるのだ（その金貸したちは、親族の身代金を払わねばならないがもち合わせがない者には、だれであれ法外な貸付条件を押しつけ、さらに国家に訴え武装した男たちを雇う許可をえて強制的に契約執行することさえできたのである）。あまりに寛大な行為をある種の侮蔑的な挑戦とみなす英雄的プライドもみてとることができる。贈与と貸付（ローン）と商業的信用のあいだのあいまいさも認められる。ここにみられる事態の展開はことさら特異なものにはみえない――おそらくニコストラトスの桁外れの忘恩を例外として。アテナイの名士たちは、みずからの政治的企てを実現するために常に借金していた。それほど高名でない者たちは、じぶんの負債をどう返すか、またはじぶんの債務者からどうやって取立てるか、たえず頭を悩ませていた。[*82] 最後に、ここにはもうひとつ、より微妙な要素がある。アゴラの店舗や屋台での日常的な市場取引は、よそとおなじように一般的には信用でおこなわれていた。だが、その一方で、純粋な信用体制においては端的に存在するはずもない取引の匿名性が、鋳貨の大量生産によってある程度可能になっていたのだ。[*83] 海賊や誘拐犯は現金で取り引きをおこなう。ところがアイギナ島における市場の高利貸たちも現金なくしては操業できなかった。それ以後、たいてい暴力ぶくみである非合法の現金取引とやはり暴力を通じて執行されるきわめて過酷な信用契約という、おなじみの組み合わせを基盤として、無数の犯罪地下組織が形成されてきたわけだ。

＊＊＊＊＊

アテナイでは、その帰結は手のつけようのないモラル上の混乱であった。貨幣、負債、金融の言語が、モラルの問題についての強力な――かつ最終的には抵抗しがたい――思考法を提供したのである。人びとは、ヴェーダ時代のインド同様、生を神への負債としてとらえ、義務を負債と考え、名誉の負債［信用借り］を文字通りに信じ、負債を罪悪、復讐を負債の回収とみなしはじめた。[*84] だが負債がモラリティだったとするとーー少なくとも債務者からあり金を絞りあげる法的強制手段をほとんどもたぬたいていの債権者にとってそれが利にかなっていたのは確実であるーー、モラルを正確で数量化可能な科学へと変えることができるものである貨幣が、醜悪きわまりないふるまいをも助長したという事実をどう考えるべきだろうか？

近代倫理学と近代哲学は、まさにこのジレンマから出発している。わたしはこれを比喩ではなしに、まったく字義通りに考えている。前四世紀アテナイのもうひとつの産物、プラトンの『国家』について考えてみよう。同書の発端は、ソクラテスがペイライエウスの港に住む裕福な武器製造者である旧友を訪問するところにおかれている。彼らは正義（justice）について議論をかわすのだが、その議論の端緒をひらくのは老人による次の二つの提起である。すなわち、金銭はそれをもつ者が正しくあることを可能にするので悪にはなりえないこと、そして正義とは真実を語ることとじぶんの負債を常に支払うことの†二つからなっていること、である。[*85] だがこの提起はかんたんに覆えされる。ソクラテスは問い返す。あなたがある人間から武器を借りたが、そのあとその貸手はひどく気が狂ってしまった。狂ってしまったあとで、（おそらくだれかを殺すために）武器を返してくれとたのんできたら、あなたはどうするのか？　狂人に武器を与えることが、いかなる状況であれ正しくないことはあきらかである。[*86] 老人はきげんよくその問題から手を引き、神におそなえをするためその場を去り、息子を残して議論をつづけさせた。

息子のポレマルコスは、対話のペースを転換させる。父のいう意味が、借りていたものを返すという文字通りの意味での「負債」ではなかったのはあきらかである。父の念頭にあったのは、人びとに負うものを、その人びとに与える、ということだった。善には善で、悪には悪で報い、友を利し敵を害する、というわけだ。これを覆えすには少し手間がかかる（ここでいわれているのは、だれが友でだれが敵か決定するうえで正義はどのような役割もはたさない、ということだろうか？　そうなら、友をもたず、それゆえ万人を害することにした人物は、正義の人なのか？　それに、たとえじぶんの敵が、本性からの悪しき人間であり、害するに値すると断言できるにしても、害することで彼の悪をさらに強化させてしまうのではないか？　悪しき人間をさらに悪化させる者を、正義の鏡とすることはできるのか？）。だがやがて結論に達した。その時点でソフィストであるトラシュマコスが対話に割って入り、討論者みなをお人好しの理想家であると弾劾したのである。彼がいうには、「正義」についてのすべての議論は、実は、強い者の利益を正当化するためにでっちあげられた政治的口実にすぎない。それに、そう考えねばならないのは、正義が存在するとしたら、それは端的に強い者の利益そのものだからである。支配者とは羊飼いのようなものである。わたしたちは、羊飼いは慈悲によって羊の群れの世話をしていると考えたがるが、つまるところ羊飼いは羊に対してなにをおこなっているのか？　殺して食べるか、金（かね）のために肉を売るかである。それに対し、トラシュマコスは羊飼いの技術（アート）と、そこから利益を生む技術（アート）を混同している、とソクラテスは指摘する。医術は、医者がそれによって対価をうるかどうかにかかわらず、健康の向上を目的としている。羊飼いの技術は、羊飼い（またはその雇用者）がそこから利益をひきだす方法に通暁した企業家であるか否かにかかわらず、羊の健康の確保を目的としている。統治術も同様である。そのような技術が存在するとすれば、そこからえられる利益から独立した

---

† 「ほんとうのことを語り、あずかったものを返す」『国家（上）』藤沢令夫訳、岩波文庫、三〇頁。

固有の目的がなくてはならない。そして、それこそが社会正義の確立でなければなんでありうるのか？　そこでソクラテスは以下のように示唆している。なにごとかの追求は、総じて、究極的には権力、優越性、私的利益の追求であるといった発想はいうまでもなく、「権力」や「利益」といった言葉がそれ自体、追求の対象となりうる独自の普遍的現実を指し示しているといった発想を可能にするのは、貨幣の存在のみである、と。[87] そこで問題は、政治的役職に就く者が、利益ではなく、名誉を目標とするよう保証するにはどうしたらいいか、となる。

ここでやめておこう。だれもが知る通り、最終的にソクラテスは、哲人王、結婚や家庭そして私有財産の廃止、エリートからなる合議体などをふくむ、独自の政治的提案へといたりつくわけである（あきらかに同書は読者を悩ませる意図をもっているが、二〇〇〇年以上にわたってみごとにそれに成功している）。だが強調しておきたいのは、わたしたちが今日、モラル理論と政治理論の中核をなす伝統とみなしているものが、じぶんの負債を返済するとはいったいなにを意味するのか、という問いに源泉をもっていること、そして、それはどの程度そうなのか、ということである。プラトンが最初にわたしたちに提示するのは、単純で字義通りのビジネスマン的な見解である。それが不適切であると判明したあと、今度はそれを英雄的な観点からとらえなおす。おそらく、あらゆる負債は、つまるところは名誉の負債「信用借り」である、というわけだ。[88] しかし英雄的名誉は、（悲しくもアポロドロスが発見したように）商業と階級と利潤がすべてを混乱させたあげく、人びとの真の動機がはっきりしなくなった世界においては、もはや居場所がない。じぶんたちの敵はだれかということさえ、どうやって知ることができるのか？

最終的にプラトンの示唆するのは、冷笑的（シニカル）な現実政治（リアル・ポリティック）である。おそらく本当は、だれもがだれに対しても、なにも負っていない。おそらく、利潤そのものを追求する人びとが、結局のところ正しいのだ、と。だが、それすらもちこたえることはできない。既存の諸基準には一貫性がなく自己矛盾をきたしていること、論理的に意味をなす世界を形成するためにはある種の根源的な切断が必要とされるだろう、という確信だけが、わたしたちに残される。しかし、プラトンの提示する線に沿って根本的な切断を真剣に考えるほとんどの人びとは、モラル上の混乱よりはるかに悪いことが起こっているという結論にいたるのである。そしてそれ以来、わたしたちはずっと、解決不可能なジレンマのただなかに放りだされている。

＊＊＊＊＊

プラトンの思考が、こういった問題に捕われていたことにはなんら意外なところはない。それほど遠くない過去に、プラトンは不運な航海で捕らわれの身となり、おそらくニコストラトスとおなじようにアイギナ島で競売にかけられている。しかしプラトンのほうが運に恵まれていた。エピクロス派のリビア人哲学者アンニケリスが、そのとき市場に居合わせたのである。プラトンをみつけた彼は、身代金を払って解放してやった。プラトンは面子にかけても（honor-bound）返済せねばならぬと感じていたため、アテナイの彼の友人たちが返済のための銀二〇ミナを集めた。ところがアンニケリスは、知の愛好家たる同志を救うことはわが名誉なりと主張し、金銭の受取を拒否したのである。[*89] そしてその通りになった［名誉をえた］。すなわち、以来、アンニケリスは、その寛大さによって記憶され称えられている。プラトンは二〇ミナを使って、ある学園、つまり、高名なアカデメイアのための土地を購入した。しかしプラトンは、ニコストラトスのような忘恩を示すことこそなかったが、じぶんのその後の実績が、まったくとるにたりぬとみなしていた哲人――それにアンニケリスはギリシア人ですらないのだ！――への負債によって可能になったという事実を、とくに悦ばしいものとみなしてはいなかったという印象を受ける。少なくともこれが、「友人」の名まえをひけらかしたがる（name-dropper）プラトンが、なにゆえアンニケリスにだけは言及することがなかったのかの理由を考えるヒントになる。わたしたちが彼の存在を知ることができるのは、後年の伝記作家によってのみであったのだ。[*90]

古代ローマ（所有と自由）

負債が導入したモラル上の混乱が、どれだけ根深くわたしたちの思考の伝統を形成しているのか、プラトンの著作がそれを証言してくれているとしたら、そのモラル上の混乱が、どれほど根強くわたしたちになじみの制度さえも形成しているのか、ローマ法があきらかにしてくれている。

ドイツの法学者ルドルフ・フォン・イェーリングが、ローマ帝国は（一度はその軍隊によって、二度目はその宗教によって、三度目はその法律によって）三度世界を征服した、と述べたことは有名である。[*91] 彼は「回を重ねるごとに、より徹底的に」とつけ加えることもできただろう。帝国自体は、この惑星上のごく一部に拡がったにすぎない。ローマ・カトリック教会は、さらに遠くまで拡がった。ところが、ローマ法が法的・憲法的秩序の言語と概念的土台を提供しているのは、あらゆる場所においてである。法学部の学生は、南アフリカからペルーにいたるまで、ラテン語で専門用語を暗記することに長時間費やすことになっている。つまりローマ法が、契約、義務、不法行為、財産、司法権について、そしてより広い意味では、政治的生活もまた基礎をおいている、シチズンシップ、諸権利、自由について、わたしたちの基本的な考え方のほとんどを提供しているのだ。

イェーリングいわく、それが可能になったのは、ローマ人が最初に法体系を真の科学に変えたからである。おそらくそれは正しいだろう。しかしローマ法には奇妙な側面があり、そのいくつかがあまりに突飛なので、中世盛期にイタリアの大学で復活して以来、法学者たちを混乱させ当惑もさせてきた。なかでも最も悪名高いのは、所有［権］を定義する独特の方法である。ローマ法において、所有（property）すなわち *dominium*［ドミニウム］とは、人が物に対してもつ絶対的権力によって特徴づけられる「人と物の関係」である。この定義は、はてしのない概念上の問題を引き起こしてきた。まず、生命をもたない物体と人間が「関係」をもつことがどういうことか、はっきりしない。人間どうしは関係をもつことができる。だが、その関係は常に相互的なものだ。では、物と「関係」をもつとは、いったいどういうことか？　かりに関係をもつとして、その関係に法的な地位を与えることはなにを意味するのか？　かんたんな例示で十分である。無人島に男がひとり取り残されたとしよう。彼はその島に生えているヤシの木ときわめて人間的な関係を発展させる。そこに長く住むことになれば、すべてのヤシの木に名前をつけ、空想上の会話にほとんどの時間をついやすことになるかもしれない。としたら、彼はヤシの木を所有しているのだろうか？　この問いは無意味である。そこにほかにだれもいなければ、所有権についておもい悩む必要などないからだ。

すると、所有とは人と物の関係などではないことはあきらかである。それは、物にかんする人びとのあいだの了解あるいは取り決めなのである。ときに、わたしたちがこのことに気づかないことがあるとしたら、その理由はただひとつ。多くの事例において――とくにじぶんの靴、車、電動工具に対する権利を想定するさいには――わたしたちは、イングランドの法律の表現でいえば「全世界に対抗して」保持された権利を念頭においているからである。つまり、わたしとこの地球上のそれ以外のすべての人間のあいだで共有された了解であり、それによれば、わたしの所有物に対してわたし以外の万人は干渉しないであろうし、それゆえわたしはじぶんの所有物を多かれ少なかれ意のままに扱うことが認められるのである。しかし、無理からぬことであるが、ひとりの人間と地球上のそれ以外の全員のあいだの関係を、それそのものとして把握することはむずかしい。物との関係として考える方がずっとかんたんなのである。とはいえ、だとしても、実際にはこの意のままにふるまう自由なるものが、きわめて限定されたものであることはあきらかである。わたしがチェーンソーを所有しているという事実によって、わたしにはそれを欲するままに使用することができる「絶対的権力」が付与される、などと考えるのはあきらかにばかげている。自宅の外や所有地の外でチェーンソーを使った行為を想像してみても、そのほとんどすべてはおそらく違法行為であるし、屋内でできることもきわめて限定されている。わたしのチェーンソーにかんする権利において唯一「絶対的」なのは、ほかのだれかがそれを使用することを妨げるわたしの権利のみである。[*92]

それにもかかわらずローマ法は、所有の基本的な形式は私的所有であり、私的所有とは所有者がその所有物でもって欲することはなんでもできる絶対的権能（パワー）である、と主張しているのである。一二世紀、中世の法学者たちは、この権能を、***usus***［ウースス］（物の使用［使用する権能］）、***fructus***（果実つまり物の産物の享受［収益する権能］）、***abusus***（物の濫用ないしは破壊［処分する権能］）という三つの原理へと洗練させたが、ローマの法学者たちは、この点についてさらに種別的な規定をおこなうことにはたいした関心をよせていなかった。ある意味で、こまごましたことは法的領域の外にあると考えていたからである。ところが、ローマの起草者たちが実際に私的所有を権利[*93]［right］（*ius*［ユース］）として考えていたかどうか、［のちの］学者たちは膨大な時間を費やして議論することになった。まさに諸権利は究極的には人びとのあいだの同意にもとづいているが、所有物を処理する個人の権能はそうではない――その権能とはたんに社会的障害が不在であればなんでも好きなようになしうる人間の自然な能力にすぎない――からである。[*94]

考えてみれば、所有の理論を展開させる出発点として、そこが適切な場所であるとはとてもいえない。古代日本であれマチュピチュであれ、世界のどこにあっても、歴史上いつの時代にあっても、糸を一本手にしている者がそれをねじろうが、むすぼうが、引き裂こうが、火にくべようが、程度の差はあれ好きにしていい、といってもさしつかえないだろう。このような事実を興味深いとか重要であると考えた法学者はほかの場所にはいないようにみえる。こんなことを財産法の基盤にした伝統はローマ法以外にはないのである。なぜなら、それをしてしまうと、ほとんどすべての実際の法規は例外の連鎖になってしまうからである［権利上は好きに扱っていいとしても事実上はそうはいかない、という実態により、例外規定が無数に発生せざるをえなくなる］。

どうしてこんなことになったのか？　それにその理由は？　わたしが眼にした最も説得力のある説明は、オルランド・パターソンのものだ。それによれば、絶対的私的所有という観念は奴隷制に由来している。つまり、所有を人間どうしのあいだの関係ではなく人間と物のあいだの関係として想像するには、どちらか一方が物であるような二人の人間どうしの関係を出発点とすればよい（これがローマ法における奴隷の定義の方法だ。すなわち、ローマ法では奴隷は ***res***［レース］、つまり物でもある人間たちのことである）。[*95] こうしてみれば絶対的権能の強調の意味も理解できる。[*96]

絶対的私的所有を意味する ***dominium***［ドミニウム］という言葉は、それほど古いものではない。[*97] それがラテン語にあらわれたのは、ようやく共和政後期になってから、数十万の囚われの労働者たちがイタリア半島に流れ込み、それにともなってローマが真の奴隷社会となったころだった。[*98] 西暦五〇年には、ローマの著述家たちは――それが田舎の農園で豆を収穫する農場労働者であれ、その豆を都市の店舗に届けるラバ追い人夫であれ、それらの勘定をつける事務員であれ――労働者たちはだれかべつの人間の財産である、と単純に考えるようになっていた。人間であり同時に物でもある被造物（クリーチャーズ）が数百万単位で存在することによって、数えきれない法的問題が生まれ、ローマ法の創造的才能のほとんどが無数の派生的事態を解決することにつぎこまれていた。そのことを理解するには、ローマ法の事例集を開いてみるだけでいい。以下は二世紀の法学者ウルピアヌスの言葉である。

くり返しメラはこう書いている。球技に興じる者が数名いて、そのうちの一人がボールを強打して、理髪師の手に当たり、それによって理髪師がひげを剃っていた奴隷の喉が剃刀で掻き切られたら、アクィリウス法（Lex

Aquilia）［原注、民事損害法］のもとでは、だれがだれに対して法的責任を負うことになるのか？　プロクロスは理髪師に法的責任があるという。実際、試合が毎日おこなわれていたり、交通の往来が激しかったりする場で理髪師が髭を剃っていたら、彼を非難するに足る理由になる。だが危険な場所に椅子をおく理髪師に身をゆだねた人物も非難に値する、という主張も妥当だろう。*[99]

要するに、真の問題が愚かな奴隷を購買したことにあるならば、主人は球技に興じる人物や理髪師に対して財産［所有物］損害のかどで民事損害を起こすことはできない、というわけである。こういった議論の多くは、わたしたちにとって、まったくなじみのない**エキゾチック**ものにみえるかもしれない（奴隷に逃亡するよう説得しただけで、窃盗で告発されることがあるのか？　だれかがあなたの息子でもあるひとりの奴隷を殺害したら、損害を訴えるうえで、あなたの彼に対する感情も考慮に入れることができるのか、それとも市場価格のみに絞らねばならないのか？）。ところが、現代のわたしたちの法体系（jurisprudence）の伝統は、このような議論を直接の基盤にしているのである。*[100] *dominium*［ドミニウム］について、この語は「主人」や「奴隷所有者」を意味する *dominus*［ドミヌス］から派生しているが、そのさらなる源泉は「家」や「世帯」を意味する *domus*［ドムス］である。この語はもちろん英語の domestic［ドメスティック］に関係しており、それは現在でも「私生活に付随すること」を意味すると同時に、家を掃除する使用人をも指している。*domus* の意味は *familia*［ファミリア］、つまり“family”［ファミリー］と重なり合う――とはいえ「家族的価値（ファミリー・ヴァリュー）」の擁護者にとって興味深いであろうが、*familia* 自体の究極的な語源は「奴隷」を意味する *famulus*［ファムルス］なのである。家族とはもともとは一人の *paterfamilias*［家父］の家族的権威のもとにあるすべての人間のことであり、その権利は、少なくともローマ法初期においては、絶対的なものと考えられていた。*[101] 一人の男が、じぶんの妻に対して絶対的な権力を保持していたわけではない。彼の妻は、ある程度、彼女自身の父親の保護下にあったからである。だが、彼の子どもたちや奴隷たち、その他の従属者たちには、なにをしようと彼の自由なのであった。少なくとも初期ローマ法においては、鞭打とうが、拷問しようが、売り飛ばそうがまったく自由であったのだ。重罪を犯したことが発覚したら、父親は子どもを処刑することさえできた。[*102] 奴隷にかんしてはそのような口実さえ必要とされなかった。

というわけで、*dominium*［ドミニウム］という観念を形成し、それによって絶対的私有財産の近代的原理を創造することによって、ローマの法学者たちがなによりもまずおこなったのは、家庭内の権威の原理、すなわち人間に対する絶対的権能の原理を取り込み、そういった人間の一部（奴隷）を物として定義し、もともとは奴隷に対して適用されていた論理を、ガチョウや馬車や納屋や宝石箱などなどに、つまり法律が関与するすべてにまで、拡張することであった。

父が奴隷を処刑する権利をもつなどということは、古代世界においてさえもまったく異常なことであった。子どもについてはいうまでもない。この件について、なぜ初期ローマ人がここまで極端だったのか、はっきりわかっていない。だが、最初期ローマの負債関連法をみても、債権者が破産した債務者を処刑することが許可されているほど極端に過酷であったことは興味深い。[*103] 初期ローマの歴史は、初期ギリシアの都市国家の歴史同様、債権者と債務者のあいだの継続的な政治闘争の場であった。大多数の富裕な地中海世界の支配層が学んだ原理をローマの支配層がついに理解するまで、それはつづいた。その原理とは、自由な小農を利用すれば軍隊はより効率的になること、征服に成功した軍ならば戦争捕虜を供給できるし、それまで債務緊縛者（debt bondsmen）にやらせていたことはすべて戦争捕虜ですますことができること、そしてそれゆえ、社会的妥協――制限された民衆代表を認めること、債務奴隷の禁止、帝国による捕獲物の一部を社会福祉関連の支出にあてること――は実際に支配層の利害にもかなうこと、などである。推測するに、父の絶対的権能は、べつの場所でみてきたのとおなじように、こういった全体の布陣の一部として発展していったのだろう。債務奴隷は、家族関係を財産の関係へと還元してしまった。ところが社会改革は、父親たちの新しい権力は維持させたが、負債からは父親たちを保護した。同時に、奴隷の流入の増大によって、やがて、ほどほどに豊かな家庭さえも奴隷を所有することが可能になった。このことは、征服の論理が日常生活の最も親密な部分にまで拡がったことを意味している。人びとは被征服者を使って風呂を準備させ、髪を整えさせた。人びとは被征服者の個人教師を使い、じぶんの子どもに詩を教えさせた。奴隷は、性的に主人やその家族の意のままであり、その友人や賓客にも供されていたため、ほとんどのローマ人の初体験の相手は敗者である敵という法的地位にあった少年少女たちだった。[*104]

時間がたつにつれ、これはますます法的擬制となっていった。親によって売られた貧民、海賊や山賊によって不運にも誘拐された人びと、帝国の辺境に位置する未開人どうしの戦争あるいは司法手続の犠牲者、奴隷の子どもたち——実際の奴隷がこのような人びとによって構成される可能性がますます高くなっていったのである。[*105]にもかかわらず、この擬制は維持された。

ローマの奴隷制を、歴史的な観点からみてかくも奇妙なものにしているのは、二つの要因の合体である。第一のものはそのまったくの恣意性である。たとえば南北アメリカにおけるプランテーションの奴隷制度とは対照的に、ある種の人びとは先天的に劣っているので奴隷であることを運命づけられているというような考え方は、そこには存在しなかった。そのかわり、奴隷の境遇は、だれにもふりかかりうる不運とみなされていた。[*106]その結果、奴隷がじぶんの主人より、あらゆる面においてまさっているという事態もなんら不思議なものではなかったのである。奴隷の方がより知的で道徳心にあふれ、趣味がよく、哲学の理解にすぐれている、といった具合である。主人が喜んでそのことを認めることすらあったかもしれない。そのような可能性も十分にありうるのである。なぜなら、純粋な権力の関係でしかないような関係性なのだから、そこにそうした奴隷の優越性はなんらの影響も与えないからだ。

第二の要因は、この権力(パワー)の絶対的な性質である。奴隷は戦争捕虜であり、主人は生殺与奪の権利をもつ征服者とみなされている場所ならば数多く存在した。だがたいていの場合、これは抽象的原理のようなものにすぎなかった。ほとんどどこであっても、このような権利は統治権力によって迅速に制限されるのである。少なくとも皇帝や王たちは、じぶんのみが他者を死にいたらしめる命令をくだす権限をもつ唯一の存在であると主張するものである。[*107] しかし共和政ローマには、皇帝は存在しなかった。主権的身体があるとしたら、それは奴隷主たちの集合［的身］体だったのである。奴隷所有者がじぶんの（人間）財産に対してなしうることを制限する法制度がみられるのは、帝政初期においてのみである。ティベリウス帝治世における法律（後一六年発布）が、その最初のものであり、奴隷主は、奴隷を公開で野獣によって引き裂くまえに、行政官から許可をえなくてはならない旨を定めている。[*108] しかしながら、主人の権力の絶対的性格――この文脈においては、実質的に国家そのものであったという事実――ゆえに、奴隷の解放についても当初はまったく制限なしであった。すなわち、主人は奴隷を解放することもできたし、あるいは、彼や彼女を養子にし――共同体の外部では、自由であるということにいかなる意味もないので――、それによって自動的にローマ市民にすることもできた。ここから、いくつかの非常に風変わりな取り決めがあらわれている。たとえば後一世紀には、教養あるギリシア人が、秘書を必要としている金持ちのローマ人相手にじぶんを奴隷として売ることはめずらしくなかったのだが、その間、金銭を親しい友人や家族に預け、しばらくつとめてから、じぶんを買い戻し、ローマの市民権を獲得したのである。奴隷であるあいだ、たとえば主人がそう決めれば、合法的に秘書の足の一本を切断することさえできたにもかかわらず、である。[*109]

かくして *dominus*［ドミヌス］と奴隷の関係は、征服の関係、絶対的政治権力の関係を世帯内に導入することとなった（実際には、それを世帯の本質にした）。どちらの側にとっても、これがモラル上の関係でなかったことを強調することは重要である。クィントゥス・ハテリウスという共和政期の弁護士のものとされる、よく知られた法的定式が、とりわけはっきりこのことを示している。アテナイ人同様ローマ人のあいだでも、性的挿入の対象となる男子は市民たるにふさわしくないと考えられていた。しかるにハテリウスは、かつての主人に性的享楽を提供しつづけたことで告発された解放奴隷を弁護するさい、のちに卑猥なジョークとして人口に膾炙することになる格言をひねりだした。いわく、「肛門挿入の対象となることは、生まれながらの自由民にとっては犯罪であり、奴隷にとっては必然であり、解放奴隷にとっては義務である[*110]（*impudicitia in ingenuo crimen est, in servo necessitas, in liberto officium*）」。ここで重要であるのは、性的従属が「義務」とみなされるのは解放された奴隷においてのみ、ということである。これは奴隷の「義務」ではなかった。くり返しになるが、奴隷制とはモラル上の関係でないからである。主人はすべて意のままであり、それについて奴隷にはなすすべもなかったのだ。

＊＊＊＊＊

しかしながら、ローマの奴隷制による浸透力ある悪影響の最たるものは、ローマ法を通じて、人間の自由（human freedom）についてのわたしたちの観念に大混乱がもたらされたことである。ローマの言葉である *libertas*［リベルタス］の意味それ自体が、時とともに劇的に変化した。古代世界のどこにおいても、「自由」であることはなによりもまず奴隷ではないということを意味していた。奴隷であるということは、なによりも社会的紐帯およびそれを形成する能力の消滅を意味していたので、自由とは他者に対するモラル上の関与（コミットメント）を創出し、それを維持する能力を意味していたのである。たとえば英語の“free”は“friend”を意味するゲルマン系の語源に由来している。自由であることは、友をつくること、約束を守ること、平等な共同体のなかで生きることを意味したからである。ローマにおける解放奴隷たちが市民になったのは、このためである。定義上、自由であることは、それに付随するあらゆる権利や責任とともに、市民共同体に根をおろすことを意味したのだ[*111]。

しかしながら、後二世紀までには、これが変化しはじめる。法律家たちは *libertas*［リベルタス］を、ほとんど主人の力能／権力とみわけがつかなくなるまで徐々に再定義していった。ここでもまたそれは、そもそもできないことをのぞいて欲するままになにごとをもなしうる権利であった。実際、『学説彙纂』†において、自由(フリーダム)と奴隷であることの定義は背中合わせであるようにみえる。

自由とは、実力あるいは法によって妨げられないことなら、望むがままにことをおこなうことのできる自然の能力（natural faculty）のことである。奴隷とは、万民法の制度であって、自然に反して（contrary to nature）、ある人間がべつの人間の所有物［private property］（*dominium*）になることである。*112

中世の注釈者たちはここにひそむ問題に即座に気がついた。*113 これは、万人が自由であるということを意味しているのではないか？　つまるところ、奴隷でさえも、許可を与えられさえすればなんでもできるわけである。ある奴隷が（そうでない場合をのぞいて）自由であると言明することは、地球は（丸い場合をのぞいて）四角い、または太陽は（黄色い場合をのぞいて）青い、というようなものである。あるいは、くり返しになるが、チェーンソーを使って（できないことはのぞいて）なんでも好きなことをする絶対的権利がある、というようなものだ。

実際、この定義は、あらゆる種類の混乱を導入してしまう。自由が自然なものなら、当然、奴隷であることは不自然なものとなる。しかし、自由と奴隷であることが程度の問題にすぎないなら、論理的に、自由についてのあらゆる制限が、程度の差はあれ不自然ということにならないか？　社会や社会的統制や、さらには所有権さえ、おな

† 法学者による学説集であり『ローマ法大全』の一部を構成する法典。

じように不自然である、ということを含意してはいまいか？　ローマの法律家の多数が結論づけたのは、まさにこれである――彼らがあえてこのような抽象的なことがらについて注釈しようとした場合であり、そのようなことはまったくまれであったのだが。いわく、元来、人間は、あらゆる事物が共同で所有されている自然状態で生きていた。戦争が最初に世界を分断した。そして、財産の不平等の第一の原因である「万民法」――つまり征服、奴隷、協定、国境といった問題を規制する人類の共通規定――が、また戦争から生まれた、と。*114

ひるがえってこのことは、私有財産と政治的権力のあいだに本質的な差異はない、ということを意味している。少なくとも政治的権力が暴力にもとづいているかぎり。時間がたつにつれ、ローマの皇帝たちもまた、まさに *dominium*［ドミニウム］のようなものを主張するようになった。つまり、皇帝たちは、みずからの支配権（ドミニオンズ）のおよぶ領域において絶対的自由を有している――つまり実際にじぶんは法規に拘束されていない――と主張したのである。*115 同時に、ローマ社会は、奴隷所有者の共和国から、のちの封建制ヨーロッパにますます接近していく形成体（アレンジメント）へと変容をみせていく。それを推進したのは、従属農民や債務使用人（debt servant）、そのほか、ありとあらゆる種類の奴隷――ほとんど意のままに扱うことができる――にかこまれた、広大な地所を所有する実力者たちだった。帝国を崩壊させた蛮族の侵入は、この状況に仕上げをほどこしたにすぎない。そのさい彼らは、動産奴隷制をほぼ根絶しつつも、一方では、貴族階級は正真正銘のゲルマン人征服者の子孫であり、平民は本性からして従属者であるという観念を導入したのである。

とはいえ、この新たな中世世界においてさえも、古いローマ時代の自由（freedom）の概念は生きのびた。自由とは端的に権能（パワー）のことである。中世の政治理論家が「自由（liberty）」についてふれるとき、たいてい念頭におかれていたのは、みずからの領地内において欲することならなんでもおこなう権利であった。これ［この権利］もまた、最初の合意によって確立されたものではなく、たいてい、征服の結果にすぎないとみなされていた。イングランドの有名な伝説に以下のようなものがある。一二九〇年頃、イングランド王エドワード一世が領主たちに、いかなる権利によって特権（または「諸自由（liberties）」）を有しているのかを証明する書類を作成するよう求めたところ、ワーレン伯爵は王に錆びた刀だけをさしだした。[*116] ローマの *dominium*［ドミニウム］とおなじく、それは権利というよりは、なによりもまず人びとに対して行使される権力（パワー）であったのである。中世において、私的な刑場を保持する領主の権利を意味する「絞首刑の自由（リバティ）」がさかんに語られていたのは、まさにそのためである。

　ローマ法が一二世紀に復活し近代化されはじめたころには、*dominium*［ドミニウム］という語が特別な問題を提起するようになった。というのも、当時の一般的な教会のラテン語において、それは「領主権（lordship）」と「私的所有」をともに意味するようになっていたからである。中世の法学者たちは、この二つのあいだに本当に違いがあるのかどうか定めるために、とてつもない時間をかけて議論をおこなった。それはとりわけ厄介な問題だったのだ。『ローマ法大全』が主張するように、所有権が本当に絶対的権力の一形態であるならば、王――あるいは一部の法律家にとっては神――よりほかにそれを有しうる者が存在できるとは考えがたかったからである。[*117]

　ここではそれにつづいた議論についてはふれない。むしろここで終えることが重要であると感じている。なぜなら、ある意味で、これによって議論は一巡し、まさにアダム・スミスのような自由主義者たちが、どうしてあのように世界を想像すること可能であったのか理解させてくれるからである。自由とは原理的にみずからの所有物についてなんでも好きなことをする権利であると考える伝統は、まさにこれなのである。実際には、その伝統によれば、所有は権利とされるだけにとどまらず、権利それ自体が所有の一形式とみなされるのだが。ある意味でこれは、逆説中の逆説である。わたしたちは、権利を「保有する」という考え方――つまり権利とは個人が所有できるものであるという考え方――にあまりになじんでいるため、それがいったい本当のところはどういうことなのか、考えることさえまれである。実際には（中世の法律家たちにはよくわかっていたように）、ある人間の権利とは、端的にべつの人間の義務である。わたしの言論の自由とは、他者がわたしの発言にかんしてわたしを罰しない義務のことである。わたしと対等の者たちからなる陪審による公判を受けるわたしの権利は、陪審員を義務とする制度を支えることについて他者のもつ責任のことである。これは所有権をめぐるものとまったくおなじ問題である。すなわち、世界中すべての人びとが負っている義務について考えるとしても、それをそのまま考えることはなかなかめんどうである。権利と自由を「保持すること」にして考えるほうがはるかにかんたんなのだ。とはいえ、自由が基本的に事物を所有する権利であるなら、あるいはそれらを所有しているかのように扱う権利であるなら、自由を「所有する（オウン）」とはいったいなにを意味するのか。財産を所有する権利がそれ自体財産の一形態であることを、そうした表現は必ずや意味しているのか？　この議論は不必要なまでにねじれているようにおもわれる。いったいわたしたちの権利についてこのように議論することにいかなる理由があるのだろうか？[*118]

歴史的にみれば、単純な――いくぶんか不穏ではあるが――答えがある。われらは権利と自由の自然の所有者なりと主張してきた者たちが、それでもって主要にいわんとしたのは、権利や自由も好きなように譲渡したり売却したりできねばならないということだった、というものだ。

権利と自由についての近代的理念は、「自然権理論」として知られるようになったものに由来をもつ。パリ大学学長ジャン・ジェルソンは、一四〇〇年頃、ローマ法の諸概念にもとづいて、それらの理念について定式化の企てに着手した。それ以来のことである。かかる理念にかんする第一人者である歴史家のリチャード・タックが長らく注意をうながしてきたように、この理論体系を受け入れたのが、いつもその時代の進歩主義者でなく保守主義者であったことは、歴史の最大の皮肉のひとつである。「ジェルソン主義者にとって自由は財産であり、それ以外の財産とおなじように、またおなじ条件で交換可能である[*119]」。すなわち、売却され、交換（スワップ）され、貸付され、さもなければ譲渡される。そうなると、負債懲役制度あるいは奴隷制についてさえも、本質的になんらまちがったところはないという帰結になるのである。自然権論者たちが主張するようになったのもまさにこのような議論であった。事実、つづく数世紀、こういった考え方は、擡頭する奴隷貿易の中心都市となったアントワープやリスボンでとりわけ発展をみせた。カラバルのような場所の後背地でなにが起きているのか、結局のところわたしたちにはよくわからない。しかし、たとえそうだとしても、ヨーロッパの船まで運搬されてくる人間貨物（human cargo）の大多数が、みずからの意志によって売却されたのではない――あるいは、法的な後見人（ガーディアン）以外によって勝手に処分された、ないし、なんらかの不当な方法で自由を失った――と想定するいかなる必然的な理由もない、というわけだ。むろん、なかには不正な手段でこうなった者もいよう。だが濫用はどのような制度にもつきものだ。自由を売却することが可能であるという発想に、本来的に不自然だったり非合法であったりするところはなにもないということが、重要なのである。[*120]

まもなく、似たような議論が、国家の絶対的権力を正当化するために利用されるようになった。こういった議論を一七世紀に真に発展させた最初の人物はトマス・ホッブズだったが、それはたちまち自明の考え方になる。政府とは本質的に、契約すなわちある種のビジネス協定であり、それによって市民は自発的にみずからの自然権のいくぶんかを君主に譲渡するというわけである。最終的には、類似の理念が、わたしたちの現在の経済生活をつくる基本的で支配的な制度の基盤となる。すなわち賃労働である。賃労働、それは実質的には、奴隷制が自由の売却とみなしうるように、自由の貸与（renting）なのである。[*121]

わたしたちが所有しているのは、わたしたちの自由だけではない。おなじ論理がわたしたちの身体にさえ適用されるようになると、わたしたちの身体は、そのような定式上では、家屋、車あるいは家具と実質的にはなんら変わらないものとして扱われることになる。わたしたちは、わたしたち自身を所有している。それゆえ部外者は、わたしたちに不法侵入／侵害する権利をもたない。[*122] これは無害で積極的な観念にさえみえるかもしれない。しかしこの観念が基礎をおく財産をめぐるローマ的伝統を考慮するならば、ことはまったく違ってあらわれてくる。わたしたちがわたしたち自身を所有しているということは、奇妙なことに、わたしたち自身に主人と奴隷の役割を同時に割り当てることなのだ。「われわれ」は（財産に対して絶対的権能（パワー）を行使する）所有者であると同時に（絶対的権能の対象である）所有される事物でもある。古代ローマの世帯は、歴史のもやのうちに忘却されたどころか、わたしたち自身についての最も基本的な概念のうちに保存されている。そして、ここでもふたたび財産権においてと同様であった。その結果は、奇妙なほど一貫性を欠いており、そのため、実際にそれがなにを意味するのか理解しようとする瞬間に、はてしない逆説のなかで自己増殖していったのである。法学者たちが千年もついやしてローマの所有概念につじつまを合わせようとしたように、哲学者たちは何世紀もかけて、いかにしてわたしたちがじぶん自身に対する支配関係をもつことが可能になったのか、理解しようと努めてきた。最も浸透した解決策——だれもが「精神」と呼ばれるものを有しており、それは「身体」と呼びうるものから完全に分離しており、精神は身体に対して自然な支配権をもっていると主張すること——は、現代の認知科学からえられる知見とまっこうから対立している。したがって、これが虚偽であることはあきらかである。ところが、それでもわたしたちはそれにしがみつづけているのである。それなくしては、所有、法律、自由についての日常的観念がどれひとつしてつじつまが合わなくなってしまう、という単純な理由のためである。[*123]

いくつかの結論

本書の最初の四章は、ひとつのジレンマを描写している。わたしたちは、負債についてどのように考えたらいいか本当はわかっていない。あるいは、より正確にいえば、わたしたちは、アダム・スミス流に社会を個人の集合体として想像することと、負債こそがすべてであってあらゆる人間諸関係の実体そのものであると考えるような視点のあいだで身動きできなくなっているようにおもわれるのである。前者において、諸個人にとって唯一の意義ある関係は、じぶん自身の所有物との関係である。その世界において諸個人は、相互の便宜のためにある物とべつの物とをうまい按配で物々交換するのであって、視界から負債はほぼ完全に姿を消している。後者の観点からは、だれもがなんともいやな気分にさせられる。というのも、そこでは人間関係はいずれにしても本質的にはあくどいビジネスであり、わたしたちの相互的な責任自体がすでに必然的に罪業と犯罪にもとづいている、というのだから。この二者択一が魅力的選択肢だとはとてもいいがたい。

　つづく三章で、わたしは、もうひとつの異なる視点があることを示し、どのようにしてそこにたどりついたのか説明しようと試みた。「人間経済」の概念を展開したのはそのためである。人間経済において人間について真に重要であると考えられているのは、人間は各人が他者との関係の固有の結節体(ネクサス)であるということである。それゆえ、だれかがなにかべつの事物やべつの人間と等価であると考えられることは決してない。人間経済にあって貨幣は、人間を買ったり取引したりする手段ではなく、むしろ、そのような売買や取引がいかに不可能であるかを表現する方法なのである。

　次にわたしは、こうした事態がどのように解体していったかについて論じた。人間が交換の対象となりうるとしたらいかにしてか。最初はおそらく嫁として贈られた女性であり、いきつくところは戦争で捕虜とされた奴隷である。そして、こういったすべての関係に共通しているのは暴力である、と論じてきた。夫から逃亡を試みたため縛りつけられ殴られるティブ族の少女たち、奴隷船に集められ遠くはなれたプランテーションで死んでいく夫たち、そこにはおなじ原理が常に介在している。人びとを唯一無二の存在にしている他者（姉妹、友人、ライバル…）との関係性からなる、はてしなく複合的である網の目から彼らを剥奪し、取引可能であるなにかへと還元することができるのは、棍棒、綱、槍、銃による脅迫のみなのである。

こういった事態が、日常的市場も衣服、道具、食品といった平凡な日用品も存在すらしない場所で発生可能であることを強調することが肝要である。事実、ほとんどの人間経済において、人間の最も重要な所有物は絶対に売買できないのであって、それは人間を売買できないのとまったくおなじ理由にもとづいている。それらは、人間との関係の網の目に捕らえられている唯一無二の対象物だからである。*124

わたしの古き恩師ジョン・コマロフは、南アフリカのナタールにおける調査での出来事についてよく話をしてくれた。彼は、質問票でいっぱいの箱とズールー語通訳をひきつれ、はてしなくつづく牛の群れを追い越しながら、集落から集落へとジープを運転することで一週間のほとんどをすごしていた。六日ほどすぎたころ、通訳が、突然、おどろいて群れの真ん中を指さした。「見ろ!」。「おなじ牛! あそこにいる牛、背中に赤い斑点がある牛。ここから一〇マイルはなれたところで、三日前にあの牛をみたよ。いったいなにが起きたのだろう。だれかが結婚でもしたのか? それともなにかもめごとの調停かな」。

人間経済では、人をその文脈から剥奪する力能(アビリティ)があらわれるとき、しばしばその力能が目的それ自体とみなされる。すでにレレ族のなかに、このことが暗示されていた。有力な男たちはときに遠隔地において戦争捕虜を奴隷として獲得したが、それはほぼ常にみずからの葬儀のさいに生贄として捧げるためであった。*125 ある男の個別性(individuality)を叩き潰すことは、べつの者の評判や社会的存在感を高めるものとみなされていたのである。*126 わたしが英雄社会と呼んできたものにおいては、この種の名誉と汚名の足し引きが周縁的な日常実践からひきあげられ、政治の本質そのものとなっている。膨大な叙事詩やサガ、エッダが証明するように、英雄たちは他者を矮小化することによって英雄となる。アイルランドとウェールズでは、他人を貶め、唯一無二である人間を家庭から剥奪し、匿名の計算単位――つまりアイルランドの少女奴隷通貨、ウェールズの洗濯女――へと還元する力能そのものが、それ自体、名誉の最高表現であったことをみてとることができる。

英雄社会では暴力の役割は隠されていない。それどころかむしろ賛美されている。しばしば暴力が、個人の最も親密な関係の基盤を形成することもある。『イリアス』においてアキレウスは、じぶんがその夫と兄弟を殺害した少女奴隷ブリセイスとの関係を恥じる様子はまったくない。アキレウスはブリセイスのことを「手柄のしるし［名誉の戦利品］」（prize of honor）と呼ぶ。だがそう言い放つ舌の根も乾かぬうちに、こう主張するのである。立派な男子たる者はだれであれ世帯の被護者（ディペンデンツ）を愛し慈しまなくてはならない、かくして「あの女――戦いで獲た女ではあるが――あの女を心から愛している」[127]と。

名誉を重んじる男たちと、彼らによって尊厳を奪われた者たちのあいだで、往々にして親密な関係の発展しうることを歴史は証明している。結局、あらゆる平等の可能性を解体してしまうことは、負債についての問い、権力以外のあらゆる関係についての問いを根絶することにもなる。皇帝や王たちが、周囲に奴隷や宦官をはべらせることで悪名高いのは、そのためであろう。

だがここには、それ以上のなにかがある。歴史の拡がりを見渡すならば、最大限に賛美される人びとと最大限に貶められる人びととのあいだの奇妙な一体感にだれもが気づくはずだ。とりわけ皇帝や王と奴隷とのあいだのそれだ。多くの王が奴隷をはべらせ、奴隷を大臣に任命した。エジプトのマムルーク朝のように、実際に奴隷たちからなる王朝まで存在している。王が奴隷をはべらせるのは、宦官をはべらせるのとおなじ理由によっている。奴隷と犯罪者には、家族や友人などほかに忠誠を誓う対象がいないから（あるいは少なくとも、原理的には、いてはならないから）である。しかしある意味で、王たちにしても実際はそうであったに違いない。アフリカの多くのことわざが強調するように、すぐれた王は家族をもたない、あるいは少なくとも、もたないかのようにふるまう[128]。いいかえると、王と奴隷はたがいに映し合う鏡像なのである。ふつうの人間が他者への義務によって規定されているのとは異なって、彼らはともに力関係によってのみ規定されている。人間のありようとして想像しうるかぎり、ほとんど完璧なまでに孤立し疎外された状態にあるのが、まさに彼らなのだ。

ここでようやく、じぶん自身を主人であると同時に奴隷として定義するわたしたちの奇妙な習慣について、みずからの自由の主人（masters of our freedoms）としての自己とか、じぶん自身の所有者として自己とか、そのような概念でもって古代の世帯の最も野蛮な側面を複製しているわたしたちの奇妙な習慣について、つまるところいったいなにが問われているのかがみえてくる。これこそが、わたしたち自身を完全に孤立した存在として想像しうる唯一の方法なのである。ローマ人の新しい自由概念――他者との相互関係を形成する能力ではなく、富裕なローマ人男性の世帯の大部分を構成していた征服された動産［奴隷］を「使用かつ濫用」する絶対的権能――から、ホッブズやロック、スミスといった自由主義哲学者による人間社会の起源についての奇妙な幻想――完成した大地から生まれ、ついでたがいに殺し合うかビーバーの毛皮を交換するか決断を余儀なくされる三〇代から四〇代の男性の集団からなる人間社会――まで、一直線につながっている。[*129]

なるほど、ヨーロッパおよびアメリカの知識人たちが、過去二〇〇年間、この思想的伝統のはらむ、なおも不穏な諸々の含意から逃れようと骨を折ってきたことは事実である。多数の奴隷の所有者であったトマス・ジェファソンは、奴隷制のモラル上の基盤に直接に矛盾する文言によって『独立宣言』をはじめることを選択した。「われわれは、自明の真理として、すべての人は平等に造られ、造物主によって、一定の奪いがたい天賦の権利を付与されている…ことを信ずる」。かくして、アフリカ人は人種的に劣っていたという議論にせよ、アフリカ人ないしその祖先は正当かつ合法的に自由を剥奪されたという議論にせよ、ともに土台から揺さぶられるのである。しかしながら、だからといってジェファソンが、権利と自由について根本的に新しい概念を提起することはなかった。後続する政治哲学者も同様である。ほとんどの場合、わたしたちは古い概念を奉じつづけたのであって、ただ、あちこちに「否（not）」を挿入したところが異なるだけであった。わたしたちにとって、最も大切な権利と自由のほとんどは、モラルおよび法の枠組み総体にとっての一連の例外である。そして、本来そのような権利や自由など存在するはずもないのだ、と、その枠組みはささやいているのである。

公式の奴隷制は撤廃されたが、（九時から五時まで労働に就いている者ならだれもが証言できるように）少なくとも一時的にあなたの自由を譲渡［疎外］することは可能である、という観念は持続している。実際のところ、週末をのぞき眠っていないあいだなにをすべきであるか、わたしたちの大半は、この観念によって規定されている。暴力についてならば、その大部分は視界の外に追いやられた。[*130] だがその原因は、なによりもまず、テーザー銃［スタンガンの一種］や監視カメラが恒常的に脅威を与えていなくてもすむ世界が存在すること、そのような仕組み（アレンジメント）／取り決めに基盤をおく世界がどのようなものなのか、わたしたちが想像すらできなくなっているところにある。

第八章　「信用」対「地金」——そして歴史のサイクル

地金（bullion）は戦争の付随品であって、平和的な交易のそれではない。

——ジェフリー・W・ガーディナー

もしわたしたちの政治的・法的な諸理念が本当に奴隷制の論理に基礎づけられているならば、わたしたちはいったいどうやって奴隷制を廃止することができたのか？　このような疑念が浮かぶかもしれない。むろん冷笑家ならば、廃止なんかしていない、せいぜい呼び方を変えただけさ、というかもしれない。その冷笑家にも一理ある。古代ギリシア人にしても、奴隷と借金を背負った賃労働者の違いをせいぜい法的な文言の違い程度とみなしていたのは確実である。[*1] それでもなお、公式の動産奴隷の廃棄だけでもめざましい達成とみなさねばならない。そして、どのようにそれが実現されたのか、考えてみる価値がある。ことにそれが達成されたのは、一度だけではなかったのである。歴史的記録をひもといてみて真に注目に値するのは、奴隷制は人類史においていくども廃棄され――あるいは実質的に廃棄され――てきたということだ。

たとえばヨーロッパにおいて、この制度はローマ帝国の崩壊につづく数世紀ものあいだ、ほとんど消失していた。これらの出来事を「暗黒時代」[*2]の開始と呼ぶことに慣れたわたしたちのあいだでは、めったに認知されることのない歴史的達成である。これがどのようにして起こったのか、だれも確実なことは知らない。キリスト教の普及がなんらかの影響を与えたに違いないということは、ほとんどの人びとが同意している。だがしかし、直接の原因ではありえない。なぜなら、教会自体が奴隷制度にはっきり反対したことはなく、それどころか、多くの場合、奴隷制度を擁護していたからだ。むしろ、その廃止は、当時の知識人と政治権力ともに奴隷制擁護の姿勢であったにもかかかかわらず起こったようなのだ。ともかくも、それ［奴隷制の消滅］は起こり、長らく影響を保っていた。一般大衆のあいだでは、奴隷制は、実に広範に反感を買っていた。そのため、一〇〇〇年後、奴隷売買を再開しようとしたのはよかったが、ヨーロッパ人商人たちは、自国の同胞たちが自国内での奴隷所有を支持しようとしないことをおもい知ることになる。プランテーション経営者たちが、結局、アフリカで奴隷を捕獲し、新世界にプランテーションを建設しなければならなかった理由のひとつがこれだ。[*3] ヨーロッパ人たちは、知識人や法律専門家たちの主張に耳を傾けることを拒みつづけ、完全かつ対等であるはずの人間のだれかが奴隷であることを正当化できる、というような考えを受けつけなかった。近代的人種主義（modern racism）——おそらく過去二世紀における最大の悪——が案出されねばならなかったのは、主としてこのためである。それは歴史における大いなるアイロニーのひとつなのである。

さらにいえば、古代奴隷制の消滅はヨーロッパに限定された出来事ではなかった。注目すべきことに、まさに同時期——後六〇〇年頃の——インドや中国でも、ほとんどおなじことが起こっていたのだ。そこでは、何世紀もの大きな社会不安と混乱のただなかで、動産奴隷はほとんど消え去っていった。以上の事態が示唆しているのは、歴史的好機である諸契機——つまり重大な変化が可能である諸契機——は、明確で周期的でさえあるパターンにしたがって生起していること、これまで想像されてきたよりはるかに足並みをそろえたかたちで広範な地理的空間を横断して生起していることである。過去にはかたちがあり、それを理解することによってのみ、わたしたちは現在のうちにひそむ歴史的諸機会がどういうものか、理解することができるようになるだろう。

＊　＊　＊　＊　＊

こうしたサイクルを可視化する最もかんたんな方法は、まさに本書が問題にしてきた現象、つまり貨幣、負債、信用の歴史を再検討することである。ユーラシア大陸における過去五〇〇〇年の貨幣の歴史を図式化してみるなら、すぐさま おどろくべきパターンが浮上する。貨幣については、なによりも硬貨鋳造[†]という出来事がきわだっている。硬貨鋳造は、ほとんど同時に、三つの異なった場所で、それぞれ独立して開始されたようだ。中国北部の大草原（the Great Plain）、北東インドのガンジス川流域、エーゲ海周辺地域で、ほぼ前五〇〇年から六〇〇年頃のことである。突然の技術革新が原因なのではない。最初の硬貨を製造するために用いられた技術は、いずれの場所においても、まったく異なっていた。[*4] それは社会的変容だったのである。なにゆえほかならぬこのような形態で事態が展開をみせたのか、それは歴史のミステリーである。だが以下のことだけはわかっている。リュディア、インド、中国において、現地の支配者たちは、ともかくなんらかの理由で、みずからの王国に長らく存在していた信用システムはもはや有効ではないと判断し、貴金属の小片――それまでは鋳塊（インゴット）状で国際的な交易に幅広く使用されてきた――を臣民たちに支給し、日常的な取引に利用するよう奨励しはじめたのだ。

イノベーションがそこから拡がっていった。一〇〇〇年以上をかけて、あらゆる地域で国家による硬貨の発行がはじまった。しかし、およそ後六〇〇年頃、つまり奴隷制が消失をはじめた時代に、この動向は突然、逆流しはじめる。現金（キャッシュ）が干上がってしまったのだ。あらゆる場所で、ふたたび信用システムへの回帰への動きがみられた。

ユーラシア大陸の過去五〇〇〇年の歴史をみると、信用貨幣が支配的な時代と金銀が支配的になる時代とが長期にわたって交互に入れ替わる、という事態が観察される――金銀の時代とは、少なくとも取引の大部分が高価な金属片の手から手への引き渡しによっておこなわれた期間のことである。

なにゆえそうなったのか？ 最も重要な要因をひとつだけあげるとしたら、それは戦争である。地金が優位になるのは、なによりも暴力の全般化する時代である。それには単純な理由がある。金銀の硬貨は、あるひとつの顕著な特性によって信用協定と区別される。盗むことができるということだ。定義上、負債とは信頼関係でありさらに記録でもある。それに対し、金や銀を売り物と引き換えに受け取るうえで必要なのは、尺度の正確さ、金属の質、そしてほかのだれかが受領する意志をもつ見込みであって、それ以上の信頼は不要である。戦争と暴力の危険の蔓延する世界においては——まさに中国の戦国時代、ギリシアの鉄器時代、インドの前マウリア朝時代がそれに該当する——あきらかに取引を単純化することが有利になる。このことは兵士たちに対応する場面にはなおいっそういえる。かたや兵士たちは、戦利品——その大部分が金銀からなる——を手にしやすいし、常に、生活のためにもっと必要なものとそれらを交換しようとしている。かたや重装備した移動兵士は、まさに高い信用リスク（poor credit risk）の定義そのものである。経済学者の物々交換の筋書きは、小さな田舎の共同体内の近隣どうしのやり取りについては不条理ではあるが、そのような共同体の住民と通りすがりの傭兵集団のあいだでは、がぜん意味をもつようになる。

　人類史のほとんどにおいて、金銀のインゴットは、印章があろうがなかろうが、現代の麻薬密売人たちのスーツケースにつまったまっさらの紙幣とおなじ役割を果たしていた。その歴史なき対象物が価値をもつのは、どこであろうと詮索されることもなく、べつの財と引き換えに受領されることをだれもが知っているからなのだ。その結果、信用システムは、相対的に社会が平和な時代、ないし（国家か、あるいはほとんどの時代では、商人ギルドや信徒共同体のようなトランスナショナルな機構によって形成された）信頼関係のネットワークを横断して支配的な傾向をもつが、戦乱と掠奪の蔓延する時代には貴金属にとってかわるのである。さらにいえば、略奪的な金貸しは人類

---

† 本書では、硬貨の製造法をもとに含意するcoinageには、「硬貨鋳造」（硬貨そのものを指す場合には「鋳貨」）という訳語をあてるが、厳密にいえば、東（中国や日本）においては主要には卑金属が「鋳造」されることによって硬貨が造出される一方、西（地中海世界）においては主要には貴金属が「打圧造」されることによって硬貨が造出されるとしなければならない。

史のどの時代にもみられるが、それに起因する債務危機が最も陰惨な結果をもたらすようにみえるのは貨幣がきわめてかんたんに現金化できる時代なのである。

現在の歴史的契機を規定する大きなリズムを把握する試みの出発点として、仮想貨幣と金属貨幣（メタル・マネー）の交替に沿って、ユーラシア大陸の歴史を次のように区分してみよう。そのサイクルのはじまるのは、仮想の信用貨幣に支配された最初の農業帝国時代（前三五〇〇年－前八〇〇年）である。つづいて枢軸時代（前八〇〇年－後六〇〇年）。第九章で論じるつもりだが、この時代には硬貨鋳造の開始、そして金属塊への全般的転換がみられる。次は中世（六〇〇－一四五〇年）である。第一〇章でふれるように、そこでは仮想の信用貨幣への回帰が起きる。第一一章は、それにつづくサイクルの転換、すなわち資本主義帝国の時代をとりあげる。この時代は、一四五〇年頃に地球規模での金地金、銀地金［金銀塊］への揺り戻しとともにはじまり、実質的には一九七一年まで、つまりリチャード・ニクソンがドルの金への兌換可能性の終焉を宣言したときまで継続したといえる。この出来事ははじまったばかりであり、その全体像も当然いまだ未知である、新たな仮想貨幣の時代の開始をしるしづけた。最終章の第一二章は、こうした歴史的視角を導入し、それがなにを意味しているのか、それがどのような可能性を拓きうるのかについて理解しようと試みる。

メソポタミア（前三五〇〇―前八〇〇年）

すでに、最初期の都市文明として知られるメソポタミアでは信用貨幣が支配的であったことについてみてきた。大いなる神殿と宮殿の複合体において、貨幣はその大部分が、物理的な取引というより、計算の尺度として利用されていた。さらに、商人や小売人たちは、独自の信用協定（クレジット・アレンジメント）をさまざまに発展させていた。これらのほとんどは、将来の支払い義務を刻んだ粘土の銘板という物理的形態をとったが、さらに粘土の包みで封じられ借款人の紋章が刻印されていた。債権者は、その包みを保障として保持し、返済のさいには壊して開封したのである。少なくとも、いくつかの時代いくつかの場所においては、こうした紋章（bullae）は、わたしたちが今日、為替手形（negotiable instruments）と呼ぶものに変化していったようにみえる。というのも、その内部の銘板は、単純にもともとの貸主に返済する約束を記録しているのではなく、「持参人（bearer）に宛てられていた」からである。いいかえると、たとえば（一般的な利子率でもって）五シェケルの銀の負債を記録する銘板は、五シェケル相当の約束手形（promissory note）として——つまり貨幣として——流通していたのである。[*5]

こうしたことがどれほどの頻度で起こっていたか、わたしたちには知るよしもない。こうした銘板が、通常、どれぐらいの数の人間の手から手へと渡っていたのか、どれくらいの取引が信用を基盤におこなわれていたのか、商人たちは実際にどれくらいの頻度で銀塊の目方を量りながら売り物（merchandise）の売買をおこなっていたのか、あるいはそのような売買がとくに重視されるのはどのような場合なのか？　これらのことが時間とともに変転してきたであろうことはうたがいない。約束手形は、通常、商人ギルドの内部で流通していた。あるいは、返済をあてにできるぐらいは知己であるが、より伝統的な相互扶助というかたちで依存し合えるほどではなかったような、比較的豊かな都市近隣の居住者のあいだで流通していた。[*6]一般のメソポタミア人たちが往来していた市場については、わかっているのは居酒屋の店主（travern-keeper）たちが信用貸しを利用していたこと、そしておそらく行商人や露店管理者も同様であろうことぐらいで、それ以外あまり知られていない。[*7]

利子の起源は永遠に不明瞭なままだろう。文字の発明に先立っているからである。ほとんどの古代語において利子をあらわす語彙は「子孫（offspring）」をあらわすなんらかの語に由来している。そのことから、その起源が家畜の貸出（ローン）にあると推察している人もいるが、これはやや字義通りにすぎるようにおもわれる。それよりありそうなのは、最初に拡がりをみせた有利子貸付が商業的なものだったという見方である。すなわち神殿や宮殿が売り物を商人や仲買人に委託する、次いで商人や仲買人がそれをもって近隣の山岳王国や海外へむかう隊商と取引する、といった商業活動に［有利子貸付の最初の普及が］あるというのである。*8 †

この慣行が意義深いのは、それが信頼の根本的欠如を含意しているからである。つまるところ、［神殿や宮殿は］なぜ単純にあがった利益の配分を要求しないのか？ その方がより公正であるようにみえる（破産して戻ってきた商人には、どうあっても支払う能力はほとんどなかっただろう）し、こうした利益分配の提携はのちに中近東ではさかんになっているのである。*9 おそらくその問いへの答えは、利益分配の提携がむすばれるとしたら、典型的に商人どうしのあいだで、あるいは、たがいを点検しあうことのできる似た経歴と経験をもつ者たちのあいだでだったから、というものだろう。［それに対し］宮殿や神殿の官僚たちと、遠方への旅から戻った商人が、通常、旅の利益にかんして共有するものはほとんどなかった。そして官僚たちは、世界を股にかける商業的冒険者たちの正直にふるまうことはないと推断していたようにおもわれるのだ。ところが、盗賊団や座礁、羽のある蛇やゾウなど、創造力あふれる商人たちのでっちあげる逸話がどんなものであろうが、固定された利子率であれば関係がない。かくして返済額（リターン）が前もって固定されたわけである。

こうした借用と嘘のむすびつきは、ちなみに、歴史的にみてとても重要なものである。ヘロドトスはペルシア人についてこう指摘している。「ペルシアで最も恥ずべきこととされているのは嘘をつくことであり、次には借金をすることである。（…）最大の理由は、借金をしたものはどうしても嘘をつくようになるからだという」*10（のちにヘロドトスは、あるペルシア人が彼に語った金（きん）の起源についての逸話を報告している。それによれば、金はペルシア人たちがインドで巨大な蟻の巣から盗んだものらしい）。*11 キリストの不寛容な召使いについての逸話［「悪しきしもべのたとえ」］も、借用と嘘の関係からひとつの冗談をひねりだしている（「どうか待ってください。きっと全部お返しします」）。だが、このようなきりのない虚言のうちにも、ある悲観的感覚のようなものが、いかにかもしだされうるのか、みてとれる。すなわち、どこかしら滑稽なところがあるとはいえ、モラル上の関係が負債として把握される世界とは、不可避に堕落と罪責性と罪業の世界でもある、と。

シュメール最初期の記録があらわれたころまでには、まだこうした世界は到来していなかった。それでも、有利子貸付の原理、複利さえもすでにだれにとってもおなじみだった。前二四〇二年には、たとえば、ラガシュ［シュメール初期王朝時代に繁栄した古代メソポタミアの都市国家］のエンメテナ王の碑銘——現存する最古のもののひとつである——は、おのれのもとに正当に帰属しているはずの広大な農地を、敵であるウンマ［おなじく古代メソポタミアの都市国家］の王が何十年ものあいだ占拠していると訴えている。エンメテナ王の主張するところ、これらの土地全体の地代を計算したならば、毎年、地代に付加されるべき利子を合わせて、ウンマはいまやラガシュに四兆五〇〇〇億リットルの大麦を負っていることがあきらかになるはずである。この額面は、まさに寓話での描写と同様、故意に不条理なものであった。[*12] それは端的に戦争を開始するための口実だったのである。ともかく彼は、じぶんが数を勘定できることを万人に知らしめたかったのだ。

徴利（ウスラ）——有利子消費貸与という意味での——もまた、エンメテナの時代までには十分に確立されていた。この王は結局、戦争をおこない勝利をおさめたが、その二年後、勝利の余塵さめやらぬまに、べつの勅令を発布すべく余儀なくされた。今度は、王国全土に渡る全面的な債務帳消しである。みずから後年に誇らしげに表明したように、「彼はラガッシュ市において自由 *amargi*［アマギ］を確立した。母を子に戻し、子を母に戻した。すべての利子払

---

† ここで参照されているマイケル・ハドソン論文によれば、そうした財や貨幣の前払いに対する支払の遅延に対して利子が賦課された。

い の義務を帳消しにした」[13]。これが、実質的にそのような宣言の最初の記録である——なお「自由」という言葉が政治的文書にあらわれた最初の事例でもあった。

エンメテナの文言は細部が多少あいまいだが、半世紀後の前二三五〇年、新年の祭典の期間中に後継者ウルイニムジナが全面的恩赦を宣言したさいには、諸項目はすべてはっきりと説明されていた。そしてそれらは、やがて恩赦の典型となる諸項目を先駆的に示している。すなわち、帳消しの対象は、未払いの貸付のみならず、あらゆる債務による束縛、手数料（fee）あるいは罰金の支払い不能による負債さえもふくまれていて、外されていたのは商業的融資のみであったのである。

似たような宣言はシュメール、のちのバビロニアやアッシリアの記録にもくり返しあらわれるのだが、そこには常におなじ主題が観察される。すなわち、「正義と平等」の回復と寡婦と孤児の保護であって、それによって——ハンムラビが前一七六一年に負債を廃止したさいに表現したように——「強者が弱者を圧迫しない」[14] ことを保障するというのである。マイケル・ハドソンによると、

春に祝われた新年の祭典が、バビロニアにおける借金帳消しの特別な機会であった。バビロニアの支配者たちは「粘土板——つまり負債記録——を壊す」という儀礼を司った。それによって経済的均衡の回復をはかり、さらには自然とともに社会の暦の再生をはかったのである。ハンムラビとその仲間の支配者たちは、たいまつを掲げることによってその宣言の合図とした。それはおそらく、賢明かつ公正な支配者たちをみちびくとされる正義の太陽神シャマシュの原理を象徴していた。負債の抵当として拘束されていた者たちは解放されて家族のもとへと戻るのである。それ以外の債務者たちには、抵当権がそれまでどれほど蓄積されていようとも、彼らの慣習地（customary land）を耕す権利が返還された。[15]

つづく数千年にわたり、これとおなじ項目——負債を帳消しにし、記録を破壊し、土地を再配分する——が、農民（ペザント）革命の起きるところ、どこでも標準的な要求項目になっていった。メソポタミアでは、支配者たちが、こうした壮大な宇宙規模の刷新の身ぶり、社会的宇宙の再創造として改革を制度化することによって、騒乱の可能性を断ち切ったようだ。たとえばバビロニアにおいては、そのような儀式の最中に、王は、みずからの神マルダックによる自然界の創造を再演した。負債と罪業の歴史が洗い去られ、すべて新たに創始するときがきた。だが、さもなくばなにが起きるか、彼らの恐れていた事態もまたはっきりしている。世界が混沌にたたき込まれることである。逃亡した農民たちで遊牧民の群れが膨れあがり、混乱がつづくようであれば、ついには舞い戻って都市を脅威にさらし、現存する経済秩序を全面的に破壊する、そんな混沌である。

エジプト（前二六五〇—前七一六年）

エジプトは興味深い対照を示している。歴史上、ほとんどの時代を通じて、エジプトは有利子負債の発展を完全に回避することに成功したのだ。

エジプトは、メソポタミアと同様、古代の基準では桁外れに豊かだったが、それはまた、砂漠に流れる川辺に位置するメソポタミアより、はるかに集権化された自己充足的社会であった。ファラオは神であり、国家と神殿の官僚たちはすべてを所有していた。眼も眩むほどの膨大な税や、途絶えることなく国家から配分される分担金、報酬、給金で充たされていたのである。ここにおいても貨幣は、あきらかに計算手段としてあらわれている。基本単位はデベン（deben）と呼ばれる「度量衡（measure）」である——そもそも穀物を尺度としていたが、のちに銅や銀が用いられるようになった。いくつかの記録が、ほとんどの取引のいきあたりばったり的な性質をあきらかにしている。ラムセス二世による治世一五年目（前一二七五年頃）に、ある商人がエジプトの貴婦人エレノフレに、あるシリア人奴隷の女性を、四デベン一キテ（kite）（原注　約三七五グラム）の銀で譲ることになった。うたがいなく値切り交渉後のことである。ある記録がその詳細をあきらかにしているのだが、エレノフレは二デベン二と三分の一キテ相当の衣類や毛布を集め、それから合計四デベン一キテになるまで、あれこれの物品——青銅の容器、ひと壷の蜂蜜、一〇枚の下着、一〇デベンの銅の鋳塊など——を隣人から借り受けた。[*16]

商人たちのほとんどは、外国人か、あるいは大土地所有者のための代理商人であった。しかしながら商業信用の証拠はあまりない。エジプトにおける貸付は、ほぼ隣人たちのあいだの相互扶助のかたちをとっていたらしい。[*17]単純化して説明すると、メソポタミアにおいては宮殿や神殿の官吏による有利子貸付が包括的な税制の欠如を穴埋めしていた。ところがエジプトでは、これが必要なかったのである。

実質的な法的強制力をもつ貸付、つまり土地や家族の成員を失う可能性をもつ貸付も記録されているが、それはめったになかったようにみえる。利子をともなっていなかったことからみても、さほど悪性のものではなかったようだ。おなじように、負債による従僕や債務奴隷さえ記録にはときおりみられるが、それらは例外的な現象であって、メソポタミアやレバント地方でしきりにみられるような規模の社会的危機に達したことはなかったようだ。[*18]

つまり、最初の数千年のあいだは、負債がそのまま「罪責性」の問題とみなされ、犯罪として扱われたような、いっぷう変わった世界があったようだ。

債務者が期限内に負債を返済できなかった場合、その債権者は、債務者を法廷に突き出し、債務者は、ある期日までに全額支払う約束するよう求められた。その約束のなかで——誓約のもとで——その期限までに支払えなかったら、債務者はまた一〇〇回の棒打ち刑を受けること、そして／あるいは（and/or）、もとの借金総額の二倍支払うことを誓わされた。*19

この「そして／あるいは」は意味深い。罰金と棒打ちのあいだにいかなる形式的区別もなかったということなのである。実際、誓約の全体的目的は（借手に金を奪うような仕草をさせたクレタ島人の習慣に似たかたちで）懲罰的行為を正当化することにあったようにみえる。だから債務者は、偽証者かあるいは盗人として処罰されることが可能だったのだ。*20

エジプト新王国の時代（前一五五〇年―一〇七〇年）まで、市場の証拠資料は増えていくが、しかし、エジプトがペルシア帝国に吸収される直前の鉄器時代まで、メソポタミア型の債務危機についての証拠資料はあらわれない。たとえば、ギリシアの記録によれば、ファラオとして君臨した（前七二〇—七一五年）バクエンレネフは、債務による束縛（debt bondage）を廃棄し、あらゆる未払いの返済義務を無効にする法令を発した。それは「兵士が、おそらく祖国のための戦闘に旅立つまさにそのとき、未払いの債務ゆえに債権者によって監獄に送られるのは理に反していると、彼が感じた」からである。これが事実であれば、債務者監獄にかんする最初期の記録のひとつである。*21 アレキサンダー大王以降にエジプトを支配したギリシアの王家であるプトレマイオス諸王の治世においては、定期的な債務帳消し（クリーン・スレート）が制度化されることになった。ギリシア語とエジプト語で書かれたロゼッタ・ストーンが、エジプトの象形文字を解読する鍵になったことはよく知られている。だがそれがなにを語っているかについてはあまり知られていない。その石碑が建てられたのは、そもそも、前一九六年にプトレマイオス五世によって布告された債務者と囚人双方の恩赦を知らしめるためであった。[*22]

中国（前二二二〇―前七七一年）

青銅器時代のインドについては、語りうることがほとんどなにもない。というのも、書かれた記録は解読不能なままだからである。初期中国についても同様である。ほんの少し知られている――主にのちの文献資料からのわずかな断片を通して――のは、最初期の中国の諸国家はヨーロッパのそれらよりはるかに官僚的でなかったということである。[*23]倉庫（storehouse）を管理し、入出を記録する、司祭や官吏をともなった集権的な神殿や宮殿はなかったし、統一された単一の計算単位をつくりだす動機もあまりなかった。かわりに証拠資料の示すのは、異なった道筋である。地方では多様な種類の社会的通貨がいまだ影響力をもちつづけ、よそ者どうしが取引するにあたっては、それらの社会的通貨が商業的な目的にむけて転用されていた。

後世の史資料がふりかえっているように、初期の支配者たちは「上位の支払手段として真珠や翡翠を用い、中間的な手段として金、下位の手段としてナイフや鋤を利用していた」[*24]。この著者が語っているのは贈与についてのみであり、それもこの場合、ヒエラルキー的な贈与である。つまり、王や有力者たちによる支払いは、理論上は自発的であることになっている従者の奉公に報奨金を与えるというかたちをとっていた。ほとんどの場所で眼につくのは長い数珠つなぎのタカラガイである。なるほど「初期中国のタカラガイ貨幣」についてはしばしば耳にするところであるし、ぜいたくな贈り物の価値をタカラガイで測定している文献も探しだすのにも苦労はいらない。しかしここにおいてすら、市場での売買のために人びとが実際にそれらをもち歩いていたかどうかについては定かでないのである。[*25]

一番もっともらしい解釈は、彼らはそれらの貝をもち歩いてはいたが、市場自体が長期にわたってあまり大きな位置を占めていなかった、というものである。だから、市場での売買における利用は、結婚の贈物、罰金、手数料、名誉のしるしなどの社会的通貨の通常の用法ほど重要でなかった、ということになる。[*26] いずれにせよ、すべての史資料の一致して示しているのは、多様な通貨が出回っていたということである。初期の貨幣にかんする現代における随一の研究者デヴィッド・シャイデルは次のように述べている。

帝政以前の中国において、貨幣はタカラガイの形態をとった。タカラガイそのものと青銅による模造品があり、のちにはますます後者が利用されることになった。さらに亀の甲羅、重量測定された金と（まれに）銀の延べ棒、そしてとりわけ——前一〇〇〇年以降は——青銅からなる鋤（すき）の刃やナイフなどの道具貨幣（utensil money）が使われていた。[*27]

これらが最もさかんに使用されたのは、おたがいをよく知らない人びとのあいだにおいてであった。隣人どうしの負債、地元の商人への負債、あるいは政府にかかわりのある負債を計算するためには、さまざまな信用手段［証券］が利用されていた。のちの中国の歴史家たちが報告しているように、これらの最初期のものは、むしろインカ帝国のキープ *khipu* システムに似た結び目のついた紐が使われ、そののち切り込みのはいった木や竹の棒があらわれた。[*28] メソポタミアにおいてと同様、これらの登場は文字よりはるか以前のことである。

有利子貸付の慣行がいつ中国に到来したのか、あるいは青銅器時代の中国がメソポタミアにおけるような債務危機を経験したのか、いずれもまったくわかってないのだが、のちの文書におもわせぶりなヒントがある。[*29] たとえば後年の伝説によれば、鋳貨の起源は自然災害の悲劇を抑えようとした諸皇帝の努力にある。漢代初期の文書は次のように報告している。

いにしえの時代、黄河の大洪水［前一九二〇年ごろに起きたとされる伝説上の洪水で、ときの帝が配下の禹に対策をさせ、禹はみごとに水を治めた。それが禹王をいだく夏王朝建国のきっかけとなったとされる］や湯王の世の干ばつのあいだ、平民たちはすべてを失い、たがいに食物や着物を貸し借りせねばならなかった。そこで民衆のため、禹王は羼山の金から、湯王は黄山の銅から貨幣を鋳造した。だから世間は彼らをして慈悲ぶかい帝と呼んだのである。[*30]

これより多少はっきりしている説もある。初期中華帝国において政治経済学への標準的入門書になった『管子』によれば、「粥を食べることもできず、子どもたちを売りにださねばならない者がおおぜいいた。それらの民衆を救済すべく、湯王は貨幣を鋳造したのである[*31]」。

この逸話はあきらかに空想である（鋳貨の起源は少なくとも一〇〇〇年はあとである）、また、ここからなにをひき出せるのか、それもよくわからない。借金の抵当として子どもたちが引き渡された記憶を反映しているのだろうか？　一見したところ飢えた人びとが子どもたちを端的に売却する事態を指しているようにもみえる――のちの中国史における一定の時代にはありふれたものになる慣行である。[*32]しかしちょうどおなじ頃、アジアのべつの地域で起こっていたことを考えると、この貸付と子どもたちの売却の並記は示唆的である。『管子』はそのあとの箇所で、そうした悲劇をくり返さぬよう緊急事態にさいしての再配分にそなえるべく、これらの支配者たちが公共の穀物倉に収穫の三〇パーセントを保存する決まりを定めたと論じている。いいかえれば、彼らもまたある種の官僚的な貯蔵施設の設置に手を初めたということだ。エジプトやメソポタミアのような場所では、まさにその施設こそ――なによりもまず計算単位としての――貨幣創造のおこなわれていた場所であった。

第九章　枢軸時代（前八〇〇―後六〇〇年）

わたしたちはこの時代をかんたんに「枢軸時代」と呼ぶことができるでしょう。この時代には重大な事柄が一度に押し寄せてきました。中国には孔子と老子が生まれ、中国哲学のあらゆる方向があらわれ、インドではウパニシャッドがあらわれ、釈迦が生まれ、中国におけるのと同様に、懐疑主義と唯物論、詭弁派と虚無主義にいたるまでのあらゆる哲学の可能性が展開されました。

――カール・ヤスパース『哲学入門』一四九－一五〇頁

「枢軸時代」という呼称は、ドイツの実存主義哲学者カール・ヤスパースが唱えたものである。[*1] ピタゴラス（前五七〇－前四九五）、ブッダ（前五六三－前四八三）、孔子（前五五一－前四七九）といった人物が、まさに同時代に生きていたということ、地域をへだてたがいの存在すら知らなかったのに、ギリシア、インド、中国において、競合しあう知的学派どうしの議論が突如開花をみたということ。哲学の歴史を書きながらヤスパースは、そのような事実に魅惑されるようになった。同時代に起こった鋳造硬貨の発明と同様、なぜこのようなことが起きたのか、常に謎であった。ヤスパース自身、ゆるぎない確信をもっていたわけではない。ある程度、類似した歴史的条件の結果であったに違いない、とヤスパースはいう。当時の偉大な都市文明のほとんどにとって、初期鉄器時代は諸帝国間の休止の期間であった。政治的風景は小規模な王国や都市国家のおりなすまだら模様に分解されていた時代であり、それぞれが外にむけてはたえず戦争状態にあり、内にあっては政治抗争にあけくれていた。どこにおいても、ドロップアウト文化のようなものの発展がみられる。荒野に逃避したり、叡智を求めて町から町を彷徨う修行者や賢者たちがみられるのである。ギリシアのソフィストであれ、ユダヤの預言者であれ、中国の賢人であれ、インドの聖人であれ、いずれにあっても、やがて新種の知的ないし精神的エリートとして政治体制に吸収されていった。

その結果、理由はどうあれ歴史上はじめて、人間が理性的な探求の原理を人間の実存という大いなる問いにふりむけた時代となった、とヤスパースはいう。彼のみるところ、中国、インド、地中海というこれら世界の偉大な地域において、懐疑論から観念論にいたるまで、おどろくほど類似性のある哲学潮流があらわれた。事実、それぞれの文脈において、哲学者たちは、宇宙、精神、行為の本性、および人間存在の諸目的について、あらゆる主要な立場を同時に発展させており、それらはいまにいたるまで哲学的議論の実質を形成しつづけている。ヤスパースの弟子のひとりはのちに――若干大げさに――こう記すことになる。「この時代以降、本当に新しい考えはいっさい追加されていない」。*2

ヤスパースによれば、この時代は、前八〇〇年頃にペルシアの予言者ゾロアスターとともにはじまり、前二〇〇年頃に終焉を迎えるが、それにつづいたのが、イエスやムハンマドらが中心的に活動する「霊魂の時代（Spiritual Age）」となる。わたしのもくろみにとっては、これら二つを組み合わせた方が有益であるようにおもう。そこで「枢軸時代」を前八〇〇年から後六〇〇年と定義してみよう。*3 すると枢軸時代は、世界の主要な哲学的潮流すべてのみならず、ゾロアスター教、預言者的ユダヤ教、仏教、ジャイナ教、ヒンドゥー教、儒教、道教、キリスト教、そしてイスラーム教という、今日の主要な宗教すべての誕生を目の当たりにした時代となる。*4

注意深い読者ならば、ヤスパースのいう枢軸時代の中核、つまりピタゴラスや孔子、ブッダが生きた時代が、鋳貨の発明された時期にほぼ対応していることにお気づきだろう。さらに、硬貨がはじめて発明された世界の三カ所は、まさにこれら賢者たちが活動したその地でもあった。事実（中国の黄河周辺の諸王国や都市国家、インド北部のガンジス川流域、エーゲ海沿岸部といった）それらの地域は、枢軸時代の宗教的・哲学的創造性の震源地であったのだ。

その関連性はなんだったのか？「硬貨とはなにか？」と問うことからはじめた方がよいだろう。通常の定義では、硬貨とは一枚の有価金属であり、標準化された単位に鋳造［打圧造］され、そこにそれを権威づける象徴や記号が刻まれる。世界初の硬貨は、前六〇〇年頃に西部アナトリア（現トルコ）のリュディア王国で作られたともののだといわれている。[*5] これら最古のリュディア硬貨は、基本的に、ただの丸い琥珀金(エレクトラム)の塊——パクトロス川近辺で自然発生する金と銀の合金である——で、熱せられたあと、ある種の記章が打刻された。最古のものは、いくつかの文字が刻まれただけで、一般の宝石細工人によって鋳造されていたようだ。これらはほとんどすぐ消失し、それにとってかわったのは、新たに設立された王立造幣局によって鋳造された硬貨であった。アナトリア半島沿岸地帯のギリシア人都市国家が、まもなくみずから硬貨の鋳造にのりだし、それらはその後ギリシア自身でも採用されるようになる。前五四七年にペルシア帝国がリュディアを併合したあと、帝国内でもおなじことが起こっている。

インドでも中国でも同様のパターンが観察される。民間人が鋳貨を発明し、国家がすぐさまそれを独占するようになったのである。前六世紀のある時点に出現したとおぼしきインド最古の貨幣は、統一された重量に削り込まれ、なんらかの公的な象徴が刻印された銀の棒であった。[*6] 考古学者が発見した標本のほとんどに追加の刻印が多数みられるが、おそらくそれは、小切手やその他の信用証書 (credit instruments) が譲渡のたびに裏書きされるのとおなじような意味をもつものであると推測されている。このことは、より抽象的な信用手段の処理に慣れていた人びとによってそれが使用されていたことを強く示唆している。[*7] 最初期の中国の鋳貨も、諸々の社会的通貨からの直接の進化である徴候を示している。事実そのうちのいくつかは子安貝の形態に鋳造された青銅だったが、小さな刀や円盤や鋤のかたちをしたものもあった。どの場合も (おそらく一世代ほどのあいだをおいて) 地方政府がただちに介入している。[*8] しかしながら、この三つの地域には、それぞれ数多くの小国家が存在していた。それは多種多様な通貨制度が存在していたことを意味する。たとえば、前七〇〇年頃のインド北部は、いまだ、ジャナパダ[†]あるいは「部族領土」に分割されていた。そのなかには君主国もあれば共和国もあり、六世紀になっても少なくとも一六の王国が君臨していた。中国では、古い周帝国が競合する諸公国へと発展した (「春秋」時代、前七二二－前四八一年) が、そのあとには、「戦国」時代 (前四七五－前二二一年) のカオスへと群雄割拠していった。ギリシア人の都市国家とおなじく、そこから派生した諸国はすべて、どれほど小さくても独自の公式通貨の発行を熱心に推進している。

　近年の研究によって、この展開について多くのことがあきらかになっている。硬貨の素材である金、銀、青銅は、長期にわたり国際貿易の媒体だったが、この時代までそれを手にしていたのは富者のみだった。一般的なシュメール人の農民が相当量の銀を手にする機会は、おそらくじぶんの婚礼をのぞいてはなかっただろう。ほとんどの貴金属は、富裕な女性の足首飾り（アンクレット）や王が家臣に贈る先祖伝来の聖杯のかたちをとるか、貸付（ローン）の抵当としてインゴットのまま神殿に貯蔵されていた。ところが、どういうわけか枢軸時代に、こうした事態がいっせいに変化をはじめる。経済史家たちが好む言い方では、大量の金と銀と銅が「脱宝物化（dethesaurize）」するのである。それらは神殿および富裕層の邸宅からとりだされ、ふつうの人びとの手に渡り、小さな断片へと分解され、日常の取引で使用されはじめたのである。

　どのようにして？　イスラエルの古典学者デヴィッド・シャップスによる提案が最も妥当なものである。すなわち、そのほとんどは盗まれたのだ、と。この時代は戦争が一般化した時代である。そして、戦争の性質上、貴重品は掠奪されるものである。

> 掠奪をおこなう兵士たちが、最初に目をつけたのは女性と酒類と食物だっただろう。だがかんたんに持ち運びできる貴重品も探しまわったにちがいない。長期の常備軍は貴重で携帯可能な物品をため込む傾向がある（…）そして最も貴重で携帯可能だった品目といえば、貴金属と宝石だった。これら諸地域における、国家間の長期におよぶ戦争によってはじめて、多くの人びとが貴重品を所有するようになり、それらが毎日の必需品になったのだ

† ジャナパダとは「部族（ジャナ）の足場」を意味しており、大家族集団である部族の延長にある。

ろう（…）。

闇市、麻薬売買、売春のおびただしい拡がりが示しているように、買い手あるところに売り手あり（…）。アルカイック期のギリシア、ジャナパダ勃興期のインド、戦国時代の中国の不断の戦争状態は、市場取引、とりわけ、通常は少量に限定されていた貴金属の交換にもとづく市場取引の発展にとって、強力な推進力であった。略奪によって貴金属が兵士たちの手に渡れば、市場がそれを住民に浸透させることになる。[*9]

ここで異議を唱えるむきもあるかもしれない。なるほどそうかもしれない、だが戦争と掠奪など目新しい現象でもなかろう、と。たとえばホメロスの叙事詩など、戦利品の分配について、ほとんど強迫的なまでの関心をよせているではないか。たしかにそうだ。だが、枢軸時代には、それに加え、またもや中国、インドそしてエーゲ海沿岸に共通した新しい現象がみられた。貴族の戦士とその家臣ではなく、訓練を受けた職業軍人によって編成された新種の軍隊の隆盛である。たとえばギリシア人が硬貨鋳造をはじめた時代は、重装歩兵の不断の演習と訓練を必要とする、かの有名な密集方陣（ファランクス）による戦術の発展した時代でもあった。その成果があまりにめざましく効果的だったため、ギリシア人傭兵はたちまちエジプトからクリミア半島にいたるまでひっぱりだことなった。しかし訓練された傭兵の軍隊は、放っておいてかまわないホメロス的な従者とはちがって、それなりに価値ある報酬を必要としていた。［ところが］みなに家畜を与えてもいいが家畜を運搬するのはむずかしい。約束手形でもいいが、傭兵たちの自国では役に立たないおそれがある。おのおのに掠奪品のわずかな分け前を分配することは、出てきて当然の解決策であったようにおもわれる。

こうした新たな軍隊は、直接または間接的に諸国家の管理下におかれたが、そのために諸国家は、これら［掠奪品である］金属塊を純正の貨幣に転換する必要があった。その大きな理由は単純に生産能力である。日常的な取引で人びとが使えるだけの量の硬貨を作るためには、地元の商人や鍛冶屋の能力をはるかに超える大量生産を必要としたのである。[*10] もちろん、なにゆえ国家がそれを領導したのか、わたしたちはすでにみた。市場の存在が国家にとってきわめて好都合だったからである。たんに大規模な常備軍への支給がそれによって簡便になるからだけではなかった。以後、国家発行の硬貨のみを報酬（fees）、礼金（fines）、税金として受け入れると布告することによって、国家は、後背地にすでに存在していたおびただしい社会的通貨を圧倒し、統一的な国内市場のようなものを確立することができたのである。

一説によると最初期のリュディア硬貨は、はっきりと傭兵への支払いのために発明された。[*11] 傭兵の大部分の供元であったギリシア人が、なにゆえかくもすばやく硬貨の使用に慣れ、その使用が古代ギリシア世界に拡がっていったのか、このことは理解させてくれる。その結果、前四八〇年当時には、地中海世界のどの交易大国も硬貨への関心をまったく示していなかったのに、さまざまなギリシア人都市では少なくとも一〇〇の造幣局が操業されていたほどである。たとえばフェニキア人は、古代世界において比類なき商人であり銀行家とみなされていた。[*12] 彼らはまた、アルファベットと計算盤を発展させた第一人者として偉大な発明家でもあった。しかし、鋳貨が発明されたあとも数世紀にもわたって、未加工のインゴットと約束手形による従来のやり方で商取引をつづけることを選んでいる。[*13] フェニキア人の諸都市は、紀元前三六五年まで硬貨を使用しなかったが、それに対して、カルタゴ――西地中海の通商を支配するようになっていた北アフリカの大規模なフェニキア人植民地――では、それより若干早くから使用されていた。だが、それは「シチリア人傭兵に支払うために使用を余儀なくされた」ためであり、「発行硬貨にはポエニ語で「野営地の人民のために」と刻まれていた」。[*14]

他方、枢軸時代の異例なまでの暴力的環境のなかにあっては、（たとえば、ペルシア、アテナイ、ローマのような侵略的軍事大国であるよりも）「交易大国」であることは、つまるところ勝利者たる地位の確保を見込みうる選択ではなかった。フェニキア人都市の運命は教訓的である。なかでも最も豊かだったシドン[†]は、前三五一年の反乱後、ペルシア皇帝アルタクセルクセス三世によって破壊された。シドンの住民四万人は降伏より集団自決を選んだと伝えられている。その一九年後、テュロスは、アレクサンダー大帝による長期にわたる包囲攻撃の末、破壊された。戦死者は一万人をかぞえ、生存者三万人は奴隷として売り飛ばされた。カルタゴはもう少し長く存続したが、前一四六年にローマ軍によってその都市が破壊されたさいには、数十万のカルタゴ人が暴行を受け、虐殺され、五万人の捕虜が競売にかけられたあと、都市そのものが消滅させられ、その跡地には塩がまかれたといわれている。

こういった事態は、枢軸時代の思想が発展していたまさにその時代に暴力の水準がどれほどのものだったかを痛感させる。[*15] しかしそれはまた、わたしたちに次のような問いを投げかけてもいるのだ。「鋳貨と軍事力、そしてこの前例なき思想の噴出のあいだにひそむ関係とはいかなるものだったのか?」。

地中海世界

ここでもまた最良の情報は地中海世界からもたらされるのであって、そのあらましの一端はすでに指摘しておいた。広域にまたがる海軍帝国だったアテナイとローマを比較すると、ただちに顕著な類似性が眼を惹く。どちらの都市も、度重なる債務危機とともに歴史がはじまっているのだ。アテナイにおける危機は前五九四年のソロンの改革で最高潮に達するわけだが、最初の危機はかなり古いので、鋳貨がその要因であったはずはない。ローマにおいても、最古の危機は通貨の出現に先行しているようだ。どちらの場合も、鋳貨はむしろ解決策となった。要するに、こういった負債をめぐる抗争には、二つのありうる帰結があった。第一は、貴族が勝利し、貧民が「金持ちの奴隷」にとどまる——「金持ちの奴隷」が実際に意味するのは、大多数の人びとが富裕なパトロンのクライアントと化してしまうということである。このような国家は、一般的にいって軍事的に無能である。[*16] 第二は、民衆の勢力が優勢になり、土地の再分配や負債懲役制度禁止のように、よくみられる民衆によるプログラムを制度化することで、自由農民の階級的基盤を創出するというものである。これによって、その子息たちは、戦争の訓練に多くの時間ふりむける自由をうることになる。[*17]

鋳貨はこの種の自由小農民階級を維持するうえで決定的な役割を担った。負債による拘束によって大領主に束縛されることなく、土地所有を保証されたのである。事実、多くのギリシア人都市の財政政策は、戦利品を分配する制度の整備・充実の域を超えることはほとんどなかった。略奪的貸付はもちろん、負債懲役制度さえも、完全に非合法化するまでにいたった古代都市はほとんどなかったことを強調しておく必要がある。金、とくに銀は、戦争で獲得されたか戦争で捕虜にされた奴隷によって採掘されていた。造幣局は（伝統的に戦利品の保管所であった）神殿に置かれており、そして都市国家は硬貨を配給するおびただしい方法を発展させていった。その対象は、兵士や水夫、武器製造者、船舶製造者のみならず、陪審や集会出席の報酬、あるいはたんに分配することを通して、民衆一般にまで普及した。前四八三年、アテナイ人がラウリオンの鉱山に銀の鉱脈を発見したさい、まさにそのように分配されたことはよく知られている。それと同時に、おなじ硬貨について、国家に対するあらゆる支払いの法定貨幣であると公布することで、市場を発展させるに十分な需要の対象になることを保証した。

古代ギリシア都市の政治的危機の多くも、おなじように戦利品の分配に触発されていた。ここにあげるのは、アリストテレスによって記録されたべつの出来事である。出来事とは、前三九一年頃にロードス市で起きたクーデタのことであるが、アリストテレスはその出来事の原因については保守的な見解を披瀝している（ちなみに、ここで

---

† 現レバノンのサイダにあたる。前一三世紀ごろから地中海の海上権を握り商工業が栄えた。

「デマゴーク」と呼ばれているのは民主制の指導者たちである）。

デマゴーグ［民衆指導者］は、集会に出席し陪審をつとめてもらうために人びとに支払う金銭が必要だった。人びとが出席しなければデマゴーグたちは影響力を失うだろう。必要な金銭の少なくとも一部は、都市との契約でロードス島艦隊のためにガレー船を造船し整備することになっていた、ガレー船の（戦争の）指揮官への支払いを中止することで調達された。支払いがおこなわれなかったため、今度はガレー船の指揮官たちが仕入れ先や作業員に支払うことができなくなった。指揮官たちは彼らに訴えられた。訴訟沙汰を回避するために、指揮官たちは一致団結して民主政を転覆させたのである。[*18]

とはいえ、こういった事態の全体を可能にしたのは奴隷制であった。シドンとテュロスとカルタゴにかんする数字が示す通り、こういった多数の紛争の過程で膨大な数の人間が奴隷にされ、そしてもちろん多くの奴隷が鉱山で働かされるにいたり、さらに多くの金と銀と銅を産出したのである（ラウリオンの鉱山は、一万から二万人の奴隷を使っていたといわれている）。[*19]

ジェフリー・インガムは、その結果としてあらわれた制度を「軍事＝鋳貨複合体」と呼んでいる。だが、わたしは「軍事＝鋳貨＝奴隷制複合体」と呼ぶ方が適切だと考える。[*20] いずれにせよ、この定義は、それらの実際の作動様式をうまく説明している。アレクサンドロス大帝は、ペルシア帝国の征服にあたって、兵士たちに支払い食べさせるための金銭のほとんどを借用した。そして債権者への支払い、貨幣体制を維持しつづけるために、最初の勝利のあとで掠奪した金銀を鋳つぶし、彼にとっての最初の硬貨を鋳造したのである。[*21] しかしながら、遠征軍兵士には支払い、しかも高額な支払いが必要である。すなわち、一二万人からなるアレクサンドロス大帝の軍勢は、賃金だけで一日当たり銀〇・五トンを必要としたのである。そのため、征服にあたっては、侵略軍を維持するために、鉱山と鋳貨にかかわるペルシアにおける既存のシステムの再編を必要とした。当然、古代の鉱山で働いていたのは奴隷たちであった。そして鉱山で働く奴隷のほとんどが、戦争捕虜であった。おそらく、ティルスの包囲攻撃の不幸な生存者のなかの大部分は、このような鉱山で働くこととなったのだ。この過程がどのように自己培養していたのか、みてとれるだろう。*22

アレクサンドロスは、古代の信用制度の残滓を一掃した人間であった。フェニキア人のみならず、旧きメソポタミアの中心地も、新たな硬貨経済を拒絶していたからである。アレクサンドリアの軍勢は、ティルスを破壊しただけでなく、信用システムの基盤であったバビロンおよびペルシアの神殿の金や銀の備蓄を脱宝物化（dethesaurized）し、さらに新政府への税金はすべてわれの発行する貨幣でもって支払うべし、と指令した。その結果、「一世紀にわたって蓄積されていた正金を数カ月で市場に解放する」ことになった。その総額は、およそ一八万タラント、現代の通貨価値に換算すると二八五〇億米ドルになる。*23

アレクサンドロス大帝の諸武将によって創建された「アレクサンドロスの」後継者たちによるヘレニズム諸王国は、ギリシアからインドにいたるまで、国軍ではなく傭兵を採用したが、ここでもまたローマの展開はアテナイのそれに類似している。初期ローマの歴史は、ティトゥス・リウィウスのような公式の年代史家の記録によると、「貴族（パトリキ）」と「平民（プレブス）」のあいだのたえまなき抗争と、たえまなき債務危機の歴史である。それらは、周期的に「平民の離脱」と呼ばれる出来事に帰着した。すなわち、都市の平民たちによる畑や作業場の放棄、都市の外部での野宿、大量離脱をおこなうとの脅しなどである――ギリシアの民衆叛乱と、エジプトやメソポタミアで典型的に試みられた大脱出（エクソダス）の戦略のはざまに位置する興味深い中間点である。ここでも貴族たちは、最終的に決断をせまられた。農業貸付を利用して、平民を徐々に貴族の地所に緊縛された労働者の一階級に転換させるか、さもなくば債務者保護にかんする大衆的要求を呑み、自由農民という地位を維持させ、自由民たる農家の年下の方の息子たちを兵士として雇いあげるか。[*24] 長期にわたる危機と分離と改革の歴史があきらかにしているように、この選択はいやいやながらのものである。[*25] 平民たちは、実際には元老院階級に帝国主義的路線を選択させるべく強要しなくてはならなかった。このような展開のなかで、時がたつにつれ元老院は、少なくとも戦利品の分け前を、兵士と古参兵とその家族に再利用する福祉制度を確立していったのである。

この観点からすると、ローマで硬貨鋳造がはじまったと推定される前三三八年が、債務労働がついに違法化された前三二六年とほぼ同時期であることは意味深いようにおもわれる。[*26] くり返すが、戦利品から造出された鋳貨は、危機の原因ではなかった。それはむしろ、解決策として使用されたのだ。

実際、最盛期におけるローマ帝国全体が、貴金属を取得（エキストラクト）し、それを硬貨に鋳造し軍隊に配分する巨大機械とみなすこともできよう——それには、被征服民に硬貨を日常的取引に採用するよう奨励する課税政策が組み合わされていた。にもかかわらず、その歴史のほとんどを通じて、硬貨の使用は帝国内の二つの地域に極度に集中していたのである。イタリア半島といくつかの主要都市、および軍団が配置されていた辺境／前線である。鉱山も軍事行動もない地域では、旧来の信用制度が運用されつづけていたようだ。

最後にもう一点つけ加えておきたい。ギリシアにおいても、ローマ同様、軍事的拡大を通じて債務危機を解決しようとする試みは、結局いつも問題を回避する方途にしかならず、それが効果をもった期間はかぎられていた。拡張が止まると、すべてが以前の状態に戻っていったのである。実際、アテナイやローマといった大都市においてすら、いかなる形態の債務奴隷であれ、それが完全に根絶されたかどうかはっきりしない。強力な軍事力のない都市においては、福祉政策を実行する収入源がないため、債務危機が世紀ごとに再燃した。そして、それらはしばしば中東においてよりも、はるかに激しいものとなった。というのも、民衆蜂起が徹底した革命にいたらず、メソポタミア式の「債務帳消し（クリーン・スレート）」を宣言する手法が形成されなかったためである。ギリシア世界においてさえ、多数の人びとが実際に農奴や隷属平民の地位に貶められている。*[27]

アテナイの人びとは、すでにみたとおり、紳士たるもの、みずからの債権者より一歩も二歩も先んじた暮らしをするものであると考えていた。ローマの政治家たちも、ほとんど変わらない。もちろん大部分の負債は、元老院議員階級の人間どうしの貸し借りであった。それは、ある意味で、部外者には決して提供しない寛大な条件でたがいに信用貸しする、富裕者たちの日常的コミュニズムであった。それでも、共和政後期においては、自暴自棄になった債務者によって策定された陰謀や謀議の記録が残っている。その多くは、冷酷な債権者のおかげで貧民と手を組むまでに追いつめられた貴族たちであった。*[28] 皇帝の統治下においてはこうしたことがあまり聞かれないが、それはおそらく抗議の機会がより少なかったためである。既存の証拠資料によると、問題はむしろ悪化していた。*[29] 後一〇〇年頃、プルタルコスは、まるで外国の侵略下にあるかのように自国について書いている。

> ペルシアのダレイオス王がダティスとアルタペルネスをアテナイに派遣したが、彼らの手には捕虜にしたギリシア人のための鎖と足枷を持たせたように、金貸しの連中もこれによく似ており、ギリシアを痛い目に遭わせようとばかりに、契約書だとか証文だとかで一杯の壺を足枷よろしく運び込み、町という町をのし歩いては通り抜けて行く。
>
> 　彼らはお金を手渡すや間髪を入れず支払いを求め、お金を出したとおもうと取立てるし、利息として受け取ったものを貸付ける。
>
> （…）
>
> それだから、無から何も生じないなどと自然学者がいおうものなら、金貸し連中から恰好の物笑いの種にされ

てしまうだろう。それというのも、この連中にあっては、まだ存在せず現存もしないものから利子（ウスラ）が生じるのだから。[30]

初期キリスト教父たちの著作にも、富裕な金貸しの張り巡らすクモの巣に捕らえられた人びとの悲惨と絶望についての、はてることのない記述であふれている。ついには、この手段を通じて、平民によって形成されてきた自由への小窓は閉ざされ、自由農民はおおかた根絶されたのである。帝国末期には、完全に奴隷というわけではない地方在住のほとんどの人びとは、実質的に、富裕な領主の負債懲役人（debt peons）と化していったのである。そして最終的にこの状況が、勅令によって公式のものとなり、農民を土地に緊縛することになった。[31] 軍隊の基盤となる自由農民がいなくなったため、国家は、帝国の辺境のいたるところで蛮族ゲルマン人の武装と徴兵に依拠せざるをえなくなった。その結果をここであらためて述べる必要はないであろう。

インド

さまざまな側面からみて、インドほど古代地中海世界とは異質である文明はみあたらない。ところがそこにも、同一の基本的なパターンが顕著なほどみられるのである。

インダス渓谷の青銅器文明は前一六〇〇年前後に崩壊した。それとはべつの都市文明がインドに出現したのはおよそ一〇〇〇年後である。その新しい文明は、ガンジス川以東をかこむ肥沃な平野に集中した。ここにもまた、武装平民と都市の民主的集会が支えるかの有名な「クシャトリヤの諸共和国」から、選挙君主制、あるいはコーサラ国やマガタ国といった中央集権的帝国にいたるまで、さまざまの政体の混在がみられる。[32]（将来ブッダとなる）

ゴータマも（ジャイナ教の開祖となる）マハーヴィーラも、それぞれこれらの共和国のうちのひとつで生を受けたが、双方とも最終的には巨大帝国のなかで教えを説くようになった。また、それらの帝国の支配者たちは、しばしば放浪の修道者や哲学者のパトロンとなった。

王国も共和国も、自国の銀および銅の鋳貨を生産したが、いくつかの点で、共和国の方がより伝統的であった。というのも、自治的な「武装平民」は、一般的に土地を共有しそこで農奴や奴隷を使役していた伝統的なクシャトリヤ［インド社会のカーストの第二の種姓。元来は王族や武士の階級であった］または戦士のカーストから構成されていたからである。[*33] それに対して諸王国は、根本的に新しい制度、すなわち、訓練された職業的軍隊に基盤をおいていた。多様な出自の若い男性に開かれ、中央権力によって支給された装備を有し（兵士たちは入市のさい武器と甲冑の照合検査を受けねばならなかった）、気前の良い給料を与えられる、そのような軍隊である。

その起源はさておき、硬貨と市場の登場は、ここでもまた、なによりもまず戦争機構をまかなうことを目的としている。マガダ国が最終的にライバルたちを凌駕したとすれば、その理由の大部分は、ほとんどの鉱山を手中にしていたことにある。それにつづくマウリヤ朝（前三二一—前一八五年）の高官のひとりであるカウティリヤによって執筆された政治論である『実利論（Arthasastra）』は、まさにこの問題について論じている。「国庫は鉱山を源とする。国庫より軍隊が成立する。国庫に飾られた領土は、国庫と軍隊により獲得される」。[*34] 政府はその人員をどこよりもまず地主階級から登用している。地主階級は訓練された行政官はもちろん、それ以上に専従兵士を供給した。兵士と行政官の給与は、それぞれ地位にしたがって細やかに決定されていた。この軍隊は巨大なものであったと考えられる。ギリシア語の資料によると、マガタ国は、歩兵二〇万人、騎兵二万人、ゾウ四〇〇〇頭を戦場に展開することができた。この軍隊に対し、アレクサンドロス大帝の部下たちは、正面対決をいやがって反乱を起こしている。それらの軍勢には、軍事行動の最中であれ駐留の最中であれ、多様な野営随行者——下級商人、売春婦、従者といった――がついてまわっていたが、兵士たちとともにそのような人びとを媒体そのものとしながら、はじめて現金経済が形成されたようにおもわれる。*35 二、三〇〇年後、カウティリヤの生きた時代までには、国家がこの過程のあらゆる側面に介入している。たとえば、兵士に惜しみなく賃金を支払い、ついでひそかに行商人に官吏を取って代えるよう、カウティリヤは提案している。それでもって供給品に通常料金の倍額を請求できるはずだというのである。カウティリヤはまた、大臣の権限下で売春婦たちを組織し、スパイとして訓練し、臣下の忠誠について詳細にわたって報告をさせるよう進言もしている。

かくして、戦争から生まれた市場経済が徐々に政府によって乗っ取られていった。この過程によって通貨の拡大は抑制されるどころか、二倍にも三倍にもなったようだ。すなわち、軍事的論理が経済全体にまで拡大されたのである。政府は、穀倉庫、工房、商館、倉庫、牢獄を計画的に設置し、有給の役人を配置する。次に、あらゆる生産物を市場で売りに出し、兵士や役人に支払われた銀貨を集め、ふたたび王室の国庫に戻すのである。*36 その結果は日常生活の貨幣化であった。そのたぐいの事態はその後二〇〇〇年にわたってインドが経験することがなかったのである。*37

動産奴隷制にも似たような事態が起きていたようだ。動産奴隷制は強力な軍隊が擡頭する時代には日常化する傾向のある――その点でもこの時代はそれ以外のインド史のほとんどの時点と異質であった――が、それも徐々に政府の管理下におかれるようになった。*38 カウティリヤの時代までには、ほとんどの戦争捕虜が市場で売りに出されるのではなく、新たに占領された土地に設置された政府管轄の村に移動させられるようになっていた。捕虜たちはそこから離れることを許されなかった。少なくとも規則からするならば、これら政府管轄の村はきわめつきの荒涼たる場であった。つまり、いかなる祝祭的な娯楽も公式に禁じられた、まぎれもない苦役労働収容所だったのである。雇われた奴隷は、多くの場合、刑期のあいだ国家によって貸し出された罪人であった。

新しいインドの王たちは、軍隊とスパイとすべてを管理する行政官にかこまれ、旧来の坊主臭いカースト制やヴェーダ的儀礼にはほとんど興味を示さなかったが、当時いたるところで芽生えつつあった新しい哲学的思考、宗教的思考には、その多くが熱烈な関心をよせていた。しかし時がたつにつれ、戦争機械がきしみはじめる。なにゆえそうなったのか、はっきりわかっていない。アショーカ王の時代（前二七三―前二三二年）には、マウリヤ朝は現在のインドとパキスタンのほぼ全土を支配するようになっていたが、インド版の軍事＝鋳貨＝奴隷制複合体は、はっきりと緊迫の徴候をみせている。なかでもあきらかであるのは、おそらく鋳貨の品質低下であった。二世紀かそこらのあいだに、ほぼ純銀であったものがおよそ銅五〇パーセントのものにまで劣化していたのである。[*39]

アショーカ王が、征服によって君臨したことはよく知られている。彼は、前二六五年に、インドに残存していた最後の共和国のひとつであったカリンガ王国を壊滅させた。王自身の報告によると、そのとき数十万人が殺害されたか、奴隷として連れ去られた。のちに王は、この大虐殺を痛切に悔い悩んだ果てに戦争を完全否定し、仏教に帰依し、以後、じぶんの王国はアヒムサ *ahimsa*［不殺生］あるいは非暴力の諸原理によって統治されると宣言した。王は、首都パトナに建つ花崗岩の巨大な支柱のひとつに刻まれた布告のなかで、「わが王国においては、生きとし生けるものは殺められたり、生贄に供されたりしてはならない」[*40]と宣言したが、それはギリシア使節メガステネスを感嘆させた。もちろんこのような宣言を字義通りに解釈することはできない。アショーカ王は、生贄の儀式を菜食の宴会に取って代えたかもしれないが、軍隊は撤廃せず、死刑を廃止せず、奴隷制を違法化することさえしなかったのだから。だが彼の統治は、エートスのうちに革命的転換を刻印した。侵略戦争は放棄され、スパイ網や国家官僚とともに、軍隊の大部分が動員解除され、それにともなって、急増する托鉢教団（仏教徒、ジャイナ教徒、そして遁世のヒンドゥー教徒をもふくむ）には、社会的徳性（モラリティ）について村々で伝道するための国家的支援が与えられるようになった。アショーカ王ならびにその後継者たちは、これらの教団に相当量の財源を割いたが、その結果、つづく数世紀のあいだ、亜大陸のいたるところで数千の仏舎利（ストゥーパ）や僧院が建立されることになったのである。[*41]

アショーカ王の改革について考えることが有益なのは、わたしたちのいくつかの基本的なおもい込みがどれほど誤っているかがあきらかになるからである。とりわけ、貨幣と硬貨とはおなじものであり、流通する硬貨が増加すれば交易も活発になり、民間商人の役割が大きくなる、というおもい込みである。現実には、マガダ国家は市場を推進したが、民間商人には懐疑的で、彼らの大部分を競争相手とみなしていた。[*42]商人たちは、最も早期からの、そして最も熱心な新宗教の支持者のうちにふくまれる（ジャイナ教徒たちは、生けるものすべてへの危害を禁ずる厳格な戒律のため、実質的に商人カーストたることを強いられた）。商人たちの利害は、アショーカ王の改革を完全に支持していた。ところがその結果、日常的取引における現金の使用が増加するどころか、まったく反対の事態がもたらされたのである。

初期仏教徒の経済的姿勢には、謎めいたところがあると長いあいだ考えられてきた。一方で、僧侶たちは個人として財産所有することができなかった。ほとんど法衣と托鉢の椀を所有するのみの質素なコミュニズム的生活を送ることになっていたのである。金銀製の物品にはふれることすら禁止されていた。しかしながらその一方で、仏教は、その貴金属への懐疑にもかかわらず、信用協定に対しては常に寛大（リベラル）な態度をとってきた。偉大な世界宗教のなかで、公式に徴利を糾弾したことがない数少ないひとつが仏教なのである。[*43]しかしながら当時の文脈を考慮するならば、これらのどこをとっても、とくに神秘的な要素はない。宗教運動にとって、暴力と軍事主義を拒絶するが商業には反対しないという姿勢は完璧に理にかなっていた。[*44]これからみていくように、アショーカ王の王国は長つづきせず、より弱体でおおよそより小規模な諸国家の交替がみられるが、そのあいだにも仏教は根づいていった。大がかりな軍隊の衰退は、いずれ鋳貨のほとんど全面的な消失につながった。それとともに、さまざまなかたちの信用が開花して、時を追うにつれ洗練をみせていくのである。

中国

およそ前四七五年まで、中国北部［華北］は、名目的には帝国だったが、皇帝は表看板に成り下がり、事実上、諸王国が君臨していた。前四七五年から前二二一年までの時代は「戦国時代」と呼ばれている。この時期は名目上の統一さえ放棄されていた。最終的に国家は秦によって統一されるものの、この王朝はただちに大規模な民衆蜂起の連続によって滅亡し、漢王朝（前二〇六ー後二二〇年）が取って代わる。漢の建国者は、それ以前は辺鄙な田舎の城守で農民の指導者だった劉邦で、彼はその後およそ二〇〇〇年にわたってつづく儒教思想と科挙制度、文治主義を採用した中国初の指導者となった。

とはいえ、中国哲学の黄金時代は統一前の混乱の時代であり、典型的な枢軸時代のパターンを踏襲している。すなわち、分裂した政治情勢、訓練を受けた職業的軍隊の勃興、主にその支払いのための鋳貨の創出である。*45 それに加えて、市場の発展を刺激するために設計された政府の政策、中国史において後にも先にも匹敵する規模のない動産奴隷制、遍歴の哲学者および宗教的預言者たちの出現、知識人諸学派の抗争、そしてそれにつづいて、新しい哲学を国家宗教に変容させようとする政治指導者たちによる試みが観察されるのである。*46

通貨制度をはじめとして重要な違いもまた存在する。中国は、金や銀の硬貨を鋳造したことはなかった。商人たちは貴金属を地金のかたちで使用していたが、実際に流通していた硬貨は基本的に小銭であった。それは鋳造された青銅の円盤で、ふつうは中央に穴があき、まとめて数珠つなぎできるようになっていた。このようなひとつづきの「現金」はとてつもなく大量に生産され、大規模な取引のためには大量に集められねばならなかった。たとえば、富者たちが寺院に寄進したいとき、その貨幣を運ぶためには牛車を使わねばならなかった。こうした現象に対する最も妥当な説明は、とくに統一後の中国の軍隊が巨大であったことである。戦国時代の軍隊のなかには一〇〇万人の兵をかぞえるものもあった。だが、彼らには、遠い西の諸王国の軍隊ほど職業的でなく高給も支払われていなかった。そして秦王朝および漢王朝の時代以降、支配者たちは、みずからの軍隊が独立した権力の基盤とならないよう、その状態を維持するように注意を払っていたのである。[*47]

また、中国の新しい宗教および哲学運動は、そもそもはじめから社会運動であったという大きな差異がある。べつの場所では、むしろ、徐々にそうなっていったのである。古代ギリシアでは、哲学は宇宙論的思索とともにはじまった。哲学者たちは運動の創始者というより、おそらく二、三名の熱心な弟子に取り囲まれていたとおぼしき個々の賢者であった。[*48] ローマ帝国の支配下で、ストア派やエピクロス派、新プラトン派といった哲学諸学派は――少なくとも、読み書き討論するだけでなく瞑想や食事制限、体操によって哲学を「実践する」多数の教養ある支持者たちがついていたという意味において――ある種の運動となった。とはいえ、哲学運動は基本的にエリート市民層の専有物であった。哲学は、キリスト教やそれ以外の宗教運動の勃興によってはじめて、それ以上のものになったのである。[*49] インドにおいても似たような展開をみてとることができる。魂の本質と物質的宇宙の構成について理論化した厭世的バラモン、森の賢人、放浪の托鉢僧にはじまり、仏教徒、ジャイナ教徒、アージービカ教［仏教とほぼ同時代に起こった古代インド宗教の一派］、そしてほとんど忘れ去られたそれ以外の哲学運動を経て、最終的に、多数の僧侶、神殿、学校、平信者のネットワークをしたがえる大衆的宗教運動にいたるのである。

中国においては、戦国時代に開花した「諸子百家」の創始者の多くが、諸侯の関心を惹かんとして都市から都市へと移動して日々をついやす放浪の賢者たちであった一方、最初から社会運動の指導者だった者たちもいた。そういった運動のなかには指導者をいだかないものさえみてとれる。たとえば農民知識人によるアナキスト運動であった農家は、国家間の裂け目や亀裂に平等主義的共同体を形成しようと試みている。[*50] 墨家は、都市部の職人を社会基盤としていたようだが、平等主義的合理主義者で、戦争と軍事主義に哲学的に反対するだけでなく軍事技術者の部隊を組織し、どの戦争においても侵略に抵抗する側に志願することで、積極的に紛争を妨げてきた。宮廷儀式を重んじる儒家でさえ、その初期においては、主要には民衆教育に割いた努力によって知られていたのである。[*51]

唯物論1　利潤の追求

これらのことをどのように解釈すべきか？　この時代の大衆教育運動がヒントになる。枢軸時代は人類史においてはじめて、書き言葉を学ぶことがもはや聖職者と官吏と商人に限定されることなく、市民生活に十全に参加するうえで不可欠になった時代である。アテナイにおいては、まったくの文盲は田舎者のみであるという見方が常識であった。

大衆の読み書き能力なしに、大衆的知識人運動の出現も、枢軸時代の思想の拡がりも不可能だっただろう。ローマ帝国を急襲する蛮族の軍隊の指導者たちさえ三位一体の神秘について意見をもたねばならぬように感じるような世界、中国の僧侶たちがインドの古典的仏教の一八学派の優劣について議論することに時を忘れるような世界。この時代の終わりまでに、諸思想は、このような世界を生んでいたのである。

市場の成長もまたひとつの役割をはたしていたことはうたがいない。お決まりの地位や共同体の足枷から人びとを解放する手助けをするのみならず、投入と産出あるいは手段と目的を予測する合理的な計算のような慣習をも奨励したのである。これらすべては、おなじ場所と時代に出現しはじめた合理的探求の新精神のなかに、必然的に反響をみいだしたはずである。「合理的（rational）」という言葉でさえなにごとかを示唆している。すなわち、この語はもちろん――YはXの何倍かという――「比率（ratio）」から派生している。このような数学的計算は、かつてはおもに建築家や技術者に使われていたものであった。ところが市場の勃興とともに、市場でだまされたくなければだれもが学ぶべき心得となったのである。だがここで注意しなければならない。つまるところ貨幣それ自体にはなにも新奇なところはなかったのだ。すでに前三五〇〇年、シュメール人の農民および商人たちは、そのような計算術に完全に習熟していた。しかし、わたしたちの知るかぎり、それにあまりに感銘を受けたために、数学的比率こそ宇宙の本性と天体の運動を理解する鍵であるとか、万物は究極的には数から構成されているといったふうに、ピタゴラスのように結論づけた者はだれひとりとしていなかったし、この認識の共有を基盤として秘密結社を結成して、討議を交わしたり追放したり破門し合ったりする、などといったこともなかったのだ。[*52]

なにが変化したのか理解するには、枢軸時代のはじまりに出現したある特殊な種類の市場にふたたび目をむける必要がある。すなわち、隣人さえも赤の他人のごとく扱うことを可能にした、戦争から生まれた非人格的な市場である。

人間経済においては、諸々の動機は複合的であることが想定されている。領主が家臣に贈物をするとき、心からその家臣に恩恵を与えんと切望していることをうたがう理由はなにもない。たとえそれが忠誠を確保する戦略的手段であり領主が偉大で家臣は矮小であることを万人に誇示する意図がふくまれていたにせよ、である。ここに矛盾を感じさせるものはない。同様に、対等な者たちのあいだの贈与も、愛、妬み、誇り、恨み、共同体の連帯、などの多数のことがらからなる多層の厚みをはらんでいるものである。こういったことをあれこれ推測することが、主要な日常的娯楽形態でさえあったのだ。とはいえ、ここには欠落しているものがあって、それは最大の自己中心的(「利己的(self-interested)」)動機こそが必ずや真の動機であるという感覚である。[他者の]隠された動機についてあれこれする者にとって、あいつはじぶんの利益のためにやっているのだと推測することと、ひそかに友人を助けようとしているのだとか敵に打撃を与えようとしているのだと推測するのは、同程度にありうるものであったのだ。[*53] 初期の信用市場の勃興に直面しても、こうした事情が大きく変化した様子はない。そこでは借用証書の価値は、発行人の手取り所得とおなじく、その人物の性格にも依存しており、さらに愛や妬みや自尊心などの動機が完全に無視されることもありえなかった。

見知らぬ者たちのあいだの現金取引はそれとは異なっていた。取引が戦争の最中に企てられ、かつ戦利品の処理や兵士への支給に関係する場合にはますますそうなった。そのようなときには売買される物品の来歴にこだわらない方が無難であるし、いずれにせよ継続的な人格的関係をつくることに関心をもつものなどもいない。ここでは取引というものは、端的にある量のXがどの量のYに相当するかを定める計算と化してしまっている。すなわち、比率の計算、品質の評価、最大の利益を獲得しようとする企図に還元されているのである。ここから枢軸時代には人間の動機についての新しい思考法が生まれる。すなわち動機の根本的な単純化であって、それが「利益（profit）」や「優位性（advantage）」のような概念について語りはじめることを可能にするのである。そして次のような想像をめぐらせることも可能になる。人間が本当に追求しているものは、いついかなるときもそれ「利益、優位性」である、と。あたかも戦争の暴力や非人格的な市場のおかげで、それ「自己本位な利益」以外のことも気にかけているふりをしなくてすむようになったとでもいわんばかりである。ひるがえって、まさにこれ「動機の根本的単純化」こそ、人間の生を手段と目的の計算の問題に還元できるものであるかのように、天体の引力と斥力の研究とおなじ方法で検討できるようなものであるかのように、おもわせてしまうのである。[*54] この基本的前提が現代の経済学者のそれに非常に似たものであるとすれば、それは偶然ではない。とはいえ、貨幣、市場、国家、軍事が、すべて内的に結合している時代にあっては、貨幣はなによりもまず軍隊への支払いに必要だったという違いがある。貨幣を生産するための金（きん）が必要である、金を採掘するには奴隷が必要である、奴隷を捕獲するためには軍隊が必要である、その支払のためには貨幣が必要である、というわけだ。「熾烈な競争（cutthroat competition）」が、しばしば文字通りに相手の喉をかき切ることを含意するような時代には、利己的な目的が平和的な手段によって実現可能であるとはだれも想像だにしなかったのである。こうした人間性についての理解が、おどろくべき一貫性をもってあらわれはじめたのは確実である。ユーラシア大陸を横断して鋳貨と哲学の出現が目撃される場所ならどこであっても、である。

この点にかんして中国の事例は異例なほどあけすけである。孔子の時代にすでに、中国の思想家たちは利潤の追求こそが人間が生きるための駆動力であると語っていた。実際に用いられていた語彙は「利（li）」である。もともとこの語は、畑で最初に植え付けられた分に追加して収穫される穀物の増分を指していた[*55]（「利」をあらわす」その象形文字は刀とそのとなりの麦束を表現している）。そこから商業的利潤を意味するようになり、「利得（benefit）」または「払い戻し（payback）」をあらわす一般的な語彙となったのである。以下の説話は、人質にされた公子[†]が近隣に住んでいることを知った呂不韋（りょふい）という名の商人の息子の反応を語っているが、この展開をうまく描き出している。

帰宅すると彼［呂不韋］は父にこういった。「畑を耕すことで期待できる、投資上の利益は如何ほどのものでしょう?」

「投資の一〇倍となろう」と父は答えた。

「しからば、真珠と翡翠の投資利益率は如何ほどでしょう?」

「一〇〇倍となろう」

「しからば、支配者を確立し、国を安定させることからえられる利益率は如何ほどでしょう?」

「無限大となろう[*56]」

呂は公子の大義に賛同し、ゆくゆくは彼を秦の王位につけようと画策した。やがて王の息子の丞相となり、その息子が諸戦国と争ってくだし、中国の最初の皇帝、すなわち始皇帝となるための助力を惜しまなかったのである。呂によって新皇帝のために編纂された史論書［『呂氏春秋』］があるが、そこには次のような軍事的助言もふくまれている。

一般原則として、敵軍が襲来するさいには、なんらかの利益を求めている。だが、襲来したあと死の見込みが濃厚になると、最も利益をうることのできる行動として逃げることを考えるようになる。すべての敵が逃げ出すことが最も利益のある行動と考えるならば、もはや刀が交わることはないであろう。これこそ軍事的事柄において最も肝要な点である[*57]［およそ敵人の来るや、以て利を求むるなり。今来りて死を得ば、且に逃ぐるを以て利を為さんとせん。敵みな、逃ぐるを以て利と為せば、則ち刃の与(とも)に接するなし。（…）これ兵の精なるものなり］。

このような世界では、英雄的な名誉や栄光の尊重、神々への誓約、あるいは復讐への欲望などは、敵につけこまれやすい弱点となるのが関の山である。この時代に生まれた国政術についての数多くの手引き(マニュアル)では、あらゆる事象が以下のような観点からとらえ返されている。すなわち、利益と優位性の認識、統治者の利益と民衆の利益との比較衡量法、統治者の利益が民衆の利益と等しい場合と対立する場合とを見定める方法。[*58]政治学、経済学、軍事戦略

---

† 秦王の子息でこのとき人質として趙に出されていた。のちに秦の王となる。始皇帝の父親。

から生まれた技術用語（たとえば「投資収益率」や「戦略的優位」などのように）が混ぜ合わされ、かつ重ね合わされているのである。

「戦国時代」において支配的な政治思想の学派は法家だったが、彼らの主張によれば、国政術においては統治者の利益のみが考慮に値する。たとえ統治者がさして賢明ではなくそのことを自覚できないとしても。それでもなお、民衆を操作するのは容易であろう。というのも民衆の動機といえばみな、おなじだからである。たとえば商鞅いわく、民衆の利益の追求は「水は高きより低きに流れるように」完全に予測可能である。[*59] 商鞅は、広範にわたる繁栄は、つきつめるならば民衆を戦争に動員する統治者の権能を損なうことになる、ゆえに恐怖こそが最も有効な統治の道具であると信じていた。その点で彼は、ほとんどの法家の同志たちより苛酷であった。しかしその商鞅ですらも、その体制は法と正義の体制を装わねばならぬと主張している。

軍事＝硬貨＝奴隷制複合体が定着しはじめる場所ならどこでも、それと似たような思想を表明する政治思想家がみられるようになる。カウティリヤも例外ではなかった。彼の著作のタイトル *Arthasastra*［『実利論』］は、統治者への助言から構成されているため、通常「国政術マニュアル（manual of statecraft）」と翻訳されているが、より字義に忠実である訳は「実利の科学（the science of material gain）」である。[*60] 法家とおなじようにカウティリヤも、統治とはモラルと正義の追求であるという口実をでっちあげる必要性を強調していたが、統治者自身に語りかけるさいには「戦争と平和は利益の観点からのみ考慮されるべきである」と主張した。たとえば、より効果的な軍隊を形成するために富を蓄積する利点、そして、その軍隊を使ってさらなる富を蓄積するために市場を占有し資源を統制する利点などなど。[*61] ギリシアでわたしたちはすでにトラシュマコスに出会った。たしかにギリシアにはわずかの違いがある。ギリシアの都市国家は王をいだかなかったし、それに私的利益と公の事柄の混同は原則的には僭主政治として万人の前で告発された。とはいえ、このことが実際に意味しているのは、都市国家さらには政治派閥さえ、まさに、インドや中国の皇帝とおなじように冷たい計算づくの方法でふるまうようになっていた、ということである。トゥキディデスの「メロス島民との対話」〔『戦史』の一部〕を読んだことがある者ならだれでも、それがどこに行き着いたかを知っている。アテナイの将軍たちは、かつて友好的だった都市の住民に、精妙なまでに理にかなった議論を提示してみせたのである。すなわち、もし、あなた方が貢祖をささげる臣民たる意思がなければ大量虐殺をも辞さぬつもりである、それはわが帝国の利益なのである。しかるにアテナイの人びとはなにゆえ、そのように決断したのか、そして、それにしたがうことが等しくメロス島の人びとの利にもかなうのはなぜなのか。[*62]

この文献のもうひとつの印象的な特色は、その徹底した唯物論である。神と女神、魔術、神託、供犠の儀式、先祖伝来の祭式、さらにはカーストや儀式の位階制度さえも消滅しているか、脇に追いやられている。それらは、目的そのものとしてではなく、物理的利得（ゲイン）の追求のために利用されるたんなる道具として扱われているのである。

このような理論をすすんで編みだそうとする知識人たちに君主が耳を傾けたことはおどろくべきことではない。この種の冷笑主義に憤慨し、これらの君主たちに対抗する民衆運動と共同戦線を張った知識人たちがいたこともおどろくべきことではない。だが、よくあるように、対抗的知識人たちはある選択をせまられた。すなわち、支配的な語彙を使用するか、その正反対を試みるのか。墨家の創始者である墨子は、前者のやり方にしたがった。彼は「利」の概念を、「社会的効用（social utility）」とでもいうべきものに転換させ、戦争自体、定義からして利のない活動であることを示そうとしたのである。たとえば彼は、軍事行動が可能なのは春と秋のみであるが、いずれも等しく有害な結果をもたらす、と指摘している。

春なら、民は播種と植栽の機会を失う。秋なら、刈取りと収穫の機会を失う。彼らがただ一度の季節を失うだけでも、無数の人びとが寒さと飢えで死ぬことになる。ここで軍隊の装備を計算してみよう。矢、軍旗、天幕、甲冑、盾、刀の柄。それらの内の破損し消滅し戻ってくることのないものの数（…）。それに雄牛と馬[63]（…）。

墨子の結論は、人間や動物の殺戮と物質的損害を合計するなら、勝者にとってさえそれが利益を上回ることは決してない、ということであった。それどころか、墨子はこの論理をつきつめて、人間全体にとっての利益を最適化するただひとつの方法は、私的利益の追求を完全に放棄し、彼が「兼愛（universal love）」と呼ぶ原理を採用することであると主張した。要するに、市場交換の原理をその論理的帰結にまでつきつめれば、ある種のコミュニズムに行き着くほかにないと論じているのである。

儒家は、そもそもの前提をしりぞけ、［墨家とは］反対の途をたどっていった。長く人びとの記憶にとどめられている孟子の恵王との対話のはじまりの部分がその好例となっている。

「尊師よ」と王は彼を迎えた。「あなたが千里の道も厭わず、はるばるわたしのもとへやって来てくださったからには、さぞや我が国に利をもたらしてくださるのでしょう」。孟子はそれに答えてこう言った。「王よ、どうして利のことなどお話しになるのですか？　王はただ仁義の実践に努められるべきです」[64]。

とはいえ、その終着点はおおよそおなじである。儒家が理想とする仁（*ren*）、つまりひとの慈悲心とは、基本的に、利益計算の、墨子の兼愛［普遍的愛］よりも徹底した反転であるにすぎない。主要な違いは、礼の技法とでも呼びうるものを重視しながら、儒家は計算それ自体への反感をつけ加えていることである。のちに道家たちは、直感と自発性の信奉とともにさらにそれをつきつめた。これらすべては、それぞれが市場の論理を反転させた鏡像を提示しようとする試みであった。ところが、つまるところ鏡像とは反転した同一物にすぎない。いずれの場合もほどなくして、わたしたちは二項対立のはてしなき迷宮に捕縛されるのである——利己主義対利他主義、利潤対慈愛、唯物論対唯心論、計算対自発性——いずれも、純粋な、計算づくの、利己的な市場取引から出発した者以外には、そもそも想像しうるはずもないものだった。*65

唯物論2　実体

そしてすでに死につつある人間として肉をさげすめ。

それは凝血と、小さな骨と、神経や静脈や動脈を織りなしたものにすぎないのだ。

——マルクス・アウレーリウス『自省録』第二巻二（神谷美恵子訳、岩波文庫、二五頁）

飢えた虎を哀れみ、薩埵（さった）王子はこういわれた。「わたしはこの厭わしい肉の袋を欲するものではない。

汝にこれを与えよう。されば、わたしはより強靭な体をうることになろう。

この施しは、わたしたちのどちらにとっても救いとなるであろう」。

——*Discourse on the Pure Land 21.12*（『ジャータカ』より）

すでにみてきたように、中国において哲学は、倫理についての議論にはじまり、そのあとはじめて宇宙の本質についての思索に変容したという意味で異色である。ギリシアとインドにおいては、宇宙についての思索が先行していた。だがどちらにおいても、物理的宇宙の本質についての問いは、ただちに精神、真実、意識、意味、言語、幻想、世界精神、宇宙的知性、人間の魂の運命についての思索に道をゆずった。

この独特の鏡の迷宮は、とても複雑であり眩惑的でもあるため、その出発点を見きわめるのはきわめて困難である。まさにつかみがたく乱反射しているのである。人類学が役に立つのはここである。なぜなら人類学者たちは、それまでこの種の対話に参加したことがなかった人間が、はじめて枢軸時代の諸概念にさらされたときどのように反応するかを観察できるという独自の強みをもっているからである。ときにわたしたちは、例外的な明晰性をもった契機に出くわす場合がある。それは、わたしたち自身の思想の本質が、そうおもい込んでいるものとほとんど真っ向から対立していることを暴露するような契機である。

カトリック宣教師モーリス・レーナルトは、ニューカレドニアで福音を説くことに長年をついやしていたが、一九二〇年代にそういった契機を経験した。彼の教え子のひとりであるボースーという名の年配の彫刻家に、精神的［霊的］な諸観念に接してどう感じたかたずねたさいのことである。

かつて、わたしが長年教えを説いてきたカナック人たちの心の発展を理解しようとして、以下のように示唆してみた。

「つまり、わたしたちは、きみの思考に精神という考えを手引きした、ということになるかね？」

彼は反論した。「精神？ そんなばかな。あんたがもってきたのは精神なんかじゃない。精神が存在することぐらいわれわれはすでに知っていた。われわれは常に精神にしたがって行動してきた。あんたがもってきたのは肉体だよ」[*66]。

人間には魂があるという考えは、ボースーにとっては自明であった。彼にとって衝撃的なまでに新奇で異質（エキゾチック）だったのは、神経や繊維の物質的集合にすぎない「肉体なるもの」が魂とはべつに存在するという考えであった。肉体は魂の牢獄であってその肉体に与える苦行が魂の賛美あるいは解放の手段になりうる、などという発想はなおさらであった。

このように枢軸時代の精神性は唯物論を基盤に構築されている。このことがその秘密なのである。わたしたちに不可視になったものといってもよいだろう。[*67] だがギリシアとインドにおける哲学的探求の発端——現在「哲学」と呼ばれるものと「科学」と呼ばれるものの違いがまだなかった時点——に目をむけてみれば、発見できるのはまさにそれである。もしそれを「理論（Theory）」［テオリア］と呼ぶことができるならば、それは次の問いではじまる。「世界はどのような実体から形成されているか？」「この世界にある物体の物質形態の背後にある根元的な素材はなにか？」「万物は一定の基本要素（大地、空気、水、火、石、運動、心、数…）の多様な組み合わせから成立しているのか？　あるいは、こういった要素もより根本的ないくつかの物質（たとえばニヤーヤ学派や、のちのデモクリトスが提唱したような微小の原子…）のとる諸形式なのか？」[*68] おおよその事例において、神、心、精神といったいくつかの観念、つまりそれ自身は実体ではないが実体に形式を与えるといった、いくつかの能動的な組織化の原理が、おなじように出現している。しかしそれは、レーナルトの神のように、不活性な質料との関係においてのみ出現するような精神であった。[*69]

このような衝動さえも、鋳貨の発明と接続するのはやりすぎにみえるかもしれないが、少なくとも古典学の世界では、まさにそれを試みる文献があらわれている。最初にハーバード大学の文学理論家マーク・シェルが着手し、より最近では英国の古典学者リチャード・シーフォードが『貨幣と初期ギリシア』（*Money and the Early Greek*）と題された著作でまさにそれを試みた。[*70]

実際に、いくつかの歴史的関連性は薄気味悪いほど密接なので、それ以外の方法で説明するのは困難である。ここで一例をあげよう。前六〇〇年頃に、リュディア王国ではじめての硬貨が鋳造されたあと、その実践は隣接した沿岸地帯のギリシア諸都市であるイオニア地方にたちまち拡がった。それらの都市のなかでも最大規模のものは巨大城塞都市であるミレトスで、独自の硬貨を造出したギリシア初の都市とされている。当時地中海で活動していたギリシア人傭兵の大部分を供給していたのもイオニアで、ミレトスが実際の司令部であった。ミレトスはその地域の交易の中心であり、おそらく、日常的な市場取引が信用ではなく主要に硬貨でおこなわれるようになった世界初の都市であった。[71] しかるに、ギリシア哲学は三人の男によって開始された。ミレトスのターレス（前六二四年－前五四六年）とミレトスのアナクシメネス（前六一〇年－前五四六年）とミレトスのアナクシマンドロス（前五八五年－前五二五年）である。いいかえるなら、貨幣制度がはじめて導入されたまさにその時代に、その都市に生きていた男たちであった。[72] この三人はみな、世界の根源である物質的実体の本質にかんする思索によって主要に記憶されている。ターレスは水を提唱し、アナクシメネスは空気を提唱し、アナクシマンドロスは新語アペイロン *apeiron* を考案した。「無限定なもの」を意味するアペイロンは、それ自体は知覚不可能だが、存在するすべての物質的基盤である純粋に抽象的な実体である。三人に共通する発想は以下のようなものであった。このような第一実体が、熱せられ、冷やされ、結合され、分割され、加圧され、広げられ、動かされるとする。そうすることで、第一実体は、人間が世界で実際に遭遇する無限である個別の物体または実体を生みだし、そこから物理的対象が構成される――そして、それらすべての形態は、ゆくゆくはすべてそこにむけて分解されていく、と。

　それはあらゆるものに変容しうるなにものかなのである。シーフォードが強調するように、貨幣がそうであった。硬貨に形象化される黄金は、抽象でもある物質的実体である。それは金属塊であり、かつ金属塊以上のなにかでもある。それはドラクマあるいはオボロス［ドラクマの六分の一相当］である。すなわち、（少なくとも十分な量があり、適切な場所で適切な時間に用いられ、適切な人物に引き渡されれば）ありとあらゆるものと無条件に交換可能な通貨単位なのである。[73]

　シーフォードにとって硬貨にかんして決定的に新しいことは、その二面性だった。すなわち、硬貨とは一片の貴金属であるとともに、それ以上のなにかでもあるという事実である。少なくともそれを造出した共同体の内部においては、古代の硬貨は、常にそれを構成する金や銀や銅以上の価値を有していた。シーフォードはこの追加価値を、公的信頼、つまり、共同体がその通貨に与える信用に由来する「信用基盤（fiduciarity）」というあかぬけしない言葉で呼んでいる。[*74] たしかに古典期ギリシアの絶頂期においては、数百の都市国家が、数多くの異なる度量衡や単位にしたがってさまざまの通貨を造出していたので、商人たちはしばしば秤をもち歩き、ローマ硬貨に対するインド商人たちのように、硬貨――とりわけ外国の硬貨――を大量の銀塊であるかのごとく扱っていた。とはいえ、都市内においては、その都市の通貨には特別な地位が与えられていた。つまり、税金や公共料金や法定罰金の支払いに使用されるさいには、常に額面価値で受領されていたのである。ちなみに、即座のインフレを引き起こすことなく卑金属を硬貨に導入するという芸当を古代の政府がしばしばおこなうことができたのも、このためである。品質低下した硬貨は海外との交易では価値を失っただろうが、自国内においては免状の購入や公共劇場への入場の場合などにさえも通用していた。[*75] ギリシアの都市国家は、非常時にあたってひんぱんに青銅や錫（すず）だけで硬貨を鋳造したが、非常事態がつづくあいだそれらを銀製であるかのように遇していた。そういうわけで、こういうこと「品質低下させた硬貨を発行すること」に、だれもが同意していたわけである。[*76]

　唯物論とギリシア哲学についてのシーフォードの議論の鍵がこれである。硬貨は一片の金属である。だが、特定の形状を与え、言葉と像を刻むことによって、それを一片の金属以上のものにすることに、市民共同体は合意したのである。だがこの力は無際限ではない。青銅の硬貨を永遠に使いつづけることはできない。鋳貨の品質を切り下げれば、やがてはインフレが発生することになる。あたかもそこには、共同体の意志と対象（オブジェクト）それ自体の物理的本質のあいだに緊張関係が存在するかのようである。かくしてギリシアの思想家たちは、突如として決定的に新しい種類の対象に、すなわち、桁外れに重要だが――かくも多数の男たちが手に入れようとして命の危険さえいとわないのだから――その本質が深い謎に包まれた対象に直面していたのである。

この「唯物論」という語について考えてみよう。「唯物論的」哲学を採用するとは、なにを意味するのか？「物質（material）」とはなにか？　ふつう、わたしたちが「物質」について語るとき、そこで言及されているのは、それからなにかべつのものを作ろうと意図するところの対象である。一本の木は生命あるものである。それが「木材」になるのは、それを切りだしてべつのものを作ろうと考えはじめるときである。そしてもちろん、一片の木材からは、ほとんどなんでも切りだすことができる。粘土やガラス、金属も同様である。それらは固体物であり、現実的であり、ふれることができるが、抽象でもある。ほとんどあらゆるものに変容する潜在力をもっているからである――あるいは、より正確には、木材一片をライオンやフクロウに変換することはできないが、ライオンやフクロウの像へと変容させることはできる――それらは、おもいつくかぎりほとんどあらゆる形状をとることができるのだ。つまり、どのような唯物論哲学においてもそうであるように、ここで問われているのは、形式（フォーム）「形相」と内容（コンテント）および実体（サブスタンス）と形状（シェイプ）の対立である。創造者（クリエーター）／製作者の頭のなかにある観念、記号、紋章あるいはモデルと、物質の物理的特性のあいだの衝突なのである。[*77] 観念、記号、紋章、モデルは、この物質に刻印され、物質上に構築され、物質に押しつけられ、物質を介して現実のものとなるというわけである。硬貨の到来とともに、それはさらに抽象度の高い水準に到達した。紋章はもはや、ある人間の頭のなかのモデルとみなすことは不可能であり、むしろ集団的同意の刻印となるからである。ギリシアの硬貨に刻まれた像（ミレトスのライオンやアテナイのフクロウ）は、典型的には都市の神の紋章だった。しかし、それらは、ある種の集団的約束でもあった。その約束によって、市民たちは、以下をたがいに保証しあったのである。当該の硬貨が公的負債の支払いにさいして受領されるのみならず、だれもがどんな負債に対してもその硬貨を受領し、それゆえだれがなにを欲するときもその硬貨が使用できること。

問題は、この集団的力能が無際限でないことである。それが実際に適用されるのはその都市の内部だけなのである。都市の外へと一歩出て、暴力、奴隷制、戦争の支配する土地――船旅中の哲学者さえ競売にかけられてしまうような――に足をふみこめばふみこむほど、硬貨はますますたんなる貴金属の塊にへと変貌してしまうのだ。[*78]〈精神〉と〈肉体〉、高貴な〈理想〉と醜い〈現実〉、合理的知性とそれに抗う頑迷な肉体の衝動や欲望のあいだの戦争という発想、そして、平和と共同体は自然発生的に出現するものではなく、卑金属（base metal）に刻み込まれる聖なる記章のようによりいっそう基底的［卑近］（baser）な物質的本性上に刻み込まれる必要がある、という発想――こうした思想が、枢軸時代の宗教的、哲学的伝統につきまとうようになり、以来ボースーのような人びとを驚嘆せしめたのである。そして、これらの思想は、この新しい貨幣形式の本性にすでに刻み込まれているとみなしうるのだ。

枢軸時代の哲学のすべてが鋳貨の本質についての考察にすぎなかった、などと主張するのはばかげている。だがわたしは、鋳貨が危機的／批判的出発点だったと主張するシーフォードを正しいとおもう。それこそ前ソクラテス的哲学者たちが、みずからの問いを独特の奇妙なやり方で、すなわち、以下のように提起した理由のひとつだった。イデアとはなにか？　それらはたんなる集団的慣習なのか？　プラトンが主張したように、物質的実在の彼岸である聖なる領域に存在するのか？　あるいは、わたしたちの頭のなかに存在するのか？　あるいは、わたしたちの精神自体が、究極的にはこの聖なる非物質的領域の一部なのか？　もしそうだとすれば、そのことは、わたしたちが、自身の身体ととりもつ関係についてなにを意味しているのか？

＊　＊　＊　＊　＊

インドと中国でも、議論のかたちこそ違えど、やはり唯物論が常に起点であった。もっとも、真性の唯物論的思想家たちの立場については、その論敵の著述から知りうるのみであるが。インドの王パーヤーシはその一例である。

バーヤーシは、仏教徒やジャイナ教徒との論争を楽しみながら、次のような立場をとった。魂は存在しない、人間の身体は空気、水、大地、火の特殊な配合にすぎない、人間の意識はそれらの諸要素の相互作用の結果である、わたしたちが死ねばそれらの要素に分解するだけである。*79 だがこのような考えは、あきらかにありふれたものだった。枢軸時代の宗教さえ、おおよそ以前と以後の宗教にみられる超自然的な力への情熱をひどく欠いている。以下のような議論が継続していることに証言されているように。すなわち、仏教はそもそも宗教であるのか？　それは、どのような全知全能の至高存在の観念をも拒絶しているではないか。あるいは祖先を敬いつづけなくてはならないとする孔子の訓戒は、たんなる親孝行の奨励にすぎないのではないか、それとも死んだ祖先が存在しつづけるという信念にもとづいているのか。こうした疑問があらわれてしまうという事実がすべてを語っているのである。しかしそれと同時に、なによりもこの時代から生き延びてきた——制度的な観点からみて——ものこそが、「世界宗教」といわれるものなのだ。

こうしてみると、ここにみられるのは奇妙な往復運動、攻撃と反撃ということになる。そんな動きによって、市場、国家、戦争、宗教のすべてが、たえず分離したり、あるいは結合しあうのである。可能なかぎり簡潔に要約してみよう。

(1) 少なくとも近東においては、市場はまず政府の行政機構の副次的効果として出現したようだ。しかしながら時がたつにつれ、市場の論理は軍事的活動に巻き込まれていった。そこでは市場の論理は、枢軸時代の戦争における傭兵の論理とほとんど見分けがつかなくなり、最終的にその論理が、政府それ自体を征服し、政府の目的そのものまで規定するようになった。

(2) その結果、軍事＝鋳貨＝奴隷制複合体の出現する場所ならどこにおいても、唯物論哲学の誕生がみられるようになる。唯物論的であるというのは、次の二つの意味においてである。すなわち、聖なる諸力でなく物質的諸力から世界は形成されていること。人間存在の最終的目的は物質的富の蓄積であるということ。そして

(3) そこでは、徳性（モラリティ）や正義のような諸理念も、大衆を満足させるべく設計された道具として再文脈化されていった。

どこにおいても、こうした事態と格闘しながら、人間性と魂についての思想をつきつめ、倫理と徳性（モラリティ）の新しい基盤をみいだそうとする哲学者たちがみいだされる。

(4) どこにおいても、こうした並外れて暴力的かつ冷笑的な新しい支配者たちと対決しながら不可避的に形成された社会運動と共同戦線を張る知識人たちがみられる。そこから人類史にとって新しい現象が生まれた。すなわち、知識人の運動でもある民衆運動である。このとき現存する権力装置に対立する人びとは、現実の性質についての特定の種類の理論の名のもとに対立するという想定があらわれたのである。

(5) どこにおいても、これらの運動は、政治の基礎としての暴力という新しい発想、とりわけ侵略的戦争を拒絶したがゆえに、なによりもまず平和運動であった。

(6) どこにおいても、非人格的市場によって提供された新しい知的道具を使って新しいモラルの基盤を考案してやろう、という初発的衝動があったようだ。そしてどこにおいても、それは頓挫した。社会的利益（social profit）という思想をもってその課題に応じた墨家は、わずかのあいだ隆盛をきわめたかとおもうと、たちまち瓦解した。そして、そのような思想を全面的に拒絶した儒教が取って代わったのである。すでにみたように、モラル上の責任を負債の観点から再定義しようとする試みは——ギリシアとインドとに出現した衝動だったが——新たな経済的状況によってほとんど不可避的だったとはいえ、一様に不満を残すものであったようにみえる。[*80] それよりいっそう強力な衝動が、負債が全面的に廃棄されてしまうような、もうひとつの世界を構想することのうちにはみられる。だがそこでは、ちょうど身体が監獄であるように、諸々の社会的絆も

束縛の諸形態とみなされてしまったのだ。

(7) 統治者の姿勢は、時ともに変化した。当初は、個人としては冷笑的な現実政治（リアルポリティック）の諸説を信奉しながら、新しい哲学的、宗教的諸運動に対しては興味本意の寛容を示していた。だが、交戦する諸都市および諸公国に大帝国がとってかわるにつれ、そしてとりわけこれらの帝国が拡張の限界に達して軍事＝鋳貨＝奴隷制複合体を危機に引きずり込むにつれて、すべてが変化した。インドでは、アショーカ王が仏教にもとづく王国の再建を試みた。ローマでは、コンスタンティヌス帝がキリスト教に救いを求めた。中国では、類似した軍事的および経済的危機に直面した前漢の皇帝である武帝（前一五七－前八七）が儒教を官学として採用した。三人のうち、最終的に成功したのは武帝のみであった。かたちを変えながらも中華帝国は二〇〇〇年にわたって存続し、そのあいだ儒教がほとんど常に公式イデオロギーの座にとどまったのだから。コンスタンティヌス帝の場合、西ローマ帝国は崩壊したが、ローマ教会は存続した。アショーカ王の計画が、最も成功から遠かったといえる。彼の帝国は崩壊し、より弱体でほぼ分断されていた諸王国がそれに取って代わっただけでなく、仏教自体が、かつての彼の版図からほとんど駆逐されていった。それでも仏教は、中国やネパール、チベット、スリランカ、朝鮮半島、日本そして東南アジアのほとんどで、より確固たる根をおろしたのである。

(8) その最終的効果は、人間の活動領域の一種の観念的分断であって、それは今日までつづいている。すなわち、かたや市場、かたや宗教というわけである。もっとおおざっぱにいってみよう。利己的な物財の獲得に社会のある部分をあてがったとする［市場］。すると、だれかべつの人間が、それとはべつの領域を確定しようとするであろうことは、ほぼ不可避である。そしてその領域から説教をはじめるわけである。究極の価値という観点から物質的なものは無意味である、利己的なものは——自己すらも——幻想である、与えることは受けとることより高貴である、と。いずれにせよ枢軸時代の宗教が、それ以前には存在しないも同然だった慈愛（チャリティ）の重要性をおしなべて強調したことは、まちがいなく重要である。純粋な貪欲と純粋な寛大とは相補的な概念なのである。どちらも他方抜きでは想像することすらできない。双方とも、そのような純粋かつ目的の限定されたふるまいを要求する制度的文脈においてのみ生じえたのだ。そして、双方とも、非人格的で物理的な銭貨が姿をあらわす場所であればどこでも、そろって出現しているようにおもわれる。

宗教運動については、現実逃避者であると決めつけるのはかんたんである。枢軸時代の帝国において、犠牲者たちには来世での解放を約束しつつ現世での運命を忍従させ、富める者たちには貧者たちへのあなた方の義務は折りにつけての慈善による寄付だけであると納得させるのだ、と。ラディカルな思想家たちは、ほとんど一様にこう決めつけている。たしかに、政府がだんだんそれらを奉ずることになっていったこと自体、このような見方の証拠となっている。だが、問題はより複雑である。そもそも、現実逃避についてはそのような見方ですむようなものではない。古代世界における大衆反乱は、たいてい叛徒の虐殺に終わった。すでに観察したように、大脱出（エクソダス）や離脱（ディフェクション）といった物理的逃避は、わたしたちの知る最も古い時代から、抑圧的な条件に対する最も効果的な応答でありつづけてきた。物理的逃避が不可能な場合、抑圧された農民はいったいなにをすべきだろうか？　だまっておのれの悲惨を観想することか？　少なくとも、彼岸的な宗教は、根本的なべつの（ラディカル・オルタナティヴ）世界を垣間みさせてくれた。それらはしばしば、この世界における別世界を創造すること、なんらかの解放空間を創造することを人びとに可能にしたのだ。古代世界で奴隷制の廃止に成功した人びととは、エッセネ派などの宗教的宗派だけだったことはまちがいなく意味深い。彼らは、大きな社会秩序から離脱してじぶんたちのユートピア的共同体を形成することで、実に効果的に抵抗に成功したのだ。[*81]　あるいは、より小規模だが長つづきした例もある。インド北部の民主的都市国家群は、すべて巨大帝国によって根絶されていった（民主主義的政体を転覆し破壊するための徹底した戦略を提供したのがカウティリヤである)。だが、仏陀はそれらの公共集会の民主的組織化に感嘆し、弟子たちのためのモデルとして採用した。[*82]仏教の僧院は、いまでも「僧伽(sangha)」と呼ばれているが、それは、こういった共和国の古い名称である。今日にいたるまで僧院は、さもなくばすっかり忘却されていたであろう共和国の合意形成プロセスを継続し、一定の平等主義的な民主主義の理想を保持している。

結局のところ、これら諸運動のはたした大きな歴史的達成は、事実上、無意味なものではなかった。それらが定着するにつれ、事態は変化をはじめたのだから。戦争は以前よりも残忍さの度合いを低減させ、頻度も減少させた。奴隷制は制度としては衰弱していき、中世には、ユーラシア大陸のほとんどで存在意義を失うか、存在しなくなるまでにいたった。負債がもたらしてしまった社会の崩壊に、すべての場所で等しく新しい宗教的権威たちは真剣な取り組みを開始したのである。

第一〇章　中世（六〇〇―一四五〇年）

人工的な富は、それ自体、どのような自然的必要性をも充たすことのない事物から成っている。たとえば貨幣がそうであるが、それは人間による人為的発明物である。

――聖トマス・アクィナス

枢軸時代において商品市場と普遍的世界宗教という相補的な理念の出現がみられたとすれば、中世とは、それら二つの制度が合流しはじめる時代であった。

どこであれ、その時代は帝国の崩壊とともにはじまった。やがて、新しい国家が形成されたが、それらの諸国家においては、戦争と地金と奴隷制のあいだにむすばれた紐帯は解体してしまう。征服のための征服や富の獲得のための富の獲得が、政治的生活全般の目的として称賛されることはもはやなくなった。それとともに、国際的交易の管理運営から局地的市場の組織化までをふくむ経済生活は、宗教的権威の規制によってますます衰退していった。略奪的貸付を統制したり禁止しようとさえする広範な動きがあらわれたのは、その帰結のひとつである。ユーラシア大陸を貫く、さまざまな形態の仮想信用通貨への回帰は、そのもうひとつの帰結である。

だとするなら、ここにある中世は、わたしたちがこれまでなじんできたものとは異なった中世である。わたしたちのほとんどにとって、「中世」とはいまだ、迷信と不寛容と圧政の同義語である。しかし、地球の居住者ほとんどにとって、それは枢軸時代のさまざまの恐怖からのめざましい改善としか映らなかっただろう。

わたしたちに歪んだ見方をもたらしたひとつの理由は、中世とは西ヨーロッパでの出来事であるとする考えにならされていたことにある。西ヨーロッパとは、なによりもまず、ローマ帝国の辺境以上のものではなかった諸地域のことである。因習的な知識にしたがうならば、帝国の崩壊とともに、諸都市はその大部分が放棄され、経済は「物々交換に回帰し」た。その結果、そこから回復するのに少なくとも五世紀は要した、ということになっている。だが述べたように、ヨーロッパについてすらも、そのような考えはうたがわしい一連の前提にもとづいているのであって、まともにつつけばただちに崩れ去るようものだ。なかでも主要なおもい込みは、硬貨の不在を貨幣の不在と同一視するものである。ローマ帝国の戦争機械の解体とローマ帝国の硬貨が流通しなくなったことがむすびついているのはたしかである。それに、旧ローマ帝国の廃墟のうえに建設されたゴート人やフランク人の王国内で造出された少数の硬貨は、もともとの性格からして、大部分が信用（fiduciary）に基盤をおいていた。[*1]それでもなお、諸々の「蛮民法典」を検討するなら、その暗黒時代の頂点においてさえ、利子率や契約や抵当などを計算するにあたって、人びとはまだローマ帝国の通貨によって注意深く帳簿をつけて「勘定して」いたことがあきらかになる。くり返すと、諸都市は縮小し、その多くが遺棄された。しかし、それさえも一長一短であった。なるほど、そのような事態は読み書きの基本的能力に、はなはだしい悪影響をもたらした。しかし同時に、古代都市が、地方から諸資源を搾り取ることによってのみ保持されていたことを忘れてはならない。たとえば、ローマ帝国下のガリアは、諸都市のネットワークであって、有名なローマ街道によって、都市部の有力者たちに所有された奴隷制プランテーションのはてしないつらなりに接続していた。[*2]四〇〇年頃以降、街々の人口は激しく下降したものの、このプランテーションもまた消失した。つづく数世紀のあいだに、その多くが、荘園や教会、のちには城塞——新しい地元の領主たちが、周辺の農民たちから税を取り立てた——に入れ替わっていった。しかし数字を調べてみればわかるとおもうが、中世の農業は古代の農業に劣らず能率的だった（さらに、まもなくそれをしのぐようになっていった）ため、一握りの騎馬兵士や聖職者を養うために必要な作業量は、［ローマの諸］都市全体を養うために必要なそれの比ではなかっただろう。中世の農奴がどれほど抑圧されていたにしても、彼らの苦境は、枢軸時代の仲間のそれとは比較にならないものであったのだ。

とはいえ、固有の意味での中世のはじまった場所は、ヨーロッパではなくインドや中国であり、四〇〇年から六〇〇年のあいだのことである。それからイスラームの擡頭とともに、ユーラシア大陸の西半分を席捲していった。それがヨーロッパに到達したのは、ようやく四〇〇年後のことだったのである。だから、インドから話しをはじめよう。

中世インド（ヒエラルキーへの飛躍）

わたしはアショーカ王の仏教受容からインドにふれていないが、そのもくろみが結局のところ破綻したことには注意をうながしておいた。アショーカの帝国も、アショーカの寺院も長つづきしなかった。だが、この失敗にいたるまでには、長い時間がかかっている。

マウリヤ朝で帝国は最盛期をむかえた。つづく五〇〇年のあいだ、ほとんどいずれの王国も強力に仏教への帰依をつづけている。仏塔（ストゥーパ）や僧院もいたるところに建てられた。ところが、後援する諸国家はますます弱体化していった。集権化された軍隊も、解体していった。官吏たちとおなじく兵士たちもまた、報酬の支払いは、次第に給与ではなく土地の供与でまかなわれるようになる。その結果、流通していた硬貨の量も着実に減少していった。[*3] ここでもまた、初期中世は都市の劇的な衰退を経験したのである。ギリシアの大使メガステネスは、アショーカ時代の首都パトナを世界最大の都市と呼んだものだが、中世のアラブ人や中国人の旅行者たちは、一転してインドを小さな村が無数集まった土地として描写している。

その結果、ほとんどの歴史家たちは、ヨーロッパについてとおなじように貨幣経済の崩壊や交易の「物々交換への回帰」について書き記すようになったのである。しかし、ここでもまた、それは端的に誤りであるようにおもわれる。消え去ったのは、農民たちから武力で作物を徴収する(エクストラクト)方法であった。実際、当時書かれたヒンドゥー教の法律書は、保証、担保、抵当、約束手形、複利など、洗練された用語でもって、信用取引への関心の高まりを示している。[*4] これら数世紀のあいだ、インド全土にあらわれた仏教施設がどうやって支えられていたか考えてみるだけでよい。最初期の僧侶たちが、托鉢用の椀以外をもたない放浪する托鉢僧だったのに対して、初期中世の僧院は莫大な宝物であふれる贅沢な施設であることもしばしばであった。ところが原理的には、それらの事業のほとんどが、全面的に信用を介して融資されていたのである。

このイノベーションの鍵となったのは、いわゆる「永代寄進（perpetual endowments）」ないし「無尽蔵（inexhaustible treasuries）」の創造であった。たとえば、ある平信徒がじぶんの地元の僧院に布施することを望んでいたとする。その人物は、儀礼のためにロウソクを供与したり、僧院の地所の維持のために召使いを送ったりするのではなく、一定の額の金銭――あるいは多額の金銭に値するもの――を寄進することにした。その寄進された金銭は、僧院の名でもって年利一五パーセントで貸し出されることになる。その貸付からえられた利子は、それから適当な目的に割り当てられるであろう。[*5] そうした事象についての有益な描写を与えてくれているのが、サーンチーの大僧院で発見された四五〇年頃の碑銘である。［それによれば］ハリスヴァミニなる女性が、「僧の高貴な共同体（Noble Community of Monks）」に比較的小規模である一二ディナラス *dinaras* 相当の額を寄進している。[*6] 碑銘の文面に詳細に刻まれているのは、この収入をいかに割り当てるべきかである。五ディナラス分の利子は五人の僧の毎日の食事に、三ディナラス分の利子はこの女性の両親を偲(しの)んで仏を照らす三つのランプに、といった具合である。この碑銘は次のようにむすんでいる。これは「月と太陽あるかぎり朽ちることなき石のうちの記録とともに創造された」永代の寄進である、と。すなわち、元金に手がつけられることは決してないであろうから、布施は永遠であるというわけなのだ。[*7]

これらの貸付の一部はおそらく諸個人の手に渡り、それ以外は「竹職人や真鍮細工師や陶工の組合」あるいは村の集会への商業貸付にあてられた。[*8] ほとんどの場合、貨幣は計算単位であると考えねばならない。実際に取引されていたのは、動物、麦、絹、バター、果物、その他もろもろの財であり、それらの適切な利子率は、当時の法規にしたがって精密に約定されていた。それでもなお、多量の金が僧院の金庫に流入している。つまるところ、硬貨が流通しなくなったとしても、ともに金属まで消失してしまうことはなかったのである。中世において──そしてユーラシア大陸全土に該当するようにおもわれるが──金属の大部分は、宗教的施設、教会、僧院、寺院にたどりつき、そこで貯蔵庫や宝物倉に保管されるか、祭壇、聖所、祭具を金箔として飾るか、あるいは祭壇、聖所、祭具に鋳造されることになった。なによりもまず、神像の素材となった。枢軸時代型の硬貨システムをふたたび流通させようと試みた──例外なく軍事的拡張のために──支配者たちが、その目的のためにしばしば意図的に反宗教的政策を推進せざるをえなかったのは、その結果なのである。おそらく、なかでも最も悪名高いのは、カシミール地方を一〇八九年から一一〇一年まで支配したハルシャ王である。ハルシャ王は「神々の破壊の指揮者」と呼ばれた、ひとりの官吏を任命したと伝えられている。後世の歴史書によれば、ハルシャ王は、らい者である僧たちを使い、計画的に尿や糞で神々の像を汚し、それによって威力を無力化したうえで、引き倒し溶解させている。[*9] その治世の末期に裏切られ殺害されるまで、彼は四〇〇〇以上の仏教施設を破壊したといわれている。以後、ハルシャ王の惨めな運命は、古式の再興がたどりつくであろう結末の事例として長いあいだ語り継がれることになる。

こうして、たいていの場合、金は神聖なものにとどまり、神聖な場所に集められた。その場所は、時がたつにつれ、仏教ではなく、ますますヒンドゥー教のものになっていったわけだが。今日、伝統的なヒンドゥーの村々からなるインドとみなされるものは、ほとんど中世前期に形成されたものだ。どうしてそうなったのかはよく知られていない。諸々の王国が栄枯盛衰をくり返すうちに、王や王子の住まう世界は、ますます大多数の人びとの日常生活からは隔絶していった。たとえば、マウリヤ帝国の崩壊直後の時代を通して、インドのほとんどの地域を統治したのは異邦人たちであった。[10] あきらかに、この拡大する距離が、地元の特権的バラモンたちに、新しい——そしてますます田園的な——社会をもっぱらヒエラルキーの原理で再編する隙を与えたのである。

彼らはそれを、なによりもまず法律行政の管理権を奪取することでおこなった。ほぼ前二〇〇年から後四〇〇年のあいだに、バラモン階級の学者によって作成された法典ダルマ・シャーストラ［ヒンドゥー法典とも呼ばれる、インドで作られた法にかんする文献群の総称］は、わたしたちにこの新社会の目標について教えてくれる。そこでは、神々、賢人、祖先に対する負債の概念といったヴェーダ的な古い理念が復活している。しかしいまやそれらの理念はバラモン階級のみに適用が限定され、バラモン階級は宇宙を統制する諸力を前にして、あらゆる人間性を代表する義務と特権とを保持することになった。[11] 劣性階級の成員たちは、教えに到達することを求められるどころか、それをまったく禁じられたのである。たとえば、マヌ法典は、どのシュードラ（農業や物質的生産に携わる最下層カースト民）も、その法の教えや聖典を耳にしたなら熱く解けた鉛を耳に流し込まれ、その法の冒涜をくり返したなら舌を抜かれねばならないと取り決めている。[12] それと同時にバラモン教徒は、みずからの特権を死にもの狂いで保守してはいたものの、業（カルマ）や輪廻、不殺生 *ahimsa* など仏教やジャイナ教の思想のかつてラディカルだった要素を導入してもいる。バラモン教徒は、いかなる種類のものであれ物理的暴力に手をださぬこと、さらに菜食主義者になることさえ求められた。彼らはまた、古くからの武人カーストの代表者たちと手を組んで、古くからの村落の土地の大部分について統制権を手にしていた。諸都市の衰退や破壊から逃れた職人や工芸家たちはしばしば救いを求める難民となりはて、次第に下層カーストの隷属者に身を落としていった。その結果あらわれたのは、地方における土着のパトロネージ体系——ジャジマーニー *jajmani* 制として知られるようになった——であって、それはますます複雑化していったのである。この体系において、難民たちは地主カーストに仕え、しかるに、地主カーストはかつて国家が担っていた役割——保護や司法機能を提供したり労働税を徴収するなど——の多くをひきついだ。それだけでなく、彼らはまた実際の国王の代表たちから地域共同体を保護もするという役割も担ったのである。[*13]

国王の代表たちから地域共同体を保護するという役割は切実である。海外からの訪問者たちは、のちにインドの伝統的な村落の自己充足性に畏敬の念をもつことになるのだが、それは、次のような複雑精巧な制度がともなっていたためである。すなわち、地主カーストと農民、そして床屋、鍛冶屋、皮なめし人、巡回販売人、洗濯屋などの「サービス・カースト」の、全成員がヒエラルキー的秩序のうちに位置づけられ、それぞれがこの小社会になくてはならぬ独自の貢献をしているとみなされ、しかも、それらすべてが金属通貨をいっさい使用することなく運営されている、そのような制度である。シュードラや不可蝕賤民に身を貶められた者たちがみずからの卑しい立場を受け入れることができたとすれば、それは、以下の理由からのみである。土着の地主たちの強要する税が、くり返しになるが、以前の諸体制——それらの支配下では村々が一〇〇万人以上の人口を抱える諸都市を支えていた——ほど苛酷なものではなかったこと、村落共同体が国家とその代表を少なくとも部分的に遠ざけておくために有効な方法だったこと。

わたしたちは、このような社会をもたらした仕組みについて知らないが、負債の役割が重大であったことは確実である。数千のヒンドゥー寺院の創造だけで、何十万あるいは何百万もの有利子貸付が絡んでいたにちがいない。というのも、バラモン階級自身は有利子貸付を禁じられていたが、寺院はそうでなかったからである。すでに最初期のマヌ法典にその方法がみられるように、地域権力は、負債懲役制度（debt peonage）や動産奴隷などの古い慣習を万人がみずからの位置をわきまえた全般化されたヒエラルキー体系の確立と調和させようと苦心している。マヌ法典は、注意深く、奴隷がどうしてその立場に貶められたか（戦争、負債、自己売却…）によって七つの類型に分類し、それぞれの解放のための条件を解説している。だがそれにつづけて、シュードラが決して解放されることがないのは、つまるところ、彼らが他のカーストに奉仕するために創造されたからだとも述べている。[*14] おなじように、より古い法典が事業貸付をのぞいて年間の利子率を一五パーセントと定めているのに対して、新しい法典はカーストにもとづいて利子を規定している。[*15] 請求できる利子は、バラモンには上限、月々二パーセント、クシャトリヤ（戦士）には三パーセント、ヴァイシャ（商人）には四パーセント、そしてシュードラには五パーセント、といった具合である――これは年間にして、一方の極［バラモン］が二四パーセント、他方の極［シュードラ］の六〇パーセントの大きな違いになる。[*16] この法典はまた利子を支払うための五つの方法についても定めている。なかでも、わたしたちにとって最も意味深いのは、「肉体利子（bodily interest）」である。元金分の清算されるまで債権者の家や畑でおこなわれねばならない肉体労働をそれは指しているのだが、ここでもまた、カーストへのはなはだしい配慮がみられる。なにびともじぶんより以下のカーストへの使役を強制されることはできないのである。さらにいえば、債務者の子どもや孫にさえ負債が負わされるので、「元金の清算にいたるまで」は、きわめて長期になることがある。インドの歴史家R・S・シャルマが指摘しているように、こうした約定は「前借りしたわずかの額のために、おなじ家族が何世代にもわたり世襲的な耕作人に身を落とす現代の慣行を想起させる」。[*17]

まさにインドという国は、労働者人口の大部分が実質的に地主やそれ以外の債権者の負債懲役人として働いていることで悪名を高めてきてきた。こうした諸制度（アレンジメンツ）は、時とともに容易なものとなっていった。ほぼ後一〇〇〇年頃までに、ヒンドゥー教の法典が上位カーストの成員による徴利に課していた規制はその大部分が消失している。ところがその一方、後一〇〇〇年というのは、おおよそイスラーム――徴利を一掃した宗教である――がインドに出現した時期と重なっている。つまり少なくともいえるのは、こうした問題［徴利の慣習のような］への異議申し立てが消えてしまうことは決してないということである。それに、そのころのヒンドゥー教の法典さえ、古代世界にみられるたいていの事象と比較するならば、はるかに人間的だった。概して、債務者が奴隷にされることがなく、女性や子どもの売買の証拠もそれほどみられないのだから。実際、そのころまでには、あからさまな奴隷制は地方からは消えてなくなっていた。そして負債懲役人も、厳密にいえば人質（ポーン）でさえなかった。彼らは法規にしたがって自由な契約にもとづいて利子を支払っていただけなのである。支払いが何世代もかかった場合について、法律はこう規定している。たとえ元金が支払われなかったとしても、三世代目には彼らは自由の身である、と。

ここには奇妙な緊張がある。ある種の逆説である。負債と信用協定（credit arrangements）が、インドの村落制度を創造するうえでなくてはならない役割を担ったということは、大いにありうる。だが決して村落制度の基盤になりえたわけではない。ちょうどバラモンがみずからの負債の宛先を神々にむけたように、だれもがある意味でじぶんより上位の者に借りがあるとみなすことに、なにがしかの意味はあっただろう。だが視点を変えれば、それはカーストという考え方そのものを完全に転覆するものでもありえたのだ。カーストという発想においては、宇宙とは、さまざまの種類の人びとが根本的に異なった本性を体現している壮大なヒエラルキーである。これらの地位と等級は永遠に固定されていて、商品やサービスがその階層を上下移動するとしても、それらは交換の原理ではまったくなく、（あらゆるヒエラルキー体系においてとおなじく）慣習と先例にしたがっている。フランスの人類学者ルイ・デュモンが、これを「不平等」というのは的外れである、と主張したのは有名である。なぜなら、その言葉を使用することそれ自体のうちに、ひとは平等でなければならず、またなりうる、という信念が含意されてしまっているからである。この考え方はヒンドゥー教の思想にはまったく未知のものだった。[*18] 彼らにとっては、みずからの責任を負債として想像することが根底的に転覆的だったのだ。というのも、負債とは、定義上、対等な者たち——少なくとも契約上で対等な当事者という意味で——のあいだの、返済しうる、かつ、返済せねばならないという取り決めなのだから。[*19]

人びとに対して、最初にあなたがたは対等であると告げ、そのあとで屈辱を与え貶めるのは、政治的にはとても賢明な考えとはいえない。チアパスから日本まで、農民蜂起といえば、カースト制度ないし奴隷制のもとであってすら、構造の問題を標的にするより負債を払拭する目的で、かくもひんぱんに生じてきたわけであるが、おそらくその理由はここにある。[*20] 英国によるインド統治が、植民地インドにおける労働管理の基盤として負債懲役制度を――カースト制度に重ねるかたちで――利用したとき、たびたびこのことをおもい知らされ地団駄をふむことになる。おそらく、その典型である大衆蜂起は一八七五年のデカン暴動であろうが、そのとき負債を負った農民たちは、決起して、地元の金貸しの帳簿を奪取してはしらみつぶしに破壊していった。負債懲役制度は、純粋な不平等に基盤をおく制度よりも、怒りと集団的行動を鼓舞する可能性が高いようにおもわれるのだ。

中国：仏教（無限負債の経済）

中世の標準的尺度からすると、インドは偉大なる枢軸時代の宗教の誘惑に抵抗したという意味で特別だった。だがそこにもおなじ基本的なパターンがみられる。帝国、軍隊、現金経済の衰退と、国家から独立した宗教的権威の擡頭であるが、それらはみずからの大衆的正当性の大部分を、出現しつつある信用制度を調整する能力を通じ克ち取っていった。

中国は対立する極を代表しているといえるかもしれない。枢軸時代後期の帝国と宗教をむすびつける試みが完全な成功をおさめた場所が中国である。なるほど、他の地域と同様、ここでもまず解体の時期があった。二二〇年頃の漢王朝［後漢］の崩壊後、中心国家は解体し、諸都市は縮小し、硬貨は消失するなどの出来事が生じたのである。しかし中国ではこれは一過性のものにすぎなかった。マックス・ウェーバーがかつて指摘したように、真に効率のよい官僚機構がひとたび創設されるや、それを除去するのはほとんど不可能である。そして中国の官僚機構は比類なき効率性を誇っていたのである。まもなく旧来の漢の制度が復活した。すなわち、古典的文書に学び科挙制度を通して選抜された、儒学者官僚によって運営される中央集権的国家である。細部にわたって組織された中央・地方官庁では、通貨供給量が、それ以外の経済的要因とおなじく、たえまなく監視され規制されていたのだが、官僚たちはそこで仕事にはげんでいたのである。中国の貨幣理論は常に表券主義であった。これはひとつには規模の結果にすぎないともいえる。帝国とその内部の市場があまりに巨大だったので、海外との交易がとくに重要になったことはなかったのである。したがって、政府を統括する者たちは、税はこれこれの形態で支払うことと布告するだけで、ほとんどいかなるものでも貨幣にしてしまえることを十分承知していた。

諸政府に対する大きな脅威は常に変わらず二つの要因であった。北方の遊牧民（当局は組織的に彼らの買収をおこなっていたが、それでもたびたび中国の諸地域に侵入し征服をくり返した）および民衆による政情不安や反乱である。後者は人類史上ほかに類をみない規模でほとんど不断に発生した。中国史には、一時間にほぼ一・八回の割合で農民反乱が記録された数十年間があったともいわれる。[*21] のみならず、それらの反乱はたびたび成功していた。（元や清などのような）異邦人の侵略によるものでない、（漢、唐、宋、明など）中国の名だたる王朝のほとんどが、そもそも農民蜂起から勃興している。このようなことは世界のどこにも類例がない。そのため、中国の国政術（ステート・クラフト）はつまるところ、十分な資源を都市に集中させることで都市住民を養い、遊牧民を遠ざけ、反抗の火種である地方住民を武装蜂起させないよう配慮することへと帰着するのである。家父長的権威、［出世への］機会均等、農業の振興、軽量の税、政府による慎重な商人の統制など、儒教の公式イデオロギーは、あきらかに（潜在的には反逆的である）田舎の家父長たちの利害や感性に訴えるべく構成されたようにもおもわれる。[*22]

こうした環境においては、地方の村の高利貸――田舎の家族にとって伝統的な災厄の種だった――に制約をかけることが、政府の変わらぬ課題であった。くり返し、耳にするおなじみの物語はこうである。自然災害か両親の葬式かはともかく、なんらかの不幸によって家運の傾いた農民が、略奪的な金貸しの罠にはまって畑や家屋を奪われてしまい、借りを返すため、かつてじぶんの地所であった土地で、身を粉にして働き、地代を払うことを強制される——そして反乱の脅威が政府に劇的な行政改革をせまる、云々。わたしたちが知っている最初期の事例のひとつは後九年の武力政変（クーデター）［禅譲革命］だが、その時、王莽（おうもう）［新朝の創建者（在位九—二三）］なる儒学者の官吏が、国家規模の債務危機に対応するという（彼いうところの）大義名分で権力を奪取している。当時の布告によると、高利貸の慣習が実質的な税率（だれかの手に渡ってしまう農民の平均的な収穫量）を三パーセントから五〇パーセントに上昇させている。[*23] それに対して王莽は、通貨改革をおこなうこと、大地所を国有化すること、国営事業——公共穀倉をふくむ——を奨励すること、奴隷の私有を禁止することなどからなるプログラムを制度化した。王莽はまた、国営の貸付機関を設立し、予期せぬ親族の死にみまわれた人びとに九〇日間の無利子貸付をおこない、さらに商業や農業への投資のために所得の月々三パーセントあるいは年間一〇パーセントの利率で長期貸付を実施した。[*24] ある歴史家によると「この計画によって、王は、すべての取引をみずからの監視のもとにおき、高利貸の暴挙を永遠に根絶やしにすることができると自負していた[*25]」。

いうまでもなくそうはならなかった。そしてその後の中国史は類似の逸話で埋まっている。広範な不平等と社会不安、そしてそれにつづいて調査委員の任命、地域的な負債の救済（包括的恩赦［blanket amnesty］かあるいは利子が元金を上回ったすべての貸付の帳消し）、安価な穀物の貸付、飢饉の救済、子どもの売買を禁ずる法などがやってくる。[*26] こうした項目が政策方針の標準となっていった。その成否は大変まちまちである。たしかに農民の平等主義的ユートピアを創造することはなかったけれども、枢軸時代的な諸条件への大幅な回帰を防ぐことにはなったのである。

わたしたちは、こうした官僚的介入——とりわけ独占と管理——を、国家による「市場」の制約とみなすならわしのもとにある。しかしそれは、市場を自己生成した擬似的自然とし、政府の役割はそれを抑えつけるか［上がりを］吸収する以外にないと考える支配的な偏見に拠っている。わたしはその誤りをくり返し指摘してきたが、とりわけ中国はその好例を与えてくれる。この儒教国家は、世界最大かつ最長の官僚機構を有していたといえようが、それが積極的に市場を促進した結果、中国における商業的生活は、またたくまに世界のどこよりも洗練されたものとなり、市場は発展をみせたのである。

儒教の学説が、商人に対し、そして利潤動機そのものに対して、あからさまに敵対していたにしても、事情は変わらなかった。商業的利潤は、投機の成果としてではなく、商品をある場所からべつの場所へ運搬する商人の労働への報酬としてのみ合法的と認められていた。実際にこれがなにを意味しているかというと、彼らは市場には肯定的であるが反資本主義的だったということである。

またもやこれは奇妙にみえる。というのも、わたしたちは資本主義と市場をおなじひとつのものと想定することに慣れているからである。だが、フランスの偉大な歴史家フェルナン・ブローデルが指摘したように、それらは多くの点において対立物であるとみなすこともできる。市場とは貨幣の仲介によって財を交換する方法である——歴史的には、それは穀物の剰余を保持する者がロウソクを、あるいはロウソクの剰余を保持する者が穀物を購入する方法である（経済学の図式では商品－貨幣－べつの商品を示すC－M－C'で表現される）——それに対してブローデルにとって資本主義とはなによりも貨幣を使ってより多くの貨幣を獲得する術策である（M－C－M'）。ふつう、この目標達成のための最もかんたんな方法は、公式的あるいは実質的ななんらかの独占を制度化することである。まさにこのために、資本家は、それが豪商であれ金融家であれ産業家であれ、例外なく政治権力と手を組んで、その目標達成を促進すべく市場の自由を規制するのだ。[*27] この視点からすると中国は、その歴史を通して究極の反資本主義的国家であった。[*28] のちのヨーロッパの君主たちと異なって中国の支配者たちは、意図的に（常に存在していた）資本家を志向する者たちと手を組むことを拒絶していた。官吏たちと歩を一にして、彼らはそうした者たちを――高利貸と違って、彼らの根本的に利己的で反社会的な動機もやり方によってはうまく活用できたにせよ――破壊的な寄生者とみなしていた。儒教の観点からすれば、商人は兵士に類似しているのであって、軍事にキャリアを求める者は、おおよそ暴力愛に駆り立てられているとみなされていた。一個の人間としては彼らは善良な人間ではない。だが国境を防衛するために彼らは必要である。それに似たような意味で、商人たちは貪欲に支配され本性的にモラルに反している。それでも、注意深く統制管理されるならば、彼らも公共の善に奉仕することができる。[*29] こうした諸原理についての評価はさまざまだろうが、それらのもたらした帰結は否定しがたい。歴史のほとんどを通じて、中国は世界で最も高い生活水準を維持してきたのだ。イギリスでさえも、それに本当に追いついたのは、おそらく一八二〇年代、産業革命の時代を十分すぎてのことである。[*30]

儒教はおそらく厳密にいって宗教ではない。それはふつう、どちらかというと倫理・哲学体系と考えられている。だから中国はこの意味でも、ほとんどの地域にあって、商業取引が宗教の統制下にあった中世に共通するパターンからはみでているともみなしうる。だが完全にそうであるわけではない。このおなじ時代における仏教のめざましい経済的役割を考慮に入れるだけでよい。仏教は中央アジアの隊商路を通して中国に到達しているが、初期においてその大部分が商人によって普及した宗教だった。だが二二〇年の漢王朝の崩壊後の混乱のあと、大衆に浸透していく。梁（五〇二―五五七年）や唐（六一八―九〇七年）王朝時代には熱狂的な宗教ブームの突然の出現とともに、中国全土の地方の若者たちが農場や商売や家族を捨てて出家し僧や尼僧となった。商人や大地主たちはみずからの全財産を仏法（ダルマ）の普及のために寄進した。菩薩や仏の巨大像を設置するための建築の企てが山々をえぐりとっていった。僧侶や信者がみずからの頭や手を焼く儀式は、ときに焼身にまでいたった。五世紀半ばごろには、そのようなはばなしい自殺が多数みられる。ある歴史家のいうように、「おぞましき死の流行」となったのである。[*31]

この事象がなにを意味しているのかについて歴史家たちの意見はわかれている。この解き放たれた情熱が、儒教的知識階級の硬直した正説に対する劇的な代案を与えたのは確実である。だが、このような宗教的熱狂が、ほかならぬ商人階級によって奨励された宗教によって促進されたのは、どうみてもおどろくべきことではある。フランスの中国学者ジャック・ジェルネは次のように述べている。

> これらの自殺は、伝統的モラルにとても反するもので、すべての存在の罪業をあがない「解放し、買い戻し(redeem)」、神々と人間に対しいちどきに影響を及ぼすことをめざしていた。それゆえ、それらは演劇として上演されていたのである。すなわち、五世紀において、通常、ひとやまの積み重ねられた薪（まき）が山上に設置された。そして哀悼の声をあげる大勢の聴衆と豊富なお布施にかこまれながら自殺が決行される。すべての社会的階級の成員たちが、ともにこの見せ物に参列した。火が燃え尽きたあと、その僧の灰が集められ、新たなお祈りの対象である仏塔（ストゥーパ）がその灰を納めるために建立された。[*32]

ジェルネがキリストのように贖い主たちを描写している点については、さすがに大仰であるようにおもわれる。だが、それらの自殺の厳密な意味は中世においてさえ不明であり、広範に議論されていた。同時代の学者のなかには、それらを肉体への軽蔑の究極的な表現とみなす人たちもいた。自己や自己による物質的執着の幻想的本質を認識する行為であるとする人たちもいた。さらに、このうえなく貴重であるもの、すなわち、じぶんの肉体存在そのものを、あらゆる生けるものへの生け贄に捧げること、つまり慈善（チャリティ）の究極形態とみなす人もいた。この感情についてある一〇世紀の評伝者が韻文形式で表現している。

手放すことが困難なものを分け与えること
それは施しのなかでも最上の布施である。
この不純で罪深い肉体を
ダイヤモンドのごときものに変えよう。[*33]

要するにそれは、永遠の価値の対象であり、未来永劫にわたり実をむすぶ投資なのである。わたしがここに注目するのは、この感情があるひとつの問題を優美に描出しているからである。すなわち、枢軸時代の宗教にいつもつきまとっていたようにみえる純粋慈愛［純粋慈善］（pure charity）の観念とともに、はじめて世界に出現したとおもわれる問いである、この問いは、はてしのない哲学的難問を投げかけた。人間経済においては、ある行動が純粋に利己的なものであるとかあるいは利他的なものでありうる、などという発想はだれにも浮かばなかった。第五章で示したように、絶対的に無私無欲の贈与は、同時に絶対的に反社会的なもの――したがってある意味で非人間的なもの――にもなりうる。それは窃盗行為――あるいは殺人行為ですら――の鏡像にすぎないのだ。だから、自殺を究極的な無私無欲の贈与と考えることは、それなりに意味が通っているのである。しかし、「利益（プロフィット）［利潤］」という観念を発展させ、ついで、その対極を思考しようとするやいなや、必然的に開いてしまう扉なのだ。

この［枢軸時代の］緊張関係が、中世における中国仏教の経済的生活に持ち越されたようにもみえる。中国仏教は、その商業的起源に忠実に、市場の言語を利用するというきわだった傾向を保持していた。ある僧は次のように書いている。「ちょうど商業活動とおなじように、ひとは幸運を買い、罪業を売るのだ[*34]」。このことは「業の負債（karmic debt）」という観念を採用していた三階教のような仏教諸派にこそみごとにあてはまる。「業の負債」

とは、ひとは人生をつみかさねていくなかで罪業を犯してもいくが、その罪業はどれも支払われるべき負債としてつきまとう、ということであるから。インドの古典的仏教において謎めいていてかつ並外れている視点、この「業の負債（カルティック・デット）」という観念が、中国において力強く新しい生命を獲得したのである。[*35] 三階教のある経典は次のように述べている。だれもが債務超過した者は動物か奴隷に生まれ変わることを知っている。だが実際には、わたしたちはみな、債務超過者なのだ。なぜなら、一時的な負債の返済のために金銭を入手することは、例外なく新しい精神的負債を引き受けることになるからである。なんとなれば、富を取得するいかなる手段も、必然的に、他の生ける存在を搾取し、傷つけ、苦痛を与えることにつながるからなのだ。

官吏としての権力と権威を使用して、法を曲げ富を強奪する者もいる。市場で金を儲ける者もいる（…）。彼らは、大嘘をつき、他人を騙して利益を奪う者である。さらに、山や湿地を焼き、畑を水浸しにし、耕し、粉にひき、動物たちの巣や隠れ家を破壊する農民たちがいる（…）。
われわれの過去の負債を帳消しにすることはできない。そして、それらをひとつひとつ返したいならば、いくたびの命を要するのか、知るよしもない。[*36]

ジェルネが述べているように、はてしなき負債の重荷としての生という発想は中国の村人たちの心の琴線にふれた。彼らにとって、それはあまりにしばしば文字通りの真実だったからだ。だが、ジェルネが同時に指摘しているように、彼らは、古代イスラエルの民衆とおなじように、公式の恩赦とともにやってくる突然の解放についての感覚にもなじんでいた。それを達成する方法もまた存在したのである。それに必要なことは、ただどこかの僧院の無尽蔵に定期的に寄進することのみであった。そうするやいなや、前世のすべての負債はたちまち帳消しにされるのである。ここで、キリストの無慈悲なしもべに似ていなくもないが、はるかに楽天的な、あるたとえ話を紹介しよう。
貧しい者のささやかな寄進が、いかにしてかくも宇宙的な効果をもちうるのか？

> 答え。これはある寓話のなかの、数珠つなぎの硬貨一〇〇〇本もの負債に苦しんでいるある貧者に似ている。彼はいつも負債で苦しんでいて、貸し主が取立てにやって来るたびに、恐れおののいている。
> 彼はその富者の家を訪れ、返済期日を切っていることを告白し、みずからの罪をわびる。わたしは貧しく無一物なのだ、と。彼は毎日、一枚の硬貨を富者に返すことを約束する。それを聞いて、富者は大変喜び、彼の滞納を大目にみた。そのうえ、その貧者が留置場に入れられることもなかった。
> 無尽蔵院に寄進することも、これとおなじである。[*37]

このような救済を、わたしたちは分割払いの救済と呼べるかもしれない。しかしそこには、その支払いは、それ以降も貸出しされるたびに発生する財貨への利払いのごとく、未来永劫にわたって支払われるべし、というふくみがある。

宗派のなかには、業の負債でなく両親への負債に注目したものもある。儒教が、その徳性（モラリティ）の体系をなによりも父親への孝行のうえに築いていたのに対して、中国仏教はまず母親を重視した。すなわち、子どもたちを育て、養育し、教育することに必要な配慮（ケア）と苦難（サファリング）を重視したのである。母親のおもいやりには果てがなく、その無私無欲は絶対である。そして、その無私無欲は、母乳育児のうちに体現されているとみなされていた。すなわち、母親がみずからの血と肉を乳に変容させるということ、母親がじぶん自身の身体によって子どもたちを育てていること、こうした事実のうちに、である。しかし彼女たちは、そうすることで、はてしのない愛を数量化させてもいる。たとえば、ある著述家は、平均的な幼児は、人生のはじめの三年間で一八〇ペック［およそ一六二〇リットル］の母乳を吸収すると計算している。そしてこれが、大人になったときの負債となるわけである。この数字がすぐさま基準になった。この母乳の負債を返済すること、あるいはより一般的にいって、両親への負債を返済することは、端的に不可能である。ある仏教徒は次のように書いている。「宝石類を地面から二八天にいたるまで積み上げようが」、父母の慈しみの価値の「比ではない」[*38]。またべつの仏教徒によれば、「みずからの肉を切り刻んで、日に三回、四〇億年間、彼女に捧げたとしても」、母がしてくれたことの「一日分も返済することはできない」[*39]。

だが解決策はここでもおなじである。無尽蔵に金銭を寄進することである。そこから負債と贖い［救済］(redemption)の諸形式のおりなす精妙な循環があらわれる。ひとは返済不可能な母乳負債(milk-debt)からはじめる。比較しうる価値は、ただひとつ、仏法（ダルマ）つまり仏教的真理そのものである。ということは、両親を仏教に帰依させることによって、両親に借りを返すことができる。実際には、これは死後においても可能である。いうならば、じぶんの母親が地獄で餓鬼になってしまわないように、母親を帰依させるということである。母親の名で無尽蔵に寄進するならば、彼女のためにお経が唱えられることになろうし、彼女は天に召されることになろう。その一方で、金銭は、一部は慈善（チャリティ）、純粋贈与に充てられ、またその一部は、インドと同様、仏教教育、儀式、僧院生活など、宗教活動のための有利子貸付に使われた。

中国仏教の慈善活動への関与はまったく多面的なものであった。祭礼はしばしば奉納の大盤ぶるまいの場と化している。金持ちの信者たちが、気前よさを争い合って、何億もの現金が数珠つなぎになった紐を牛車に積み、全財産を僧院に流し込んだのである。それは僧たちの自殺劇に相当する、経済的焼身自殺とでもいうべきものだった。彼らの寄進は無尽蔵を膨張させ、その一部は、とりわけ困窮時において、貧者に与えられた。一部は貸出（かしだし）された。慈善と営利事業のあいだをさまようこの実践は、農民たちにとって地元の金貸しのかわりをつとめるものであった。ほとんどの僧院には付属の質屋があり、そこで地元の貧者たちは、大切な持ち物――上着、寝椅子、鏡など――を質草にして低利子で借金することができたのである。[*40] 最終的には僧院自体の事業があった。無尽蔵の一部の割当分は俗人の信徒たちの管理にゆだねられ、貸出されるか投資にまわされた。僧たちは、じぶん自身の畑の作物を食べることを許されていなかったので、それらの果物や穀物は市場で売られ、僧院の収入をさらに膨張させた。ほとんどの僧院は、商業むけ農場のみならず、搾油所、製粉所、商店、宿泊施設など、何千もの抵当となった労働者（bonded workers）たちを抱える産業複合体にかこまれていた。[*41] 同時に、そうした宝物庫［資産］（Treasuries）それ自体が――それを最初に指摘したのはおそらくジェルネであろうが――世界初のまごうことなき集中的金融資本の諸形態であったのだ。宝物庫［資産］はつまるところ、儲かる投資の機会をたえず求めている僧院株式会社によって管理された膨大な富の集積だった。それらは、たえず成長せねばならぬという資本主義特有の命法を共有してさえいた。宝物庫［資産］は膨張しなければならない。なんとなれば、大乗仏教の教えによれば、真の救済は全世界が仏陀の教えに帰依するまで到来しないからである、[*42] と。

まさにこの状況、つまり利潤以外になんの関心もない巨大な資本の集中こそ、儒教的経済政策が防ごうとしたものだったのである。それでも中国政府がその脅威を認識するまでには、しばらくかかっている。政府の姿勢は右往左往していた。当初、とくに中世初期の混乱期には僧侶たちは歓迎されていた。気前のよい土地の譲渡（グラント）さえ与えられ、森や湿地を開墾するために囚人労働者を支給され、事業は免税されていたぐらいである。[*43] 帰依した皇帝も幾人かいた。ほとんどの官僚は僧侶から距離をとっていたが、ことに宮女や宦官や豊かな家の御曹司たちのあいだに仏教は普及していった。だが、時がたつにつれて、行政官は僧侶を地方社会への恩恵から脅威の温床とみなすようになったのである。すでに五一一年には、慈善の目的に使われるはずの穀物を高利の貸付にまわし負債の契約を書き換えたとして、僧侶たちを弾劾する布告があらわれている。会計監査をおこない、利子が元金を上回ったとみなされる貸付を無効にする政府委員会が構成される必要もでてきたのである。七一三年には、その成員が詐欺を教唆したとして三階教の教派の二つの無尽蔵を没収する布告があらわれている。*44 まもなく政府による大きな弾圧政策がはじまった。はじめは特定地域に限定されていたが、次第に帝国全土に拡がっていった。最も厳しいものは、八四五年のそれで、全部で四六〇〇の僧院が、付属の商店や製作所とともに取り壊され、二六万人もの僧と尼僧が、地位を剥奪され、家族のもとへ送還されている。だが政府の報告書によると、それと同時に一五万人の農奴が寺の隷属から解き放たれている。

この弾圧の波の真の動機がなんであれ（そしてまちがいなくそれは山ほどあったろうが）、公的な動機は常におなじだった。通貨供給量を回復する必要性である。行政官が主張するところでは、僧院があまりに大きくかつ豊かになったので、中国では端的に金属が足りなくなっていた。

五七四年から五七七年にかけての北周の皇帝武帝と八四二年から八四五年にかけての［唐の］武宗による、そして最後に九五五年にみられる仏教の大弾圧は、主要には景気回復の手段として生じている。それぞれの弾圧によって、新しい硬貨を鋳造するために必要な銅を確保する機会が皇帝政府に授けられたのである。*45

ひとつの理由は、僧侶たちが、銅の大仏あるいは金箔をほどこした堂の仏像を建立するために、一挙に数十万もの硬貨の数珠つながりを組織的に鋳つぶしていたためのようだ。鈴や銅鐘などのそれ以外の財物、あるいは鏡ばりの広間や金箔をはった銅の瓦などの贅沢品さえ、おなじようにして造られていたのである。公的な調査委員会にしたがえば、それによって経済的な破綻がもたらされることになった。金属の価格が高騰し、鋳貨は消失し、田舎の市場は動かなくなり、そして子どもが出家していない地方の民衆さえも僧院への負債にはまり込んでいったのだ。

＊　＊　＊　＊　＊

中国仏教は大衆のなかに浸透していった商人の宗教であったが、それがこのような方向に発展していかざるをえなかったことは理にかなってはいる。純粋な負債の神学あるいは自己の富や生命さえもすべて放棄する絶対的自己犠牲の実践が、最終的に集団的に管理された金融資本に誘導されていったということである。この結果がとても奇妙で逆説的にみえる理由は、くり返すと、ここでもまたそれが交換の論理を〈永遠〉の問題に応用する試みであったからである。

本書冒頭の考察を想起してもらいたい。交換はそれがその場の現金取引でないかぎり負債をつくりだす。負債は持続のうちに存在している。すべての人間関係を「交換」とみなすならば、人びとが持続した相互関係を維持するかぎり、それらの関係は負債と罪業によって彩られていく。負債を帳消しにすることのみがそこから逃れる道であるが、そうすると社会関係も消え去ってしまう。これはまさに、その究極的な目的を「空」の獲得、絶対的救済、すべての人間的、物質的執着の抹消におく――というのもこれらすべてが究極的には受難の原因なのだから――仏教に符合しているのである。ところが大乗の仏教徒にとって、孤立していてはだれも絶対的救済は獲得しえない。各人の救済は、すべての他者に依拠しているのだから。それゆえ、時の果てにいたるまで、そうした問いは、ある意味では、常に宙づりにされているのである。

だが同時に、［この世では］交換が支配している。「ひとはまさに商売のように、幸福を買い求め、おのれの罪を売却している」。慈善と自己犠牲の行為さえ純粋な寛大によるものではない。ひとは菩薩から「功徳」を買っているのである。*46 無限負債という観念は、この論理が〈絶対的なもの〉にぶつかるとき、あるいはより正確には、交換の論理を断固としてはねつけるなにかに衝突するときにあらわれる。なぜなら、交換の論理をはねつけるものはたしかに存在するからである。たとえば、まず母の乳房から吸収する母乳を数量に換算し、そのうえで、それに報いるどのような方法も存在しないと述べたてるという奇妙な衝動も、これによって説明がつくであろう。交換とは等価である存在のあいだの交わりを含意している。ところがあなたの母親は等価である存在ではない。彼女はあなたを、じぶんの肉体から創りあげたのであるから。これこそすでにふれたように、ヴェーダの作者たちが、神々への「負債」について語るさいに微妙なかたちでいわんとしていたことである。むろんあなたは「宇宙への負債を返済することはできない」――この言明が示唆しているのは、(1)あなたと(2)(あなたをふくむ)すべての存在は、ある意味で等価な実体であるということだ。これはあきらかに不条理である。返済というものにぎりぎりまで接近できるとしたら、この［不条理であるという］事実を承認することのみである。かかる承認こそが、生贄の真の意味だったのである。ロスバヴェの原始貨幣のように、犠牲的な生贄とは負債を支払うことではない。そうではなくて、返済がありうるという発想そのものが不可能であることを承認する方法なのである。

この並列性は、ある種の神話的伝統においては無視されていなかった。ある有名なヒンドゥー教の神話である。カルティケヤとガネシャという二人の兄弟神が、どちらが先に結婚するかで口論していた。そこで母親のパルヴァティはある競技を提案した。宇宙をいちばん早くぐるりと回った者が勝ちというのである。カルティケヤは巨大なクジャクの背にのって出発して、三年かけて宇宙のはじからはじまで横断した。ところがガネシャはじっとしたままである。そうして最後に「あなたがわたしの宇宙です」といいながら、母親の周囲を歩いてまわった。

わたしがすでに主張したように、どのような交換システムも、常に必然的にべつのなにかのうちに基盤をおいている。少なくともその社会的表現において、究極的にコミュニズムであるようなものである。わたしたちが永遠のものとして扱うものすべて、常にそこに存在しつづけるものと想定しているすべて――母の愛、真の友情、社会性、人間性、帰属性、宇宙の存在――については、計算は不要である。あるいは究極的に不可能である。そこに応酬（ギヴ・アンド・テイク）のようなものがあるとしても、それは［交換とは］まったく異なった諸原理にしたがっているのである。それでは世界を取引の束として――交換として――とみなすとき、そうした絶対的で制約のない現象になにが起こるのか？　一般的にいって二つのうちのどちらか、すなわち、無視するか、神格化するかである（母親、あるいはケアをほどこす女性一般は、これにあてはまる古典的事例である）。あるいは、それら両方である。［たとえば、その場合］現実の相互関係のうちで永遠のものとして扱われているものは消失し、そして抽象や絶対として再出現する。[*47] 仏教の場合、これは、ある意味で時間の外に存在する菩薩の尽きせぬ功徳と定義されていた。それは、無尽蔵［尽きることない宝庫］のモデルであり、かつまた、無尽蔵の実質的な基盤である。つまり、人がはてしのない「業の負債」、あるいは無限の母乳負債（milk-debt）を返済することができるのは、この等しく際限のない救い［贖い］（redemption）の貯蔵庫にたよることによってである。そしてそれが結局、等しく永遠のものである僧院の物理的な基金に転化するわけだ。これはコミュニズムのひとつの実践的（プラグマティック）な形態である。というのも、事実上、それらは集団的に所有され管理された富の巨大な集積であり、おなじく永遠のものと想定された人間的協働の巨大な事業の中心だったのだから。とはいえ、同時に――これにかんしてわたしはジェルネが正しいとおもうのだが――このコミュニズムは、ひるがえって資本主義にきわめて近似したなにかの基盤に転化してしまったのである。その理由はなによりも恒常的拡大の必要性にある。あらゆるものが――慈善さえふくむ――布教のひとつの機会である。生きとし生けるすべてのものを救済すべく仏法（ダルマ）は成長し、ついには万人と万物を包含せねばならぬというわけである。

＊＊＊＊＊

中世を特徴づけるのは、抽象化への全般的運動である。真金や真銀の大部分が教会や僧院、寺院に集中し、貨幣はふたたび仮想的になった。それとともに、そうした過程を規制すべく、とりわけ債務者たちになんらかの保護を与えるべく、広範なモラルにかかわる諸制度を設立する、そのような傾向がどこにおいてもみられたのである。

中国は、枢軸時代の帝国が――当初はかろうじてではあっても――生き延びた場所という意味で異例であった。中国政府は、ほとんどの地域、ほとんどの時代にあって、硬貨の流通を維持させることに成功している。これを促進していたのが、青銅製の小額面硬貨の集中的使用である。とはいえ、たとえそうだしても、それが大変な努力を要したのはあきらかである。

例によって、日常的な経済的取引の様態についてわずかのことしかわかっていない。だが、知りうる範囲のことからいえるのは、小規模取引において硬貨が最もさかんに使用されたのは、異邦人とのやりとりであるらしいことである。中国以外の場所とおなじように、地域の商店主や商人たちは信用売買を多用していた。勘定計算のほとんどが割符棒（tally sticks）によって記録されている。それはイギリスで使用されていたものに似ていたが、中国においてはハシバミのかわりに切り込みの入った竹の棒が利用されていた。ここでもまた、債権者がその半分を、債務者がもう半分を保管した。それらは返済時に合体され、そのあとで負債の帳消しのしるしとして破壊されたのである。[*48] それらはどの程度、譲渡可能だったのだろうか、よくわかっていない。逸話や冗談、詩的暗示といったかたちで文書にあらわれた雑多な事例が、わたしたちの知りうるほとんどである。おそらく漢代に書かれた道家の英知の集成である『列子』に、次のような逸話がある。

宋の国の男で、道路をぶらついていて、他人の捨てた割符の片割れを拾った者がいた。家に帰って、それをしまいこみ、こっそりと割符の額面を勘定し、おのれの隣人に告げた。そのうち、きっと金持ちになるぞ。*[49]

これは「割符棒が譲渡可能であることを示すよりも」むしろ鍵を拾って「どこの錠前かわかればしめたものだぞ（…）」とたくらむのと変わらない事例である。*[50] また、酒好きの田舎巡察でやがて漢の始皇帝となる劉邦が、いかに夜どおし痛飲してはとてつもないツケをためこんだかを語る逸話もある。あるとき、彼が酒場で酔いつぶれて寝転がっているところを店主がみると、一匹の竜が頭のうえに浮いていた――それはまさに彼が将来大人物になるしるしだった――ので、彼はただちに「割符を破棄し」、酒代でたまっていた借金を帳消しにしたというのである。*[51]

割符は、貸し借りだけでなく、どのような取引にも使われていた。初期の契約書がおなじように半分に切りとられ、その両当事者によってそれぞれ保管されていた理由もこれである。*[52] 契約書においては、債権者の保持する半分は借用書として機能し、それゆえ譲渡可能であった。たとえば、八〇六年、中国仏教の絶頂期には、最南部からお茶を輸送する商人たちや首都に租税を運ぶ官吏ら、つまり金塊を長距離運搬する危険に悩む者たちは、だれもが首都在住の銀行家に金銭の預金をはじめ、約束手形のシステムを考案した。それは「飛銭（flying cash）」と呼ばれ、割符のように半分に分割され、各地の支店で現金化することができたのである。それらはたちまち人手から人手に渡りはじめ、通貨のように機能した。政府は、当初その使用を禁止しようとしたが、一、二年後に――その後、中国ではお決まりのパターンになっていくように――それらが統制不能であることを理解するやいなや方針転換し、そうした手形をみずから発行する権限を与えられた官庁を設置することにした。*[53]

宋代（九六〇―一二七九年）の初期には、中国全土の地方銀行がそれと似たような業務をおこなっていた。すなわち、紙幣や地金を保管し、預金者には受取証を約束手形として使用することを認め、それとともに政府の配給切符（クーポン）

で塩やお茶を売買するなどである。こうした手形の多くは、実質的に通貨として流通するようになる。[54] 例によって政府は、まずその慣行を禁止しようともくろみ、ついでそれを統制しようとし（一六人の有力な商人に独占権を与え）、ついには政府による独占――一〇二三年に設立された「交子務（the Bureau of Exchange Medium）」――を確立した。まもなくして、新しく発明された印刷機の助けを借りて、数千人を雇用し数百万の手形を生産する工場をいくつもの都市で運営するようになったのである。[55]

当初、この紙幣は期間限定で流通するはず（紙幣は当初は二年後、次には三年後、さらにのちには七年後に失効することになっていた）であり、その後、地金に兌換することができた。時間がたつにつれ、とくに宋がますます軍事的脅威にみまわれるにつれ、わずかの保証でもって、あるいは一切の保証がなくとも、たんに紙幣を印刷してしまおうとする誘惑が抑えがたくなってくる。さらにいうと、中国政府が、税の支払い手段として、じぶんたちの紙幣を無条件に受け入れることはめったになかった。このことと、それらの紙幣が中国外部では無価値だった事実を重ね合わせると、この制度が機能したことの方がむしろおどろくべきである。たしかに、インフレは恒常的に問題であったし、貨幣も定期的に回収されては再発行されねばならなかっただろう。ときにシステム全体が崩壊することもあり、民衆は独自に編みだした方法を頼ることになった。すなわち「私的に発行されたお茶の小切手（tea checks）、麺の小切手（noodle checks）、竹の割符、酒の割符などなど」[56]。それでも中国を一二七一年から一三六八年のあいだ支配したモンゴル人たちは、この制度を維持することを選んだ。そしてそれが放棄されたのは、一七世紀になってからやっとのことだったのである。

このことを指摘しておくのが重要なのは、既存の説明においては中国における紙幣の実験を失敗とみなす傾向があるからである。金属主義者（メタリスト）たちは、それを国家権力によって支えられた「法定不換紙幣（フィアット・マネー）」は常に最終的には解体する証明とみなしてさえいる。[57] この見解は実に奇妙なものである。というのも紙幣の使用されていた数世紀は、中国の歴史のなかでも経済的に最も活発な時期と考えられているからだ。かりに米国政府が二四〇〇年に連邦準備銀行券の廃止を余儀なくされたとしても、ひとは紙幣というもの自体が本質的に実現不可能だったからだとはいわないだろう。とはいえ、わたしがここで強調したいことは、「法定不換紙幣（フィアット・マネー）」などといった用語は、それがどれだけ普及していようといかがわしいということだ。［当時］あらわれたほとんどすべての新形態の紙幣が、もともと政府によって創造されたものはなかった。それらは単純に、日常の経済的取引からあらわれた信用手段の使用を承認し拡張する方法だったのである。中世において紙幣を発展させたのが中国だけだったとすれば、それは、十分に大きく強力で、かつみずからその業務を引き受けねばならないと感じるほど商人階級に疑惑をもっていた政府が、中国においてのみ存在したからである。

近西：イスラーム（信用としての資本）

価格はアラーの意志によって決まる。価格を上げ下げするのはアラーなのである。
――預言者ムハンマドのものとされている言葉

共同出資者の取り分は、商業的投機（アドヴェンチャー）における出資の割合によらねばならない。

――イスラームの戒律

中世のほとんどを通じて、世界経済の中枢神経とその劇的な金融革新の源泉は、中国でもインドでもなく西方／西洋（the West）にあった。西方／西洋とは、世界の大部分にとってはイスラーム世界のことである。この時代、衰退しつつあったビザンツ帝国となかば野蛮なヨーロッパの王国に根をおろしていたキリスト教世界は、ほとんど影響力をもっていなかった。

西ヨーロッパに居住する人びとは、長きにわたりイスラーム世界を「東方／東洋（The East）」の定義そのものと習慣的に同一視してきた。そのため、じぶん以外の偉大な伝統の視点からは、キリスト教とイスラームの差異などほぼあってなきがごとしであることを忘れがちである。たとえば、中世イスラーム哲学について一冊の書物を手にとってみれば、そこにはバクダッドのアリストテレス学派とバスラの新ピタゴラス学派、あるいはペルシアの新プラトン主義者のあいだの議論を知ることができる。それらの学者たちは、本質的に、アブラハムやモーゼにはじまる啓示宗教の伝統とギリシア哲学の諸カテゴリーを調和させるというおなじ課題に取り組んでいたのだ。そしてその取り組みの大きな文脈を形成していたのが、商人資本主義、普遍主義的な伝道師的宗教、科学的合理主義、ロマン主義的愛への詩的賛美、東洋の神秘的英知への憧憬の周期的再帰などであった。

世界史的視点からするなら、ユダヤ教とキリスト教とイスラームを、おなじひとつの西洋的知の偉大な伝統の三つの異なった表現とみる方がはるかに理にかなっているようにおもわれる。その伝統は、人類史のほとんどを通じて、メソポタミアとレバントに中心をおきながら、ギリシアにいたるまでのヨーロッパ、エジプトにいたるまでのアフリカ、ときには地中海を横断してさらなる西方へ、あるいはナイル川の下流にいたるまで拡張していった。経済的にみれば、ヨーロッパのほとんどの地域は、中世盛期までは、アフリカのほとんどの地域とおなじ状態だった。より大きな世界経済につながっていた場合は、奴隷と原材料そして場合によっては（琥珀や象の牙など…）珍品の輸出者として、そして（中国の絹や磁器、インドのキャラコ、アラビアの鉄など）加工品の輸入者としてであった。経済発展が相対的にどのようなものであったかの感触をうるため（事例が時間的に統一されていないが）次頁の一覧表を参照してみよう。*58

さらにいえば、中世のほとんどを通じ、イスラーム世界は西洋文明の中枢であっただけでない。それは西洋文明の拡張する前線であり、インドへの途をつけ、アフリカとヨーロッパに勢力を拡げ、インド洋を越えて宣教師を送

人口と税収入　前350－後1200年

	人口 (100万)	収入 (銀1トン)	1人当たりの収入 (銀1グラム)
ペルシャ（約前350）	17	697	41
エジプト（約前200）	7	384	55
ローマ（約後1）	50	825	17
ローマ（約後150）	50	1050	21
ビザンチン（約後850）	10	150	15
アッバース（約後850）	26	1260	48
唐（約後850）	50	2145	43
フランス（約後1221）	8.5	20.3	2.4
イギリス（約後1203）	2.5	11.5	4.6

り、多くの改宗者を獲得していったのだ。

支配的になりつつあった法律と統治と経済にかんするイスラームの姿勢は、中国において普及していたそれの正反対であった。儒者たちの好んだのは、厳格な法規による統治には懐疑的で、開明的な知識人――同時に政府の官吏をつとめることになっていた――が内面化している正義の感覚に依拠することである。それに対して、中世のイスラームは（預言者のつくった宗教制度としての）法については熱意をもって支持したが、政府についてはどちらかというと必要悪、つまり真に敬虔な者であれば避けるべき制度とみなしていた。*59

それはひとつには、イスラーム的統治の特異な性質によっている。後六三二年のムハンマドの死後、ササン朝帝国を征服しアッバース朝カリフ統治を打ち建てたアラブ人の軍事的指導者たちは、相変わらずみずからを砂漠の民をもって任じ、おのれの支配することになった都市文明に属しているようには決して考えなかった。そして、この違和感は――どちらの側においても――長期にわたって克服されることがなかったのである。住民の大多数が支配者の宗教に改宗するのに数世紀もかかったし、改宗のあとでさえ真に支配者と同一化することはなかった。政府は軍事力とみなされていた。つまり信仰を守るためにおそらく必要だが、根本的に社会の外に存するものなのである。

それは、ひとつにはやはり、支配者に対抗して形成された商人と民衆のあいだの特異な連合によるものであった。八三二年のカリフ、アルマムンによる神政政権設立の試みが挫折したあと、政府は宗教問題にかんして不干渉主義をとりはじめる。イスラーム法典のさまざまな宗派は、それぞれの教育機関を自由に創設し、独自の宗教的司法［正義］の体系を保持することができた。そこで重要なのは、メソポタミアやシリア、エジプト、北アフリカの各地で同時期に、大多数の帝国住民をイスラームに改宗させるために主要な役割を担った工作者が、まさに法学者のウラマー *ulema* であったことである。[*60] ただし、彼らもまた――同業組合（ギルド）、民間連合体、商業団体、信徒組織などの長老たちとおなじように――軍隊と権勢に支えられた政府から一定の距離を保つことに努力を惜しまなかった。[*61] ある格言が表現しているように「最良の君主とは宗教的導師を訪問する者たちである。最悪の導師とは君主の訪問を許すものたちである」。[*62] ある中世トルコの民話が、それをよりはっきり示している。


ある日、王さまはナスレッディンを法廷に呼び出しました。

「教えてほしい」と王さまはいいます。「おまえは霊能者であり、哲学者であり、なみなみならぬ知性のもちぬしだ。わたしは価値にかんする議論に関心をもっておるのだ。興味をそそる哲学的問題じゃないか。どうしたら人間やら物の本当の値打ちを定められるのかね？　わたしを例にとろう。わたしの価値についておまえに聞こう。それはなにかね？」

「ああ」と、ナスレッディンは答えました。「それはだいたい二〇〇ディナールというとこでしょうかな」。王さまは、仰天しました。「なんだと？　そもそも、わしがつけているこの帯が二〇〇ディナールだぞ」。

「わかっております」。ナスレッディンはいいます。「実のところ、帯の値打ちも込みでございます」。

この分裂は深い経済的影響をもたらした。カリフ制、そしてのちのイスラーム諸帝国は、古い枢軸帝国に多くの点でとても似たかたちで運営されていた。職業的軍隊を創設し、侵略戦争を起こし、奴隷を捕獲し、戦利品を鋳つぶし、兵士や公務員たちに硬貨として配給し、それらの硬貨を税という形態で返すように求める、といった具合に。ただし同時に、おなじ諸効果が一般民衆の生活にはほとんど及ばないようなかたちで、である。

たとえば、拡張戦争が進行するにつれ、とてつもない量の金銀が宮殿や神殿、僧院から掠奪され、硬貨鋳造に充当された。そのおかげでカリフ制は、すばらしく純度の高い金のディナールや銀のディルハムを生産することができた。つまり、それぞれの硬貨の価値はほとんど確実に貴金属の重量に対応し、ほぼ信用的要素がみられなかったのである。[63] その結果、軍勢に対し信じがたいほど気前のよい支払いが可能になった。たとえばカリフ制兵士一名あたり、ローマ帝国軍人の四倍の給料を受けていたのである。[64] おそらくここでもある種の「軍事＝硬貨＝奴隷制複合体」が問題になっている――のだが、それはある種のバブル状態のなかにあった。拡張戦争、そしてヨーロッパやアフリカとの交易によって、奴隷の流入はきわめて安定していた。しかし古代世界ときわだった対照をなしているのは、それらの奴隷のうち農場や作業場で労役についた者はあまりいなかったということである。ほとんどは金持ちの家のお飾りとなるか、あるいは、時間とともにますます兵士になっていったのである。アッバース朝時代（七五〇―一二五八年）を通して、帝国はその兵力をほとんどもっぱらマムルーク奴隷にたよっていた。トルコの草原（ステップ）で捕らえられるか購入された奴隷たちは軍事的によく訓練されていた。奴隷を兵士として使う政策は、ムガール帝国をふくむ後続のすべてのイスラーム国家でも採用され、一三世紀エジプトの有名なマムルーク人スルタン制で頂点を迎えることになるが、それは歴史的に前例のないものだった。[65] ほとんどの時代と地域において、当然のことながら、奴隷というと、武器からは最も遠ざけられるものである。ところが、ここでは制度として奴隷が武器を手にできたのである。だが、奇妙な意味で、それもまた完璧に道理にかなっている。定義上、奴隷とは社会から切断された人びとであるとするなら、これは社会と中世イスラーム国家のあいだに構築された壁の論理的帰結であったのだ。[*66]

宗教的導師たちは、この壁を支えるためならば全力を尽したようだ。奴隷兵士への依存の理由のひとつは、信心深い者たちが軍隊に使役することを（信者同胞と闘わねばならない可能性があるため）妨げようとする志向性であった。彼らが創出した法制度もまた、イスラーム教徒が――またカリフ統治のキリスト教徒あるいはユダヤ教徒の臣民が――奴隷に身を貶められることのないよう考案されていた。これについては、アル＝ワヒードがかなり正しかったようだ。イスラームの法典は、かつての枢軸時代の社会におけるほとんどすべての虐待を標的にしていた。誘拐、司法懲罰、負債、そして子どもの遺棄や売却に起因する奴隷――これらすべてが禁止されるか、強制できないとされたのである。[*67] 記録に残る歴史の黎明期以来ずっと、貧しい中東の農民と家族たちを悩ませてきた負債懲役は、どんな目的であろうが貨幣や商品を利子つきで貸付するあらゆる取り決めを意味するものと解釈された。[*68] 制度の諸形態についても同様である。最終的にイスラームは、徴利を厳格に禁止している。この場合、徴利の定義は、どんな目的であろうが貨幣や商品を利子つきで貸付するあらゆる取り決めを意味するものと解釈された。

ある意味で、イスラーム法廷の確立を、何千年も以前に開始された家父長的反乱の究極的な勝利とみなすことができる。すなわち、信者たちは、重装備した本物の遊牧民（ノマド）の末裔を野営地や宮殿に封じ込めておくために最大の努力を払いながらも、実在するあるいは想像上の砂漠や草原のエートスについてはそれを普遍的に受け入れたのだ。それを可能にしたのが、階級同盟の根本的な転換である。中近東の大いなる都市文明は、行政官と商人のあいだの事実上の同盟によって常に支配されていた。行政官と商人はともにじぶんたち以外の住民を、負債懲役人の状態か、あるいは負債懲役人にいつ転落するかもしれないという不断の危険にさらされた状態にとどめおいていた。だが、イスラームに改宗することで、ふつうの農民や街の住民からみると長いあいだ諸悪の根源であった商人階級が、立場をひるがえし、嫌われていた所業のすべてを放棄し、いまや国家に対抗するものとしてみずからを定義した社会の指導者になることに同意したのである。

そもそもこれが可能であったのは、イスラームが商業に対して肯定的な視点をもっていたからである。ムハンマド自身、成人してからまず商人になった。そしてイスラームの思想家のなかで、まっとうに利潤を追求すること自体をモラルに反するとか信仰に対して有害であるとかみなした者はない。徴利の禁止にしても――ほとんどの場合、事業貸付に対してでさえ徹底的に施行されたが――どんな意味でも商業の成長を、あるいは複雑な信用手段の発展ですら、抑制するものではなかった。[*69] それどころか、カリフ制の初期の数世紀に、それらはともに、たちまち絶頂期を迎えたのである。

それでも利潤が可能だったのは、イスラームの法律専門家たちが、慎重に、ある種の業務報酬については認めており、それ以外に認められた報酬――とりわけ信用買いされた商品を現金買いされたそれらよりも若干高く値踏みするなど――も、銀行家や商人たちに信用業務をおこなうよう奨励（インセンティヴ）していたからである。[*70] それでもなお、これらのインセンティヴは、銀行業務を専業にできるほど大きなものではなかった。そのかわり大きな事業にたずさわる商人たちであれば、銀行業をその他の営利事業と組み合わせるものと見込まれていた。その結果、やがて信用手段は交易にとって必須のものになり、どの有力者も、みずからの富のほとんどについてはどこぞに預けつつ、硬貨に依存することなくインク壷と紙で日常的取引をおこなうようになったのである。約束手形は、*sakk*［サック］、つまり「小切手」（check）とか、*ruq'a*［ルクア］、つまり「預かり証」（notes）と呼ばれた。小切手は不渡りになることもあった。あるドイツの歴史家は、膨大なアラビア語の古い文献のなかから、次の逸話を紹介している。

九〇〇年頃、あるお大尽がある詩人にこの方法で支払ったのだが、銀行家はその小切手の支払いを拒絶した。そこでがっかりした詩人は、銀行家がよろこんでその方法でうんと支払っている情景を描写した一編の詩をつづった。この歌手でもある詩人のパトロンが、音楽会のあいまに、その詩人のため五〇〇ディナールの小切手をその銀行家に宛てて切った。支払いにあたって銀行家は、詩人にディナールあたり一ディルハム（ほぼ一〇パーセント）の割引勘定になるのが決まりだと念を押した。ただし、きみがこの午後と夜、じぶんにつきあってくれれば、割引きしなくてもいいのだが（…）。

一〇〇〇年頃には、バスラで銀行家はなくてはならない人物になっていた。どの商売人も銀行家のところに預金していたし、市場（バザール）ではその銀行宛ての小切手でのみ支払いをおこなっていたのである（…）。[*71]

手形は連署して譲渡することもできたし、スフタジャ *suftaja*† もインド洋やサハラ砂漠を越えて往復することができた[*72]。事実上の紙幣に転化しなかったとすれば、それらが国家から完全に独立して機能していて（たとえば税の支払いには使用できなかった）、それらの価値が信頼と評判に全面的に基礎づけられていたからである[*73]。イスラーム法廷への訴えは、一般的に、自発的なものであるか、あるいは商人組合や市民連合を仲介しておこなわれていた。こうした状況のもとで、著名な詩人に、不渡り手形を切ったことを揶揄する韻文をむけられてしまったりしたら、それはおそらく最悪の災難であったに違いない。

融資についていえば、有利子の投資よりも好まれた方法は、一方が資本を準備し、他方が企業化するといった共同経営であった。投資者は、確定収益率（ixed return）でなく、利潤の分け前分を受けとった。労働の差配についてさえも、しばしば利潤分配の原理にもとづいて組織されていた[*74]。こうしたことがらにおいては、評判が決定的である。実際に初期の商業法においてさかんだった議論は、評判が（土地、労働、貨幣、それ以外の資源のように）資本の一形態とみなしうるかどうかというものである。場合によっては、商人たちは資本がない状態で、じぶんたちの名声だけをたよりに共同経営関係をむすんだのである。これは「良き評判の共同経営（partnership of good reputation）」と呼ばれた。ある法学者が説明しているように、信用による共同経営については、それはまた「無一文の共同経営（partnership of the penniless）（*sharika al-mefalis*）」とも呼ばれた。資本のない二人の人間が、掛け買い［信用買い］して売却するために形成するパートナーシップである。この呼び名でもって良い評判の共同経営を意味するのは、彼らの資本が地位（ステイタス）と良い評判からなるからである。すなわち、信用は人びとのあいだで良い評判をもつ者にのみ与えられるからである。*75

このような契約に法的拘束力があるとみなしうるという考えに、そもそも反対する法学者たちもいた。というのもそのような契約は、物的資本からなる初期事業費に基盤を置いていないからである。共同経営者たちが利潤を均等に分配するかぎり、それを正当性のあるものと考える法学者たちもいた。評判というものは数量的に測定することはできないからである。ここで注意すべきであるのは以下の点が暗黙の了解となっていることである。すなわち、国家の強制機構なしに（詐欺をはたらく者を逮捕する警察や負債人の財産を没収する執行吏のいない）いとなまれる信用経済においては、支払い手形の価値の大部分が、まさに署名者の良き評判からなるということである。ピエール・ブルデューが、のちに現代アルジェリアの類似した信用経済について記述しながら指摘しているように、名誉を貨幣に転換させることはまったくありうることだが、貨幣を名誉に転換させることはほとんど不可能なのである。*76

こうした信頼のネットワークは、ひるがえって、中央アジアとサハラ砂漠の隊商ルートを通して、そしてとくに中世の世界貿易の主要な伝達路であるインド洋を横断して拡がったイスラームの伝播に、大いなる役割をはたし

†　振出人が他の地にある受取人あてに送る為替手形。アッバース朝時代から用いられた。

た。中世のあいだにインド洋は実質的にイスラームたちの湖沼と化すのである。王やその軍勢の争いごとは乾燥した大地に限定さるべきであり海洋は平和な商業圏であるべしという原理を確立するうえで、ムスリムの貿易商たちは主要な役割をはたしたようだ。それとともにイスラームは、アデンからモルッカ諸島までの中央市場に介入する足がかりをうるのであるが、それは、イスラーム法廷が完璧なまでに適応して、それらの港を魅力的なものにする諸機能を供与したからである。それらの機能とは、すなわち、契約を成立させること、負債を返済させること、信用状を現金化あるいは譲渡することのできる金融機構を創設することである。[*77] インドネシアの香料諸島の出入口であるマレー半島の偉大な交易地マラッカに集まった商人たちのあいだで、それによって形成された高い信頼度は伝説的であった。その都市には、スワヒリ人、アラブ人、エジプト人、エチオピア人、アルメニア人の居住区があり、さらにインドや中国や東南アジアなどの地域からの商人たちの居住区もあった。だが、それらの商人たちは、強制力の介入する契約をしりぞけ、「握手とともに極楽の情景をながめながら[*78]（with a handshake and a glance at heaven）」取引を成立させることを好んだといわれている。

イスラーム社会において、商人は、尊敬の対象というだけでなく一種の模範的存在となった。商人は戦士のように遠方への冒険を敢行する名誉ある人間である。ところが戦士と違ってだれにも危害を加えることもない、と、こういうわけである。フランスの歴史家、モーリス・ロンバールは、おそらくかなり理想化されているものの、魅力的であるその人物像を描写している。「威厳のある大邸宅で、奴隷や食客たちに取り巻かれ、書籍や旅のみやげ、珍奇な装飾などのコレクションに埋もれ」、帳簿類や手紙、信用状を携え、秘密の符丁（コード）や暗号で埋まった複式簿記の技能をもち、貧者には施しを与え、信仰の場を支援し、おそらくは詩を書くことに没頭しながらも、そのうえさらに、家族や共同経営者たちを動かし、みずからの一般的な社会的信用を巨大な資産に転化する力のある、そのような人物像である。[79] ロンバールの描写は、有名な『千夜一夜物語』のシンドバットに、いくぶんかは影響されている。若い頃に遠方への危険に充ちた商人的冒険を経験し、とてつもない富を手にして隠遁し、余生を庭園と踊り子たちにかこまれ、みずからの冒険談をホラまじりに語ってすごした、シンドバッドのことだ。以下は（シンドバッドと名づけられた）貧しい召使いが、はじめて主人の従者に呼びだされ、かいまみた光景である。

それはまことにりっぱな邸宅で、まばゆいばかりに輝き、隅々まで威容にあふれていました。やがて、宏壮な居間へ案内されると、そこには身分も高い顕官貴紳や大官たちが食卓をかこんで坐り、食卓のうえには、くさぐさの珍庖佳肴、生や乾した果物、お菓子、とびきり上等なぶどうから作ったぶどう酒などのほか、あらゆる種類の花々や、かぐわしい草が並べてありました。それにまた、歌舞管絃の道具もそろっていて、眉目よい奴隷娘たちがこれをひき鳴らして歌っておりました。一座の者はことごとく身分の上下に従って並び、いちばん高い上座に、顎髭も白髭と化したこうごうしいばかりに気高いひとりの老人が坐っていました。堂々とした恰幅で、顔かたちは品よく福々していて、見るからに重厚な、威厳の備わった風采でございました。軽子のシンドバッドはこのさまを見て肝をつぶし、心ひそかにつぶやきました。「こりゃきっと天国か、王侯の御殿かにちがいないぞ！」[80]

この一節に引用する価値があるのは、これが理想としての完璧な生活の像を表象しているというからだけではない。キリスト教にはこれに匹敵するものがないからである。たとえば中世フランスの騎士物語（ロマンス）に、こんなイメージがあらわれることはとても想像しがたいのだ。

この商人崇拝には世界初の自由市場イデオロギーという以上にふさわしい名称がない。なるほど、観念と現実を混同すべきではないのはたしかである。市場が政府から完全に独立したことなどまったくない。イスラーム体制は、市場の成長を促進させるべく税制を操作するためあらゆる戦略を動員してやまなかったし、しばしば商法に介入しようとも試みた。[*81] それでも、そのようなことはすべきでないという強い大衆的感情も存在した。負債と奴隷制という古来の軛から解き放たれるや、地域のバザールは、ほとんどの人間にとってモラルの危機にさらされるどころかその正反対の場となった。すなわち、人間の自由と共同体の連帯の最高の表現であり、したがって国家の介入から根気づよく防衛されるべき場となったのである。

価格操作からうまい汁を吸うなにものに対しても独特の敵対感情がみてとれる。とても好んで引き合いにだされた次のような説話がある。マディーナ［メディナ］に発生した商品不足のさい、自由市場においては「価格は神の意志によって決まる」[*82] ためそうすることは冒涜に値するという理由から、預言者ムハンマドそのひとが商人たちに価格引き下げを強制することを拒否したというものである。ほとんどの法学者はムハンマドの決定を次のように解釈した。市場のメカニズムへのどのような政府の妨害も等しく冒涜とみなされねばならない、なぜなら市場は神によって自己調整機構として設計されているのだから、と。[*83]

これらのことが（おなじく神の摂理である）アダム・スミスの「見えざる神の手」にみごとに類似をみせているのもまったくの偶然ではない。実際に、スミスが参照した議論や用例の多くが、中世ペルシアで書かれた経済文書に直接に出典をもつものだったようだ。たとえば、交換とは人間的理性と会話の自然的発展であるという彼の視点は、イスラーム神学者ガザーリー（一〇五八—一一一一年）および建築家、科学者、哲学者トゥースィー（一二〇一—一二七四年）の双方にすでにあらわれている。この両者はともに、「だれひとりとして二匹の犬が骨を交換するのをみた者はない」という、［スミスのものと］まったくおなじ逸話をもちいている。[*84] より眼を惹くのは、スミスの分業についての最も有名なピン工場の事例である。そこでは一個のピンをつくるのに、一八の区別された工程が必要とされているが、それもまたすでにガザーリーの『宗教諸学の復活』（*Ihya*）にすでにあらわれている。そこで彼は、一本の針を生産するのに二四の異なった作業を必要とする針工場についてふれているのである。[*85]
とはいえ類似性のみならず差異もまた重要である。ことにきわだっているのは次の点である。スミスのように、トゥースィーは経済論を分業からはじめている。しかし、スミスにとって、分業とは個人の利益を求めて「取引と交換（truck and barter）をおこなう人間の本性」からの発展であるのに対して、トゥースィーにとっては相互扶助の拡張だった。

それぞれの個人が、じぶん自身の食物、衣類、住居、武器を確保することに専念するよう求められているとしよう。まず大工道具と鍛冶屋の技術をえる必要があるし、さらに種まきと刈り入れ、研ぐことところねること、紡ぐことと織ることのための道具と手段を準備しなければならない（…）あきらかに、だれもそれらのどれも満足にことをおこなうことはできないであろう。しかし人びとがたがいに助け合うならば、じぶんの能力の尺度を超えているこれらの重要な諸課題のうちひとつを各人が引き受け、他者の労働との交換によって多くを与えかつ受けとることによって正義の法をまっとうし、かくして生計手段を実現し、個の承継と種の存続が保証されるのである。[*86]

その結果、神の摂理は、わたしたちのうちに異なった能力、欲望、性向を配置したのだ、とトゥースィーは主張する。市場とは、端的に相互扶助、つまり能力（供給）と必要（需要）の釣り合いをとるという、より一般的な原理の発現なのである。あるいは、わたし自身がはじめに用いた表現に翻訳すれば、市場とはどの社会も究極的にはそれに依拠しているある種の基盤的コミュニズム上に基礎づけられているのみならず、それ自体が基盤的コミュニズムの拡張でもあるということだ。

だからといって、トゥースィーがラディカルな平等主義者だったことではまったくない。その逆である。「もし万人が平等だったなら、だれもがみな消滅してしまうだろう」と彼は主張する。わたしたちにはちょうど農民と大工のあいだに違いがあるのとおなじように貧者と富者のあいだの違いが必要である。しかしそれでもなお、市場はなによりまず競争ではなく協働であるという前提から出発するならば——そしてイスラームの経済思想家たちは市場の競争の必要性を認識し受け入れていたが決して競争をその本質とはみなさなかったとするなら[*87]——そのモラル上の含意はきわめて異質なものとなる。うずらの卵についてのナスレッディンの逸話はジョークだったかもしれないが、イスラームの倫理学者たちが、しばしば商人たちを説得して、金持ちとはきびしく交渉し、貧しい者に対してはより少なく取り、より多く支払うようにさせたことはたしかなのである[*88]。

ガザーリーの分業にかんする視点も似たようなものである。しかし彼の貨幣の起源についての考察はそれ以上に興味深い。出発点こそ物々交換の神話にとても似ているが、すべての中近東の著述家とおなじように、出発点は想像上の未開の部族民ではなく想像上の市場で出逢うよそ者どうしである。

ときに、ひとはおのれのもたぬものが必要になり、かつおのれの必要でないものを所持していることがある。たとえば、ある人物はサフランを所持しているが、運搬のためのラクダが必要である。そしてラクダを所持している人物は、そのときラクダは必要でなくサフランが欲しい。こうして交換の必要があらわれる。しかし、そこで交換が存在するためには、二つの物品を尺度する方法がなくてはならない。ラクダの所有者は、一定量のサフランに対して、ラクダぜんぶをさしだすことはできないからである。等量の重量や形態をとりだそうにも、サフランとラクダには類似性がない。同様に、家がほしいが布をもっている者、奴隷が欲しいが靴をもっている者、小麦粉が欲しいがロバをもっている者がいる。これらの財は、直接の測定基準をもっていないので、だれもどれだけのサフランが、一匹のラクダに匹敵するか知りようがないのである。こうした物々交換は大変困難になるだろう。[*89]

ガザーリーはまた、ある人物が他者の供給するものを必要とすらしないという問題も存在しうることを指摘している。だがこれはほとんど付け足しにすぎない。彼にとって真の問題は概念上のものである。すなわち、共通の質をもたない二つの事物をいかにして比較するのか？　彼の結論は、いかなる質もまったくもたない第三の事物と双方を比較することによってのみ、それは可能である、というものである。ガザーリーの説明によれば、まさにこのために、神はディナールとディルハム、金と銀という、それ以外にはなんの利用法もない二つの金属からなる硬貨を創造したのである。

ディルハムとディナールは、特定の目的のために創造されたわけではない。それら自身ではなんの役にも立たないのである。それらは石ころとおなじである。それらが創造されたのは、手から手へと流通するためであり、取引を管理し、促進するためにである。それらは財の価値と品質を知るための象徴（シンボル）なのである。[*90]

それらが象徴（シンボル）であり、尺度の単位でありうるのは、まさにその有用性の欠如のゆえであり、価値よりほかにいっさいの特色も欠けているがゆえである。

みずからの特殊な形態あるいは特質を有しないまさにそのかぎりで、べつの事物とむすびあうことのできる事物がある——たとえば色のない鏡が、すべての色を反射しうるがごとくである。貨幣についてもおなじである——

おのれ固有の目的こそ有していないが、諸財の交換という目的のための媒体という役割をはたすのである。*91

そこからまた、有利子貸付は違法でなければならないという考えがあらわれる。というのも、有利子貸付は貨幣を自己目的化しているからである。「貨幣は貨幣を獲得するために造られたのではない」。ガザーリーはいう。事実「ディルハムとディナールは他の財との関係においては文章中の前置詞に似ている」。文法学者が教えるように、前置詞は、じぶん以外の言葉に意味を与えるために使用されるのであるが、それができるのもそれ自体としては意味をもたないがゆえなのである。かくして貨幣は、諸財の価値を評価する方法を与えてくれる尺度単位であるが、それは常に動きつづけることによってのみ機能するものである。より多くの貨幣をうるために貨幣の交換をおこなうことは、そこでの問題がたとえM－M'ではなくM－C－M'であるにしても、ガザーリーによれば、郵便局員を誘拐することに等しい。*92

ガザーリーは金と銀についてしか言及していないが、彼の記述している貨幣の特性——象徴(シンボル)、抽象的尺度、それ自体の特性をもたぬこと、恒常的な運動を維持することによってのみ保持される価値などの——は、貨幣が純粋に仮想的な形式において使用されることがごくあたりまえになった時代でなければ、だれもおもいつかなかったであろう。

＊　＊　＊　＊

このように、わたしたちの自由市場論の多くは、そもそも大変異なった社会的・モラル的宇宙から、少しづつ借用されたものだったようだ。*93 中世における近世の商人階級は並外れた偉業をやってのけた。それ以前の沈黙せる何世紀ものあいだ、隣人たちに大いなる災いをもたらしていた徴利の慣行を放棄することによって、商人たちはみずから帰属する共同体の実質的な指導者——宗教的導師たちとならんで——になることができたのである。その共同体は、いまだモスクとバザールという二極の周囲にほぼ組織されているとみなされている。[*94] イスラームの拡張によって市場は世界的な現象となりえた。そして、その市場とは、政府からほとんど独立しみずからの内的諸法則にしたがって機能するものだったのである。しかし、これがある意味で純粋な市場であった——つまり政府によって創出され警察と刑務所によって維持されているものではなく、握手契約と署名する者の誠実のみに裏づけられた紙の約束の世界——という事実そのものが、のちにおなじ観念と議論の多くを採用した者たちによって想像された世界にはその市場がなりえなかったことを意味している。つまり、その「イスラームの」市場は、手当たり次第あらゆる手段を駆使して物質的利得を争い合う自己利益に純粋に動かされた諸個人からなる世界という意味での市場にはなりえなかったのである。

極西：キリスト教世界（商業、金貸し、戦争）

戦争に正義のあるところには、徴利にも正義がある。
——聖アンブロシウス

ヨーロッパは、すでに述べたように、どちらかというと遅れて中世に到達した。そのほとんどは、未開の奥地のようなものであった。とはいえ、この時代が、鋳貨の消失とともにはじまったのは、その他の地域とおなじである。貨幣は仮想的領域に撤退していった。人びとはみな、ローマの通貨で、そしてのちにはカロリング王朝の「想像貨幣（イマジナリー・マネー）」によって経費の計算をつづけていた。「想像貨幣」とは、ポンド、シリング、ペンスからなる純粋に概念上の体系であって、西ヨーロッパでは一七世紀に入ってもまだそれが帳簿作成［勘定計算］に使われていたのである。

地方の造幣局は、しだいに操業を再開し、はてしなく多様な重量と純度と金額からなる硬貨を生産した。だが、これらが汎ヨーロッパ的システムといかに関係するかは操作上の問題である。王たちは、たびたび制令を発して、みずからの硬貨を計算貨幣との関係において価値評定し直した。たとえば、われらのエキュあるいはエスクードはもはや一二分の一シリングでなく八分の一シリングの価値があると宣言することで通貨を「切り上げ（crying up）」する（債務負担を減少させる）か、あるいは、その反対を宣言することで、通貨を「切り下げ（crying down）」した（こうして実質的に増税をおこなう）のである。[*95] 硬貨にふくまれた金銀の実量は際限なく調整され、通貨はひんぱんに徴収されては再鋳造された。一方で、ほとんどの日常的取引は、まったく現金に依拠することなく、割符や商品券（tokens）、簿記（ledgers）、現物取引（transactions in kind）によっておこなわれていたのである。スコラ哲学者たちが一三世紀になって経済問題に言及するさい、貨幣は社会的慣習制度であること、つまり基本的に人間がそう決めたものが貨幣であるというアリストテレスの思想を採用したのは、このことの帰結である。[*96]

このような事態は、より広範にみられる中世のパターンに適合している。その頃、まだ出回っていた実際の金銀は、ますます聖地［教会、修道院など］に集中的に蓄積されていった。つまり集権国家が消失するにつれ、市場の統制はますます教会の手にゆだねられるようになっていった。

当初、カトリックの徴利に対する姿勢は、イスラームのそれとおなじくらい厳しく、商人に対する姿勢は、さらにより厳しかった。高利貸については、聖書内の文書の多くが明示しているように、抜け道の余地はない。たとえば「出エジプト記」二二章二四節を参照してみよう。

もし、あなたがわたしの民、あなたと共にいる貧しい者に金を貸す場合は、彼に対して高利貸のようになってはならない。彼から利子を取ってはならない。
「詩篇」（一五章五節、五四章一二節）と預言書（「エレミア記」九章六節、「ネヘミヤ記」五章一一節）は、高利貸を死と地獄の業火にはっきりとむすびつけている。そのうえ、ローマ帝国の衰退期に社会問題にかんする教会教育の基礎を形成した初期教父たちが著述の活動をおこなっていたのは、古代世界の最後で最大の債務危機の最中だったのである。*[97] この債務危機は帝国内にまだ残っていた自由農民を実質的に解体していく過程のうちにあった。奴隷制自体を非難する者はほとんどなかったが、徴利はだれもが非難していた。

徴利は、なによりもまず、キリスト教的慈愛への挑戦と考えられていた。つまりキリストに対するのとおなじように貧者に対応せよ、見返りを予期することなく与えよ、そして借り人に償いを定めさせよ（「ルカによる福音者」六章三四節‐五節）というイエスの教えへの冒涜とみなされていたのである。たとえば三六五年に聖バシレイオスがおこなったカッパドキアにおける徴利にかんする教説が、こうした問題に対する基本姿勢となった。

主はみずからの教えをとてもやさしく言葉になされました。「あなたから借りようとする者に、背を向けてはならない」。*[98]

だが金を愛する者であれば、どうでしょうか？　彼の眼のまえにあるのは、困窮に押しつぶされ地にひれ伏し乞い願う者です。みじめさゆえに、言葉を発するにも、おこないに移すにも、ためらいをみせる者です。たとえその者が、おもわぬ不運にみまわれた者であったとしても、金を愛する者は無慈悲です。その者がじぶんとおなじ人間であるなどと思いもよらないのです。その者の懇願に耳を傾けることもありません。冷淡に、意地悪くふるまうのです。どんな祈りにも心動かされることはありません。彼の決心は、涙で揺らぐことはありません。彼は拒絶しつづけるのです[*99]（…）。

すなわち、懇願者が「利子」について言及するまでは、ということである。聖バシレイオスは、金貸しにみられる意地汚い不誠実、キリスト教同胞への残酷なふるまいにとりわけ立腹していた。困窮した者が友を求めてやってくる。富者は友であるかのようにふるまう。ところが実際には彼はひそかな敵であって口にだすことはすべて虚偽である。みてみるがよい、とこう聖バシレイオスはつづける。金持ちは最初のうちは、誓ってじぶんは金欠なのだと述べたてるものなのだ。

そこで嘆願者が利子にふれ、担保という言葉を発します。すべては変わるのです。しかめ面はほぐれます。愛想笑いで、古い家族のつながりをもちだしてきます。いまや「わが友よ」というわけです。
　彼はこういいます。「そうですね。いまもち合わせがあるだろうか。ああ、ちょうど知人が投資のためにおいていったお金があります。知人はたくさんの利子を要求していました。でも、そこから少しおまけをして、あなたの得になるようにお貸ししましょう」。こうしたごまかしと語り口で、あわれなえじきにへつらい、餌に食いつくようにそそのかすのです。それから借用書で借り人をしばりつけ、貧しさゆえの労苦のうえに自由の剥奪を重ね、そして消え去ってしまうのです。とうてい支払えぬ利子を負った者は、みずから生涯の奴隷の境涯を受け入れてしまったのです[*100]。

お金を手にして家に帰った借手は、最初のうちは嬉々としている。だがたちまち「お金は消え去り」、利子は積もり、持ち物は売り払われる。聖バシレイオスによる負債の窮状の描写はますます詩的な色彩を帯びていく。時間そのものが敵になってしまったかのようである。どの昼もどの夜も、利子を生む親のごとく彼に悪巧みをしかけている。彼の人生は「不安と不確かさのなかで不眠の朦朧状態」と化し、あたかも公の場ではずかしめをうけているがごとくである。自宅にあるときも、予期せざる戸を叩く音のたびに布団の下に隠れ、枕の下に債権者が立っている悪夢にうなされては飛び起き、ほとんど眠れない。*[101]

おそらく、徴利にかんする最も有名な古代の説教は、前三八〇年にミラノで数日間にわたって発せられた聖アンブロシウスの『トビト書』であった。そこでは聖バシレイオスとおなじように生き生きした細部が再現されている。たとえば、子どもたちを売ることを余儀なくされた父親、恥辱のために首つり自殺した債務者。アンブロシウスの観察によれば、徴利とは暴力的な強盗の一形態あるいは殺人の一形態であるとすらみなさねばならない。*[102] しかし、聖アンブロシウスは、のちにとてつもない影響力をもつことになる小さな但書きを加えている。彼の教説は、金貸しについての聖書のあらゆる言及を注意深く検討した最初の例だが、のちの解説者たちが常に格闘したある問題――旧約聖書においては徴利が万人に禁止されていたのではないこと――に直面せねばならなかった。中心となる厄介な論点は例によって「申命記」二三章一九節‐二〇節にある。

同胞には利子をつけて貸してはならない。銀の利子も、食物の利子も、その他利子がつくいかなるものの利子も付けてはならない。外国人には利子をつけて貸してもよいが、同胞には利子を付けて貸してはならない。

それではこの「外国人（stranger）」とは（あるいはヘブライ語 *nokri* のより適切な訳語だと「よそ者（foreigner）」）とはだれなのか？　おそらく、その人間に対しては強奪や殺人をも正当化される、そのような者のことだろうと聖アンブロシウスは結論する。つまるところ、古代ユダヤ人はアマレク人［死海の南西の地域に居住していた遊牧民」といった諸部族にかこまれて暮らしていたのだが、神ははっきりとユダヤ人に対して彼らに戦争するよう指示していたのである。聖アンブロシウスのいうように、利子をとることでひとは剣によらずに戦っているのだとするなら、利子をとることは「殺すことも罪にはならないような者たち」[103]に対してのみ正当であるということになる。ミラノに住む聖アンブロシウスにとって、このことは技術的な問題でしかなかった。彼は、すべてのキリスト教徒とローマ法にしたがう万人を「兄弟たち」のうちにふくめた。当時、アマレク人はあたりに多くは住んでいなかったのである。[104] これはのちに「聖アンブロシウスの例外（Exception of St. Ambrose）」として知られるようになるが、それが決定的に重要になってゆく。

　これらの教説すべてが——そしてそれらは実に多いのだが——いくつかの切実な問いを、それに応ずることなく残している。金持ちは貧しい隣人の訪問を受けたならばどうすべきか？　イエスは見返りを求めずに与えよといった。だが、大多数のキリスト教徒にそれを要求するのは現実的でない。それに、もし、彼らが見返りを求めずに与えるにしても、このような態度がどのような種類の持続力ある人間関係をつくるのだろうか？　聖バシレイオスはラディカルな立場をとった。神はわたしたちみなに、すべてをおなじように与えた。そしてはっきりと金持ちに、あなた方の持ち物を貧者に与えよと指示した、というのである。こうして、使徒たちのコミュニズム——じぶんたちのすべての富を蓄え、じぶんたちが必要なときに自由にそれを引きだせるような——のみが、真にキリスト教的である社会の唯一の妥当なモデルとなったのだ。[105] キリスト教の創始者のなかでもここまで徹底した者は、ほかにほとんどいない。彼らの多くの主張は、コミュニズムは理想だがこの堕落した仮の世界においては端的に非現実的であるというようなものであった。教会は、現存する資産配分の状態を受け入れねばならないが、同時に、そうであるとしても金持ちたちにはキリスト教的慈愛（チャリティ）をもって行動するよう促す宗教的な教理をさししめすことも必要である。そのような教理の多くが、赤裸裸に商業的な隠喩を導入しているのである。聖バシレイオスさえも、好んでこうした隠喩をもてあそんでいる。

あなたが神の名において貧窮者に与えるときはいつも、贈与(ギフト)でありかつ貸出(ローン)なのです。あなたがそれを取り戻そうなどとはゆめ願うこともないのだから、それは贈与(ギフト)なのです。かの者［貧窮者］になりかわってあなたに返済をなすわれらが神の寛大さのゆえ、それは貸出(ローン)なのです。貧しき者のために小額の財産をふるまうあなたに、かの者は高額を払い戻すことでしょう。「貧しき者を哀れむ者は、主に貸出をおこなっている」。[*106]

イエスは貧しき者とともにあるのだから、慈善(チャリティ)［慈愛］という贈与(ギフト)はイエスへの貸出(ローン)であり、それはこの世では考えられない利子とともに天国で払い戻されるであろう、というわけだ。

だが慈善［慈愛］は、不平等を解体するのではなく維持する方法である。聖バシレイオスがここで語っていることは、実際には負債とはなんの関係もない。そのうえ、そうした隠喩をもてあそぶことは、つきつめるならば、神が乞食に施しを与える者の魂を救済する法的義務があるなどということがないのと同様、富者は貧しき嘆願者にはなにごとも負っていない、といった事実を強調することになるだけであるようにおもわれる。ここでは「負債」は純粋なヒエラルキーに解消されているのだ（そこから「主／領主（the Lord）」という語があらわれる）。その純粋なヒエラルキーにおいては、まったく異なった存在どうしがまったく異なった利益を供与しあっているわけである。後世の神学者たちはこのことを公然と承認することになる。聖トマス・アクィナスによれば、人間は時間のうちに生きるものであるから、罪業とはわたしたちが神に負った懲罰の負債である。ところが神は時間の外に生きるものである。定義上、だれにもなんであれ負うことはありえない。したがって、神の恩寵はなんらの義務も課すことなく与えられる贈与でしかありえない。[*107]

このことが、転じて、問いへの回答になるだろう。彼らは、本当のところ、富者になにをせよと求めているのか？　教会は徴利には反対していたが、富者が施しをおこない貧しき嘆願者は施し以外の方法で感謝を表現する、という封建的な依存関係についてはほとんどなにも述べていない。キリスト教西洋世界を横断してこうした関係性（アレンジメント）が出現しはじめたとき、教会は目立った反対はなにもしていないのである。[*108] かつての負債懲役人（debt peons）は、次第に農奴（serfs）あるいは家臣（vassals）に変容していった。家臣もまた理屈では自主的な契約上の関係なので、ある意味で、この関係はさほど異なったものではない。キリスト教徒たちが「主（the Lord）」に従属することを自由に選択することができなければならなかったように、家臣もまただれかに仕える者になるにあたって合意することが必要であった。これらのことすべてが、キリスト教と完全に調和したのだ。

その一方で、厄介な問題として残ったのが商業である。徴利を「なんであれ借りた額面を上回るもの」を取り上げることとして非難することと、いかなるかたちであれ利潤をうることを非難することのあいだに、たいした飛躍はなかった。聖アンブロシウスをふくむ多くが、すすんでその飛躍を引き受けたのである。ムハンマドは、正直な商人は天国で神の隣席を享受するに値すると述べたが、聖アンブロシウスらは、「正直な商人」とはそもそも語義矛盾ではないのかとうたぐっていた。ひとは商人であると同時にキリスト教徒であることはできないとは多数の人びとの主張であった。[*109] 中世初期において、これが切迫した課題となることはなかったのは、とくに、ほとんどの商売が外国人によって運営されていたという理由からである。だが、概念上の問題は決して解決されていない。「異邦人」にのみ貸しをつくることができるとはどういうことなのか？　それはただ徴利に限定されているのか、それとも商売すらも戦争に等しいということなのか？

＊＊＊＊＊

おそらく中世盛期に、この問題が最も悪名高くしばしば破局的なかたちをとったのは、キリスト教徒とユダヤ教徒の関係においてである。ネヘミヤ以降何年もたってから、「金貸し」に対するユダヤ人の姿勢が変わった。アウグストゥスの時代のラビである老ヒレルは、いかなる貸付契約にあっても、本件は債務免除から除外される旨を同意する条項を附記することを双方の側ができるようにすることで、安息年の債務免除を実質的に無効化した。トーラーもタルムードも有利子貸付に反対の立場をとっていたが、非ユダヤ人に対する場合を例外としている。とりわけ一一世紀から一二世紀にかけて、ヨーロッパにおけるユダヤ人はそれ［金貸し］以外のほとんどすべての生業から排除されてきた。[110] 転じてこのことが、一二世紀のゲットーにおいて普及していた、ユダヤ人どうしの徴利を正当化するジョークに示されているように、徴利という営みを抑制することをよりむずかしくしたのである。そのジョークは、「申命記」二三章二〇節の一節のだれがみても明確な意味を、疑問詞的に発音することによって正反対の意味にひっくり返すものである。「外国人には利子付きで貸してもよいが、同胞には利子付きで貸してはならない？」[111]

キリスト教の側においては、一一四〇年に「聖アンブロシウスの例外」がグラティアヌスの『教令集』へと発展していくが、これが教会法の決定版とみなされるようになる。当時、経済生活はほとんど、教会の司法権の管轄下におかれていた。それによってユダヤ人はその制度の治外法権に置かれるようにみえるが、実際には事態はより複雑であった。第一には、ユダヤ教徒もキリスト教徒もともに、〈例外〉に訴えようとすることもときにはあったようだが、〈例外〉が適用可能なのはサラセン人やそれ以外の、キリスト教世界が文字通り戦争状態にあった人びとに対してのみである、というのが一般的な見解であった。つまるところ、ユダヤ教徒とキリスト教徒はおなじ街や村に住んでいたのである。〈例外〉によってユダヤ教徒とキリスト教徒はたがいに有利子貸付の権利が許されているということは、彼らはたがいに殺し合う権利をもつということを意味する。[*112] そんなことをいいたい者はどこにもいないだろう。その一方で、キリスト教徒とユダヤ教徒の実際の関係は、しばしばこの不幸な理想にきわどく接近してたようである。とはいえ、(経済的な侵害をべつにすれば) 現実の殺人はすべて一方に偏して「キリスト教徒からユダヤ教徒への」いたわけだが。

こうした事情をもたらしたものは、ひとつには、ユダヤ人がいささかなりとも制度の外部に存しているという事実を、みずからの目的のために利用した、キリスト教徒である諸侯の習慣であった。その多くが、ユダヤ人に対して、みずからの保護の下で金貸しとして生業をたてるよう仕向けていたが、その理由は端的にその保護をいつでも撤回することができたからなのである。この点でイギリスの王たちは悪名高かった。彼らはユダヤ人たちを商人と職工のギルドから排除しながら、全面的な法の力でもって貸付を支援し、とてつもない額の利子を請求する権利を与えている。[*113] 中世イングランドの債務者たちは、みずからの家族が債権者に借金を清算するまで、しばしば刑務所にぶちこまれた。[*114] だがこのような事態はユダヤ人たちにもひんぱんにふりかかっていたのである。たとえば一二一〇年、ジョン王は、フランスとアイルランドでの戦費支払いのために、タレッジ「中世において領主が領民に恣意的に課した税」すなわち緊急の徴税をおこなった。ある同時代の年代記作者によると、「イングランド中のユダヤ人が、男女ともに、王の資金繰りのため、逮捕され、投獄され、拷問された」。拷問されたほとんどの者は、みずからの全財産あるいはそれ以上をさしだした。だが、そのとき、ブリストルのアブラハムという名の豊かな商人が、一万マルクの銀(ジョン王の年収の六分の一相当の額)の借金があるといいがかりをつけられたことに抵抗したことで有名になる。そこで王は、彼が支払うまで臼歯を毎日引き抜くよう命令した。七本抜かれたあとで、ついにアブラハムは降参したという。[*115]
ジョン王の後継者、ヘンリー三世（一二一六―一二七二年）は、ユダヤ人の犠牲者を弟であるコーンウォール伯爵に引き渡す習慣があった。かくして、べつの年代記作者によると「兄弟のひとりが彼らの皮をはぎ、もうひとりが腸をぬきとった[*116]」。こうしたユダヤ人たちの歯や皮、腸を奪いとる逸話は、シェイクスピアの『ヴェニスの商人』が「一ポンドの肉[*117]」を要求したことを考えるならば、注目する価値がある。それはどれも、ユダヤ人がキリスト教徒に行使することはなかったが、キリスト教徒がユダヤ人にむけることはあったテロルに対する、一片の罪悪感の投影であったようにおもわれるのである。
王たちによって加えられたテロルは、奇妙な同一化の要素をそのうちにふくんでいる。その迫害と盗用は、王たちがユダヤ人から借りていた債務を、究極的には［ユダヤ人が］じぶんたちに借りているものとみなす――それらを管理する金庫のための大蔵省の一部局（「ユダヤ人の財務省」）さえ設置しながら――という論理の拡張だった。[*118]これはむろん、イングランド人大衆が抱いていた、じぶんたちの王自身が貪欲なノルマンの異国人であるという印象ととても照応している。だが、それはまたしばしば王たちに、時に応じて大衆の人気取り政策を試みる「ポピュリスト・カードを切る」好機を与えた。つまり、ユダヤ人の金融業者たちをあからさまに冷遇するないし軽侮し、街の住民による大量虐殺（ポグロム）に眼をつぶるかそれを奨励さえしたのだった。街の住民は、聖アンブロシウスの例外をあえて字義通りにとり、金貸しを冷酷に殺害してもかまわないイエスの敵とみなしたのである。ことさら陰惨な大量虐殺が一一四四年にノリッジで起こり、フランスではブロワで一一七一年に発生した。ノーマン・コーンのいうように、そのあとには「かつては華やかなユダヤ人文化を誇っていた地域が、その頃には、周囲のより大きな社会との争いが絶えない恐怖の社会と変貌してしまったのである[*119]」。
金貸しについてユダヤ人の役割を過大にみてはならない。ほとんどのユダヤ人は、この商売とはなんの関係もなかった。金貸しを商売とする者も、なんらかの現物と引き換えに穀物や布地を貸すというような典型的な賦役だった。実際にはその多くはユダヤ人でさえなかったのだ。一一九〇年代にはすでに、キリスト教徒の金貸しを「われらのユダヤ人」とのたまいつつ——つまり特別な保護下にあるということである——結託する王たちに、説教師たちは不満を述べていた。[*120] 一一〇〇年代には、ほとんどのユダヤ人金貸しは、すでに長らく北イタリアのロンバルディア人やフランスのカオール人にとってかわられていた。それ以後、彼らは次第に西ヨーロッパ全土に移住し、悪名高い田舎の高利貸となっていく。[*121]

田舎の高利貸の擡頭は、それ自体、自由農民の成長のしるしであった（そもそも差し押さえできるものをなにも所持していないがゆえに、農奴には金を貸す意味がなかったのである）。それには、商業的農業や都市手工業者ギルドの擡頭、中世盛期の「商業革命」などがともなっていたが、それらすべてが、ついに西ヨーロッパを、長期にわたり世界の他地域では標準とみなされていた経済活動のレベルにまでひきあげたのである。ただちに、教会には、その問題について対応するよう多大なる大衆的圧力がかかってきたが、最初の応答は締めつけ政策であった。現存していた徴利［禁止］法の抜け道、とりわけ譲渡抵当（mortgage）［土地を担保にして、その担保のもたらす収益は貸手が受け取る仕組みの貸付］の活用が制度的に閉ざされた。譲渡抵当の利用はひとつの方便としてはじまった。すなわち、中世イスラーム世界においてとおなじように、法をすり抜けようとする者たちは、ただ金銭を渡し、債務者の家屋あるいは農地を購入すると宣言し、それから元金が払い戻されるまで債務者にそれを「貸し出す」だけでよかったのである［いったん売ったモノを買い戻すという体裁をとるわけだが、そのさい価格が上昇したとみなす］。譲渡抵当となると、家屋は購買されることすら理論上はなく担保として抵当に入れられるだけで、そこからの収入が貸主に生ずるようになった。一一世紀には、これは修道院お好みの芸当になる。ところが、一一四八年に、これが非合法化される。以後、すべての収入は元金から減算されることになった。おなじように、一一八七年、商人たちは、掛け売り［信用売り］するさいに［現金売りの場合より］高い値段をつけることを禁止された。つまり、キリスト教教会は、イスラーム法のどの学派よりも徹底していたのである。一一七九年には、徴利は、死に値する罪とされ、それを犯す者は破門され、キリスト教的埋葬を拒絶されるようになる。[*122] まもなく、フランシスコ会士やドミニコ会士のような托鉢修道士たちの布教集団が、街から街へ村から村へと説教キャンペーンを組織し、金貸したちを、みずからの被害者たちに不当利益を返還しないかぎり、永遠に魂を奪われるだろうと脅してまわった。

こうしたことすべては、創設の端緒にあった大学における熱い知的議論に反響していくが、その議論は、徴利が罪悪であり不法であるのかどうかというよりも、その理由をめぐるものだった。ある者は、それは他人の物質的所有物の窃盗であるからだとし、べつの者は、それは神のみに所属するなにかを他者に負わせること、つまり時間泥棒であるからだと主張した。あるいは、「怠惰の罪」と規定する者もいた。つまり儒者とおなじように、カトリックの思想家は、商人の利益は、基本的に、みずからの労働（すなわち財を必要とされている場所に運搬すること）への支払いとしてのみ正当化されうるので、貸手がなにもせず獲得する利子など論外であると考えていたのだ。そのあとまもなくして、アラビア語に翻訳されて回帰したアリストテレスの再発見（とガザーリーやイブン・アル・シーナー［アヴィセンナ］などのイスラーム思想の影響）によって、新たな論点がつけ加えられる。すなわち、金銭それ自体を目的として扱うことは、その真の目的をないがしろにすることであるという論点、つまり利子を課すことは、金属にすぎないものに、子を産み果実を実らせることのできる生きものであるかのように扱う、という意味で、不自然であるという論点である。[*123]

しかし教会権力がすぐさま発見することになったように、いったんはじまってしまった議論にふたをするのは大変むずかしい。まもなく新しい大衆的な宗教運動がいたるところに出現し、その多くが古代後期にさかんであったのとおなじ方向をたどって、商業に挑戦するのみならず私有財産そのものの正当性に疑義をつきつけたのである。

それらのほとんどが異端の刻印を押され暴力的に弾圧された。だが、おなじ議論の多くが、托鉢修道士たちの集団のあいだでとりあげられることになる。一三世紀になると、フランシスコ会士やドミニコ会士のあいだで、「使徒の清貧」にまつわる大論争が巻き起こる。基本的にその議論は、キリスト教はいかなる種類の財産とも両立しうるのかをめぐるものであった。

そのあいだに、ローマ法の復活――すでにみたように「絶対的私的所有」を想定するところから出発した――が、少なくとも商業的融資については徴利［禁止］法は緩和されるべきであると主張したい者たちに、新しい知的武器を提供した。この場合の偉大な発見は *interesse* という観念であって、わたしたちの用いている「利子［利益］（interest）」はこれに由来している。支払いの遅れによる損失の補償という観念である。[*124] この議論はすぐさま次のように変形していった――ある商人が（たとえば一カ月間という）最低期間の商業的融資をおこなったとして、その後一月ごとに一定の割合を請求するのは徴利ではない。なぜならこれは金銭からの上がりではなく罰則であって、このことは、どの商人もそうしているように、投資に回していたならば獲得していたであろう利益の修復として正当化されうるというわけである。[*125]

＊＊＊＊

読者は、ここでおそらく、どうして徴利［禁止］法が二つの対立する方向に同時にむかうことが可能だったのか、いぶかしくおもわれるのではないだろうか。その答えとしては、おそらく、西ヨーロッパの政治的情勢がきわめて混乱していたことがあげられるだろう。ほとんどの王が弱体化し、その保有地も断片化し不確実なものであった。大陸は、貴族領、公国、都市コミューン、荘園、教会領の織り成す格子模様になっていた。支配領土は恒常的に取り決め直しされていた。たいてい戦争によって、である。イスラーム教の近世においては長らくおなじみだった商人資本主義が大陸で確立されたのは、他の中世世界に比べてかなり遅く、北イタリアの自立した都市国家——ヴェニスやフィレンツェ、ジェノヴァ、ミラノなどが最も知られている——に、商人資本家たちが政治的足場を確保することに成功した時点であった。イタリアの都市国家のあとにドイツの諸都市やハンザ同盟がつづくことになる。[*126] イタリアの銀行家たちは、諸政府を乗っ取ることによって最終的に収奪の脅威から自由になり、そのことで（契約を強制することのできる）独自の司法体制を、そしてより決定的には独自の軍隊を獲得したのである。[*127]

イスラーム世界と比較してまず眼につくのは、こうした金融、貿易、暴力のあいだのつながりである。ペルシアやアラブの思想家たちが、市場は相互扶助の拡張としてあらわれたと考えたのに対して、商業は本当のところは徴利の延長ではないか、つまり、不倶戴天の敵にむけられた場合にのみ真に正当化しうる詐欺の一形態ではないかという疑念をキリスト教徒が払拭したことはなかった。負債とはつまるところ取引上の双方を巻き込む罪業だったのである。競争は市場の本性上なくてならないものである。だが、競争は（通常は）非暴力的戦争である。すでに眺めたように、ほとんどのヨーロッパ語において「取引と交換（truck and barter）」を意味する言葉が、「詐欺（swindle）」「欺く（bamboozle）」「だます（deceive）」を意味する言葉から由来している理由がそこにある。そのために商業を軽蔑する者もいれば、支持する者もいる。だが、その［市場と詐欺などの］むすびつきの存在そのものを否定する者はほとんど存在しなかったであろう。

このむすびつきがいかに密接なものだったか知るには、イスラームの信用手段が——あるいはその意味ではイスラームの冒険商人の理想が——どのように応用されていったか、検討してみるだけでよい。

近代的銀行の先駆は、通常テンプル騎士団として知られている「ソロモン王の神殿に仕える騎士たちの軍隊（Military Order of the Knights of the Temple of Solomon）」［正式名称は Pauperes commilitones Christi Templique Solomonici（キリストとソロモン神殿の貧しき戦友たち）］だったとされている。戦闘的な修道士たちの集団であった彼らは、十字軍を資金援助するうえで中心的役割をはたした。［たとえば］ある南フランスの君主が、テンプル騎士団を通じて彼の地所のひとつを抵当に融資を引き出し［譲渡抵当し］、エルサレムの神殿から現金引き換え可能な「為替手形（draft）」（イスラームのスフタジャをモデルにした秘密暗号で書かれた交換券）を受け取ることができるのである。要するに、キリスト教徒が最初にイスラームの金融技術を導入したのは、イスラームに対する攻撃を資金繰りするためであったようにおもわれる。

テンプル騎士団は、一一一八年から一三〇七年まで存続したが、彼らは最終的に、中世における実に多くの少数派（マイノリティ）の貿易商とおなじ道を歩むことになった。つまり、フィリップ四世はこの集団に膨大な借金をし、彼らに敵対するようになり、彼らの忌まわしい犯罪を非難しはじめたのである。指導者たちは、拷問されたあげくに殺害され、富は没収された。[*128] 問題の大部分は、彼らが強力な拠点をもっていなかったことであった。バルディやペルッィ、メディチなどのイタリアの銀行一家は、はるかにうまくやっていた。銀行史においてイタリア人は、複雑な株式組織や率先してイスラーム式の交換券を導入したことで、とりわけ有名である。[*129] それらは当初、きわめて単純なものだった。基本的に長距離両替の一形式にすぎなかったのである。ある商人がイタリアの銀行家に、フロリン金貨で一定の額面を預け、たとえば三カ月の支払い期限で、国際的な計算貨幣（カロリング朝のドゥニエ）によってそれと等価の額面を記載された勘定書を受けとる。そして期限が来たあと、その商人か商人の代理人が、中世最盛期の大がかりな、年に一度の交易市場であり手形交換所でもあったシャンパーニュ大市で、等しい額の地元通貨を手に入れることができるのである。しかしそれらはたちまち、新しい創造的形式の過剰を生むことになる。主要には、かぎりなく複雑化していたヨーロッパの通貨状況を切り抜ける、あるいはそこから利益を上げる諸々の方法である。[*130]

これらの銀行事業のための資本のほとんどが、インド洋からの香料と東方の奢侈品の地中海における交易に由来していた。ただしインド洋と異なって、地中海はたえまない戦争地帯である。ヴェネツィアのガレー船団は、商人船と大砲と海兵で満杯になった戦艦で二倍に膨れ上がり、貿易と遠征と海賊行為のあいだの差異はその時々の力関係によって決定された。*[131] おなじことが陸地にもいえる。アジアの諸帝国が兵士と商人の活動範囲を分離する傾向があったのに対して、ヨーロッパではしばしばそれらは重なっていたのである。

トスカナからフランドルまで、ブラバンからリボニアまで、中央ヨーロッパを上下しつつ、商人たちは、兵士たちに物資を供給する――ヨーロッパ全土でやったように――だけでなく、戦争をはじめる政府の一角を占め、場合によっては、鎧兜に身をかため、みずから戦闘におもむいた。そうした場所を数えればかぎりがない。フィレンツェ、ミラノ、ヴェネツィア、ジェノヴァのみならず、アウクスブルク、ニュールンベルグ、ストラスブルグ、チューリッヒ。リューベック、ハンブルグ、ブレーメン、ダンツィッヒのみならず、ブリュージュ、ゲント、ライデン、コロン。それらのなかでも、フィレンツェ、ニュールンベルグ、シエナ、ベルン、ウルムなどは、強力な領域国家を築いていった。*[132]

ヴェネツィア人たちは、この意味でひたすら勇名を馳せていた。一一世紀にかけて、真の重商主義的帝国を形成していたのが、ヴェネツィア人である。クレタやサイプレスなどの島々を占領し、ついには――新世界においておなじみになるパターンを先取りするかのように――大部分がアフリカ人奴隷でいっぱいの砂糖プランテーションを打ち建てた。*[133] ジェノヴァもすぐそれを追う。そこで最も利益になる事業のひとつが、エジプトのマムルーク人に売却するため、あるいはトルコ人から借用した鉱山で使役するために、黒海地域で強盗をはたらくか貿易をおこなって奴隷を獲得することだった。*[134] さらに、ジェノヴァ共和国は軍事融資のための独特の方法を発明したのだが、それを出資金による戦争（war by subscription）と呼べるかもしれない。すなわち、遠征を計画する者が投資者たちに株を売って、［出資金と］同率の戦利品を受けとる権利と引き換えにするというものである。その船団は、「冒険商人たち」が乗船したものと、まさにおなじガレー船団であった。冒険商人たちは、ナツメグ、トウガラシ、絹、羊毛製品といった船荷を積んで、ヘラクレスの支柱［ジブラルタル海峡］を通って、大西洋の海岸線に沿って、フランドルあるいはシャンパーニュ大市におもむいた――必要不可欠の為替手形を抱えて――のである。[*135]

＊＊＊＊

ここでちょっと「冒険商人（merchant adventurer）」という言葉について考えてみるといいだろう。もともとそれは、たんに国外で活動する商人を意味していた。だが、それとおなじ頃、つまりシャンパーニュの大市とイタリアの商人帝国の最盛期の一一六〇年から一一七二年のあいだに、「冒険」という言葉が、現代的な意味を帯びはじめる。それについて最も大きな役割を担ったのはフランスの詩人クレティアン・ド・トロワである――おそらく『アーサー王物語』、とくにパーシヴァル卿と聖杯の物語をはじめて語ったことでいちばん有名である。この物語は、新しい英雄である「遍歴の騎士」、すなわち、「冒険」――危険たっぷりの挑戦、愛、宝物、名声といった現代的な意味における「冒険」である――を求めて世界を放浪する戦士を前面に配した新種の文学となった。この騎士の冒険物語はたちまち評判となり、クレティアンには無数の模倣者がつづき、物語の登場人物――アーサー、グウィネビア、ランスロット、ガウェイン、ペルスヴェル［パーシヴァル］など――は、今日にいたるまで万人に知れわたっている。この勇敢な騎士、探索、槍試合、恋愛、冒険といった宮廷風の理想は、中世にかんするわたしたちのイメージの中心に根づいているのである。[*136]

興味深いことに、こうしたことは現実とはほとんどなんの関係もない。「遍歴の騎士」といったものにちらりと似たものすらも存在したためしがないのである。「騎士たち」とは、そもそも下級貴族の次男、三男、あるいはしばしば私生児からなる自由契約の戦士を意味していた。相続する遺産がないため、彼らの多くは財産を求めての結束を余儀なくされた。まさに略奪するものを求めて流浪する暴徒以外ではなかったのである。このような人間こそ商人たちの生業（なりわい）をかくも危険なものにした元凶にほかならない。この危険な人口を、一致団結して市民的権威の統制下におこうとする努力が一二世紀に頂点に達する。騎士道のみならず武芸大会や馬上槍試合など——これらはすべて、一面では騎士たちを競い合わせること、一面では騎士たちの存在総体を様式化された儀礼にしてしまうことによって、彼らに騒動を起こさせまいとする方法以外ではなかったのである。[*137] こうしたことを考えれば、勇ましい冒険を求めて彷徨う孤独な騎士の理想など、どこにも根拠をもっていないようにみえる。

わたしたちの中世像の中枢に位置しているがゆえに、このことは重要である。そしておもうに、これを説明することで多くのことがあきらかになるはずだ。以下のことを想起してみよう。この当時、商人たちは前代未聞の社会的・政治的力を獲得しはじめていたわけである。だがシンドバットのような人物——成功をおさめた冒険商人である——が完全な生についての空想上のモデルになったイスラーム世界とはいちじるしい対照をみせて、「ヨーロッパにおいては」戦士とは違い、商人は一切なんの模範ともなりえなかったのである。

それはおそらく、クレティアンが、西ヨーロッパの商業の拠点になっていったシャンパーニュ大市の中心地トロワに住んでいたことと無関係でない。[*138] 彼はキャメロットのイメージを、じぶんのパトロンであったシャンパーニュ伯、アンリ自由伯［アンリ一世］（一一五二—一一八一年）と、アキテーヌのアリエノールの娘であるその妻マリーの贅沢な宮廷生活をモデルにつくりあげたようにおもわれる。だが実際の宮廷はこうした見本市の従士として仕えていた素性の卑しい物売り（*commerçant*）にあふれていた——現実の騎士のほとんどが見物人や守衛だったり——馬上槍試合（トーナメント）においては——演者の役にあまんじていたのである。だが、二〇世紀初期の中世学者エミリー・ケリーによると、馬上槍試合が、経済的な関心の的にならなかったというわけではない。

ギョーム・ド・マレシャル［ウィリアム・マーシャル］の伝記作者が、この宮廷の傭兵隊員の暴徒が、西ヨーロッパの槍試合の一戦を楽しんでいた様子を伝えている。ペンテコステから聖ジョンの祝祭までの生き生きした季節に月二回開催される武術大会が近づくと、場合によっては三〇〇〇人以上もの若者たちが徒党を組んで近隣の街を乗っ取ってしまう。そこに、ロンバルディアやスペインから、ブルターニュや低地三国［ベルギー、ルクセンブルグ、オランダ］から馬商人たちがやってくる。それに加えて、武具士、人と獣用の小間物商人、高利貸、道化役者、講談師、曲芸師、占い師、さらに職人、農民、野宿者たちも群れをなしている。あらゆるタイプの芸人たちが寛大な後援者をつかまえている（…）。階上の部屋では宴会が開かれているが、鍛冶屋では炉が一晩中うなっている。賭け事が盛り上がり、骰子が飛び交うなかで、頭蓋骨を割るだの、目玉をえぐり出すだの、おぞましい喧嘩沙汰が発生する。競技場では勝利者への声援が、由緒正しい淑女から、そして名もなき者たちからいっせいにあがる。

危険性と群集と賞品が、男たちを戦場の空気に染めていく。勝者はじぶんの賞金や馬や使用人を身代金にするので、賭け金はとてつもない額に跳ね上がる。これらの身代金のゆえに、領地は抵当に入り、不運な犠牲者は、高利貸の手にのって、じぶんの使用人、そして最終的にはじぶん自身を人質にさしだすのだ。富は槍の穂先から生まれ、槍の穂先で失われ、無数の息子たちが家に戻れなくなる。*139

つまり、商人たちは大市を可能にする資材を供給していただけではない。打ち負かされた騎士は、実質的にみずからの生命を勝者にゆだねることになった。そのため金貸し能力をもった商人たちは、それら騎士たちの財産を清算することで大儲けしていたのだ。そのかたわら、（多額の婚資とともに）みずからの勝利でもって由緒正しい淑女の眼を惹かんと期待しつつ、おのれの装備のために膨大な借金をこさえた騎士もいれば、こうした催しにつきものの売春や博打のために借金を抱えた騎士もいた。敗者たちは鎧や馬を売るはめになり、そしてそれによって、追い剝ぎに復帰したり、（債権者がユダヤ人の場合）組織的虐殺（ポグロム）を助長させたり、土地を所有している場合には、それによって暮らしを立てる不幸な者たちにさらなる税を課すというような、危険な状況を醸成したのである。

戦争にむかう者たちもいたのだが、この戦争それ自体が新しい市場の形成をうながす傾向にあった。*140 こうした事件のうち最も華々しいもののひとつが、一一九九年の一一月に起きている。アンリ一世の息子ティボー［三世］がシャンパーニュのエクリ城で開催した馬上槍試合において、多くの騎士たちが宗教的熱狂にとらわれ、試合を放棄し、聖地を奪還することを誓ったのである。この十字軍は、大量移動のため、すべての儲けの五〇パーセントの分け前の誓約と引き換えに、ヴェネツィアの船隊を雇った。結局、聖地におもむくかわりに、長期にわたる血塗られた包囲攻撃のはてに（はるかに豊かなギリシア正教の）キリスト教都市コンスタンティノープルを掠奪したのだった。ボードゥアンという名のフラマン人伯爵が「コンスタンティノープルのラテン帝国皇帝」に任ぜられたが、ほとんど破壊されつくされ価値あるものを掠奪された都市を統治しようと試みたあげく、たちまち直臣ともども大きな経済的困難に直面した。ヴェネツィアの債権者たちに負債を支払うため、彼らは教会の屋根から金属をはがし、また聖遺物を競売に出すことまでしたのである。これは数多くの馬上槍試合において小規模に起こっていたことの巨大版である。一二五九年頃には、借金の担保としてヴェネツィアに送還されていた息子を抵当にとられるほどボードゥアン［ボードゥアン家。ボードゥアン二世］は没落していた。*141

これらをもってしても懸案の疑問の応答たりえていない。神秘の森アルビオンを放浪し、鬼や妖精や魔女や怪獣と遭遇する孤独な遍歴の騎士というイメージは、いったいなにに由来しているのか？　いまやその答えは明白であろう。端的に旅する商人たち、つまり、なんの成果の保証もなく未開地や森林への孤独な冒険に出発した男たちじしんの、昇華されロマン化された像でしかない。*142

それでは、すべての遍歴する騎士たちが、究極的に探し求めていた神秘的な物体、聖杯（the Grail）についてはどうか？　奇妙なことに、歌曲『パルジファル』を作曲したリヒャルト・ワーグナーこそが、聖杯とは新しい形態の金融に刺激されて出現した象徴であると喝破した最初の人物であった。*143 より初期の叙事詩的英雄たちが、現実の物理的な金や銀の山――ニーベルンゲンの宝――を求めて争い合ったのに対して、新しい商業経済から生まれた新しい集団は、純粋に抽象的形態の価値を追求した。つまるところ、だれも聖杯が正確になんであったのか知る者はいなかったのである。叙事詩さえも合意に達していない。ある場合は皿であり、あるいは杯であり、ときには石である（ヴォルフラム・フォン・エッシェンバッハは、それを時の発端における闘いでルシフェルの兜からたたき落された宝石であると想像した）。ある意味で、それがなんであろうが問題ではない。重要なことは、それが不可視で無形であるが、同時に尽きることなき無限の価値をもち、すべてを内包し、荒れ地に花を咲かせ、世界を養育し、精神的な滋養を供給し、傷ついた身体を治癒する力があるということなのだ。マーク・シェルは、それを白紙の小切手、金融の究極的抽象化とみなすべきだと提案さえしている。*144

では、中世とはなんだったのか？

だから、わたしたちの一人ひとりは、ちょうどひらめのように、一つであったものが二つに断ち切られているわけだから、人間の割符(シンボロン)なのである。したがって、各人はいつもじぶん自身の割符(シンボロン)を探し求めているのである。

――プラトン『響宴』（『饗宴／パイドン』朴一功訳、京都大学学術出版会、二〇〇七年、六七頁）

ワーグナーがまちがっていた点がひとつある。金融的抽象化の導入は、ヨーロッパが中世から旅立った目印ではなく、遅ればせながら、ついに中世に到達した目印だったのだ。

だからといってワーグナーを非難するのはお門違いである。このようにおもい違いしない人間はほとんどいないからだ。中世特有の制度や観念がヨーロッパに到来したのがあまりに遅かったので、わたしたちはそれを近代の最初の鼓動と誤解する傾向がある。為替手形（bills of exchange）は、東洋ではすでに七〇〇年から八〇〇年には使用されていたのだが、それがヨーロッパに到達するのはその数世紀後のことだった。おそらく典型的な中世の制度である独立大学が、もうひとつの例である。ナーランダー［大学］は四二七年に創立されているし、オックスフォードやパリ、ボローニャに類似した制度が創設される数世紀も前に、（カイロからコンスタンティノープルまで）中国と近西全土に独立した高等教育機関があったのだ。

枢軸時代が唯物論的な時代だったなら、中世とはなによりも超越性の時代であった。古代帝国の崩壊のあとに新しい帝国の勃興をみるといったことはほとんど起きなかった。*145 そのかわり、かつて反体制的であった大衆宗教運動が支配的な制度へと一躍成り上がる。奴隷制は、全般的な暴力の水準の低落とともに、衰弱するかあるいは消失した。交易がさかんになるにつれ技術革新の歩調も速度をあげた。平和の拡大が、絹や香料の動きのみならず、人びとと観念にも、より大きな可能性をひらいた。中世中国の僧たちがサンスクリット語で書かれた古代の論文を翻訳することに専念できたこと、中世インドネシアのマドラサ［バングラデシュとパキスタンのイスラーム教の学校］の学生たちがアラビア語で法にかんする議論を闘わせることができたこと、これらはその時代の根本的な世界性を証言するものである。

中世とは「信仰の時代」であった――権威に対する盲従の時代であった――というわたしたちのイメージは、フランス啓蒙主義の遺産である。ここでもまた、このイメージが道理にかなうとすれば「中世」というものを主要にヨーロッパに生じた現象と考えた場合のみである。世界的な基準からすれば、極西は異常に暴力的な場所であっただけでなく、カトリック教会も極端に不寛容であった。中世の中国、インド、イスラーム世界において、たとえば「魔女」を焼き殺したり異端者たちを虐殺したりといったことに匹敵する事例を多くみつけるのはむずかしい。より典型的であるのは、特定の時代の中国に浸透していたようなパターンである。すなわち、その時代には、ある学者が若年に道教をかじり、中年には儒教を信奉し、隠遁してから仏教徒になるといったことがまったくすんなりと受け入れられていたのである。中世の思想にひとつの本質があるとするならば、それは権威への盲従のうちにではなく、わたしたちの日常的活動——ことに宮廷と市場——を支配する諸価値は、混乱し、過誤にあふれ、錯覚に充ち、倒錯しているという根強い信念のうちにあった。真の価値はどこかべつの場所に、つまり、直接知覚することはできないが学習と瞑想によってのみ接近しえる領域にある。しかしこのことが、転じて、瞑想の権能と知の問題全体を、解決なき問いにしてしまったのだ。たとえば、イスラーム、キリスト教、ユダヤ教の哲学者たちをひとしなみに悩ませた大難問を考えてみよう。わたしたちは、神について知るのは理性の権能を通してのみであるとし、同時に、理性それ自体は神の一部であるとする。しかし、それはいったいどういうことなのか？「わたしたちが古典を読むのか、それとも古典がわたしたちを読むのか？」と問うたとき、中国の哲学者たちも、似たような難問と格闘していた。その時代のほとんどの大きな知的論議は、やり方は異なれど、この問題に関与していたのである。世界はわたしたちの心によって創られたのか、世界によってわたしたちの心が創られたのか？

支配的な貨幣理論のうちにもおなじ緊張関係をみてとることができる。アリストテレスは、金にも銀にも内在的価値はなく、したがって貨幣とは交換を容易にするために人間の共同体によって発明された社会的慣習にすぎないと主張した。それは「本性的ではなくして人為的であり」、もしわたしたちがみなそうしたいと決めたならば「これを変更することや、これを役に立たないものにすることはわれわれの自由なのだからである」[*146]。この視点は、枢軸時代の唯物論的知的環境ではほとんど影響力をもたなかったが、中世後期には標準的な認識になった。この考えを推進した最初のひとりがガザーリーだったのである。ガザーリーはそれを独自の方向にさらに発展させながら、次のように主張した。金貨に内在する価値はないという事実こそ、その貨幣としての価値の基盤である、なぜなら、まさにこの内的価値の欠如ゆえに、じぶん以外の諸事物の価値を「統治し」、測定し、規制することが可能になるのだから、と。だが、同時に、ガザーリーは、貨幣は社会的慣習であるということを否定した。それは神に与えられたものであるからだ。[*147]

ガザーリーは神秘主義者で政治的保守派であった。だから最終的には、じぶん自身の考えのなかの最もラディカルな含意から尻込みしたのだということもできる。しかしそれとともに、中世において、貨幣とは恣意的な社会的慣習でしかないと主張することが、さしてラディカルな視点だったのか、うたがうこともできよう。つまるところ、キリスト教と中国の思想家たちがその視点をとったとき、それはほとんど常に貨幣とは王あるいは皇帝が望むがままのものであるという含意をもっていたのである。その意味において、ガザーリーの立場は、市場とは宗教的な権威の保護下にあると主張することによって、市場を政治的介入から守りたい、イスラーム的な欲求と完全に共鳴していた。

＊＊＊＊＊

中世の通貨がこうした抽象的で仮想的な形態――手形、割符、紙幣など――をとっていたという事実によって、こうした問いかけ（「貨幣が象徴であるということはなにを意味するのか？」）は当時の哲学的諸問題の核心部分に食い込んでいた。この見方の正しさを「象徴（シンボル）」という言葉の歴史以上に示してくれる場所はない。ここにおいて、わたしたちはおどろくべきとしかいいようのない、いくつかの尋常ならぬ並行関係に遭遇する。

アリストテレスが、硬貨とは社会的慣習でしかないと述べたとき、彼の使用した語彙は——そこから「象徴（シンボル）」という言葉が派生した——シンボロン ***symbolon*** であった。ギリシア語でこれは、「割符（tally）」、つまり契約や合意事項を記録するために半分に割られた物体、ないし負債を記録するために刻印されそして割られた物体のことであった。だからわたしたちの使う「象徴」という言葉の起源は、負債契約をなんらかのかたちで記録する割られた物体にさかのぼるのである。これだけでも十分に刺激的であるのだが、ここで本当に注目すべきなのは、中国語で「象徴」にあたる符 *fu* あるいは符号 *fu hao* も、ほとんどまったくおなじ起源を有していることである。[*148]

ギリシア語の「シンボロン *symbolon*」からはじめてみよう。夕飯を共にしている二人の友人が、あるモノ（オブジェクト）——指輪、趾骨、瀬戸物の破片など——を手にとって半分に割れば、それでシンボロンのできあがりである。未来のある時点で、ふたりのどちらか一方が片方の助けが必要になったとき、それぞれが片割れをもちよれば友情を確認することができる。考古学者たちは、アテネにおいて、その多くは粘土からなる友情銘板の破片を無数に発見している。のちに、それらは契約を批准する方法となり、証言の代わりをつとめる対象物（オブジェクト）となった。[*149] この［シンボロンという］言葉はまたあらゆるたぐいのトークンに対してもちいられた。たとえば、アテネの陪審員に与えられた投票資格あるいは劇場への通行許可証といったものに対してである。それは貨幣に対しても使用された。ただしそれは、その貨幣が内在的価値をもたない場合、つまり銅貨のように地域の慣習によってのみ価値が固定されているような場合においてのみである。[*150] シンボロンはまた、書類のかたちをとれば、旅券、契約書、委任状、受取証ともなることができた。その拡張によって、「前兆（omen）」、「先触れ（portent）」、「症候（symptom）」、あるいはついにはおなじみの「象徴」を意味するようになったのである。

後者への移行は二重であったようだ。アリストテレスは、なんでも割符になることが可能であるという事実にこだわった。その材質がなんであるかは問題でない、半分に割れるかどうかだけが重要なのだ、と。これはまさに言語についてもあてはまる。言葉とは特定の対象あるいは観念を指示するために使用される音声であるが、その関係は恣意的である。すなわち、たとえば、英語ではある動物を指すのに“dog”を、神を示すのに“god”を使わねばならないし、その逆ではないのだが、そこにはとくに理由がない。ただひとつの理由は社会的慣習（コンベンション）／約束事である。ある言語のすべての話者のあいだでの、この音声はあの事物を指示することにしようという合意なのである。この意味で、すべての言葉は恣意的な合意のトークンである。[*151] もちろん貨幣も然りである。アリストテレスにとって、わたしたちが一定の額面に値するものとして扱うなんの役にも立たない銅貨だけでなく、あらゆる貨幣、金（きん）さえも、ただのシンボロンつまり社会的慣習なのである。[*152]

こうしたことは、支配者たちが、布告を発するとことだけで通貨の価値を変えることができた時代、トマス・アクィナスの一三世紀には、ほとんど通念にみえるほどにまでなっていた。とはいえ、中世の象徴論は、アリストテレスよりも古代の神秘宗教に由来をもつものである。古代の神秘宗教において「シンボロン」は、入会者のみが理解しうるある種の暗号的公式あるいは護符を指していた。[*153] それから、感覚的経験の領域を完全に越えたある隠れた現実を参照することではじめて理解される、知覚可能である具体的なしるし（トークン）となったのである。[*154]

中世において、最も広範に読まれ尊敬されていた象徴論者［シンボルの理論家］は、その実名こそ歴史のなかに失われてしまったものの、のちにディオニュシオス＝アレオパギタの偽名で知られるようになった六世紀のキリスト教神秘主義者だった。[*155] ディオニュシオスは、この［シンボルという］観念を右に述べた意味でとらえ、当時の大いなる知的問題と対峙した。いかにしてひとは神についての知を有することができるのか？　物質的宇宙のなかで感覚を通して知覚しうるものに制約された知識しかもたないわたしたちが、いかにして、その本性が物質的宇宙に対して絶対的に異他的である存在――彼の言葉では「存在を越えた無限」「知性を越えた一なるもの」[*156]――についての知識を有することができるのか？　万能の神はなにをすることも可能で、だから彼は、聖餐にみずからの身体を供するがごとく無限の物質的形態をとって、わたしたちの心のなかに出現することができる。興味深いことに、ディオニュシオスは、神的なものは美しいものだという想念を捨てないかぎり、わたしたちは象徴（シンボル）がいかに機能しているか、理解の端緒につくことすらないだろうと警告している。光り輝く天使や天駆ける戦車は、わたしたちを混乱させるだけである。わたしたちは、天国をそのようなものと想像したがるが、実際に天国がどのようなものか想像することは不可能なのだから。むしろ、より［理解のために］有効な象徴は、もともとのシンボロンのように、任意に選ばれた平凡な物体である。それらは、しばしば、さえないしどうでもよい代物であるわけだが、むしろその不調和こそが、それらが神でないこと、べつの意味では神であるとしても、神は「あらゆる物質的なものを…超越している」事実を、わたしたちに想起させてくれるのである。[*157] しかしここでは、それらが対等の者のあいだの合意のトークンであるという観念はまったく消えている。象徴（シンボル）は贈与である。それは、どのような見返りも、負債も、相互の債務もひたすら無効であるくらい、わたしたちより高次の存在からやってくる、絶対的で、自由で、ヒエラルキー的な贈与なのだ。[*158]

上記のギリシア語の辞書を、中国語の辞書からの以下の引用と比較してみよう。

符（FU）　合意すること。一致させること。二つの割り符の反面。

- 証拠。同一性の証明、信用証明。
- 約束を果たすこと。約束を守ること。
- 和解すること。
- 天命［天による任命］と人事［人間的事象］のあいだの相互合意。

・割符、小切手。
・皇帝の封印あるいは印章。
・召喚状、委任状、信用証明。
・割符の二つの反面を合わせること、そのような完全の合意。
・象徴、記号…。[*159]

その発展もほとんどまったくおなじである。シンボラ *symbola* と同様、符 *fu* も、割符、契約書、公式認証、召喚状、通行証あるいは信用証明にもなりうる。協定［の保証］として、合意や負債の契約、あるいは封建的関係すらをも、体現することもできる。だれかの臣下になることに合意した小領主は、ちょうど穀物や金銭を借りるさいにそうするように割符を分けたのだから。共通の特徴は、対等の立場にあった二者の関係において、一方が従属することに合意する契約にあるようにおもわれる。のちに、国家がより集権化するにつれ、主に焦点化されるのが役人たちに命令を伝える符である。すなわち、役人が任地におもむくさいに左半分を携えていく。皇帝がその役人に重要な任務を与えるとき、右半分を携えた使者を送る。それによって、その任務の命が、まごうことなき皇帝の意志であることを役人に保証するわけである。[*110]

紙幣が、半分に裂かれたうえでつなぎ合わされた債務契約書から発展したものだろうということは、すでにみた通りである。むろん、中国の理論家たちにとって、貨幣とは社会的慣習にすぎないというアリストテレスの議論は、とくにラディカルなものではなかった。端的にそれは自明の理であったのだ。すなわち、貨幣とは皇帝がそう制定したところのものである。とはいえ、右の引用文であきらかなように、「符」は「天命と人事のあいだの相互合意」を示唆しているという、小さな事項が付されている。役人が皇帝によって任命されていたように、皇帝も究極的にはより高次の力によって任命されているのであり、彼が実際に支配することができたのは、かように委任されていたかぎりであった。だからこそ、幸先のよい前兆が「符」と呼ばれたのである。つまり、自然災害が皇帝の逸脱のしるしであったのとおなじように、天が統治者を承認したしるしとされたのである。[*161]

ここで中国の発想は、少しずつキリスト教のそれに接近してきている。とはいえ、中国の宇宙の観念には、ひとつの決定的な差異がある。すなわち、現世とそれを超越した世界のあいだの絶対的な隔たりが強調されていないために、神々との契約関係がはなから退けられるということがなかったのである。とりわけこのことは中世の道教にあてはまる。道士たちは、天との契約を表現する紙片をひき裂く「割符裂き（rending tally）」と呼ばれる祭式を通して任命されていた。[*162]それは、やはり「符」と呼ばれる、信徒が師から受けとる魔術的な護符についてもいえることであった。それらは文字通りの割符である。信徒が片割れを保管し、もう片割れは神々の手に保持されるとみなされていたのである。こうした護符的な符は、神々にのみ理解可能な天界の文書を表現しているとされる図表のかたちをとっており、神々に対し保持者を援助するべく義務づけていた。すなわち、それはしばしば信徒に、悪霊を退治したり、病人を治癒したり、あるいはさもなくば奇跡的力をさずかるよう、聖なる軍勢の助力を求める権利を与えていたのである。しかしそれらはまた、ディオニュシオスのシンボラとおなじように、観想の対象ともなった。それによって、究極的に現世を超えた不可視の世界の知識を獲得することができる、というのである。[*163]

中世の中国にあらわれた最も魅力的な視覚的象徴の多くが、こうした護符に起源をもっている。たとえば、河図洛書（the River Symbol）、あるいはいうまでもなく陰陽の象徴は、護符から発展してきたようにおもわれる。[*164]陰陽の象徴をみるならば、割符の左と右（場合によっては「男性」と「女性」とも呼ばれる）の片割れ「の組み合わせ」を想起するのは容易だろう。

＊＊＊＊＊

割符があれば証人は必要でなくなる。二つの表面が合致するなら、契約した双方のあいだに合意の存在することがだれにもわかる。だからアリストテレスは、割符を言葉にふさわしい隠喩とみなしたのである。言葉Aが概念Bに対応するのは、それらが対応するかのようにわたしたちがふるまうであろうという暗黙の合意があるからである。割符について眼を惹くことは、たんに友情や連帯のしるし（トークン）としてはじまったとしても、後年の事例のほとんどすべてにみられるのは、双方が合意して実際に形成することになるのは不平等の関係であるということだ。すなわち、負債、義務、他人の命令への服従などである。転じてこのことが、物質的世界と、究極的にそれに意味を与えるより強力な世界とのあいだの関係の隠喩として割符を利用することを可能にするのである。どちらの側も［もとはといえば］対等者である。だが、それぞれが創造するものは絶対的に異なっている。だから、中世キリスト教の神秘主義者にとっては、中世中国の呪術師たちにとってとおなじく、象徴（シンボル）とは、文字通り、天［国］の断片だったのである。それらは、まずはじめに、ひとがどうしても交わることができない存在について、ある一定の知識をひとに与えるための言語を提供したが、次に、どうしてもその言語を理解しえない存在と交わる方法、実践的な取り決めをもつ方法をすら供給したのである。

ある次元においては、これは、わたしたちが負債を通して世界を想像し直そうと試みるとき、常に生起するジレンマのあらわれ方のひとつでしかない。つまり負債とは二人の対等な者たちがふたたび対等になるときまで対等ではなくなるという合意である。ただし、経済というものがいわば霊的にとらえられていた中世において、この問題は奇妙に辛辣な色を帯びている。金や銀が神聖なる場に集中するにつれ、日常的な取引はどこでも、主要に信用を通しておこなわれるようになった。富と市場にかんする議論は、不可避に負債とモラリティをめぐる議論になり、負債とモラリティをめぐる議論は、宇宙におけるわたしたちの場所の本性にかんする議論となった。すでにみてきたように、その解決はなはだしく多様化している。ヨーロッパとインドにおいてはヒエラルキーへの回帰が起こった。社会は、司祭、戦士、商人、農民（キリスト教国では、司祭、戦士、農民）によって階層化された秩序となったのである。階層間の負債は危険視されたが、その理由は、それが潜在的平等性を含意し、かつひんぱんに赤裸々な暴力へとみちびいたからである。対照的に、中国においては、しばしば負債の原理は宇宙の統治原理と化している。たとえば、罪業の負債、母乳負債（milk-debt）、人間と天上界の諸力のあいだの負債契約などである。統治者の観点からみると、これらすべては過剰をみちびくものであった。潜在的には、社会的秩序の均衡を破壊する危険性をはらんだ資本の集中化を呼び込むものだったのである。市場の円滑で公正な運営を維持するべく介入し、それによって民衆騒乱を回避することが、政府の責任であった。それとは異なり、あらゆる瞬間に神は全宇宙を再創造していると神学者たちが唱えていたイスラーム世界においては、市場の変動は神の意志のひとつの顕現にすぎないものとみなされていた。

おどろくべきことだが、儒教による商人への非難とイスラームによる商人の礼讃は究極的にはおなじ帰結に達している。すなわち、双方とも市場の繁栄した豊かな社会であったが、近代資本主義の特徴となる大規模なマーチャントバンク［貿易手形の引受業務、海外証券の発行業務を中心として、主要には企業相手の金融業務をおこなう］や産業機構を形成することはなかったのである。イスラームの場合、事情はとりわけ興味深い。イスラーム世界は、たしかに資本家としか呼びようのない人物を生みだした。大商人たちは *sahib al-mal* すなわち「資本所有者」と呼ばれ、法学者たちは資本金の創出と拡大について自由に議論していた。カリフ制の絶頂期には、これらの商人のうちには数百万ディナールを所有し、利潤の上がる投資をたえず求める者たちもいた。いったいどうして、近代資本主義のようなものが出現しなかったのか？　わたしは二つの要因をあげたい。第一にイスラーム商人たちは、じぶんたちの自由市場思想を真剣に堅持していたようにみえること。市場は政府の直接的な統制を受けることがなかった。契約は個人と個人のあいだで――理想的には「握手と極楽の情景とともに」――むすばれ、かくして名誉と信用がほとんど識別不能にまでなったのである。これは不可避である。というのも、文字通りにひとが喉を切り合うことを止める者がだれもいないところでは、熾烈な競争（cutthroat competition）は不可能なのであるから。第二に、イスラームは、利潤とはリスクに対する報酬であるという原理を真剣に考えていた。のちに古典派経済学によって祭り上げられはしたものの、実際にはいつも実践されているとはとてもいいがたい原理である。貿易事業は、暴風や難船、野蛮な遊牧民や森や草原（ステップ）や砂漠、エキゾチックで予想不能な各地の風習、気まぐれの政府などにさらされる冒険であると、まさしく文字通りにみなされていたのである。こうしたリスクを回避するための金融操作は不信心とみなされた。これが徴利に対する異議のひとつである。つまり、もし固定歩合の利子を要求するならば利潤は保証されてしまうではないか、というわけである。おなじように、商業的な投資家たちはリスクを共有するよう求められていた。このことが、のちにヨーロッパで発展する金融と保険の諸形式を不可能にしたのである。[*165]

この意味で、中世初期の中国の仏教僧院は、それとは逆の極限形態を代表している。「無尽蔵の宝物」が無尽蔵であるのは、有利子の貸出しをつづけるが、決して元本には手をつけないことによって、結果的にリスクなしの投資を保証していたからである。これこそが問題の核心である。こうすることで、仏教は、イスラームと違って、いま「法人（corporations）」と呼ばれているものに大変近いものを生みだした。すなわち、魅惑的（チャーミング）な法的擬制を通して、人間のようではあるが、結婚や生殖、病や死など人間特有の乱調を経験することもない、不死の人格とイメージされる実体である。中世に特有の表現を使えば、その実体とはまさに天使のようなものなのである。

法的にみれば、わたしたちの法人［会社］（corporations）という観念は、ヨーロッパ中世盛期の産物である。「擬制的人格」（*persona ficta*）としての法人という法的観念――イギリスの偉大な法制史家メイトランドのいうように「不死であるが、訴えかつ訴えられ、土地を保有し、自身の紋章をもち、自身を構成する自然的人格のために諸規則をつくる」[*166]――は、教皇インノケンティウス四世によって一二五〇年に教会法として最初に制定された。その教会法の適用された最初の組織体は修道院である。それからまた、大学、教会、ギルドにもおなじように適用された。[*167]

天使としての法人という観念は、ちなみに、わたしのものではない。それは偉大な中世学者エルンスト・カントローヴィチから借用したものだ。彼の指摘によれば、これらのことはどれも、天使とは本当はプラトンのイデアの人格化であるという考えをトマス・アクィナスが発展させていたまさにその同時代に生じている。[*168]「トマス・アクィナスの教説によれば」――とカントローヴィチはいう――「個々の天使はそれぞれ一つの種を表現している」。

したがって、法学者の言う人格化された諸集団が――これは法の領域における不可死の種のごときものである――通常は天使に帰せられるあらゆる特徴を示していることは、少しもおどろくにあたらない（…）。法学者たち自らも、彼らの抽象体と天使的存在の間にある種の類似性がみられることを認めていた。したがって、この点からみれば、後期中世の政治的・法的な思想世界は、大小さまざまな非質料的な天使体の住処となり始めたと言えるだろう。これらの天使体は、不可視で年齢をもたず、永遠で不可死、そしてしばしば遍在する存在者でさえある。そして、彼らは、天上の存在者の「霊的身体」に比肩しうるような叡知的身体（corpus intellectual）ないし神秘的身体（corpus mysticum）を与えられていた。[*169]

こうしたことはすべて強調するに値する。なぜなら、わたしたちは、法人の存在にどこか自然なあるいは不可避の要素があると想定することに慣れているが、それらは歴史的にみて、実に奇妙奇天烈な創造物であるからだ。このようなものを生みだした大いなる伝統はほかに存在しない。[170] それらこそは、中世という時代の特徴をなす形而上学的存在者（metaphysical entities）のはてしのない増殖の一列に加えられた、最も固有の意味でヨーロッパ的な要素なのである。そしてそれは、それらの存在者のうちでも最も耐久力のあるものだった。

もちろん、それらは時間とともに大いに変遷をとげていった。中世の法人は財産を所有していたし、しばしば複雑な金融取引にも関与していた。しかし、それらはいかなる意味においても、近代的な利潤形成機構ではなかったのである。それに最も近接したのは、おどろくべきことではないだろうが、修道院的集団――とりわけシトー修道会――であった。その修道施設は、中国仏教の僧院と同様、製粉所や鍛冶屋にかこまれ、実質的には羊毛を紡ぎ輸出する賃労働者にほかならぬ「俗人の兄弟」たちの労働力とともに合理化された商業的農業にたずさわっていた。それを称して「修道院資本主義[171]」さえ云々する人たちもいる。それでもなお、おなじみの意味における資本主義の素地が本当に形成されたのは、商人たちが、合法的あるいは実質的な独占を克ちとり、貿易に通常ともなうリスクを回避する方法として、みずからを永続体（eternal bodies）へと組織しはじめてからのことである。それについての好例は、一四〇七年にロンドンでヘンリー四世によって特許状を受けた冒険商人組合（the Society of Merchant Adventures）である。ロマンティクに響く名称にもかかわらず、もっぱらイギリスの羊毛を買い上げ、フランドルの大市で売る事業にたずさわっていた。それは、近代的な株式会社ではなく、むしろ旧式の中世的商人同業組合（マーチャント・ギルド）であったが、より年かさのより大商人が若い商人に融資を与えることのできる仕組みをつくり、利潤を確実に保障させるべく羊毛貿易を独占的に統制した。[172] とはいえ、こうした会社（カンパニーズ）が海外で武装した冒険を開始したときこそ、人類の新時代がはじまったといえるかもしれない。

第一一章　大資本主義帝国の時代（一四五〇年から一九七一年）

「それで一一ペソについてだが。おまえは払えないから、もう一一ペソになる。……全部で二二ペソだな。肩掛け(セラーペ)とマット(ペタテ)に一一ペソ、それで、それを払えないからもう一一ペソ。そうだろう、クリシエロ？」

クリシエロは数字についてまったく知識がなかったため、ごく当然のようにこういった。「その通りでございます、ご主人さま」。

ドン・アルヌルフォは、道理をわきまえた穏やかで高潔な人物であった。それ以外の地主たちは召使いに対して彼ほど情け深くはなかった。

「シャツは五ペソ。そうだね？　よろしい。それで、そしておまえはそれを払うことができないから、さらに五ペソだ。そして、おまえはわたしに五ペソを借りたままでいるから、また五ペソだ。そして、わたしがおまえからカネを手に入れることは絶対にないだろうから、加えて五ペソ。つまり、五足す五足す五足す五で、全部で二〇ペソだ。それでいいかね？」

「はい、ご主人さま、了解いたしました」

召使いはシャツが必要になっても、ほかに入手できる場所はなかった。

彼には、じぶんの主人以外にツケ(クレジット)で買える人物がいなかったのである。彼は主人のために働き、小銭（a centavo）を借りているかぎり、主人から逃げることは絶対にできないのである。

――B. Traven,『The Carretta』（B・トレイヴン『ザ・カレッタ』）

いわゆる「大航海時代」とともにはじまる新時代は、真に新しい多数のことがら——近代科学、資本主義、人文主義（ヒューマニズム）、国民国家などの擡頭——によって特徴づけられている。そのためそれを歴史的サイクルの転換点にすぎないものと位置づけるのは奇妙にみえる。だが、本書でわたしが展開している観点からするとそうだったのである。

この時代は一四五〇年頃、仮想通貨と信用経済からの離脱、そして金銀への回帰とともにはじまった。つづいてアメリカ大陸から流入した銀地金がこの過程を極端に加速させ、西ヨーロッパに「価格革命」をひき起こし、伝統的な社会を転覆した。そのうえ、地金（bullion）への回帰には、中世を通じておしなべて抑圧されていたか抑制されていた、それ以外の多くの条件の回帰もともなっていた。巨大帝国、職業的軍隊、大規模な侵略戦争、無制限の高利貸し、負債懲役制度などがそれであり、そしてまた、唯物論的哲学や新たな科学的・哲学的創造性の噴出もみられた。さらにそこには動産奴隷制（chattel slavery）の回帰までふくまれる。とはいえ、それはいかなる意味においても、単純なくり返しではない。なるほど枢軸時代のあらゆる構成要素がふたたびあらわれたが、それらはまったく異なったかたちで合流したのである。

＊＊＊＊

一四〇〇年代は、ヨーロッパ史における特異な時代である。それはたえまなき破局（カタストロフ）の世紀であった。大都市は、ペストの襲来によって周期的に打撃をうけた。商業経済は衰え、完全に崩壊した地域もあった。都市全体が破産し、借金の支払い不能におちいった。騎士階級は残りものの富をめぐって争い、地方の戦闘で田舎の大部分を荒廃させた。地政学的用語におけるキリスト教世界さえも揺らいだ。オスマン帝国がビザンツ帝国の残存地域をかすめ取っただけでなく、中央ヨーロッパに着々と拡張し陸地においても海上においても勢力を拡大していった。

同時に、一般的な農民や都市労働者の多数の観点からは、それ以上望めぬほどよい時代であった。最初の発生の一三四七年以来、数年にわたってヨーロッパの労働力の三分の一を死にいたらしめた疫病の皮肉な影響のひとつが劇的な賃金上昇であった。この影響はすぐさまあらわれたわけではないのだが、というのも、最初のうちは当局が、賃金を凍結する法を制定したり自由農民をふたたび土地に緊縛して対応しようとしたからである。これがその影響の遅れのおおよその原因である。こうしたもくろみは強烈な抵抗に遭い、ヨーロッパ全土におよぶ民衆蜂起の連鎖に帰着した。一三八一年の周知のイングランド農民反乱［ワット・タイラーの乱］はそのなかの最も著名な事例であるというにすぎない。これらの蜂起はすべて鎮圧されたが、当局も妥協を強いられた。まもなくして大いなる富が平民の手に渡るようになったため、政府は、諸々の新法を導入して、生まれの卑しい者が絹や毛皮を身につけることを禁止し、祝祭日を制限しなくてはならなくなった。祝祭日は多くの町や教区において年の三分の一ないし半数にまでおよぶようになっていたのである。実際、一五世紀は中世の祝祭的生活の全盛期とみなされている。祝祭を飾ったのは、パレードの山車や竜の飾りもの、メイポール[†1]や教会主催のエール祭、いかれた大修道院長（Abbots of Unreason）や無礼講の王[†2]（Lords of Misrule）などである。[*1]

†1　花やリボンなどで飾りつけ、五月祭（May Day）にそのまわりで踊る。

†2　いかれた大修道院長と無礼講の王はおなじものをそれぞれスコットランドとイングランドで表現するものである。

つづく数世紀のあいだに、こういったすべてが解体されることになる。イングランドでは、祝祭的生活はまず清教徒（ピューリタン）の改革者たちによって、ついで、カトリックであれプロテスタントであれいたるところで改革者たちによって組織的に攻撃されていった。それとともに大衆的繁栄の経済的基盤も崩壊した。

なぜこのようなことが起きたのか、その理由は、何世紀にもおよぶ激しい歴史的議論の主題である。わたしたちは次のことだけ知っている。それが強烈なインフレーションとともにはじまったということである。たとえば一五〇〇年から一六五〇年のあいだのイングランドにおける価格上昇率は五〇〇パーセントだったが、賃金の上昇率はそれよりはるかに緩慢であった。そのため五世代のあいだに実質賃金はおそらく四〇パーセントまで下がったのである。おなじことがヨーロッパのいたるところで起こっていた。

なぜだろうか？　ジャン・ボダンという名のフランス人法律家が一五六八年に提唱して以来人気のある説によれば、それは新世界征服後、大量にヨーロッパに流れ込んだ金銀のせいである。貴金属の価値が崩壊したため、あらゆるものの価格が急上昇した、そのため賃金はそれに追いつくことができなかったのだ、と、こういうわけだ。[*2] この説を支持する証拠がある。一四五〇年頃に民衆の繁栄は絶頂を迎えるが、地金／金銀塊――つまり硬貨――の供給がことさら不足した時期に重なっている。[*3] 現金の欠乏はときに国際貿易を大混乱におとしいれる。一四六〇年代には、商品を満載した船が主要港からひき返すよう余儀なくされたといった報告がある。商品購入のための現金を所持する者がいなかったからである。事態が好転しはじめたのは一四六〇年代も後半になってからだった。ザクセンとチロルで銀採鉱が急速に発展し、西アフリカのゴールド・コーストを通る新航路の開拓がそれにつづいた。そしてコルテスとピサロによる征服。一五二〇年から一六四〇年のあいだに、メキシコとペルーから途方もない量の金銀がスペインの宝船によって大西洋と太平洋を横断し運搬された。

この従来の説明の欠点は、それらの金銀のうちヨーロッパに長期間とどまったものは、実はきわめて少量であったということである。ほとんどの金は最終的にインドの寺院に落ち着き、圧倒的多数の銀地金は中国にむけて送りだされた。とくに後者は決定的である。近代世界経済の起源を本当に理解しようとするなら、その開始地点はヨーロッパではない。いかにして中国が紙幣の使用を放棄したか、それこそが本当に重大な問題なのである。これについてはほとんど知られていないがゆえに、かんたんにでも論じておかねばならない。

＊＊＊＊＊

一二七一年のモンゴル人による中国の征服のあとも、紙幣制度はそのまま維持された。のみならず（たいてい大失敗に終わったが）ときに彼らは帝国の［中国以外の］他地域への導入さえ試みた。しかしながら一三六八年にモンゴル人は、中国ではおなじみの大規模な民衆蜂起によって倒され、かつての農民指導者がふたたび権力の座につく。

モンゴル人による統治のあいだ、彼らは外国人商人と緊密な協働をおこなったが、それらの商人たちはひどく嫌悪されるようになった。叛徒あがりの明王朝があらゆる形態の交易に対して懐疑的になり、自給自足的農村共同体についてのロマンチックなヴィジョンを推進することになったのは、ひとつにはそのためである。その結果、いくつかの不幸な結果がもたらされた。一例をあげると、労働および現物で支払われる古いモンゴルの税制が維持されたことだ。とりわけそれは準カースト制にもとづいていて、臣民たちは、農民、職人、兵士として登録され、職種を変えることは許されなかった。これが大きな不満を呼んだ。政府による農業、道路、運河への投資は、商業的繁栄を促進させたものの、それらの商業活動の多くは厳密には違法であり、穀物への課税がきわめて高率だったため、負債を抱えた多くの農民たちが先祖伝来の土地から逃げだすことになったのである。*4

一般的にこういった流動的な人口は、正規の産業労働の外に働き口を懸命に探し求めるものである。すなわち、ヨーロッパとおなじように、ほとんどの人びとは、行商、芸能、海賊、山賊などといった半端仕事［雑役］のかけもちを好んだのである。中国では山師（プロスペクター）［山々を歩いて地下資源を探す者］になった者も多かった。そこかしこに出現した違法鉱山によって、小規模なシルバー・ラッシュが起こっていた。公式の紙幣と数珠つなぎされた青銅貨にかわって、たちまち未鋳貨の銀地金が帳簿外のインフォーマル経済における実質貨幣となった。一四三〇年代と一四四〇年代に、政府が違法鉱山を閉鎖しようと試みたさい、そのたくらみは局地的ないくつかの蜂起を誘発した。そこでは鉱山労働者たちが土地を追われた農民たちと連帯し、近隣の都市を掌握し、ときに省全体にとっての脅威となったのである。*5

ついに、政府はインフォーマル経済を取り締まろうとすることさえ放棄し、そのかわり、政策を反転させた。紙幣の発行を止め、鉱山を合法化し、銀地金を大規模な取引むけの公認通貨とし、さらに民間造幣局に現金発行の権限を与えさえしたのである。*6 転じて、このことによって政府は、次第に労役苛税［強制労働］の制度を放棄し、それを銀によって支払い可能な統一税制に置き換えることができるようになった。

中国政府は、実質的に、その古くからの政策、すなわち、市場を奨励しながら資本の過度の集中を予防する介入をおこなうにとどめる、という古くからの政策に復帰したのだった。それが即刻、みごとに当たって、中国の市場は好況にわいた。たしかに、明王朝が世界史上まれであるようななにごとかを達成したとみなす人は数多い。この時代に中国の人口は激増したが生活水準も劇的に向上した。*7 厄介な問題は、この新政策をとると、国内において大量の銀の供給を保証することで価格を低くとどめ、大衆暴動を最小限に抑えなくてはならない、ということが政府に必要になることである。ところが、ふたをあけてみると、中国の鉱山はあっというまに枯渇してしまったのである。一五三〇年代には、日本に新しく銀山が発見されたが、それも一〇年、二〇年で枯渇する。まもなく中国は、ヨーロッパと新世界にたよらざるをえなくなった。

さて、ローマ時代以来、ヨーロッパは金銀を東方に輸出してきた。問題は、ヨーロッパはアジア人が買いたいものを生産したことが一度もなかったということである。そのためヨーロッパは、絹や香辛料、鋼鉄その他の輸入品に対して、正貨で支払いをおこなわなくてはならなかった。ヨーロッパ拡張時代の初期は、東方の奢侈品を獲得するか、その支払いのための金銀の新資源を獲得する企てに、おおよそついやされている。この初期にあってヨーロッパ大西洋岸がムスリムの競争相手に対して保持していた実質的な強みはたったひとつ——数世紀におよぶ地中海の紛争によって鍛えられた強力かつ洗練された海戦の伝統であった。一四九八年にヴァスコ・ダ・ガマがインド洋に侵入したとき、海上は平和的な交易区域であるべしという原理はただちに終焉をむかえた。ポルトガルの艦隊は通りがかったありとあらゆる港湾都市を急襲、掠奪し、その後、戦略拠点を掌握、非武装のインド洋上の商人たちに、妨害されずに通商する権利と引き換えのみかじめ料を要求したのである。

ほぼ同時期に、クリストファー・コロンブス——中国への近道を探していたジェノバの地図製作者——が新世界の大地に到達し、スペイン帝国とポルトガル帝国は人類史上最大の経済的「たなぼた」に遭遇した。無尽蔵の富にあふれる全大陸の石器時代の武器しかもたない住民たちは、彼らが到着するやいなや都合よく死滅をはじめたのである。メキシコとペルーの征服は貴金属の巨大な新資源の発見につながったが、それらは情け容赦なく組織的に採掘された。できるだけはやく、できるだけ大量に採掘するために、周辺住民をほとんど絶滅させたほどである。近年ケネス・ポメランツが指摘したように、事実上、無制限だったアジアの貴金属需要がなければ、こうしたことはいずれも起きようもなかったにちがいない。

中国経済がこれほど活発ではなく、したがって、銀ベースへの転換で、驚異的な量の新世界の銀を、何世紀にもわたって求めることがなかったとすれば、新世界の銀山は、数十年で採算がとれなくなったはずである。一五〇〇年から一六四〇年にかけて、ヨーロッパでは銀で表示された物価の暴騰がみられたが、この事実は、流入した銀の大半がアジアに流れたにもかかわらず、銀の価値が低下しつつあったことを示している。[*8]

一五四〇年までに、銀の供給過剰はヨーロッパ全土にわたって価格崩壊をひき起こした。この時点で、中国からの需要がなかったならば、アメリカの鉱山は端的に機能を停止し、アメリカの植民地化計画全体が失敗に終わったかもしれなかった。[*9]ヨーロッパにむかった財宝をつめこんだガレオン船は、即刻、積み荷をおろすことをやめ、かわりにアフリカ大陸の突端をまわってインド洋を横断し、広東にむかったのだ。一五七一年以降、スペイン人都市マニラの建設とともに、彼らは直接に太平洋を横断して移動しはじめるようになる。一六世紀後半までには、すでに、新大陸の銀の九〇パーセントにあたるおよそ年間五〇トンの銀を中国は輸入していた。一七世紀初頭にはそれが九七パーセントにあたる一一六トンとなる。[*10]その銀への支払いのために、大量の絹や陶器、その他中国産の製品の輸出が必要となった。その結果、こういった中国産の製品の多くが、中央および南アメリカの新都市にたどりついたのである。このアジア貿易が新生グローバル経済にとってただひとつの最重要の要因となった。そしてこれらの金融手段を最終的に統制する者たち——とくにイタリア、オランダ、ドイツの商人、銀行家たち——が途方もない富を手に入れたのだった。

だが、いったいどのように、新グローバル経済がヨーロッパにおける生活水準の崩壊をひき起こしたのか？　ひとつたしかであるのは、日常的取引のために大量の貴金属が利用可能になったからではないということだ。むしろ結果は正反対であった。ニカラグアからベンガルにいたるまでの貿易において新しい媒体となったリアル、ターラー、ダカット、ドブロンを、ヨーロッパの造幣局は大量に鋳造した。ところが、それらがふつうのヨーロッパ人のポケットにおさまることはまずなかった。それどころか、通貨不足についてたえまなく不満が拡がっていたので

ある。イングランドでは、

> テューダー朝時代のほとんどを通じて、流通する媒体はきわめて少量であったので、課税対象となる住民たちが、賦課された徳税［強制献金］や宮廷賄い金、十分の一税を支払うのに足りる十分な硬貨をもつことはまずなかった。それだから、ほとんどの人びとが所有している手近の貨幣もどきである家庭用の金属食器類が引き渡されねばならなかったのである。[*11]

　ヨーロッパのほとんどの地域でこんなありさまだった。南北アメリカから金属が大量に流入したにもかかわらず、家庭の多くは現金をほとんど所有せず、税金を支払うため定期的に家庭で所有する銀を鋳つぶすよう余儀なくされていたのである。

　なぜかというと、税金の支払いは金属でなければならなかったからである。それと対照的に日常においては、中世とおなじように種々の仮想信用貨幣で取引がつづけられていた。すなわち割符や約束手形によってであり、小規模の共同体においてはたんにだれがだれにこれこれの借りがあると記録することによってである。インフレをひき起こした真の原因は、地金を統制することになった人びと――政府、銀行家、大商人――が、みずからの立場を利用して規則を変更することができたという点にある。まず、金銀こそが本物の貨幣であると宣言し、ついで、じぶんたちの利用に適した新しい形態の信用貨幣を導入するというやり方であった。こうして、地域的な信頼のシステムはゆっくりとむしばまれ、やがて解体される。ヨーロッパ全土にわたる小規模共同体が、金属通貨をほとんど使用することがなくとも十分にまわっていたのは、まさにその地域的な信頼のシステムのおかげだったのだ。

　それは、貨幣の本性についての理念的な議論でもあったが、政治的な闘いだった。地金による貨幣の新体制は、ほとんど前代未聞の暴力の行使を通じてのみ押しつけることが可能になったものである。海外のみならず国内においても、そうなのだ。ヨーロッパの大部分において、「価格革命」とそれにともなった共有地の囲い込み(エンクロージャー)への最初の反応は、その少し以前に中国で起こったこととそれほど異なっていない。数千の元農民たちが、村から逃亡するか強制的に追放され、浮浪者あるいは「主人なき民」となり、そのプロセスは民衆蜂起において頂点に達した。とはいえ、それに対するヨーロッパ諸政府の対応は［中国とは］まったく異なるものだった。反乱は鎮圧されたが、それに譲歩がつづくことはなかったのだ。放浪者たちは検挙され、年季奉公人として植民地に送られ、植民地軍または海軍に徴兵された——あるいはのちには、自国の工場で働くようになっていったのである。

こういったことのほとんどすべてが、負債の操作を通じて実行されている。その結果として、負債の性格そのものもまた、ふたたび紛争の種のひとつになったのである。

第一部：貪欲、恐怖(テロル)、憤慨、負債

大いなる「価格革命」の原因について、学者たちがこれからも議論をやめることがないことはうたがいの余地がない。その理由は主に、どういった知的道具だてを適用すればいいのかはっきりしないためである。近代経済学の方法論は、現代における経済諸制度の作動様式を理解するために設計されている。そのような方法論を、当の制度自身の創設にみちびいた政治的闘争を説明するために利用することができるだろうか？

これはたんなる概念上の問題にとどまらない。ここにはモラル上の危うさもひそんでいる。「客観的」にみえる経済学の手法を世界経済の起源の探求に使用することは、初期のヨーロッパ人探検家や商人や征服者のふるまいを、あたかも偶然の機会に対する合理的反応であるかのようにみなしてしまうことである——あたかも、おなじ状況に

置かれたら、だれもがおなじことをしたはずであるかのように。これは方程式の使用のなせるわざである。中国における銀の価格がセビリアの二倍であり、かつセビリアの住人が大量の銀を入手し、それを中国に届けることができたとしよう。たとえその結果として文明がまるごと破壊されることになろうが、彼らはまちがいなくそうするはずである。経済学を用いるなら、そのような想定が自明のものになってしまうのだ。あるいは、イングランドに砂糖の需要があり、それを生産するための労働力を確保するうえで、数百万の人間を奴隷にすることが最短の方法であるとしよう。その場合、かならずや数百万の人間は奴隷にされる、ということになる。ところが、実際に歴史があきらかにしているのは、事実はそれとは異なっているということだ。一六世紀および一七世紀にヨーロッパの列強がもたらした規模の破局をもたらすことの可能だった文明は、おそらくいくつか実在した（明朝の中国はあきらかにその候補である）。ところが、実際にそれをした者はほかにいなかったのである。[12]

たとえば、アメリカ大陸の鉱山から金銀が採掘された方法について考えてみよう。一五二一年、アステカ帝国の首都テノチティトランが陥落したほぼ直後に採鉱作業は開始された。メキシコの人口の激減は、新たにもたらされたヨーロッパの疫病の結果にすぎないと考えるのが通例であるが、同時代の観察者たちによれば、新たに征服された先住民たちの鉱山における強制労働にも少なくとも同程度の責任がある。[13]ツヴェタン・トドロフはその著書『他者の記号学──アメリカ大陸の征服』で背筋も凍るいくつかの報告の概要をあげてくれている。多くはスペイン人聖職者および托鉢修道士の観察によるものだが、原理上はインディアンの絶滅も神の審判なりという信仰に加担していたにしても、武器の切れ味を試すため通りがかりの者を無作為に選んで内蔵をひきずりだしたり、犬の餌とするために母親の背中から赤ん坊をひきはがすスペイン人兵士たちの光景をまえにして、さすがに恐怖を偽ることはできなかったのである。こういった行為が散発的な出来事だったなら、重武装した男たち──しかも多くが暴力的犯罪の過去をもつ──の集団に絶対的な免責が与えられたら、十分に起こりうるとみなすこともできる。しかし鉱山からの報告には、それを超えて組織だったなにかがふくまれている。トリビオ・デ・ベナベンテ・モトリニア神父は、神が「十の災い」をメキシコの住民に与えたもうたと信じ、次のことがらを列挙している。天然痘、戦争、飢餓、強制労働、税金（そのために多くの人びとが金貸しにわが子を売り飛ばすはめにおちいるか、さもなくば残酷な監獄で死にいたるまで拷問された）、そして首都建設のために数千人が死んだこと、である。そして、なによりも、途方もない数の人間が鉱山で死んだことを強調している。

「八番目の災いは［スペイン人によって］鉱山に投入された奴隷であった」。最初はアステカ人の間ですでに奴隷であった者、つぎに反抗的な態度を示した者、最後にはだれもが手当たり次第に捕まえられた。征服直後の数年は奴隷売買が盛んで、奴隷の主人はしばしば変わった。「奴隷の顔には国王陛下の烙印の他にも、やたらに多くの印が押されて、顔中が文字だらけになった。なぜなら、彼らは売り買いされるたびごとに焼印を押されたからである」（…）。

「第九の災いとは鉱山での賦役だった。インディオは食糧を運ぶために重い荷を背負い、六〇レーグア以上の距離を歩かなければならなかった。（…）手もちの食糧が尽きると、鉱山や路上で彼らは死んだ。彼らは食べ物を買うお金をもたなかったし、そもそも彼らにお金をあたえる者はだれもいなかったのだ。なんとか家にたどり着いた者でも、このようなありさまだからほどなくして死ぬことになった。鉱山で死んだインディオや奴隷の死体からはいうにいわれぬ悪臭が発し、とくにグゥアハーカ［オアハーカ］の鉱山では疫病が発生する原因となった。街道沿いに周囲半レーグアにわたって、屍骸と骨で足の踏み場もなかった。屍骸を喰おうとカラスやさまざまな鳥が群がり、空が暗くなるほどであった。そのため、街道沿いの村だけでなくその周辺の多くの村は無人の地と化した[*14]」。

鉱山における強制労働のために地域全体で人口が激減したペルー、そして先住民が根絶やしにされたイスパニョーラ島でも同様の光景が報告されている。*15

征服者（コンキスタドール）たちに言及するとき、わたしたちが語っているのは、たんなる貪欲ではなく、神話的な規模にまで達した貪欲である。つまるところ、なによりまずその貪欲によって、彼らは記憶されているのである。彼らは底なしに飽くことを知らなかった。テノチティトランやクスコの征服、そしてかつて想像すらできなかったような莫大な富を獲得したあとでさえ、征服者（コンキスタドール）たちは、ほとんど例外なく再結集し、さらなる財宝を求めて再出発している。

時代を超えてモラリストたちは、人間の尽きせぬ権力欲に反対し、それと同時に、人間の尽きることない貪欲を非難してきた。征服者（コンキスタドール）たちのようなふるまいを、他者に負わせ指弾する悪癖をもつひとたちが非難されるのは正当ではあろう。しかし歴史が本当にあきらかにしているのは、そのようにふるまう人間は現実にはほとんどいないということだ。群を抜いて野心的な者たちでさえ、その夢想といえばせいぜいシンドバッド程度のものである。つまり冒険し、足場をかためる手段を確保し、悦楽に満ちた生活を手にし、それを享楽すること、である。もちろんマックス・ウェーバーによれば、資本主義の本質は決してとどまることなくはてしなき拡張に没頭する衝動——カルヴァン主義においてはじめてあらわれたとウェーバーはみなしていた——である。だが、征服者（コンキスタドール）たちは、よき中世カトリック教徒たちであった。たいていスペイン社会の最も冷酷で最も無節操である構成員から引き抜かれたにせよ、である。とすれば、もっと、もっと、もっとという、彼らの飽くなき衝動はどこからくるのだろうか？

おもうに、エルナン・コルテスによるメキシコ征服のまさに端緒に戻るのがよい。なにが彼の直接的な動機だったのだろう？　コルテスは一五〇四年に、栄光と冒険を夢見てイスパニョーラ島の植民地に移住した。だが最初の一五年間、冒険といえば、もっぱら他人の妻を誘惑することに終始している。ところが、一五一八年、コルテスは、小細工によって、スペイン人の駐留地を本土に設置する遠征隊の指揮官に任命されることに成功した。彼に同伴したベルナル・ディアス・デル・カスティリョが、のちにこの時代のコルテスについて、こう書いている。

他方、彼はそれまでよりもはるかに服装に気を配って身を飾り始めた。金の記章がついた鳥の羽飾りを被るようになり、これがまた大変よく似合った。彼にはエンコミエンダの下によく働く原住民がいた。そのおかげで金の採取から相当の収入をえていたものの、その一方であの頃は多額の負債を抱えて金繰りに苦労していた。当然このように身嗜みを整えるのにかかる金の工面にも困っていた。それでも手許の金はすべて自分の服装と、また結婚してまだ日も浅いこともあって妻のそれに注ぎ込んだ（…）。

［彼の友人の商人たち二人が、彼が総司令官となったことを耳にしたさい］二人はコルテスに金四〇〇〇ペソを貸し、さらにエンコミエンダからの収入を担保にさまざまな物資を提供した。この後、コルテスは金で止め金をいくつか造らせてブロード地の服につけた。それから金糸を織り込んだ布地で軍旗や小旗を用意させた。これらは陛下の紋章入りで、紋章の四隅には十字架が画かれていた。さらに、「諸君、真の信心を持って十字架にしたが、征服を成しとげようではないか」。[*16]

言葉をかえれば、コルテスは分不相応の暮らしをつづけ窮地におちいり、むこうみずな賭博師のように一か八かの大博打（ばくち）を決断した、ということだ。すると、総督が最終的に遠征の取り消しを決定したさい、コルテスがそれを無視して六〇〇人の男たちとともに——各自に遠征の利潤の平等の分け前を約束し——大陸にむけて出航したことは、さして意外なことではない。彼は、上陸するとボートを焼き払い、実質的にすべてを勝利に賭けたのである。

ここで、ディアスの本の端初から最終章まで飛ばすことにしよう。三年後、コルテスは、これまで記録されたなかで、最も巧妙で、冷酷で、才気あふれ、徹底的に卑劣な軍事指導者としてふるまって勝利をおさめた。八カ月に渡る一軒一軒しらみつぶしの掃討作戦と約一〇万のアステカ人の死ののち、世界最大の都市のひとつであったテノチティトランは完全に破壊された。帝国の財宝は掠奪され、ついで、生き残った兵士たちのあいだで取り分が分配されることになった。

ところがディアスによれば、話し合いは憤激のうちに終わっている。将校たちはほとんどの金（きん）を押収しようと共謀し、最終的な割り当てが発表されると、兵士たちはじぶんたちの取り分が一人あたり五〇から八〇ペソにしかならないことを知る。それどころか取り分のほとんどが、ただちに債権者の権限として将校たちによって差し押さえられることになった。包囲攻撃のあいだに兵士たちに支給されていた補充装備および医療手当の代金をすべて請求すべし、とコルテスが主張したためである。事実上この取引でじぶんたちがカネを失ったことをほとんどの人間がおもい知ることになった。ディアスはこう記している。

われわれはみなどっぷり借金漬けになっていた。四〇から五〇ペソ以下で、弩（おおゆみ）を購入することはできず、マスケット銃一丁は一〇〇ペソ、剣一振りは五〇ペソ、馬一頭は八〇〇から一〇〇〇ペソ、またはそれ以上かかった。われわれはほとんどあらゆるものに、法外な値段を払わなくてはならなかった！　それからフアン博士と称する外科医はちょっとした重い傷の手当てをしてはべらぼうな治療費を要求したし、ムルシアという名のひげそり師は薬に通じていてこれまた傷の治療をした。そしてなにやかやと得体の知れない怪しげな手当てをしてもらうたびに、われわれはその代金を分け前のなかから払わされた。

それについて切実な苦情があがっただが、コルテスの与えた唯一の救済策は、商いに通じた信用のおける人間を二名任命して、彼らにわれわれが代金後払いで買った［ツケ買いした］品物がいったいどれぐらいするものなのか値踏みさせることにした。そしてこの二人のつける値段をわれわれが買った品物および外科医から受けた治療の代金とする旨が命じられ、またわれわれの方にカネがない場合は、二年の支払猶予期間が定められた。[*17]

まもなく、スペイン人商人たちが到着して、基本的な必需品に対して無茶苦茶に高い価格を請求したため、さらなる怒りを煽った。以下のことが起こるまで、である。

さて、遠慮もなにもなくなった大勢の兵士はコルテスにもっと分け前をよこせと迫るかとおもえば、隊長はなにもかも一人占めにしているといったり、あるいは借金を申し入れるありさまだった。そこでコルテスはこうした言いたい放題の連中を追い払う意味で、入植が必要とおもわれる各地へ彼らを入植者として派遣することにした。[*18]

各地を支配することになり、地域行政や税制、労働管理体制を確立したのは、まさにこういった男たちなのである。こうしてみれば、裏書きを多数書き込まれた小切手のように顔中を名前で覆われたインディアンたち、何マイルもの腐敗した死体で覆われた鉱山の描写なども多少理解しやすくなる。ここで問題になっているのは冷酷で計算づくの貪欲にかかわる心理学ではない。恥辱と正当なる憤怒の複雑な混合、膨らみたまっていく一方の借金（それらが有利子貸付によるものであるのはほぼ確実だ）へのせっぱつまった焦燥感、ここまで苦労してきたあげくあらゆるものに支払い義務があるなどといった不条理に対する怒り——そういった心理学である。

それではコルテスはどうだったか？　おそらく世界史上最大である窃盗行為をやってのけたのだ。たしかに、もともと抱えていた負債は、いまやすっかり取るに足りぬものとなっていた。だがどうも彼は常に新しい負債を抱えていったようだ。一五二六年にホンジュラスに遠征しているあいだ、すでに債権者たちはコルテスの所有財産を差し押さえはじめている。コルテスは帰国のあと、カルロス一世［カール五世］にむけ、いかんともしがたいおのれの多額の出費について以下のような手紙を書いた。「わたしが受けとったものだけでは、わたしを悲惨と貧困から解放するには不十分です。わたしは金五〇〇オンス以上の負債を抱えており、それにあてる一ペソすらもっていないのです」[*19]。こう書いている現在、コルテスが不誠実だったことはまちがいないが（この時期、彼はじぶん用の宮殿さえもっていた）、そのわずか二、三年後には、資産を取り戻すべく企てたカリフォルニアへの一連の遠征の資金繰りのため、妻の宝石を質に入れなくてはならなくなった。その企てに失敗するや、債権者につきまとわれ、ついに援助を乞うため皇帝に謁見すべくスペインに帰国せねばならなくなったのである。[*20]

＊＊＊＊

こういったすべてが、奇妙なほど第四回十字軍――外国の諸都市から富をまるごと奪いながらも、金貸しからかろうじて逃げまわる借金まみれの騎士たちによる――を彷彿とさせるとしたら、それには理由がある。こういった遠征を支援した金融資本は（この場合ヴェネツィアではなくジェノバだったにせよ）おおよそ［第四回十字軍と］出所をおなじくしていた。それに加え、一方の、あらゆるリスクをも辞さぬ覚悟をもった恐れ知らずの冒険者と、他方の、すべての行動の基準を着実かつ正確そして冷徹に収益を増殖させることにおく計算高い投資家のあいだにみられるおなじ関係こそ、現在「資本主義」と呼ばれるものの核心部分に位置している。

現在のわたしたちの経済システムが、常に特異な二元的性質によって特徴づけられてきたとしたら、その結果である。学者たちは、サンタンデールなどスペインの大学でつづけられたインディオたちの人間性についての議論（インディオに魂はあったのか？　彼らは法的権利をもちえたのか？　彼らの強制的な奴隷化に正当性はあったのか？）に長いあいだ魅了されてきた。同時に学者たちは、征服者（コンキスタドール）たちの姿勢の実態についても議論してきた（それは敵に対する軽蔑だったのか、嫌悪だったのか、はたまた妬みをともなった憧憬だったのか？）[*21] 重要な点は、あれこれ決定を下すさいに、こうしたことは問題ではなかったということである。決定を下す者たちは、いずれにしても事態を掌握しているとは感じていなかった。一方、事態を掌握している者といえば、詳細を知ることにたいして関心をよせていなかった。印象的な例をあげよう。モトリニア神父が描写してみせた、数百万人のインディオたちがかき集められ死の行進を強いられた最初期の金山、銀山であるが、それ以降、植民者たちは負債懲役制度を政策にとり込むことを決定した。すなわち、重税を要求する、支払いできない者に利子付きで金を貸す、それから働いて金を返せと要求する、たいていこのような流れをたどるトリックである。王室代表は、ひんぱんにこういった慣行を禁止しようと試み、インディオたちもいまではキリスト教徒であり、それはスペイン君主の忠実な臣民としての彼らの権利の侵害であると主張した。王室がインディオの保護者たらんと努めたことはこれだけではないが、結果はおなじであった。金融上の要請が優位に立ったのである。カルロス一世自身が、フィレンツェやジェノバやナポリの銀行に莫大な負債を抱えており、アメリカ大陸からの金銀は、おそらく収入全体の五分の一を占めるようになっていた。最終的には、王の使者たちの当初の大騒ぎと（たいてい誠実きわまりない）道義的憤怒にもかかわらず、こういった布告は無視されるか、よくても失効する一年か二年前になってからかろうじて施行されるにとどまったのである。[*22]

＊＊＊＊

これらのことを考慮に入れれば、なにゆえ徴利［高利貸］に対する教会の態度がかくも非妥協的だったのかも理解しやすくなる。それはたんなる哲学的問いではなかった。モラル上の競合の問題だったのである。貨幣は常にそれ自体がモラルの命法と化してしまう潜在力をはらんでいる。その拡大を許せば、ただちにそれ以外のすべてを取るに足りぬものにおもわせる比類なきモラリティともなる。債務者にとって世界は、潜在的危険性、潜在的道具、潜在的商品化の集合に還元されてしまうものである。[*23] 人間関係さえも費用便益計算の問題と化してしまうのだ。征服に手をつけた世界を、征服者（コンキスタドール）たちが、まさにこのように眺めていたのはあきらかである。

わたしたちになんとしてもこのような思考法を強いる社会的仕組みを形成するところに、近代資本主義の奇妙な性格がある。企業の構造はこの点にかんしてうってつけの事例である。世界初の大株式会社が、征服者（コンキスタドール）たちとまったくおなじ、探検、征服、徴収の組み合わせを追求したイギリスとオランダの東インド会社だったことは偶然でないのである。それは、利潤以外のあらゆるモラルの命法を排除することを意図した形成物なのだ。もしも扱っているのがじぶん自身の金銭だったなら、定年の一週間前に長年勤務の従業員のクビを切ったりしないし、小学校の近隣に発がん性廃棄物を捨てることもないと、意思決定の立場にある企業幹部たちも考えているかもしれないし、現実にしばしばそう発言もしている。だが、実際には彼らはこういった配慮をモラルという点で無視しなくてはならない。なぜなら、彼らは従業員にすぎないのであり、株主たちにその投資に対する最大の収益をもたらすことがその唯一の責任だからである（もちろんいかなる意見表明も株主たちにだれも求めない）。

コルテスという人物はまたべつの理由で示唆的である。コルテスといえば、一五二一年にある王国を征服し、巨大な黄金の山のうえに鎮座した男である。彼はそのどちらも引渡すつもりはなかった。じぶんの臣下にさえもである。ところが、その五年後、彼はじぶんが文無しの負債者だと訴えているのである。どうしてそんなことがありえたのか？

だれもがおもいつく回答は次のようなものだ。コルテスは王ではなかった。彼はスペイン国王の臣民であり、王国の法的仕組みの外にはでられなかった。しかるに、王国の法的仕組みにしたがえば、金銭の管理に秀でていなければそれを失うことになるのは当然である、と。だが、すでにみたように、さまざまな事例ですでに君主の法は無視されているのだ。そのうえ、王さえ完全に自由な主体(フリー・エージェント)ではなかった。カルロス一世はいつも借金だらけだった。その息子のフェリペ二世――その軍隊はいちどきに三つの戦線で戦闘中であった――が、旧式の中世的債務不履行(デフォルト)をもくろんださいには、ジェノバのサン・ジョルジョ銀行からドイツのフッガー家、ヴェルザー家にいたるまで、債権者全員が結託して、約束の履行を開始するまで王はこれ以上貸付を受けることはできない、と言いわたしている。*24

したがって、資本はたんなる貨幣ではない。貨幣に転化しうる富ですらない。とはいえ、貨幣を用いてさらに貨幣をつくるべく政治権力を利用することでもない。［ところが］コルテスのおこなおうとしたのはまさにこれだった。すなわち、古典的な枢軸時代流のやり方で、被征服者を使って掠奪し、奴隷を使って鉱山で働かせ、それによって兵士と商人たちに現金支払いし、さらなる征服に乗り出す、というものであった。［枢軸時代に］実証ずみの公式である。だがコルテス以外のすべての征服者(コンキスタドール)たちには、これは大失敗に終わったのである。

ここに違いがあらわれているようにおもわれる。枢軸時代には、貨幣は帝国の道具であった。だれもが貨幣それ自体を目的とみなすような市場を普及させることは、支配者にとって好都合だっただろう。支配者は、ときとして、統治の装置全体を営利目的の事業とみなすことさえあったであろう。だが、貨幣は一貫して政治的道具でありつづけた。帝国が崩壊し軍隊が解除されると、装置全体があっけなく雲散霧消したのはそのためである。ところが、新たに擡頭してきた資本主義的秩序のもとでは、貨幣の論理に自律性が与えられた。政治的・軍事的権力は、徐々にその貨幣の論理の周辺に再編成されるようになる。これこそが、国家と軍隊をそもそも背後に抱えていなければ決して存在しえぬ金融の論理だったのだ。中世イスラームの事例についてみてきたように、正真正銘の自由市場の条件下――国家が商業契約の実行のためにさえ市場を規制するための計画的な介入をしない――では、純粋に競争的な市場は発展せず、有利子貸付の回収は実質的に不可能になっていくだろう。国家と大いに切り離された経済制度を生むことを可能にしたのは、イスラームによる徴利の禁止だけなのだ。

一五二四年にマルティン・ルターが指摘したのは、まさにこのことだった。それはコルテスが最初に債権者とトラブルを起こしたのと同時代である。ルターはいう。「福音書」にしたがって万人が真のキリスト教徒として生きることを想像することは善きことである。だが本当にそのようにふるまうことができる人びとはごくかぎられている。

この世界にキリスト教徒はまれである。それゆえこの世界は、たとえキリスト教徒がそれを要請すべきでなく、それを取り戻すことを望むべきでないとしても、盗みをはたらかぬよう、借りたものを返すよう、悪人をしたがわせ規制する、厳格で確固とした世俗的政府を必要とするのである。これが必要なのは、世界が砂漠となることなく、平和が消え去ることなく、通商と社会が破壊され尽くされることなきようにするためである。福音書にしたがって世界を治め、法律または実力行使によって悪人が正しきことをなすべく指導し強制しないならば、こういった懸念は実現してしまうのだ（…）。血を流すことなく世界が統治可能だなどと、だれにもおもわせることなかれ。支配者の剣は深紅に血塗られてあるべし。邪悪たろうとし、邪悪たらざるをえない世界において、剣こそ神の支配であり、かつそれに対する報復なのだ。[*25]

「盗みをはたらかぬよう、借りたものを返すよう」——スコラ哲学においては、利子付きで金銭を貸すこと自体、窃盗とみなされていたことを考えるならば、示唆に富む言葉の並びである。

そしてここでルターが実際に言及していたのは、有利子貸付についてだったのである。彼がこのような地点にいたった顛末（てんまつ）は示唆的である。ルターは一五二〇年に、改革者としての活動を徴利［高利貸］に反対する猛烈なキャンペーンから出発させた。事実、彼が教会の免罪符販売に対して異議を唱えた理由のひとつは、それ自体が、精神的な徴利［高利貸］の一形態だったことである。この見解のおかげで、ルターは町や村で大きな支持を獲得していった。だが、世界全体を転覆しかねぬ魔神をじぶんが解き放ってしまったことに、彼はすぐさま気がついた。ルターよりも急進的な改革者たちが出現し、貧民たちには暴利をむさぼる貸金の利子を返済するモラル上の義務はないと主張し、安息年（サバティカル・イヤー）など旧約聖書に由来する諸制度の復活を提案したのである。彼らのあとには、公然たる革命的伝道者たちがつづき、ふたたび貴族的特権や私有財産の正当性そのものを問いに付しはじめた。ルターの説教の翌年にあたる一五二五年には、ドイツ全土の農民と鉱夫と貧しい都市住民による大規模な暴動が発生する。叛徒たちは、その大半が、みずからを福音書に書かれた真のコミュニズムの復興をめざす素朴なキリスト教徒と考えていた。一〇万人以上が虐殺された。一五二四年に、すでにルターは、事態は手にあまりつつありどちらの側につくか選ばなくてはならない、と感じはじめている。かくして腹を決めたのが、まさに右の文書なのである。安息年（サバティカル・イヤー）のような旧約聖書の戒律はもはや拘束力をもたないと、ルターは主張する。福音書が書き留めているのは理想的ふるまいにすぎない。人間は罪深い生き物であり、だから法律が必要となのだ。徴利［高利貸］は罪であるが、四〜五パーセントの利率は、現在ではいくつかの条件下では合法とされている。かような利子であれ徴収することは罪深いが、いかなる条件下であれ、そのために借手に法を破る権利があると主張するのは妥当でない、と。*26

スイスのプロテスタント改革者であるツヴィングリはより明快だった。神はわれらに神聖な掟を与えたもうた、と、彼は主張した。汝の隣人を汝自身の如く愛せよ、と。この掟を忠実に守るなら、ひとはたがいになんでも無償に与え合い、私有財産は存在しないだろう。しかしながら、イエスをべつとして、かかる純粋なコミュニズム的規範にしたがって生きることができる人間など存在しない。それゆえ神は、世俗権力によって施行される、より劣った第二の人間の掟をも、われらに与えたもうた。この劣性の法は、われらに対して、実際になにをなすべきなのか強制することはできない（「為政者はなにびとに対しても、報酬または利潤の見込みもなく、その者に属するものを貸し出すよう強制することはできない」）——だが、少なくとも、「すべての人びとに対してあなたが負うもの［借りたもの］を支払いなさい」[*27]といわれた使徒パウロの導きに、われらをしたがわせることはできる、と。

その後まもなくしてカルヴァンは徴利［高利貸］の全面禁止を却下した。つづいて一六五〇年には、貸した方が善意にしたがって行動し、金貸しを専業とせず、貧者を搾取しさえしなければ、理にかなった利率（たいてい五パーセント）は罪深いものではないとするカルヴァンの立場に、ほとんどすべてのプロテスタントの宗派が同意するようになった[*25]（カトリックの教義がそれに対応するのはより遅かったが、結局、消極的黙認によって同意を表明することになった）。

こういった事態がどのように正当化されたかに注目すると、二つのことがらが眼につく。第一に、プロテスタントの思想家たち全員が、*interesse* をめぐる古い中世の議論を継承していたということである。この "interest"［利子］とは、貸手がじぶんの金銭をもっと儲かる投資にまわしていたならあがっていたはずの金銭の賠償である。もともとこの論理は商業的貸付にのみ適用されていた。それが徐々に、あらゆる種類の貸付にも適用されるようになったのである。金銭の増殖はいまや不自然であるどころか期待されて当然のものとなった。あらゆる貨幣が資本とみなされるようになったのである[*29]。第二に、徴利は敵に対するものなら適切であるという想定、それゆえ拡大解釈してあらゆる商業は戦争の一定の性質を分有するという想定が、決して完全には消え去っていないことである。たとえば「申命記」の言及しているのはアマレク人についてのみであるという解釈をカルヴァンは否定した。カルヴァンによれば、とすれば、シリア人やエジプト人と、そして、ユダヤ人が交易した者であればあらゆる民族と、その取引のさいには徴利［高利貸］が許されるのである[*30]。このように門戸をひらいた結果、少なくとも暗黙のうちに、いまやひとはだれであっても、たとえそれが隣人であっても、異邦人として扱うことができると示唆することになった。[*31] このことが実際にはなにを意味したのか理解するためには、当時のヨーロッパの冒険商人たちが、アジア、アフリカ、アメリカ大陸で、現実にどのように外国人を扱っていたか観察するだけでよい。

あるいは、より身近なところに眼をむけてみてもよいかもしれない。当時のもうひとりの著名な債務者である、かの有名なホーエンツォレルン家のカジミール（ブランデンブルグ＝アンスバッハ辺境伯）（一四八一－一五二七年）の逸話である。

カジミールは、ドイツ・ルネサンス期に「狂王」の一人として知られるようになった、ブランデンブルク辺境伯フリードリヒの息子である。実際にどれほど彼が狂っていたかについて、史資料は一致をみせていない。同時代の年代記のひとつによれば「競馬と馬上槍試合のやりすぎで、彼の頭のなかはいくぶんか混乱していた」。彼が説明不能である怒りにみまわれたこと、しばしばバッカス的乱行に堕したとされる、無節操で放縦な祝祭を主催していたことについては、ほとんどの同意をみている。[*32]

しかしながら、すべての史資料が一致して示しているのは、金銭の管理が下手であったことである。一五一五年のはじめ、フリードリヒは非常に経済的に困窮していた――二〇万ギルダーの借金があったといわれている――ので、そこで彼は、ほとんどがおなじ貴族からなる債権者たちにむかって、まもなく借金の利払いを一時的に中断せざるをえなくなるだろうと警告した。これが信用危機をひき起こす。そして一週間もしないうちに、彼の息子のカジミールは宮廷クーデターを計画したのだった。一五一五年二月二六日早朝、彼は、父親が謝肉祭の祝宴を楽しんでいるあいだに、プラッセンブルグ城を掌握し、精神薄弱のために退位する旨を記した書面に署名するようフリードリヒに強制した。フリードリヒはプラッセンブルグ城に幽閉され、あらゆる面会も文通も認められぬまま余生をすごすことになる。あるとき、フリードリヒの守衛たちが、父が賭け事で暇をつぶせるよう数ギルダーほど都合してはくれないかと、新しい辺境伯に懇願すると、カジミールは、これみよがしに拒絶の意を示してみせ、（むろん誇張して）父親が万事かくも無茶苦茶にしてくれたので、とてもそんな余裕はないと言い放ったのである。[*33]

カジミールは、統治者の地位やその他の褒賞としての官職を父の債権者たちに律儀に分け与えた。こうしてじぶんの家産を立て直そうと努力したのだが、それがおどろくほど困難であることもわかってきた。ルターによる一五二一年の改革への彼の熱狂的信奉が、宗教的熱意というより、教会の土地や修道院の資産を手に入れる見通しにかかわっていたのはあきらかである。しかし当初、教会資産の処遇は未決定で、カジミール自身、五万ギルダー相当に達していたといわれる賭博によるみずから借金をふくむ山積みの問題を抱えていた。[*34]

彼の債権者たちに民政をゆだねることが、予想通りの結果を招いた。カジミールの臣民への取立ては厳しくなり、その多くが絶望的なまでの借金を抱えるようになったのである。フランケン地方のタウバー渓谷にあるカジミールの領地が一五二五年の反乱の震源地のひとつになったことも、おどろくべきことではない。武装した村人たちによる集団が結集し、「聖なる神の言葉」に一致しない、いかなる法にもしたがわない旨を宣言した。最初のうちは、点在する城に孤立していた貴族たちはほとんど抵抗をみせなかった。叛徒の指導者たち――その多くが地元の商店主や肉屋、その他近隣の町々の名士たちからなる――は、ほとんど整然と城の要塞を取り壊すという行動を開始した。騎士である城の居住者たちも、彼らに協力し、封建的特権を放棄し、反乱の主旨である「十二カ条」にしたがうことを誓えば、身の安全が保証された。多くがそれにしたがった。叛徒たちの真の憎悪は大聖堂や修道院にむけられ、それらの数十カ所が、攻撃され掠奪され破壊された。

カジミールの対応は、両賭けして丸損を防ぐというものであった。彼は当初、好機をうかがい、約二〇〇〇名の経験豊富な兵士たちからなる軍隊を招集したが、叛徒たちが近隣の修道院を掠奪しはじめると介入を留保する。実際、カジミールはさまざまな叛徒集団と表面上は誠実に交渉していたので、彼が「キリスト教徒の兄弟」として反乱に参加する準備をしているのだとその多くが信じ込んでいたのである。[*35]ところが、五月に、シュヴァーベン同盟

斬首（80名）	
くりぬかれた眼、または切り落とされた指（69）	114.5ギルダー
そこから以下を差し引く	
ローゼンブルグの人びとから受領	10ギルダー
ルードヴィヒ・フォン・フッテンから受領	2ギルダー
残高	
月給8ギルダーで2カ月分	16ギルダー
合計	118.5ギルダー

［署名］死刑執行人　オーギュスタン、キッツィンゲンにおける通り名（とおりな）「アウチ名人」

の騎士たちが、南部でキリスト教連合の叛徒を打ち破ると、カジミールは動きだす。彼の軍勢は、統制のとれていない叛徒の群れを駆逐しながら、村や町を焼き払い掠奪し女子どもを虐殺するなど、じぶん自身の領地なのに、あたかも侵略軍が通過したかのように一掃したのである。彼は、あらゆる町で懲罰法廷を召集し、掠奪された財産を掌握した。そしてそれらを――兵士たちも独自に、地域の大聖堂にまだ残っていたあらゆる富を着服していたのだが――建前上は兵士たちに支払うための緊急融資にあてる財源として保管したのである。

カジミールは、ドイツのあらゆる君主たちのなかでも、介入前には最も長く逡巡し、いったん介入するや、最も凶暴に報復したのであるが、このことは重要である。彼の軍勢は、叛徒たちの処刑についてだけでなく、反乱の共謀者たちの指を組織的に切り落としたことで悪名を轟かせた。彼の死刑執行人たちは、のちの賠償金のため、切り刻まれた身体の部分部分について几帳面な台帳をつけていた。それは、カジミールがそれまでにさんざん悩まされてきた会計帳簿に対する「肉体的転覆」とでもいうべきものだった。あるとき、キッツィンゲンの町で「領主として仰ぐことを拒否した」というかどで五八名の市民の目をくり抜くよう、カジミールは命じている。その後、彼は前頁の表のような請求書を受け取った。[*36]

この弾圧は、いずれカジミールの弟（のちに「敬虔王」として知られることになる）ゲオルクをして、カジミールは交易を振興するつもりがあるのかどうか問いただす手紙を書かせることになった。というのも、ゲオルクがそこで諭したように、農民がみな死んでしまったらカジミールは封建領主をつづけることはできなくなるからである。*37

　このような出来事をみるならば、トマス・ホッブズのような人びとが、社会の本質は万人の万人に対する戦争であり君主の絶対的権力のみがわたしたちを救うことができる、と信じるようになったのも無理もない。同時にカジミールのふるまい——無節操で冷酷な計算に関与する一般的態度と、ほとんど説明不能である残忍非道な復讐心の混じり合った——は、アステカの諸地方で解き放されたコルテスの怒れる歩兵たちのそれのように、負債の心理学について本質的なものを体現している。あるいは、より正確にいうならば、じぶんのおかれた立場がまったく不当であると感じる債務者について、本質的ななにかを体現している。その心理とは、じぶんのまわりに存在するものすべてを金銭に変えねばならないという狂わんばかりの焦燥であり、そしてそのようなことをせねばならない人間に貶められたことに対する憤怒と義憤である。

第二部：信用の世界と利子の世界

人間の心のなかにだけ存在するもののなかで、信用以上に空想的で、精妙なものはない。それは決して強制することができない。それは意見次第である。それはわれわれの希望と恐怖の情熱に依存している。それは、求めもしないのに、いくどとなくやってきて、しばしば理由もなく消え去ってしまう。そしていったん失われてしまうと、回復されることはほとんどない。

——チャールズ・ダヴナント、一六九六年

信用を失った者は、世界にとって死んでいる。

農民たちが構想したコミュニズム的同胞愛は、どこからともなくやってきたわけではない。それは、共有地や共有林の維持、毎日の協同作業、隣人どうしの連帯といった、現実の日常的経験に根ざしていた。偉大な神話的構想は、常にこういった日常的コミュニズムの素朴な経験から築かれる。[*38] いうまでもなく、農村共同体もまた分断され、場所をめぐって争い合う。共同体とは常にそういうものである。だがそれらが共同体である以上、必然的に相互扶助にもとづいて成り立っている。その意味では、貴族社会の成員にもおなじことがいえる。彼らはたえず愛と領地と名誉と宗教をめぐって争っていたが、必要なときには（大半は貴族としての地位が脅かされるとき）うまく助け合っていた。商人や銀行家にしても、たがいに競い合うぶんだけ必要なときには力を寄せ合っていた。それらはわたしが「富者のコミュニズム」と呼ぶものであり、人類史における強力な動力である。[*39]

すでにくり返しみた通り、信用にもおなじことがあてはまる。ひとが友人あるいは隣人とみなす人間に対しては常に異なった基準が存在している。有利子負債の有無をいわせぬ性質、あるいはそのために奴隷状態におちいった人びとの野蛮で計算づくのふるまいは、とりわけ異質な者（ストレンジャーズ）どうしの取引に典型的にみられる。すなわち、カジミールがじぶんの「領地の」農民たちをコルテスがアステカ人に対して感じる以上に身近に感じていたなどということは考えにくいのである（実際にはおそらくカジミール［とその農民］の方が距離はあっただろう。アステカの戦士たちは少なくとも貴族だったのだ）。国家の力があまり及ばない小さな町や農村の内部では、中世のしきたりが手つかずのまま残り、「信用」はそれまでのように名誉と評判の問題だった。わたしたちの時代にあってまだ語られていない大きな物語は、こういった古来の信用制度がどのように破壊されていったかということである。

近年の歴史調査、とくにクレイグ・マルドルーによる一六世紀から一七世紀イングランドにおける数千の資産目録と裁判記録の詳細な探索は、当時の日常的経済生活がどのようなものだったかについて、それまでのほとんどすべての想定の見直しをせまった。もちろん、ヨーロッパにたどりついたアメリカの金銀が、ふつうの農民や呉服屋、服飾小物商人などのポケットに入ることはほとんどなかった。[*40] 分け前の大部分は、貴族か、ロンドンの大商人、王室の金庫に納まったのだ。[*41] 少額貨幣といったものはなきに等しかった。すでに指摘したように、都市や大きめの町の貧民街では、商店主たちが独自に鉛や皮や木製の代用貨幣（トークン・マネー）を発行していた。それが一六世紀には大いに流行し、熟練工や貧しい寡婦までが、やりくりの算段として独自の通貨を発行するようになっていたのである。[*42] それ以外の場所では、地元の肉屋やパン屋、靴屋など、常連にはツケ売りされていた。週ごとの市に出店する者、および隣人たちに牛乳やチーズや蝋燭を売る者にもおなじことがいえる。一般的な村々で現金で支払うのは、通りすがりの旅人かろくでなしとみなされていた者のみだった。運に見放された貧民や落伍者たちは信用貸しに縁がなかったのである。とはいえ、みながなにかを売ることにたずさわっていたので、だれもがなんらかのかたちで債権者でありかつ債務者でもあった。したがって、ほとんどの世帯収入は、他の世帯からの［支払いの］見込み（プロミス）というかたちをとっていたのである。だれもが隣人とたがいに貸し借りがあるかどうか知っていたし覚えていた。そして共同体は、半年あるいは一年かそこら、定期的に、みなが集う「清算大会（reckoning）」を催し、集団的規模でたがいの債務を帳消しにしていたのだ。[*43] そのあとなおも残った差額のみが、硬貨や財によって決済された。

　これによってなぜ既存の固定観念がひっくり返るかというと、資本主義の起源を漠然と「市場」と呼ばれるもののせいにすること――つまり古来からの相互扶助と連帯の制度の解体と、すべてに価格のつけられる冷たい計算の世界の形成――にあまりにわたしたちがなじんでいるからである。実のところ、イングランドの村人たちは、これら二つのあいだにいかなる矛盾もみいだしていなかったようである。一方では、彼らは固く信じていた。他方で、市場とはたんにおな理ならびに困難にみまわれた隣人たちを援助する必要性を、彼らは固く信じていた。他方で、市場とはたんにおなじ原理の和らげられたものとみなされていた。それらもまた、完全に信頼にもとづいていたからである。ヤムイモやオクラを贈り合うティブ族の女性たちのように、隣人たちはたがいにたえず少しだけの借りを作っておくべきだと考えていた。それとともに、ほとんどの人びとが、売り買いという発想にも、さらには、正直な一家の暮らしを脅かさないかぎり、市場変動にさえも不満はなかったようだ。[*44] 一五四五年に、有利子貸付が合法化されるようになったときですら、おなじ広範なモラル上の枠組みに収まっているかぎりは人びとの気持ちを逆なですることはなかった。たとえば、ほかに収入源のない寡婦には金貸しも適切な仕事であり、あるいは、小規模な商業的事業からの利潤を隣人たちのあいだで分かち合う方法のひとつ、と考えられていた。ランカシャーのクエーカー教徒の商人ウィリアム・スタウトは、最初に修行した店の主人ヘンリー・カワードを次のように賞賛している。

わたしの親方は、当時、食糧雑貨や金物やその他のいくつかの商品を取引していて、彼と信仰をおなじくする人びとだけでなく、ありとあらゆる職業や境遇の人びとからおおいに尊敬を集め信頼されていた（…）。親方はとても信用されていたので、自由にできる金銭をもつ者はだれでも、利子のため、あるいは運用のため、彼に預けたものだった。[*45]

このような世界では信頼がすべてである。ほとんどの信用協定が握手取引だったため、ほとんどの貨幣は文字通り信頼だったのである。ひとが「信用」という言葉を使うとき、なによりもまず誠実さと高潔さにかんする評判を指していた。男女の名誉と美徳と世間体、そしてさらに寛大や礼節、温厚、社交性などの評判は、貸付をおこなうかどうか決定するさい、純所得の査定と少なくともおなじぐらい重要な考慮の対象だった。[*46] まさにその結果、金融の用語が、徐々にモラルの用語と見分けがつかなくなっていったのである。ひとは他人について「値打ちある人間

［重要人物］（worthies）」、「高評価の女［気位の高い女］（a woman of high estimation）」、「評価／計算外の男［当てにならない男］（a man of no account）」などと表現し、そしてある人間の言葉を信じるときには、その人間の言葉に「信用（クレジット）を供与する［信頼する］（giving credit）」というものである（「信用（credit）」は「信条（creed）」「真実性（credibility）」と共通の語源を有している）。あるいは、借りを返すという約束を真に受けるときには「信用（クレジット）を拡張する［当てにする］（extending credit）」のである。

　とはいえ、この状況を理想化すべきではない。そこはきわめて家父長的な世界でもあったのだ。ある男の妻や娘の貞節さの評判は、その男自身の親切心や敬虔への評判とおなじぐらい、彼の「信用」の大部分の形成に寄与していた。そのうえ、三〇歳以下のほとんどの人間は男であれ女であれ、べつの人間の世帯の奉公人つまり作男や乳搾り女や徒弟として雇用されていたので、「評価／計算外［尊敬に値しなかった］（no account）」だったのである。[47] そして最終的に、共同体の信頼を失った者たちは実質的に不可触賤民（パーリア）となり、無宿労働者、乞食、売春婦、スリ、テキ屋、密売人、易者、大道芸人、そして「浮浪民（masterless men）」や「売女（women of ill repute）」など、犯罪者または準犯罪者階級に身をやつしていった。[48]

　現ナマ（コールド・キャッシュ）は、主として、よそ者どうしのあいだか、あるいは地主や執行吏や司祭、そしてそれ以外の目上の者たちに、家賃、十分の一税、その他もろもろの税金を支払うさいに使用された。握手取引を避けた地主の紳士や富裕な商人たちは、しばしば仲間内で、とりわけロンドンの市場に振り出される為替手形を決済するさいには、現金を使用していた。[49] なによりもまず、金銀は、政府によって武器の購入や兵士への支払いのために使用され、そして犯罪者階級の内輪で使用されていた。このことが意味するのは、硬貨を使用するのはおおよそ司法制度を動かす人びと――執政官、巡査、治安判事――と、社会の暴力的構成員――当の社会の統制をみずからの仕事（ビジネス）とみなす――であるということである。

＊＊＊＊＊

時間がたつにつれ、このことがモラルの宇宙をますます分裂させていった。大半の人びとは、兵士や犯罪者たちとのかかわりを避けようとするのとおなじぐらい司法制度に巻き込まれるのを避けようとするものだ。そのような人びとにとって、負債とは、依然、社交性を織り成す生地そのものであった。ところが、政府官庁や巨大商館で就労時間をすごす者たちはそれとはきわめて異なったものの見方を徐々に発展させはじめていた。現金による交換こそが正常／規範的であって、負債は犯罪の色合いを帯びたものとみなされはじめたのである。

どちらの世界観も、社会の本性についてのある種の暗黙の理論を触発しはじめた。イングランドの村人ほとんどにとって、社会生活・精神生活（モラル）の現実の源泉であり中心であったのは教会というより地元のビヤホールだった。そして共同体は、なによりもクリスマスや五月祭（メーデー）といった大衆的祝祭の宴（コンヴィヴィアリティ）やそれにともなうすべて――喜びの共有、諸感覚の交感、「善き隣人」と呼ばれていたものの物理的な具現など――によって体現されていた。社会はなによりも友人および親族の「愛と友情」に根をおろしているのであり、そこから流出してくるとされるあらゆる形態の日常的コミュニズム（友人の雑用を手伝う、年配の寡婦に牛乳やチーズを供給するといった）のうちに表現されていた。市場はこの相互扶助のエートスに矛盾するものとみなされてはいなかったのだ。それは、ナシール・アッディン・トゥシにとってとおなじように相互扶助の拡張だったのであり、その理由もほとんどおなじである。すなわち、市場は完全に信頼と信用を通して作動するからである。[*50]

イングランドはトゥシのような偉大な理論家は輩出しなかったが、たとえば一六〇五年以降、英訳が普及したジャン・ボダンの『国家論（De Republica）』のようなスコラ哲学の著述家のほとんどにおなじ思潮が響きわたっている。ボダンはこう書いている。「友愛と友情はあらゆる人間社会そして市民社会の基盤である」。それらは、

「真の、自然な正義」を構成しているのであって、契約、裁判所、政府の法的体系全体がそのうえに築かれなくてはならない、というのである。*[51] おなじように、経済思想家たちが、貨幣の起源について考えたとき、実は「信頼すること、交換すること、交易すること」について語っていた。*[52] 端的にいって人間関係の先行性が想定されていたのである。

その結果、あらゆるモラルの関係が負債として理解されるようになった。「われらの負債を赦免したまえ（Forgive us our debts）」――それは、中世も末期、「主の祈り」［イエスがその弟子たちに教えた祈りの模範］がこのように翻訳されて、幅広く人気を博していった時代だった。罪業とは神への負債である。それは不可避だがおそらく対処することはできる。というのも、終末にあっては、わたしたちのモラル上の貸し借りもすべて、神による総決済、最後の審判のうちに、たがいに帳消しにされるのだから。最も親密な人間関係にさえ負債の観念が浸透していったのだ。中世の村人たちも、ティブ族のようにときに「人肉負債（flesh debts）」について言及したが、その示唆するところはまったく異なっていた。それは、結婚した夫婦がどちらも保持する相手に性行為を要求する権利、すなわち原則として彼または彼女が欲するときにはいつでも行為できる権利のことを指していたのである。「借りを返す（paying one's debts）」という慣用句は、かくして何世紀も前のローマ人の慣用句「義務を果たす（doing one's duty）」のように、その含意を拡大した。ジェフリー・チョーサーは、まさに性的接待で夫の負債を支払おうとする女の物語「船長の話」のなかで、“tally（割符）”（フランス語では *taille*［身長、サイズ、腰］）と“tail”［しっぽ、尻、硬貨の裏面］を使って地口を遊んでみせている。「わたしに欠点があるにせよ、わたしはあなたの妻なんです。わたしの割符につけておいてください／わたしの尻で稼ぎましょう*[53]（and if so I be faille, I am youre wyf, score it upon my taille）」（『カンタベリー物語（中）』三四二頁）。

ロンドンの商人たちさえも、ときに社交性（ソーシャビリティ）の言語に訴えながら、あらゆる取引はつまるところ信用を基盤にしており、信用とは実のところ相互扶助の延長にすぎないと主張した。たとえば一六九六年に、チャールズ・ダヴナントは次のように述べている。信用制度に対する一般の信頼が失墜してもそれが長くつづくことはないだろう、なぜなら、人びとがその問題について考察を重ね、信用とはたんに人間社会の延長にすぎない、と気づくようになれば、

> 彼らは、いかなる交易国も、現物資産（real stock）［つまり硬貨と商品のみ］で存続したことはないし取引をおこなったこともないことに気づくことになる。たがいへの信託と信任は、人びとをむすびつけるうえで、恭順や愛や友情や対話とおなじくらい必要なものである。ひとは、経験から、じぶん自身にだけ依存していて、じぶんがいかに弱い存在か学んだあとで、自発的に他者を助け、隣人の援助を求めるようになる。もちろんそのことは、ふたたび信用を浮上させるに違いない。[*54]

ダヴナントは風変わりな商人だった（彼の父親は詩人であった）。彼の階級に典型的であるのはむしろトマス・ホッブズのような人間の方である。一六五一年に発表されたホッブズの『リヴァイアサン』は、多くの点からみて、社会とは先行する共同体の連帯の絆のうえに構築されている、という発想に対する広範にわたる攻撃だった。

ホッブズは、新しいモラル上のパースペクティヴによる攻撃の火ぶたを切ったと考えることができるが、それは破壊的なものだった。『リヴァイアサン』の出版時に、なにが読者を非常に憤慨させることになったのかはっきりしない。その情け容赦のない唯物論か（基本的に人間とは快楽の見込みにむかって苦痛の見込みを避けるという単一の原理によってそのすべての行動が理解できる機械であるとホッブズは主張した）？　あるいはそれに由来する冷笑主義（シニシズム）か（ホッブズは、愛と友情と信頼がそこまで強力なものならば、なにゆえわたしたちは貴重な財産を家庭

内においてさえ金庫に保管しているのかと問うた）？　とはいえホッブズの議論の根本部分――人間は自己の利益によって突き動かされているために、たがいに一致して公正に処遇しあうなどと信頼することはできないということ、それゆえ社会が出現するのは、人びとがみずから自由の一部を放棄し、王の絶対的権力を受け入れることがじぶんの長期的な利益にかなうと気づいてはじめてであるということ――は、その一世紀前に、マルティン・ルターのような神学者たちがおこなった議論とほとんど異なっていない。ホッブズは、聖書への言及を科学的言語によって置き換えただけなのである。*55

わたしは、「自己利益（self-interest）」という根本観念にとくに注意をむけておきたい。*56 この観念こそが、この新しい哲学にとって本当の意味で鍵となっている。この語が最初にあらわれたのはホッブズの時代であり、それはローマ法で利子（nterest）の支払いを意味していた *interesse* から直接借用されていた。その語がはじめて英語に導入されたときのほとんどのイギリスの著述家たちの反応は、人間生活のすべてを自己の利益の追求として説明しうるという考えは、伝統的なイギリスのモラル観にはなじまない冷笑的（シニカル）で異質なマキアヴェッリ的思想であるというものだった。ところが、一八世紀までには、教養ある人びとの大部分が、それを端的に常識として受け入れていたのである。

ところで、なにゆえ「利益（interest）」なのか？　もともと「借金返済の遅延に対する罰金」を意味していた語から、なぜ人間的動機についての一般理論が形成されたのか？

この語の訴求力の一部は、それが簿記に由来しているということにある。簿記は数学的である。このことが、客観性さらには科学性の見せかけさえそれに与えたのだ。ひとはみな本当はおのれだけの自己利益を求めているのだ、という想定が、さまざまの情熱と感情のるつぼを省略する方法を与えたのである。そうした情熱と感情のるつぼこそ、わたしたちの日常的実存を支配し、実際におこなっていることのほとんどを動機づけている（愛や友情だけでなく、妬み、悪意、献身、憐憫、肉欲、気まずさ、無気力、義憤、高慢などによって）ようにおもわれるのだが。さらに、その自己利益にかかわる想定は、それ［情熱と感情のるつぼ］にもかかわらず、最も重要な決定は物質的優越を求める合理的計算にもとづいている――ということは、それらはかなりの程度予測可能である――と理解する方法をも提供したのである。エルヴェシウスは商鞅を彷彿とさせる一節のなかでこう書いている。「物理的世界が運動の法則によって支配されているように、精神の宇宙は利益の法則によって支配されている」[*57]。そしてついに、あらゆる経済理論の二次方程式がこの想定から構成されるようになったのだ[*58]。

問題は、この概念の起源がまったく合理的ではないということである。その根元は神学的なものであり、それを下支えする神学的諸前提が真に消えてしまったことは決してない。確認されている「自己利益」の最初の登場は、一五一〇年前後に（マキアヴェッリの友人だった）イタリアの歴史家フランチェスコ・グイチャルディーニの著述のなかである。そこで「自己利益」はアウグスティヌスの「自己愛」概念の婉曲語法としてあらわれている。アウグスティヌスにとって「神の愛」は、わたしたちを同胞への慈悲へとみちびくものだった。それと対照的に、自己愛は、楽園追放以来わたしたちは自己充足への終わりなき飽くことなき欲望によって呪われている、という事実を示している。だからこそ、放っておけば人間は、必然的に普遍的競争に、さらには戦争にすら駆り立てられてしまうだろう、というわけである。「愛」の「利益」への置き換えは、明快な展開であるようにおもわれてきたに違いない。というのも、愛こそ最も大切な感情であるという前提こそ、グイチャルディーニのような著述家たちが遺棄しようとしたものだからである。しかしそこでも、非人格的な数学の装いのもと、おなじ飽くことなき欲望という前提は保持されているわけだ。だとすれば、「利益」とは、増殖をやめることのない貨幣の追求以外のなんだろうか？　利益が投資（investments）にかかわる言葉となる場合にも、おなじことがいえる――「この事業投資（venture）には一二パーセントの利益がある」――すなわち、それは継続的な利潤の追求のうちにおかれた貨幣なのである。[*59]人間は第一に「自己利益」に動機づけられているという思想そのものが、わたしたちはみな救いがたい罪人であるというキリスト教的な前提にしっかりと根づいていたのである。すなわち、ひとは放っておけば、一定水準の快適と幸福のみを単純に追求するということはしないだろうし、［達成したら］立ち止まって享受するといったことはしないものだ。シンドバッドのようにチップを換金［賭けをやめて儲けたカネで楽しむこと］したりしないものである。そもそもなぜチップを購入しなければならないのかと問う必要さえない。こうして、すでにアウグスティヌスが見越していたように、有限の世界における無限の欲望とは、はてしのない競争を意味しているのであって、だからこそ、ホッブズが主張したように、われわれの社会が平和を保つ唯一の望みは、国家装置がその厳格な遂行を保障する契約の協定とのうちにのみある、ということになるのだ。

＊＊＊＊＊

それゆえ、資本主義の起源の物語は、市場の非人格的力による伝統的共同体の段階的解体の物語ではないのである。それはむしろ、信用の経済がいかにして利益の経済に転換されたのかという物語であり、非人格的——でしばしば報復的——な国家権力の侵入によってモラルのネットワークが段階的に変容させられてゆく物語なのだ。エリザベス朝時代あるいはステュアート朝時代のイングランドの村人たちは、法律がじぶんたちにとって有利な場合さえも司法制度に訴えることを好まなかった。隣人たちはたがいに協力しあって問題解決すべきであるという原理のためもあるが、主たる理由は、法律がはなはだしく過酷だったからである。たとえば、エリザベス女王の治世における浮浪（失業）に対する懲罰は、初犯では釘による耳のさらし台への打ちつけ、再犯では死刑だった。[*60]債務関連法も同様であった。負債は多くの場合——とくに債権者が大変に復讐心に燃えている場合——犯罪として扱うことができたからである。一六六〇年ごろ、チェルシーで以下のような出来事が生じている。

マーガレット・シャープルズはリチャード・ベネットの店から布地を盗み「じぶんで着用するためのペチコートをつくった」という理由で起訴された。彼女の弁護側の主張によると、彼女はベネットの使用人と布の値段を交渉したが「支払いに十分な額の持ち合わせがなかったため、できるだけ早く支払うつもりで布を持って帰った。そしてその後、マーガレットはベネット氏と値段について合意していた」。ベネットは、その通りである旨、確認した。マーガレットは、二二シリングの支払いに同意したあと、「支払金の担保としての品物と金銭四シリング九ペンスの入った籠を届けた」。しかし「まもなくベネットは心変わりし、マーガレットとの合意を取りやめにした。彼は籠と品物を返却し」、マーガレットに対して正式な訴追手続をはじめた。[*61]

その結果、マーガレット・シャープルズは絞首刑になったのである。

たとえものすごくいらだたしい客だとしても、さすがに絞首台送りにしたいとまで考える小売業者がまれであったことはあきらかである。ともかく、そうしたわけで、まともな人びとは裁判所をすっかり忌避する傾向にあった。クレイグ・マルドルーによる研究の最も興味深い発見のひとつは、時間がたつにつれそうではなくなっていったことである。

中世後期においても、巨額の貸付の場合、債権者が地方裁判所に訴えでることはめずらしくなかった。だが、それはたんに公の記録を残すことだけが目的だったのである（当時、大部分の人間が文盲だったことを想起しよう）。債務者はこうした法的手続にすすんでしたがっているが、ひとつには、そこに利子が課せられている場合、返済が不履行(デフォルト)となったとしても、法律の見地からは、債権者もまた「利子ゆえに」有罪とみなされたからであろう。このような事例が判決にもち込まれたのは、一パーセント以下の割合だった。[*62] ところが、利子の合法化によって係争の性質が変化しはじめる。一五八〇年代に有利子貸付が村人たちのあいだで一般化しはじめると、債権者たちは署名つきの法定債券の使用を主張しはじめるようになった。それによって裁判所への訴えが爆発的に増加し、多くの小村では、ほとんどすべての世帯がなんらかの債務訴訟に巻き込まれているという事態にまでいたる。とはいえ判決にもち込まれた訴えはごく少数だった。通常の執行範囲は、債務者に法廷の外で示談にもち込ませるべく懲罰の脅しに依拠するぐらいだったのである。[63] それでも、その結果として、債務者監獄（あるいはもっと悪い事態）への恐怖がだれをも苦しめるようになり、社交性（ソーシャビリティ）それ自体が犯罪の色合いを帯びるようになった。正直な商店主カワード氏さえ、やがて身を潜めるようになった。カワード氏の高い信用それ自体が問題となったのだ。というのも、じぶんほど恵まれていない人びとを助けるためにじぶんの高い信用を利用することに、彼が名誉を感じていたからである。

彼はまた、ずぼらな商売仲間とも商品を取引しており、状況の悪化によって利益も信用もひきだすことのできなくなった連中のことをひどく気を病むようになった。問題を抱えた家族との交際によって、彼の妻を不安にさせるようにもなった。そのうえ、彼の妻は非常に怠惰な女で、こっそり彼からカネをひきだしていた。こうして彼の状況はきわめて厄介なものとなり、投獄されることを日々不安におもうようになったのである。かつての評判を失った恥辱とともに、絶望につきおとされ、胸を引き裂かれた彼は、ときに家に引きこもるようにもなり、悲嘆と恥辱のうちに死んだ。[64]

とくに高貴の出自ではない者にとって、ここで示唆されているような監獄がどのようなものにみえていたかについて、同時代の資料にあたってみれば、これは意外なことではない。カワード氏は、フリート監獄やマーシャルシー監獄といった最凶と名高い監獄の環境について、議会や大衆むけ出版物で話題になり、ひんぱんに物議をかもしていたので、まちがいなく知っていたはずである。鎖で縛りつけられた債務者が、「汚物やダニにまみれ、情け容赦なく飢えと監獄熱で苦しみながら死んでいく」記事が紙面をにぎわす一方、放蕩貴族たちはおなじ監獄のエリート側に拘置され、マニキュア師や娼婦たちの訪問を受けながら快適な暮らしを送っていたのである。[*65]

　このように負債の犯罪化は人間社会の基盤そのものの犯罪化でもあった。小さな共同体では、通常、だれもが貸手であると同時に借手でもあったことを、どれだけ強調してもしすぎることはない。たくみな陰謀と操作、そしておそらくいくばくかの戦略的賄賂によって、ほとんどだれであれ憎しみを感ずる者を監獄に送り、はては絞首台に送ることが可能なことがあきらかになったとき、共同体でわきあがったに違いない緊張と誘惑については想像するしかない。共同体は、愛にもとづいているにもかかわらず、というより、愛にもとづいているからこそ、常に憎悪と張り合いと情念で充満していたのだ。リチャード・ベネットがマーガレット・シャープルズに対して抱いていたのはなんだったのか？　その背景については知るよしもないが、なにかあったことはまちがいない。それが共同体の連帯に及ぼした結果は破滅的だったに違いない。突然暴力が手の届くものになり、それまで社会性（ソーシャリティ）の本質だったものを万人の万人に対する戦争に転換させてしまう脅威となった。したがって、一八世紀までに、個人的信用という理念そのものが不評を買うようになり、貸手も借手も等しく被疑者となったことはおどろくべきことではない。[*67] 硬貨の使用が、（少なくともそれを手に入れることができた人びとのあいだでだが）それ自体、モラルに則しているかにみえるようになったのである。

＊＊＊＊

これらのことを理解するならば、本書の前半で検討された数名のヨーロッパの著述家たちにもまったく新しい光をあてることが可能になる。ラブレーが描いたパニュルジュの借金礼賛を例にあげよう。ここにきて判明するのは、本当に滑稽であるのは、借金が共同体をひとつにむすびつけるという発想（当時のイングランドやフランスの農民ならだれもが端的にそう考えていた）でも、あるいは借金のみが共同体をひとつにむすびつけるという発想でもなかったということである。本当に滑稽であるのは、実は根っからの犯罪者である富裕な学者の口からそのような感情が漏れてくるということにあった。つまり、それを認めようとしない上流階級を笑いのめすための鏡として民衆的モラリティをさしだすことにあったのである。

あるいはアダム・スミスについて考えてみよう。

> われわれが自分たちの食事をとるのは、肉屋や酒屋やパン屋の博愛心によるのではなくて、彼ら自身の利害にたいする彼らの関心による。われわれが呼びかけるのは、彼らの博愛的な感情にたいしてではなく、彼らの自愛心（セルフ・ラヴ）にたいしてであり、われわれが彼らに語るのは、われわれ自身の必要についてではなく、彼らの利益についてである。*[68]

ここで奇怪であるのは、スミスがこう書いていた時代にはこういったことが端的に事実ではなかったということである。*[69] ほとんどのイングランドの商店主たちは、いまだに事業のかなりの部分を信用でおこなっていた。つまり、顧客たちは常に商店主の善意に訴えていたのである。スミスがそのことに気づいていなかった可能性は低い。とするならば、むしろ彼は、ひとつのユートピア的光景を描写しているのである。つまりスミスは、だれもが現金を使う世界を想像したいのだ。ひとつの理由は、台頭する中産階級の意見に心を寄せていたためである。だれもが実際に現金を利用して、混乱と腐敗におびやかされた不合理な錯綜を避けるならば、世界はずっとよくなるはずだ、という意見である。わたしたちはみな、たんに金銭を支払い、「どうぞ（please）」とか「ありがとう（thank you）」とだけいって店を去るべきなのである。さらに、このユートピア的イメージを使って、スミスはもっと大きな主張をしている。すなわち、あらゆる商取引（ビジネス）が、自己の利益だけを追求する大商業会社のようにおこなわれたとしても、それはたいした問題ではない。「空虚であくことを知らない諸欲求」をともなった金持ちの「生まれつきの利己性と貪欲」は、それでもなお、見えざる手の論理によって万人の利益になるだろう、と。*70

いいかえるとスミスは、じぶんの時代の消費者信用の役割を空想によって追い払っただけなのである（ちょうど貨幣の起源について持論をでっちあげたように）。*71 このことによってスミスは、経済活動における善意と悪意の双方の役割を無視できるようになった。自由市場に類するあらゆるもの（つまり国家によって創設され維持されるだけではないもの）に必須の基盤である相互扶助のエートス、および、彼がモデルとした競争的で利己的な市場の形成に実際に貢献してきた暴力と赤裸裸な復讐心の双方である。

それに対してニーチェは、生とは交換であるというスミスの前提を継承しながらも、スミスがふれたがらなかったすべて（拷問、殺人、手足の切断）をむきだしにした。社会的文脈について多少検討したあとでならば、さもなくば謎めいたニーチェの記述、負債を帳簿に記入したがいの眼や指を要求する古代の狩人と羊飼いについてのニーチェの記述について、実際にくり抜いた眼と切断した指の請求書を主人に提出した、カジミールの死刑執行人のことをただちに想起せずに読むことはむずかしくなる。あらゆる人間の生は計算づくの利己的な交換を基礎としている。ニーチェが真に描きだしたのは、じぶんのような豊かな中産階級の聖職者の息子がそのような思考を抱いてしまう世界はなんによって生まれるのか、その条件だったのである。

第三部：非人格的信用貨幣

歴史家たちが、テューダー朝およびステュアート朝の手の込んだ民衆の信用システムに気づくのにこれほど長い時間がかかった理由のひとつは、当時の知識人たちが貨幣について抽象的文脈でのみ語って、それらにはほとんど言及しなかったためである。教養ある階級にとって、「貨幣」とはまもなく金銀を意味するようになった。金銀は歴史上あらゆる民族によって常に使用されてきたし、おそらく今後もそうだろう、あたかもそれが当然であるかのように大半の人びとが書いていた。

これはアリストテレスを無視するだけにとどまらない。当時のヨーロッパ人探検家たちの発見とも直接に矛盾していた。[*72] 赴く先々どこにおいても、探検家たちは、貝殻貨幣、ビーズ貨幣、羽根貨幣、塩貨幣など、はてしなく多様である通貨形態を発見しつつあったのだ。だがこれらをもってしても経済思想家たちは自説に固執することをやめなかった。金銀の貨幣としての地位は自然を基盤にしていると錬金術に訴えながら論じる者もあった。つまり（太陽の性質をそなえた）金（きん）と（月の性質をそなえた）銀は金属の完全かつ不滅の形式であって、あらゆる劣性金属がそこにむかって進化するというのである。[*73] とはいえ、そもそも説明がそれほど必要であるとすら感じていなかった、というのが大方であった。貴金属の内在的価値は端的に自明だったのである。王室顧問官やロンドンのパンフレット作者たちが、経済問題について論じるにあたっていつもおなじ争点をめぐっているのはそのためである。すなわち、どうしたら地金が国外に流出しないようにできるか？　硬貨のはなはだしい不足にどう対応すればよいのか？　といった争点である。「どうしたら地域の信用制度への信頼を維持することができるか？」といったような問いはそもそもほぼだれの頭にも浮かばなかったのだ。

こうした状況は、まだ通貨の「切り上げ（crying up）」や「切り下げ（crying down）」が選択可能であった大陸においてより、ブリテン島でいっそう極端だった。テューダー朝において惨憺たる結果に終わった平価切り下げ（devaluation）の試みのあとで、ブリテンではこういった手段は放棄されていた。それ以後、貨幣の悪鋳はモラル上の問題となる。硬貨の純粋不滅な物質に卑金属を混ぜる政府の試みの失敗はあきらかだったがゆえにである。イングランドで、ほとんどすみずみにまで浸透していた慣行であった「硬貨盗削（coin-clipping）」――民衆版悪鋳とみなすことができる――も、それほどではないにせよ同様に悪となった。こっそりと硬貨の縁の銀を切り取ったあと、元の大きさにみせかけるために圧力を加えることを必要としたからである。

さらにいえば、新時代に出現しはじめたこれら新しい形式の仮想貨幣も、以上のものと同一の想定に確固たる足場をおいていた。このことは決定的に重要である。さもなくば奇妙な矛盾にみえてしまうことがらを理解するのに役立つからである。貨幣とは社会的慣習であるという観念が決定的にしりぞけられたこの冷酷な唯物論の時代に、近代的資本主義の典型的な特徴となった幾多の新しい信用手段や金融的抽象化の形式に加え、紙幣の発生を目の当たりにするのはどういうわけか？　たしかに、これらのうちのほとんど――小切手、債券、株式、年金など――が中世の形而上学的世界に起源を有している。だが、それらが大輪の花を咲かせたのはこの新時代においてだったのだ。

とはいえ、現実の歴史に目をむけてみれば即座にわかるのは、こういった貨幣の新しい諸形態によっても、貨幣は金銀の「内在的」価値に基礎づけられているという前提が覆えされることは決してなかったということである。実際にはむしろ強化されさえしている。いったい実際にはなにが起きていたのか。いったん信用が（商人であれ村人であれ）個々人の信頼関係からひき抜かれると、信用ならそこにあると表明するだけで、その効果として貨幣を創造することができるということがあきらかになった、ということである。しかし、競争的な市場の非モラル世界でこれが実践されるとき、あらゆる種類のペテンと信用詐欺が不可避的に出現する。こうして制度の守護者たちはたびたび恐慌（パニック）に直面し、さまざまな形態の紙切れの価値を金銀に固定するための新たな方法を模索することになった。

　これが通常「近代銀行制度の起源」として語られる物語である。けれども、わたしたちの観点からすると、それがあきらかにしているのは、まさに戦争、地金、これらの新たな信用手段が、どれほど密接にむすびついていたかということである。実際に起こらなかったことについて考えてみるだけでよい。たとえば、為替手形が第三者に対して裏書きされることで譲渡可能となり、実質的に紙幣の一形態に変化してはならない内在的理由などなかった。中国ではこのようにして紙幣がはじめて出現したのだから。中世ヨーロッパでは、この方向にむかう動きがたびたびあったが、さまざまな理由のためそこまでにはいたらなかった。[74] そのかわり銀行家たちは、じぶんたちの手元にある現金準備以上の帳簿上の信用（book credit）を流通させて貨幣を創造することができる。これが近代銀行業務の本質とみなされており、そしてそれが民間銀行券の流通に発展していくのである。[75]［それ以前にも］とりわけイタリアでは、この方向にむかう動きもみられたが、常に預金者がパニックにおちいって取り付け騒ぎに発展する危険があった。ほとんどの中世の政府は、そのような場合、返却できない銀行家に対して非常に厳しい罰則を科していたため、これはリスクの高い発想だったのである。一三六〇年に、フランチェスケ・カステーリョがバルセロナのじぶんの銀行の前で斬首された例が、その証拠となっている。[76]

　銀行家によって中世国家がうまく統制されていたところでは、政府の財政を操作することは、より安全でより利益を生むことがわかっていた。近代的金融手段の歴史そして紙幣の究極の歴史は、地方債発行とともにはじまった。この慣行は、一二世紀にヴェネツィア政府が軍事目的のためてっとりばやい収入が必要になったときにさかのぼる。政府は、納税者市民に強制融資（ローン）を課し、それぞれに年率五パーセントの利子を約束し、「債券」または契約を交渉可能事項とすることで国債による市場を創設したのである。ヴェネツィアでは利払いはきわめて几帳面におこなわれていたが、これらの債券にははっきり定められた満期日がなかったため、その市場価格は、多くの場合、都市の政治や軍事のなりゆきにあわせて変動し、その結果、払い戻しされる見込みの収入評価もおなじく変動した。同様の慣行が、イタリアの他の国家および北ヨーロッパの商人の包領（merchant enclaves）にも、まもなく拡がった。たとえば、オランダ連合州は、ハプスブルグ家に対する長期に渡る独立戦争（一五六八—一六四八年）の資金について、数多くの自主的債券も発行していたものの、大部分は一連の強制的融資を通じて調達している。[*77]

納税者に強制的に貸付させることは、ある意味で税の支払いを前倒しさせることにすぎない。だがヴェネツィア国家が最初に利子の支払いに同意したとき——その法律用語はここでも、*interesse*、すなわち支払いの遅延に対する罰金であったが——それは原則的には、ただちに借金を返済しないことに対する自己処罰であった。そのことが、人びとと政府のあいだの法律上の関係やモラル上の関係にまつわるあらゆる種類の問いをどれほど惹起することになったか、容易に理解できる。資金繰りの新しい形式を開拓したこれら重商主義的共和国の商人階級は、政府債務の引受手というより、政府の所有者であると、ついには自負するようになったのである。それは商人階級にとどまらない。一六五〇年頃には、オランダの家庭の大半が、少なくとも少額の政府債を所有していた。[*78] だが、真の逆説の出現するのは、この負債を「現金化し」はじめるときにのみである。つまり、政府の支払いの約束を通貨として流通させはじめるときである。

一六世紀までに、すでに商人たちは為替手形を利用して負債を決済していたものの、政府の諸々の債券——ラント *rentes*［フランスの利付国債］、フーロス *juros*［スペインの年金型債券］、アニュイティ annuities［年金］——こそが新時代における真の信用貨幣であった。「価格革命」の真の起源を求めるべきはまさにここである。そして、「価格革命」は、かつては自立していた町民や村民たちを徹底的に叩きのめし、賃労働者への道を切り拓いたのである。こうした高次の信用形態をあやつる人間たちのために労働する賃労働者への道である。新世界からの財宝船団が最初に立ち寄る旧世界の港町セビリアにおいてさえ、日常的取引において地金はたいして使用されていなかった。地金の大部分は、港で操業するジェノバの銀行家の倉庫に直行し、東方へ送られるために保管されていた。ところがこの過程のただなかで、それが複雑な信用制度の基盤となったのである。すなわち、地金の［評価］価値が皇帝に融資され、皇帝はそれを戦費の捻出にあてる。しかるに、融資と引き換えに、政府からは利子付き年金の受給資格を授与する証書が与えられる。ひるがえって、その証書は、貨幣のように売買可能となった。こうした手段によって銀行家たちは、保持している金銀の実質価値をほとんど際限なく増殖させることができたのである。すでに一五七〇年代には、セビリアからそれほど遠くないメディナ・デル・カンポのような場所における定期市は、もっぱら証書によってのみ取引のおこなわれる「真の証券工場」となっていたことがわかる。[*79]スペイン政府が実際に負債を支払うかどうか、または、どの程度それが規則正しく支払われるかは常にいささか不確実だったので、手形は割引されて流通する傾向にあり――とりわけフーロス *juros* がヨーロッパ全土で流通するようになったため――それが継続的なインフレの原因となった。[*80]

生粋の紙幣について語ることができるようになるのは、一六九四年のイングランド銀行の創設によってはじめてである。その銀行券が、決してもろもろの公債証書（ボンズ）ではなかったからである。その他のすべての手形と同様、それらもまた国王の戦債に根ざしている。このことはどれほど強調してもしすぎではない。もはや、王への負債ではなく、王による負債であるという事実が、その貨幣をそれまでの貨幣と大きく異なったものにした。多くの意味で、それは、それ以前の貨幣形態の［反転した］鏡像だったのである。

イングランド銀行が創設されたのはロンドンとエディンバラの商人四〇人――その大部分がすでに国王への債権者であった――からなる協会が、対仏戦争を援助するため、国王ウィリアム三世に一二〇万ポンドの融資をおこなったときであったことをおもいだそう。その見返りとして銀行券発行を独占する株式会社の結成を許可するよう、彼らは王を説得した。そして、その銀行券は、事実上、王が彼らに負って「借りて」いる額面の約束手形だったのである。これが世界初の独立した国立中央銀行であり、それは小規模の銀行間でやりとりされている負債の手形交換所となった。その手形が、まもなく、ヨーロッパ初の国家紙幣に発展していくのである。だが当時の大いなる公共の論争、すなわち貨幣の本質についての論争は、紙幣ではなく金属貨幣をめぐるものだった。一六九〇年代は、イギリスの鋳貨にとって危機的な時代である。銀の価値があまりに高騰したため、イギリスの新硬貨の価値がその銀の実質に劣るようになったのである（造幣局は、現在ではおなじみの切り取り防止のため「縁がぎざぎざの」硬貨を開発したばかりだった）。その結果は眼にみえていた。厳密な意味での銀貨は消滅した。流通していたものは、かつての縁を切り取られた硬貨のみとなり、それもますます稀少になっていったのである。とにかく対応が必要であった。あとにつづいた論争は、銀行創設の一年後にあたる一六九五年に頂点に達している。先に引用したチャールズ・ダヴナントによる信用についての小論は、実はこの特異な言論闘争の一部だった。イギリスが公益信託に基盤を置く純粋な信用貨幣に移行することをダヴナントは提案したが、それは無視される。大蔵省による提案は、硬貨を回収し、銀の市場価格を下回るよう、二〇パーセントから二五パーセント減量して再発行することだった。この立場を支持した多くは明白に表券主義の立場をとり、銀にはいかなる内在的な価値もなく貨幣とは国家が制度化した尺度にすぎないと主張した。[*81] しかしながら議論に勝利したのは、当の造幣局長官アイザック・ニュートン卿の顧問を務める自由主義哲学者ジョン・ロックであった。ロックは、今後一フットは一五インチなりと宣言することで小男の身長を高くすることが不可能なように、「シリング」とラベルを貼り替えることによって銀の小片にそれ以上の価値を与えることはできないと主張した。金銀には地球上のすべての人びとが承認する価値がある。政府の刻印は硬貨一枚の重さと純度を証明するだけであり、政府が自己の都合のためにそれをもてあそぶことは硬貨を切り取ることとおなじくらい犯罪的であると、義憤で身震いするがごとき罵倒を浴びせたのだった。

（…）公の刻印の効用と目的は、人びとが［支払うことを］約定した銀の量の見張り番であり保証人である点にのみあることがわかる。公共の信義に加えられる侵害というこの点が、削り取りと贋造を強奪罪から反逆罪へ格上げするゆえんである。[*82]

だから彼は、通貨を回収し、かつてとおなじ価値で再鋳造することが、唯一の解決策であると主張した。この提案は実行に移されたが、結果は惨憺たるものであった。つづく数年間、硬貨の流通がほとんどみられなくなったのである。価格も賃金も崩壊した。飢饉と騒乱が生じた。富裕層のみが無事であったが、それは、銀行券のかたちで国王の債務の一部をやりとりする新たな信用貨幣を利用することができたからだった。これらの手形の価値も、当初は若干変動したが、貴金属によって現金化できるようになると徐々に安定していった。富裕層以外にとって状況が本当に改善されるようになるのは、紙幣、そしてのちに小額面の通貨が、広範に利用できるようになってからである。改革はトップダウンで非常に緩慢ではあったが、とにかく進行していった。そして、肉屋やパン屋などとの日常的取引さえも、他人行儀で非人格的な条件で小銭を介しておこなわれる世界が、徐々に形成されていったのである。日常生活それ自体を利己的な計算の問題として想像することが可能になったのは、こういうわけなのだ。

どうしてロックがそのような立場をとったのか、理解することはやさしい。彼は科学的唯物論者だった。彼にとって、政府に対する「信頼（faith）」――先の引用にあるような――とは、政府は約束を守るであろうことを市民が信用することではなく、たんに政府が嘘をつくことはないだろうことを市民が信用することにあった。つまり政府は良心的な科学者のごとく正確なる情報を提供するであろう、というわけだ。ロックは、人間のふるまいを、どのような政府の法律よりも高次の――ニュートンが当時、描写してみせたばかりの物理的法則のような――自然法則に基礎を置くものとしてみたかったのである。本当の難問は、なにゆえイギリス政府が彼に賛同し、そこから帰結した災厄にもかかわらず断固としてその立場に固執したか、ということである。その後まもなく、実際にイギリスは金本位制を採用し（一七一七年）、大英帝国は、その落日にいたるまで、金銀は真実として貨幣なり、という思想とともに、それを維持しつづけたのである。

たしかに、ロックの唯物論は、広範に受け入れられるようになった。当時の合い言葉でさえあったほどだ。[83] 金銀への依存は、主要には、新しい信用貨幣の形態のはらむ危険――とくにふつうの銀行にも貨幣を作ることが許可されるとまたたくまに増殖していった――に対する唯一の抑止を提供しているとみなされていたとしても。法的制約や共同体的制約から解放された金融投機は、狂気すれすれの結果をもたらすことが、まもなくあきらかになった。株式市場の開発を先導したオランダ共和国は、すでに一六三七年のチューリップ狂時代においてそれを経験している。まず未来の価格が投資家によって最高限度にまでつりあげられ、ついで崩壊するという、のちに投機的「バブル」として知られるものの、それは発端であった。一六九〇年代にロンドン市場も一連のバブルにみまわれたが、そのほとんどすべてが、東インド会社を模倣してつくられた新しい株式会社の近傍、大儲けをもくろむ植民地的投機の近傍で生じている。有名な一七二〇年代の南海泡沫事件――スペイン植民地との独占交易権を与えられたある新貿易会社が、英国債の大部分を買い上げ短期間でその株式を急上昇させたが、そのあと屈辱的なまでに崩壊したという――は当時の一連のバブルの頂点にすぎない。その翌年には、ジョン・ローの有名なフランス王立銀行の解体がつづいた。イングランド銀行に類似したもうひとつの中央銀行の実験であったが、わずか二、三年で急成長し、フランスの植民地貿易企業のすべて、そして独自の紙幣を発行していたフランス国王自身の負債のほとんどを吸収した。ところが一七二一年には完全に崩壊し、最高経営責任者は命からがら逃亡することになる。いずれの場合にも、そのあと法律が制定され、イギリスでは（道路や運河建設以外の）株式会社の新規創設が禁止され、フランスでは政府債務のみにもとづく紙幣が排除された。

それゆえ、（そう呼ぶことができるなら）ニュートン的経済学――貨幣を創造すること、あるいは貨幣に手を加えることさえ端的に不可能であると想定する――が、ほとんど万人に受容されるようになったことには意外性はないのである。こういったことにはなんらかの堅実な物質的基盤がなくてはならない、さもなければ制度全体が狂気にむかってしまうとだれもが結論したのだ。なるほど、経済学者たちは、貨幣の基礎はなにか（それは金か、土地か、労働力か、商品一般の効用あるいは望ましさか？）をめぐって数世紀にわたって議論することになるわけだが、アリストテレス的視点のようなものに回帰した者はいなかった。

＊＊＊＊

以上のことについてべつの視角から表現すれば、この新しい時代は貨幣の政治的本性とますます折り合いが悪くなってきたともいえるだろう。政治とはつまるところ説得術である。政治的なものとは、十分な数の人びとが信じるならば物事が真実になる、そのような社会生活の次元である。厄介なのは、うまくゲームをやっていくためには、そのことを決して認めるわけにはいかないというところにある。たとえば、わたしはフランス国王であると世界中のすべての人びとを納得させることができればわたしは実際にフランス国王となる、ということは真実かもしれない。だが、わたしの主張の唯一の基盤が、そこにあること「だれもが信じているということだけであること」を認めてしまえば、決してうまくいくことはない。この意味で、政治は魔術によく似ている。まさに、政治と魔術がいずこにあっても、いずれも詐欺めいた後光を帯びてしまうゆえんである。当時、こういった疑惑は、著しく誇張されていた。一七一一年に、風刺的エッセイストのジョセフ・アディソンは、イングランド銀行が——それゆえイギリスの貨幣制度が——王座の政治的安定に対する民衆の信頼に依存していることについて短編幻想小説を書いている（一七〇一年の王位継承法は王家の血筋の相続を保証した法令であったが、海綿（スポンジ）は大衆のあいだで債務不履行（デフォルト）の象徴であった）。夢のなかで、彼はこう語るのである。

わたしは「公信用（Public Credit）」をみました。彼女はグロサーズ・ホール［食糧雑貨商組合の拠点であり、イングランド銀行の西側に位置している］にしつらえられた玉座に就き、大憲章を頭上に掲げ、王位継承法をながめていました。彼女はふれるものをすべて黄金に変えました。彼女の座の背後には硬貨のいっぱいつまった袋が天井まで積み上げられていました。右側の扉がパッと開きました。王位僭称者が、片手に海綿（スポンジ）、もう一方の手には剣をもってなだれ込み、王位継承法のまえでふってみせるのでした。美しい王女さまは、気を失って倒れてしまわれました。彼女をとりかこむすべてを宝物に変える呪文が、破れてしまったのです。お金がつまった袋は、穴のあいた海綿のようにしぼんでしまいました。金貨の山は、ぼろぎれの束と木製の割符の束へと変わってしまいました。*84

ひとが王を信じなければ、貨幣も王とともに消滅するのだ。

この時代の民衆的想像力において、王と魔術師、市場、錬金術師はすべてひとつに溶け合っていた。そしていまだにひとは、市場の「錬金術」や「金融の魔術師」について語ることをやめない。『ファウスト』（一八〇八年）のなかで、ゲーテは主人公に——その錬金術師=魔術師としての力によって——神聖ローマ皇帝を訪問させている。宮廷の豪勢な悦楽の支払いのため積もりに積もったはてしなき負債の重みに、皇帝は沈みかけている。ファウストとその助手メフィストフェレスは紙幣をつくることで債権者に返済ができると皇帝を説得する。それは純粋な奇術的行為として表象されているのである。「あなたの領土のどこかでは、数多の黄金が地下に眠っているのです」とファウストは指摘する。「債権者にあとで返済する旨を約束する手形をさしだしさえすればよいのです。実際にどれだけ黄金があるか知る者などいないのですから、あなたの約束額にはかぎりがないのです[*85]」。

この種の魔術的言語は中世においてはほとんどまったくみあたらない[*86]。そこにあるというだけで事物を生みだすこの能力が非難の対象となり、さらに悪魔的なものとみなされるようになるのは、徹底的に唯物論的な時代においてはじめてであるようにおもわれる。そしてそれがそうみなされるという事実が、唯物論的時代に突入した、たしかな証拠なのである。わたしたちがすでに観察したように、この時代のはじまりにあってラブレーは、プルタルコスがローマ時代の金貸しを罵倒するときに用いたものとほぼおなじ言葉に立ち返っている。連中たるや実際に手にしていたことなどない金銭の返済を要求するために、手形と台帳を操作して「無からはなにも生まれないと考える自然哲学者を笑い飛ばす」。パニュルジュは、それをひっくり返して、いや、わたしは借りることによって無からなにごとかを生みだし、ある種の神になるのだ、という。

ところが、イングランド銀行頭取ヨシア・チャールズ・スタンプ卿にしばしば帰せられる以下の解釈について考えてみよう。

近代銀行制度は無から貨幣を造出する。この過程は、おそらく、これまで発明された最もおどろくべき手品かもしれない。銀行業務は不正によって着想され罪によって誕生した。銀行家は地球を所有する。銀行家から地球を取り上げるが、信用を創造する力は残しておいてみよう。銀行家はたった一筆で膨大な金銭を創造し、ふたたび地球を買い戻すことだろう（…）銀行家たちの奴隷でありつづけたいなら、そしてじぶん自身が奴隷であることのコストを払いたいなら、銀行家たちに、預金を生みだしつづけさせておけばよい。[*87]

スタンプ卿が実際にこう発言した可能性はないようにおもわれるが、この一節はいくども引用されてきた。おそらく近代銀行制度の批判者によって最もひんぱんに引用されてきた一節である。出所は怪しいものの、あきらかにここには共感を呼ぶものがある。そして共感を呼ぶのは、おそらくおなじ理由から、すなわち、銀行家たちは無からなにごとかを生みだしているという、おなじ理由からである。彼らは詐欺師や魔術師であるだけでない。彼らが悪であるとしたら、それは神を演じているからなのだ。

しかし、たんなる奇術という以上に重大なスキャンダルがある。中世のモラリストたちがこのような異議を申し立てなかったとしたら、それはたんに形而上学的実体になじんでいたからではない。彼らが市場についてはるかに根本的な問題、すなわち「貪欲」という問題を抱えていたからである。市場を動かす動機は本質的に腐敗していると考えられていたのだ。ところが貪欲が法的に承認され、無制限な利益そのものが存続可能な目的とみなされた瞬間、この政治的で魔術的な要素がまったき厄介事と化したのである。なぜならそれは実際にシステムを動かしている主体たち――株式仲介人、相場師、商人――さえ、なにものに対しても、システムそれ自体に対してすらも、確固たる忠誠心をもっていないことを意味したからである。

こういった人間の本性についての見解を最初に社会理論に発展させたホッブズは、この貪欲のジレンマを熟知していた。ホッブズの政治哲学の基盤を形成したのは、まさにこのジレンマである。ホッブズは次のように主張した。わたしたちがみな合理的で平和で安全に暮らすことがじぶんたちの長期的な利益であることを理解していたとしても、わたしたちの短期的関心（インテレスト）にとっては殺人や掠奪があきらかに最大の利益であるといったことはしばしば起きるのであって、殺人や掠奪にいたるには、恐るべき不安定とカオスにもためらいを払拭した少数がいれば十分なのだ。だからこそ、市場は存在できるとしたら、約束を守り他人の財産を尊重するよう強制する絶対主義国家の庇護のもとでのみである、とホッブズは感じていたのだ。だが、ここで問題になっている市場が、国債などの国家による債務証書そのものが取引されている場であるような場合、どうなるのか？　主要な通貨が、国家がまさに当の軍事力整備のために依存している債務証書であるような国債市場に、わたしたちがあるようなとき、どうなるのだろうか？

新しい市場システムの主人たちは、信用を犯罪化するにいたるまで残存するあらゆる形態の貧者のコミュニズムにたえざる戦争をしかけたのであるが、それによって富者のコミュニズム――経済システムを動かしつづけるのに必要な程度の協力と連帯――さえも維持するにあたってあきらかな正当性がないことを発見してしまった。なるほど、このようなはてしなき圧力と周期的な崩壊にもかかわらず、このシステムは、ここまでなんとかもちこたえてきた。だが二〇〇八年が劇的に証言したように、問題は決して解決されていないのだ。

第四部：それで、結局、資本主義とはなんなのか？

わたしたちは、近代資本主義の出現（近代式の民主的政体をともなった）はかなり遅れてのことであると考えることに慣れている。すなわち、それは〈革命の時代〉とともにあらわれたのであって、産業革命やアメリカ独立戦争、フランス革命といった、一八世紀終わりの一連の深い断絶が十全たる制度化をみたのは、ようやくナポレオン戦争終了後のことだった、と。ここでわたしたちは奇妙な逆説に直面する。資本主義と関連づけられるようになった金融装置を構成するほとんどすべての要素――中央銀行、債券市場、空売り、証券会社、投機バブル、証券化、年金といった――が、経済学という知のみならず（これはそれほど意外なことではない）、工場そして賃労働にさえ先だって出現していたのである。[*88] このことはおなじみの見方に対する真の挑戦である。わたしたちは工場や工房を「実体経済」として、それ以外はそのうえに築かれた上部構造として考えることを好んでいる。だが本当にそうなら、どうして上部構造の方が先にあらわれたのだろうか？　システムの夢がみずからの身体を生むなどといったことがありうるのだろうか？

これらすべてが、そもそも資本主義とはなにかという、いまだいかなる合意もない問いを提起している。もともとこの語を発明したのは社会主義者たちだった。彼らの理解によれば、資本主義とは資本を所有する者たちが所有しない者たちの労働を支配するシステムである。対照的に、その擁護者たちは資本主義を市場の自由と把握する傾向があった。潜在的な市場での売り買いの構想をもつ者たちに、その構想の実現のために必要な資源をかき集めることを可能にするのが市場の自由である。しかしながら、資本主義が継続的で終わりなき成長を必要とするシステムである、ということにはほとんどだれもが合意している。企業は存続するために成長しなくてはならない。国民国家についても同様である。資本主義の黎明期には、正当な商業上の利率として年率五パーセントが広く受け入れられていた。すなわち、それはふつうどの投資家も *interesse* の原理によって、じぶんの貨幣の増殖に期待できる額である。そして五パーセントは、現在あらゆる国の国内総生産（ＧＤＰ）が実際に成長すべきとされる年率でもある。かつて人びとに身の周りのすべてを潜在的な利潤の源泉としてみることを強制していた非人格的な仕組みだったものが、人間の共同体それ自体の健全性を判断する唯一の客観的な尺度と考えられるようになったのだ。

わたしたちの基盤となる日付である一七〇〇年を出発点としてみるならば、近代資本主義の黎明期にあらわれるのは信用と負債の巨大な金融装置である。その装置は遭遇するあらゆる人びとから——実践的効果として——労働力を汲みだし、有形財を際限なく拡大していったのである。たんにモラルの衝動によってだけでなく、モラルの衝動を利用することによって、純粋に肉体的な力を動員するのだ。おなじみではあるが、ヨーロッパに特有の戦争と商業のもつれあいが、しばしば驚嘆すべき新しい形態でいたるところに再登場した。オランダとイギリスにおける最初の株式市場は、軍事と貿易双方の投機的事業（ベンチャー）であった東インド会社、西インド会社の株式取引を基盤としている。このような民間の営利目的企業が一世紀にわたってインドを支配したのである。イングランドとフランスおよびそれ以外の国の国債（＝国家負債）は、運河を掘ったり橋を架けたりするためではなく、都市を砲撃するための火薬を入手し、囚人を収容し、新兵を訓練するために必要な野営地建設のために借用された金銭を基盤としていた。一八世紀におけるほとんどすべてのバブルには、ヨーロッパの戦争に融資するために植民地への投機の利益を使用しようとする空想的な諸計画がふくまれている。紙幣（paper money）は借金であり、借金（debt money）は戦争資金（war money）である。そしてこのことは依然として真実である。ヨーロッパの際限なき軍事紛争に融資した者たちは、人口全体から右肩上がりの生産性をひきだす［抽出する］べく、政府の警察と監獄をも雇用していたのだ。

周知のように、スペインとポルトガル帝国が創始した世界市場システムは、香辛料を求めて生まれたものである。まもなくするとそれは、武器、奴隷、薬物（ドラッグ）に分類できるであろう三つの広域貿易に落ち着いた。薬物の示す具体的内容は、主としてコーヒーと茶そしてそれに入れる砂糖やタバコといったソフト・ドラッグであるが、蒸留酒がはじめて出現したのも人類史におけるこの段階だった。そしてだれもが知る通り、ヨーロッパ人たちは、銀地金／銀輸出の必要性に終止符を打つべく積極的にアヘンを中国に売りつけることに良心の呵責をおぼえることはなかったのである。布地貿易は、その後、東インド会社が（より効率的な）インドの綿製品の輸出貿易を武力を使って強制的に閉鎖したあとで生じた。それについては、信用と人間の親交についてのチャールズ・ダヴナントの一六九六年の論文を収めた書物である『かの高名なるチャールズ・ダヴナントの政治・通商著作集――イングランドの貿易と収入、プランテーション貿易、東インド貿易、アフリカ貿易に関して』（*The political and commercial works of that celebrated writer Charles D'Avenant: relating to the trade and revenue of England, the Plantation trade, the East-India trade and Afrcican trade*）に目を通すだけでよい。同胞たる英国人たちの関係を統治するには「服従と愛と友情」が必要だろうが、植民地で必要なものはもっぱら服従のみであった。

すでに描写した通り、大西洋奴隷貿易は、ブリストルからカラバル、クロス川の上流まで拡がる負債＝義務の巨大な連鎖として想像することができる。その［末端である］クロス川の上流では、アロ族の交易人たちがみずからの秘密結社を後援しているのであった。そしてインド洋貿易でも、おなじような鎖がユトレヒト、ケープタウン、ジャカルタ、ゲルゲル王国をむすびつけていた。［末端である］ゲルゲル王国では、バリの王たちが闘鶏を開催し、じぶんの臣民たちを誘ってその自由を賭博で剥奪していた。いずれの場合も、結末はおなじであった。人間は、負債の完全なる外部に置かれるにいたるまで、それまで生きてきた文脈から完全に剥奪され、徹底的に非人間化されたのである。

ロンドンの株式仲買人とナイジェリアのアロ族の聖職者、インドネシア東部のアル諸島の真珠採り、ベンガルの茶園プランテーションの所有者、アマゾンのゴム樹液採取労働者をむすびつける負債の連鎖の商業上の結節点をなす、これらの連鎖の中間業者たちは、謹厳で、計算高く、想像力を欠いた人物であったという印象を受ける。ところが負債の連鎖の末端では、いずれにおいても、事業全体が幻想をあやつる能力に左右されており、現在の観察者さえ夢幻的狂気とみなすものへなだれ込んでしまう危険にさらされているようにみえていた。一方の端には周期的なバブルがある。それは、流言と奇想によって促進されていたが、もうひとつ、次のような事実によっても促進されていた。パリやロンドンのような都市在住の小金持ちのだれもが、ほかのだれもが流言と奇想にやられているというありさまを使って儲けることができるぞ、と突如として確信したという事実である。

チャールズ・マッケイは、その種の出来事の最初のものである一七一〇年の南海泡沫事件について、不朽の分析を残している。実際には（あまりに成長したため、ある時点で国債の大部分を買い占めるにいたった）南海会社自体が、出来事にとっては重し（アンカー）のようなものにすぎなかった。つまりそれは、現代の表現では「つぶすには大きすぎる（too big to fail）」ようにみえた。株式価格をたえず膨張させていく巨大企業であった。そしてそれはすぐに、数百もの新企業立ち上げのモデルとなったのである。

> そうこうしているうちに、無数の株式会社があちこちに出没するようになった。これらはまもなく「泡沫会社（バブル）」と呼ばれるようになるが、これぞまさに、人間の創意が生み出した最高のあだ名であろう。（…）一、二週間は営業をつづけていても、その後の消息はまったく不明という会社もあれば、そんな短期間でさえつづかない会社もあったが、昼夜を問わず、連日のように新しい計画が生まれていた。コーンヒル通りでこつこつ働く仲買人と同様、特権階級の人びともこの投機熱にうなされていた」*89。

右の著者は、任意の事例として、石けんや帆布の製造や馬にかける保険から「おがくずから板を作り出す」方法など、八六の計画をあげてみせる。それぞれ［の事業について］株式が発行された。そして発行されたそれぞれの証券が市場にあらわれては、ついで街中のタバーン［居酒屋、宿屋］やコーヒーハウス、横町、小間物屋にて、買い漁られ貪欲に取引された。いずれも、あっというまに最高値の競りになった。新たな買い手は、不可避である破綻のまえに、もっとだまされやすい愚か者に押しつける見込みに賭けたのだ。ときには、あとで特定の株式を競る権利でしかない札（カード）や切符（クーポン）さえ競られることがあった。大金を手にした人間も多かったが、それより多数が破産した。

笑止千万で話にもならない会社の株には応募が殺到。身元不明の山師が興したとされる「大きな利点があるが、それがなんなのかはだれにもわからない事業を運営する会社」ほど、それをよく表している会社はないだろう。確かな証拠が数多く残っていなければ、こんな計画にだまされている人がいたとはとても信じられない。一般大衆のだまされやすさに大胆にもうまく乗じたこの巧妙な男は、目論見書にはただこう記しただけであった。必要な資本金は五〇万ポンド、額面一〇〇ポンドの株式を五〇〇〇株発行、一株あたりの手付金を二ポンドとし、手付金を払った応募者には年間一株あたり一〇〇ポンドを受け取る権利を与えると。どうしてそれほどの利益が得られるのかという説明もなかったが、一ヵ月後にきちんと詳細を発表するから、その時点で残りの九八ポンドを払ってくれればいい、というのである。翌朝の九時、この狡猾漢はコーンヒル通りに事務所を開いた。大勢の応募者が殺到し、午後三時に事務所を閉めたときには、受け取った手付金だけで一〇〇〇株分にのぼることがわかった。つまり、男は六時間で二〇〇〇ポンドを手にしたわけである。一か八かの勝負で大満足したずる賢い男は、その日の晩には大陸へと旅立った。その後の消息はまったくつかめていない。[*90]

マッケイを信じるならば、そのとき、ロンドンの全住民が同時におなじ妄想を抱いたのである。無からカネを生みだすことができる、というのではない。無からカネを生みだすことができると信じるほど他人は愚かであると妄想したのである――そしてまさにそのおかげで実際に無からカネを生むことができるのだ、と。

負債の鎖の反対側に移動してみると、わたしたちは魅惑的なものから黙示録的なものまでさまざまな幻想を目の当たりにする。人類学的文献のなかでは、ありとあらゆるそのような幻想が網羅されている。地元の中国人の商店からツケ買いした贈り物で求愛されないかぎり海の財宝を引渡すことはないアル諸島の美しい真珠採りである「海の妻」[*91]。ベンガル人の地主が反抗的な負債懲役人を脅すために亡霊を購入する秘密の市場[†]。たがいに食人し合う人間社会という幻想であるティブ族の「人肉負債」。最後に、そうしたティブ族の悪夢がほとんど現実化したようなさまざまの事例。[92] なかでも最も有名で不穏なものは、一九〇九年から一九一一年のプトゥマヨ・スキャンダルである。ペルーの熱帯雨林で操業していたイギリスのゴム会社の下請け代理人たちが、まさに「闇の奥」を形成していたことを耳にするに及んで、ロンドンの読書層は大きな衝撃を受けた。何万ものウィトト・インディアン――代理人たちは「人食い人種」という名でしか呼んでいなかったと述べている――たちが、四〇〇年前の征服のなかでも最悪のものを想起させる強姦と拷問、バラバラ殺人といった阿鼻叫喚のうちに皆殺しにされたのである。[93]

それにつづいた議論において、最初にわき起こった衝動は、インディアンたちを負債の罠にはめ、完全に会社の売買網にからみとってしまったとされる機構（システム）にすべての非難をさしむけることだった。

すべての邪悪の根は――かつてイングランドで「現物支給制（truck system）」と呼ばれていたものの変種である――いわゆるパトロンあるいは「負債懲役」制度にある。それによって、被雇用者は、雇用者の店であらゆる必需品を購入することを強制され絶望的な負債を背負うが、彼は法規上、負債を払い終えるまでその職を離れることができないのである。（…）かくして負債懲役労働者は、例外なく、実質上の奴隷なのである。そして広大な大陸の遠隔地においては、政府が存在しないも同然なので、彼は完全に主人の意のままである。[94]

「人食い人種」たちは、死ぬまで鞭打たれ、十字に架けられ、縛りつけられたうえで射撃訓練の的にされ、十分な量のゴムをもってこなかったといって斧でバラバラに切り刻まれた。報告によると彼らは、究極の負債の罠にはまっていた。会社のもたらす商品に魅了されて、じぶんの生命そのものと物々交換する羽目になった、というので

---

† インドネシアのモルッカ諸島南部の島群で、ニューギニア島南西方に散在する約八〇の小島からなる。

ある。

のちの議会による調査によれば事実はまったく違っていた。ウィトト族は罠にはまり、負債懲役労働者にされたのではまったくなかったのだ。首まで借金に浸かっていたのは、征服者（コンキスタドール）とおなじく、その地域に送り込まれた代理人や監督者たちの方だった。この場合は、彼らを委任したペルーの会社への借金である。さらにこの会社自身が、そもそもロンドンの投資家たちから信用借りしていた。これらの代理人たちが、信用の網の目をインディアンにも拡げる意図をもっていたのはまちがいない。だが、交易のためにもち込んだ布や斧や硬貨などにウィトト族がなんの関心も示さないことがあきらかになる。ついにあきらめた彼らは、インディアンたちをかき集め、銃をつきつけて借金（ローン）を受け入れるよう強制し、押しつけたゴムの量を借財として記入した。[*95] ところが、多くのインディアンが次々と虐殺されていったのだ。そのような状況下で、最も理にかなったことをしようとしたためである。すなわち、逃亡だ。

そこで、インディアンたちは実質的に奴隷に貶められた。一九〇七年の時点では、だれもそれを公然と認められなかっただけである。正当な会社はなんらかのモラル上の基盤をもっていなければならないが、ところが会社の知る唯一のモラルとは負債だったのである。だから、ウィトト族がそのような前提を拒絶することがあきらかになるとすべてが混乱した。そして、カシミールとおなじく、最終的にはみずからの経済的基盤そのものを一掃するであろう脅威への義憤と恐怖のスパイラルに会社が捕らえられてしまったのである。

＊＊＊＊

これが資本主義の秘められたスキャンダルである。すなわち、資本主義はいかなる時点においても「自由な労働」をめぐって組織されていたことなどなかったのである。[*96] 南北アメリカ大陸の征服は大規模な奴隷化とともにはじまり、その後、徐々に負債懲役、アフリカ人による奴隷制、「年季奉公制」など、多様な形態に落ち着いていった。「年季奉公制」とは、前金を受け取ったあとで、返済のために五年、七年あるいは一〇年といった一定の期間拘束される労働者の契約労働を使用することである。いうまでもなく、年季奉公人の大部分は、すでに債務者であった人びとのなかから採用された。一六〇〇年代には、場合によっては、アフリカ人奴隷とほぼおなじ数の白人債務者が「アメリカ」南部のプランテーションで働いていたが、法的にみても彼らはほとんどおなじ状況にあった。なぜなら、当初プランテーション社会は、奴隷制が存在しない建前のヨーロッパの法的伝統のなかで操業していたからである。南北カロライナ州のアフリカ人さえも契約労働者として分類されていた。[*97] もちろんこれはのちに「人種」の観念が導入されるとともに変化した。そしてアフリカ人奴隷が解放されると、バルバドスからモーリシャスにいたるまでのプランテーションで、ふたたび契約労働者がとってかわった。今度は主として中国とインドで募集されたわけだが。中国人契約労働者たちが北アメリカの鉄道を建設し、インド人「苦力（クーリー）」たちが南アメリカの鉱山を採掘した。ロシアやポーランドの農民たちは、中世においては自由な土地所有者だったが、資本主義の黎明期にはじめて農奴にされてしまう。西洋の新興工業都市の食糧需要にあわせ、彼らの領主たちが新世界市場むけの穀物を販売しはじめたからである。[*98] アフリカと東南アジアの植民地体制は、征服した臣民から定期的に強制労働力を要求した。またはそのかわりに、負債を通じて住民を労働市場に送り込むよう設計された諸々の税制を創設した。インドにおけるイギリス領主制は、東インド会社にはじまり女王陛下の統治下でも継続したが、外国むけ製品生産のための主要手段として負債懲役を制度化した。

　これがスキャンダルであるのは、プトゥマヨにおいてのように、ときに制度が狂ってしまうからだけではなく、資本主義とはなにかについての、わたしたちの一番のお気に入りの想定——とりわけ資本主義はその本性において自由と関係があるという前提に大混乱を惹き起こすからである。資本家たちにとって、このことは市場の自由を意味している。ほとんどの労働者にとっては自由な労働となる。マルクス主義者たちは、賃労働者が究極的には自由であるのかどうか疑義にさらしたが（自己の身体以外に売るものをもたない人間とはどんな意味においても真に自由な行為主体ではありえないために）、それでも「自由な賃労働」が資本主義の基礎であると想定する傾向がある。わたしたちの資本主義の起源についての支配的なイメージは、あいかわらず産業革命下の工場で苦役するイングランドの労働者であって、このイメージからシリコンバレーまで一直線の発展としてたどることができると考えられている。ところがここからは、無数の奴隷、農奴、苦力、負債懲役労働者は蒸発してしまっているのである。さもなくば、彼らについて語らなくてはならないときは、一過性の例外として書き飛ばすかである。搾取工場のように、これは産業化の過程にある国民国家が通らなくてはならない一段階と想定されている。ちょうど、いまだに存在する無数の負債懲役労働者、契約労働者、搾取工場労働者たちは――しばしばおなじ場所で――じぶんの子どもたちが、ゆくゆくは健康保険と年金つきの正規の賃労働者になり、さらにその子どもたちは、ゆくゆくは医者や弁護士、起業家になることを想定して生きている、とみなされているように。

　ところが実際の賃労働の歴史に目をむけるならば、イングランドのような国においてさえこのような想定は溶解をはじめる。中世のヨーロッパ北部の大部分では、賃労働は主要にはライフ・サイクル上の一現象だった。だれもが、おおよそ一二歳か一四歳から二八歳、三〇歳までのあいだ、結婚してじぶんの世帯をもてるほど十分な資金を貯め込むまで、他人の世帯で奉公人として雇われることが当然とみなされていたのである。それはふつう年間契約であって、その期間中は、自室と食事、職業訓練を支給されたうえで、たいていなにがしかの賃金も支払われていた。[*99]「プロレタリア化」で意味されるようになった最初のことがらは、ヨーロッパ全土数百万の若い男女がある種の永続的思春期に固定されてしまったことである。見習工や雇われ職人が「主人」となることは決してできなかった。それゆえ大人になることもない。やがて、その多くがあきらめて、若くして結婚するようになった。モラリストたちにとっては大スキャンダルである。新しいプロレタリア連中は養うことすらできぬというのに家族なんぞをはじめておる、と彼らはくさしたのである。[*100]

今も昔も、賃労働と奴隷制のあいだには興味深い類似性がある。カリブ海諸島の砂糖プランテーションの奴隷たちが、初期の賃労働者の作業に動力をさずけた即効性のエネルギー製品［砂糖］を供給したからだけではない。産業革命期の工場で応用された科学的マネージメント技術の多くが、砂糖プランテーションに源泉をたどることができるからだけでもない。主人と奴隷の関係も雇用者と被雇用者の関係も、原理的に非人格的だからである。じぶんが売り飛ばされたにせよ賃貸しされているだけにせよ、金銭の持ち手が変わるとき、あなたがだれかは重要でない。あなたが命令を理解することができ、そこでいわれたことを実行できるということだけが重要なのだ。[*101]

おそらくこのことが、奴隷を買うときであっても労働者を雇うときであっても、原則的に信用ではなく現金を使用するべきである、と常に考えられていた理由のひとつである。問題は、先述のように、イギリス資本主義の歴史のほとんどを通じて、現金は端的に存在していなかったということである。王立造幣局が、小額面の銀貨と銅貨を生産しはじめたときでさえ、供給は散発的かつ不十分であった。そもそも「現物給与制（ruck system）」が発展したのはこのためである。すなわち、産業革命のあいだ、工場所有者は、店主とのあいだにインフォーマルな取り決めのある地元の商店でのみ通用するチケットや引換券で、労働者への支払いに代えることがしばしばであった。あるいは、他から孤立した地域では、工場所有者自身が商店も所有していることもあった。[*102] 地元の商店主との伝統的な信用関係が、商店主が雇用主の代理人になるや、まったく新しい様相を帯びはじめたことはまちがいない。労働者への支払いの一部を現物でおこなうという方法もあった。職場から、とりわけ、ゴミ、余りもの、副産物などから着服しても黙認されているとみなされていた物品にかんする語彙の豊かさに注意しよう。cabbage、chips、thrums、sweepings、buggings、gleanings、potchings、vails、poake、coltage、knockdowns、tinge。[*103] たとえば

「キャッベッジ（cabbage）」は、仕立てのさいに出るあまった布地のことである。「チップス（chips）」は、港湾労働者が職場からのもちだしを許されていた板きれのことである（長さ二フィート以下ならどんな材木の断片でも認められていた）。「スラムス（thrums）」は織機の巻糸軸架から取られた一部である、などなど。そしてもちろん、鱈や釘による支払いについてはすでにふれた。

雇用者たちは最後の手段をもっていた。金銭のできるのを待って、そのあいだなにも支払わないこと――つまりは、従業員が次のような手段でのみやりくりするのにまかせる、ということである。作業現場からくすねるもの、家族が職場の外で手に入れるもの、施しとして受けとったもの、友人や家族と一緒に貯めた貯蓄などなど、あるいはそれらがうまくいかなければ、高利貸や質屋――急速に勤労貧民の万年疫病神とみなされるようになっていた――からの借り受け。一九世紀には、火事でロンドンの質屋が延焼するたびに、労働者階級地区は不可避に勃発する家庭内暴力にそなえた。夫の日曜日の晴れ着をこっそり質入れしていたことを多くの妻が告白するはめになったからだ。[*104]

今日、わたしたちは、賃金支払いが一八カ月滞るような工場を、ソビエト連邦崩壊のあいだそうであったような、急激な景気悪化にみまわれた国民国家にむすびつけて考えることに慣れている。だが、投機バブルによって紙幣が流出してしまうことをなによりも恐れたイギリス政府の硬貨政策（hard-money policy）のおかげで、産業革命の初期には、このような状況は異常でもなんでもなかった。政府さえもしばしばじぶんの使用人たちに支払うための現金がなかったのであるから。一八世紀のロンドンでは、海軍省がデットフォード埠頭で働く労働者たちへの賃金支払いを一年以上滞らせることもひんぱんにみられる。[そんなことが可能だった]理由のひとつは、海軍省が、麻、帆布、綱ボルト、索具はいうまでもなく、板きれ（チップス）の横領を容認していたからである。ピーター・ラインボーの示した通り、事実上、わたしたちにも見慣れた形態を状況がとりはじめたのは、ようやく一八〇〇年前後のことである。政府が財政を安定させ、予定通りに現金賃金を支払いはじめ、いまや「職場横領」と定義し直された慣行を撤廃しようと試みたのは、その頃である。「職場横領」には鞭打ちと収監の刑を適用するなどして、港湾労働者の激しい抵抗に直面している。いくつかの造船所の改修の任を負った技術者だったサミュエル・ベンサムは、純然たる賃労働の体制を確立すべく、彼らを規律ある治安状態（police state）へと統合せねばならなかった。その目標のため、サミュエルはついに常時監視可能な巨大塔を中央に建設することをおもいついたのである。のちに弟ジェレミーの有名なパノプティコンに借用された着想がこれだ。[*105]

＊＊＊＊＊

スミスやベンサムのような人物は、理想主義者であり、あるいはユートピア主義者でさえあった。しかしながら、資本主義の歴史を理解するには、以下の点を認識することからはじめなければならない。わたしたちの頭のなかにある構図、すなわち、忠実に午前八時にタイムカードを押し、労使ともに好きなときに破棄できる契約にもとづいて、毎週金曜日に定期的に報酬を受け取る労働者という構図が、ユートピア的な構想として開始されたこと、イングランドや北米においてさえその実現は段階的なものでしかなかったこと、さらにそれがいかなる時点においても市場のための生産を組織する主要な方法だったことなどないこと、である。

スミスの仕事が重要なのは実はこのためである。スミスは、ほとんど完全に負債と信用から解放された、それゆえ自責と罪業から解放された、想像上の世界を構想した。それは、すべてが大いなる善に奉仕すべくあらかじめ神によって調整されているということを十分認識したうえで、男性女性がみずからの利益を自由に計算することのできる世界である。このような想像上の構築物は、いうまでもなく科学者が「モデル」と呼ぶものであり、それ自体は本質的にまちがっているわけではない。実際、それなしでわたしたちが思考することはできないといっても過言ではないだろう。しかし、こういったモデルのはらむ問題は――少なくとも「市場」のようなものをモデル化するさいに常に生じるようにみえるのだが――いったん考案されると、わたしたちはそれを客観的な現実とみなしてしまう、さらにはそのまえに跪いて神のように崇めはじめてしまう傾向があるということである。「市場の指令に服従しなくてはならない！」。

　じぶん自身の手による被造物にひれ伏し崇め奉る人間の傾向をよく理解していたカール・マルクスは、『資本論』で以下のことを提示しようと試みた。たとえ経済学者のユートピア的な構想から出発したとしても、ある少数の人間には生産資本の統制を許し、それ以外の者たちを頭脳と肉体以外に売るものをもたない状態に貶めるなら、その結果はさまざまな意味で奴隷制と見分けがつかなくなり、ついにはシステム全体が自己破壊にいたるであろうことである。しかし、だれもが忘れてしまったようにみえるのは、彼の分析の「かのように（as if）」的な性格である。[*106]マルクスは、彼の時代のロンドンには、工場労働者よりも、靴磨き、娼婦、執事、兵士、行商人、煙突掃除夫、花売り娘、路上音楽家、服役囚、子守り、辻馬車の御者などの方がはるかに多いことを十分に承知していた。この世界は現実にまさにこれそのものだと示唆したことは、マルクスは決してなかったのである。

　とはいえ、もし過去数百年の世界史が提示していることがあるとしたら、ユートピア的な構想にはなんらかの訴求力があるということである。それはアダム・スミスの構想についてもその反対者の構想についても等しくあてはまる。おおよそ一八二五年から一九七五年のあいだの期間は、権力の座にある多数の人びとが――権力とは無縁の多数の人びとの熱意ある支援とともに――この構想を現実のものにしようとした、短期ではあるが決然とした努力の時代であった。結局、硬貨と紙幣は十分な量が生産されることになり、ふつうの人びとさえ切符（チケット）、引換券（トークン）、信用（クレジット）に依存することなく日常生活を送ることのできるようになったのである。賃金は規則的に支払われるようになった。新種の店舗、アーケード、ギャラリーが出現し、そこではだれもが現金で、あるいはやがて、分割払いのような非人格的な信用の形式で支払いをおこなうようになった。その結果、負債とは罪と不名誉であるといった旧式の清教徒的観念が、じぶんを「まっとうな（リスペクタブル）」労働者階級とみなす多くの人びとにしっかり定着するようになり、質屋や高利貸から無縁であることを誇りとし、そのことによって、欠けた歯がないという事実とともに、じぶんたちを大酒飲みや香具師や溝堀人から切り離したのである。

この種の労働者階級の家庭で育てられた人間として語るならば（わたしの兄はクレジットカードを拒否して五三歳で死んだ）、目ざめているほとんどの時間を他人の命令にしたがって働くことについやす人びとにとって、無条件に自己のものである紙幣のつまった財布を「ふところから」とりだすことができるということがどれほど魅力的な自由のかたちか、証言することができる。経済学者の想定の非常に多数――本書を通じてそれらのほとんどについて俎上にあげてきた――が、歴史上重要な労働運動の指導者によって奉ぜられてきたことはおどろくべきことではない。それは、資本主義に代わりうる世界についてのわたしたちの構想まで、かたちづくるにいたったほどなのである。第七章で示したように、問題であるのは、それが人間の自由についての欠陥だらけで邪悪ですらある把握に根ざしているからだけではない。このことを強調するのが重要なのは、わたしが本書で提示したような批判的な視点に対する典型的なひとつの反応があるからである。政治的自由、科学技術の進歩、大衆的繁栄があるではないか、そしてそれらは、経済的なものあってのものではないか、というわけである。生産性、衛生、教育の進歩、科学的認識などの日常的必要への応用が、産業革命以降、二五〇年ほどにわたって、数十億の人びとの生を、とりわけ仕事場の外で、前代未聞のかたちで向上させたことはたしかである。だがそれと同時に、これらすべての向上を「資本主義」という単一の事象に帰することが可能だとは、わたしにはおもえない。あるいは、資本主義的経済関係と科学的知識の進歩、民主主義的政治を、それぞれが不在でも生じえた、それぞれ本質的に独立した現象であるとみなす方がより妥当なのではないか、とおもわれるのである。ともかく、この点で資本主義にも利点があることをたとえ認めたとしても、ひとつだけ確実なことがある。普遍的市場はもはや不可能であること、そして、資本家ではなくとも尊厳をもち規則正しく［報酬を］支払われる賃労働者――適切な歯の治療を受けられるような――に、だれもがなることのできるシステムはもはや不可能であることである。そのような世界は、これまで存在したことがないし、これからも決して存在することはない。さらにいえば、実現する見通しが立ったその瞬間に、システム全体ががらがらと崩壊をはじめるてしまうのだ。

第五部：黙示録

最後に出発点に戻ろう。コルテスとアステカの財宝である。読者は疑問におもうかもしれない。実のところどうなったのか？ コルテスはそれを本当にじぶんの部下たちからかすめたのか？

答えは、包囲攻撃が終了した時点でほとんどなにも残っていなかった、というものだろう。コルテスは攻撃がはじまるずっと以前に、そのほとんどを手中におさめていたようだ。その一部は、賭けで勝って確保したものだった。この物語もまたベルナル・ディアス・デル・カスティリョの著作にみられる。それは奇妙で謎めき、そしておもうに、深遠でもあるものだ。わたしたちの物語のいくつかの空白を、それによって埋めてみることにしよう。コルテスは船舶を燃やしたあと、現地の同盟者からなる軍勢をかき集めはじめたのだが、アステカ族は広く嫌われていたのでむずかしくはなかった。それからコルテスは、アステカの首都にむかって行軍を開始する。事態を注視していたアステカの皇帝モンテスーマは、少なくとも彼らがいったいどういう人間たちなのかを理解する必要があると考え、スペイン人の軍勢（数百名にすぎない）をまるごと、公賓としてテノチティトランに招待した。それが、最終的には宮殿を舞台にした陰謀事件を誘発し、そのあいだにコルテスとその部下たちは皇帝を短期間人質としたあと、強制的に追放したのである。

じぶんの宮殿で捕虜の身になっているあいだ、モンテスーマとコルテスは、かなりの時間をトトロック *totoloque* と呼ばれるアステカのゲームに興じてすごした。彼らは金を賭けたが、コルテスは当然いかさまを打った。あるとき、モンテスーマの部下たちは、それについて進言したものの、王は笑い飛ばし、冗談として片づけるだけだった。コルテスの補佐官ペドロ・デ・アルバラードがのちに、もっと大きないかさまをしかけ、相手の失点のたびに金を要求するが、じぶんが負けたときには無価値な小石で支払うようになっても、モンテスーマは気にかけなかった。モンテスーマは、なにゆえこのようにふるまったのか、それはいまだ歴史の謎である。ディアスは彼の貴族的な雅量として受けとめている。おそらくしみったれのスペイン人に、身のほどをわきまえさせる方法でさえあったのかもしれない。[*107]

それに対し、インガ・クレンディネンという歴史家が、べつの解釈を提唱している。アステカのゲームにはいっぷう変わった特徴があった、と彼女はいう。おもいがけない幸運によって一挙的な勝利を獲得する余地が常にあったというのである。たとえば、彼らの有名な球技についてならば、それはたしかにあてはまるようだ。競技場高く設置された小さな石の輪をみれば、いったいだれが点数を稼ぐことができるのか、観察者は疑問に感じずにはいられない。その答えは次のようなものだ。少なくても正攻法では成功する者などだれもいない。ところが、通常ゲームは、輪とはなんの関係もないのである。ゲームは競技のために着飾った対抗する二組のあいだで競われ、ボールが前後に強打される。

通常の得点方法は、ゆっくりと点数を稼ぐことである。しかしこのプロセスは、劇的に先取りされる可能性がある。輪のひとつを通してボールを送ると、ゲームの勝者がただちに決定されるのである。それはボールと輪の大きさからして、ゴルフのホールインワン以上の妙技となる。そして勝者は賭けられた品物すべてを所有することになり、見物人の外套を略奪する権利が与えられるのだ。*108

得点した者はだれであろうと、観客の衣服にいたるまですべてを獲得することになる。

コルテスとモンテスーマが興じていたようなボードゲームにも似たような規則があった。なんらかのおもいがけない幸運によって骰子のひとつがその縁で停止すれば、ゲームは終了し、勝者が総取りすることになっていたのである。モンテスーマが本当に待っていたのはこれに違いない、とクレンディネンは主張する。つまるところ、彼は、あきらかに途方もない出来事の渦中にあったのである。どこからともなく前代未聞の力をもった奇妙な被造物［生きもの］が出現した。伝染病と近隣諸国の破壊の噂は、おそらく彼に届いていただろう。神々からの大いなる啓示のときがあるのなら、これこそがそれだったのだ。

このようなモンテスーマの態度は、その文献から収集されたアステカ文化の精神に一致するようにみえる。そこからは、占星術によって定められた回避できるかもしれない——が、おそらくできないだろう——切迫した破局（カタストロフ）の感覚がにじみでている。アステカ族はじぶんたちが生態学的（エコロジカル）破局（カタストロフ）の瀬戸際上をスケート靴で滑走する文明であることに気づいていた、と主張する人たちもいる。結局、いま知られているアステカの文献は、ほとんどすべてがその完全な破壊を経験した男女から集められたものなのだから、黙示録的な色合いは事後的に与えられたものである、と主張する人たちもいる。とはいえ、アステカ族の慣行のなかには、たしかに自暴自棄を感じさせる性質があるようにはおもわれるのだ。すなわち、数万におよぶ戦争捕虜の供儀や、そしてとりわけ途切れることなく人間の心臓が糧とならねば太陽は世界を道づれに死んでしまうという確固たる信念である。それを違ったふうに説明することはむずかしい。

クレンディネンが正しければ、モンテスーマはコルテスと黄金を賭けていただけではない。金(きん)など取るに足らない。そこで賭けられていたのは全宇宙だったのだ。

モンテスーマはなによりもまず戦士であった。そしてすべての戦士は賭博師である。だがモンテスーマは、コルテスとは異なって、あらゆる面で名誉を重んじる男だった。これまでみてきたように戦士の名誉――それは他者の破壊と不名誉によってのみもたらされる偉大さである――の真髄は、じぶん自身をおなじ破壊と不名誉の危険にさらすゲームに身を投じる意志である。そして、コルテスとは異なって、それを優雅にかつ規則にしたがって競う意志である。*109 時が到来したならば、それは、すべてを賭ける意志を意味していたのだ。

モンテスーマはそれを遂行した。そしてついになにも起きなかった。骰子は縁で停止しなかった。コルテスはいかさまをつづけたが、いかなる啓示をも神々が送ることはなく、宇宙は徐々に破壊されていった。

ここからなにか学ぶものがあるとすれば――そして先述したようにわたしは「ある」とおもうが――博打と黙示録(アポカリプス)のあいだには、とても深く、とても根底的な関係があるということである。資本主義とは、賭博師を、前代未聞の方法で、その作用の本質をなす一部として、聖堂に祭りあげるシステムである。しかしそれと同時に資本主義は、みずからの永続性を思考することが独特の仕方で不可能なのだ。この二つの事実に関連性はありうるだろうか？

ここではもう少し厳密を期すべきだろう。資本主義が自己の永続性を想像することができない、というのはまったく正しいというわけではない。一方でその主唱者たちは、しばしば、資本主義を永続的なものとして提示しなくてはならないと感じていた。なぜなら、彼らの主張は、それを存続可能な唯一の経済システムであるとするものだからである。いまだに好んでいわれるように「過去五〇〇〇年にわたって存在してきたのだから、もう五〇〇〇年存在するだろう」というわけだ。ところがその一方で、かなりの数の人びとが実際にそれを信じはじめ、ことに信用制度をそれが永遠に存在しつづけるかのように扱いはじめると、なにもかもがめちゃくちゃになってしまう。最も節度に富み、注意深く、分別もあった資本主義体制——一七世紀のネーデルランド連邦共和国や一八世紀の英連邦（公債を最も注意深く管理していた国々でもある）——が、チューリップ狂時代や南海泡沫事件といった最も奇怪な投機熱の爆発に直面したことに、ここでは注意をうながしておこう。

こうしたことのほとんどが、国の財政赤字と信用貨幣の性質に関係しているようにみえる。財政赤字とは、その最初の出現以来政治家たちが不満を述べてきたように、将来の世代から借用された金銭である。とはいえ、奇妙なことに、その結果は常に諸刃の剣であった。一方において、赤字財政とは、軍事力をますます君主、将軍、政治家たちの手にゆだねる方法である。その一方でそれは、政府みずからが統治する者たちになにかを負っていることを示唆してもいるのである。わたしたちのカネが究極的には公債（パブリック・デット）の延長であるかぎり、新聞やコーヒーを一杯買うとき、さらに馬券を買うときでさえ、わたしたちは、約束として、将来のどこかの時点で政府がわたしたちに与えるだろうなにか——たとえそれが正確になんであるのかわからないにしても——のその表象を取り引きしているのだ。[*110]

フランス革命は政治にいくつかの徹底的に新しい思想を導入した、と、イマニュエル・ウォーラーステインは好んで指摘する。すなわち、革命の起こる五〇年前ならば教養あるヨーロッパ人の大半がその思想を常軌を逸していると決めつけただろう。ところが、革命の五〇年後には、だれもがそれを真実であるみなすか、あるいは少なくともそのふりをせねばすまない風圧を感じていた、というわけである。新しい思想のうち第一のものは、社会変化は不可避かつ望ましいというものである。すなわち、歴史が自然にとる方向は、漸進的に改善を重ねる文明にむかっているというものである。第二は、そのような変化を管理運営するにふさわしい主体は政府であるというものである。第三は、政府はみずからの正当性を「人民（the people）」と呼ばれる実体から獲得するというものである。[*111]

国債（ナショナル・デット）という発想――政府が人民にむける継続的な将来の進歩（少なくとも年率五パーセントの進歩）の約束――そのものが、こうした新たな革命的展望を触発したかもしれないという想定はそれほど無理がない。しかし他方で、ミラボー、ヴォルテール、ディドロ、シエイエスのような人たち――いま「文明」と呼ばれるものについての思想を提唱した最初のフィロゾーフたち――が、革命直前の数年間に実際になにを議論していたかというと、それはむしろ黙示録的破局の危険性について、すなわち債務不履行（デフォルト）と経済崩壊によって文明が破壊される見通しについてだった。

　問題の一端はあきらかである。第一に、国債は戦争の申し子である。第二に、それは、万人が平等に負っているものではなく、なによりも資本家が負っているものである。そして当時のフランスで、「資本家」とは、具体的には「国債を保有している人びと」のことだったのである。より民主主義的傾向の強い人びとには、状況全体が腹立たしいものに感じられていた。その頃、トマス・ジェファソンは、次のように書いている。「負債の永続化についての現代（モダン）の理論は、大地を血で浸し、大地の住人をますます積み上がっていく重荷で押しつぶしている」[*112]。ほとんどの啓蒙主義思想家は、状況はもっと悪化するのでないかとおそれていた。非人格的な負債についての新しい「近代的」観念には、つまるところ破産の可能性が内在していた[*113]。そして、破産とは、当時、人格上の黙示録にほかならなかった。それの意味するところは監獄送りと自己資産の消滅である。最も運が悪い者たちにとっては、拷問と飢えと死が待っていた。歴史上のその時点で、国民国家の破産が意味するものを知る者はいなかった。たんに前例がなかったのだ。しかし国民国家がかつてより大規模で、かつてより血塗られた戦争を重ねるにつれ、負債が幾何学的に増加していくと、債務不履行（デフォルト）は不可避とみなされるようになった[*114]。たとえばアベ・シエイエスが最初にその偉大な代表制政体の構想を提唱したさい、なによりも問題としていたのは、国家財政を再建し、不可避の破局を回避する方法であった。実際に破局が起こるとして、それはどんなものになるのか。貨幣は無価値になるのだろうか？　軍事体制が権力を掌握し、ヨーロッパ中の体制がおなじように債務不履行（デフォルト）を強制され、将棋倒しに果てしのない野蛮と暗黒と戦争へと大陸全体を沈めていくのか？　多くの人びとは、革命自体のはるか以前に〈恐怖政治（テロル）（Terror）〉の見通しを立てていたのである。[115]

これは奇妙な話である。というのも、啓蒙とは、科学と人間の知識の進歩が、万人に対して、その生活を、より賢明で、より安全で、より良きものに、不可避にみちびいていく、その発想とむすびついた、ヒューマンな楽天主義に彩られた時代の幕明けとみなすことに、わたしたちはなじんでいるからである。この無邪気な信念は、一八九〇年代のフェビアン社会主義においてピークに達し、第一次世界大戦の塹壕で消滅したといわれている。ところが実際は、ヴィクトリア朝の人びとでさえ堕落［変質（degeneration）］と衰退の危険にとり憑かれていた。なによりもヴィクトリア朝の人びとは、資本主義そのものが永続することはないだろうというほぼ普遍的な想定を共有していた。蜂起がさしせまっているようにみなされていた。ヴィクトリア朝の資本家の多くが、いまにじぶんは木から吊るされるかもしれないと愚直にも信じながら操業していたのだ。たとえばシカゴで一八七〇年代に建てられた邸宅が数多く残っている美しい旧道に、友人が車でつれていってくれたことがある。友人の説明にしたがえば、当時のシカゴの富裕な産業資本家たちが革命は間近であると確信していたため、最寄りの軍事基地につづく道路に沿って同時に移転した、その結果であるらしい。マルクス、ヴェーバー、シュンペーター、フォン・ミーゼスといった資本主義についての偉大な理論家たちは、政治的立場（スペクトル）のどこに位置するにせよ、資本主義があと一世代あるいは最大限でも二世代を超えてつづくとはだれひとりとして感じていなかった。

さらに先に進むこともできる。第二次世界大戦の終わりまでに、切迫する社会革命への恐怖がもはや現実的でなくなると、核兵器による大量殺戮の亡霊がただちに出現した。[116] そして、それがもはや現実的でなくなると地球温暖化が発見された。こういった脅威が現実のものではなかった、あるいは現実ではない、といいたいわけではない。

だが資本主義は不断にじぶん自身の即座の消滅の手段を想像するかあるいは実際に生みだす必要を感じている——その事実が大変奇妙なのだ。それは、キューバからアルバニアにいたるまでの、社会主義体制の指導者たちのふるまいと顕著な対比をなしている。権力の座につくやいなや、彼らは、そのシステムが永遠につづくかのようにふるまいはじめたのだから。彼らが歴史上の瞬時的変化（ブリップ）にすぎなかったことを考えると、それは皮肉である。

おそらく、一七一〇年に真実だったことがいまでも真実であることが、その理由であろう。すなわち、じぶん自身の永続性の見通しを示されるや、資本主義——あるいは金融資本主義——は、端的に爆発するのである。というのも、資本主義に終わり［目的］がないとすれば、信用——つまり未来の貨幣——が永続的に生成されつづけない理由はまったく存在しないからである［バブルの高次化に歯止めがないということ］。最近の出来事がこのことを証立てているのは確実である。二〇〇八年にいたるまでの期間は、多数の人びとが資本主義は本当に永続するのではないかと考えはじめた時期であった。少なくとも、その代案（オルタナティヴ）を想像することは、もはやだれにもできないようにおもわれた。その直接的帰結が、ますますむこうみずになるばかりのバブルの連鎖だったのであり、それが装置全体を崩壊にみちびいたわけである。

第一二章　いまだ定まらぬなにごとかのはじまり（一九七一年から今日まで）

この乞食どもを見てみろ。やつらいったいどれほど借金があるんだろう。

——映画『レポマン』（一九八四年）

なにかに値するという観念、対価をえるという観念を捨てなさい。そうすれば思考というものを開始できるでしょう。

——アーシュラ・K・ル・グィン『所有せざる人々』（佐藤高子訳、ハヤカワ文庫、五一九頁）

一九七一年八月一五日、合衆国大統領リチャード・ニクソンは、今後、海外保有のドルを金に兌換することはできないと宣言した。かくして国際金本位制の最後の残滓が一掃された。[*1] これは一九三一年以降、施行され、第二次大戦後、ブレトン・ウッズ合意によって承認されていた政策の終焉であった。合衆国市民は以後、ドルを金に交換することはできなくなったが、国外に貯蓄された合衆国通貨は、一オンス三五ドルあたりで買い戻すことができるようになる。こうすることでニクソンは、今日までつづく変動通貨の体制を開始させたのだ。

ニクソンには選択の余地がなかったというのが、歴史家たちのあいだの共通認識である。ベトナム戦争――すべての資本主義的戦争とおなじく赤字財政下で融資されていた――への出費の上昇によって、余儀なくされたのだと。合衆国は、フォートノックスの地下貯蔵室に、（シャルル・ドゴールのフランスをはじめとする海外の諸政府が、ドルに対して金を要求しはじめた一九六〇年代後半以降はだんだん減っていったが）世界の金の大部分を所有していた。対照的に、ほとんどのもっと貧しい諸国はドル建てで貯蓄していた。ニクソンによるドル変動化による直接的効果は、金価格の高騰であって、一九八〇年の頂点においては、一オンス六〇〇ドルを記録している。むろん、これによって合衆国の金準備の価値も大々的に上昇したが、その一方で金によって表示されたドルの価値は急落した。その結果、なにが起きたかというと、貯蔵金を保有していない貧乏国から、金を保有している合衆国やイギリスなどの豊かな国への、巨大な富の純移転である。合衆国では、それはまた長期のインフレを引き起こした。

ニクソンの動機がなんであれ、いったんグローバルな信用貨幣システムが、金との連動から完全に切り離されるや、世界は、金融史の新しい段階に、完全に理解している人間のいない、新しい段階に足をふみ入れた。ニューヨークでまだ子どもの頃、マンハッタンのツインタワーの地下にある秘密の金貯蔵庫の噂を、ときおり耳にすることがあった。これらの貯蔵庫には、合衆国のみならずすべての主要経済大国の貯蔵金が埋蔵されていると噂されていたのである。金は延べ棒のかたちで、国別の貯蔵庫のなかに積まれている。そして毎年の残高勘定が計算されるとき、管理人たちが荷車で、たとえば数百万の金を「ブラジル」の貯蔵庫から「ドイツ」の貯蔵庫に投げ入れるといったかたちで残高を調整している、などなど。

こうした逸話を耳にしたことのある人間が相当数いたのはあきらかである。少なくとも、二〇〇一年九月一一日におけるタワーの破壊直後、多くのニューヨーク住民が発した最初の問いが、「あの金はどうなったのか？」「無事なのだろうか？」「貯蔵室も崩れてしまったか？」であった。おそらく金塊は溶けてしまったにちがいないが、まさにそれこそが、攻撃の本当の目的だったのではないか？　無数の陰謀論がかけめぐった。緊急隊員の一団が秘密裏に召集され、高熱のトンネル内に通路を確保し、膨大な量の金塊を運びだそうと業務の範囲を超えて苦闘しているというような話もあった。とりわけ派手な陰謀論になると、この攻撃は、実は、ニクソンとおなじく、ドルの暴落と金の高騰を期した投資家たちによって仕掛けられたものであるらしかった。なぜそんなことをするかというと、すでに貯蔵室が破壊されていたからか、あるいは彼ら自身がそれらを盗みだす計画を立てていたためだった、というのである。[*2]

この逸話のきわめて興味深いところは、次のようなところである。わたし自身、長いこと合衆国による大量の金保管の逸話を信じてきたのだが、九・一一以降、それが神話にすぎないということを、わけ知りの友人たちによって説得された（そのうちの一人などは、「いや！　合衆国はフォートノックスに金を貯蔵しているんだ」と子どもを諭すようにきっぱりといった）。ところが、じぶんで少し調査してみたら、なんとそれは本当だ、ということを発見したのである。合衆国財務省の金準備はたしかにフォートノックスに保管されている。ただし［正確には］、連邦準備制度理事会や、それ以外の中央銀行や政府や組織の金準備は、タワーから二ブロックはなれた、マンハッタンは三三リバティ・ストリートの連邦準備制度理事会の金庫に保管されている。すべてあわせて、おおよそ五〇〇〇トン（二六六億トロイオンス）もあるこの金準備は、連邦準備制度自身のウェブサイトによると、地球からこれまで採掘されたすべての金の五分一から四分の一にあたる。子どもたちは、これを見学することもできるのである。

「ニューヨーク連邦準備銀行に保管された金は」――と宣伝パンフはいう――「とびきり特別製の貯蔵庫に保護されています。そして、それは、マンハッタン島の基岩にしっかりと足場をおいているのです（…）金庫やその扉、そして貯蔵された金の重みを支えることができると考えられた数少ない土台のひとつがそれなのです。それは街路の80フィート下、海水面の五〇フィート下に位置しています――金庫までいくためには、金塊パレットをつんだ［荷運び台］は、エレベーターで、街路の高さから五階下の貯蔵庫の扉まで降ろされねばなりません――ここまで、すべてがうまくいけば、金は、預金国や公的国際組織に割当られた一二二の仕切りに収められるか、あるいは棚に保管されます。「金積上げ人」たちは、水力リフトを使って仕切りのあいだを往復しながら、貸し借りの帳尻をあわせます。金庫には番号がふられているだけで、そこで働いている人たちでも、だれがだれに支払っているのかわからないようになっています[*3]」。

しかしながら、これらの金庫が二〇〇一年九月一一日の出来事に影響をこうむったと考える根拠はない。

それからは、現実そのものがあまりにも異様なものになってきたため、神話のどの部分が空想で、どれが真実なのか、推測するのはむずかしい。崩壊した金庫、溶解してしまった金塊、マンハッタンの地下深く、世界経済を救うべく地下用フォークリフトでもって駆けまわる秘密作業員――こうしたイメージのどれもが現実ではなかった。だが、人びとがそうしたことを考えたということ自体は、それほど意外なことだったろうか？*4

　この章で試みるのは、第一に、現在のシステムがどのように機能しているのかを詳細に分析することよりも、次の点について認識しようというものである。これまで分析してきた長期のパターンは現在どのように作動しているのだろうか、そのパターンはわたしたちの将来について少なくともヒントを与えてくれるだろうか。というのも、現代はまちがいなく過渡的な時代だからである。少なくとも、「いま起きているもろもろ」すべてこれらのことについて、べつの世代にとってどのような意味をもつことになるのか、言い当てることはだれにもできないだろう。その一方で、人類学者としては、このような混乱したシンボルのはたらきはそれ自体において重要であること、さらにそれが表象していると主張する権力の諸形態を維持するうえで主要な役割を担ってすらいること、そう考えざるをえない。これらのシステムが機能するのは、実際のところ、それがどのように作動しているのかだれも知らないがゆえにのことなのだ。

　アメリカにおいて、トマス・ジェファソンの時代以降の銀行制度は、とてつもない能力を発揮して妄執的な空想を触発してきた。すなわち、フリーメーソン、シオンの賢者、イルミナティ、または英国女王の麻薬資金稼ぎ、あるいは無数の陰謀や徒党――とにかく、あれやこれやとでっちあげられてきたのである。アメリカにおいて中央銀行の設立が大幅に遅れた主要な理由は、それ［中央銀行がある主体の陰謀の場になるという妄想］である。ある意味で、このことにはなにも意外な点はない。合衆国は、常にある種の「市場ポピュリズム」に支配されてきたのであり、銀行のもつ「無からカネをつくる」能力――そしてそれ以上に、だれかが「無からカネをつくる」ことを妨害する銀行の能力――は、常に市場ポピュリストたちの心配の種（ブーガブー）であった。というのも、市場とは民主主義的平等の単純な表現であるという思想に、それは直接に矛盾するものだったからである。とはいえ、ニクソンのドル変動化以降、それらの行動全体の活力を維持させているのは、煙幕の背後の魔法使いだけであることがあきらかになってきた。つづく正統派自由市場論のもとで、わたしたちはだれもが、市場とは価格の上下を司る自己調整機構であって、自然の力と同類のものであることを受け入れるよう要請されてきたのだが、それと同時に、「新聞雑誌の」ビジネス欄では、市場の上下はアラン・グリーンスパンやベン・バーナンキなど連邦準備局の議長をつとめる者の決定への予想や反応による、と想定されている事実を無視するようにも求められてきたのだ。[*5]

＊＊＊＊

しかしながら、銀行システムについての公式見解においてはともかく、最も生々しい陰謀論からさえも露骨なまでに消えてしまうひとつの要素がある。すなわち戦争と軍事力の役割である。魔法使いが無から貨幣を創造する奇妙な能力を保持していることには理由がある。その背後には、銃をもった男が控えているのだ。

なるほど、ある意味では銃をもった男はことのはじめからそこにいた。すでに指摘したように、近代の貨幣は政府債務［国債］に基盤をおいているし、政府が債務を負うのは戦費調達のためである。フィリップ二世の時代もいまも、この点においては変わるところがない。中央銀行の創設が表現していたのは、戦士の利害と金融業者の利害との結合の恒常的な制度化であり、ルネッサンスのイタリアに端緒をおいている。それがやがて金融資本主義の基礎になったのである。[*6]

ニクソンがドルを変動化させたのも戦費捻出のためであった。一九七〇年から七二年のあいだだけでも、ニクソンは、四〇〇〇万トンを超える爆弾と焼夷弾をインドシナ全域の都市や村に落とすことを命じている。ある上院議員の命名によれば、ニクソンは「人類史上最大の爆弾投与者（ボマー）」である。[*7] 債務危機は、爆弾を購入するため、あるいはより正確には、爆弾を運搬するために必要な大規模な軍事的インフラへの支出によって直接的にもたらされたものである。これこそが合衆国の金準備にとてつもない負担をかけたのである。ドルを変動化することによってニクソンは、合衆国通貨を純粋な「法定不換紙幣（ファイアット・マネー）」――合衆国政府がそう主張することによってのみ貨幣として扱われる内在的価値のないただの紙片――へと転換させた。そう多くのひとが考えている。だとすると、いまや合衆国の軍事力のみがその通貨を支えているのだと主張することもまたできよう。ある意味でこの主張は正しい。しかし「法定不換紙幣（ファイアット・マネー）」という観念は、貨幣はもともと金（きん）で「あった」ということを前提としている。ところが、本当のところ、わたしたちが眼にしているのは、信用貨幣の新手の変異体（バリエーション）なのである。

一般的に信じられていることとは逆に、「好きなときにお札を刷る」ことを合衆国政府はできない。なぜならアメリカの貨幣は、連邦政府によってではなく、連邦準備制度の保護のもとで、民間銀行によって発行されるからである。連邦準備機関は――その名称にもかかわらず――特殊な形態の官民混成体であり、いくつもの民間銀行の共同事業体（consortium）なのだ。運営委員会こそ議会の承認にもとづいて大統領に任命されるものの、それ以外は自律的に操業されているのである。アメリカで出回っているすべてのドル紙幣は「連邦準備銀行券」である。つまり連邦準備制度（Fed）がそれを約束手形として発行し、それぞれの紙幣に4セントずつ支払って合衆国造幣局に印刷を委託する、というものである。[*8] このような仕組みは、もともとイングランド銀行によって開発された図式の一変異体である。つまり、連邦準備制度が財務省長期証券［財務省発行の長期債券］を購入することによって合衆国政府に金銭を「貸付け」、それから政府が負っている［政府の借金である］額面を他の諸銀行に貸付けることによって、合衆国の負債を貨幣化するのである。[*9] 違いがあるとすれば、イングランド銀行がそもそも王に金（きん）を貸出していたのに対して、連邦準備制度はたんに「そこにあるよ」というだけで通貨を出現させるところにある。つまり、通貨を印刷する権利は連邦準備制度にある。[*10] 連邦準備制度から貸出を受ける諸銀行は、もはやみずから通貨を印刷することを許されていない。だが、連邦準備制度によって設定された部分準備率で建前上の融資をおこなうことに

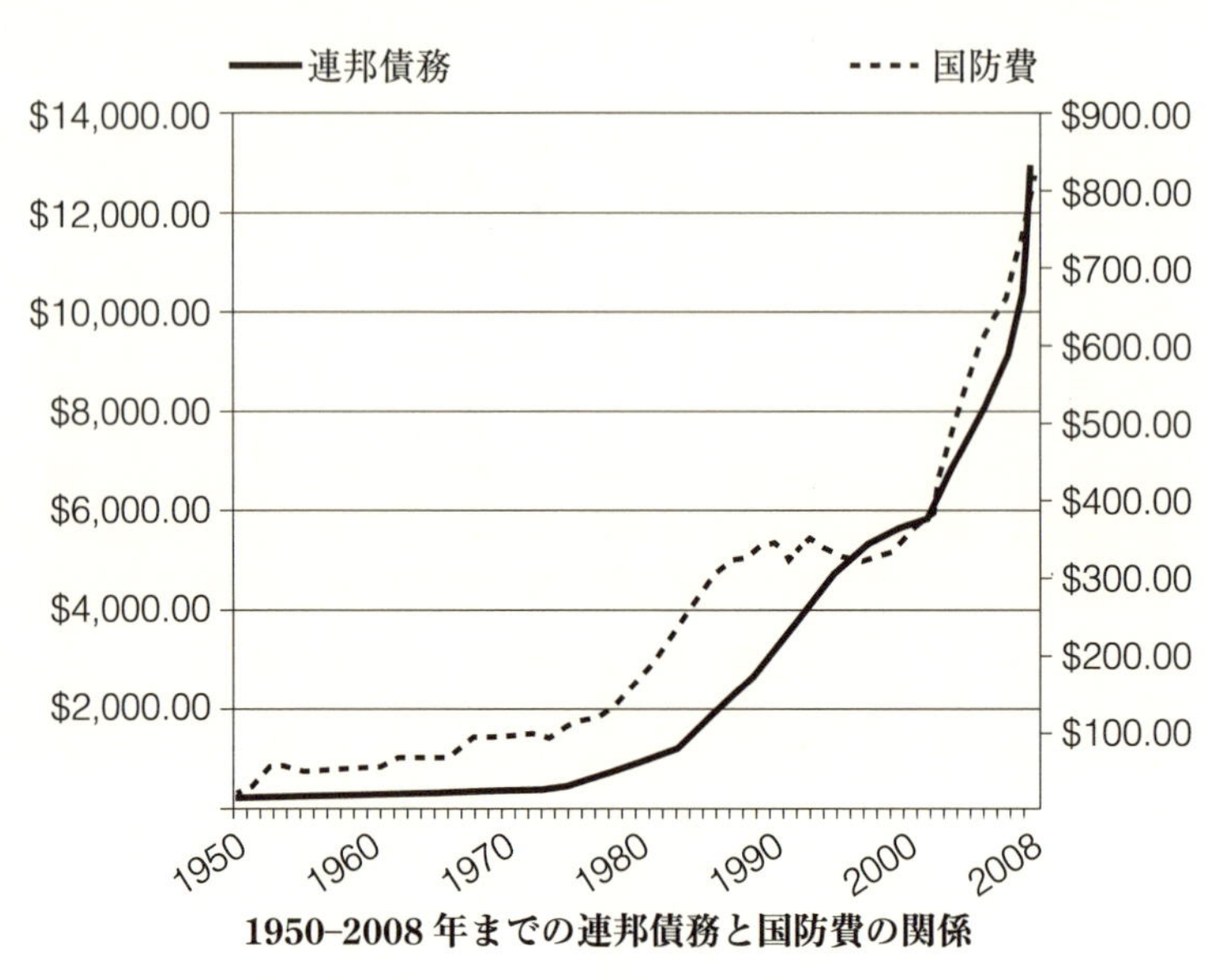

1950–2008 年までの連邦債務と国防費の関係

よって、仮想通貨を創造することは認められている。実際にはこれらの制約ですら、ほとんど理論上のものと化しつつあるが。[*11]

以上の記述は、いくぶんかは単純化をほどこしている。通貨政策はかぎりなく秘密めいていて、しかも場合によっては意図的にそうなっているようだ（かつてヘンリー・フォードは、銀行制度が本当はどのように動いているか、ふつうのアメリカ人が理解するなら明日にも革命が起こるだろうといった）。ごまかしに終わりはない。たとえば、連邦準備制度は、技術的には、財務省長期証券を買い上げることによって政府に金銭を直接に貸し出すことはできない。だが、だれもが知っているように、間接的にその貸出をおこなうことが第一の存在理由なのである。そして、政府が財務省長期証券を発行するかぎりにおいて、それはある意味で実際に紙幣を印刷することに等しい。すなわち、負債のトークンを流通させること、このことが――ニクソンによるドルの変動化のあきらかに逆説的な効果として――いまや世界の準備通貨としての金にとってかわりつつあるのだ。いいかえると、世界における最終的な価値保蔵機能として、合衆国にとてつもない経済的優位を保証するようになったのである。[*12]

その一方、合衆国の負債が、一七九〇年より一貫して戦債であることに変化はない。合衆国は、地球上のじぶん以外の国家をすべて合わせた以上の高額の軍事費を出費しつづけている。そして軍事支出は政府の産業政策の基本であるだけではない。軍事支出は予算全体のなかであまりに莫大な割合を占めているので、多くの見積もりによると、それがなければ合衆国は財政赤字からまったく自由になるだろう。

合衆国の軍隊は、それ以外のどの軍隊とも異なり、グローバルな権力掌握を指針としつづけている。海外に設置されたおおよそ八〇〇の軍事基地を通し、地球上のどこへでも強靭な力で介入する力を保持するべしなる指針である。だが、ある意味で、地上軍は二次的なものだ。少なくとも第二次大戦以降、合衆国軍の指針の鍵は常に空軍力への依存にあった。合衆国は、みずからが制空権をもたない戦闘をたたかったことはない。そしてじぶん以外のどの軍隊よりも、組織的に空爆に依存してきた。たとえば、最近のイラク占領においては、あきらかにみずからが占領している諸都市の居住区さえも爆撃している。世界における合衆国の軍事的支配の本質は、究極的にはお望みしだいで、それが望むならば、二、三時間のあいだに、地球上のどの地域をも絶対的に爆撃することができることにある。[*13]どの政府も、これに匹敵する能力を有したことはない。実際、まさに果てしない／宇宙規模の力こそが、ドルのまわりに組織された世界の貨幣制度を統合しているといってもいいすぎではない。

またもや、ここにみられるのは象徴的権力である。事実上、それは、象徴にとどまるかぎりで大部分機能する権力の形態なのである。冷戦時代、合衆国とソヴィエト連邦が超大国とみなされていたのは、ボタンひと押しでもって全人類を消滅させる手段を、核兵器によって両国の指導者たちが保持していたからである。この権力が政治的影響力に転化しうるのは、それが実際に行使されないかぎりにおいてであったのはあきらかである。より微妙なかたちでだが、このことはまた、合衆国の壮大な自負についてあてはまる。それが効力をもつのは、直接的な脅しによってでなく、暴力を行使する方途についての桁外れに優位な知識によって規定される政治的環境を創出することによってである。そして、暴力の行使が、ごくつつましやかで大部分が象徴的なかたちをとることをやめ、それ以上の強度に上昇するや、この絶対的権力の感覚は崩壊する傾向があるのだ。

それでは、経済的には、それはどのように機能しているのか？

合衆国の貿易赤字のために莫大な量のドルが国外で出回っている。そしてニクソンによるドルの変動化のひとつの効果は、海外の中央銀行には、合衆国財務省長期証券を買い上げる以外にそれらのドルの使い途はないということである。[*14] ドルが世界の「準備通貨になっている」ということの意味はまさにこれだ。これらの長期債権は、あらゆる長期債権とおなじように、いずれ満期になり払い戻しされるであろう貸付である。だがこの現象に、一九七〇年代の初期に観察をはじめた最初の人物である経済学者マイケル・ハドソンが述べているように、決してそうはならないのである。

これらの財務省借用証書が世界のマネタリー・ベースに組み入れられるかぎり、それらは返済の必要はなく、かぎりなくいつまでも回転しつづけることになる。この特性こそが、アメリカの金融的フリーライド、つまり世界全体の経費に課される税金の本質なのである。[*15]

ハドソンによると、そのうえ、時間の経過とともに、低金利の支払いとインフレの相乗効果としてこれらの長期債権は実際にはその価値を低下させる。税効果に追加して、あるいは第一章でのより好ましい表現をすれば「貢納」に追加して、である。経済学者たちはこれを「通貨発行益（シニョリッジ）」と呼びたがる。だが、その効果として、アメリカの帝国的権力は、決して払い戻されることのない――できない――負債に依拠することになる。その国債は、自国の人びとに対してのみならず全世界の諸国民に対する［返済の］約束となったが、それが守られることはないであろうことを知らぬ者などいないのである。

それと同時に、合衆国の政策は、合衆国の財務省長期証券を準備通貨として依存している諸国に、じぶんたちのおこないとは真逆にふるまうこと、つまり、堅実な通貨政策を遵守し債務を良心的に返済するよう求めるものである。

すでに述べたように、ニクソンの時代から、合衆国財務省長期証券の海外における最も堅実な買い手は、実質的に合衆国に軍事的に占領されている国々の銀行であるという傾向がみられる。ヨーロッパにおいて、この意味でニクソンの最も熱心な味方は、当時三〇万もの合衆国兵士を駐留させていた西ドイツであった。より近年においては、焦点はアジアに移動し、日本や台湾や韓国など、やはり合衆国軍隊の保護国の中央銀行となった。それに加え、やはり一九七一年以降、ドルの国際的地位は、石油の売買に使用可能な唯一の通貨であるという事実によってかなりの部分が維持されてきた。どの通貨でも通商可能にしようというOPEC諸国の主張を、OPEC加盟国であるサウジアラビアとクウェート――やはり合衆国の保護国である――が頑強に食い止めてきたことによって、である。[*16] サダム・フセインが二〇〇〇年に（そしてつづく二〇〇一年にはイランが）、単独でドルからユーロに転換するという勇敢な動きをみせたが、これはただちにアメリカによる爆撃と軍事侵略によって迎えられた。[*17] ドルを捨てるというフセインの決定が、どの程度、彼を追放しようという合衆国の決定に影響を与えたのか？ はっきりいうことは不可能である。フセインによる「敵の通貨」――彼自身の表現では――の使用停止の決定は、いずれにせよ戦争に帰結したであろう一連の敵対行為のうちのひとつだった。ここで重要なことは、それが重要な要因のうちのひとつであるという噂が拡がっていたことであり、だから［フセインと］おなじような決断をなしうる立場にある政策決定者であれば、だれもその可能性を完全に否定はできないということである。それらの受益者たちは認めたがらないだろうが、あらゆる帝国の組み立て（アレンジメント）は、つまるところ、テロル［恐喝］に基礎づけられているのだ。*18

＊＊＊＊

このように、自由に変動するドルの登場から直接にもたらされた諸々の帰結は、資本主義自体がそもそも基礎をおいていた戦士と投資家の同盟との決別ではなく、むしろその究極の神格化とでもいうべき事態を示している。またその仮想貨幣への回帰が、名誉と信頼の諸関係への大いなる回帰にみちびかれることもなかった。現実はその真逆である。だが、わたしたちがいま問題にしているのは、これから何世紀もつづくであろう歴史的時代の端緒である数年なのだ。一九七一年の時点では、これらの変化のほとんどはまだはじまってすらいなかった。最初の多目的クレジットカードであるアメリカンエクスプレスは、ほんの一三年前に発明されたばかりだったし、一九六八年のVISAとMasterCardの登場とともに近代的な国民用クレジットカード制度そのものが登場したばかりだった。デビットカードは遅れて、一九七〇年代にあらわれた。昨今の大規模なキャッシュレス経済は一九九〇年代になってようやく出現したものである。これらの新しい信用システムはすべて、人びとのあいだの信頼関係によってではなく、利潤追求を旨とする株式会社によって仲介されている。そして合衆国のクレジットカード産業の最初期かつ最大の政治的勝利は、利子を課しうる可能性を秘めた対象に対するすべての法的規制の撤廃であった。

歴史を参照することに意味があるとすれば、仮想通貨の時代とは、戦争、帝国の構築、奴隷制、負債懲役制度からの離脱でなければならず、かつ地球的規模にわたる債務者保護の制度の構築にむかわねばならないはずである。ところが、わたしたちはこれまで、それとは反対の事態を経験してきた。新しい世界通貨は古い世界通貨以上に、軍事力にしっかりと根づいている。負債懲役制度は、依然、労働をグローバルに徴用する主要原理である。東アジアやラテンアメリカでは、まさに字義通りにそうだ。賃労働者やサラリーマンであるような人びとのほとんどにとっても、主観的な意味ではそうである。というのも、彼らは、じぶんたちがあくせく働かねばならないのは、なによりまず利子付きローンの支払のためと感じているからである。新しい輸送と通信のためのテクノロジーが、それを促進した。つまり家事使用人や工場労働者たちに数千ドルもの交通費を支払わせ、法的保護のない遠い国で借金を返済させるべく働かせることができるようになったのである。[*19] 古代中近東の神聖王か、はたまた中世の宗教的諸権威にも匹敵するともみなしうる、広大無辺にいきわたる諸々の制度が創出されたのも、債務者を保護するためではなく、債権者の権利を強化するためである。国際通貨基金（ＩＭＦ）は、この点で、最も眼を惹く事例であるにすぎない。擡頭しつつある強大な官僚制度の頂点に立っているのがまさにＩＭＦである――人類史上初の純粋にグローバルな管理機構であり、国連、世界銀行、世界貿易機構のみならず、それらと提携する、経済同盟、貿易組織、非政府組織などの無数の主体から形成されている――その大部分が合衆国の庇護下で創設されたものである。それらすべては（合衆国財務省あるいは――おそらく――アメリカン保険グループ[†]でもないかぎり）「借金は返済しなければならない」という原則で機能している。なぜなら、いかなる国の債務不履行の脅威も、世界全体の通貨制度を危険にさらし、アディソンの色彩に富んだイメージにおいては、世界中の（仮想上の（ヴァーチュアル））金（きん）のつまった袋も値打ちのない棒きれや紙きれに化けてしまうおそれがあるのだ。

これらはすべて本当である。だが、くり返すと、わたしたちは、ここで四〇〇年から五〇〇年単位の時代のうち、たかだか四〇年を問題にしているにすぎない。ハドソンが「負債帝国主義（debt imperialism）」と呼んだニクソンの策略は、すでにはなはだしい制度疲労のもとにある。最初の犠牲者は、まさに（合衆国に貸付のある者以外の）債権者を保護しようとした帝国的官僚制度であった。借金はもっぱら貧者のポケットから返済されるべきだという

† 原語は American Insurance Group だが、このような大文字組織は存在しないようにおもわれる。

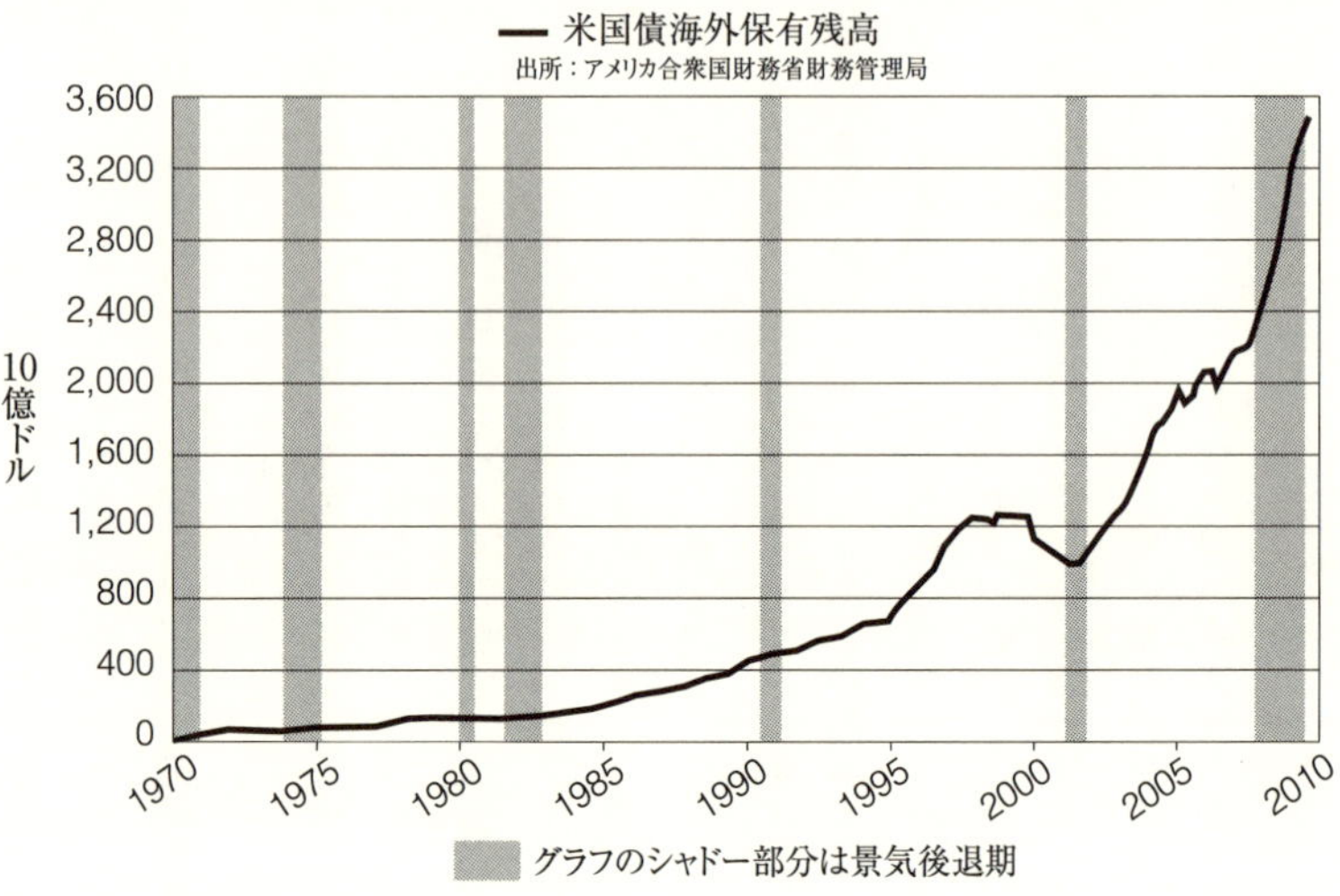

国際通貨基金（ＩＭＦ）の政策は、おなじくグローバルな（実に誤解をまねきやすい用語であるが「反グローバリゼーション運動」と呼ばれる）社会的反乱によって迎えられ、さらに東アジアとラテンアメリカ双方で起こった公然たる財政反乱がそれにつづいた。二〇〇〇年には東アジア諸国が、国際通貨基金の組織的なボイコットをはじめている。二〇〇二年、アルゼンチンがきわめつけの罪を犯してしまう。債務不履行におちいった――しかも逃げきったのだ。それにつづいた合衆国の軍事的冒険は、あきらかに自国の象徴的、宇宙的力の再建（つまりだれであろうと恐れさせ畏怖させること）をめざしていた。だが、その点では、あまりうまくいったようにはみえない。ひとつには、合衆国の軍隊が、はるかに弱体である対抗者に勝利できなかったことが、それによってさらされてしまったからであり、ひとつには、戦費調達のため、軍事上のお得意先にのみならず、いまだ残存する最大の軍事的ライバルである中国にますます依存しなければならなくなったからである。合衆国金融産業は、ほぼ好き勝手に通貨を創造する権利を確保するところまでいったにもかかわらず、数兆の支払い義務を累積させ、世界経済をいきづまりにみちびき、全面崩壊寸前にまで達してしまった。そのあと合衆国は、負債帝国主義が安定性を保証すると言い張る力さえ失ったのだ。

わたしたちが議論している金融危機がどれだけ極限的なものか理解するために、ここにセントルイス連邦準備制度のウェブサイトから、いくつかの統計図表を抜粋した。[*20]

五四六頁の表が、海外における合衆国の債務額である。

他方、アメリカの民間銀行は、市場経済というシステムにそった運営云々のお題目をすべて放りだし、すべての資産を連邦準備制度の金庫に移動することでこの暴落に対処したわけである（五四八頁上図）。

連邦準備制度は、またもや、わたしたちのだれも理解しえない難解な呪術を用いることで、最初の四〇〇〇億ドル近くの下落のあと、それまで保持した額面をはるかに超える貯蓄を貸借対照表のなかでは確保することができた。

この時点で合衆国の債権者のなかには、ついにみずからの政治的アジェンダを考慮に入れるよう要請することができる、と考えはじめる人びともあらわれた。

中国は負債の貨幣化について米国に警告を発する

直近の中国訪問にて、ダラス連邦準備議長リチャード・フィッシャーは、行く先々で、「合衆国財務省証券を購入して無から信用をつくりだすのをやめよ」[*21]というメッセージを連邦準備制度長官のベン・バーナンキに伝えるよう依頼された。

くり返すと、合衆国の戦争機械を支えるためにアジアから吸い上げたカネを、「融資（ローン）」とすべきか「貢納（トリビュート）」とすべきか、決して定かではない。[*22]それでも、合衆国財務省長期債権の主要な保持者として中国が突然浮上したことによって、あきらかに力関係は変容をきたしている。次のように問いを発するむきもあるかもしれない。もしそれらが実際には貢納の支払いであるならば、この合衆国の主要なライバルは、そもそもなにゆえ長期債権を購入してい

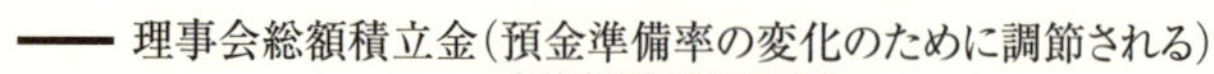
理事会総額積立金(預金準備率の変化のために調節される)

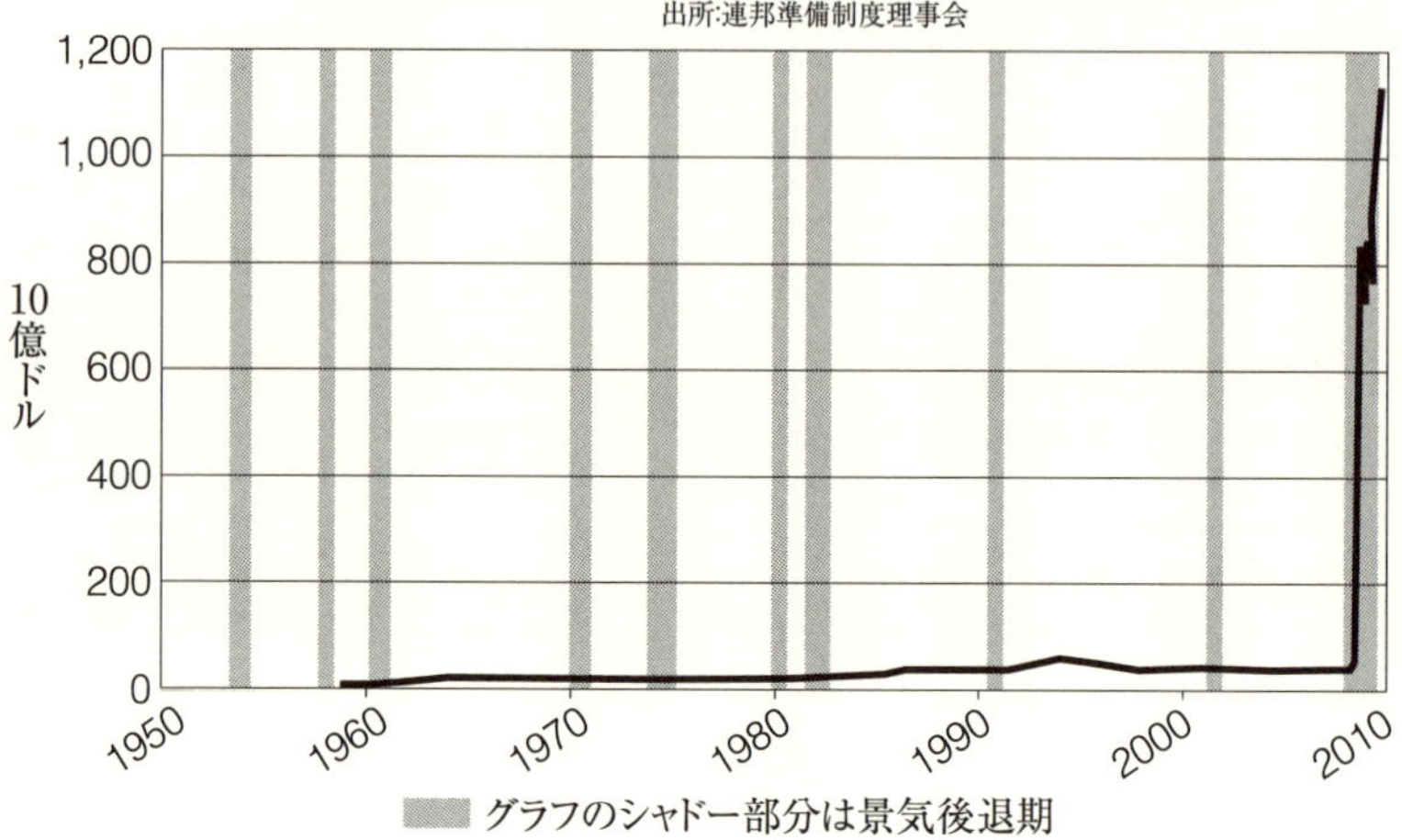
出所:連邦準備制度理事会
1,200
1,000
800
600
400
200
0
10億ドル
1950
1960
1970
1980
1990
2000
2010
グラフのシャドー部分は景気後退期

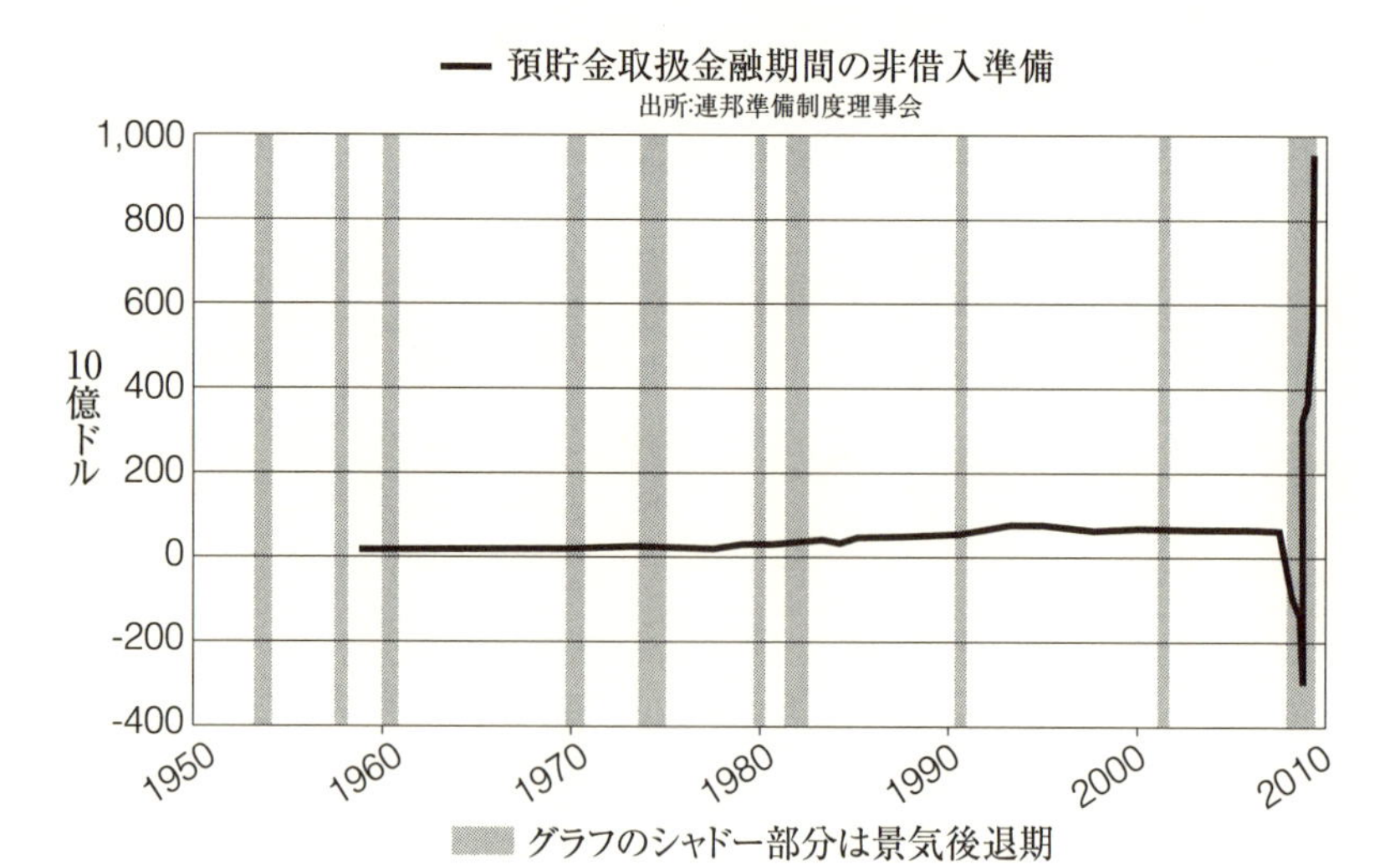
預貯金取扱金融期間の非借入準備
出所:連邦準備制度理事会
1,000
800
600
400
200
0
-200
-400
10億ドル
1950
1960
1970
1980
1990
2000
2010
グラフのシャドー部分は景気後退期

るのか？　ドルの価値つまりアメリカの消費者の購買力を保持するために、さまざまな暗黙の通貨協定に合意することはともかくとして。[*23]　しかしわたしがおもうに、これこそ長期的な歴史的視点がなにゆえ有効であるのかを示すのにうってつけの事例なのである。

長期的視点からみると、中国のふるまいは謎でもなんでもない。それどころか、まったく理にかなっているものだ。中華帝国について特異であるのは、少なくとも漢王朝以降、いっぷう変わった貢納体制を採用していたことにある。中国の皇帝を世界の統治者と承認することと引き換えに、みずからが受けとるものよりはるかに大規模の贈与をもって従属国［冊封国］に浴びせかけるというものである。この技法は、つねづね中国の国境に脅威を与えてやまない大草原（ステップ）の「北狄」に対応する一種の計略として発展したようだ。つまり、なだめすかし、懐柔し、贅沢品で圧倒することで戦闘性を解除させるというやり方である。これは日本や台湾、朝鮮、そして東南アジア諸国のような従属国に対する「朝貢貿易」において体系化された。そして一四〇五年から一四三三年の短期間、有名な宦官である鄭和のもとで、世界的規模に拡大すらみせたのである。彼はインド洋を股にかけて七回の大遠征をおこなったが、その強大な「宝物艦隊」は——一世紀後のスペインのそれとはきわだった対照をみせて——何千人もの武装した水兵だけでなく、在地の支配者たちがみずから望んで皇帝の権威を承認するようにするための贈物として、おびただしい量の絹や瀬戸物その他の中国製の贅沢品を運んでいた。[*24]　これには、尋常でないほどの自国優越主義（ショーヴィニズム）イデオロギーが背景にあるのはあきらかである（「これらの蛮族がわれわれの望むものを所持しているはずがない」）。だがそれは、中国の近隣諸国に適用された場合には、小規模ではあるが厄介の火種になりうる王国に包囲されている豊かな帝国にとって、とても賢明な政策であることが判明したのである。実際、それはきわめて賢明な政策だったので、冷戦時代には合衆国もこれを多かれ少なかれ借用せねばならなかったほどである。すなわち、かつて中国の属国であったまさに当の国々——韓国、日本、台湾、そして東南アジアの有効的同盟国——と、それらの国々にとってきわめて好条件で貿易関係を構築することである。そこでの目的は中国を孤立化させるというものであったわけだが。[*25]

これらの点を念頭におくならば、昨今の情勢もだんだんみえやすくなってくる。合衆国が世界第一の経済力を群を抜いて保持していたときは、中国流の従属国［冊封国］を服属させることができた。かくして、それらの国々は、合衆国の軍事的保護国としてのみ、貧困を脱し、先進国の仲間入りすることを許されたのである。[*26]［ところが］一九七一年以降、他国を寄せつけなかった合衆国の経済力が相対的な弱体化をみせはじめると、それらの国々は、しだいにより古いタイプの従属国に変容していった。だが、中国の参加はそこにまったく新しい要素を導入したのである。中国の視点に立ってみると、まさにこれは、合衆国を伝統的な中国の従属国【冊封国】にしていく長期の過程の第一段階であると考えることに、それほど無理はない。そしてもちろん、中国の支配者は、その他の帝国の支配者たちとおなじように、善意に動機づけられているわけではないのだ。政治的コストは常に存在するのであり、右にあげた見出しは、このコストがつまるところどのようなものであるのか、少しだけみせてくれているのである。

＊＊＊＊

ここまでわたしが述べてきたことはどれも、本書において一貫して出現してきたひとつの現実――貨幣には本質がない――を、とくに強調してくれるものである。それは「現実に」なにものでもない。だから、貨幣の性質なるものは、これまでも、そしておそらくこれからも、政治的な係争の問題であるのだ。アメリカ合衆国史の初期を通してみれば――一九世紀における金本位制支持者、グリーンバック党員、自由銀行主義者（free bankers）、（金銀）複本位制論者、銀本位制論者などのあいだのはてしのない議論が生々しく証言しているように――このことははっきりしている。それに加えて、中央銀行という考え方そのものにアメリカの有権者はあまりに懐疑的だったので、連邦準備制度が創設されたのがイングランド銀行創設の三世紀もあと、第一次大戦の前夜になってやっとだったという事実をみてもよいだろう。すでに述べたように、国家的負債の貨幣化さえも、諸刃の剣である。ジェファソンが認めていたように、それを戦士と投資家の究極の悪の連合とみなすことができる。だが、それは同時に、政府というものをモラルをもった債務者とみなすこと、そして自由というものを文字通りに国に支払義務のあるなにかとみなすことを可能にしたのである。おそらく、一九六三年、リンカーン記念堂の階段上でのマーティン・ルーサー・キングほど、雄弁にこれを語った者はないだろう。「わたしには夢がある」演説である。

ある意味で、わたしたちは、小切手を現金に換えるため、わたしたちの国の首都にやって来ているのです。わたしたちの共和国の創設者が、憲法と独立宣言の崇高なる言葉を書き記したとき、彼らはあらゆるアメリカ人が継承すべき約束手形に署名したのです。この手形は「生命、自由および幸福追求」という「譲渡不可能な権利」がすべての人（そうです白人と同様に黒人も）に保証されるだろうという約束でありました。有色人種の市民にかんするかぎり、アメリカがこの約束手形の履行を怠っていることは、いまでは明白です。この神聖な義務を守る代わりに、アメリカは黒人たちに不渡り小切手、「残高不足」と判を押されて突き返された小切手を与えているのです。

二〇〇八年の大暴落についても同様の視点からみることができる。つまり、債権者と債務者、富者と貧者のあいだの、長年に渡る政治的な抗争の帰結とみなすことができるのである。実際、ある次元においては、それはまさに見かけどおりのものである。要するに、詐欺、信じがたいほど洗練されたポンジスキーム†である。しかし、次元を移動してみれば、それを貨幣と信用の定義をめぐる闘争の頂点とみなすこともできるのだ。

第二次大戦の終わりまでに、前世紀にヨーロッパと北米の支配階級にとり憑いてやまなかった、さしせまった労働者階級の蜂起への恐怖は、ほとんど消え去っていた。その理由は階級戦争が暗黙の合意によって一時休戦したからである。おおざっぱにいえば、合衆国から西ドイツまで、北大西洋諸国の白人労働者階級が、ある調停案を与えられた。あなた方が、この制度の性格を根本的に変革するという夢想を放棄することに合意するならば、あなた方は組合を保持できるし、さまざまな社会的恩恵（年金や有給休暇やヘルスケアなどなど）を享受することができる、そしておそらく最も重要なことに、気前よく捻出された資金によって拡張していく公教育制度を通して、あなた方の子息は、労働者階級を完全に脱却する可能性がある、と。これらすべての鍵となる要素は、労働者の生産性増大が賃金上昇によって報われるという（一九七〇年代の後半までは有効だった）暗黙の保証だった。おおよそ、その結果、この時期には、生産性の上昇と賃金の上昇とがともにみられ、今日の消費者経済の基盤を築いたのである。

経済学者たちは、それを称して「ケインズ主義の時代」という。合衆国ではすでにルーズベルト大統領のニューディール政策の基盤を形成していたジョン・メイナード・ケインズの経済理論が、ほとんど世界中の産業民主主義諸国に採用された時代だったからである。それとともに、ケインズの貨幣に対するかなり無頓着な姿勢も定着した。銀行による「無から」の貨幣の創造をケインズが完全に許容していたことを、読者は想起するだろう。そして、そうだとすると景気の停滞期に需要を刺激する方法として、政府がこの「無から」の貨幣の創造を促進させる政策――長いこと債務者にとってありがたく債権者にとっては忌み嫌われた立場――をとってはいけない理由はないのである。

ケインズ自身は、当時、かなりの急進的（ラディカル）な態度で物議をかもすことで知られていた。たとえば、他人の負債で生活している階級――ケインズいわく「金利生活者の安楽死」――の完全な根絶を求めていた。ただし、その方法については、利率の段階的な縮減によっておこなうというのが彼の意図であったのだが。おおよそケインズ主義なるものの大部分にいえるように、これもまた一見したほど根源的（ラディカル）なものではなかった。実際、それは、政治経済学の偉大な伝統から一歩も出ていないのであって、負債なきユートピアというアダム・スミスの理想、あるいはとりわけ、寄生虫としての地主へのデヴィッド・リカードによる非難――地主の存在自体が経済成長にとって有害であるとした――にまでさかのぼる。ケインズはあくまでもこの路線に沿って、金利生活者を資本蓄積の真の精神にそぐわない封建遺制とみなしたのである。革命どころではない。ケインズはそれを、革命を回避する最良の方法であると考えていた。

だからわたしは、資本主義の金利生活者的側面はその仕事を終えたら消え去る運命にある、資本主義の過渡的段階だとみている。金利生活者的側面が消え去れば、資本主義の他の多くの側面も様相を一変させるだろう。そのうえ、金利生活者の、無機能な投資家の安楽死は、突如として起こるよりは、最近のイギリスがそうであるように、少しずつ長い時間をかけて起こる方が、革命の必要がないだけ、利点が大きいだろう。*27

第二次大戦後、ケインズ主義的な解決がついに実践に移されはじめたとき、それが対象にしたのは世界の人口のうちの相対的に小さな部分に限定されていた。時間がたつにつれ、もっと多くの人びとがその契約に参加することを望むようになる。一九四五年から一九七五年まで、ほとんどの大衆運動を、おそらく革命運動もふくめてこの参加への要請とみなすことができる。すなわち、ある程度の経済的保障がなければ平等なるものも無意味であると

---

† 出資者に利益を配当金として還元すると偽り、べつの出資者から徴収した金銭で以前からの出資者に配当金として渡す、というような詐欺。

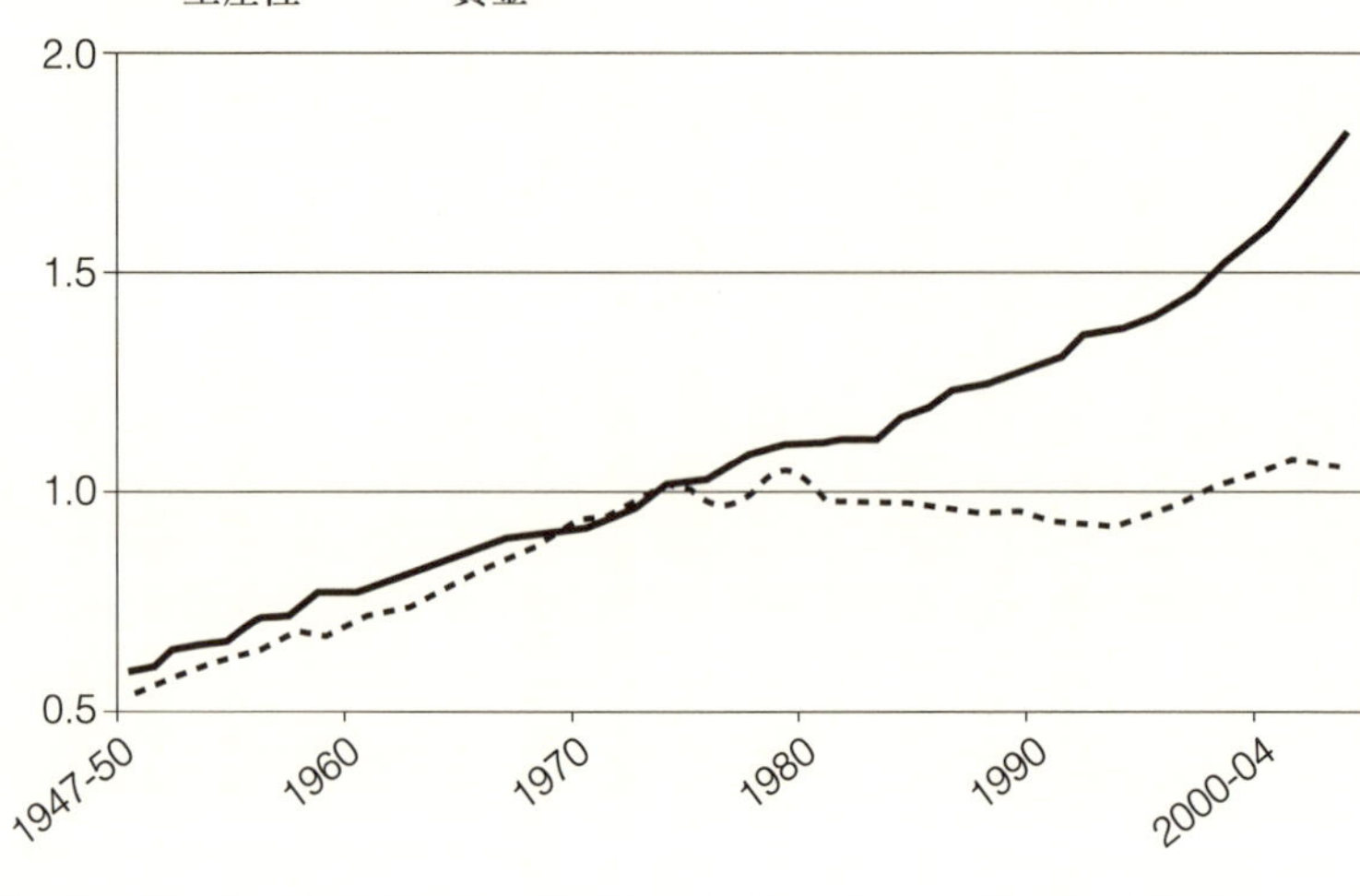

想定したうえでの政治的平等の要求である。これは、最初その契約から除外されていた北大西洋諸国のマイノリティ諸集団――キング牧師が言及した人びと――による運動だけでなく、現在わたしたちが「世界南部（グローバル・サウス）」と呼ぶ、階級分断を当時代表していたアルジェリアからチリの「民族解放」運動についても、あるいは一九六〇年代後半から一九七〇年代において、最もめざましかったフェミニズムについてもあてはまる。一九七〇年代のある時点において事態は分岐点にいたった。ひとつのシステムとしての資本主義には、契約を万人に拡張することは不可能であることが端的にあきらかになったのである。すべての労働者が自由な賃労働者であることとさえ、実現の見込みは薄いようにみえてきた。世界中のすべての人間に、たとえば一九六〇年代のミシガン州やトリノの自動車労働者のような生活、つまり、家や駐車場をもち子どもたちを大学に入れるような生活を与えることは確実に不可能であるだろう。そしてそのことは、彼らの子息たちがもっと退屈ではない生活を要求しはじめるずっと以前からあきらかだったのである。この帰結については、包摂の危機と呼ぶことができるかもしれない。一九七〇年代の後半には、現存する秩序があきらかに崩壊をはじめ、財政混乱、食料暴動、石油危機、成長の終焉や生態系の危機をめぐる終末論の横行などに同時に悩ま

されるようになった。やがてあきらかになったように、これらすべてが、それぞれの仕方で、民衆に対してこの契約の果たされぬことを告知していたのである。

事態をこのように把握しはじめるやいなや、一九七八年から二〇〇九年までのほぼ三〇年間、ほとんどおなじパターンにしたがって動いたことが容易にみてとれる。ただし、契約と合意は変化した。たしかに、合衆国のロナルド・レーガンと英国のマーガレット・サッチャーが、労働組合の力とケインズの遺産に対して体系的な攻撃を与えたとき、それはある意味でそれまでの協定がすべて無効になったことを宣言していたのである。いまやだれもが、政治的権利ならもつことができる——たとえば一九九〇年代までにはラテンアメリカとアフリカにおける人びとですらも——が、その政治的権利も経済的には無意味と化しつつあったのだ。生産性と賃金のつながりがばらばらに解体された。生産性の比率は上昇しつづけたものの、賃金は停滞するかあるいは低落していった。[*28]

まずこれは、「マネタリズム」への回帰をともなった。つまり、貨幣はもはや金やそれ以外の商品に基礎をおいていないにしても、政府と中央銀行の政策は、なによりもまず通貨供給量を慎重に管理することで、あたかもそれが稀少な商品であるかのようにふるまうよう保障すべきであるというものである。そのような資本の金融化の意味が、市場に投資される貨幣のほとんどが生産や通商とのあらゆる関係から切り離されてしまうこと、そして純粋な投機と化してしまうことであるとしても。

だからといって世界中の人びとがある種の供給不足におかれるというわけではない。その条件が変わってしまったということだ。新しい分配体制においては賃金はもはや上昇せず、そのかわり労働者たちは資本主義の断片を購入するよう奨励されるようになった。金利生活者を安楽死させるかわりに、いまや万人が金利生活者になることができるというわけである——実質的には、劇的に高まっていくじぶん自身への搾取率が生みだした利潤のわずかの断片を分けてもらえるということだったのだが。その手段は数多くまたおなじみのものである。合衆国においては、

401k［確定拠出年金］という退職勘定（retirement accounts）があるし、ふつうの市民に投資させる方法ならば無数にある。ただし、それと同時に借金も奨励するわけだが。サッチャー主義にしてもレーガン主義にしても、その主導原理のひとつは、少なくともふつうの労働者大衆がじぶんの住宅を所有したいと熱望しないかぎり、経済改革が広範な支持をうることはないだろうというものだった。一九九〇年代から二〇〇〇年代までにこれに追加されたのは、野放図な住宅ローン借換え計画であった。この計画はこれから価値が上昇していくだけと想定された住宅を、浸透したフレーズのいうように「ATMばりに」――ふりかえってみれば、実際にはむしろクレジットカードのようにというのが正解だが――取り扱った。かくして、曲芸よろしく巧みにあやつられながら［あのクレカの借金返済のためにこのクレカをつくるなど］、実際のクレジットカードの激増をみたのである。このとき多くの人びとにとって、「資本主義の断片を購入すること」ということの意味はこっそりと変貌をとげ、ワーキングプアにはおなじみの災厄の種――サラ金や質屋――と見分けのつかなくないものになっていった。それまで利率を七から一〇パーセントに限定していた合衆国連邦金利法が一九八〇年に議会の決議で廃止されていたことが、事態を悪化させる。まさに議員への贈賄（それは「ロビー活動」と再定義された）を大幅に合法化することで、政治的腐敗の問題をうまくごまかすことに成功したように、実質的な利率を二五パーセント、五〇パーセント、場合によっては（たとえばペイデイローン［給料を担保にする小口の短期ローン］）年間六〇〇〇パーセントという数値――往年のマフィアも真っ青の恥知らずぶりである――にいたるまで完全に合法化することで、高利貸という問題そのものを払拭してしまったのだ。かくして、それゆえその取立ても、動物のバラバラの死骸を家のまえに放りだすような雇われやくざによってではなく、判事や弁護士、行政官、警察によっておこなわれるようになる。[*29]

この新しい分配体制を記述するため多くの名称が考案された――「金融の民主化」から「日常生活の金融化」まで。[*30] 合衆国の外の世界では、それは「ネオリベラリズム」として知られるようになった。イデオロギーとしてそれがなにを意味しているのかというと、市場のみならず資本主義が（わたしはそれらがおなじものではないことを読者に重ねてうながしておかねばならない）ほとんどすべてのことがらについての組織原理になったということである。わたしたちはだれもが、投資家と実務執行者のあいだのかねてよりの関係――すなわち、冷徹に計算する銀行家と、借金を負い自尊心のいっさいを捨て名誉なき機械にみずからを貶めた戦士たちの関係――をめぐって組織された小株式会社として、みずからを認知するようになったのである。

　この世界において「借りを返すこと（paying one's debts）」はモラルの定義そのものとみなされている。たんに多くの人びとがそれに失敗するからだとしても。たとえばアメリカにおいて、種類を問わず多くの商売にとってあたりまえとなった特徴がある。大企業あるいは中小企業でさえ、借金をつくったならばほとんど自動的に、支払わなかったさいにふりかかる事態にお眼にかかることになること――つまり、催促され、追い立てられ、召喚状を提示されたときにのみ応じるということである。いいかえると、こうして名誉という原理が市場からほとんど完全に駆逐されたのだ。[*31] おそらくその結果、負債という主題全体が宗教的な後光に包まれるようになる。

　実際にここで、債権者の神学と債務者の神学という二重の神学について語ることができるだろう。負債帝国主義というアメリカの新しい局面に、福音主義右派（エバンジェリカル・ライト）の擡頭がともなっていたことは偶然ではない。この宗派は――それ以前に存在したあらゆるキリスト教神学を尻目に――「供給（サプライ）サイドの経済学」を熱心に支持している。それによれば、通貨を発行しそれを富者に譲り渡すことが国民国家に繁栄をもたらす聖書的にみて最も適切な方法であるということになる。この新たな信仰を唱える最も野心的な神学者は、レーガン革命として知られるようになった出来事の黎明期である一九八一年にベストセラーとなった『富と貧困』の著者ジョージ・ギルダーであった。ギルダーの主張によれば、貨幣を創造するなんてできるわけがないなどと考えている者は、神による無からの創造を理解していない時代遅れの神なき物質主義におちいっている。神による人間への最大の贈物とは創造性そのものであり、それは万人に一様に施されているものだ。だから投資家たちは、他者の創造性を信じることにつきもののリスクを受け入れる意志によって、実際に無から価値を創造することができる、というのである。ギルダーは、神の無からの *ex nihilo* 創造の力を模倣することを傲慢とみなすのではなく、それこそまさに神の意志であったとする。つまり、貨幣の創造は慈悲の賜物であり祝福であり交感なのである。そう、それは約束である。しかし、たとえ証券がたえず流通をつづけたとしても、成就することはありえないような約束である。なぜなら、信仰を通してのみ（ふたたび「神の御名において（in God we trust）」）、それらの価値は実現するのだから。

資本主義の未来を信じない経済学者たちは、概してその未来を大きく決定する偶然（チャンス）と信仰の力学を無視する傾向がある。宗教を軽んじる経済学者たちは、進歩を獲得する信心のあり方を理解しえないのだ。偶然は、変化の基礎であり、神意の容器なのである。[*32]

このような説教が、パット・ロバートソンのような福音主義者（エバンジェリスト）たちに影響を与え、「最初の神による貨幣創造説」である「供給（サプライ）サイドの経済学」を唱えさせるようになった。[*33]

他方で、貨幣を創出することのできない者たちのために、まったく異なる神学的な教理があらわれた。マーガレット・アトウッドは最近「負債は新種の肥満である」といっている。出身地であるトロントで、毎日乗るバスのなかの広告が、以前のような［老化による］性的な魅力の衰えへのせまりくる恐怖のイメージで乗客をパニックに追いやるのものではなく、借金取立人というもっと身も蓋もない恐怖から逃れるためのアドバイスにかんするものかわっていることにおどろいたのである。

> 借金ショーという、おなじみの信仰復興の伝道集会的な雰囲気のテレビ番組さえあります。たとえば買物中毒者の涙ながらの告白です。なにがなんだかわからず、すべてがぼんやりした状態のなかで買い物をしまくって、絶望的借金の深みにはまり、動きがとれず不眠に苦しんだあげく、嘘をつき、人を騙し、盗み、あちこちの銀行から空手形を振り出すはめになったというわけです。負債者の有害な行動によって生活を破壊された家族や愛する人びとの証言もあります。テレビ番組の司会者は哀れみ深いがきびしい叱責を与えて、聖職者か信仰復興運動の伝道者役を演じるのです。光明を見いだすと、悔恨がつづいて、二度とあやまちを犯さない約束がされます。懺悔が強いられ、クレジットカードがチョキン、チョキンと切り刻まれ、支出を減らすきびしい方法が教示されます。すべてがうまくいけば、借金は支払われ、罪は許され、赦免が言い渡されます。そして、苦い経験をへて、支払い能力のある人間として、新しい朝を迎えるというわけです。[*34]

このような場面で、リスクをとることは神意の容器などではありえない。その真逆である。だが貧者はいつも例外なのである。ある意味で、アトウッドの描く事態を、「わたしには夢がある」におけるキング牧師の預言者的発言の完全な反転とみなすこともできる。戦後のこの時代に拡がったのは、最もつつましい市民に対して国の負う負債の集合的な返済要求であった。つまり偽りの約束をした者たちにむけて負債は清算されるべきであると集合的に要求したのである。ところが、いまやそのおなじつつましい市民たちが、じぶん自身を罪人とみなすよう教化されている。その罪人たちは、他者とモラルあるなんらかの関係をもつ権利を確保するために、ある種の純粋に個人的な贖罪（リデンプション）［借金の返済］を懸命に求めているわけである。

しかし、ここには、それと同時に根本的にまやかしであるなにごとかがひそんでいる。こうしたモラル劇はすべて、個人の負債はつまるところは放縦からきていて親しい者たちへの罪悪である――したがって贖罪は当然、禁欲的な自己否定による浄化と回復を必要とする——という想定から出発している。ここで視界から抹消されているのは、とりもなおさず、いまや万人が負債を抱えているという事実であり（合衆国の家庭の負債はいまや収入の一三〇パーセント平均という推定である）、この負債が競馬で一発あてようとしたとかぜいたくをしたといった理由でかさんだものでないという事実である。それは、経済学者たちが裁量消費支出（discretionary spending）と呼んでいる出費のために借りたもの、つまり、主要には子どもに与えられ、友人たちと共有され、あるいはさもなくば他者との関係——要するにたんなる物質的計算以外のなにものかを基盤にした関係——を構築したり維持したりするためのものである。[*35] いいかえると、いまや、ひとがたんなる物理的生存を越えた生を獲得するためには、負債に依存せねばならないのである。

ここには政治が介在している以上、それは資本主義の黎明から観察されてきた主題の変奏といえるだろう。すなわち、究極的には、社会性（ソーシャリティ）そのものが腐敗をはらんだもの、犯罪的なもの、悪魔的なものとみなされてきたのである。これに対して、ほとんどのふつうのアメリカ人——かつては信用［クレジット］から除外されていた黒人、ラテン系アメリカ人、最近の移民たち、その他をふくむ——は、おたがいを愛しつづけることに執着することによって対応してきた。家族のために家屋を、パーティのために酒や音響システムを、友人たちには贈物を購入しつづけてきた。たとえ赤字や破産をもたらすとしても、頑固に結婚式や葬式を催すことをやめなかった。あきらかに彼らは次のように問うてきたのである。いまやだれもがじぶんを小資本家に改造しなければならないなら、どうしてじぶんたちにも無から金銭を創出することができないことがあろうか？

それでもなお、裁量消費支出の役割自体は過大評価されるべきではない。アメリカにおける破産の主要な原因は重篤な病である。ほとんどの借金はたんなる生存の問題なのである（たとえば車がなければ仕事ができない）。そしてほとんどの場合、現在大学に通うことができるということが意味するのは、それにつづく労働人生の少なくとも半分を負債懲役人として生きることである。*36 そこで指摘しておきたいのは、現実の人間にとって、物理的生存だけで十分ということはめったにないということである。そしてまた決してそうであってはならないのだ。

　一九九〇年代までには、これとおなじ緊張関係が地球的な規模で出現しはじめていた。アスワンダムのような国家主導の巨大プロジェクトのために融資（ローン）するという従来の傾向が、マイクロクレジット［小額融資］に道をゆずりはじめた。バングラデシュのグラミン銀行の成功に触発されて拡がった新しいモデルは、貧しい共同体内に新進の起業家を見つけだし、小額の低利融資を供給するというものであった。「信用とは」、とグラミン銀行は主張する。「人権である」。それと同時にこの発想は「社会関係資本」——世界中の貧しい人びとが、それぞれ困難な環境のなかで生き延びるためすでに利用している知識、ネットワーク、つながり、創意——をひきだし、それらを年間五パーセントから二〇パーセントの成長を見込むことのできる（拡大的）資本を生成する方法に改造するというものであった。

　ジュリア・エリアシャーをはじめとする人類学者たちが発見したように、この結果は諸刃の剣である。一九九五年にカイロで、めずらしく正直なあるNGOコンサルタントが彼女にこう説明している。

> カネはエンパワーメントです。これはエンパワーメントのカネなのです。わたしたちは成功する（トゥ・ビー・ビッグ）必要があり、大胆に考える（シンク・ビッグ）必要があるのです。借手が返済しなかったとしても、どうせ投獄されるのだから、なにも心配はないのです。
>
> 　アメリカでは、毎日メールでクレジットカードの勧誘（オファー）が一〇通も送られてきます。クレジットには、場合によっては四〇パーセントものバカ高い利率を支払っています。でも勧誘がくるので、どんどんカードをつくって、財布がカードで膨らんでいくわけです。で、とてもいい気分だ、と。ここでもやってることはおなじです。彼ら

に借金をさせてあげましょうよ。彼らがそのカネをどう使うかなんて、借金を返しさえしてくれりゃ、わたしたちにはどうでもいいじゃありませんか?[*37]

この引用のつじつまのあわなさが事態を物語っている。一貫した主題があるとしたらただひとつ、ひとは負債をつくらねばならぬ、ということのみである。負債はそれ自体がよいことである。それはエンパワーメントである。いずれにせよ、彼らが力をつけすぎたとしても[エンパワーメントされすぎたとしても]逮捕させればよい。負債と権力、罪業と救済——それらがほとんど区別不能になっている。自由とは隷属である。隷属とは自由である。カイロ滞在中に、エリアシャーは、NGOの訓練プログラムの若い卒業生がスタートアップローンを受ける権利を求めてストライキするのを目撃した。同時に、このプログラムに関与しているだれもが、そのプログラムのじぶん以外の人間はいうまでもなく仲間の学生のほとんどが腐敗していること、このシステムを私益のために悪用しているといった見方を自明のものとしていた。ここでもまた、長期の信頼関係に根ざしていた経済生活の諸々の要素が、信用官僚制(クレジットビューロクラシー)の侵入によって実質的に犯罪化されるようになっていたのだ。

つづく一〇年のあいだに、このプロジェクト全体が——それがはじまった南アジアにおいてさえ——合衆国におけるサブプライムローンの危機に奇妙に類似した様相を示しはじめる。あらゆるたぐいの破廉恥な金貸しが集結し、あらゆるたぐいのまぎらわしい価格評定が投資家たちに送られ、利子が累積し、借手はそろって支払いを拒絶し、金貸しは彼らに残されたなけなしの財産(たとえば波状トタン屋根といった)を没収するためにごろつきを送り込んだ。そしてその帰結といえば、家族ともども、どうにもならない罠にがんじがらめになった貧しい農民たちの自殺の流行だったのである。[*38]

この新しいサイクルは、一九四五年から一九七五年のそれとおなじように、もうひとつの「包摂(インクルージョン)の危機」で締めくくられた。それは、世界中のすべての人間をマイクロ企業に転化したり、望みさえすればすべての家庭がみな家をもてるよう「信用を民主化する」ことも（考えてみれば、家を建てる手段があるのに、なぜ家をもつことができないことがあるのだろう？　家をもつ「資格のない」家庭などあるのだろうか？）、すべての賃労働者に組合や年金、健康保険をもたせることよりも実現性が高いということはなかったのである。資本主義はそのように機能することはできない。資本主義とは、せんじつめれば権力と排除のシステムなのであるから。それが限界点に到達するや、一九七〇年代とおなじような症状が再発する。すなわち、食糧暴動、オイルショック、金融危機、現在のシステムがエコロジカルに持続不可能であることへの突然の覚醒、そしてそれに付随するあらゆる種類の終末論的なシナリオなどなど。

サブプライム危機のあと、だれが無から貨幣を創造することを認められるのか、合衆国政府は決断をせまられた。金融業者か一般市民か。結果は予想通りである。金融業者は「納税者のお金で救済された」――これが基本的に意味しているのは、彼らの想像上の貨幣（イマジナリー・マネー）があたかも現実の貨幣であるかのように扱われたということである。抵当権者たち［破綻した貸手たち］は、一年前に（うたがわしいほどタイミングのよい）議会を通過した債務者の方にはるかに過酷な破産法のもとで、法廷の情け深い慈悲の手に有無をいわさずあずけられたのだった。なにも変わらなかった。あらゆる主要な決定事項は、ただ延期された。多くの人びとが期待していた〈大いなる対話〉など起こるべくもなかった。

＊＊＊＊

わたしたちは、いま、真に特異な歴史的転換期を生きている。信用危機は、前章で提起した原理、すなわち、資本主義はそれが永続するであろうと人びとが信じる世界においては機能することはできないという原理を、生々しく描写している。

過去数世紀間にわたって、経済機構そのものが永続するようにはとてもみえないので、信用を無際限に生みだすなどということはありえないと、ほとんどの人びとは考えていた。未来はおそらく、根本的に異なった世界になっているだろう、と。だが、どうしたわけか、予測されていた革命は起こらなかった。金融資本主義の基本構造の大部分は手つかずのまま残存した。まさにいまになってはじめて、つまり、現在のやり方ではこれからやっていけそうにないということがますますあきらかになってはじめて、わたしたちは突然、集合的な想像力の限界に突きあたっているのだ。

一世代かそこらのあいだに、資本主義が存在しなくなるだろうと考えることにそれほど無理はない。それを裏づける一番の理由があるとしたら、エコロジストたちがたえず想起させているように、有限の地球において永遠に成長する動力を維持するのは不可能であるというものである。かつ、現在の形態の資本主義が、地球以外の惑星を発見して移住することを可能にするような技術革新と可動性をもたらすようにはみえないのである。それでも、資本主義が実際に終わりつつあるという見通しに直面した時――自称「進歩派」であろうと――最も常識的な反応は恐怖である。わたしたちはもはや、よりマシである選択肢(オルタナティヴ)を想像することができないために、いまあるものにひたすらしがみついているのだ。

いったいどうして、こうなってしまったのか？　いまアメリカ資本主義の軍事化そのものの最終的な諸帰結がくり拡げられているのではないかと、わたし自身はうたがっている。実のところ過去三〇年ものあいだ、わたしたちは「絶望」の形成と維持を目的とした巨大な官僚機構の構築をみせつけられてきたともいえる。なによりもまず、いまとはべつの未来のあらゆる可能性を破壊するよう設計された巨大機械である。その根元にあるのは、世界の支配者たちの側の――一九六〇年代と一九七〇年代の反乱への応答としての――まごうことなき執着である。すなわち、社会運動が成長し、花開き、代案を提示することができるなどとゆめ考えたりしないようにすること、現在の権力構造に挑戦する者たちには、どのような状況においても勝利の見込みがあるなどと感じさせないこと、それらを確実なものにするという執念である。[*39] それを実行するためには、軍隊、刑務所、警察、さまざまな私設警備会社、軍事情報機構、そしてありとあらゆるプロパガンダ機関を網羅する広範な装置を創造する必要があった。それらのほとんどは、オルタナティヴを直接攻撃するというよりも、恐怖と愛国主義的順応、そして世界を変えるというどのような思考も無駄な空想でしかないという絶望感の入り交じった空気をつくりだし浸透させるのである。「自由市場」の主唱者たちにとって、この装置を維持することの方が、いかなる生存力のある市場経済を維持することよりも重要である。そうでないなら、旧ソ連に起こったことをどう説明できるのだろうか？　あたりまえに考えるなら、冷戦の終結によって軍隊とKGBの解体と工場の再建にむかうはずである。ところが実際に起こったことは、その正反対であった。これは、どこでも起きている事態の極端な例である。経済的にみれば、それらの装置はおおよそ足手まといでしかない。銃器や監視カメラやプロパガンダ機関は、総じてとてつもなく高額で、実際にはなにも生産せず、まちがいなく資本主義システム総体を疲弊させる――そもそも終わりなきバブルの基盤となった、終わりなき資本主義の未来という幻想の生産とともに――要素のひとつでしかない。金融資本はそうした未来の諸断片の売買と化していき、わたしたちのほとんどにとって、経済的な自由とは、じぶん自身の永遠の服従を意味する小さな断片を購入する権利に切り下げられてしまったのである。

　いいかえると、すべてを管理する唯一の方法として資本主義を制度化せねばならないという政治的義務と、投機が統制不能な混乱におちいらないようその未来の地平を限定せねばならないという資本主義そのものの公認されざる必要性のあいだに、深刻な矛盾があったのだ。そしていったん統制不能の混乱が起こるや、機械全体が内破し、わたしたちは、事態を立て直すどのようなべつの方法をも想像することさえできないという奇妙な状況に取り残されたのだ。わたしたちが想像することのできる唯一のものは、破局である。

じぶん自身を解放するためにわたしたちが最初になすべきこと、それは、ふたたびみずからを歴史的な行為者、世界の出来事の流れに変化をもたらすことのできる民衆とみなすことである。歴史の軍事化が剥奪しようとしているのは、まさにこれなのだから。

＊ ＊ ＊ ＊ ＊

きわめて長期にわたる歴史的サイクルの転換点の端緒にあるにせよ、それがどのように展開するか、その大部分がわたしたちにかかっている。たとえば、前回の地金経済から仮想信用通貨への転換のさい、すなわち、枢軸時代の終わりから中世のはじめにかけて、その直接の変化は巨大な破局の連続として経験された。今回もまたおなじだろうか？　おそらくそれは、わたしたちがどこまで意識的にそうならないよう努めるかにかかっているだろう。［今回の］仮想通貨への回帰は、帝国と強大な常備軍からの離脱と債権者による強奪に制約をかける大きな構造の創出にいたりつくだろうか？　こうした見込みを信ずべき理由は十分にある――それに人間が生き延びるためには、おそらくそうならねばならない――が、それまでにはどれだけの時間がかかるのか、あるいはそれがどのような形態をとるか、わたしたちは知らない。資本主義は世界を変容させてきたが、あきらかに多くの点でそれは不可逆のものである。本書でわたしが試みたのは、次代の展望を提示することではなく、わたしたちの視野を開放し、わたしたちの可能性についての感覚を拡大することであった。つまり、時代にふさわしい大きな尺度と規模で思考を開始するとはどういうことか、問いかけはじめることである。

ひとつの例をあげよう。わたしは第二次大戦以降の大衆運動の二つのサイクルについてふれた。最初のサイクル（一九四五－一九七八年）は、国民的市民権の要求にかかわっていた。第二のサイクル（一九七八－二〇〇八年）は、資本主義それ自体へのアクセスをめぐるものであった。ここで意味深いのは、中東である。第一のサイクルにおいて、世界体制に最も直接に対決した民衆運動はマルクス主義に影響を受けていた。第二のサイクルでは、多くの場合、イスラーム急進派の諸潮流にその地位は変わっていた。イスラームが常に負債を社会的規範の中心においてきたことを考えるならば、なぜそれが支持されるのかを理解するのはやさしい。だが、そこからさらに視野をひらいてみてはどうだろう？　過去五〇〇〇年ものあいだ、いまではイラクと呼ばれる国から、少なくとも二度、強力で劇的なモラル的革新、金融的革新が生まれている。最初のものは、おそらく前三〇〇〇年あたりで、有利子負債の発明であった。二番目は、後八〇〇年頃で、はっきりと有利子負債を棄却した最初の洗練された商業システムの発展であった。わたしたちは、三番目の革新を期待できるだろうか？　ほとんどのアメリカ人にとって、これはピントはずれの問いにみえるだろう。というのも、イラク人といえば被害者か狂信者とみなすのがお約束になっているからである（これは占領者が被占領民に対してもつありふれた考え方である）。しかし、合衆国の占領に対抗した最も有力な労働者階級によるイスラーム運動であるサドル派が、その名を現代イスラーム経済学の創始者の一人であるムハマンド・バーキルッ＝サドルからとっていることに注目すべきである。なるほど、それ以来、現在にいたるまでイスラーム経済［学］といわれるもののほとんどは、あきらかにつまらない。*40　それが資本主義への直接に対決しようとしていないのは明白だ。それでもなお、こうした種類の民衆運動のなかで、たとえば賃労働の地位について、興味深い対話が多く交わされていることは推測できるのである。あるいはおそらく、古い家父長主義的反乱の厳格主義的である遺産から、なにか新しい展開が起こると考えるのは素朴にすぎるだろう。おそらく、新しい展開があらわれるとしたら、それはフェミニズムであろう。あるいはイスラーム的フェミニズムだろうか。あるいはまったく予期しなかった場所からかもしれない。だれが予言できるだろうか？　ひとつたしかにいえるのは、歴史は終わっていないということである。そして次世紀の最も刺激的な理念（アイディア）は、それがどこから来ようとも、ほぼまちがいなく、わたしたちの予期しない場所からだ。

＊＊＊＊＊

ひとつだけはっきりしていることは、そうした新しい理念は、わたしたちが慣れ親しんだ思考の各カテゴリー――希望を剥奪する装置の部品とはいわないまでも、まったき重荷となりはてた――のほとんどを廃棄し、新しいカテゴリーを考案することなしには出現しないということだ。だからこそ、市場についてのみならず、国家か市場かという誤った二分法について、本書の大部分をついやして論じてきたのである。それは過去何世紀ものあいだ、あまりに政治的イデオロギーを独占してしまったがゆえに、べつの視点でものを考えることを困難にしてきたのだ。

市場の現実の歴史は、わたしたちがそう教え込まれてきたものとはまったくべつものである。わたしたちが観察することのできる初期の市場は、多かれ少なかれ派生的なものだったようだ。すなわち、それは古代メソポタミアの大がかりな行政システムの副産物であった。それらは主に信用によって機能していた。現金市場は戦争を通してあらわれた。くり返すと、それはもともと兵士たちへの報酬支払いのために考案された租税と貢納政策を通して形成されたが、のちにはそれに加えて、それ以外の多くの領域で利用されるようになる。中世になってはじめて、信用システムへの回帰とともに、市場ポピュリズムとでも呼ぶべきものがあらわれた。イスラームの支配するインド洋の諸市場がそうであったように、その思想は、市場が諸国家を超え、諸国家に対抗し、諸国家の外でこそ存在しうるというものであった。のちに中国において、一五世紀の銀をめぐる数々の民衆蜂起とともにふたたび出現することになる思想である。その擡頭のみられるのは、理由はどうあれ、たいてい巨大国家の管理機構に対抗するふつうの民衆と商人たちが共同戦線を張る場合であるようだ。だが市場ポピュリズムは、常に逆説につきまとわれている。というのも、やはりそれが国家の存在にある程度、依拠しているからであるが、なによりも市場における関係性は、最終的には純粋な計算ではないものに基礎をおくことが必要だからである。[*41] すなわち、名誉、信頼のコード、そして究極的には、むしろ人間経済の典型をなす共同体と相互扶助などの行動規範である。これは転じて、競争というものを相対的にマイナーな要素に格下げすることを意味する。この観点からすれば、負債なき市場ユートピアを創造することで、アダム・スミスがつまるところなにをしようとしたのかも理解できるだろう。このおもいもよらぬ（unlikely）遺産を、キリスト教的西洋に特有の極端なまでに軍事的な市場行動の捉え方と融合させることである。その点で、彼にはたしかに先見の明があった。だが、他の並外れた影響力ある思想家たちの通例で、彼もまた同時代の擡頭する気風からひたすらなにかを捕まえようとしただけだったのである。以後、わたしたちが目にしてきたのは二種類のポピュリズム——すなわち、国家的ポピュリズムと市場的ポピュリズム——あいだの、はてしのない政治的往復である。それら二者が、おなじコインの裏表でしかないことに気づくことさえないままに、である。

おもうに、わたしたちがそれに気づかない理由は、暴力の遺産がわたしたちを取り囲むすべてをゆがめてしまったからである。たんに人間経済の市場経済への転化に戦争、征服、奴隷制が中心的役割を担ったというだけにとどまらない。わたしたちの社会で、ある一定の度合いでそれに影響されなかった制度は、文字通りひとつもない。第七章の終わりで、わたしたちの「自由（freedom）」という概念さえもが、古代ローマの奴隷制を介して、友を形成することとの能力、他者とモラルによる関係をもつことの能力から、絶対的権力を求める理不尽な夢想へと変質してしまったという歴史的経緯についてふれた。これは、おそらく最も劇的な事例であり、そして最も陰湿でもある。というのも、意味のある人間の自由というものはどのようなものでありうるのか、その可能性の想像すらきわめて困難なものにしているからである。[*42]

本書がなにかを示してきたとするなら、人類史を通じて、ある状況、すなわち、生の本質とは暴力であるとすら考えてしまえるような状況にわたしたちを誘導するために、どれほどの暴力が必要とされたかということである。わたしたちの日常的経験のどれほど多くが、そのような発想に抗っているかを考えるなら、とりわけそうである［人間の考えの中心に暴力を植え込むために投入された暴力の総量も、実感できるというものである］。すでに強調してきたように、コミュニズムは人間関係すべての基礎かもしれない――わたしたちの日常生活において、なによりも「愛（love）」と呼ばれるものにあらわれているようなコミュニズム――が、常になんらかの交換のシステムが介在していて、そしてたいていそのうえにはヒエラルキーをもったシステムが打ち建てられている。これらの交換システムは際限なく多様な形態をとりうるが、その多くはまったく無害である。しかし、ここでわたしたちが問題にしているのは、厳密な計算をもとにしたきわめて特殊なタイプの交換なのである。冒頭で指摘したように、だれかに恩恵をこうむる［親切にしてもらう］（owing someone a favor）ことと負債を負うこと（owing someone a debt）の違いは、負債の場合にはその量が厳密に計算されていることにある。計算は等価性を要請する。そしてそうした等価性――とりわけ人間のあいだの等価性をふくむとき（つまるところ人間は常に究極的な価値であるがゆえに、出発点はいつも人間間の等価性の設定であったようにおもわれる）――があらわれるのは、人びとがみずからの文脈から力づくで切り離され、なにかと同等であるかのように扱われるときのみなのである。「捕虜になった兄弟を返す代わりに七つのイワツバメの皮と一二の大きな銀の指輪」、「一五〇ブッシェルの穀粒を貸す担保として三人の娘のうちの一人」（…）といった具合に。

ひるがって、このことから、市場を人間的自由の最高表現であるかのように表象するすべての試みにとり憑いて離れない大きく厄介な事実にみちびかれる。つまり非人格的で商業的な市場は、歴史的に窃盗に起源をもっているということである。なによりも、お経よろしく復唱される物々交換の神話こそが、この不快な真実を祓う経済学者の方法なのである。だが、ほんの少し考えてみるだけで、ことはあきらかだ。ある家屋に蓄えられた品々を眺めたあとにすぐ、市場でそれらがなにと取り替えられるか、査定しようとする人間とはいったいだれだろうか？　もちろん、盗人しかありえない。強盗、掠奪慣れした兵士、そしておそらく借金取立人ならば、まず世界をそのような眼で視るはずである。カシミールの神、アステカの鎧胸当て、バビロニアの女性用足首輪などの先祖伝来の宝物は、芸術品でもあり、かつ歴史の小さな結晶でもあった。たいていの場合、それらをつぶして手に入れた金や銀の塊が、単純で一律の通貨になりえたのは、街から街へ、都市から都市へ、荒しまわって来たばかりの兵士たちの手によってのみだった。歴史なき通貨であり、それゆえに価値をもつ通貨である。というのも、歴史を欠落させているからこそどこであっても詮索に遭遇することなしに受け入れられるからである。そしてこのことは相変わらず現実である。世界を数字に還元してしまうどんなシステムも、剣であれこん棒であれ、あるいは今日では無人ドローンからの「スマート爆弾」であれ、武器によってのみ、みずからを維持しているのだ。

それはまた愛を負債へと継続的に転化させることによってのみ機能している。ここでの「愛」という言葉の用法が独特のものであり、「コミュニズム」の用法よりも挑発的であることはわかっている。だがこの点をたたき込むのは重要なのである。市場は、ひとたびみずからの暴力的起源から完全に手を切ることができるとなると、きまってべつのものへと、たとえば名誉、信頼、相互的紐帯などの織り成すネットワークへと成長していく。ところがその一方、強制機構は維持され、その反対の操作を受けもつことになる。つまり、人間的な協業、創造性、献身、愛、信頼を、ふたたび数字に転換する。そうすることで、世界は冷血なカネ勘定でのみで動いているのだ、というようなおもい込みを可能にするのである。それに加えて、人間の社会性(ソーシャリティ)そのものを負債に転換することによって、強制機構は、わたしたちの存在基盤そのもの――というのも、わたしたちはつまるところ他者との関係性の総体以外のものではないのだから――を、過失、罪業、犯罪といった事態に変質させ、世界を邪悪である場所に仕立てあげてしまう。そして、その邪悪な世界は、あらゆるものを帳消しにする壮大な宇宙的取引をまっとうすることによってのみ克服できる、となるわけである。

「わたしたちは社会になにを負っているのか？」と問いかけて事象を逆転しようとすること、あるいは「自然」やなんらかの宇宙的秩序（コスモス）への「負債」を云々することでさえ、誤った解決である。それらは、あるモラルの論理からなにごとかを救いだそうとする苦肉の策であるわけだが、当のモラルの論理こそがそもそもわたしたちを宇宙的秩序から切断した当のものなのだ。そうした発想は要するに、ある過程、すなわち、常軌を逸した精神状態へといたる過程の頂点でしかない。というのも、それらの発想が前提としているのは次のような事態だからである。あまりに絶対的かつ徹底的に世界から切り離されているので、じぶん以外のあらゆる人間——あるいはあらゆる生命、宇宙的秩序さえも——ひとまとめに括ることができ、さらに、そうやって括られたもの［社会、自然、宇宙など］と交渉できる、と考えてしまう事態である。歴史的にみてそのような試みが、わたしたち自身の生を誤った前提の上にあるなにかとみなすこと、支払い期限をはるかに超過した借金とみなすこと、それゆえ、存在自体を犯罪的なものとみなすことに帰着してしまったのは、なんの不思議もない。しかし、ここに真の犯罪があるとしたら、それはこの欺瞞である。そもそもこの前提そのものが、欺瞞的なのである。じぶん自身の存在の基盤と交渉することが可能であると考えること以上に、おこがましく、ばかげた話しがあるだろうか？ むろん、ありえない。〈絶対的なもの〉となんらかの関係をもつことが、実際に可能であるならば、わたしたちは、完全に時間の外部あるいは人間的時間の外部に存在する原理と直面していることになる。したがって、中世の神学者たちが正しく認識していたように、〈絶対的なもの〉に対しては、負債のようなものがそもそもありえないのである。

結論：おそらく世界こそが、あなたから生を借りている［あなたに生を負っている］

信用と銀行業務についての既存の経済学的文献の多くは、本書で扱ってきたようなより大きな歴史的問題にふれるさいには、ひとりよがりの議論に終始するようにみえる。アダム・スミスやデヴィッド・リカードなど初期の思想家たちは信用システムに疑問を抱いていたが、一九世紀中期までには、こうした問題に取り組む経済学者たちの大部分が、一見したところとは違って銀行制度は実際には根本的に民主主義的であることを証明しようと努めるようになった。もっとよくみられた議論のひとつが、銀行とは「怠惰な金持ち」から資金を集める方法であるというものである。すなわち、「怠惰な金持ち」はじぶんのカネを投資する仕事をするには想像力が乏しすぎるので、それを他者、つまり新しい富を生産するエネルギーと意欲を持った「勤勉な貧者」にゆだねている、というわけだ。この議論は銀行の存在を正当化もしたが、同時に低金利政策、債務者の保護などを要求するポピュリストの主張を裏づけもした。というのも、景気が悪いときであるにしても、どうして勤勉な貧者、農民、職工、小事業家ばかりが被害を受けねばならないのか？。

ここから第二の議論の線があらわれる。まちがいなく古代世界において、富者とは有力な債権者のことであったが、現在では状況は反転している。ルードヴィヒ・フォン・ミーゼスは、一九三〇年代、ケインズが金利生活者の安楽死を主張している頃に以下のように述べている。

世論は常に債権者に対して偏見をもっている。債権者を怠け者の金持ちに、債務者を勤勉な貧者と同一視しているのだ。前者を冷酷な搾取者として憎悪し、後者を無垢な圧迫の犠牲者とみなし同情する。世論は、債権者の要求を抑制する政策を、少数の無情な高利貸を犠牲にして、圧倒的大多数に大いなる恩恵をもたらす方法とみなしている。だが、世論は、一九世紀の資本家の諸改革が、債権者と債務者の階級的構成を完全に変えてしまったことに、まったく気づいていない。アテネの立法家ソロンの時代、古代ローマの農業法の時代、そして中世において、債権者は圧倒的に富者であり、債務者は貧者であった。だが、公債（ボンド）や無担保債券（デベンチャー）、抵当銀行、貯蓄銀行、生命保険の各種、社会保障の給付金などにあふれた今日、よりつつましい所得の大衆のほうが、むしろ債権者なのである。*43

その一方で、いまや富者といえば、そのレバレッジド・カンパニー［資本構成のうちに負債を組み込んでいる会社］によって、主要な債務者なのである。これは「金融の民主主義化」論であり、ことさら新奇なものではない。利子をかき集めて生活している階級の根絶を主張する者がいるならば、未亡人や年金受給者の生活を破壊するとしてそれに反対する者もいるということだ。

興味深いのは、今日、金融システムを擁護する者たちが、しばしば両方の議論を用いて、ときどきの状況次第で、そのレトリックをとっかえひっかえしてみせるということである。一方には、トーマス・フリードマンのような「賢者（パンディット）」がいて、いまや「だれも」がエクソン［モービル］ないしはメキシコの一部を所有していること、したがって金持ちの債務者は貧者に責任を負っていることを称えている。その一方で、二〇〇九年公刊の『マネーの進化史』の著者であるニーアル・ファーガソンは、それでも以下の点を、じぶんの主要な発見のひとつとしている。

> 貧困は、強欲な投資銀行家が、貧者を搾取した結果として生じたものではない。むしろ、金融機関が不足していたため、つまり銀行が存在したからではなく、逆に銀行が身近に不在だったために貧しさが助長されてきた、と

いえる。マネーの借手が効率のいい形の信用を供与されてはじめて、高利貸から逃れることができる。また信頼できる銀行に預金できれば、のほほんと暮らす金持ちのカネが、勤勉な貧しい者に流れる仕組みができる。*44

主導的な論壇における議論の状況はこのようなものである。わたしが以上を引用するのは、直接それらに介入するというより、いかにそれらが一貫して誤った問いを立てるよう、わたしたちをみちびいているのか示すためである。この最後の一節をとりあげてみよう。ここでファーガソンは、いったいなにをいっているのだろうか？　貧困は、信用の欠如によって引き起こされている。勤勉な貧者が、安定した品行方正の銀行――高利貸あるいはいまや高利貸なみの利率を要求しているクレジット会社やペイデイローンなどのかわりに――から融資（ローン）を受けられさえするならば、貧困から脱出することができる、というわけである。つまりファーガソンがここで関心をよせているのは「貧困」そのものではまったくなく、勤勉なので貧しくあるべきでない特定の人間の貧困である。勤勉でない貧者についてはどうなのか？　おそらく（多くのキリスト教の宗派があからさまにいっているように）地獄へいけばいいのだ。あるいは、上げ潮がやってくれれば、おそらく連中の船も浮かびあがるだろう。それはあきらかに状況次第である。連中にはなんの見込みもない。勤勉でないからだ。だからどうなろうと実際のところどうでもよいことなのだ。

わたしにとって、まさにこれこそが負債のモラリティをかくも邪悪にしているものなのである。すなわち、金融の命法が、たえずわたしたちを、好むと好まざるとにかかわらず、たんにカネになるものとしてしか世界をみない掠奪者もどきへと還元している、そのやり方である。つづいて金融の命法はこう語りかける。世界を掠奪者としてみることを意志する者だけが、人生のうちに金銭以外のなにかを求めるために必要な資産を手にすることができるのだ、と。それはほとんどあらゆる次元でモラル上の倒錯を導入することになる（「すべての学生ローンを帳消しにする？　しかしそれは、学生ローンを返済するため何年もかけて苦闘した人たちに不公平ではないか！」。読者の方々に学生ローンを何年もかけて返済した本人として力を込めていいたいのは、この議論に意味はないということだ。強盗の被害者してみたらその、隣人を強盗しちゃいけないというのは「不公平」だよね、といってるのだから）。

　この議論が意味をもつとしたら、それは次の前提に合意するかぎりにおいてである。人類の種としての成功の究極の尺度は、少なくとも年間五パーセント、商品とサービスのグローバルな生産高を増加させる能力なのであるから、仕事というものは定義からして美徳である。問題は、わたしたちがこの方向でこれ以上進むならば、すべてを破壊してしまうだろうことが、ますますあきらかになりつつあることだ。その巨大負債機械は、過去五世紀をかけて、世界中の人口の大部分を新大陸征服者（コンキスタドール）とモラルという点でさしてかわらぬ存在に切り縮めてきた。そのあげく、じぶん自身の社会的限界、生態系的限界に突きあたったようなのだ。おのれ自身の破壊を想像するという資本主義の根深い性癖は、過去半世紀のあいだに、世界全体を道づれにすると脅迫するシナリオへと形態変化してきた。そしてこの性癖が消え去る様子はないのである。いまや真の問いは、どうやって事態の進行に歯止めをかけ、人びとがより働かず、よりよく生きる社会にむかうか、である。

　だからこそ、わたしは勤勉ではない貧者を言祝いで、本書を終えたい[*45]。少なくとも、彼らはだれも傷つけていない。彼らが、余暇の時間を、友人たちや家族とすごすこと、愛する者たちと楽しみ、配慮をむけあうことについやしている以上、彼らは考えられている以上に世界をよくしているのだ。おそらく、わたしたちは、彼らを、わたしたちの現在の経済秩序がはらんでいる自己破壊衝動を共有しようとしない、新しい経済秩序の先駆者とみなすべきだろう。

＊＊＊＊＊

本書においておおむね具体的な提案をすることを避けてきたが、最後にひとつだけさせていただきたい。わたしたちは、聖書流の特赦（ジュビリー）を長らく忘却していたようだ。国際的債務と消費者債務の双方にかかわる特赦である。それが有益なのは、きびしい人間的苦痛の多くを除去してくれるだけでなく、わたしたち自身に以下のことを想起させるからである。金銭は神聖なものではないこと、じぶんの負債を返済することがモラリティの本質ではないこと、これらのことはすべて人間による取り決めであること、そしてもし民主主義が意味をもつとするならば、それは合意によってすべてを違ったやり方で編成し直すことを可能にする力にあること。おもうにハンムラビ以来、大いなる帝国国家がほとんど例外なくこうした政治に抵抗してきたことは重大である。アテナイとローマは、その範例（パラダイム）を確立した。継続的な債務危機にみまわれたときですらアテナイとローマはことを円滑にすすめるための立法に固執したのである。すなわち、その衝撃を緩和し、債務奴隷のような露骨な虐待は禁止し、帝国の戦利品を使って貧しい市民（つまるところ一般の兵士の供給源であった）たちにあらゆる種類の恩恵をほどこし、多かれ少なかれ危機を遠ざけておこうとした。だがそれもこれも、負債の原理そのものに抵触してはならないのである。合衆国の統治者たちも驚嘆するほど似通った方法をとってきたようにみえる。すなわち、最悪の虐待（たとえば債務者監獄）を禁止し、帝国の富を使って大多数の国民を陰に陽に助成したのである。より近年になると、為替レートの操作によって、中国からの安価な財で国をあふれさせた。ところが、だれであれ借金は返さねばならないという聖なる原理をうたがうことは、だれにも許さなかったのである。

しかしながら、この原理が破廉恥な嘘だったことが、いまや白日のもとにさらけだされた。だれの眼にもあきらかなように、わたしたちは「だれもが」負債を支払わねばならないわけではないのである。返済の義務を負うのは特定の人間のみなのだ。しかし、すべてを帳消しにする［石版を拭き取る（wipe the slate clean）］ことはだれにとってもこのうえなく大切である。習慣づけられたモラリティと手を切り、再出発すること以上に大切なことはないのだから。

それにしても、つまるところ負債とはいったいなにか？　負債とは約束の倒錯にすぎない。それは数学と暴力によって腐敗［変貌（corrupted）］してしまった約束なのである。もし自由が（真の自由が）友をつくる能力であるならば、それはまた必然的に真の約束をなす自由ということにもなる。本当に自由な男女は、どのような約束をたがいにむすぶのだろうか？　いまのところなんともいえない。というより、むしろ問題は、いかにしてわたしたちは、それを発見することのできる場所にまでたどりつくのか、である。そして、最大限に拡げられた視界のなかでは、わたしたちの真の価値を決定することなどだれにもできないのと同様に、わたしたちが真になにを負っているのかを決める権利もだれにもないのである。このことを受け入れることこそ、わたしたちの旅の最初の一歩なのだ。

あとがき：二〇一四年

本書の執筆に着手した頃、二〇〇八年半ばのことであるが、わたしの頭には、来たるべき金融メルトダウンが重くのしかかっていた。こうした事象に関心をもつ人びとのほとんど——そんなことは起きないと言い張ることが職業的関心である人たち以外——は、ある種の破綻（クラッシュ）が不可避であることを認識していた。もとの理論寄りの学術書としての計画がはるかに大規模な試みに変貌を遂げたのは、まさにこうした大きな政治的文脈によってであった。つまり、わたしのような人間の手の内にある知的道具——歴史的、民族誌学的、理論的な——を使って、切実である諸問題をめぐって展開している議論に、いまだ影響を与えることができるだろうか。そんな試みである。

わたしが八方破れの学問的書物を書いてみようと考えたのはこのためである——もうだれも書かなくなったようなたぐいの書物である。こうした事情は、わたしのような人類学者にとってはとりわけ身につまされる。人類学者たちが学術世界でじぶんたちを位置づけるやり方に、わたしはいつも悲劇的なアイロニーを感じている。少なくとも過去一世紀にわたって、人類学者たちは、うるさ方のような役回りを演じてきた。野心的なヨーロッパやアメリカの理論家たちが、政治、経済、家族における人間生活の組織化について壮大な一般化をおこなうや、たちまち人類学者たちがあらわれて、そうはいかないのだ、と指摘してまわる。たとえばサモア諸島やフエゴ島やブルンジでは、それとは真逆だよ、など。だが、まさにこのために、人類学者だけが、諸々の証拠資料に即したかたちで幅広く一般化をおこなうことのできるのである。ところがその一方で、わたしたちのなかでは、そうした役割を担うことがまちがっているのではないかと感覚も強まっていった。それはある種の横暴さ、あるいは知的帝国主義のしるしとしてさえみなされている。

それでもなお、わたしには、そのような壮大な比較研究の試みこそが、いまの時代に必要とされているとおもわれた。それには二つの理由がある。第一に（そして最も明白なこととして）、本書でふれてきたように、わたしたちの集合的想像力が崩壊してきていること。あたかも、近年の技術の進歩と高まる社会的複雑性が、わたしたちの政治的、社会的、経済的可能性を拡張するどころか、縮小させていると信じるよう、わたしたちがみちびかれているかのようなのだ。それらは人びとの視野（ヴィジョン）を解き放つかわりに、いかなる種類の予見的政治（ヴィジョナリー・ポリティックス）をも不可能にしてきた。だから、人類史の幅広い拡がりを取り込む試みならば、人間が過去においてどれほど多くのやり方で政治的、経済的生活の構成を基礎づけてきたかを必ずやあきらかにし、そうすることでわたしたちの未来への視座の拡張のための一助となってくれるだろう。

二番目の理由――わたしが「五〇〇〇年史」が有効だと信じるようになった理由でもあるのだが――は、より微妙である。二〇〇八年がある種の歴史的分水嶺であることはあきらかだが、真の問題はその規模である。結局、ある種の断絶を体現するようにみえる劇的な歴史的出来事の渦中にあるとき、最も重要なことは、より大きなリズム構造を把握することであろう。この危機は、ある種の世代的な現象なのか、あるいは資本主義の景気循環にすぎないのか、あるいは科学技術の革新と衰退による六〇年単位のコンドラチェフ循環の不可避の展開なのか？　はたまた、より壮大な新時代の到来を知らせるものなのか？　これらのリズムは、どのようにたがいを織り込みあっているのか？　核をなすひとつの主要なリズムがあって、それがそれ以外のリズムを従属させているのだろうか？　それらは、どのように入れ子状をつくり、切分し、連鎖し、調和し、衝突しているのか？

　この問題に手こずるにつれ、わたしは、これが歴史的に最も広大な規模の断絶であり、それを理解するには、諸々の経済史的リズムについてのわたしたちの把握を完全に再考する必要があると考えるにいたった。

　人類学者は、この仕事の適任者にはみえないかもしれない。だが実は、わたしたちもまた、その試みにまったくふさわしい立場にあるのだ。というのも、歴史家と経済学者は、正反対の方向で道に迷う傾向があるからである。経済学者たちは、すでに完成した数学的モデル——と、それらに合致する人間本性にまつわる想定——をもって歴史に立ち向かう。それは、おおよそ、いくつかの方程式に即してデータを配置する作業である。それと対照的に歴史家たちは、あくまでも経験主義的なので、しばしば一切の推論を拒否する傾向がある。たとえば、ヨーロッパの青銅器時代に民主主義的な民衆集会があったという直接的証拠がないため、そのような集会があったと想定することは理にかなっているだろうか、あるいは実在する証拠のうちにそれらの存在を示唆する痕跡はないか、問われることさえないのである。そのかわり、そうした集会はなかった、あるいはありえないかのようにふるまい、その結果「民主主義の誕生」はギリシアの鉄器時代に起きたと主張するようになる。「鋳貨の歴史」でしかないにもかかわらず「貨幣の歴史」と銘打った無数の研究を眼にすることになるのも、このためである。硬貨は痕跡を残すが信用の記録はたいてい残ることがないので、歴史家たちはしばしば、その存在の可能性をいっさい無視してしまうのである。それと対照的に人類学者は、経験主義的——設定ずみのモデルを適用するだけということはしないという意味で——だが、非常に豊かな比較研究の素材をもっているために、ヨーロッパ青銅器時代の村の集会あるいは古代中国の信用制度が、現実にどのようなものだったか、推測することができる。さらに彼らは、証拠資料を再検討することで、じぶんたちの評価が、裏づけ可能か矛盾をきたすか、確認することができるのである。

　結局、「経済的生活」なるものを先験的カテゴリー（アプリオリ）としては語りえないことに、人類学者たちはするどく自覚的なのである。三〇〇年前においてさえ「経済」なるものは存在していなかった。少なくとも、固有の法則と原理を有する自律的実体とみなしうるものとしては存在していなかった。現実に生きていた大多数の人びとにとって、「経済的事象」とは、政治、法、家庭生活、宗教と呼び習わされている幅広い事象の一つの様相にすぎなかったのだ。経済的な言語は常に根本からモラル的であった――し、それは現在も変わらない。（たとえば枢軸時代の血塗られた現実政治（realpolitik）や、今日の経済学者たちの「合理的」な費用便益分析においてのように）そもそもモラルとは無関係であるとされるような場合でさえも例外ではない。だから真の経済史とはまたモラリティの歴史でもなければならない。（コミュニズム、交換、ヒエラルキーという）取引行為の論理（transactional logic）を論じた第五章が、本書において中枢的な役割を担っているのはそのためである。負債はいうまでもなく、経済的事象についてのいかなる議論も、あるいは価値ある生産物や資源へのアクセス権や処分権についてのいかなる議論も、さまざまのかたちで衝突しあう、複数のモラルの言説のもつれ合いにならざるをえないのだ。

以上のような考察にあたって、わたしが最も触発されたのは、二〇世紀初期のフランスの人類学者マルセル・モースだった。それには二つの理由がある。ひとつには、おそらく、すべての社会が矛盾するいくつもの原理の寄せ集めであることを認識した最初の人物がモースであるということ。もうひとつは、より具体的であるが、近代経済学が基盤をおいている人間の生活と人間の本性についての奇怪な想定の仮面を剥がすため、古代史にかんする洞察と現代の民族誌学の洞察をむすびつけようと試みた最初の人物であることである。なによりも「物々交換の神話」こそ現代文明の創設神話であると、正確かつ最も重要な点において特定し、それに対する代案（アルタナティヴ）を提供しようとしたのがモースその人なのである。

モースは、人類学史においても特異な人物である。フィールドワークをおこなったことがなく、まともな本の一冊も書かなかった（いくつもの未完論文を残したまま亡くなった）にもかかわらず、おりおり書きつがれた一連の論文は、とてつもない影響力を誇っている。その論文のいずれもが各々の主題に即した後続の論文の一群を触発したほどである。モースは、このうえなく興味深い問いを投げかけるという並外れた才能をもっていた——生贄の意味、魔術の本質、贈与の本性、身体所作や身体技術に書き込まれた文化的想定、自己についての観念など。これらの問いは、人類学という知の基本的輪郭を定めることになったのである。だから人類学者としては、彼の仕事は大成功をおさめたといえる。だがモースはまた、政治的活動家でもあった。彼は、協同組合主義者であり、社会主義系の新聞や雑誌に熱心に寄稿し、社会理論を政治問題に応用することをめざした。だが、そうした彼の努力は、ほとんど成功していない。彼の最もよく知られた『贈与論』は、未開経済が物々交換によって機能していたという考えを一掃するために書かれたのだが、知識人社会における多大なる評価にもかかわらず、経済学の教育内容にも、この問題についての大衆の理解にも影響を与えることはなかった。

本書を書き継ぎながら、モースが書いたかもしれない——彼に常につきまとった混乱を克服して実際に書けたとしたら——本を書きたいと、じぶんにいい聞かせていた。そのことがうまくいったどうか、わたしにはわからない。それに、たとえうまくいったとしても、それでよかったかどうかわからない。だがわたしは、ある意味で、モースの生涯にわたる目的のひとつを達成することに寄与できたことに、とても満足している。すなわち、物々交換の神話を終わらせたことである。ちなみに、それはモースだけの目的ではなかった。それは、人類学者たちの一世紀以上にわたる不満の種だったのだ。ことさらこの神話となると、わたしたちの多くが幾度も壁に頭をぶつけている気がしたものだ。わたしたちがそんなことは端的にありえないことを何度証明しても、経済学者たちによるこのおなじみの物語が教科書や漫画にふたたび登場しては常識として語り継がれ、胸が悪くなるほどくり返されるのをみてきたからだ。その変化がどれだけ深いもので持久力をもつのか、長い目でみないことにはなんともいえないのはもちろんである。だが『負債論』の成功は、ついにひとつのインパクトをもたらしたようにもみえる。今年になってイングランド銀行が、貨幣の起源を説明するビデオとテキストつきで「近代経済における貨幣の役割」という声明を発表した。それは物々交換の神話を語るかのように（「おたがいの持ち物を交換したがっているむかしむかしの漁夫と農民がいると想像してみましょう（…）」という具合で）はじまるのだが、すぐに本書から直接引かれたかのごとく、まにあわせの借用証書の逸話へと展開するのである。わたしの二、三の友人は、本当に本書から引かれたことかどうかについては強力に怪しんでいる。わたしにはわからない――現代金融理論［現代貨幣理論］(Modern Monetary Theory) に影響されたのかもしれない――のだが、それを聞いたわたしの最初の反応が、人類学者すべての名においてシャンパンで祝おうというものだったことは認めねばならない。一世紀に及ぶ努力の甲斐あって、わたしたちはとうとうそれに成功したのだ！

この本のもったインパクトについて、おどろかされた――仰天さえした――のは、それによってだけではない。もちろん、その成功の多くが、端的に時勢の運によっている。ここにひそむアイロニーは、決して小さなものではない。『負債論』以前のわたしの知的キャリアの特徴といえば、想像しうるかぎりの最悪のタイミングであった。わたしは、長編の民族誌を書くことがほとんど不可能になっていたときに、微に入り細を穿つ長編小説のような民族誌 *Lost People*［『失われた人びと』］を書き、人類学という学問分野がもはや理論に関心がなくなっていた頃、*Toward an Anthropological Theory of Value*［『人類学的価値論にむけて』］という人類学理論の本を公刊した。[†1] わたしはさらに九・一一の直前に、直接行動の擁護者として知られるようになった。[†2] だが二〇一一年になってから、それ以前の一五年間にわたしが逸しつづけてきたタイミングというものすべてが、あたかもわたしに追いつこうとでもしているかのようであった。わたしの負債についての著作があらわれたのは、二〇〇八年は貨幣価値の一時的下落の表現にすぎないという考えを人びとが放棄したまさにそのとき——そして負債本位の政治が真に意味することについて切実な問いを投げかけはじめたとき——であった。のみならず、わたしが本書の宣伝のためにニューヨークをおとずれたそのとき、ニューヨークを基盤としたある社会運動が形成されはじめ、やがてアメリカ全体そして世界全体を席巻することになった。

わたしが、オキュパイ・ウォールストリートにかかわりをもつ理由があることはあきらかだった。二〇一一年の六月に、［現住所のあるロンドンから］ニューヨークにふたたび戻ったとき、わたしは例によってまず活動家たちと交流したのだが、そこでズコッティ公園を占拠した八〇数名のひとりとして参加することになったのだった。だが、当時、わたしには、それら二つのことがら［本書と運動］がつながっていることが、よくわからなかった。それどころかむしろ、わたしはそれらを切り離そうと努力していた。つまるところわたしは、運動に自己のイデオロギー的志向性を押しつける前衛的知識人になりたくはなかったのである。またわたしは、社会運動を使ってじぶんの本をプロモートするのは下劣な行為だとも考えていた。したがって、会合や集会やイベントにおいて本書を紹介したり、それにまつわる議論を投げかけたりするのを避けていたのである。だが、それもだんだんむずかしくなっていった。本書に関連するトークを公開の場でおこなうと、そこに若者にいた場合、常に少なくともそのう

---

†1　David Graber, *Lost People - Magic and the Legacy of Slavery in Madagascar*, Bloomington and Indianapolis: Indiana University Press, 2007.David Graber, *Toward an Anthropological Theory of Value–The False Coin of Our Own Dreams*, New York: Palgrave, 2001.

†2　ここで作者が示唆しているのは、二〇〇一年九月一一日の世界貿易センター攻撃以降、合衆国および世界の保安体制強化にともなって、街頭行動への弾圧が強化され、（場合によってはテロリズムと同一視されるなど）、直接行動にそなわっていた楽天的側面が、大きな損害をこうむったことである。

ちの一人——あるいは数人——が近づいてきて、学生の負債という問題についてなんらかの運動を立ち上げる可能性について相談してきたのである。そしてズコッティの占拠がはじまったとき——ふたをあけてみるまでは、いったいだれが、いったい何人がそこに集まるのかまったく予想不能だったのだが——そこに集まった多くは、実際に「負債難民」だったのだ。ズコッティの野営キャンプが弾圧されたあと、わたしたちは、一連の民衆集会（popular assemblies）をひらいて、参加者たちが運動をどこにむけたいと望んでいるのか知ろうとした。そして負債にかんする集会が、それ以外をはるかに抑えて大規模かつ熱意をよんだのである。まもなくして、わたしはストライク・デット！（Strike Debt!）という占拠（オキュパイ）運動のなかの——まさに右に記した理由で初期には関与を避けていた——活動グループに参加し、『負債難民のためのマニュアル』（*Debt Resisters' Operations Manual*）というタイトルのパンフレットの作成やローリング・ジュビリー（Rolling Jubilee）といったネットワーク［負債を購入するなどの相互扶助を通して債務者を解放する］の組織化やその他の戦略を構築する手伝いをおこなったのである。†

これらの展開が、どのような結果をもたらすかは、将来あきらかになるだろう。本書の知的遺物が結局どのようなものであるのか、二〇一一年の運動とそれにつづく負債をめぐる運動が結局どのような政治的意味をもつのか、あきらかになるのはしばらく先のことだろう。また本書で提起された問いについて、いちばんおもしろい議論が起こるのもまた将来のことであろうと、わたしは考えているし、そうねがっている。当初の反応のほとんどは、長年にわたる諸問題を、なじみが薄く波紋を呼ぶようなかたちでひっくり返そうとする本であれば、おおよそ予想できるようなものであった。たとえば、多くのアメリカのリベラルたちは、（過去数千年にわたり諸帝国の組織化と国家的暴力、負債、貨幣創造の諸形態などのあいだには密接な関係があったという）基本的前提については、魅力的な歴史的発見として受け入れてくれた。ところが、一九四五年以降も事態は基本的に変わっていないという主張には怒りが返ってきたのである。（たまたま似ていてまったくおなじように機能してはいるが、いまや古い帝国的システムは消え去って、純粋に自発的で非帝国的であるシステムにとってかわっているという想定は自明の前提なのである）多くのラディカルは、これとは違ったたぐいの本（おそらくマルクス的価値論かあるいは新古典派的な経済史についてのもの）でなく、こうした本を書いたことで、わたしに小言をいうだけだった。いくつかのすばらしい例外――ベンジャミン・クンケルやジョージ・カフェンティス、シルヴィア・フェデリッチといった人たちが即座におもい浮かぶ――があったとはいえ、おそらく本当に重要な対話が開始されるまでにはしばらくかかるだろう。

なによりもわたしがねがっているのは、負債、仕事、貨幣、成長、「経済」などの理念そのものについて、広範なモラル上の視座から再考することにささやかなりとも本書が貢献できれば、ということである。本書で指摘したように、「経済」と呼ばれるなにかが存在するという思想は比較的新しいものである。まさに今日、生まれた子どもたちは、もはや「経済」がなく、それらの問題がまったく異なった言語で検討される日を経験するだろうか？　そのような世界はいったいどのようなものだろうか？　わたしたちの立っている現在の地点からは、そのような世界を想像することさえむずかしい。だが、もしわたしたちが、一世代かそこらのあいだに人類全体を一掃してしまう危険のない世界を創造しようとするならば、まさにそのような規模でもろもろの事柄を想像し直しはじめねばならないだろう。そしてその過程において、わたしたちが最も大切にしている――たとえば仕事の価値あるいは負債を支払う美徳など――想定の多くが、転倒されていくはずである。

こうしたあれこれの思惑を背景に、わたしは本書を、世界の勤勉でない貧者たちを称えて終えたのだった。

---

† これらの活動については〈http://strikedebt.org/〉を参照せよ。

そこでこのあとがきもまた、おなじように、しかし今度はアダム・スミスに敬意を表することで終えようとおもう。この偉大なスコットランドのモラル哲学者は、本書において、かならずしもよくいわれていない。それはひとつには、わたしが彼の哲学の一面についてのみとりあげたからだ。すなわち、万人がひたすら公正に取引し合い、おのおのが最下の利益を求め、貸し借りなしにたがいに別れる、というある種のユートピア的光景への執着という一面である。だが、これらはどれも、人間は一般的に他者の共感に充ちた注目の対象たろうとすることに動機づけられている、とする人間的動機論（a theory of human motivation）に依拠している。ひとが富を追求するのは、他人が豊かな者を重視することを知っているからである。自由市場が万人の向上に貢献するとスミスが考えたのは、まさにそのためであった。すなわち、なんらかの心地よい卓越性がいったん獲得されてからも、さらなる優越を求めつづけるほど、ふつうの人間は勤勉でなく、出世欲も強くない、とスミスは考えていた。ひとは蓄積それ自体のために富を蓄積しつづけることはない、と彼は信じていたのだ。スミスにとって、心地よい暮らしができるようになったあとも富を追求することは、端的に無意味であり病理でさえあったのだ。だから『道徳感情論』において、プルタルコスの逸話が披露されるのである。

エピルスの王の寵臣が彼にいったことは、人間生活のあらゆる通常の状態にある人びとにあてはまるだろう。王がその寵臣に対して、彼がおこなおうと目ざしていたすべての征服を、その正当な順序で列挙し、そしてそれらの最後にものにきたとき、「ところで、それから陛下はなにをなさいますか」と寵臣はいった。それからわたしがしたいと思うのは、わたしの友人とともに楽しみ、一本の酒で楽しくつきあうようにしたいということだ……と王はいった。「それで、陛下がいまそうなさることを、なにが妨げているのでしょうか」と、寵臣はこたえたのである（水田洋訳『道徳感情論（上）』岩波文庫、四三四頁）。

おかしなことに、これを読むやいなや、わたしはこの冗談が、大学院時代の指導教授マーシャル・サーリンズがよく口にしていた冗談と基本的におなじであることに気がついた。ただしサーリンズのものは、ある宣教師と浜辺で寝ているサモア人のあいだの想像上の遭遇に設定が変わっているのだが。

宣教師：いったいなにをしているのかね！　そうやってごろごろして、人生をムダにしちゃだめじゃないか。
サモア人：どうしてだね？　じゃあいったいなにをすればいいのかい？
宣教師：そら、ここには椰子の実が山ほどある。干して売ったらいい。
サモア人：いったいぜんたい、なんでそんなことしなきゃいけないんだ？
宣教師：おかねがたくさん手に入るではないか。そのおかねで干し機を買えば、もっと手早く干し椰子の実がつくれるし、そうすればもっとおかねももうかるのだ。
サモア人：なるほど。でも、どうしておかねをもうけなきゃいけないんだい？
宣教師：おかねもちになれるではないか。それで土地を買って、木をたくさん植えて、事業を広げればいい。その頃には、きみはもう働かなくてよくなっているのだ。たくさん人を雇ってやらせればいい。
サモア人：でも、どうしておかねもちになって、そういうことをひとにやらせなきゃいけないんだい？
宣教師：ううむ、椰子の実と土地と機械と雇い人ともうけたおかねで、おかねもちになったら、引退できるではないか。そうすれば、もうなにもする必要はない。一日中、きみは浜辺で寝ていられるのだ。

世界を共に想像し直すために——訳者あとがきにかえて

酒井隆史
高祖岩三郎

本書はDavid Graeber, *Debt: The First 5000 years: updated and expanded edition* の翻訳である。「増補最新版」というところであろうか、二〇一四年にあらためてあとがきを附して公刊された、現在までの最新版を底本とした。Das Kapital（英語版ではCapital）を『資本論』とした先例のひそみにならい、というわけでもないが、日本語タイトルは『負債論』にし、本書のスケールについての野心のほどのようかがえる副題「最初の五〇〇〇年」も、日本語圏の読者にむけて、より内容を明快にするために「貨幣と暴力の五〇〇〇年」とした。

1　『負債論』の公刊と、その波紋

デヴィッド・グレーバーとはだれか。詳細はこれまでの翻訳書のあとがきなどにゆずって[1]、ここでは、訳者のひとり（高祖）が以前、述べたことをくり返して、すませておきたい。「グレーバーは、生身の人間である。より詳しくいうと、例外なく時間に遅れる困った奴である。だが友人である。そして情熱的な活動家でもある。そしてそんな人間が、幸運なことにすぐれた人類学者でもあった」。これを訳者が書いたとき、「グレーバー現象」と呼び

＊1　とりわけ、『アナーキスト人類学のための断章』以文社、とその訳者あとがきを参照せよ。

うるようなインパクトと存在感を示しはじめてはいたものの、それでもまだ一部のアカデミズムと活動家サークルのあいだでのものであった。グレーバーが国際的に、いわゆる「ブレイク」したのは、本書の公刊によってである。いずれにしても、グレーバーの独自性を構成するもろもろの資質が、ひとまず全面的に開花したのが、本書であるといってよいだろう。

デヴィッド・グレーバーの日本での紹介は二〇〇八年頃、G8洞爺湖サミットの反対行動にあわせて来日したあたりにはじまっているが、その時点では、すでに生産的ではあったものの、翻訳された当の本（『アナーキスト人類学のための断章』）ふくめ、著作は二冊しか存在していなかった。そのさいに現在進行形のプロジェクトとしてあげられた企ては、いまではおおよそ書物というかたちで成就しているが、そのひとつがこの『負債論』だったのである。

二〇一四年版のあとがきにもあるように、本書はこのような長大で密度のある人文書としては著者にとっても予想外の異例の成功によって迎えられた。英語版オリジナルは、一〇カ月で六万部の売れ行きをみせている。海外でも同様である。たとえば最初に翻訳の公刊されたドイツでは、「一一週間のベストセラー」を記録している。[*2]『フランクフルト・アルゲマイナー』紙や『シュピーゲル』紙のような大手の新聞でも書評が掲載され、たとえば、次のような評価がなされている。「グレーバーのテキストはひとつの啓示である。というのも、もはやわれわれは一見して経済合理性のシステム内部で右往左往を強いられることもないからである」。翻訳公刊後のグレーバーのドイツへの訪問は、おもわぬ熱狂が待っていたようで、グレーバーは、講演に加えて、テレビ、ラジオ、雑誌のインタビューを一六本、こなしたと述べている。なかでも、テレビでのエコノミスト、政治家の討論番組に出演したときのエピソードがその奇妙な受容を象徴していたらしい。「それは信じがたいほど気のない退屈な討論でした。ところがわたしがスタジオに入るや、ほとんど解放されたかのような雰囲気に変わったのです。「これが例のいかれたアナキスト野郎か！　さあ、いかれたきみの思想を聞かせてくれ！」というわけです」。テレビキャスターのしょっぱなからの「資本主義は終わりつつあるのですか？」という質問に、そのときはなにかのジョークではないか、と面食らったグレーバーだが、そのキャスターが東ドイツ出身であるということをのちに知り、「システムの終焉を一度経験している人間」ならではのシリアスな問いであった、ということで納得したということである。その番組では、グレーバーの提案に中央銀行の人間が賛同を示したというのだが、これもどういう事態か、具体的にはよくわからない。ただ、本書のあるレビューによれば、ドイツ銀行グループのチーフエコノミストも本書を書評して、中央銀行の未来について積極的に評価している、という。[*3]

これらは、本書公刊の惹き起こした反響のごく一部をあげただけであるが、その原因には、もちろん本書の力もあるものの、タイミングもあずかって大きい。二〇一四年版あとがきにおいて、これまでのキャリアのタイミングの悪さをこれで一挙に埋めたと著者自身もいうように、本書の公刊の二〇一一年は、二〇〇七年以来の金融クラッシュのひとつの帰結である、ウォールストリート占拠運動（いわゆる「オキュパイ運動」）の開始した年でもある。グレーバーは、高祖とともに、その端緒よりの参加者であり、また、アイデアの提供者であり（著名なところでは「われわれは九九％だ」というスローガンを造出（コイネーツ）している。グレーバー自身は、このスローガンの意図するところについて、「階級支配は実在する」という意識を喚起することにあったとしている）、理論的支柱のひとりでもあっ

＊2　Hannah Chadeayne Appel, Finance Is Just Another Word for Other People's Debts An Interview with David Graeber, in *Radical History Review*, Issue 118 (Winter 2014)

＊3　Ingo Stützle, Debt and Punishment: A Critical Review of David Graeber's Debt, am 12. Juni 2012.（http://communism.blogsport.eu/2012/06/12/debt-and-punishment-a-critical-review-of-david-graebers-debt/）

た。

もうすこしその反響をみてみよう。これは皮肉だろうが、あとがきを附した二〇一四年版の表紙の真ん中を、『ファイナンシャル・タイムズ』紙の書評の一節が飾っている。「新鮮…魅力的…挑発的、そしてとんでもないタイミングのよさ」。出版直後の『ニューヨーク・タイムズ』紙の書評欄では、「アナキスト人類学」と題された長い記事が掲載され、そこではこう述べられている。「われわれの経済の荒廃、モラルの荒廃の状態についての長大なフィールド報告。人類学の最良の伝統のなかで、グレーバーは債務上限、サブプライムモーゲージ、クレジット・デフォルト・スワップを、あたかも自己破壊的部族のエキゾチックな慣行のように扱っている。大胆かつ魅力的な文体で書かれた本書はまた、負債の本質——その由来と発展の様式——についての哲学的探求でもある」[*4]。

研究者によるものをみてみよう。シカゴ大学での指導教員であったマーシャル・サーリンズ[*5]は、次のようにいっている。「もし人類学の営みが、他者の一見して粗野な思考を、その他者の固有の文化的条件のなかで論理的に必然性のあるものとし、人間の条件一般について知的にあきらかにすることにあるとしたら、デヴィッド・グレーバーは無類の人類学者である。彼はこの深遠なる妙技をわがものとしているだけではない。他者の諸世界の諸可能性をわたしたち自身の世界の理解の基盤とするという批判的課題——かってなく切迫した課題——によって、グレーバーはそれを強化しているのである」[*6]。

本書も大きな影響を受けている——最大のインスピレーション源としている——人類学者キース・ハート（一九七〇年代に「インフォーマル経済」を造出したことでよく知られている）は、グレーバーの知的作業をルソーからはじまる「不平等世界の人類学」の流れに位置づけながら、次のように述べている。「わたしは出版社からの注文に応じて、本書の賛辞としてこう述べた。「わたしの知る最高の人類学者である」と、かれが最近［二〇一一年］

公刊したシルック族の聖王についての長大な論考は、[*7]フレイザーからこのかた数多くの著名な人類学者とおなじ基盤的知識をカバーしているのだが、そこにさらに、比類なき学識と民主主義的な政治的展望がつけ加えられている。このような本『負債論』が、ときに事実警察（ファクト・ポリス）に摘発されるであろうことは不可避であろう。しかし、本書は、途方もない知性の産物であり、それ自体で称賛されるに値するのである。／われわれの世界はいまだとてつもなく不平等である。金融帝国主義の数十年が崩壊したあとに到来した、一九一四年から一九四五年の「第二の三十年戦争」に比すべき戦争と革命の時代に、われわれは突入しているのかもしれない。資本主義それ自体は、今日、ヴィクトリア朝時代よりも旧体制の野放図な不平等に似た、レント取得を旨とする体制へと復帰しているようにも、ときにみえる。経済的民主主義の追求は、かつてなく困難である。しかし人類はまた、普遍的理念の表現にふさわしい普遍的コミュニケーション手段をも、ついに、つくりだしてもきたのである。ジャン・ジャック・ルソーならこの機会に飛びついたであろうし、この二世紀にわたってルソーの傑出した後継者たちは、じぶんたちなりのやり方でそれをおこなってきた。わたしたちが必要としているのは、わたしたちの直面した共通の苦境によって与えられた挑戦に立ち向かう人類学である。この要求に応じるに、グレーバー以上にふさわしい人間はいない。その仕事総

＊4　Thomas Meaney, Anarchist Anthropology（http://www.nytimes.com/2011/12/11/books/review/anarchist-anthropology.html?_r=1）

＊5　ちなみに、本稿執筆時点ではまだ予告のみの段階であるが、グレーバーの最新著は、サーリンズとの共著『王たちについて』（*On Kings*, HAU ,2016）である。

＊6　本書二〇〇四年版カバーによせられた一文より。

＊7　David Graeber, The divine kingship of the Shilluk: On violence, utopia, and the human condition, or, elements for an archaeology of sovereignty, in *Hau*, vol.1, no.1,2011（http://www.haujournal.org/index.php/hau/article/view/7）

体において、とりわけ、本書においてそうなのである」[*8]。

ちなみに、キース・ハートの最大のお気に入りの思想家がルソーであり、なかでも最大のお気に入りの著作が、その『不平等起源論』である。とはいえ、このハートの肯定的評価は、その手前で、同僚ならではともいえる、さまざまのきびしい批判もあってのものであることは、記しておかねばならない。ここで、その余裕はないが、いずれにしてもそれらの批判を検討することで、より本書のもつ意味もあきらかになるだろう。

もうひとつ、グレーバーは経済学者のトマ・ピケティとも対談をおこなっている[*9]。ピケティは『負債論』の次の著作『ルールのユートピア』のカバーに"I Love Debt"という賛辞をよせているが、おそらくこの一節は、もともとこの対談でのピケティの発言をもとにしているものとおもわれる（「ところで、わたしはこの本を愛しています」）。マルクスには冷淡なピケティも『負債論』には共感を隠していない。しかし、一方、『負債論』への「唯一の不満」として、「負債と資本とを同一視している」こと、そしてそのような問題点が、グレーバーの本書での唯一の提案である「債務帳消し」の問題にむすびついているとして、疑問を呈している。そして、みずからの提案である、大胆な所得税を強調するのである。グレーバーは、おそらくこの対談以前に『ガーディアン』紙に、ピケティの『二一世紀の資本』への批判的言及をおこなっているが[*10]、この対談でもそれをくり返している。つまり、ピケティの提案する諸々の政策、たとえば所得税八〇％が可能になるとしたら、一九二〇年代、三〇年代のような戦闘的な労働運動が必要であること、富裕層が恐怖を抱くようなライバル（かつての「社会主義圏」などのような）が必要であること、また成長経済を前提とした配分可能性が必要なこと、である。したがって、このような（改良主義的な）再分配政策では、もはや、どうにもならないし、そもそも、再分配政策を起動させる条件が不在なのである。このあたりの争点についてもまた、検討に値するだろう。

ここまでみてきたように、グレーバーは研究者としてのみならず「オルタグローバリゼーション」ないしグローバル・ジャスティス運動の活動家そして理論家としてよく知られている。とりわけウォールストリート占拠運動への注目は、グレーバーの活動家としての存在をあらためて印象づけた。二〇一四年版あとがきにもあるように、本書は、ウォールストリート占拠運動のみならず、それから展開をみせたいくつかの運動にも寄与している。たとえば、占拠運動を構成する一行動グループとして出発し、学生ローン、住宅ローン、クレジットローンなど、負債にまつわる広範にわたる民衆闘争を組織してきた「ストライク・デット！」は、本書を集団的に読むなかからヒントをえて、いくつものプロジェクトを戦略化している。その出発点は、本書の基盤となっている、「人類史を通して、階級間の公然たる政治的抗争が出現したとき、それは、拘束された者の解放、そしてたいてい、土地のより公正な再分配というような、負債解消の申し立てというかたちをとっていた」という歴史的認識と、（安息年にあらゆる負債が無効になるという）「ヨベルの法」における「贖い」とは、負債を買い戻すだけではなく、究極的には計算システム自体を解体していくことである、という大胆な解釈であった。注意しなければならないのは、ここにみられるのが、運動を主導する前衛的知識人という構図では、決してないことである。グレーバー自身がつねに強調するように、それは一九九〇年代のさまざまの民衆運動を主導する理念の主要な力点が、マルクス主義からアナキズムの方へと大きくぶれ、それが運動と知識人とのありかたをまた大きく変えているという趨勢のなかで、グレー

＊8　Keith Hart, In Rousseau's footsteps : David Graeber and the anthropology of unequal society in Journal du MAUSS, 2013 (http://www.journaldumauss.net/?In-Rousseau-s-footsteps-David)

＊9　David Graeber, Thomas Piketty, Soak the Rich: An exchange on capital, debt, and the future (http://thebaffler.com/odds-and-ends/soak-the-rich)

＊10　David Graeber, Savage capitalism is back and it will not tame itself, in *The Guardian*, Friday 30 May 2014.

バー自身がその組織化や行動のうちで機能している「モラル」を知的に汲み上げているということでもある。*11

2　『負債論』について――ひとつの読書地図

頻発する「ちなみに（incidentally）」とともに、「博覧強記をもってなる」といった一節も陳腐にしてしまうごとき知的力業でもって、ありとあらゆる領域から事例が積み重ねられ、議論は蛇行しながらすすみ、しばしば本筋を見失わせて脱線してしまう、しかも、いったいどこが脱線かも判然としなくなるのが、とりわけ本書の特徴である。それこそ、本書をきわだっておもしろい読み物にしているし、また可能性に充ちたものにしている。そして、そこからどのような世界をみちびきだすのかは、読み手によって当然、変わりうる。だから、ここでそうする無粋は承知のうえなのだが、あまりに深く迷いこんだときのための荒っぽい手書きの地図のようなものとして、ここで訳者によるひとつの見取り図を投げておきたいとおもう。

本書はおよそ二部にわかれている。そうみなした場合、映画でいえば第七章と第八章のあいまに休憩に入り、第二部の開幕を本書でもっとも簡潔である第八章（「信用」対「地金」――そして歴史のサイクル）が飾ることになる。

第一部は負債の原論にあたり、第二部は壮大なユーラシア大陸五〇〇〇年史とみなすことができる。その場合、第一部は理論的基礎という意味をもつ第五章を折り返しとしてさらに二部にわかれ、前半を負債と貨幣がなんではないか、を理論的に考察し、第五章を土台にして、基本的には民族誌を手がかりにしてそれぞれ分厚い記述を展開させる第六章、第七章がつづくとみなしうるだろう。

ここでは前半を章ごとに、その流れを示し、後半は、すべての章がひとつの流れの表現とみなしうるので、まとめておきたい。そして、適当に情報を追加することで、読者の一助となればとねがう次第である。

前半（第一章から第七章）

第一章「モラル上の混乱の経験をめぐって」。本書全体の問題の設定が提示される。現代世界の南北関係における負債をめぐる厳しい事情をさんざん語ったにもかかわらず、「借りたお金は返さないと」というキメの一言でひっくり返された経験から、この「借りたカネは返さねばならぬ」という経済とモラルのからみ合って強力さを増幅させる常識を覆すことが課題として提出される。著者はこの混乱は、負債の歴史のなかにはいつも、(1)借りた金を返すことは純粋にモラルの問題であるという考えと、(2)習慣的に金を貸す人間はだれであろうと邪悪であるとい

＊11　このあとがきではあえてビブリオグラフィをのせないが、ビブリオがわりにひとつふれておくならば、この点で興味深いのは、サーリンズのいう人類学の課題、他者の諸可能性を、みずからの分析のかてにする、というだけではなく、グレーバーは、みずからの諸可能性を他者の可能性にもむすびつける、ということである。グレーバーは、マダガスカルのフィールドワークをもとにした博士論文に手を加えたうえで、二〇〇七年に大著の民族誌を公刊している（『失われた人びと――マダガスカルにおける魔術と奴隷制の遺産』*Lost People: Magic and the Legacy of Slavery in Madagascar*, Indiana University Press）。みずから「ドストエフスキーまがいの長編小説のような、性格（キャラクター）を中心にすえた」というこの破天荒な民族誌には、国家機構に通常属するふるまい（役所に書類を届けたり）が、それ自体としてほとんど意味をもたない儀礼にすぎないこと、そして国家の不在が国家の儀礼を日常的に反復することで支えられていることについての観察がある。それ自体きわめて興味深いのだが、ここでおもしろいのは、それにグレーバーがはっきりと気づいたのは、そのフィールドワークのあとで、ということである。つまり、そのあと、グレーバーが参加するようになったグローバル・ジャスティス運動における組織化のありよう、とりわけアナキストの行動形態を観察することによってである、という点である。彼らは国家のなかにありながらも国家が不在であるようにして行動を組織化していたのである。このように、「未開」と「現在」がほとんど区別されない、たがいの真実を開示するように世界を観察するところに、グレーバーの特徴があるようにおもう。『失われた人びと』の二年後に公刊された、これもさらに長大な現在の民族誌『直接行動――ひとつの民族誌』（*Direct Action: An Ethnography*, AK Press）も参照されたい。

う考えが共存していることにあらわれている、という。そこで『日本霊異記』が参照されるわけだが、この点について、たとえば日本においても、現代にふさわしく負債をめぐる文化表現は数多いが、たとえばそのひとつである『ミナミの帝王』にも、同様の混乱がみてとれる。金貸しである主役（萬田銀次郎）は、口癖のように「借りたカネは返すのがスジというものである」と説教をし、それが物語世界のモラル上の枠組みを形成している。ところが同時に、主役以外の金貸しはおおよそ卑劣な悪人としてあらわれ、借金で追いつめられる「庶民」は、愚かではあるがある種の計略によって貶められた犠牲者として描かれる。そして、不当な債権者は最終的には征伐（ポエティック・ジャスティス）されるのである。「世俗世界においては、モラルとはその大部分が他者への義務をはたすことから成り立っており、わたしたちはそういった義務を負債として想像するという根深い傾向をもっているのである」という一節は重要である。つまり義務と負債をべつの概念とわきまえておくことが本書の読解には欠くことができない。義務と負債は本来おなじではないにもかかわらず、義務は負債の論理によって想像されること、そこに暴力と貨幣による数量化という二つの要因が深くかかわってくることが、第一章でひとまず概略的に提示されているのである。「暴力に基盤を置く諸関係を正当化しそれらをモラルで粉飾するためには、負債の言語によってそれらを再構成する以上に有効な方法はない」。そこここに逸話の散りばめられた第一章には、chatty（饒舌、というか、おしゃべりのような）とも評されるグレーバーの文体、初期のよりアカデミックな著作ではまだ萌芽状態であった独特の文体が顕著にみられる。その逸話は、ときに議論の筋を明快にするよりは、ときに混乱させることもあるような気もするのであるが。

第二章「物々交換の神話」。本書の焦点は、もちろん負債論であるが、それは同時に貨幣論でもある。だが、それはなぜだろうか？　その問いから第二章ははじまる。ここでも義務と負債の違いが出発点である。義務を負債に変えるもの、つまり、義務を数量化し返済をすることにより、貨幣が負債を可能にするというだけではなく、負債と貨幣が同時に登場しているのである。近年では貨幣の起源を負債におくという見方は、それなりに浸透してきているとおもう。その大きな契機はエジプト、とりわけメソポタミアの考古学的研究の進展のようであるが、グレーバーの考察はそのメソポタミア研究、あるいは、メソポタミア研究をもとにして貨幣論を展開している異端派経済学者のマイケル・ハドソンに大きく依拠している。さて、第二章の本題は、物々交換の神話の解体である。この神話の最も単純な形式が以下のようにまとめられる。「むかしむかし物々交換がありました。でも物々交換がなりたつにはとても骨が折れたのです。そこでひとは、お金（マネー）を発明しました。そこから銀行や信用が発展したのです」。ここにある「骨が折れる」ということを、経済学は「欲求の二重の一致」と表現する。貨幣は、この「欲求の二重の一致」を解消するというかたちで導入されるのである。グレーバーによれば、この物々交換からの貨幣の導出の話は、アダム・スミスの創作になる経済学の創設神話である。それは神話であって、対応する実態は存在しない。それでは、経済学による想像の産物の物々交換ではなく、実際に存在する物々交換はどのようにおこなわれるのか。民族誌を用いながら、それが、きわめて対照的なかたちで、「劇的」に提示されるのである。未開社会において、物々交換は、おおがかりな象徴的儀礼に包まれている。交換は共同体と共同体のはざまでおこなわれ、したがってそれは、よそ者どうしのあいだでのコミュニケーションである。それは暴力をみなぎらせた緊張をはらみ、そしてまた、ときに性的な交流をもふくむ饗宴の悦びに充ちた、非日常的な時間の断層である。かくして、簡素な物々交換の空想とはかけはなれたそのありようが描写され、その異様な光景のなかから、交換という営為にはらまれるその論理がひきだされるのである。アダム・スミスが物々交換をみいだしたところに実際に存在したのは、信用によるやりとりであることが、異端派貨幣論者であるミッチェル・イネスを参照にしながら指摘される。この点は、第一一章の資本主義についての議論においてより詳細に論じられることになる。最後に、メソポタミアの事例が検討され、これまで発見されている世界最古の貨幣が、宮殿＝神殿複合体という行政組織を介した信用貨幣であることが論じられる。

第三章「原初的負債」。貨幣とは交換を促進させるべく選ばれたひとつの商品であり、じぶん以外の商品の価値を測定するために使用されるにすぎない、といった「貨幣ヴェール」説によって、ついに神話は完成する。貨幣を信用(クレジット)とみなすもうひとつの(オルタナティヴ)諸理論は周縁に追いやられる。この貨幣にまつわる主流派と異端派の対立、すなわち、金属主義(メタリズム)・対・表券主義(チャータリズム)、あるいは、貨幣商品説・対・貨幣信用説としばしば要約される、貨幣についての二極をなす見解がサーヴェイされる。異端派を代表するのが、ミッチェル・イネスとG・F・クナップである。*12 この経済学にとっての傍流は、ケインズやポストケインジアンによってときおり浮上はするものの、その含意するものの真の再評価は、近年、とりわけ現代金融理論(MMT)ないし「新表券主義」の潮流の努力によってはじまったものである。そこでは、長らく忘却されていたイネスの貨幣信用論とクナップの貨幣国家理論［貨幣国定説］が高く評価され、「貨幣についての国家＝信用理論(state-credit theories of money)」としてよみがえる。*13 グレーバーは、その流れにある議論に注目し、まず借用証書が譲渡によって貨幣として流通する場面を想定する。そして、その限界——紙切れへの信用の継続的な保証はすぐに限界につきあたる——を克服し、表券主義を真に駆動させるものこそ貨幣国家理論である、と位置づける。つまり、その借用証書について、最終的に支払いを保証するのが国家であれば、その信用の限界は克服できるわけである。ところが、そうだとしても限界があって、それは税(のそのそも)を説明できないことである。そこでグレーバーは、現代フランスのレギュラシオン派経済学者を中心とした学際的な潮流である、原初的負債［債務］論に注目する。この思潮は、貨幣の起源を、物々交換から発展した交換手段ではなく、負債に位置づけることで、近代経済学的パラダイムとたもとをわかっている。そのうえで、古代インドのヴェーダのようなテキストやそこに記された儀式に注目し、税を宇宙に対する原初的負債への支払いとして位置づけるのである。原初的負債論の論理的構成はこうだ。「神々にむけてひとが投影しているのは社会に対するこの負債であるということになる。そして、つづいて王たちや国民政府によって徴収されるのは、このおなじ負債である」。こうして貨幣は、ある種の主権的保護機能をもつということになる。つまり、ひとは貨幣を介して社会への債務を形成し（＝社会的分業に参入し）、それによって社会への帰属を確保し、さらに保障をうる、というのである。ところが、それも検討のあとで、批判の対象となる。インドとは異なり、そもそもメソポタミアは共同体内の住民からは税を取り立てていない。前提そのものにまちがったところがあるのである。この点は、本書のみならずグレーバー（そして彼のいうところの人類学全体）による、根源的な知的批判であり、独自の論点とかかわってくるという意味で重要である。グレーバーは、それが神であれ、社会であれ、国家であれ、「想像的全体性」を説明原理として、議論の前提に設定してしまう知的ありかたに批判的である。そして、この宇宙論的考察の批判を通して、はやくも第三章で、グレーバー自身の考察が展開される。

第四章「残酷さと償い」。本章の発端は人類学者キース・ハートによる貨幣論である。ハートは、貨幣の金属主義と表券主義、貨幣商品説と貨幣信用説の対立に対して、貨幣はその両方である、と応答した。その二面性は硬貨

＊12　このあたりについての日本語圏での議論では、まず、楊枝嗣朗氏の一連の仕事、とりわけ『歴史の中の貨幣――貨幣とは何か』文眞堂、二〇一二年が参照されるべきであろう。

＊13　この動きの概観については、本書でも参照されている、ランダル・レイ編集になるWray, L.R., ed., *Credit and State Theories of Money: The Contributions of A. Mitchell Innes*, Chelingham, Edward Elgar. をみよ。ミッチェル・イネスの二論文ほか、ランダル・レイらによる概説、マイケル・ハドソン、あるいはジェフリー・ガードナー、ジェフリー・インガムといった、経済学の範疇を超える各分野の重要な論考が掲載されている。

にすでに表現されている。「表」は硬貨を鋳造した政治的権威の象徴であり、「裏」は交換におけるその硬貨の支払い価格の明細である。つまり、貨幣はその歴史のほとんどで、商品（対象物）と信用（社会関係）の両面をもつ奇妙なハイブリッドな実体であった。このハートの発想が、そもそも本書の構想を触発した大きな源泉であるということは、グレーバー自身がいくつかの場所で語っている。貨幣の二面性という発想が、グレーバーによって、本書後半で、壮大なユーラシア大陸の世界史を駆動する振幅運動の二極として展開させられるのである。本章で俎上にあがるのは、ニーチェとイエスである。当然、負債というと、現代的な思想になじんでいる人間であれば、最初にニーチェがあがるだろう。ここではそのニーチェの『道徳の系譜学』が検討にふされ、そして退けられることになる。ポイントは、第三章にあるような、物々交換と原初的負債論の双方に、人間関係をさまざまの商取引とみなすという発想があるが、それがニーチェにも貫徹しているということである。ニーチェはそのような「ブルジョア的思考」をはみ出すことなく、穏和な交換（ないし立派な信仰）の裏面ないしその起源に、債権と債務の暴力をみいだし、それをあけすけにスキャンダラスなものとして提示した。ところが、ここにあるのは、あいかわらず世界への人間の存在のありかた、人間と人間との関係性を、すべて交換へと、すなわち「遅延された交換」としての負債へと還元してしまうことにすぎない。しかも、ニーチェのあげる古代の暴力「返済の失敗ゆえにたがいの肉体を切り刻む野蛮な狩人」の事例は、まったく証拠がない（ニーチェはシェイクスピア［ヴェニスの商人］の読み過ぎである、と揶揄される）。また、そのニーチェをモースより偉大であるとするドゥルーズ＝ガタリにも手厳しい（当然、モースのほうが偉大なのである）。ただし、ニーチェのキリスト教に対する直感は正しかったとして、「贖い／救済（redemption）」が検討にふされる。ここで重要な論点は二つある。まず、旧約新約問わず、贖い［買い戻し］という金融言語を救済の意味に転用しているのをはじめとして、負債とその悲惨、借金と慈善の意義などの逸話に充ちた聖書に刻まれているのみならず、仏教、イスラームなど、世界宗教はまさにこのような両義性、つまり、負債を通して市場の言語で語りながら市場の論理そのものを否認するといった両義性に充ちている。グレーバーはこのような「矛盾」を、「すべてを商取引に還元するのがいけないのは、それはいい商取引ではないからだ」というようなものだとしている。「一方で、世界宗教は市場に対する怒号である。ところが他方で、そうした異議を商業的な観点から枠づけてしまう傾向をも世界宗教は有しているのである」。もう一点は、人類史における債務に対する抗議行動の異例性である。「人類史を通して、階級間の公然たる政治的抗争が出現したとき、それは、拘束された者の解放、土地のより公正な再分配というような、負債解消の申し立てというかたちをとっていた」。歴史を通して、民衆蜂起の要因としては、奴隷制や搾取よりも、負債をきっかけにすることが頻度において顕著に大きい。あるいは、蜂起のなかで、債務帳消しが要求されること、あるいは帳簿を破棄されることも行動もきわめてひんぱんにみられる。それはなぜか、そしてそれが、聖書にあらわれる官僚ネヘミヤのようなエリート層にまで同情を買うのはなぜか、こうした問いから、グレーバーは、本書を通じていくども立ち返ることになる負債の論理の核をとりだしてみせる。すなわち、「負債をそれ以外のことがらから峻別しているのは、それが平等の仮定を条件としていることである」。そこに、奴隷やカーストにおける人間の関係性、「生粋のヒエラルキー」と本質的に異なっている点がある。したがって、それは怒りをかきたてやすいのである（このことは、日本のとりわけ中世における徳政令の伝統を考えるうえでも、あるいは、折口信夫のいう書かれざる日本の民衆的伝統としての私徳政について考えるうえでも有益である）。もう一点、本章で注目すべきは、ニーチェの架空の原始的狩猟民に、本物の狩猟民を対置させているところである。デンマークの人類学者である人物に、その狩猟民であるイヌイットは、肉をふるまう。彼はいくどもお礼をいう。ところが、それにイヌイットは憤然と応じるのである。そのような負い目はいらない。「この地でわれわれがよくいうのは、贈与は奴隷をつくり、鞭が犬をつくる」。つまり、それは謙譲でも寛大さの表現でもなく、そこから交換やヒエラルキーのしのびこむことの拒否なのである。「狩猟民は経済的計算の能力ゆえにみずからを人間であると考えるかわりに、そのような打算の拒絶、だれがなにをだれに与えたか計算したり記憶することとの拒絶に真に人間であることのしるしがあると主張した」。グレーバーがしばしば反復する主張のなかに「すべての社会はじぶん自身と格闘している」というものがあるが、いわゆる「高貴な野蛮人」も、素朴のゆえでなく、たえずみずからのもつ危うさ、もっといえば複数の性向と格闘しているなかでモラルを構築し、そのような個別の実践のくり返しこそが特定の社会を形成し、その社会を再生産しているのである。そして、要因はいかなるものであれ、ここに揺らぎが入り、それが積み重なると、懸命に回避されていたはずのべつの社会へと移行する。ピエール・クラストルが国家と未開社会との関係で提示してみせた、先取り的祓い除けの力学が、グレーバーにおいては、より微細で遍在的な仕組みとして展開されているといってもいいかもしれない。

第五章「経済的諸関係のモラル的基盤についての小論」。本書の理論的基礎であり、方法序説的な意味をもっている。コミュニズム、交換、ヒエラルキーの三つの原理として把握することがいわれている。ここではまずコミュニズムが検討される。コミュニズムとは、「「各人はその能力に応じて［貢献し］、各人にはその必要に応じて［与えられる］」」という原理にもとづいて機能する、あらゆる人間関係」と定義される。「各人は能力に応じて、各人には必要に応じて」というコミュニズムの定義は、マルクスの『ゴータ綱領批判』で有名であるが、もともとフランス労働運動のなかで流通していたものらしく、フランスの社会主義者ルイ・ブランが最初の活字における用例らしい。グレーバーはマルクスよりも「相互扶助論」のクロポトキンの思想に近いものをこのスローガンにみいだし、こういうふうにコミュニズムにつきまとう意味を転換させる。「「コミュニズム」は、魔術的ユートピアのようなものではないし、生産手段の所有ともなんの関係もない。それは、いま現在のうちに存在しているなにかであり、程度の差こそあれあらゆる人間社会に存在するもの」である。それどころか、コミュニズムの関係こそ、どのような社会であっても、たとえばゴールドマンサックスのような先進的企業内部であってさえも、その運営を支える基盤なのである。これをグレーバーは「基盤的コミュニズム」という。本書ではさして展開されていないが、このようなコミュニズムの見方は直接にはモース論に由来するものであり、この点については最初の著作の長大なモース論でより詳細に検討されている。ここで注意してほしいのは、コミュニズムというモラル原理のみで成り立つ社会はないし、人間行動も存在しないということである。次に交換が検討される。ポイントは、コミュニズム（とヒエラルキー）は交換ではない、ということである。つまり、わたしたちがすべての人間観や人間と世界のやりとりを交換としてみなす傾向を排除するためにも、交換の独自の論理が明確にされる。ここでの議論は複雑である。商業的交換と贈与における交換もあるレベルでは異なるし、実際にふつう贈与が議論されるさいには、その差異が強調されるわけだが、グレーバーは交換（互酬性）という点ではおなじであることに力点をおく。ここが重要であるようにおもわれる（グレーバーによるマルセル・モースの『贈与論』の読解も、贈与と全体的給付の概念を峻別して、交換の論理とはべつの位相をあぶりだすことに主眼がおかれている）[14]。交換において取引される対象は等価とみなされる。「それゆえ、そこにひそむふくみから、［交換にあたる］人びとも等価であるとみなされる。少なくとも、贈り物にお返しされたり、金銭の持ち主が代わる瞬間にあっては、そうである。そして、それ以上の負債や義務が存在せず、両者がそれぞれ等しく自由に立ち去ることができるときには、そうである。逆にみれば、このことは自律を内包しているということである。等価と自律――どちらの原理も君主との相性は悪い。王が一般的にいかなるたぐいのものであれ交換を嫌うのはそのためである。だが、この潜在的な解消可能性と究極的な等価性という全般的な見通しの内

＊14　この点については、グレーバーの最初の著作である『人類学的価値論にむけて――わたしたち自身の夢のニセ金』（*Toward an Anthropological Theory of Value: The False Coin of Our Own Dreams*, Palgrave, 2001）における、モース論をみよ。

部で、際限のない［交換の］変種（ヴァリエーション）、はてしのないゲームの可能性がみいだされるのである」。まさに負債が交換の論理によって成立していることがおわかりだろう。最後に検討されるのはヒエラルキーである。ヒエラルキーは「先例の論理」で機能する傾向にあるとされる。たとえばそこでの劣位者から優越者への貢物は、たとえそれが対価としての「保護」などの名目で互酬性の語彙で粉飾されたとしても、基本的には交換と関係なく、慣習によって捕獲されると固定される。これが「先例の論理」である。優越者と劣位者のあいだでのやりとりのさいの主要な原理は、「それぞれに与えられる物品が、それぞれ質において根本的に異なり、相対的価値を数量化することは不可能であるというものである」。さて、このように三つの原理を峻別したあとで、それらがもつれて、たがいに移行し合う傾向が、さまざまな事例をもとにして論じられる。たとえば、コミュニズムはヒエラルキーへと移行する傾向をもっている。ところが交換の論理による関係からコミュニズムによる関係への移行はきわめて困難である、といった具合である。総じて本章には、モースの影響がとりわけ強いとみてよいだろう。二〇一四年版あとがきでもいわれるように、「すべての社会が矛盾するいくつもの原理の寄せ集めであることを認識した最初の人物がモース」ということであり、その「原理の寄せ集め」の認識を独自に展開したのが第五章であるとみなしうる。ちなみに、本章ではじめて、グレーバーお気に入りの「イスラーム世界の吉四六さん」とか「トルコの一休さん」といわれるナスレッディン・ホジャの小話が引用されているが、どれも、グレーバー流の脚色もほどこされているようにもおもわれる。これについてはいくつか翻訳もある（『ホジャの笑い話』児島満子、児島和男訳・再話、れんが書房新社、一九九七年、『ナスレッディン・ホジャ物語――トルコの知恵ばなし』護雅夫訳、平凡社、二〇〇七年など）ので、興味のあるかたは比較してみても一興ではあるまいか。

第六章「性と死のゲーム」。ここではアフリカのレレ族、ティブ族の民族誌を利用しながら、重厚な考察がおこなわれる。本章で、本書のひとつのキー概念があらわれる。すなわち、「人間経済」である。人間経済とは、「それらの経済システムの主要な関心が、富の蓄積ではなく、人間存在の創造と破壊、再編成である」ような経済の体制であって、人類史のほとんどをそれは占めている。この人間経済は、従来、「原始貨幣」（ウォンパム、布貨幣、羽根貨幣などなど）と呼ばれ、ここでグレーバーが「社会的貨幣」と呼び直している貨幣形態とむすびつけられている。要するに、「原始貨幣」を使用する経済が人間経済である。なぜ原始貨幣ではだめなのか、というと、それが現在の貨幣にやがて進化していくはずの粗野な形態の貨幣というニュアンスを含意してしまうからである。それらの貨幣の違いは、二つの異質な体制、つまり人間経済と商業経済を示唆しているのである。この経済の仕組みが富の蓄積を主要な関心とする商業経済ないし市場経済と対置されているわけであり、この二つの仕組みのあいだの転換、飛躍がここではきわめて複雑で繊細な契機としてたどられる。レレ族の人質制度が一見そうみえるような奴隷制度とは異なり、人間経済の論理のなかで動いていること、しかし、それがみずからの内包する論理の両義性と外的環境の作用のなかで、商業経済の論理へと移行すると奴隷制へと転換すること。人肉負債の奇怪な妄想にとり憑かれたティブ族の社会が、平等主義と権威主義への指向性のなかで、みずからの力への両義的な態度とそのもたらす緊張としてあらわれること、そして、その緊張とギリギリの均衡がついに破れて、商業経済が導入されてしまうこと、そこに暴力という契機が不可避であることをたどっていく議論は、迫力に充ちている。「ある意味で、これらの議論は「原初的負債論」を想起させる。それによれば、貨幣は、わたしたちに生命を与えたものへの絶対的負債（生債）の承認からあらわれるのだから。異なっているのは、そのような負債が個人と社会あるいは宇宙のあいだにあるとイメージされるのではなく、二者のあいだの関係のネットワークとしてとらえられているという点である。このような諸社会では、だれもがだれかに絶対的な負債をもつという関係にある。ところが、これは、だれもが「社会」に負っている「借りがある」というのとは違っている。もしここに「社会」についてのなんらかの観念があるとすれば――それははっきりとしていない――社会とはわたしたちの負債そのものなのである」。この「二者のあいだの関係」は原語では dyadic relations である。本書では実はここにしか登場しない概念だが、グレーバーの他の著作においては重要な位置を占めるものである。これは、「国家」「人民」「市民」のみならず「社会」のような単位も想像的全体性として、これを説明原理にしてしまうような過大視をせず、しかしただ退けもせず、そのちぐはぐに積み重なったありようを分析するグレーバーの理論にとって意味をもつものであることを、ここで記しておきたい。

第七章「名誉と不名誉、あるいは現代文明の基盤について」。前章では、人間経済から商業経済への飛躍の契機を、奴隷ないしは奴隷制が結晶させているとされた。飛躍の契機を解くひとつの要素が、奴隷制であり、その比類なき性能、すなわち、暴力を通して、人間をその文脈から剥奪する性能、というのである。この飛躍には、義務からの負債の発生がともなっている。そこで注目されるのが、名誉という概念である。名誉とは、「ある種の遺物、あるいは象形文字」であり、「時間の経過から守られた断片なのであって、わたしたちが理解しようと試みているほとんどすべての問いへの回答がそこに圧縮されている」。グレーバーはここで、名誉を、義務と負債の錯綜するゾーンのようにみなしている。つまり、名誉は、義務によっておりなされた人間経済に、商業経済が浸透していくとき、モラルが商業や金融の言語で浸食されるときに生じるモラル上の混乱のなかで、人間たちがとる反応の結晶でもある。この章が大きく依拠しているのは、奴隷制史家オルランド・パターソンによる著作(「この制度についてこれまで書かれたなかでまちがいなくもっとも深遠な比較研究」)である『奴隷制と社会的死(Slavery and Social Death)』(『世界の奴隷制の歴史』奥田暁子訳、明石書店)をはじめとした奴隷制研究である。とりわけ、世界史上のあらゆる奴隷制を比較してその本質を「社会的死」と定義したこのパターソンの著作は、奴隷制をもった社会において「名誉」の感覚というものが例外なく強力であり、それがどのような意味をもつのかについて、一章にわたって考察している。本章タイトルの原語は honor and degradation であり、翻訳では「不名誉」という言葉を選んでいるが、ここで honor（名誉）に degradation が対置されるときには、名誉剥奪といった動的なニュアンスをもっている。名誉は名誉剥奪と裏腹であって、だれかの名誉を剥奪すればするほど、その人間の名誉も高まり、輝きをみせる。ギャングや、やくざの世界がそうであるように、名誉に対して過剰に過敏な世界は、他方で名誉剥奪のふるまい、名誉剥奪された人間がその社会の核心を構成しているということである。グレーバーのここでの名誉への注目も、おそらくひとつにはパターソンの議論に触発されているようにおもわれるのだが、そこからみずからの議論に消化して、飛躍させ、さらに貨幣の起源へとむすびつけてみせるのである。「それでは、こういったあれこれが貨幣の起源になんの関係があるのか？　おどろくべきことに答えは、すべて、である。すべてに関係しているのだ。最古の貨幣形式のいくつかは、まさに名誉と名誉失墜の基準として使用されていたようだ。つまり貨幣の価値とは、究極的には、他者を貨幣に変換する力の価値であった」。本章では、具体的な検討の題材として、中世初期のアイルランドにおける名誉代価（honor price）の慣行、メソポタミア（家父長制の起源）、古代ギリシア（名誉と負債）、古代ローマ（所有と自由）の四つの事例がたどられる。中世アイルランドでは、名誉を数量化し、その毀損に厳密な価格が与えられていたが、それは人間経済によって支配され、貨幣として使用されていた少女奴隷、支払貨幣である牛なども社会的貨幣であった。尊厳に価格を与えるという奇妙なふるまいが受け入れられていたのは、貨幣が社会的目的に限定されていたからである。実際には少女奴隷は支払いにはもはや使用されていなかったが、なぜそれでも計算単位でありつづけたのか。そもそも奴隷が、なぜ尊厳を尺度するものとして可能なのか。ここにグレーバーは名誉の本質をみている。すなわち、過剰な尊厳としての名誉とは、他者の名誉の剥奪である。他者の保護のものにある人間を、その他者から剥奪することは、最大の名誉剥奪であり、みずからにとっては名誉の増大である。名誉とは「ゼロサム・ゲーム」なのである。メソポタミアでは、戦争と市場、貨幣の浸透とむすびついた商業経済の勃興が、負債の形成を通じて、家父長制の形成と密接にむすびついていたことが論じられる。商業経済すなわち負債の導入は、女性の地位低下を招来する。負債の抵当としての女性から、負債の不履行による女性の奴隷化にいたるまでの地位低下である。この事態に対する危機意識と、家長男性の保護意識の高まり、商業経済によって女性を奪われること＝名誉失墜への異常なまでの過敏さの高まりは裏腹である。商業経済の導入によるモラルの危機が家父長制の形成を促進し、強化していくのである。古代ギリシアでは、ホメロスの時代の人間経済のもとにおかれた名誉が、数百年後、貴族政から民主政へと移行する都市国家の時代における、リュディアで発明された鋳貨の大量発行と市場の興隆、奴隷制の普及などを通した商業経済の浸透によって惹起された、モラル上の大混乱に焦点が合わせられる。「貨幣、負債、金融の言語が、モラルの問題についての強力な――かつ最終的には抵抗しがたい――思考法を提供した」。保護下にある人間が貨幣計算に還元されることへの抵抗からくる家長男性のとりわけ女性への保護意識や名誉意識の高まり、パトロン‐クライアント関係の債権―債務者関係への変容などのような変化が、名誉と信用の意味を変質させていく様相がたどられる。古代ローマについて。私的所有権という近代以降に自明視された発想が人類史においてはきわめて奇異なものであり、それがローマ法の伝統においてのみ存在したとされる。そのうえで、それが古代ローマで隆盛をみた奴隷制の存在と密接にむすびついていることが指摘される。ここでの自由、すなわち、近代的自由主義に必ずしも収斂することのない自由の伝統的観念についての議論（政治思想史におけるケンブリッジ学派がひんぱんに参照される）は、本書全体にとって重大な意味をもっている。

後半（第八章から終章）

第八章から残りのすべては、以上で論じられた理論的考察と諸概念をもとにして、いよいよユーラシア大陸五〇〇〇年史が語りはじめられるのであるが、そのため、後半の総体でひとつの流れをもっている。そしてそこには、骨格がある。つまり、先ほど述べたように、人類学者キース・ハートのいう貨幣の二面性、すなわちその対象性（商品貨幣）と仮想性（信用貨幣）の二面性が発展させられ、そのあいだの大きな振幅運動が基本的な構図なのである。したがって後半のおもしろさは、ますますその細部にあることになる。ここでは、かんたんにおおかな流れをたどっていきたい。[*15] まず、グレーバーの提示する時代区分を示しておこう。それは以下のようになり、それぞれの時代区分が、第8章から第12章のそれぞれに対応する。

1　最初の農業諸帝国の時代（前三五〇〇年―前八〇〇年）――支配的形態：仮想信用貨幣
2　枢軸時代（前八〇〇年―後六〇〇年）――支配的形態：鋳造貨幣、地金
3　中世（六〇〇―一四五〇年）――支配的形態：仮想信用貨幣の回帰
4　大資本主義帝国の時代（一四五〇年から一九七一年）：貴金属の回帰
5　現状（一九七一年から今日まで）：負債の帝国

*15　ここでは基本的に、グレーバーが本書公刊以前に、本書の骨格を要約してみせたという性格をもつ小論（"David Graeber, Debt, violence, and impersonal markets: Polanyian meditations, in Chris Hann and Keith Hart", eds., *Market and Society: The Great Transformation Today*, Cambridge University Press,2009）を参照しているため、やや内容との差異があるかもしれない。その点も、むしろ参考になればとおもう。ただし、大資本主義帝国時代については、この時点から大幅に構想が拡がったのか、記述が大きく変わっているため、大きく手を加えている。

1、最初の農業諸帝国の時代（前三五〇〇年—前八〇〇年）

いま、わたしたちが手にできる資料によれば貨幣の起源はメソポタミアに求められる。メソポタミア経済は、神殿・宮殿といった大規模な公的制度によって支配されていた。それらの行政官たちは、銀と麦などのあいだに固定した等価を設定することで、計算貨幣を創造していた。主な負債は、取引にさいして両者の側で、抵当として楔形文字の粘土板に記録されている。

市場が存在していたのは確実である。神殿や宮殿の支配地内で生産されておらず、価格管理に服さない商品の価格は、需要供給の予想不可能な変動によって上下した。ただし、ほとんどの日常的購買は、信用によっておこなわれている。

利率は二〇％に固定され、それは二〇〇〇年変わることがなかった。とはいっても、これは政府による市場の統制の表現ではない。というのも、この段階で市場を可能にしていたのは、まさにそのような行政組織なのであるから。不作がつづくと、貧民は富者に絶望的な負債を抱えることになり、しばしば土地を手放し、家族を負債懲役人に追いやることになった。こうしたなかで、債務帳消しをおこない、束縛された人びとを家族に返すことが、新王にとっての慣習となる。

2、枢軸時代（前八〇〇年—後六〇〇年）

枢軸時代とはヤスパースの定義した時代であり、ヤスパースは、この時代に、ユーラシア大陸の東西で、現在にまで人類の思考に影響をおよぼす、偉大な思想家たちが誕生したことをもって、枢軸時代と名づけた。グレーバーはそれを後六〇〇年まで、すなわちムハンマドとイスラームの登場の時代にまで拡大している。[*16] すなわち、それによって地中海世界、中国、インド、中東で、すべての主要な思想的潮流と世界宗教の誕生した時代として、枢軸時代を特徴づけることができる。

ヤスパースは思想史的にこの特異な時代を設定したのだが、グレーバーはその時代の中心に鋳貨の誕生をすえる。さらに、この時代の特徴に、恒常的な戦争と虐殺、そしてそれにともなう大規模な奴隷制があげられる。総じてこの時代は、めざましい創造性と、それと同程度めざましい暴力の水準によって特徴づけられるのである。

鋳貨の誕生によって、交換の媒体としての金銀の使用が可能になったが、それとともに、わたしたちにもなじみの非人格的な意味での市場の形成も可能になった。貴金属はまた、全般化した戦争の時代にはきわめて適合的なものであった。盗むことができるという理由からである。鋳貨が公益を促進するためではなく、兵士への支払いのために発明された、ということは確実である。

この時代における戦争と鋳貨との密接なつながりをもって「軍事＝鋳貨複合体」と呼ぶ、ジェフリー・インガムの研究に、さらに奴隷制の要素を加えて、「軍事＝鋳貨＝奴隷制複合体」とすることで、この時代の様相をよりよくあらわすことができる。というのも新しい軍事技術の拡散は、つねに奴隷の捕獲と市場化と密接にむすびついていたからである。戦争に対して、奴隷のもうひとつの主要な獲得源は、負債である。この時代には、国家はもはや定期的に債務帳消しをおこなうことはなくなっており、主要な軍事都市国家の市民外の者は恰好の標的となった。近東の信用システムは、商業的競争による解体はまぬがれていたが、それもアレクサンドリアの軍隊によって解体されられる。この軍隊は一日あたり銀〇・五トンを賃金として必要としたのである。

諸帝国（アレクサンドリア大王のそれとローマ）の課税システムは、国家自身が採掘し、造幣した硬貨での支払

＊16　このヤスパースの定義の拡張は、実は、ルイス・マンフォードの『機械の神話』にならってのものである。

いを要求したのであるが、それはみずからの臣民に、それ以外の流通様式を抛棄させ、市場の関係に参入するよう強制し、それによって、その硬貨でもって兵士が物品を購入できるようにするようもくろまれていた。

初期ギリシア哲学の可能性の条件となったのがこの硬貨の誕生であるとする、マーク・シェル、とりわけリチャード・シーフォードの研究に依拠しながら、グレーバーは鋳貨の誕生が知にもたらした深遠なる影響について強調している（ただしグレーバーは、シーフォードほどの強い因果関係の設定については留保している）。グレーバーは、地中海世界における哲学の誕生に加えて、インド、中国における、同時代の世界宗教の誕生についても、それらの地域がやはり、同時代に硬貨の誕生をみたことを指摘し、それらとの関連性を指摘する。慈愛（慈善）、利他性、利己性といった、こうした世界宗教の導入した新しい諸観念は、市場の論理の直接の反応によって生じた（グレーバーによれば、そうした諸観念が商業経済の外部に存在したためしはない、とモースは好んで指摘していたという）。

3、中世（六〇〇—一四五〇年）

中世は、枢軸時代に登場した商品市場と普遍的世界宗教が融合をはじめた時代であり、それとともに、貨幣による取引が、ますますこうした世界宗教によって規定され、統制されたネットワークによって実現されるようになった時代である。これによって、ユーラシア大陸を通して、さまざまな仮想信用貨幣の回帰がみられるのである。ヨーロッパでも鋳貨は干上がってしまう。後八〇〇年以降、すでに出回っていないカロリング朝の通貨、ポンド、シリング、ペンスからなる純粋に概念上の体系である「想像貨幣」でもって価格が計算され、帳簿も作成されていた。日常的取引は、割符、商品券、現物取引などを介しておこなわれている。教会は、有利子貸付を厳格に統制し、債務による拘束を禁止しながら、そうした状況に法的枠組みを与えていた。

中世世界の経済の中枢は、中央アジアの隊商ルートとともに、インド洋であった。インド洋は、インド、中国、中東の、偉大な諸文明をむすびつけていたのである。そこにおいてはイスラームが、商人の活動に高度に適合した法的構造を与えるだけではなく、洗練された信用手段を提供することで、地球上の後半にわたる領域において商人どうしの平和的関係を可能にしていた。おなじ時期の中国では、仏教の急速な拡大、紙幣の発明、信用と金融の複雑きわまりない諸形態の発展がみられる。

この時代にももちろん、虐殺も掠奪もみられたし、硬貨も用いられている。だが、この時代を本当に特徴づけるのは、それとは逆向きの運動であるようにおもわれる。中世のほとんどの時代において、貨幣は大部分、強制的制度とは切り離されていた。両替機能は寺院に呼び戻され、監視された。その結果、きわめて高い水準で、社会的信頼に基礎をおく諸制度が開花したのである。

4、大資本主義帝国の時代（一四五〇年から一九七一年）

最初はイベリア、それから北大西洋の、大ヨーロッパ諸帝国の進出によって、世界は、動産奴隷制の使用、掠奪、破壊的戦争への回帰と、そこから結果する主要な通貨形態としての金銀地金への急速な回帰をみることになる。枢軸時代と同様、科学的、唯物論的知の擡頭も、それにともなっている。

ヨーロッパの新世界征服の異例性、征服者（コンキスタドール）たちの掠奪と搾取、虐殺の世界史上、類をみない暴力性、残虐性は、負債とそれにせきたてられた憤怒と関連づけられる。世界を利益の束と数字を介して変えてしまう、その精神性こそ（プロテスタンティズムではなく）、資本制のもとでの万人の心理的条件として普及していくのである。

「価格革命」の原因を新世界からの銀の流入とインフレではなく、明代の中国における民衆蜂起と紙幣の放棄、銀の通貨としての普及にひとつの原因をみなければならない。それがヨーロッパからの銀の需要を支え、新世界の征服と開発の維持を可能にした。一般の生活において、銀は不足していたが、初期近代において、民衆の生活は強力な信用経済によって維持され、市場と共存していた。資本主義の浸透は、この民衆生活に根づき支えていた信用経済の解体、硬貨と新たな地金中心の経済体制において再編された非人格的信用によってみちびかれる。そしてこのプロセスが、一四、一五世紀における祝祭にあふれた民衆生活の力量の高まりを解体し、賃労働への道を準備するのである。

これと並行した、中世における貨幣の宗教からの脱結合と、強制的な諸制度（とりわけ国家）との再結合は、イデオロギー的には金属主義へのイデオロギー的回帰をともなっていた。信用は民衆生活からひき抜かれ、新興資本家を介して概して国家の仕事となり、転じて、それはますます経費のかかる戦争への金融として再発明される。国際的には、大英帝国は、一九世紀から二〇世紀はじめにいたるまで、確固として金本位を維持している。

5、現状（一九七一年から今日まで）

現代のはじまりは一九七一年八月一五日、ニクソン大統領が公式に金ドル交換の停止し、実質的に変動相場制へと移行した日である。わたしたちはこうして、仮想貨幣の時代へと回帰したのであり、そこにおいては富める諸国の購買物のうちに紙幣がふくまれ、国民経済は大部分、消費者債務によって動くのようになる。このことすべてに、資本のいわゆる金融化がともなっている。金融資本は、生産あるいは商業とすら直接的関係をもたない自律した領域を形成し、その都度、世界をゆるがせにしはじめる。

歴史的にみれば、仮想信用貨幣の時代はまた、負債が完全に統制をはずれて昂進する時代につづいてやってきた時代であり、破壊的な社会的帰結にあれこれの統制を課す動きをともなっていた。ところが、この時代は、いまのところ、その動きはまったく逆向きにみえる。それどころか、わたしたちは、ＩＭＦ、世界銀行、諸企業、金融諸制度がこぞって、債務者に対して債権者の利益を保護するべく機能する、惑星的行政機構の形成を目の当たりにしはじめているのである。しかしながら、この装置はきわめて早急に危機におちいっていった。新しい仮想貨幣の時代は、はじまったばかりで、長期的な帰結はいまだ不明確である。

このように粗くまとめてみたが、ここからは後半の興味をそそる論点はほとんど抜け落ちている。唯物論と古代哲学の起源、税と軍隊と市場の関係、中国仏教と資本主義、中世におけるシンボルと抽象化の動き、真の自由市場思想としてのイスラームとその歪曲としてのヨーロッパの自由市場論、アダム・スミスとイスラーム哲学との関係、ジョン・ロックと民衆による悪鋳、イングランド銀行の創設と戦争、近世イングランドにおける民衆的信用基盤の破壊、アステカにおける宇宙的破局と賭博、現代アメリカと負債帝国主義、などなど。読者は、そのあちらこちらに飛び回る議論のひとつひとつについて、それをどうみるかはべつとしても、たえず知的好奇心を触発されるようにおもう。

3　『負債論』とアナキスト人類学――マルクスとモースのはざまで

本書の文脈についてもう少し述べておこう。二〇〇七年から翌年にかけての金融メルトダウンとそれ以降の展開は、現代の経済的な統治の仕掛けを赤裸々に暴露するものであった。要するに、ふだんからの公正な市場的競争のみせかけかなぐりすてて、利潤は私有化（要するにあがった利益はお金持ちに）され、損失は社会化される（リスクと損失は貧乏人に）といった、「資本家への社会主義」をわたしたちは、目の当たりにしたのである。合衆国においては、それまでは「庶民」を重視する民主主義の幻影をちらつかせていたオバマ大統領であるが、その債務地獄を尻目に、すべての仕掛人であるはずのウォールストリート金融界の不良債権を緊急救済する決定をくだした。

そして、これこそが、ウォールストリート占拠運動のきっかけのひとつだったのである。いまや、金融界と統治権力、市場と官僚機構といった、旧来の制度的区別は、なし崩しに溶解してしまったのだ。このいわゆる金融危機は、わたしたちの日常的感性にとっては、あの手この手の金融手段による、万人の負債懲役人化という、組織的・制度的暴力の破綻としてあらわれた。そこで、わたしたちは、もはや「経済問題」を、そこから学者や専門家が政策を立案していくための素材としてでなく、わたしたち自身の実存的決断が賭けられた、主体的問題と感じるようになったのである。わたしたちは、いずれ世界と呼ばれる機構全体が破綻するまで、金融体制に統治された社会（国民国家）の浮沈に影響されながら、ひたすら受動的に生きていくのだろうか、それとも、ここになんらかの積極的な契機をみいだそうとするのだろうか？

このように、システムの次元では金融化の進行がみられ、日常生活の次元では借金あるいはローンの重みのいよいよ高まっていく文脈のなかで、負債を基軸にすえて現代世界を分析する理論化が試みられてきた。先ほど述べたような「ストライク・デット！」をはじめとして世界中で（たとえば日本では「ブラックリストの会」のような）社会運動が結成されてきたのは当然の流れであった。すでに日本語訳のあるマウリツィオ・ラッツァラート『〈借金人間〉製造工場——負債の政治経済学』（杉村昌昭訳、作品社、二〇一二年）は、そのすぐれた一例である。この著作と本書は、興味深い対照性、あるいは本質的な共通性と決定的な差異性を含んでいる。

実際に、ラッツァラートは続編にあたる著書[*17]では、本書をとりあげ批判を加えている。それを二点にまとめるならば、(1)グレーバーは、信用貨幣と商品貨幣とを正しく区別しているものの、その長期の歴史哲学によって、資本主義固有の力学がみえなくなっている。つまり、グレーバーが捉え損ねているのは、資本主義がもたらした、信用貨幣と商品貨幣の歴史に対する切断である。ここでは、本来の資本主義の形成の契機は産業資本主義にある、というマルクス主義的前提があって、産業資本主義こそ、信用貨幣を金融資本へ、商品貨幣を商業資本へと転態させなから、二つの貨幣形態を再編成することで、要するに、最も脱領土的な信用貨幣の組織化を介してすべての他の資本を再編することで、生産のための生産、蓄積のための蓄積のプロセスを始動させる、という主張がある。ラッツァラートによれば、この二つの貨幣の異質性を強調することは出発点として重要である。信用貨幣は資本家の権力を表現し、商品貨幣は支配される者、賃労働者の無力を表現しているのであって、産業資本主義の段階にいたって、このように主要に銀行を中心に流れる金銭の流れと、賃労働者ないし失業者、家事労働者のポケットを流れる金銭の流れは、リジッドにヒエラルキー化し、生産と流通に統制を与え、無力な人びとのすべての時間を構造化し、かつ支配する。銀行はその仲介点にあって、二つの貨幣の異質性を隠蔽することによって、ヒエラルキーを不可視にさせる。ネオリベラリズムは、そのような信用貨幣の銀行を仲介点とした流動的流れの、完全なる優勢を意味しているのである。グレーバーの分析は、こうした動態すべてを逃している。(2)ニーチェの『道徳の系譜学』の解釈について。この批判にはいくつか論点があるが、中心的なものは、グレーバーの負債に対する核心的論点、すなわち、負債とは遅延された交換であり、原則的には対等である人間間のむすぶ約束であって、いずれ返済可能な有限であるものと把握されていることにむけられている。それに対して、ニーチェのいう負債は、無限のものであり、対等どころか、主人と服従者のあいだによるものであり、人間を約束のできる動物、記憶を刻印された身体に仕立てることで、服従を強いる力として作動する様態である。そして、この無限の負債こそ、現代の金融資本主義がその統治の戦略として活用する核心的技術なのである。

　本書を一読すればわかるように、ここには少しおかしなところがある。つまりここでは、ヒエラルキーの原理と交換の原理が混同されている。このように負債を永遠の従属としてしまうならば、交換とヒエラルキー、そしてコ

＊17　*Governing by Debt*, Semiotext(e), 2015

ミュニズムの緊張と相互作用からくる、負債特有の論理もみえてこない。「借金人間製造工場」と化した現代資本主義体制において、負債が永遠で無限（要するに返済不可能）のものであり、それによって服従と時間の支配のための中心的な統治技術と化しているというラッツァラートの見解だが、事実上そうであろうし、それはおそらくグレーバーも否定はしないだろう。しかし、グレーバーが問題にしているのは、そのような負債の機能よりも、より原理的な次元のことがらである。まさに負債がラッツァラートのいうように、いまこの社会をほとんど全面的に支配するにいたっているとするならば、それは、形式的には自由で対等であるはずの諸個人がすべてのふるまいの前提となる資本主義社会だからであるはずだ。それゆえ無限に服従を要請するといった、一見、主人と奴隷のような支配関係が、本来、自由な個人を基礎に据えたはずの、現代資本主義社会においても許容されるのである。そもそも、そこから初発の問い、借りた方が悪いのか貸した方が悪いのかあいまいだ、というモラル上の混乱も生まれてくるはずなのである。第一章でグレーバーが述べているように、それが、あきらかに返済不能なことを了解しながら、むしろ服従させることをもくろんで戦略的におこなわれる負債は、かねてよりみられる現象である（たとえば、日本でいえば、かつての遊廓における娼妓の前借制度をおもいだせばよい）し、グローバル経済のもとでもそれにふさわしい形態で活性化している。しかし、グレーバーが問題にしているのは、ときに経済合理性の見地からも不合理な負債が、それにもかかわらず「借りたお金は返さねばならない」というモラルで正当化されてしまうのは、なぜか、である。この、経済合理性によって貫徹されたような世界ですら、実は、それを駆動しているのはモラル、より厳密にいえば、人間経済と商業経済の葛藤に由来する長期の歴史をもつモラル上の混乱なのであり、資本主義は、それを常に数学的装いなどで覆うことによって、みえにくくしているのである。

ラッツァラートによる批判から、もう一点だけ述べておきたい。この批判は、本書によせられたマルクス派[*18]からの批判のなかでは「保守的」ではなく、また正当かつ有益なものもふくんでいるほうだが、どうしてもすれちがう点がある。それは、このような批判がくり出されれば出されるほど、マルクス派（あるいは「ポストモダニズム」でもよいのだが）の「近代主義」が浮上してくるということである。ラッツァラートですら例外ではないのである。この著作でのラッツァラートも典型的にやっているのであるが、資本主義の内部でのダイナミズムや諸段階の差異には過敏であるのに、ところがそれ以外の諸社会となると、すべて「前資本主義」と一括されて、そのうえで議論が組み立てられる（マルクス自身は、周知のように、とりわけ後年になるほど、古代史のみならず、黎明期の人類学への関心を強めていき、社会のうちに共存する複数の原理に注目しながら、みずからの資本主義像に革新をほどこしていった）。グレーバーの理論の強みと、あきらかな違いは、むしろ、資本の法則の全面的に貫徹した資本主義社会といった「想像的全体性」を通した把握に対して、その有用性も認めたうえで、むしろ「貫徹できない」ありさま、アルカイックであったり近年の発明であったりする、原理を異にする諸実践や諸原理の「寄せ集め」として把握することにおかれた力点である。わたしたちが、ふつうに生きていれば、自然発生的にわき起こってしまうこの「想像的全体性」を相対化し、むしろそれをこの世界の総体としての運動のなかに位置づけるためにこそ、ラッツァラートがここでかんたんに退ける、長期の歴史を迂回することが必要なのである。

　グレーバーの知的作業は、マルクス主義の伝統とモース主義の伝統のはざまでおこなわれている。[*19] みずからしばしば指摘しているように、マルクス的契機については、すべてが統合され、特定の社会がトータルに再生産する、

---

*18　ラッツァラートは回避している——しかしその議論の立て方に濃厚に影を落としている——が、マルクス派には、古典派・新古典派経済学と同様の、『資本論』などにおけるマルクスの商品貨幣説、あるいは金属主義（メタリズム）という厄介な問題がある。ただし、グレーバー自身は、マルクスの価値形態論や労働価値説に、シカゴ学派人類学的価値論からの独特の解釈をほどこしている。これについては、先ほどあげたグレーバーの最初の単著である『人類学的価値論にむけて』をみよ。本著作には、マルクスとモースというグレーバーの理論的指向性がもっとも強くあらわれている。

その様相に着目するのであって、これは一面では正しい。それを忘却するのは、ナイーヴである。ところが、それでおしまいとなると、微に入り細に入りその支配の様相を描写して充足するというふるまいに帰着し、それはアカデミズムには適合的だが、シニシズムにおちいってしまうことも多々あるのである。それに対し、あらゆるものが、すべての可能性が同時に共存していることを示すもの、「寄せ集め」とみなすのが、モース的な契機である。[20]「モースが強調していますが、デモクラシー、独裁制、寡頭制、そのはざまのすべてが、あらゆる社会の、あれこれのうちに共存しています。個人主義とコミュニズムも、矛盾しているというよりも、相互的に強化しあいながら、つねにそこにあるのです。おもうに、わたしはそこから多くのものことをえました。だから、わたしはこれら「マルクスとモースという」二つの伝統を、わたしの知的生活を通して和解させようと努めてきたのです」。

このようにみるならば、負債は、マルクス派のラッツァラートにとっては、ひとつの社会を全体化する統合の原理といえる。とりわけ、現代のネオリベラル経済において完成にまでいたる主導原理なのである。それに対して、マルクスからモースをたどっていくグレーバーにとっては、負債は、現代において新しい歴史的転換点を体現しているものの、第五章が本書の理論的基礎であるように、諸原理の「寄せ集め」の次元におきなおして、はじめて理解できるものである。それは、コミュニズムやヒエラルキーとの密接な関係と配置のなかで、はじめて意味をもつものなのである。たとえば、第一一章の、民衆のあいだに根づいた信用による組織網が、いかに負債を通してみずからの共同体を維持していたかについての記述をみるとよい。それはやはり負債であることによって「遅延された交換」ではあるが、あきらかに、基盤的コミュニズムの原理とのなんらかの共鳴のなかで作動している。ここには、おなじ時代の新世界の征服者たちにとっての、ひとをして人間もふくむすべてをカネに換算させてしまう異常なまでの暴力と残酷との共鳴のうちにある負債の対極のイメージがある。前者を後者が駆逐していく過程が、資本主義形成史の一断面なのである。グレーバーが「アナキスト人類学」と呼ぶものの特徴も、このような現象を視野にいれることのできる点にある。すなわち、人びとが共に生きるためにはぐくんできたモラルあるいは倫理的気風（エートス）が、いかに捕獲され、はてしない暴力と支配と搾取と開発のための装置に変質してしまうのか、そして、その主要なツールとしての負債はどのように機能するのか、を長期の人類学的展望のもとにおくのである。そしてその作動のありようは、いつも、微細である。あなたとわたしは、たがいになにがしかの義務を負い合っている。それ自体は、悪くないどころか、そのようなモラルの次元こそがわたしたちの社会の基盤を構成している。そして、そのたがいの義務のとる共存のなかにこそ、しばしば、わたしたちは最大の悦びをみいだすこともある。そのうえで、最

＊19　これについても『人類学的価値論にむけて——わたしたち自身の夢のニセ金』（*Toward an Anthropological Theory of Value: The False Coin of Our Own Dreams*, Palgrave ,2001）をみよ。グレーバーのアナキズム的世界システム論の着想も、ラッツァラートもそれに属している、イタリアのポストオペライズモ系のマルクス主義に大きなインスピレーションをえている。ただし、グレーバーはその潮流のなかでも、「ネグリ／ドゥルーズ」のラインはあまり好まない、としている。それに対し、グレーバーがフェイバリットとしてあげるのは、シルヴィア・フェデリッチ、ジョージ・カフェンティス、ハリー・クリーヴァー、マッシモ・デ・アンジェリス、アメリカの「ミッドナイトノーツ」グループなどである。グレーバーのマルクス主義からの影響は、シカゴ学派などの人類学特有のそれ（グレーバーは現代において、伝統的な生産様式の移行論やあるいはアルチュセールを経由した生産様式論を真剣に受けとめているそう多くはいない論者である——これについては『諸可能性——ヒエラルキー、叛乱、欲望についての論考』（Possibilities: Essays on Hierarchy, Rebellion, and Desire, AK Press,2007）をみよ）をのぞいて、このイタリア系の論者に主要に負っている。グレーバーはおなじインタビューでこう述べている。「わたしは、[『負債論』において]マルクス主義のなかのポストオペライズモ派と、ポスト・ケインジアンの伝統、そして人類学の伝統を総合しているのです」（Hannah Chadeayne Appel , "Finance Is Just Another Word for Other People's Debts:An Interview with David Graeber," in *Radical Historical Review*,no.116,2014, p.168）。

＊20　これは近年の日本において、「リベラル」による「新国体論」とでもいうべき潮流のなかでいわれはじめている、「混合政体論」を借用して天皇制のもとに「平和主義」体制を死守しようとする姿勢と対極をなすものである。

も水平な諸関係のなかにさえはらまれた変質の萌芽が発芽し、悪夢に転換してしまうのは、どのような契機なのかが問われ、その民族誌的蓄積から精密な分析がひらかれているのである。このようなモース的方法こそ、本書を初めから終わりまで貫く分析の力学である。

ここで、ラッツァラートによるグレーバーのニーチェ論への批判を、あえて問題にしているのは、負債と約束についてふれておきたいからである。ラッツァラートはここで、ニーチェにならって、約束の力能そのものに不信を与えている。負債は人間を約束する動物に仕立てるのだ、というテーゼである。負債は、交換ではなく、暴力を介して人間にその主体性を刻印し、それによって時間を統制し、服従を強いるものである、と。しかし、ここに不在であるのは、あのシェイクスピアの強力な人物造形によって色合いを与えられた未開人ではなく、現実の未開人である。すなわち、贈与が負債に変容し、服従の関係が生成してくるのをあらかじめ阻止する慣習を身につけた、あの実在の狩猟民であるイヌイットである。彼らは独特の仕方で約束をむすびあい、その約束の力能によって、服従の関係性の到来をむしろ祓い除けていた。約束の力能、義務、贈与、負債を、すべて区別して、その微細な関係性を焦点化しなければみえてこない次元がこれである。それに、わたしたちがもし、負債とそれにまつわる服従の関係を断つことができるとするなら、たがいにかわす約束の力能に依拠する以外に、なにがあるのだろう。それはないか、あるいは、とてつもなく少ないはずだ。

負債とは倒錯した約束である、とグレーバーはいう。「負債とは約束の倒錯にすぎない。それは数学と暴力によって腐敗してしまった約束なのである」。そこから、グレーバーは、奴隷制とローマ法を通して誘導されたわたしたちの自由の主要な観念が周縁化させた自由の意味、すなわち、人間のあいだの関係性を創造する力能としての自由の観念を喚起させながら、次のようにいっている。「もし自由が（真の自由が）友をつくる能力であるならば、それはまた必然的に真の約束をなす自由ということにもなる。本当に自由な男女は、どのような約束をたがいにむすぶのだろうか?」」。ここでいわれていることは、またもやジャングルから転がりでた食べ方の不明の果実のような印象もあり、いささかわかりにくいが、本書以前に書かれた、べつのエッセイでは、もう少し問題意識のはっきりとしたかたちで述べられている。「現今の世界は、決してまもられない諸々の「約束」によって形成されている。国家によってわたしたちにあてがわれた「約束」について考えてみよう。わたしたちが、自身の問題にみずから対処する権利さえ放棄すれば、少なくとも生命の安全だけは保障してもらえる。資本主義の約束はどうだろう。わたしたちが、それに全面的に従属し、株を買い続けさえするなら、王様のような暮らしができる。いまやこれらすべてが崩壊しつつある。そしてそこに残されたものはなにか。わたしたちが相互に与えあう「約束」のみである。われわれが、直接的に、つまり経済的、政治的官僚機構の仲介なくして、与えあう「約束」のみなのである」。[*21]

さいごに

グレーバーは、最終章で、次のように述べている。「本書でわたしが試みたのは、次代の展望を提示することではなく、わたしたちの視野を開放し、わたしたちの可能性についての感覚を拡大することであった。つまり、時代にふさわしい大きな尺度と規模で思考を開始するとはどういうことか、問いかけはじめることである」。本書に対する、たとえばピケティもそうだが、多くの疑義のなかに、ひとつは、この「可能性の拡大」と「展望」を短絡するというものがあるようにおもう（これは、ウォールストリート占拠運動に対する「要求がない」との批判と並行している）。そしてそれゆえに、グレーバーが控えめに――理論的には深遠な意味をもつのだが――提出した「負債の帳消し」のみが過大に焦点化される傾向がある。グレーバーの知的営みは、むしろ人文的知の伝統の真ん中に

＊21　「負債の戦略」『資本主義後の世界のために』以文社、高祖岩三郎訳、一八五頁。

あるものともいえる。すなわち、わたしたちとはなんであるのか、わたしたちのこの現在とはどのような時代なのか、という問いに応答しようとする試みである。少なくとも、数十年前まで、経済的なものそのものを問うという姿勢は、日本においても近代的知の再考の動きとともに、そして人類学を友にしながら活性化してきたはずである。ところが、そのような根源的に遡行する動きは、少なくとも日本においては鳴りをひそめている。経済をめぐる問いは、経済政策をめぐるそれと区別がつかなくなり、その過程で、「経済的なもの」もふくめ、多くのものが不可侵の前提に祀（まつ）り上げられてしまっている。その文脈には、人文的知を「政策提言」型の知に収斂させようとする、ネオリベラル改革とともに進行してきた知の変容がある。そしてそれは、人文的知にとって内部から自己解体的に作用してきたようにもみえる。なぜならそれは、可能性はこれしかないというかたちで想像力に敵対するという点で、人文的知ともっとも相容れない姿勢を前提としているからである。人文的知に意味があるとしたら、わたしたちの可能性の感覚を拡大し、想像力のはたらきを促進させる力能にほかならないはずだ。

「二〇一四年版のあとがき」で、次のように述べている。なぜ五〇〇〇年史なのか? 「二〇〇八年がある種の歴史的分水嶺であることはあきらかだが、真の問題はその規模である。結局、ある種の断絶を体現するようにみえる劇的な歴史的出来事の渦中にあるとき、もっとも重要なことは、より大きなリズム構造を把握することであろう」。グレーバーの見方は、もちろんそれは巨大な断絶のひとつのサインにすぎないのである。たとえば、わたしたちは、たとえそこに権力の作動の深遠なる変容がともなっているにしても、ネオリベラリズムの展開を当初は一九七〇年代の危機からの資本主義の脱出であり再編成であるとみてきた。ところが、いま、一九七〇年代にはじまった危機が、その短期的な弥縫をくり返しながら深刻化している過程にすぎないかもしれないという感覚が浸透し、より長期的視野が必要なことも体感されてきた。*22 いやおうなく「根源的（ラディカル）」たらざるをえない時代状況、たんに資本主義総体の危機にとどまるものではなく、フランスの若い世代の理論家たちがいうように、ひとつの「文明」のトータルな崩壊のようにもみえる状況に応じるように、最近では、世界的には知的状況は、むしろ活性化を示しはじめているようにみえる。「アントロポセン」論のような地質学における議論がいま人文的知を巻き込み、またそうした状況が人文的知こそを必要としているような時代にあって、グレーバーは、二一世紀に入ってますます浸透してきた、いまだ確たるものはなにもないが、「すべてこのままではいくことはできない」という、かすかな「覚醒」の感覚に、本書で、おそらくはじめて正当な知的裏づけをおこなったともいえよう（訳者たちは、本書は21世紀の幕開けを記す書物のひとつであると考えている）。グレーバーによれば、この一九七一年にはじまった大いなる変動は、枢軸時代から中世への移行に匹敵するものである。その遠いむかし、人びとは旧体制と新体制のはざまにあって、眼前でくりひろげられる出来事を破局の連続のように感じていた。まさにわたしたちがいま、そうであるように。だが、それをくり返すのだろうか？　そしてそれはわたしたちにかかっている、と、グレーバーはいう。そして、「わたしたちにかかっている」としたら、それは、「わたしたちの想像力にかかっている」ということである。

日本では、即座に次の言葉がせまってくるだろう。「現在のやり方ではこれからやっていけそうにないということがますます明確になってはじめて、わたしたちは突然、集合的な想像力の限界に突きあたっているのだ……資本主義が実際に終わりつつあるという見通しに直面した時――自称「進歩派」であろうと――もっとも常識的な反応は、恐怖である。わたしたちはもはや、より劣悪でない選択肢を想像することができないために、いまあるものに

＊22　たとえばウォルフガング・シュトリーク『時間稼ぎの資本主義』みすず書房、二〇一五年は、一九七〇年代において同時進行の危機を主題にした左派の理論家たちが、危機の現象にあるレベルではせまりながらも、その射程を大きく誤っていたことを論じていて、その「誤り方」にはきわめて興味深いものがあるが、このような「総括」ができることこそ、現代における時間的感覚の転換を記しているようにみえる。

ひたすらしがみついているのだ」。日本の現状は、経済はもとより、軍事、環境、居住、都市、エネルギー、共同体、主体性、イデオロギーにいたるまで、世界の危機を集約的に、いくつかの点では、それを限界において表現しているようにみえる。排外主義とレイシズムの野放図な噴出とその浸透とは、長年にわたるネオリベラル改革をひとつの条件とするであろう社会の疲弊と荒廃の深度を、悲鳴のように告げ知らせている。二〇一一年の東北における震災と福島第一原発の爆発は、地震学者たちのいう「大地動乱の時代」への移行ともあいまって、これまでのすべての枠組みの検証をもたらし、それらを超えて深く想像力を拡げていく契機となるようにおもわれた。ところが、二〇一一年のいわゆる「三・一一」以降、その直後の人びとの異議申し立ての爆発も、「場違いな多幸感」とでもいうべき表層の空気と、それを下支えする古色蒼然たる作風の数々の復活のもとに封じられ、いつのまにか、これまで眼にしたこともないほどの「リベラル・デモクラシー」——戦後の知の多くが疑義にさらしてきたはずの[*23]——とナショナリズムのインフレがわき起こってきた。すべてを既知のフレームにおさめたいという欲望（それで本当はうまくいくはずだという願望）が、「現状を打破する」ということを建て前にはしている「右翼」ではなく、むしろそれに対抗する側から強力に生じてきたのである。その結果、だれもが「保守」であることを競い合うという奇妙な状況があらわれている。

しかし、本書のなかにあるように、人類は、いまのわたしたちからは、ときに途方もなくみえる慣習や実践をもってきた。あるいは想像もよらない関係性をむすんできたし、いまの想像力では考えられもしない——たとえば国家のない社会、国家があるようでいて無力化された社会、市場はあるが資本主義はない社会、商業は活発だが搾取のほとんどない社会、しょっちゅう借金の帳消しをやっている社会、専制君主のもとでの自由な社会、など——社会をたくさんもってきたのである。それぞれの状況のなかで、悩んだり苦しんだり、ときに地獄をみたり、楽園を味わったりしながら、である。日本においてもそれは、いまもむかしも例外ではない。そして、この本を読みながら、こうだったらおもしろいだろうな、でもとてもムリだ、とおもいながら、ふりかえってみると、ふと、それは実は、いまじぶんたちもひそかにやっていることかもしれない。著者が「八方破れ」というように、本書自体が、人文科学というのは、こんなこともできるという自由さを示しているともいえるかもしれない。おそらく、どこをみても「八方ふさがり」の息づまるような状況のなかで、多くのひとが、なにか根源から考えたい、こうしか考えてはならぬというレールをおもいきりはずしてみたい、想像力というものがだれにでも等しくあるのなら、そのおもむくところまで拡げてみたい、と、ひそかに感じているとおもう。本書の翻訳が、その重苦しい拘束衣をおもいきり脱ぎ捨ててみる契機になってくれれば、訳者たちも、そしてまちがいなく筆者もうれしいはずだ。

＊23　そして今こそそのプロジェクトをより徹底すべきときであるにもかかわらず。いうまでもなく、その大部分は、「自由」と「デモクラシー」を、いまそうであるものとは違うものでありうるものとして、真剣に考えるいとなみであった。ところで、訳者自身も翻訳の過程でおもい知らされたのは、人文的知の潜勢力である。おびただしい諸領域のそれぞれにおける、他分野にはあまり知られることのない重大な研究、近年におけるブレイクスルー、あるいは研究者や知識人たちの名の遍歴を通して、グレーバーは、それら諸分野の地道な知的発展の存在を知らしめると同時に、そうした知的成果のはらむ潜勢力を独自の仕方で、ときにおどろくべきかたちでひきだしてみせているともいえる。それは、わたしたちに学問というもののいとなみの意味や悦びをも、強く感じさせてくれるものではないだろうか。日本においてもネオリベラルな大学改革や右傾化の風潮とあいまって人文社会科学の危機が叫ばれてひさしい。だが、ひるがえってみて、わたしたちの知的風土がここまで人文的知の力を、知的なものの力を信じてきたか、と、いうと、どうだろう。たとえば、いまの日本には、「反知性主義」という言葉でもって、社会における「知的な衰弱」（とみなされたもの）を論難するむきもある。しかし、それを他者に投げつけられるほど、わたしたちは知的なものへの信頼、それが喚起しうる想像力のはてしなさへの信頼をもっているだろうか？

翻訳についてだが、決して平坦な道ではなかった。グレーバーの文章は、当人のふだんの存在とそれほど乖離をみせることなく、饒舌で、日常用語も頻出し、出所もさまざまな逸話が、あちこちに挿入される。それは「わかりやすくあろう」という姿勢をあらわすものではあるが、書き言葉として日本語に移しやすいかといえば、決してそうではない。適宜、仏語訳を参照しながらの翻訳作業であったが、いささか難航したといわねばならない。いずれにしても、そのおしゃべりのような、平易であろうとする著者の努力のみえる訳文を心がけた。それが成功しているかどうか、読者の判断を待つほかにない。また、本書のカバーする知的範囲のあまりの広大さに、当然ながら、訳者たちが追いつけているとはとてもいえない。なるべく日本語訳のあるものは参照して、定訳のある語彙には可能なかぎり沿うようにはした。だが、それにも限界がある。誤訳はもとより、知識不足による問題点など、ご指摘いただければ幸いである。訳注は、本来ならばより詳細に掲載したかったが、これもまたおなじく、カバーの範囲があまりに広く、その充実には膨大な時間がかかるため、中途半端になるよりは、と、最低限にとどめている。いずれ、なにか解読本（攻略本？）のようなものがつくれたら、と、ひそかに考えている。

本書の翻訳の過程で、若き人類学者である筑波大学博士課程の河野正治さん、一橋大学博士課程の難波美芸さんには早い時点でアドバイスをいただいた。モラルを道徳という訳語に一律あてはめない、という助言はとくに参考にさせていただいた（ただし責任は監訳者にある）。また、監訳者（酒井）の大学院の本年度の演習で本書を使用し、出席者のみなさんには、原稿段階の時点で、大変有益なさまざまの指摘をいただいた。中国語のいくつかについて、大阪府立大学の大形徹先生に貴重なご教示をいただいた。早稲田大学のマニュエル・ヤンにも、いくつかの不明な点をあきらかにしていただいた。もちろん、最終的な責任はすべて訳者にある。

最後に、編集者の勝股光政さんと大野真さんには、編集作業ではもちろんのこと、文献調査などについても多大なるお世話を受けている。おふたりの、ねばりづよい作業がなければ、もっと遅れてしまっていたことだろう。記して、感謝します。

原　注

第一章

＊1　当然のことながら，それらの建設の目的は，マダガスカル人たちの円滑な国内移動などではなく，主として道路や鉄道建設用に外貨を獲得するためにプランテーションの作物を港に運搬することにあった.

＊2　たとえばアメリカ合衆国がハイチ共和国を承認したのは，ようやく1860年になってのことだった．フランスは執拗に要求を手放さず，最終的にハイチ共和国は，ほとんど恒常的に合衆国の軍事占領下におかれた1925年から1946年のあいだに210億ドル相当を支払うことを強制された.

＊3　Hallam1866 V:269-70．政府は，浪費家の扶養費を支払うことは不適切であると感じていたため，収監者たちは留置費用を全額自己負担することになっていた．それができなければ，ただ餓死するだけであった.

＊4　納税義務を負債と考えてみれば，圧倒的多数が債務者となる．それに，なによりも，これらの二つは密接に関連している．なぜなら歴史を通じて，納税のために金銭をかき集める必要性がつねに，債務地獄におちいるもっともありふれた理由だったからである.

＊5　Finley, 1960:63; 1963:24; 1974:80（モーゼス・I・フィンレー［フィンリー］『古代ギリシア人』山形和美訳，法政大学出版局，1989年，42頁）; 1981:106; 1983:108.　ちなみに，これらはわたしが追尾できたものにすぎない．ギリシアやローマについて彼が述べていることは，日本やインド，中国にもあてはまるようにおもわれる.

＊6　Galey, 1983.

＊7　Jacques de Vitry, in Le Goff 1990:64（ジャック・ル・ゴフ『中世の高利貸し』訳77-78頁).

＊ 8　Kyokai, Record of Miraculous Events in Japan (c.　822 AD), Tale 26, LaFleur 1986:36 中で引用．Nakamura 1996:257-59（高田敏明，高橋貢訳『日本霊異記』平凡社ライブラリー，268-69 頁）．

＊ 9　ibid:36（同上書 269-70 頁）．

＊ 10　ibid:37（同上書 270-71 頁）．

＊ 11　Jan Hoffman, "Shipping Out of the Economic Crisis"(www.relooney.fatcow.com/0_New_7594.pdf)．2008 年直後に拡大した海運関連産業は，金属スクラップを収拾するため貨物船の解体に携わるものだけであった．

＊ 12　当時の IMF 専務理事であるサイモン・ジョンソンは，最近 The Atlantic（『ジ・アトランティク』誌）に掲載された論考中で，この点について簡潔に述べている．「監査委員，議員，学者たちはほとんど全員，これら銀行の管理職たちが，じぶんがなにをしているのかを理解していると信じていた．ふり返ってみると，それはまちがっていたのである．たとえば，AIG［ニューヨークを拠点にした保険会社］の金融商品部門は，2005 年に経常利益 25 億ドルをあげたのだがその大部分は複雑で，ほとんど知られていない有価証券による低価格保険の売上によるものであった．「スチームローラーの前で小銭を拾う」としばしば呼ばれるこの戦略は，通常であれば利潤をあげるものだが，うまくいかない場合には壊滅的になる．昨年の秋に AIG は，未払いの保険を，証券のかたちで 4000 億ドル以上抱えていた．これまでに合衆国政府は AIG 救済のために，投資に 1800 億ドルを捧げ，実質的に不可能といわれていた AIG の洗練されたリスクモデリングの損失をカバーするために，融資をおこったのである」(Johnson 2009)．もちろんジョンソンは次の可能性を無視している．AIG はいずれそうなることを完全に見通ししていたが，なんの対処もしなかった――なぜならスチームローラーが押しつぶすことになるのは，どのみちじぶん以外であるとわかっていたから――という可能性である．

＊ 13　それとは対照的にイングランドでは，1571 年には破産法がすでに存在していた．連邦破産法を制定する試みは 1800 年に失敗した．南北戦争に従軍した元兵士の負債を救済する目的で 1867 年から 1878 年の短期間，実施されたものがあるが，モラル上の理由でのちに廃止された（それにつ

いての最近のすぐれた歴史的文献として Mann 2002 をみよ）．アメリカにおける破産法改革は，条件を緩和するのではなく，いっそう過酷にする傾向にある．たとえば業界の圧力を受け，信用大暴落直前の 2005 年に議会で可決された修正法などがそうである．

＊14　緊急救済措置（ベイルアウト）のあとで設置された抵当救済基金が支援を提供したのはごくわずかな申請者にかぎられ，破産法の自由化を求める運動は起きなかった．この破産法は金融業界の圧力によって，メルトダウンのわずか 2 年前の 2005 年に，それまでのものよりもずっと過酷なものとなっている．

＊15　“In Jail for Being in Debt,” Chris Serres and Glenin Howatt, Minneapolis—*St. Paul Star Tribune*，June 9, 2010. www. startribune. com/local/95692619. html. 以下も参照せよ．“In for a Penny: The Rise of America's New Debtor's Prisons,” American Civil Liberties Union, October 2010, www.aclu.org/files/assets/InForAPenny_web.pdf

＊16　“IMF warns second bailout would ‘threaten democracy.’” Angela Jameson and Elizabeth Judge，business.timesonline.co.uk/tol/business/economics/article6928147.ece#cid=OTC-RSS&attr=1185799, 2009 年 11 月 25 日に閲覧.

第二章

＊1　Case，Fair，Gärtner，& Heather 1996:564.

＊2　前掲.

＊3　Begg，Fischer，and Dornbuch (2005:384); Maunder，Myers，Wall，and Miller (1991:310); Parkin & King (1995:65).

＊4　Stiglitz and Driffill 2000:521.

＊5　Aristotle，Politics I.9.1257（アリストテレス『政治学』牛田徳子訳，京都大学学術出版会，2001 年，30 頁）.

＊6　ここで本当に物々交換が問題になっているのかさえあきらかではない．アリストテレスの用いる言葉 *métadosis*［メタドシス］が，彼の時代に通常意味したのは，“sharing” または “sharing out”［配分，分配］である．スミス以降，これは通常 “barter”［物々交換］と訳されているが，

カール・ポランニー (1957a:93)（玉野井芳郎ほか訳「アリストテレスによる経済の発見」『経済の文明史』ちくま学芸文庫，312-14 頁）が長らく強調してきたように，これはアリストテレスがこの語のまったく新しい意味を導入していたのでもないかぎり不正確である．Laum(1924) から Seaford(2004) にいたるギリシア貨幣の起源についての諸々の理論家たちは，（戦利品や供犠用の肉など）物財を分配する慣習が，ギリシア通貨の発展に，おそらく主要な役割をはたしたことを強調している（アリストテレスが物々交換について語っていることを前提にしたアリストテレス的伝統への批判は，Fayazmanesh 2006 をみよ）．

＊7　この文献については Jean-Michel Servet (1994，2001) をみよ．彼はまた，18 世紀に突然こういった記述が消え去り，オセアニアやアフリカやアメリカ大陸における「原始的物々交換（primitive barter)」の無数の目撃の記述がそれにとってかわったと記している．

＊8　Wealth of Nations, I.2.I-2（アダム・スミス『国富論　I』大河内一男監訳，中公クラシックス，24-5 頁）．この先みていくように，この箇所は非常に古い出典からとられているようである．

＊9 「この交易するという人間性向を基礎づけている人間の精神の原理とはなにかを問うならば，それは，すべての人間がもっている説得するという自然的性向である．1 シリングを相手に与えるということは，わたしたちには，実に単純で平明な意味を有していると思われるが，実際は，そうすることがあなたの利益にかなっているのだから，あなたはそうすべきであると説得する議論を提供しているのである」(*Lectures on Jurisprudence*, 56［アダム・スミス『グラスゴウ大学講義』高島善哉・永田洋訳，日本評論社，1947 年，373 頁］)．交換がわたしたちの精神的機能の基盤であり，言語（言葉の交換として）そして経済学（物的財の交換）の双方のうちに具体化されるという発想がスミスにさかのぼるという見方はとても興味深い．ほとんどの人類学者はそれをクロード・レヴィ＝ストロースに帰している（1963 :296)（クロード・レヴィ＝ストロース『構造人類学』)．

＊10　羊飼いへの言及は，彼が世界のべつの場所について語っていたかもしれないことを示唆している．だがそれ以外の箇所における事例，たとえば

ビーバーや鹿の交易などは，彼が北米の北東部森林地帯を想定していたことを明示している．

＊11　Wealth of Nations I. 4. 2（前掲訳書，40 頁）．

＊12　Wealth of Nations I. 4. 3（前掲訳書，41 頁）．

＊13　Wealth of Nations I. 4. 7（前掲訳書，42-3 頁）．

＊14　物々交換から貨幣，貨幣から信用へ，という歴史的継起説は，Bernardo Davanzati［ベルナルド・ダヴァンザティ］という名のイタリア人銀行家の講義に最初に出現したようだ（1529-1606; これについては Waswo 1996）．ドイツ人経済史家たちが，それを確固とした理論に発展させた．たとえば，Bruno Hildebrand［ブルーノ・ヒルデブラント］（1864）は，先史時代における物々交換の段階，古代における鋳貨の段階，そして次に，中世における物々交換への回帰のあと，近代における信用経済の段階がくると位置づけている．彼の学生である Karl Bücher［カール・ビュッヒャー］（1907）の仕事において，この議論は通説という形態をとることになった．この継起は，いまでは常識として普遍的に受け入れられており，少なくとも暗黙のかたちで，マルクスにも，そしてはっきりとジンメルにも再浮上している．くり返すが，その後の歴史研究のほとんどが，そのまちがいを証明したにもかかわらずである．

＊15　とはいえ，経済学者以外の多くの人たちには感銘を与えている．とくにモルガンの著作（Morgan 1851,1877,1881）は，集合的所有権と，経済生活を幅広く統制していた女性の評議会など，女性の主要な役割の双方を強調したことで，多くのラディカルな思想家たち──マルクスとエンゲルスをふくむ──に強い印象を与えたので，それらの著作は，原始的コミュニズム［原始共産主義］および原始的母権社会という，ある種の対抗神話の基盤となった．

＊16　Anne Chapman（1980）はさらに進めて，純粋な物々交換というものが対象物の交換のみにかかわるものであり，人間のあいだの諸関係の再調整にかかわるものではないと定義されるとすれば，そんなものがかつて存在したかどうかはあきらかではないと述べている．Heady 2005 もみよ．

＊17　Levi-Strauss 1943. 英訳は Servet 1982: 33.

＊18　おそらく数十名の同年代の他者とほとんどの時間をすごすことになじんでいる若い男女にとって，さまざまな相手と性関係をもつことへの誘惑はきわめて強かったに違いないと想像する必要がある.

＊19　Berndt 1951:161, cf. Gudeman 2001: 124-25. わたしの分析と非常に近いものを提唱している.

＊20　Berndt 1951:162.

＊21　後述するように，現代の国際的商業取引が音楽，ダンス，食物，ドラッグ，高級娼婦あるいは暴力の可能性をともなうことがないというわけではない．娼婦と暴力の重要性を示すあれこれの事例については Perkins 2006 をみよ.

＊22　Lindholm 1982:116.

＊23　Servet 2001:20-1 は膨大な数にのぼるこのような用語を集めている.

＊24　この点は，あまりに明白であるため，もっとひんぱんに指摘されてこなかったことはおどろくべきである．わたしが知る古典的経済学者のなかで，支払いの遅延によって物々交換が不要になる可能性について考察したようにおもわれるのは，ラルフ・ホートレーただひとりである (1928:2, cited in Einzig 1949:375)．それ以外のだれもが，さしたる理由もなく，あらゆる交換は隣人のあいだのそれでさえ必然的に経済学者たちが「現物取引 (spot trade)」と呼びたがる形態をとる，とひたすら想定している.

＊25　Bohannan 1955, Barth 1969. cf. Munn 1986, Akin & Robbins 1998. この概念のすぐれた要約は，Gregory 1982:48-9 にみることができる．Gregory は、パプアニューギニア高地のシステムを事例としてあげているのだが，そこで貴重財は 6 つの等級をもち，生きた豚とヒクイドリが最上位に，「真珠の貝殻の首飾り，豚のわき腹肉，石の斧，ヒクイドリの羽根の頭飾り，子安貝の貝殻のヘアバンド」が 2 番目に位置し，そしてその下位には……といった具合につづいている．ありふれた物品や消費用の品目は，それぞれ高級食材と野菜の基本的食材から構成される下位の 2 段階にとどまっている.

＊26　Servet 1998, Humphrey 1985. を参照.

＊27　この古典となった小論は Radford 1945.

＊28　少なくとも1600年代においては，古いカロリング朝の額面単位は実際に「想像貨幣（イマジナリー・マネー）」と呼ばれていた．だれもが，800年ものあいだ，それらポンド，シリング，ペンス（またはリーブル，デナリウス，スー）の使用をつづけていたのである．だが，この時代のほとんどを通じて，実際の硬貨は，［もともとの硬貨とは］まったく異なるものだったか，端的に存在していなかった (Einaudi 1936).

＊29　物々交換が貨幣と共存していたそれ以外の事例については，Orlove 1986; Barnes & Barnes 1989.

＊30　自著が古典となることの弊害のひとつは，人びとがそのような事例を実際に調べあげるということである（利点のひとつは，たとえ誤りが発見されたとしても，ともかくも，権威として，そこから引用がつづけられるということである）.

＊31　Innes 1913:378.Innes［イネス］はこうつづけている．「少し考えてみるならば，基本商品 (staple commodity) を，貨幣として使用することはできないことはあきらかである．なぜなら，**仮説にしたがえば** *ex hypothesi*, 交換の媒体は，共同体の成員全員が等しく受容できるものであるからだ．かくして，漁師が鱈で必需品の支払いをおこなえば，交易商人もおなじく鱈のための支払いを鱈でもっておこなわねばならない，というばかげた事態となる」.

＊32　最初にあらわれたのは神殿であるようにおもわれる．宮殿は時間とともにその重要性を増していき、神殿の行政制度を引き継いだのである．

＊33　スミスはこれらについて夢を見ていたわけではない．このような鋳塊（インゴット）に対する現在の専門用語は“hacksilber［地銀］”である (e.　g.，Balmuth 2001).

＊34　エジプトにおいてそれに対応するものについては，Grierson 1977:17と対照せよ．

＊35　e.g., Hudson 2002:25, 2004:114

＊36　Innes 1913:381

＊37　Peter Spufford の記念碑的名著 *Money and Its Use in Medieval Europe*（『中世ヨーロッパにおける貨幣とその用法』）(1988) は，金山および銀山,

造幣所，鋳貨の悪鋳に数百ページを費やしているが，一般の人びとが日々の取引の圧倒的大部分に使用していたとおもわれる鉛や皮などのさまざまな代用貨幣（トークン・マネー），または小規模な信用協定については，ほんの 2，3 の言及にとどまっている．Spufford がいうには，これらについては「ほとんどなにも知ることができない」(1988:336)．より眼を惹く事例は「割符 (tally-stick)」であって，それについては以下で多くをみていくことになろう．中世には貨幣のかわりに割符が広く使用されていたが，この主題についての体系的な研究は，とりわけイングランドの外ではほとんど存在しない．

第三章

＊1　Heinsohn & Steiger(1989) は，同業の経済学者たちがこの物語を放棄していない主要な理由は，人類学者たちがおなじぐらい説得力のあるべつの物語をいまだ与えていないからだ，とさえ述べている．ほとんどすべての貨幣史は，いまなお，あいかわらず非現実的な物々交換の記述からはじめられている．それとはべつには，純粋な循環的定義に依拠するというやり方がある．「物々交換」が通貨を用いない経済取引ならば，その形式と内容がなんであれ，通貨をともなわないあらゆる経済取引は物々交換であるはずである，というわけだ．かくして Glyn Davies (1996:11-13) は，クワキウトル族のポトラッチさえ「物々交換」として記述するのである．

＊2　わたし自身の労働価値説についての考えは，*Toward an Anthropological Theory of Value* (Graeber，2001) をみよ．

＊3　こういったすべてに強力な宗教的要素があったことを，わたしたちは忘れがちである．ニュートン自身，いかなる意味においても無神論者ではなかった．事実，彼はじぶんの数学的能力を使ってジェームズ・アッシャー大司教が少し以前に論じていたように，世界が実際に紀元前 4004 年 10 月 23 日前後に創造されたことを裏づけようとしたのである．

＊4　スミスが最初に「見えざる手」という表現を使ったのは，*Astronomy*(III. 2)［『天文学史』］においてであるが，*Theory of Moral Sentiments*(IV.1.10)（水田洋訳『道徳感情論（下）』岩波文庫，2003 年，24 頁）では，市場の見えざる手は「摂理 (Providence)」である，とはっきり述べている．ス

ミスの神学一般については，Nicholls 2003:35–43 をみよ．中世イスラームとのつながりの可能性については，本書第 10 章を参照のこと．

＊5　Samuelson 1948:49（都留重人訳『新版　サムエルソン経済学　上』岩波書店，1966 年，59 頁）．この立場への批判については，Heinsohn and Steiger 1989 をみよ．Ingham 2004 も参照．

＊6　Pigou 1949. Boianovsky 1993 はこの語の歴史を提供している．

＊7「貨幣なくして体系的な物々交換が発生する経済を，われわれはなにひとつとして知らない」(Fayazmanesh 2006 :87)．彼がここで念頭においているのは計算貨幣のことである．

＊8「自己調整的市場 (self-regulating market)」を育成する政府の役割についての一般的議論は，Polanyi 1949（カール・ポランニー『「新訳」大転換――市場社会の形式と崩壊』野口建彦・栖原学訳，東洋経済新報社，2009 年）を参照せよ．政府が退場しさえすれば自然のまま市場は出現するのであって，しかるべき司法，警察，政治制度をそれ以前に設立しておく必要はないとする正統派経済学の誤りは，自由市場イデオローグたちが 1990 年代に旧ソ連でこのモデルを押しつけようと試みたさい，劇的に証明された．

＊9　ここでもイネスは適切に表現している．「1 ドルを眼で見ることも，手でふれることもない．われわれが眼にし，ふれることができるのは，1 ドルと呼ばれる金額に相当する負債を支払うか充当する約束である」．おなじように，イネスはこう述べている．「われわれの尺度はすべておなじである．1 オンス，1 フィート，1 時間を見た者はいない．1 フィートとは 2 つの固定点のあいだの距離だが，距離にせよ点にせよ，物質的存在をもつことはない」(1914:155)．

＊10　このことが，そのような価値を計算するなんらかの手段を前提としていることに注意しよう．つまり，ある種の計算貨幣がすでに存在していることを前提としているのである．これは自明のようにみえるが，多数の人類学者がそれを見落としてきたようにおもわれる．

＊11　スケールを理解する助けとするために記しておくと，相対的に境界の限定されている商業的都市国家である香港においてさえ，およそ 233 億

ドルが流通している．人口は約700万人なので，住民1人当たり3000香港ドル以上となる．

＊12 「国家理論は，19世紀初頭にまで，そして［アダム・］ミュラーの *New Theory of Money*［『貨幣新論』］にまでさかのぼることができるだろう．それは，貨幣価値を共有された信頼および国民的意志の表現として説明しようと試みるものだが，1905年に最初にドイツ語で出版された［G・F・］クナップの『貨幣国家理論［貨幣国定学説］』で頂点に達した．「国家という観念なしに」貨幣を理解しようとする試みはばかげている，とクナップは考えた．貨幣は交換から発生する媒体ではない．そうではなく，負債を計算し決済する手段なのである．そしてなかでも，最も重要なのは税の負債［未納税］（tax debts）である」(Ingham 2004:47.)．Inghamの著作は，表券主義的立場をみごとに宣言したものであり，わたしのここでの議論のかなりの部分をそこでより詳細なかたちでみいだすことができる．しかしながら，のちにあきらかになるように，いくつかの点でわたしは彼と立場を異にするものである．

＊13 フランス語ではリーブル，スー，ドゥニエ (livres, sous, deniers) である．

＊14 Einaudi 1936．チポーラ (Cipolla)(1967) はそれを「亡霊貨幣（ゴースト・マネー）」と呼ぶ．

＊15 割符については以下をみよ．Jenkinson 1911, 1924; Innes 1913; Grandell 1977; Baxter 1989; Stone 2005.

＊16 Snell (1919:240) は次のように述べている．領地を巡回する諸王は，ときに牛やその他の物財を「優先買取 (preemption)」権によって取り上げ，割符で支払うが，王の代理人にあとでその支払いをさせることは非常に困難だった．「臣民たちは売却を強制された．なかでも最悪だったのが，王の徴発吏たちが，即金ではなく，国庫の割符，または暴力による支払いを習慣としていたことである（…）．実際には，この制度での損失の埋め合せはかんたんではなかった．それは最悪の強制的取立てにむすびついており，初期の民衆詩の幾多の不平の主題となっている」．

＊17 この点にかんして，イングランド銀行が，アダム・スミスの時代になっても，割符棒を使って内部会計をおこなっていたことは興味深い．そ

の慣行が放棄されたのは，1826 年になってのことである．

＊18　この種の問題についての古典的研究については Engels (1978) をみよ．

＊19　それはとりわけ債務者たちに訴求力があった．負債とはたんなる社会的取り決めであり，いかなる意味においても不変ではなく，政府の政策によって創出されたものであるから，組み直しもまた可能であること，債務者がこのような発想に惹かれるのは当然である．彼らがインフレ政策に恩恵を受けるであろうことはいうまでもない．

＊20　税については Jacob 1987，ベツィミサラカ (Betsimisaraka) の村の研究については Althabe 1968，類似のマダガスカルの事例研究については Fremigacci 1976，Rainibe 1982，Schlemmer 1983，Feeley-Harnik 1982，アフリカにおける植民地税政一般については，Forstater 2005，2006 を参照せよ．

＊21　たとえば Heinsohn & Steiger 1989:188–89.

＊22　銀はまさに中西部で採掘された．金銀の双方を通貨の潜在的保証とする複本位制の採用は，無条件信用貨幣 (free credit money) への一歩であり，地方銀行による貨幣創造の可能性をひらくものとみなされていた．19 世紀後半に，アメリカ合衆国において近代的企業資本主義がはじめて生まれたが，それは強烈な抵抗に遭遇している．銀行制度の集権化が主要な闘争の舞台となり，ミューチュアリズム［相互主義］が抵抗の主要形態のひとつとなった．ここでのミューチュアリズムとは，民衆による（利潤を指向しない）民主的な銀行と保険の組み合わせからなる．複本位制支持者たちは，リンカーンが戦時中に短期間強制したような通貨を金属からすっかり切り離すことを要求しているグリーンバック党員たちのより穏健な後継者であった．（Dighe (2002) はその歴史的背景についてすぐれた概観を与えてくれている）．

＊23　それらは映画ではただのルビーの靴となった．

＊24　ドロシーはセオドア・ルーズベルトのことではないかと示唆するむきすらあった．なぜならその音節 “dor-o-thee” と “thee-o-dor” は，反転しているだけでまったくおなじだからである．

＊25　「貨幣のアレゴリー」としての『オズの魔法使い』について，詳細な議

論は，Littlefield 1963 および Rockoff 1990 をみよ．この本が政治的な含意をもつとボームが認めたことは一度もなく，こういった解釈は出版後にはじめて出現した可能性も高そうだ (Parker 1994; cf. Taylor 2005)．しかし，ある時点で同書がこういった評判を高めていったという事実は残るのであって，それゆえ真の問題はこの神話を創造したのがボームかあるいは別人なのか，となる．

＊26　ペンタゴンの予算を使って雇用を創出し経済成長を促進したことから，レーガンを極端な軍事的ケインズ主義の実行者だったと主張することにそれほど無理はない．いずれにせよ通貨についての正説 (monetary orthodoxy) は，レトリックとしてでさえ，システムの実際の管理人たちのあいだではあっというまに放棄された．

＊27　Ingham 2000 をみよ．

＊28　Keynes 1930: 4–5（長澤惟恭・小泉明訳『貨幣論 I』東洋経済新報社，1979 年，4-5 頁）．

＊29　この議論は銀行業務の逆説と呼ばれている．その極端に単純化されたヴァージョンを示してみよう．ただ 1 行の銀行しかないとする．この銀行が，自己資産にいっさいもとづかない 1 兆ドルの融資をあなたにおこなう場合にも，最終的にあなたは銀行にお金を返すことになる．このことの意味しているのは，銀行は，いまや 1 兆ドルの負債を抱えておりかつ 1 兆ドルの運用資金を保有していること，そしてそれらが完全に均衡を取り合っているということである．銀行が利子としてあなたに支払いしている以上にあなたに融資をおこなうとすると（銀行のいつもの業務であるが），そこからもまた利益が生まれる．あなたが 1 兆ドルを使い果たしてもおなじことになる――お金を手にした者はだれであれふたたび銀行に預けなくてはならなくなるからである．ケインズの指摘によれば，銀行が複数存在するところであっても，銀行家たちが調整し合えば事態は変わらない．実際，銀行家たちはつねにそうしている．

＊30　この想定が新古典派経済学の論理と共鳴しているということを述べておきたい．新古典派経済学の想定によれば，経済活動の文脈を規定するあらゆる基礎的な制度的配置は，過去におけるある想像上の時点において，

あらゆる参加者たちによって同意されたものであり，それ以後，すべてが均衡状態で存在してきたし，これからもずっとそうであろう．興味深いことであるが，ケインズは貨幣論のなかではっきりとこの想定を却下している (Davidson 2006)．現代の社会契約理論家たちもまた偶然によく似た議論をおこなっているが，そこではそれが実際に起こったと想定する必要はない．それは起こったかもしれないが，いずれにせよあたかもそれが起こったかのようにふるまっている，これで十分なのだ．

＊31　アグリエッタはマルクス主義者であり，「レギュラシオン学派」の創始者のひとりである．オルレアンは，テヴノーとボルタンスキーが支持している「コンヴァンシオン経済学 (economics of conventions)」の信奉者である．「原初的負債論」は主として経済学者ミシェル・アグリエッタとアンドレ・オルレアン周辺の研究者集団が発展させたものだ．精神分析とルネ・ジラールの枠組みを用いた La Violence de la Monnaie (1992)（井上泰夫・斎藤日出治訳『貨幣の暴力――金融危機のレギュラシオン・アプローチ』法政大学出版局，1991 年）がその最初である．*Sovereignty, Legitimacy and Money*(1995) および 11 名の学者たちとの共同論集である *Sovereign Money*(Aglietta, Andreau, etc. 1998)（坂口明義監訳『貨幣主権論』藤原書店，2012 年）がそのあとにつづく．最後の 2 冊では，ジラールの枠組みは放棄され，ルイ・デュモンの枠組みが採用されている．近年におけるこの立場の主な提唱者は，またべつのレギュラシオニストである Bruno Théret［ブルーノ・テレ］(1992, 1995, 2007, 2008) である．残念なことに，英語に翻訳されているものはほとんどない．ただし Grahl (2000) には，アグリエッタの貢献の多くについての概要がみられる．

＊32　たとえばアメリカの Randall Wray (1990, 1998, 2000)，Stephanie Bell(1999, 2000)，イギリスの Geoffrey Ingham(1996, 1999, 2004) である．マイケル・ハドソンおよびそれ以外の ISCANEE グループの人びともこの考えを部分的に採用しているが，わたしの知るかぎり完全に受け入れたことはない．

＊33　**Rna*.［語頭のアスタリスクは，史資料では存在が確認できない，理論的に再構成された語形を示す記号］．Malamoud(1983: 22) によれば，最

初期の文書においてすでに負債という語は「財自体か，少なくともそれと等価値のなにかを，返礼するという約束の見返りに受けとる財」を意味するとともに，「犯罪 (crime)」または「過失 (fault)」の意味をもまたもっていた．Olivelle 1993:48 もまた，**Rna* とは，「過失，犯罪，罪責性 (guilt) を――しかも，しばしば同時に――意味することがある」と述べている．しかしながらそれは「義務 (duty)」をあらわす語と同一ではない．初期における負債からの解放の祈りの典型的な例については，Atharva Veda Book 6 Hymns 117，118，119 をみよ．

＊34　*Satapatha Brahmana* 3.6.2.16

＊35　マルセル・モースの指導教官である Sylvan Lévi［シルヴァン・レヴィ］の指摘したように，ブラフマンの教義をまともに受け止めるなら「自殺のみが真正な供犠となるだろう」(1898:133; so also A.B. Keith 1925:459)．だがもちろんここまでふみこんだ者はだれひとりとしていない．

＊36　より正確を期すると，それは供犠を捧げる者にひとつの道［方法］を与えたのである．じぶん自身をふくむ万物が神々の被創造物であるような世界から脱出し，不死の聖なる身体と化して，昇天し，次には「おのれの創造した世界に生まれ落ちる」というそのような道［方法］である（*Satapatha Brahmana* VI:2.2.27）．その世界においてはあらゆる負債が返済可能であり，みずからの遺棄された死すべき身体も神々から買い戻すことができる（Lévi 1898: 130-32, Malamoud 1983: 31-2 を参照せよ）．これは供犠の効力についての空前絶後の大胆な主張だが，ほぼ同時代の中国にも似たような主張をしている僧侶たちをみいだしうる（Puett 2002）．

＊37　本章冒頭のエピグラフでは「聖者」と翻訳されているが，その意味するところは聖典の著者であるので，この用法も妥当とおもわれる．

＊38　ここでわたしは２つの若干異なるヴァージョンを融合させている．そのひとつは *Tattiriya Sarphita*［アイタレーヤ・ブラーフマ］(6.3.10.5) におけるもので，あらゆるブラフマンは負債と**ともに**生まれると述べられているが，そこでは神々，父，賢者があげられるのみで歓待の義務は考慮されていない．もうひとつは *Satapatha Brahmana*［シャタパタ・ブラーフマ

ナ］(1.7.2.1–6) におけるもので，あらゆる人間は負債として生まれるとしながら，［神々，父，賢者，歓待の］4 つすべてがあげられている．しかしながら，それ念頭においているのは再生族 (twice-born castes)［カースト制度における，バラモン，クシャトリヤ，バイシャ，シュードラの四つの階級のうち，シュードラをのぞいた，上位 3 階級を指す．儀式によって生れ変ることができる特権的な身分であるとされたため，このように呼ばれる］の男性のみであるようにおもわれる．それについての総括的な議論は以下をみよ．Malamoud 1983，Olivelle 1993:46-55，Malamoud 1998.

＊ 39　Théret 1999: 60–61

＊ 40　「この根本的負債からの最終的な解放は，祖先と宇宙の神々をなだめ，謝意を表すための，生者の供犠による」(Ingham 2004:90).

＊ 41　前掲．彼は「罪責性 (guilt)」と「罪業 (sin)」について Hudson 2002: 102–03 を引用しているが，これからみていくように，この論点は Grierson (1977:22-3) にさかのぼる．

＊ 42　Laum 1924．彼はギリシアにおける貨幣の起源を，神殿による分配にみている．その議論は興味深いものであり，現代には Seaford (2004)，そして部分的には Hudson (e.g., 2003) などの擁護者がいる．しかし，それは実際には鋳貨の起源論である．

＊ 43　これまで引用したいとわたしが夢見てきた以上の膨大な研究である．「原始貨幣」については，Quiggin および Einzig による 2 つの標準的な調査研究がある．興味深いことに双方とも 1949 年に発表されている．いずれも分析こそ時代遅れになっているものの相当量の有益な資料をふくんでいる．

＊ 44　英語の “pay”（支払う）はフランス語の *payer*（支払う）から来ており，それは「静める（to pacify)」，「和解する（to make peace with)」を意味するラテン語の *pacare* から派生している．さらに *pacare* は，「被害者と折り合いをつける (to come to terms with an injured party)」の意味である *pacere* に関連している (Grierson 1977:21).

＊ 45　Grierson 1977:20.

＊46　グリアーソンが記しているように，たとえば死んだ蜂の値段（コスト）を控除したあとで蜂に刺された補償を要求することができるようになるアイルランドの法典がそうであるように，著者たちはしばしば意図的にじぶんたちを笑い飛ばしているようにみえる (Grierson 1977:26).

＊47　たとえば古代メソポタミアから伝わっている神話や聖歌もまた豊富にある．古代の図書館の遺跡から発見されたそのほとんどが裁判や商業契約の記録と個人的な文通で占められているのである．とはいえ最初期のサンスクリット語のテキストについて残されているのは宗教関連の文献のみである．さらにこれらのテキストは師から弟子へと数千年にわたって口頭で伝えられてきたものであるため，それらがいつどこで書かれたかさえ確実性をもっていうことができないのである．

＊48　有利子貸付はメソポタミアに確実に存在していたが，エジプトにおいてはヘレニズム期に，ゲルマン世界にはさらに遅れてあらわれている．「ヤマ (Yama) に対してわたしの負う貢物」について語るテキストは，「利子」を指している可能性がある．Kane の *History of Dharmasastra* (1973 III:411–461) における初期インドの法律資料の包括的なレビューも，最初に利子が出現したのがいつかはっきりした結論をくだしていない．Kosambi (1994: 148) は，前 500 年頃に出現したかもしれないと推定しているが，推論にすぎないことを認めている．

＊49　すぐに頭に浮かぶのはメソポタミア，エジプト，中国である．生とは神々からの貸付（ローン）であるという観念はいたるところに発生している．古代ギリシアでは貨幣と有利子貸付の出現したのとおなじころに自然に発生したようである．「わたしたちはみな死に負債を負っている」と前 500 年頃に詩人シモニデスは書いている．「生とは死によって返済される貸付（ローン）であるという感情は，ほとんどことわざのように［なった］」(Millett 1991a:6)．わたしの知るかぎり，このことをはっきりと供犠にむすびつけたギリシア人著述家はいないが，プラトンの『国家』の登場人物ケパロスはある一節で (331d) それを暗黙のうちに示唆していると考えることもできるだろう．

＊50　Hubert and Mauss (1964)（小関藤一郎訳『供儀』法政大学出版局，1983 年）は，この点で，古代の文献についてのすぐれたサーヴェイを与

えてくれている.

＊51　Finley 1981:90.

＊52　これはある種の法律上の区別である．それが実際に意味していたのは，ペルシアで徴収された資金は法規上「贈与」とみなされていたということであるが，それでもこのことは［市民からは貢納を徴収しないという］原理の強力さを示している (Briant 2006:398–99).

＊53　ファラオ時代のエジプトと帝政中国は，たしかに異なった時代に異なった税率で貨幣，現物，労働による直接税を課していた．初期のインドでは，ガナ・サンガ共和国［*gana-sangha* republics, ガナおよびサンガ というサンスクリット語は元来は「集まり」「団体」「集団」などを意味するが，そこから「特定の目的のために多くの人間によって構成される団体」という含意をもつ，共和制ないしそれに近似した政体をもつ古代インドの諸国を指す］は，市民に対して税を課していたようにはみえないが，最終的にそれにとってかわった諸王国は要求した (Rhys Davies 1922:198–200)．わたしのいいたいのは，税は不可避のものではないということ，そして多くの場合に征服のしるし（マーク）とみなされていたということである.

＊54　ここではいまだに支配的な見解であるとわたしの考える観点にしたがっている．少なくともいくつかの場所では，宮殿が最初期からおおよそ万事にわたって管理運営にたずさわり，神殿はまったく従属的であったとはいえるのだが（Maekawa 1973–1974 をみよ)．この主題については，時代と場所における，神殿，宮殿，クラン，個々の保有地のあいだの均衡についてと同様に，活発な議論がおこなわれている．しかし，わたしの議論に直接かかわるものでないかぎり，どれほど興味深くともこうした議論に立ち入ることを避けている.

＊55　わたしは Hudson の解釈 (2002) にしたがっている．だが，たとえば Steinkeller 1981, Mieroop 2002:64 のように利子の起源を賃貸料に求める議論をおこなうひとたちもいる.

＊56　Hudson 1993, 2002 は，すぐれた要約である．*amargi* の意味に最初に注意をうながしたのは Falkenstein (1954) である．Kramer (1963:79),

Lemche (1979:16n34) もみよ.

＊57　古代エジプトには有利子貸付はなかったが，その他の初期帝国についてわかっていることは，エジプトに比較すると少ない．それゆえ，それがどの程度異例であったのかはわからないのである．だが中国という事例はきわめて示唆的である．中国の貨幣理論は常に徹底的な表券主義であった．少なくとも漢代以降の鋳貨の起源についての標準的な物語によると，殷王朝の神話上の始祖は飢饉のさい，とても多くの家庭が子どもを売らざるをえなくなっていることを目の当たりにして悩み，政府が子どもたちを買い戻し，家族のもとに返してやるために硬貨を造出したということになっている（本書第８章参照）.

＊58　供犠とはなにか？　つまるところそれは，動物の命を奪うような行為は，たとえわたしたちの生命維持のために必要であろうと，軽々しくみなしうる行為ではなく宇宙を前にした謙虚さをともなうのだ，という認識以外ではないのではないか？

＊59　その受領者が債権者に金銭を負っているのでないとすると，循環のなかのすべての者に負債の帳消しが可能となる．これはピントはずれにみえるかもしれないが，このような循環的負債帳消しは歴史のほとんどを通じてきわめて一般的な慣行だったようだ．たとえば，第 11 章の「清算［大会］(reckonings)」の記述をみよ.

＊60　わたしは必ずしもこの立場をブラフマンたちの著者たちに帰しているわけではない．その著者たちとの対話のうちにあって，議論の内在的論理とみなしうるものを追求しているだけである.

＊61　Malamoud 1983:32.

＊62　Comte 1891:295.

＊63　フランスにおいてはとくにアルフレッド・フイエ (Alfred Fouillé) やレオン・ブルジョワ (Léon Bourgeois) といった政治思想家によるものである．1890 年代に急進党の指導者であった後者は，社会的負債という思想を，みずから「連帯主義 (solidalism)」哲学の概念的基盤とした．それは，ラディカルな共和主義の一形態であって，革命的マルクス主義と自由市場主義の双方に対する，ある種の中道的なオルタナティヴを提供しうる，と

彼は論じた．その発想とは，社会に対して分有された負債という理念に基盤をおく新たなモラルのシステムによって階級闘争の暴力を克服することである．もちろんそのモラルのシステムにとって国家はたんなる管理者／代理人にすぎない (Hayward 1959, Donzelot 1994, Jobert 2003)．エミール・デュルケームも，政治的には連帯主義者であった．

＊64　スローガンとしては，この表現は一般的に，19 世紀後半のフランスの協同組合主義者であったシャルル・ジッド (Charles Gide) のものとされているが，連帯主義者のあいだで知られるようになった．これは当時のトルコの社会主義者たちのあいだで，重要な原理となる (Aydan 2003)．そして聞いたところによると，まだ検証はできていないが，ラテンアメリカでも同様であった．

第四章

＊1　Hart 1986:638.

＊2　これを指す専門用語は，その価値が金属含有量ではなく大衆の信頼にもとづく程度を意味する「信用基盤 (fiduciarity)」である．古代の通貨の信託性についてのすぐれた議論として，Seaford 2004:139–46 を参照せよ．ほぼあらゆる金属硬貨が，過大評価されていた．もし政府が，金属以下にその価値を設定するならば，もちろん人びとは，端的にそれを鋳つぶしてしまうだろう．もし金属価値とまったく同一に設定されているならば，その結果は通常，デフレとなる．Bruno Théret［ブルー・テレ］(2008:826--27) が指摘しているように，イギリスのソブリン金貨の価値を，その重量の銀とまったく同一にしたロックの改革は，イデオロギー的に動機づけられていたものの，その経済効果は破壊的なものだった．もちろん，硬貨の品質が下げられたり，金属含有量に対してあまりに価値が高く設定されたりすれば，インフレにつながる可能性がある．しかしながら，ローマの通貨［システム］は品質低下によって最終的に崩壊した，といった伝統的な見解はあきらかにまちがっている．インフレが起こるまで，数世紀かかっているからである (Ingham 2004: 102–03)．

＊3　Einzig 1949:104．この場合は竹製であったが，似たような賭博用コイ

ン (gambling chit)［ギャンブルのプレイのために賭博場から借り受けるコインのようなもの］が，ゴビ砂漠の中国人街でも使用されていた (ibid: 108).

＊4　イングランドの代用通貨 (token money) については Williamson 1889,Whiting 1971,Mathias 1979b を参照.

＊5　カカオについては，Million 1955，エチオピアの塩貨幣については Einzig 1949: 123–26．カール・マルクス (1857:223，1867:182) もマックス・ウェーバー (1978:673–74) も，貨幣は異なった社会のあいだの物々交換から生まれたのであって，社会の内部で生まれたのではないという見解である．カール・ブッヒャー (Karl Bücher)(1907) とおそらくカール・ポランニー (Karl Polanyi)(1968) も，近代貨幣は外部との交換から発生したと主張していたかぎりにおいて，少なくともこの立場に近い．交易用の通貨と地域の計算［会計］体系のあいだには，必然的にある種の相互に強化しあう過程があったはずである．近代的な意味での貨幣の「発明」について語ることができるとすれば，注目すべき場所はまさにここである．だがメソポタミアのような場所では，これは文字の使用にはるか先立って発生していたはずであり，だから，その歴史は実質的に失われている.

＊6　Einzig (1949:266) による Kulischer (1926:92) および Ilwof (1882:36) の引用.

＊7　Genealogy of Morals，2．8（中山元訳『道徳の系譜学』光文社，2009 年，124–25 頁).

＊8　すでに述べたように，アダム・スミスもニーチェも，言語とは「言葉の交換」である，というレヴィ＝ストロースの有名な議論を先取りしている．ここで注目すべきは，非常に多くの人びとが，こういった諸論点について，ニーチェが，ブルジョア・イデオロギーに対する，さらには交換の論理に対するラディカルな異論(オルタナティヴ)を提供している，と信じるにいたったことである．ドゥルーズとガタリなど，きわめて厄介なことに「現代人類学の偉大なる著書は，モースの『贈与論』であるよりは，むしろニーチェの『道徳の系譜学』である．少なくとも，そうでなくてはならないだろう」とまで述べている．というのも，ニーチェは負債の観点による「未開社会」の

解釈に成功しているが，モースは交換の論理から抜け出すことに躊躇しているから，というのだ (1972: 224–25)（宇野邦一訳『アンチ・オイディプス――資本主義と分裂症（上）』河出文庫，2006 年，359 頁）．ドゥルーズとガタリのおもいつきについて，サルトゥ＝ラジュ (Sarthou-Lajus) (1997) は，個人の自律性の先行性を前提としている――彼女いわく――ブルジョア・イデオロギーのオルタナティヴとしての負債の哲学である，と位置づけている．しかし，ニーチェの提案がオルタナティヴなどでありえないことは，あきらかである．それはおなじコインの裏面にすぎないのである．じぶんたちのブルジョア的伝統内部のラディカルな諸形式を，当の伝統そのものへのオルタナティヴと取り違えることが，かくもかんたんに起こりうるということ，これらの事例は，そのことを鮮やかに想起させるものである（ドゥルーズとガタリがおなじ一節でモースに対するもうひとつのオルタナティヴとして讃えているのがバタイユ [Bataille 1993] であるが，さらに悪名高いこのたぐいの一例がこのバタイユである）．

＊9　Genealogy of Morals 2.5（同上『道徳の系譜学』112 頁）．

＊10　ニーチェはあきらかにシェイクスピアの読みすぎである．古代世界において，債務者の身体を切り刻んだ記録などはない．奴隷の肉体の切断は，相当数おこなわれていたが，奴隷は定義上，負債を負うことの不可能である人びとである．中世となると，負債を原因とする肉体の切断がおこなわれた記録はときおりみられるが，これからみていくように，その犠牲者となりやすかったのはユダヤ人であった．というのも，彼らは，たいてい権利をもたなかったし，加害者の側にまわることはほとんどなかったからである．シェイクスピアは，話をひっくり返したのだ．

＊11　Genealogy of Morals 2.19（同上訳書，165–66 頁）．

＊12　Genealogy of Morals 2.21（同上訳書，171–72 頁）．

＊13　Freuchen 1961:154. イヌイットたちが実際に奴隷制度を有していなかったことをかんがみると，どのような言語でこれが語られたのかはっきりしない．さらに興味深いのは，贈与交換がおこなわれ，それゆえ負債が生じたなんらかの文脈がなければ，この一節は意味をなさない，ということである．この狩人が強調しているのは，この論理が，食物など，人間の

存在の基本的手段にまで拡げられないことが，重要だと受けとめられているということだ．

＊14　一例をあげると，ブッダの時代のガンジス渓谷では，君主政体と民主政体の相対的利点についての議論が活発であった．ゴータマは，王の息子でありながら民主主義者の側につき，その時代の民主的な集会で援用されていた数多くの意思決定の技術が，仏教の僧院組織において保持されていった (Muhlenberger & Paine 1997)．これがなければ，わたしたちは，それらについてなにも知ることがなかったし，そのような民主政体が存在していたことに十分な確信ももてなかっただろう．

＊15　たとえば，じぶんの祖先の土地 (Leviticus 25:25, 26)（新共同訳『旧約聖書』「レビ記」日本聖書協会，1995 年）．あるいは神殿におさめたものの買い戻しである (Leviticus 27)（同上「レビ記」27 節）．

＊16　ここでもまた，完全に支払い不能の場合，債務者はじぶん自身の自由さえ失う可能性があった．預言者たちの時代の経済的状況についての現代の文献について，すぐれた概説は Houston (2006) をみよ．ここでわたしは，ヒューストンとマイケル・ハドソン (Hudson 1993)，両者による当時の状況の考察をあわせて利用している．

＊17　たとえば Amos 2.6, 8.2（同上「アモス書」2 章 6 節，8 章 2 節，Isaiah 58（同上「イザヤ書」58 章）をみよ．

＊18　Nehemiah 5 :3–7 (同上「ネヘミヤ記」第 5 章 3–7 節)．

＊19　これらの律法が実際にはネヘミヤや仲間の司祭（とくにエズラ）によって考案されたのではないか，そしてそれらが一定の時代に現に施行されたことがあるかどうかについて，激しい学術的議論がつづいている．Alexander 1938; North 1954; Finkelstein 1961, 1965; Westbrook 1971; Lemche 1976, 1979; Hudson 1992;Houston 1996 などはそのうちの事例である．当初，メソポタミアの「債務帳消し（クリーン・スレート）」が実際に執行されたかどうかについても，実際にあったことを示す圧倒的な証拠資料が出現するまで，おなじような議論があった．いまでは大量の証拠資料があって「申命記」の諸律法も実際に執行されていたことを示しているが，それがどの程度の効力をもっていたかについてはっきりとはわかっていない．

＊20　「7 年目ごとに負債を免除しなさい．負債免除のしかたは次のとおりである．だれでも隣人に貸した者はみな，負債を免除しなければならない．同胞である隣人から取立ててはならない」(Deuteronomy 15:1–2)（同上「申命記」第 15 章 1–2 節）．負債によって奴隷状態におかれた者たちもまた解放された．49 年ごと（またべつの解釈によれば 50 年ごと）に「特赦 (Jubilee)」がおとずれて，すべての家族の土地は元の所有者のもとに返り，奴隷として売り飛ばされた家族も解放された（Leviticus 25:10 同上「レビ記」第 25 章 10 節）．

＊21　借金の必要性が最もひんぱんに生じるのは，外来の征服者によって課された税を支払う必要性のためなのだから，おどろくべくもない．

＊22　ハドソンが述べているように，バビロン語で債務帳消し（クリーン・スレート）は，「hubullum（負債）masa'um（洗うこと）と呼ばれた．それは，文字通り負債（の記録）を洗い流すことであり，金融上の義務の刻み込まれた粘土板を溶かすことである」(1993:19)．

＊23　Matthew 18: 23–34（「マタイによる福音書」第 18 章 23--4 節）．

＊24　ここに出てくる数字を理解するために記すと，10 万タラントの金（きん）は，現在の中東に該当するローマの属州からえられる全税収にほぼ相当する．100 デナリウスは 1 タラントの 60 分の 1 であり，60 万倍価値が劣る．

＊25　ギリシア語原文の *opheilēna* は，「負われているもの」，「金融上の負債」，そしてその拡張として「罪業 (sin)」の意味があった．これはあきらかに，アラム語の（「負債」と「罪業」を意味する）*hoyween* の翻訳である．ここでの英語（およびこれ以下の聖書からの引用）は，（ジョン・ウィクリフによる 1381 年の主祷文の翻訳にもとづく）ジェイムズ王欽定訳にしたがっている．おそらくほとんどの読者は，この部分が「われらに罪をおかす者を，われらが許すように，われらの罪をも許したまえ (And forgive us our trepasses, as we forgive them that trepass against us)」とされている，1559 年版『聖公会祈祷書 (Book of Common Prayer)』［イギリス国教会の祈祷書．祈祷書とは祈祷や礼拝，儀式の手順を示した規則書であるが，中世の祈祷書はラテン語で書かれていたために使用や理解が困難であった．そのため宗教改革にあたって，英文の祈祷書を編集し，これをイギリス国

教会全体が一致して用いるように定めたのである．1559 年版はエリザベス 1 世によって出版されている］になじんでいるのではないかとおもう．だが原文はきわめて明確に「負債」となっているのである．

＊26　これらを「霊的負債 (spiritual debt)」に変えたとしても，本当に問題を変えることにはならない．

＊27　こういった状況における性的虐待の可能性は，あきらかに民衆の想像力に重くのしかかっていた．「われわれの娘のうちには，すでに人の隷属状態になっている者もあります」と，イスラエル人たちはネヘミヤに抵抗する．正確には，借金のかたにとられた［負債によって束縛された］娘たちは，処女である場合，結婚する気のない，または息子と結婚させる気のない債権者たちに，性的に供せられることは想定されていなかった (Exodus 21: 7–9（「出エジプト記」第 21 章 7–8 節），Wright 2009: 130-33)．だが動産奴隷は性的に供せられたのである（Hezser 2003 をみよ）．そしてその役割は実際にはしばしばあいまいになった．理論上，諸々の法が，ある男の娘を保護している場合も，その男には娘を守る手段がなく，法を遵守させる手段もなかった．それは息子の場合も同様である．ローマの歴史家リウィウスによる前 326 年ローマにおける負債による拘束 (debt bondage) の廃止についての説明は，たとえば父親から受け継いだ負債によって束縛され債権者の口説きを拒否したために酷く殴られたカイウス・プブリウスという名の美青年に注目をうながしている（Livy 8．28 リウィウス『ローマ建国以来の歴史』8 巻，京都大学学術出版会，未完）．彼が路上に姿をあらわし，じぶんの身に起こったことを告げると，群衆が集合し，制度の廃止を求めて元老院まで行進したのだった．

＊28　奴隷が戦争捕虜の外国人である場合はとりわけそうだった．これからみていくように，古代世界には奴隷制へのモラルによる異議申し立てがなかったという一般論は誤りである．それは山ほどあった．しかしエッセネ派のようないくつかの急進派（ラディカルズ）をのぞき，その制度は不幸な必然として受け入れられていたのである．

＊29　ハドソン (Hudson 2002: 37) が引用するギリシアの歴史家シケリアのディオドロス (i．79) は，その動機をエジプトのファラオであるバクエン

レネフに帰している．ただしハドソンもまた，軍事的な配慮がただひとつの動機ではなく，債務帳消しは正義についてのより広範にわたる感覚を反映していたと強調している．

＊30　Oppenheim 1964:88. Oppenheim は，古代アッシリア人の商人の「兄弟のひとりがべつの兄弟に課す利率」についての事例を引用しながら，次のように示唆している．レバントでは無利子貸付 (interest- free loans) は比較的普及していたが，メソポタミアでは社会的な対等者 (social equals) たちがたがいに利子を課し合う傾向があった．だがその条件は過酷なものではなかった．古代ギリシアでは，社会的な対等者たちのあいだの友好的な貸出(ローン)はエラノス貸出 (*eranos* loans)［eranos は古代ギリシア語で，精神的興味をもつ人びとの自発的な集りを意味する］として知られていた．ふつうそれは，にわか作りの相互扶助結社の募る総額であり，利払いをともなうことはなかった（Jones 1956:171–73, Vondeling 1961, Finley 1981: 67–8, Millett 1991: 153–55)．貴族たちは，しばしばたがいにこのような貸出(ローン)をおこなった．奴隷たちの集団も同様であるが，彼らの目的は自由を買い戻す金銭を貯めることにあった (Harrill 1998:167)．相互扶助が社会の最上層と最下層とで最も顕著な特徴となるこの傾向は，今日にいたるまで一貫したパターンとなっている．

＊31　かくして「あなたの同胞 (your brother)」という表現が，とりわけ「申命記」で，たびたび出てくることになる．たとえば「同胞には利子をつけて貸してはならない」（23: 20「申命記」第 23 章 20 節)．

第五章

＊1　第 7 章でみるように，プラトンもまったくおなじように『国家』を開始している．

＊2　みかけは穏やかだが内実は破壊的である評価については，Kahneman 2003 をみよ．

＊3　Homans 1958, Blau 1964（ピーター・M・ブラウ『交換と権力——社会過程の弁証法社会学』間場寿一ほか訳，新曜社，1974 年）; Levi-Strauss 1963:296（『構造人類学』荒川幾男ほか訳，みすず書房，1972

年）．人類学において，普遍的原則としての「互酬性 (reciprocity)」を提唱した最初の人物は，Richard Thurnwald［リヒャルト・トゥルンヴァルト］(1916) だが，それを有名にしたのはマリノフスキー (Malinowski 1922『西太平洋の遠洋航海者』増田義郎訳，講談社学術文庫，1985 年）だった．

＊4　この原理を強制することで知られている法典がこれまで存在していないことの理由のひとつは，刑罰は常になにかべつのものに代替されるべく存在していたからである．

＊5　Atwood (2008:1（マーガレット・アトウッド『負債と報い――豊かさの影』佐藤アヤ子訳，岩波書店，2012 年，1 頁）．それからこの著者は，檻に入れられた猿の行動を中産階級のカナダ人の子どもたちと比較することで，わたしたちの経済的モラル感覚の有する特性を探究しながら，あらゆる人間関係は，実際には，交換かまたは強制的領有であると論じている（*ibid*:49. 邦訳，51–5 頁）．この議論は多くの点で明敏なものではあるが，北大西洋の専門職階級の子息にとって，じぶんたちに固有の世界観を人間の本質それ自体と取り違えないでいることがいかに困難かを示す，痛ましい結果となっている．

＊6　海運事業に失敗して会計士となったシートンの父親は，非常に冷淡かつ横暴な人物で，彼を避けるために幼年時代のかなりの時間を森の中ですごしていた，とシートン自身が記している．1881 年当時，まったく手が出ないわけではないとはいえ，かなりの金額であった 537 ドル 50 セントの負債を返済したあと，シートンは名前を変え，もっと健康的な子育て技術の開発に残りの人生の大部分をついやした．

＊7　W.H. Beatley in Levy-Bruhl 1923:411 参照.

＊8　Fr. Bulléon, in Levy-Bruhl 1923:425 参照.

＊9　ちなみにこのフレーズは，マルクスが創作したものではなく，初期フランスの労働運動で普及していたスローガンだったようで，それがはじめて活字になったのは，社会主義者ルイ・ブランの 1839 年の著作においてだった．マルクスはこれを 1875 年に『ゴータ綱領批判』でとりあげただけで，それもかなり独特のやり方でもって使っている．いったん科学技術

が絶対的な物質的豊かさを保証する段階に到達すれば，この原理は社会全体に適用可能である，とそこでマルクスは考えているのである．マルクスにとって「コミュニズム」とは，このような未来社会の実現を目指す政治運動であり，それと同時にそういった社会それ自体でもあった．ここでわたしが依拠しているのは，それとはべつの革命理論の系統であり，おそらくピョートル・クロポトキンの『相互扶助論』（1902 年）において提示されたものが最も よく知られている．

＊ 10　少なくとも，そうしない特別な理由がないかぎり，である．たとえば，ある者にコーヒーをもってこいと命令し，べつの者にはしないといったヒエラルキー的な分業がある場合など．

＊ 11　もちろん，このことが意味するのは，指令経済 (command economics)──政府官僚制度に所与の国土内における財とサービスの生産と配分のあらゆる側面を調整させることを担わせる──は，それ以外の可能なオルタナティヴに比べて，はるかに効率が悪くなる傾向がある，ということである．これはまぎれもない真実だが，「たんに上手くいかないだけ」だとして，そもそも，なぜソヴィエト連邦のような国家が存在できたのか，それもいかにして大国の地位を維持することができたのか，想像するのがむずかしくなる．

＊ 12　Evans-Pritchard 1940:182（向井元子訳『ヌアー族──ナイル系一民族の生業形態と政治制度の調査記録』岩波書店，1978 年，282–83 頁）．

＊ 13　同様に，中産階級の通行人がギャングの一員に道をたずねるといったことは起こりそうにもない．そのギャングの一員が，時間を聞こうとして近づいただけであっても，通行人は恐怖で逃げ出しかねないであろう．だがそうなるのは，そこでも両者のあいだで暗黙の戦争状態が想定されているからなのである．

＊ 14　*Ibid*, p.183.

＊ 15　Richards 1939:197. Max Gluckman は，このような慣習に言及しながら，「原始的コミュニズム［原始共産主義］(primitive communism)」なるものについて語ることが可能であるとすれば，生産よりは消費のうちに存在すると結論している (1971:52)．生産は消費に比べてはるかに個人単位

で組織される傾向にある.

＊16　典型的な事例をあげよう.「腹をすかした人びとの集団が，その備蓄が完全に消耗されつくされてはいないべつの人びとと出会った場合，後者は求められるのを待つまでもなく，それによって，じぶんたちもその集団とおなじ死の危険にさらされることになるにせよ，わずかな残り物を新参者と分かち合うだろう…」Lafitau 1974 Volume II:61..

＊17　Jesuit Relations［『イエズス会通信』］(1635) 8:127, Delâge 1993:54のなかで引用.

＊18　これは世界のいくつかの場所（とくにアンデス，アマゾニア，東南アジア島嶼部，メラネシア）でみられる一般的な取り決めであり，人間生活にとって必要不可欠であるとみなされたことがらについて片方がもう片方に依存する規則が，そこでは例外なく存在する．村の片方の側の出身者としか結婚できない，あるいは村の片方の側で育てられた豚しか食べることができない，あるいは，片方の側は男子の成人儀礼を後援してもらうためにもう片方の側の人間を必要とする，などである.

＊19　わたしがべつの著作（Graeber 2001:159–60）でも提示したようにである．cf. Mauss 1947: 104–05.

＊20　Graeber 2001:218でとりあげた一面的な諸事例にかんする問いは，おおよそ回避している.

＊21　Sahlins 1972（マーシャル・サーリンズ『石器時代の経済学』山内昶訳，法政大学出版局，2012年）は，すべてが自由に流通するなら最終的にはすべての貸借勘定が均衡することになるという原理にもとづくこの種の関係性を記述するために，「一般化された互酬性 (generalized reciprocity)」というフレーズを創作した．マルセル・モースは1930年代の講義ですでにこのような議論をおこなっているが (Mauss 1947)，そこにある問題も認識している．このことはイロコイ族の半族については真かもしれないが，関係のなかには，決して釣り合うようにならないものもあるのだ．たとえば，母親と子どもの関係である．彼の解決策，すなわち「交互的な互酬性 (alternating reciprocity)」――じぶんで子どもをもつことによって親に返済すること――は，あきらかに自身のヴェーダ研究から着想をえたもので

ある．しかしそれが究極的に示しているのは，あらゆる関係が互酬性にもとづいているとあらかじめ決めてかかるなら，この語を自由に拡大解釈してなんでもそこにあてはめることができることである．

＊22　そのラテン語とは *hostis* である．Benveniste 1972:72（エミール・バンヴェニスト『一般言語学の諸問題』岸本通夫監訳，みすず書房，1983年，314頁）をみよ．「歓待 (hospitality)」にかんするラテン語の用語法は，歓待のあらゆる行為の前提条件として，（男性の）主人による家の絶対的な統制を強調している．このことが歓待の概念そのものの中心的な矛盾を示している，とデリダ (Derrida 2000, 2001) は論じている．というのも，それは，他者に対する，あらかじめ存在する絶対的支配（ドミニウム）ないし権力を含意しているからである．その最も搾取的である形態を，じぶんの客人を強姦しないようにソドム人の群衆にじぶんの娘をさしだすロトにみることができよう．しかしながら，このおなじ歓待の原理は，家父長制にほど遠い社会――イロコイ族のような――においても，おなじくらい多数，記録されている．

＊23　Evans-Pritchard 1940:154, 158（前掲『ヌアー族，239，245頁）．

＊24　もちろん，非常に富める人びとが，たいていおたがいどうしでつながることを好む理由のひとつがこれである．

＊25　それほど敵対的ではない事例としては，囚人の交換，メモの交換，お世辞の交換などがあげられる．

＊26　値切りについてのすぐれた出典は Uchendo 1967．

＊27　Bohannan 1964:47.

＊28　こういったことには多くの場合，かなりの集団的な飲酒，会食，贈答がともなうので，現実の商取引でさえない．むしろ経済学の教科書にあらわれる架空の商取引のようなものである．

＊29　「競覇的饗宴 (competitive feasting)」についての膨大な人類学の文献を一瞥するだけでよい．たとえば，Valeri 2001.

＊30　Bourdieu 1965 が主要文献だが，Bourdieu 1990:98–101 では主な論点がくり返されている．

＊31　Onvlee 1980:204.

＊32　Petronius 51; Pliny *Natural HIstory* 36.195（中野定雄ほか訳『プリニウスの博物誌　第Ⅲ巻』雄山閣，1986 年，1493 頁）; Dio 57.21.5–7.

＊33　「さて，この王は，人に恵み与えることをだれよりも好まれ，［時にまた他人の］血を流すことを最もお好みになっていた．したがって，彼の門前からは，食品を恵まれた乞食たち［の列］が絶えず，時にまた，生ける命を絶たれた者たち［の死体］が絶えなかった」［イブン・バットゥータ『大旅行記 5』イブン・ジュサイイ編，家島彦一訳注，平凡社，2000 年，48-9 頁］.

＊34　または，非常に富める人びともそうである．たとえばネルソン・ロックフェラーは財布をもち歩かないことを誇りにしていた．必要なかったのである．ときに，遅くまで働いていてタバコが欲しくなれば，ロックフェラーセンターの受付にいる警備員から借りればすんだ．警備員たちは，それで，ロックフェラーに金を貸したが返せとせまることなんかめったになかったものだ，と自慢することができた．それと対照的に，「16 世紀のポルトガルの君主マヌエル 1 世は，インド貿易で富をえたばかりのにわか成金であったが,「エチオピア，アラビア，ペルシア，インドにおける征服，航海，商取引の支配者」などと自称した．［ところが］他称は「食糧雑貨商王 (grocer king)］であった」(Ho 2004:227).

＊35　Graeber 2001:175–76 をみよ.

＊36　見知らぬ者どうしのあいだでも，それはやや異例であった．Servet (1981, 1982) が強調するように，ほとんどの「原始的交易」は，交易協力体制または地域の専門的仲介人 (middleman) を通じておこなわれている.

＊37　このようにまとめたのは，ここでのわたしの関心が，主として経済［学］にあるからだ．もし人間関係それ自体について考えるなら，一方の極には殺人，他方の極には出生があるといえるだろう.

＊38　実際，このことは，慈善の性格にとって根本的なものであって，王への贈与と同様，それが互酬性につながることは決してない．みじめな物乞いが，実は人間の姿で地球を放浪する神，あるいはハールーン・アッ＝ラシード［アッバース朝第 5 代カリフ］であることが判明したとしても，あなたへの見返りはまったくもって破格のものとなろう．あるいは，へべ

れけに酔った億万長者たちにまつわるよくある物語を考えてみよう．しらふに戻った彼らは，かつての［正体を失っていたあいだの］恩人に高級車や家をふるまうことになる．要するに，あなたが恵んだのとまったく等価であるものが返ってくるよりも，大金がお返しされるといった状況の方がイメージはかんたんなのである．

＊39　Xenophon *Cyropedia* VIII.6（クセノポン『キュロスの教育』松本仁助訳，京都大学学術出版会 , 2004 年)，Herodotus 3.8.9．Briant 2006:193–94, 394-404 をみよ． 彼の認識するところでは，だいたいこのようなことが起こったはずであり，キュロス 2 世およびカンビュセス 2 世の治下ではまにあわせのものだった贈与の制度が，ダレイオス 1 世の治下で体系化された．

＊40　マルク・ブロック (Marc Bloch 1961: 114–15（堀米庸三監訳『封建社会』岩波書店，1995 年，148 頁）は，こうつけ加えている．「なぜなら，どんな法行為もいったん行われれば，さらに 3，4 度も繰り返されれば，いっそうのこと，先例になりがちであった．元来が例外的なものであったり，いや明白に濫用に類するものであった場合でさえ，そうであった」．

＊41　このアプローチは，イギリスの人類学者アーサー・M・ホカート (A.M. Hocart 1936) のものとされている．重要なことは，これが必ずしも人びとの主要な仕事あるいは専業になったわけではない，ということである．ほとんどの時間，こういった人びとは，他のあらゆる人びとと同様の農民にとどまっていた．しかし彼らが王のために，あるいはもっとあとでは，儀礼の場で共同体のためにおこなったことが，彼らの本質的特性，つまり，全体のなかでの彼らの同一性を定めるものとみなされたのである．

＊42　実際には，ほかの人間であれば――とりわけじぶん自身であったら――けちくさいと考えることはないふるまいでも，彼女についてはけちくさいとみなし，腹を立てるようになるのである．

＊ 43　"'The Missing White Girl Syndrome': Disappeared Women and Media Activism," Sarah Stillman, *Gender and Development*, Vol. 15, No. 3, Media (November 2007), pp. 491–502.

＊44　柄谷行人 (Karatani 2003:203-205)（『トランスクリティーク――カン

トとマルクス』岩波現代文庫，2010）は，この点について説得力のある指摘をおこなっている．クワキウトル族やそれ以外の北西海岸のファーストネーション［カナダの先住民族であるインディアンが使うみずからの名称］は，その中間的な事例である．つまり彼らは，貴族的ではあったが，少なくともわたしたちが知る時代においては，諸資源採取のために非強制的な手段を用いていたのである（Codere 1950 の異論もあるが）．

＊45　Georges Duby［ジョルジュ・デュビー］(1980) は，はるかに古いインド＝ヨーロッパの諸観念に由来をもつこの概念について，決定的な歴史を提供している．

＊46　父親と息子のあいだの空想上の互酬性の典型例については，Oliver 1955:230 をみよ．人類学理論に詳しい人ならば，ここでわたしが「循環婚 (circulating connubium)」の問題について，エドマンド・リーチ (Edmund Leach)（1961 青木保，井上兼行訳『人類学再考』思索社，1985 年）の立場を支持していることにお気づきであろう．のちにリーチは，有名な「クラの連鎖 (kula chain)」にもおなじ議論を応用した．

＊47　実際，あきらかに自己解体的であるヒエラルキーの関係というものがある．たとえば教師と生徒の関係である．教師が生徒への知識の伝達に成功すれば，不平等の基盤は成立しなくなるのだ．

＊48　Freuchen 1961:154. イヌイットたちが，実際に奴隷制を有していなかったことを考慮するならば，どのような言語でこれが語られたのかはっきりしない．さらに興味深いのは，贈与交換がおこなわれ，それゆえ負債が生じた**なんらかの**文脈がなければ，この一節は意味をなさないということである．この狩人が強調しているのは，この論理が，食物などの基本的欲求にまで拡げられないことが重要に感じられる，ということだ．

＊49　Firth 1959:411–12(および Graeber 2001:175)．彼の名は Tei Reinga［テイ・レインガ］である．

＊50　Chagnon 1996:170–76 に有名な一例がある．

＊51　同様に二つの集団は「冗談関係 (joking relation)」の契約によって同盟をむすぶことができるであろう．少なくとも理論上は，そこで一方の成員は他方に対し，おなじような法外な要求をつきつけることができるのであ

る (Hébert 1958).

＊52　マルセル・モースは，かの有名な『贈与論』(1924) において，しばしばこの取り違えをおこなっている．そしてその結果，後続世代の議論をときに混乱させることになった．

＊53　Mauss 1925. ギリシア語の出典はポセイドニオス［古代ギリシアのストア派の哲学者，自然学者，数学者，天文学者，地理学者，歴史家］である．例によって，この説明をどの程度文字通り受け取ってよいのかはわからない．モースは正確だと考えていた．わたしは，せいぜい一度か二度あっただけではないかとうたぐっている．

＊54　William Ian Miller (1993:15–6) による改作より．最初の引用は，直接にオリジナルの『エギルのサガ』第 78 章からのものである．この盾について，エギルは相反する感情をもちつづけた．のちに彼は，それを結婚の祝宴に持参して，酸っぱい乳清の入った大樽に落とすことをたくらんでいる．実行のあとで，使いものにならなくなったとみるや，エギルは，原料を再利用すべく盾をばらばらにした．

＊55　たとえば Wallace-Hadrill 1989 をみよ．

＊56　Blaxter 1971:127–28.

＊57　パトロン－クライアント関係をこう定義する人類学者もいる．「クライアントの支援がパトロンの保護と交換される長期の契約関係．そこにはモラルの色彩を帯びたイデオロギーがあって，厳密かつあからさまな計算 (accounting) を排除しているようにみえるが，双方とも暗黙のうちになんらかのおおまかな帳簿はつけている［おおまかな計算は維持されている］．交換される財やサービスには類似性がなく，そこには公正な交換ないし充足の均衡といったふくみは不在である．というのも，クライアントは力関係において際立って弱いので，パトロンがクライアントを必要とする以上にクライアントの方がパトロンを必要としているからである」(Loizos 1977:115)．くり返すと，それは，交換であると同時に交換ではなく，計算であると同時に計算ではないのだ．

＊58　ドーナツ店で仕事を確保する場合もまったくおなじである．法的には，対等な者のあいだの自由契約でなくてはならない．一方の当事者［雇用

者］を「クリスピー・クリームちゃん」とかいう名の架空の人物に仕立てて，かわいらしい法的擬制をつづけるのも，そのみせかけを成立させるためなればこそなのである．

＊59　たとえば英語の "should" はドイツ語の *schuld* から派生している．その意味は「罪責，過失，負債 (guilt, fault, debt)」である．バンヴェニスト (Benveniste) は，他の印欧語から類似した事例をあげている（1963: 58）（蔵持不三也ほか訳『インド＝ヨーロッパ諸制度語彙集Ｉ』言叢社，1986年，16章）．中国語や日本語などの東アジアの諸言語が，言葉を合成することはめったにないが，罪業，恥辱，罪責，過失と負債との，似たような同一性を示すことはむずかしくない (Malamoud 1988).

＊60　Plutarch *Moralia* 303 B［プルタルコス『モラリア』］. Finley 1981:152, Millett 1991a:42 でも論じられている．トマス・アクィナスは，それを，罪業とは，神に対して負う「懲罰の負債」であるという，カトリックの教義にした．

＊61　これが，それ以外の関係性に負債の衣をまとわせることが，かくも容易である理由のひとつである．たとえば，お金に困っている友人を助けたいが，彼女に恥をかかせたくないとしよう．たいていの場合，お金を渡し，それが貸し（ローン）であると主張することが，いちばんかんたんな方法である（そして双方ともに，そんなことがあったことを都合よく忘れてしまう）．あるいは，さまざまな時代や場所で，金持ちが，表向きは貸し（ローン）ということにされた金銭を前払いすることで，使用人を確保することについても考えてみよう．

＊62　"please" と "thank you" のなんらかの同意語は，探そうとする意志さえあれば，あらゆる人間の言語のうちに認めることができるといえよう．しかしそこでみいだされた語彙は，多くの場合，大変異なった使われ方をしているため――たとえば，儀礼的な文脈においてだけ，あるいは目上の人間に対してだけ使われるなど――，その事実に大きな意義をみいだすのは困難である．だが，過去１世紀あまりのあいだに，職場や商店の取引で使用されるほとんどすべての言語が，英語の "please" "thank you" "you're welcome" とまったくおなじように機能する語彙を生みださなくてはなら

なかったことには意義深いものがある．

＊63　スペイン語では，最初に好意を求め (*por favor*)，次に *gracias* という．だれかがじぶんにしてくれたことを認識していることの確認のためである．その語は「影響または好意」を意味するラテン語の *gratia* から派生している．“Appreciate”（感謝します）は，より金銭的である．“I really appreciate your doing that for me” と口にするとき，あなたはラテン語の *appretiare*（価格を設定する）から派生した語を使用しているのである．

＊64　“You’re welcome” が最初に記録されているのは，シェイクスピアの時代である．それは “pleasure”［歓び］を意味する古英語の *wilcuma*，*wil*，および “guest”［客人］を意味する *cuma* から派性している．いまでもひとが家にウェルカムされる［歓迎される］というのは，そのためである．“be my guest”［どうぞご自由に］という表現には，次のようなふくみがある．いえいえ，務めがあるとしたらそれはわたしの方なのです，客人に対して寛大にふるまうのはあらゆる主人の務めなのですから，それにこの務めをはたすこと自体が，歓びなのですから，というような．だが，“You’re welcome” といわなかったせいで，モラリストたちが人を責めることがめったにないことは示唆的である．これをいうかいわないかはもっと自由なのだ．

＊65　Book I.12（渡辺一夫訳『ラブレー第二之書　パンタグリュエル物語』岩波文庫，第 16 章）．この箇所およびこれ以外の引用は 2006 年のペンギン版，スクリーチ (Screech) による翻訳からのものである．この一節は，p.86（126 頁）．

＊66　渡辺一夫訳『ラブレー第三之書　パンタグリュエル物語』岩波文庫，44 頁．これを，中世のアラブ人哲学者 Ibn Miskawayh［グレーバーは，Ibn Miskaway と表記している］［イブン・ミスカワイフ，イランの哲学者であり歴史家］と比較してみよう．「債権者は，債務者の幸福を望んでいる．それは，彼を愛しているからではなく，金銭を取り戻すためである．その一方で，債務者が債権者に強い関心をもつことはない」(Hosseini 2003:36)．

＊67　これは適切である．なぜならパニュルジュのすべての言説は，宇宙全

体が愛の力によって動かされている，とするマルシリオ・フィチーノの議論のコミカルな精緻化にほかならないからである．

第六章

＊1　Peter Carlson, “The Rela¬ively Charmed Life of Neil Bush,” The Washington Post, Sunday December 28, 2003, Page D01.

＊2　Grierson 1977:20.

＊3　グリアーソンに公正を期すると，後年にいたって彼は，貨幣の起源にとっての奴隷制の重要な役割を示唆している．とはいえ，そのさいに重要だとおもわれるジェンダーについて，グリアーソンが考察をおこなっているわけではないのだが．ジェンダーが重要だという理由は，少女奴隷たちが，中世アイスランドにおいても最高額の通貨単位（デノミネーション）として利用されていたからである (Williams 1937)．それにリグ・ヴェーダにおいては高額の贈与および支払いは，通常，「黄金，牛，奴隷少女」によって表示されていた（Chakravarti 1985:56-7）．ところで，わたしが「若い」というのは，べつの場所ではあるが，奴隷が貨幣単位として使用されるさいには，その単位は 18 歳から 20 歳ぐらいの 1 名の奴隷であると想定されているからである．1クマルにつき，乳牛 3 頭または雌小牛 6 頭が等価である，とみなされていたのである．

＊4　クマルについては，Nolan 1926, Einzig 1949:247-48, Gerriets 1978, 1981, 1985, Patterson 1982:168-69, Kelly 1988:112-13 をみよ．ほとんどの場合，それが計算単位として使われていたことが強調されるだけで，最初期の慣行についてはなにもわからない．とはいえ法典において，いくつかの異なる商品が計算単位として使われる場合，その国の最も重要な輸出品および交易通貨がそれにふくまれることになっている点は注目に値する（ロシアの法典において毛皮と銀が計算単位であったのはそのためである）．そこには，文字記録のはじまる直前の時代には，女性奴隷の交易がかなり活発であったというふくみがあるといえよう．

＊5　Bender 1996.

＊6　ここでわたしは，Alain Testart (2000, 2001, 2002) による詳細な民族

誌的調査研究に依拠している．Testsart は，証拠資料を総合するすぐれた仕事をおこなっているが，その彼にも――次章でみるように――結論に，おなじぐらい奇妙な見落としがある．

＊7　「「娘を売春婦として売り渡す」というレトリック上の言い回しは広く用いられているが，実際の取り決めは，家族への貸付(ローン)か，あるいは少女のサービス労働（通常内容は特定されないか詐称される）への前払いとして提示されることの方が多い．こうした「貸付」の利率はしばしば 100 パーセントに設定され，元金も少女が働きはじめると発生するその他の借金――生活費，医療費，役人への賄賂など――によって膨らんでしまうこともある」(Bishop & Robinson 1998:105)．

＊8　マイケル・ハドソンの指摘による（ただし Wray 1999 から参照した）．だが原典の文言を注意深く読むならば，そのことはきわめて明快である．「隣人の家を欲してはならない．隣人の妻，男女の奴隷，牛，ろばなど隣人のものを一切欲してはならない」(Exodus 20:17, Deuteronomy 5:21)(「出エジプト記」20 章 17 節，「申命記」5 章 21 節)．

＊9　ウォンパム (wampum) はその好例である．アメリカ先住民がおなじ共同体の他の成員からなにかを買うためそれを使用したことは一度もなかったようだが，入植者と交易をおこなうさいには常に使用されていた (Graeber 2001:117–50 をみよ)．それ以外には，ユロク族の貝殻貨幣やいくつかのパプア人の貨幣も，その社会的機能に加え，通貨としても広く使用されていた．しかし，通貨としての機能は社会的機能から発生したようだ．

＊10　「花嫁代償論争」についての最重要文献は，Evans-Pritchard 1931, Raglan 1931, Gray 1968, Comaroff 1980, Valeri 1994 である．エヴァンズ＝プリチャードが，「花嫁代価［価格］(bride price)」から「花嫁代償 (bride wealth)」への名称変更を提唱したもともとの理由のひとつは，国際連盟が奴隷制にあたるとして，この慣行を 1926 年に違法としたためである (Guyer 1994)．

＊11　ティブ族の親族，経済については Duggan 1932; Abraham 1933; Downes 1933; Akiga 1939; L. Bohannan 1952; P. Bohan¬nan 1955,

1957, 1959; P. & L. Bohannan 1953, 1968, Tseayo 1975; Keil 1979をみよ.

＊12　Akiga Sai［アキガ・サイ］1939:106は，どのようにしてこういったことが起こりえたのかについてすぐれた分析をおこなっている．地域的観点からの，その後の比較による再分析は，Fardon 1984, 1985をみよ．

＊13　Paul Bohannanは次のように述べている．「男性とその妻の後見人のあいだの負債の*kem*関係が，壊れることは決してない．なぜなら*kem*は永続的であり，負債が完済されうることは決してないからである」(Bohannan 1957: 73)．それ以外にはアキガによる説明がある．Akiga (1939:126–27).

＊14　Rospabé 1993:35.

＊15　Evans-Pritchard 1940:153（向井元子訳『ヌアー族――ナイル系一民族の生業形態と政治制度の調査記録』岩波書店，1978年，237頁).

＊16　この民族誌家が記すように「首長の顔をたてるために妥協するのであって，死んだ親族の生命の代償を受けとるために牛を受けとるのでない」のである (1940:153)（前掲訳書，238頁).

＊17　Op cit 154–55（前掲訳書，239頁).

＊18　Morgan 1851:332. 弁護士となる訓練を受けたモーガンは，ここで「宥恕（condonation)」という専門用語を使用している．オックスフォード英語辞典によると，その定義は「被った犯罪被害を自発的に見逃すこと」となっている．

＊19　Morgan 1851:333. その基準は，男性1人に対して5ファゾム［1ファゾムは6フィート］，女性1人に対して10ファゾムだったが，それ以外の要因も加味される (T. Smith 1983:236; Morgan 1851:331-34; Parker 1926).「服喪戦争（mourning wars)」については，Richter 1983をみよ.「闘技用マットにその名を刻む (putting his name upon the mat)」という表現はFenton 1978:315からのものである．ちなみにわたしは，死んだのは男性であると想定している．資料にその例があるからである．自然死した女性にも同様のことがおこなわれたか，はっきりしない．

＊20　Evans-Pritchard 1940:155（前掲『ヌアー族』239–40頁），

1951:109–11; Howell 1954:71-80, Gough 1971, Hutchinson 1996:62, 175–76.

＊21　Rospabe 1995:47–8. そこで引用された Peters 1967 を参照している.

＊22　服喪戦争については，Richter 1983 をみよ．興味深いことにナンビクワラ族でも同様のことが起こっている．本書第三章で，物々交換後の饗宴は誘惑と嫉妬から殺人につながることがあると述べた．レヴィ＝ストロースによれば，このような殺人を償う一般的な方法は，殺害者が犠牲者の妻を娶り，その子を養子とし，事実上，犠牲者のかつての人格に成り代わることである（1943:123）.

＊23　とはいえ，他村の専門家になんらかの意匠を凝らした工芸品（たとえば楽器）を依頼するために，人びとはそれらを使用していた (1963: 54–5).

＊24　Douglas 1958: 112; 1982:43.

＊25　ダグラス (Douglas 1963:58) は，成功した男性は，彼が社会的成熟に達するまでに，少なくともラフィア布 300 枚を支払いに費し，かつ少なくとも 300 枚を贈与に費やすことになる，と見積もっている.

＊26　しばしば人類学者たちが記しているように，女系で出自がたどられるという事実は，必ずしも女性が多大なる力を有しているということを意味しない．たしかに，そういう場合もありうる．イロコイ族ではそうだったし，まさに現代のミナンカバウ人［インドネシア，西スマトラ州の高地に居住する民族集団］もそうである．だが，必然的にそうであるというわけではない.

＊27　Douglas 1963: 144–45. 同箇所は 1960:3–4 のくり返しとなっている.

＊28　実は彼女は保守的なカトリック教徒であり，保守党員でもあって，リベラルな論点については嫌悪をもってみる傾向があった.

＊29　ダメ押しをすれば，男性は女児の父親になることで生債を負うことになると考えられていた (Douglas 1963:115)．そして，その返済は，彼自身の娘の娘［孫娘］のなかのひとりを人質にさしだすことでのみ可能とされた．このことは，男性のみが生命を負うことができるのであり，それゆえ女性の場合，生命の創造は無償の所与とみなされる，という原理を想定しなければ理解できない．述べたように，男性も人質になることができ，

実際，多くがそうだったのだが，取引の対象になることは決してなかった．

＊30　Douglas 1966:150（塚本利明訳『汚穢（けがれ）と禁忌（きんき）』ちくま学芸文庫，2009 年，338–39 頁）．

＊31　「村妻 (village-wife)」については，とくに Douglas 1951，および 1963: 128–40 をみよ．

＊32　Douglas 1963 ; 76. 1951:11 と比較のこと．ダグラスはあきらかに，慣習について彼女のインフォーマントの説明をくり返しているだけである．レレ族にはこのような取り決めをおこなう「必要はなかった」．事実，ほとんどのアフリカの社会が，このような取り決めの必要はなかったのである．

＊33　村妻のなかには文字通り王女もいた．首長 (chief) の娘たちは，常にこのように年齢組と結婚することを選んだからである．首長の娘たちは，年齢組にかかわらず，望む相手だれとでも性交することが可能であり，またふつうの村妻にはない性交を拒否する権利を有していた．とはいえ，こういった王女は稀であった．そもそも，レレ族の領土全体に首長は 3 人しかいなかったからである．一方，村妻となったレレ族の女性の数は約 10 パーセントとダクラスは推定している (1951)．

＊34　たとえば，1960:4, 1963:145- 46, 168- 73, 1964:303．あきらかに，ときに男性は女性に対し肉体的な強制力（プレッシャー）をかけることができた．少なくとも，そうするモラル上の権利を有していることに，ほかのだれもが同意しているような場合には．だがダグラスは，このような場合ですら，ほとんどの女性には策略をめぐらすかなりの余地があったと強調している．

＊35　和平については，とくに 1963: 70–1.

＊36　1963:170.

＊37　1963:171.

＊38　奴隷の費用（コスト）については，1963:36, 1982:46–7.

＊39　とはいえ理由の一端は，男性奴隷の主要な目的が要人の葬儀で供犠に供することであった点にある (1963:36).

＊40　Graeber 2001 第 4 章をみよ．ヌアー族やヌアー族に似た牧畜民の牛貨幣は大きな例外のようにみえるかもしれない．だが，これらでさえ，人

間をかざる装飾品であったことは，ほぼまちがいない．

＊41　Akiga Sai 1939: 121, 158-60.

＊42　ティブ族が略奪婚をおこなうときも同様であった．Akiga Sai (1939:137--41).

＊43　ここでわたしは，Paul Bohannan［ポール・ボハナン］(1955, 1959) によるもので，Dorward (1976) および Guyer (2004:27–31) が補足した，古典的な「交換領域 (sphere of exchange)」の分析に依拠している．

＊44　Akiga Sai 1939:241; P. Bohannan 1955:66, P. & L. Bohannnan 1968:233, 235. カリスマ一般としては，East in Akiga Sai 1939:236, Downes 1971:29 をみよ．

＊45　Abraham 1933:26; Akiga Sai 1939:246; P. Bohannan 1958:3; Downes 1971:27 を参照．

＊46　妖術師一般については，P. Bohannan 1957:187-88, 1958; Downes 1971: 32-25 をみよ．「人肉負債」（または ikipindi）については Abraham 1933:81–4; Downes 1971:36–40 を参照のこと．

＊47　Akiga Sai 1939:257.

＊48　Akiga Sai 1939:260.

＊49　ここでは Wilson 1951 に依拠している．

＊50　Paul Bohannan［ポール・ボハナン］(1958:4) は，すべておなじではないが似たような議論をおこなっている．

＊51　ティブ族の移住の話（たとえば Abraham 1933:17–26; Akiga & Bohannan 1954; P. Bohannan 1954）が，このことをはっきり語っているわけではないが，そのように読みとることはかんたんである．侵略者にさらわれないよう，女性の体に疱のようにみえるものを描くティブの移民についてのアキガ (Akiga 1939: 137) の話は，とりわけ示唆的である．ティブ族は，その政府の欠如にもかかわらず，はなはだしく効果的な戦争組織をもっていた．Abrahams (1933:19) が述べた通り，戦争組織では，ティブ族はフラン族とジュクン族を争わせ牽制することに長けており、それを彼らの戦争に介入しながらおこなったのである。

＊52　こういった襲撃のいくつかについては，完全に失敗したわけではない．

隣接するジュクン王国は，18 世紀にティブ族を併合しようと何度か試み，最終的にはすべてが失敗に終わったのだが，しばらくのあいだ，沿岸で活動していた奴隷商人に，ティブ族の捕虜を売り払っていたようだ (Abraham 1933:19; Curtin 1964:255, 298; Latham 1973:29; Tambo 1976: 201–03). 1930 年代にティブ族の人びとの多くが，ジュクン族自身が食人族である，と主張していたこと，そして *mbatsav*［ムバツァヴ］「組織」の起源が，ティブ族とジュクン族が最終的に政治的和解にいたったさいに，ティブ族の人びとがジュクン族の人びとから獲得したある種の首長位称号 (chiefly title) にあったことは，まちがいなく重要である (Abraham 1933:33–5).

＊53　Jones 1958; Latham 1971; Northrup 1978:157–64; Herbert 2003:196. 本書第 5 章でシンド王の宮廷に登場した中世の有名なアラブ人旅行家イブン・バットゥータは，1340 年代にそれほど遠くないニジェール地方で人びとがそれらを貨幣として使用しているのを眼にしている.

＊54　Herbert(2003:181) は，1699 年から 1865 年のあいだにヨーロッパ人は，およそ 2 万トンのイングランド製の真鍮および銅をアフリカに輸入していた，と見積もっている．それらの製造地はブリストルやチードルやバーミンガムであった．その大部分が奴隷と交換された.

＊55　この数字は，この期間全体で，152,075 人の奴隷がビアフラ湾から輸出されていたという事実にもとづいている (Eltis, Behrent, Richardson & Klein 2000)．オールド・カラバルの奴隷貿易はおおよそ 1650 年から 1841 年にかけて継続したが，この時期はその港がビアフラ湾最大であり，ビアフラ湾からの輸出自体，最盛期にはアフリカ全土の 20 パーセントを占めていた (Lovejoy & Richardson 1999:337).

＊56　Sheridan 1958, Price 1980, 1989, 1991.

＊57　大きめのビーズのことである.

＊58　Barbot in Talbot 1926 I: 185–86.

＊59　Inkori(1982) の示すところでは，18 世紀後半にオールド・カラバルに寄港した英国船は，それぞれ平均してマスケット銃 400 丁をもち込んだ．そして 1757 年から 1806 年のあいだにカラバル＝カメルーン地域に輸入されたその総数は，2 万 2986 丁であった．ところが，ラム酒やその他の

蒸留酒は，輸入品としてはまったくマイナーなものだったのである．

＊60　とくに初期に一般的だった手段のひとつは，商人たちが，大量の品物を積んだカヌーで村落の市場に到着し，それらと奴隷とを交換することであった．もし分担分に達しなければ，彼らは夜の更けるのを待って，川沿いの家を襲い，手当たり次第にだれでも連れ去ってしまったのだった (Clarkson in Northrup 1978:66，Noah 1990:94 でも引用)．

＊61　既存の学術文献は，ある形態がいかにべつの形態に変容するかという歴史を再構成するにあたって，ほとんど役に立たない．人質制度（ポーンシップ）を，親族の問題（たとえば Douglas 1964, Fardon 1985, 1986）か，さもなくば商業の問題（たとえば Falola & Lovejoy 1994）のどちらかとしてのみ扱う著作しかなく，それら二つの比較がおこなわれることは決してないからである．その結果，基本的な問いの多数が問われないままになっている．たとえば，Falola & Lovejoy は人質（ポーン）の労働力は利子として機能すると示唆しているが，彼らの著作には，人質制度（ポーンシップ）の実践されていたアフリカの各地にそもそも有利子貸付があったかどうかについての情報がみあたらない．

＊62　この種の人質制度（ポーンシップ）が，レレ族の制度のようなものから発展したことはあきらかである．多くのルールが重なっているのである．たとえばある少女が質入れされた場合，債権者は彼女が成人に達したとき結婚して負債を帳消しにすることもできた．これはレレ族のあいだでおこなわれていた慣行とほとんどおなじである．

＊63　Lovejoy & Richardson 1999:349–51; 2001.

＊64　Equiano 1789:6–13.

＊65　ほかにはカラバルを拠点とするアクナクナ人 (Akunakuna)，エフィック人 (Efik) などがいた．アロ人は，イボ語系であった．この地域はイボ諸語およびイビビオ諸語系のパッチワークとなっていた．

＊66　アロ一般については，Jones 1939; Ottenberg 1958; Afigbo 1971; Ekejiu¬ba 1972; Isichei 1976; Northrup 1978; Dike & Ekejiuba 1990; Nwauwa 1991 をみよ．

＊67　Dike and Ekejiuba(1990:150) は，ビアフラ湾でヨーロッパ人に売り飛ばされた奴隷の 70 パーセントがアロ出身であると推定している．残りの

大部分はそれ以外の商人組織からのものである.

＊68　ある20世紀の長老はこう回想している.「姦通を犯したある女性は，その夫によって売られ，夫がそのカネを保管した．盗人たちが売られた場合，そのカネは，その決定をおこなう責任をもつ長老たちのところにいった」(Northrup 1978: 69).

＊69　Northrup 1978:73.

＊70　カラバルにおけるエクペの債務執行については，Jones 1968, Latham 1973:35–41, Lovejoy & Richardson 1999:347–49をみよ．アロチュクウェおよび地域全体へのエクペの拡がりについては，Ruel 1969:250–258, Northrup 1978:109–110, Nwaka 1978, Ottenberg & Knudson 1985をみよ．Nwaka (1978:188) は次のように述べている.「クロスリバー地域で最も普及していたエクペの結社は，地方政府の基盤を形成していた．エクペの結社は，その活動拠点において，行政および司法機能を担っていたのである．その結社の成員からなる機関を通じて，公共の秩序を乱す者は処罰され，慣習が強制され，年長者の権威が維持された．エクペの法は，町や街路の清掃，負債の取立て，その他の公共の利益の施策といったかたちで，共同体のほとんどの成員の生活をある程度統制していたのである」.

＊71　Latham 1963:38.

＊72　Walker 1875:120より.

＊73　Ottenberg & Ottenberg 1962:124.

＊74　Partridge 1905:72.

＊75　人質(ポーン)を探しているとしても，近隣の村から無作為に子どもをさらってくることはできない．その両親たちが，ただちにその子どもを探しだすだろうからである.

＊76　Lovejoy & Richardson 2001:74. ガーナにおける類例についてはGetz 2003:85をみよ.

＊77　注目すべきことに，Akiga Sai(1939:379–80)によれば，ティブ族のあいだではこれが奴隷制の起源であった．すなわち，負債の支払いを拒んだ者と同一のリネージ［出自集団］(lineage) から人質 (hostages) をとることである．たとえば債務者が支払いを拒みつづけるとする．彼ら［債権

者たち］は人質をしばらく拘束しつづける．そして最終的にべつの国に売り飛ばす．「これが奴隷制の起源である」．

＊78　Harris(1972:128) は，カラバルへの重要な奴隷供給源であったもうひとつのクロス川沿岸地域，イコム (Ikom) について書いている．彼女によると，そこでは，みずからの近親のこれ以上の売却を阻止すべく母方または父方の親族が介入した場合，債務者はしばしばじぶん自身を抵当に入れざるをえなかった．その結果，債務者は最終的には奴隷となり，カラバルに送られた．

＊79　その比率について，わかっていることはなにもない．エヨ王２世は，イギリス人宣教師にこう語っている．「奴隷たちが売られる理由はさまざまである……戦争捕虜もいれば，負債のために売られた者もいる．自国の法を犯した者もいれば，要人の怒りにふれた者もいる」(Noah 1990:95)．このことは負債の占める割合が無視できるようなものではないことを示唆している．Pier Larson (2000:18) が述べているように，当時のあらゆる資料が「戦争」をあげているのは，それが最も正当であるとみなされていたがゆえにである．Northrup (1978:76–80) と比較のこと．

＊80　Reid 1983:8

＊81　op cit.

＊82　Reid 1983:10

＊83　Vickers 1996（エイドリアン・ヴィッカーズ『演出された「楽園」――バリ島の光と影』中谷文美訳，新曜社，2000 年）は，「野生のバリ」から地上の楽園にいたる，北大西洋的想像力のうちでのバリのイメージについて，すぐれた歴史を提供している．

＊84　Geertz & Geertz 1975（クリフォード・ギアツ，ヒルドレッド・ギアツ『バリの親族体系』吉田禎吾・鏡味治也訳，みすず書房，1989 年）；Boon 1977:121–24. Belo(1936:26) は，略奪婚がまったく最近の発明であるとする 1920 年代のインフォーマントの主張を引用している．それは，敵対する村々から女を盗み，しばしばその父親に身代金の支払いを要求する若い男たちのギャングから発生した，というのである．

＊85　Boon 1977:74

＊86　早くも1619年には，レユニオン島の奴隷市場でバリの女たちの需要が大変高かったことをCovarrubias(1937:12)は記している．

＊87　Boon 1977:28, van der Kraan 1983, Wiener 1995:27.

＊88　Vickers 1996:61（前掲『演出された「楽園」——バリ島の光と影』新曜社，2000年，97頁）．わたしがおもうに，この点で再考してみてもよいのは，バリについての人類学の文献のなかでも，「ディープ・プレイ」としてのバリの闘鶏——バリ島民が自身の内なる魔性（デーモン）を表現し，みずからについての物語を語る空間としての——についてのClifford Geertz［クリフォード・ギアツ］1973の有名な論考，あるいは「劇場国家」——壮麗な儀礼を形成するために資源を集めることを中心に政治が展開されていた——としての前植民地政府についてのギアツによる認識(1980)［小泉潤治訳『ヌガラ——19世紀バリの劇場国家』みすず書房，1990年］であろう．こういった文献には独特の盲点がある．ブーンさえ，娘を隠す男たちについての先の引用の直後(1977:75)で，政府の「臣民」とは，「それらの儀礼のために多少課税される観客」でしかなかったかのように，あたかも，子どもたちの強姦，殺人，奴隷化の可能性は，どうでもよいことであるか，とくに政治的に重要ではなかったかのように語っている．

＊89　これらの点は，部分的にはLouis Dumont［ルイ・デュモン］1992（渡辺公三，浅野房一訳『個人主義論考——近代イデオロギーについての人類学的展望』言叢社，1993年）の議論への批判を意図している．デュモンによれば真に平等主義的な社会とは近代社会だけであり，近代社会は当初より平等主義的社会でしかありえないとすらいえる．というのも近代社会の究極の価値は個人主義であり，各個人はなによりも彼ないし彼女がかけがえのない存在であるかぎりで価値ある存在である．それゆえだれかがだれかよりも本質的に優越しているという発想のための基盤が存在しえないのである．しかし，いかなる「西洋個人主義」の教理（ドクトリン）がまったく存在しなくとも，おなじ帰結をみることはできるのである．「個人主義」という概念総体が真剣に再考される必要がある．

＊90　Beattie 1960: 61.

＊91　たしかに，多くの伝統社会において，罰せられるのは過度に妻を殴る

男の方である．だがくり返すとこういった［妻を殴るという］ふるまいも，あるところまでは，少なくともふつうのことと想定されている．

＊92 「シャリヴァリ」については，たとえば Davis 1975, Darnton 1984 をみよ．Keith Thomas 1972:630（キース・トマス『宗教と魔術の衰退（下）』荒木正純訳，法政大学出版局，1993 年，774 頁）は，当時のイングランドの村々の説明のなかでこのおなじニョロ族の物語を参照しながら，一連の社会的制裁を列挙している．たとえば「村のガミガミ女 (village scold)」のとっちめである．ほとんどそのすべてが，女たちの暴力的統制をめざしていたようにおもわれる．だが，奇妙なことにトマスは，それ意外のすべての資料がその正反対を示しているという事実にもかかわらず，「シャリヴァリ」は妻を殴る男たちにむけられていたと主張している．

＊93　すべての場所でそうだったわけではない．ここでも同時代のイロコイ社会を例としてあげることができる．それは多くの点で，とくに日常の世帯レベルでは母権制 (matriarchy) であり，女たちが交換されることはなかった．

＊94　Trawick 2000:185, figure 11 より．

＊95　この図表は P. Bohannan 1957:87 からのものである．

＊96　Akiga Sai 1939:161.

＊97　レレ族のあいだでもそうであった．メアリー・ダグラス (Douglas 1963:131) は，労働や性行為を拒む村妻を鞭で打つことは許されるとみなされていたことを指摘している．しかしこれは村妻の地位の反映ではない．ひとりの男としか結婚していないレレ族の妻たちにも，同様のことがいえたからである．

第七章

＊1　“Proto-Sumerian dictionary” より sumerianorg/prot-sum.htm

＊2　Florentius in Justinian’s Institutes I.5.4.1（フロレンティヌスによる，『学説彙纂』第 5 巻第 4 章第 1 法文）．アリストテレスにはじまる奴隷制の正当化が試みられるとき，一般的に焦点が当てられるのは，それ自体では正当化の不可能である制度にではなく，奴隷にされた民族集団の劣った

性質にであることは興味深い.

＊3　Elwahed 1931. Clarence-Smith（ 2008:17n56）は，アル＝ワヒードの著作それ自体が，少なくとも 19 世紀半ばから中東で継続していたイスラームにとっての奴隷制の役割にかんする活発な議論から生まれたと指摘している.

＊4　Elwahid 1931: 101-10 など随所に散見される．Patterson 1982:105（奥田暁子訳『世界の奴隷制の歴史』明石書店，2001 年，241-42 頁）にも同様の一覧がある.

＊5　子どもの売却は常に経済やモラルの崩壊のしるしとして受けとめられてきた．ディオクレティアヌスのようなローマ帝国後期の皇帝たちさえ，貧しい家庭がこのような手段に訴える必要がなくなるよう，はっきりと救済を目的とした慈善活動を支援した，とアル＝ワヒードは指摘している.

＊6　Mitamura 1970.

＊7　アル＝ワヒードによれば，債務奴隷制はローマ史の初期におこなわれていたが，それは，十二表法にしたがって支払い不能な債務者を殺害することが可能であったためである．それが許されないほとんどの場所では，人質（ポーン）や負債懲役人に貶められることで完全に奴隷化されることはなかった（それ以外の可能性についての詳細な説明は，Testart 2000, 2002 をみよ）.

＊8　アル＝ワヒードは，アテナイオスの記している，じぶんの命を救ってくれた医者に奴隷としてわが身をさしだしたギリシア人患者の例を参照している（*op cit*:234）.

＊9　ウルピアヌスは明確である.「あらゆる法律部門において，敵の手に落ちて戻ってくることに失敗した人間は，捕虜になった時点で死んだものとみなされる」（Digest 49.15.18『学説彙纂』第 49 巻第 15 章 18 法文）. 前 84 年から 81 年の古代ローマ法（Lex Cornelia［コルネリア法］）は，再婚の必要性について明記している.

＊10　Meillassoux 1996:106

＊11　Patterson 1982．パターソンの定義によると「奴隷制とは，生まれつき疎外され，全般的に名誉を失った者たちに対する永続的で暴力的な支配である」（1982 :13　前掲『世界の奴隷制の歴史』46 頁）.

＊12　パターソンはここで，フレデリック・ダグラスを引用しているが，実に意味深いものである．「［権］力のない人間［男］とは，人間性の根本的尊厳を失った者である．人間の本性というものは，無力な人間を哀れむことはできても，無力な人間を尊重するようにはつくられていない．そして哀れみさえ，［権］力のしるしが生まれなければ長続きしないものだ」（Patterson 1982:13，前掲訳書，45-6 頁）より引用．

＊13　おそらく名誉ある女性（honorable women）も同様であるが，女性の場合，これからみていくように，この問題は貞節と純潔の問題と切り離せなくなっていた．

＊14　Paul Houlm（in Duffy, MacShamhráin and Moynes 2005:431）．たしかに輸出入の差は上下していたようにおもわれる．あるときは，アイルランド人の船がイングランド沿岸部を襲ったとおもえば，後 800 年以降にはヴァイキングが［アイルランドから］数千人をさらっていった．こうして短期間，ダブリンはヨーロッパ最大の奴隷市場となるのである．とはいえ，このころまでにクマルは，もはや実際の通貨として使用されていなかったようだ．ここにはアフリカとのいくつかの類似がみられる．ある時代ある場所のアフリカでは，その［奴隷の］貿易に影響されて負債が奴隷によっても集計されていたのである（Einzig 1949:153）．

＊15　アイルランドの教会の創立者のひとりである聖パトリックは，公然と無条件で奴隷制に反対した数少ない初期の教父のなかのひとりだった．

＊16　Doherty 1980:78-83.

＊17　Gerriets 1978:128, 1981:171-72, 1985:338. ついでながら，そのわずか 2, 3 世紀後に作成された，こういった物品の価格を事細かく明記したウェールズの法律とは，はなはだしい対比をみせている（Ellis 1926:379-81）．品目のリストは，ウェールズの法典から恣意的に選んだものである．

＊18　Doherty 1980: 73-74.

＊19　これはアイルランド語とウェールズ語ならびにそれ以外のケルト諸語にあてはまる．実際，Charles-Edwards (1978:130, 1993:555) は，「名誉価格」を「面目［額面］価値（face value）」と翻訳している．

＊20　ひとつの例外は初期の教会文書である．Einzig 1949:247–48, Gerriets 1978:71.

＊21　貨幣体系についての主要な情報源は Gerriets (1978) である．この博士論文は，残念なことにこれまで一度も書籍のかたちで出版されていない．クマル，牛，銀などのあいだの標準的交換率を示す表は，Charles-Edwards 1993: 478–85 にも掲載されている．

＊22　Gerriets 1978:53.

＊23　ある男に馬や剣を貸したが，戦闘にまにあうまでに返却されず，あなたが「面目を失って［メンツをつぶされて］」しまったとき，さらに，ある僧侶がべつの僧侶に頭巾を貸したが，その僧侶が期限までに返してくれず，重要な教会の会合でそれにふさわしい服装ができなかったとき，あなたも頭巾を貸した僧侶も名誉代価を請求できた（Fergus 1988:118）．

＊24　ウェールズの諸王の名誉代価は，はるかに高額だった（Ellis 1926:144）．

＊25　その上位にある地方諸王の名誉代価は 14 クマルであった．理論上は，アイルランド全土を支配する高位の王がタラにいたのだが，その地位はたいてい空位であるか，あるいは争奪の対象であった（Byrne 1973）．

＊26　これらはすべて，はてしなく複雑な体系の単純化であり，とくに花嫁代価と持参財とのさまざまの統合の度合いをともなった，いいくつかの種類の結婚にかんしては，複数の側面が不明瞭なままである．クライアントについては，領主による初期の支払いには二種類あり，名誉代価がそのひとつだった．しかし「自由民たるクライアント」の場合，名誉代価の支払いはおこなわれず，そのクライアントが奴隷の地位に貶められることもなかった（最もすぐれた全般的概要については Kelly 1988 をみよ）．

＊27　Dimetian Code II. 24. 12（『ディメティアン法典』第 2 巻第 24 章第 12 節）（Howel 2006:559）．特定地区出身の官吏の殺害にかんしても同様の罰則が定められている（Ellis 1926:362）．

＊28 「財それ自体に価格が定められていたことを示す証拠はない．つまりアイルランドの貨幣は，個人の地位を数量化することはできたが，財の価値を数量化するためには使われていなかったのである」（Gerriets

1985:338）.

＊29　Sutton 2004:374.

＊30　Gallant 2000. ここで "affair of honor"［決闘］あるいは "honor killing"［名誉殺人：女性の婚前・婚外交渉――強姦の被害による処女の喪失もふくむ――を女性本人のみならず家族全員の名誉を汚すものとみなし，女性の父親や男兄弟が家族の名誉を守るため女性を殺害する風習］といった言い回しについて考察してもよいかもしれない．それらの言い回しはまた，そうした感情がギリシア農村部特有のものでないことをあきらかにしている．

＊31　実際，この問題をひっくり返して，以下のように問うてもよい．ある男の姉や妹が性行為と金銭を交換していると示唆することが，そもそもなぜそれほどまでの侮辱となるのか？　これこそ，いまだひそやかに名誉の概念がわたしたちの感性を形成していると主張する理由のひとつである．というのも，ある男の妻が営利目的で性行為をおこなっているとかその男の姉や妹が複数の相手と関係をもっているとか公言しても，殺意を帯びた憤怒でなく陽気な笑いが返ってくるような地域が世界には数多く存在する．わたしたちはすでにグヌィング族およびレレ族の例をみてきた．

＊32　だれの眼にもあきらかだろうが，わたしはここで多くのフェミニストの文献で使用されている広い意味での家父長制（男性による女性の従属にもとづく，あらゆる社会制度）から，この用語を区別して用いている．この広い意味での家父長制の起源は，あきらかに地中海地域および中近東のどちらにおいても，歴史上のもっと古い時代に求められねばならない．

＊33　「セム人の侵入」というモデルは，Saggs 1962 のような古典となった文献にみいだすことができる．一般的にいって，これは定期的な都市型危機のとるパターンのようである．河川沿いの社会が崩壊に近い状態になったあと，新しいセム人牧畜民の波が到来し，ついで再生が起こるというような（Adams et al. 1974）．

＊34　Rohrlich 1980 は，説得力のある例である．

＊35　これはもちろん，主に人類学者 Jack Goody［ジャック・グッディ］(1976, 1983, 1990) にむすびつけられる主題をかなり単純化したもので

ある．基本的な原理は，持参財が花嫁の父親による支払い（それはどちらの側から来ることもある）ではなく，相続の前倒しであるということだ．グッディは，メソポタミアについては少ししか言及しておらず，もっぱら上流階級の慣行にわずかな焦点（1990: 315–17）があてられている．

＊ 36　Wilcke 1985, Westbrook 1988, Greengus 1990, Stol 1995:125–27．マリについては，Lafont 1987; 古バビロニア時代の慣行については，Greengus 1966, 1969. ヌジについては Grosz 1983, 1989.

＊ 37　わたしたちの最良の資料は，およそ前 1500 年前後のヌジという都市［現イラク］のものである．だが，主にフルリ人の影響のために，ヌジはある意味で異例ではある．ヌジにおいて結婚のさいの支払いは，たとえば第一子誕生時など段階的におこなわれたようだ（Grosz 1981:176)．これはメラネシアやアフリカ，その他世界の数多くの場所を研究している人類学者には，おなじみのパターンである．

＊ 38　Finkelstein 1966, VerSteeg 2000:121, 153n91. 父親は娘が処女ではないという虚偽の主張をおこなった者に対して金銭的損害を請求できる．推測するに，それによって「花嫁代償」が減額される可能性があるためだろう（Cooper 2002:101)．

＊ 39　Bottéro 1992:113.

＊ 40　Stol 1995:126.

＊ 41　「婚姻型養子縁組（matrimonial adoption)」については Cardascia 1959（および Mendelsohn 1949:8–12, Greengus 1975)．飢饉のあいだには，ときに花嫁代償の免除すらおこなわれ，飢えた家族はその娘を豊かな家庭に養ってもらうかわりにさしだすことさえあった．

＊ 42　Evans-Prichard 1931, Raglan 1931. このような議論がイングランドでおこなわれていたことは少々皮肉である．イングランドは妻を売り飛ばしたり競売にかけたりすることが法規上でも合法であった数少ない場所のひとつだからである（Menefee 1981; Stone 1990:14–48, および Pateman 1988 をみよ)．ローレンス・ストーンによれば，イングランドの村で公開されていた「妻の販売」は，実のところ，あらかじめ仕組まれた離婚だったようだが，「儀式の細部は財産譲渡の最終的性質を強調することを

意図しており，牛や羊の販売を可能なかぎり模倣していた．家庭から市場まで，そして市場から購入者の家庭まで妻をつれていくためには，端綱［馬の口につけて引くための綱］が使われた」(1990:145)．庶民のあいだでのみおこなわれていたこの慣行は，トマス・ハーディーの『カスターブリッジの市長』に記録されるやスキャンダルとなったが，それが完全に廃止されたのはようやく1919年になってのことである．

＊43　Finley 1981:15–55, Stienkeller 2003; Mieroop 2005:27–28.　このような契約の最初期のものは前21世紀のバビロニアで記録されたものである，とMieroopは指摘している．これは初期の賃労働の歴史にかんする興味深い事例となっている．わたしがべつのところで書いたように（Graeber 2006:66–69; 2007:91–94），古代世界における賃労働契約は，主として奴隷の貸出（レンタル）の問題であった．メソポタミアにおけるこの慣行の最古の記録は新バビロニア時代におけるものである（Oppenheim 1964:78, VerSteeg 2000:70–71, エジプトにおける類例はVerSteeg 2002:197）．

＊44　この問題は，バビロニアのすべての女たちは，エリート層の娘たちをのぞいて，じぶん自身の持参財を稼ぐために一度は神殿で売春することになっている，というヘロドトスの主張（1.199『歴史（上）』松平千秋訳，岩波文庫，148–49頁）のゆえに，総じて複雑化した．これはまちがいなく事実に反しているが，それによって「神殿売春（hierodule)」の重要性を主張する人びと，さらにあらゆる売春は聖なるものであるとさえ主張する人びと（e.g., Kramer 1969, Lambert 1992）と，そのような考え方すべてをオリエンタリストによる空想として拒絶する人びと（Arnaud 1973, Westenholz 1989, Beard & Henderson 1997, Assante 2003）とのあいだで議論の諸条件が混乱した．しかしながら，近年発表されたキシュ（Kish）［古代シュメールの都市．シュメール王命表の記録によると，大洪水後に最初の王権が降りた都市とされている］とシッパル（Sippar）［古代シュメールの都市］の文書は，神殿の女性たちも関与する――少なくともサービスへの対価を支払われていた者もそのなかにはいた――性的な儀礼が，たしかにおこなわれていたことをあきらかにしている（Gallery 1980; Yoffee 1998; Stol 1995:138–39)．ちなみにわたしの知るかぎ

り，デーヴァダーシーとの類似が最初に指摘されたのは Yoffee 1998:336 においてである．デーヴァダーシー一般については，Orr 2000, Jordan 2003, Vijaisri 2004 をみよ．

＊45　Kramer 1963:116, Bahrani 2001:59–60.

＊46　Bottéro 1992:96 にも似たような読解がみられるが，Lerner (1980:247) が強調する両義性（アンビヴァレンス）はない．

＊47　Lerner 1980, Van Der Toorn 1989, Lambert 1992 をみよ．

＊48　同様に多くの場所で，女性の小商人は，娼婦に喩えられたり娼婦と混同されたりした．それはたんに彼女たちが親族ではない複数の男たちと継続的な関係をもっていたからである（現代カザフの事例については，Nazpary 2001）．そしてそれら［女商人と娼婦の］の役割は，ときとして重なり合うこともあった．

＊49　Diakonoff (1982)．メソポタミアでも西洋でも，ときに兵士の役割もはたしていた遊牧民や難民のゆるやかなバンドは，しばしば包括的に *hapiru* または *habiru* と呼ばれていた．この語は「ヘブライ」ということばの語源かもしれない．「ヘブライ」とは彼ら自身の年代記によると，奴隷の身分から逃亡し群れをなして砂漠をさまよったあとに都市社会の征服者となった集団を指している．

＊50　Herodotus 1.199（ヘロドトス，前掲『歴史（上)』148–49 頁）および Strabo 16.1.20 ストラボン『ギリシア・ローマ世界地誌Ⅱ』飯尾都人訳，龍溪書舎，1994 年，469–70 頁)．

＊51　Revelations 17. 4–5（「ヨハネの黙示録」17 章 4–5 節)．ヨハネの黙示録はパウロのというよりもペトロの追従者の視点にしたがっているようにおもわれる．ついでにいうと，バビロンのイメージを腐敗と抑圧として活用している今日の主要な預言的代弁者であるラスタファリアニズムも――性的な腐敗のイメージを抑える傾向があるが――実際には貧者のあいだでの家父長的権威の復権にかなりの比重をおいている．

＊52　1980: 249–54; 1989:123–40.（ラーナー『男性支配の起源と歴史』奥田暁子訳，三一書房，1996 年，182–83 頁)．主な文書資料は Driver & Miles 1935 および Cardascia 1969.

＊53　シュメール人の結婚式では，花嫁の父が花嫁をヴェールで覆い，花婿がそれを取り外した．その行為によって花婿は花嫁をじぶんの妻としたのである（Stol 1995:128）．このことは，ヴェールがどれほどある種の男性の家庭内の権威への包摂の象徴となっていたかを示すだけではない．それは，のちにアッシリア人が借用した慣行の起源だった可能性もある．

＊54　わたしの儒教観はいっぷう変わった Deng (1999) のアプローチを踏襲している．女たちの商品化については Watson 1980 をみよ．宋代における女たちの自由の全般的低下と，それとの関係については Gates 1989 をみよ．明代にはもうひとつ重要な後退があったようだ．近年の概観については，Ko, Haboush, and Piggott (2003).Testart (2000, 2001:148–49, 190) は，中国の事例が彼いうところの「一般的な社会学的法則」を確証していることを強調している．それは，花嫁代償のおこなわれる社会は債務奴隷も許容する，というものである（Testart, Lécrivain, Karadimas & Govoroff 2001）．まさに中国こそ，国家がその二つをともに禁止しようとして失敗した地であるからだ．儒教のもうひとつの側面は，男性奴隷が女性奴隷よりはるかにうさんくさい存在とみなされていたことである．だが朝鮮半島ではもっと極端だった．豊臣秀吉の侵略のあと，奴隷でありうるのは女性のみと定める法律が通過したのである．

＊55　Tambiah（1973, 1989) は，現在では標準となった Goody への批判をおこなった最初の人物であった．Goody は，これを間接的な持参財支払いとみなすことを好んでいた．それらが通常家族の手にわたったからである（1990:178–97）．

＊56　ホメロス的名誉については Finley 1954:118–19（フィンリー『オデュッセウスの世界』下田立行訳，岩波文庫，1994 年），Adkins 1972:14–6, Seaford 1994:6–7. 牛と銀がここでも主な計算単位になっている．古典学者たちが指摘したように，ホメロスの叙事詩に出てくる実際の売買行為は異国人とのあいだにかぎられる（Von Reden 1997:58–76, Seaford 2004:26–30, Finley 1954:67–70（同書））．いうまでもなく，ホメロスの社会は，アイルランドにおける「名誉価格」の観念にみられる法的厳密さを欠いていたが，その原理はおおよそ同一であった．*tīme* は「名

誉」だけでなく，「罰則」および「賠償」も意味していたからである．

＊57　『イリアス』および『オデュッセイア』において，*tīme* が商品の「価格」を指して用いられることはないが，そもそも商品の価格が言及されること自体ほとんどない．しかしながら，この語は贖罪金または名誉価格という意味で「賠償」をあらわしていた（Seaford 2004:198n46）．購買価格として *tīme* が使われた最古の例は，それより若干新しいホメロスのデメテル讃歌（132）である．Seaford が指摘するように，事実上それが奴隷のことを指しているという点は重要である．

＊58　Aristotle, *Constitution of the Athenians*, 2. 2.（アリストテレス『アテナイ人の国制』村川堅太郎訳，岩波文庫，1980 年，17 頁）．アリストテレスが言及しているのは，前 594 年の「重荷おろし」として知られる，ソロンの改革を招いた重大な危機についてである．

＊59　ギリシアの動産奴隷制（chattel slavery）は，当時の古代近東に存在していたいずれよりもはるかに極端だった（たとえば Westermann 1955; Finley 1974, 1981; Wiedemann 1981; Dandamaev 1984; Westbrook 1995 をみよ）．ほとんどの近東の「奴隷」は，厳密にいうと奴隷ではなく，弁済可能な負債の抵当物であり，少なくとも理論上では恣意的に酷使することはできなかったし，それだけでなく完全な私的所有物だった者でさえかなりの権利を有していたからである．

＊60　「自給自足は最良の目的である」（Aristotle Politics 1256–58（前掲アリストテレス『政治学』）．それが実際になにを意味するかについての古典的議論は Finley 1974: 109–11 Veyne 1979 をみよ．

＊61　ここでの議論は Kurke 2002 にしたがっている．公共の娼館については，Halperin 1990, Kurke 1996 をみよ．神殿娼婦はギリシアにも存在した．最も有名なのはコリントのそれだったが，ストラボン（Strabo 8.6.20『ギリシア・ローマ世界地誌』飯尾都人訳，龍渓書舎，1994 年，646–47 頁）によると，なかでもアフロディーテの神殿には，あきらかに敬虔な信者が神殿に捧げた奴隷である 1000 人の娼婦がいた．

＊62　David Sutton (2004) からの先に引用において指摘されているように，同時代のギリシア社会における名誉にかんする人類学的文献をいくつかあげておく．Campbell 1964, Peristiany 1965, Schneider 1971, Herzfeld

1980, 1985, Just 2001.

＊63　世帯の外で女たちが労働することの不穏当さについては，Brock 1994 をみよ．女たちの隔離一般については，Keuls 1985, Cohen 1987, Just 1989, Loraux 1993 を参照せよ．

＊64　その証拠資料は圧倒的に存在するのだが，最近になるまでほとんど無視されていた．Llewellyn-Jones (2003) によれば，その慣行は貴族気取りとしてはじまったが，5 世紀になると，卑しからぬ（リスペクタブル）女性はすべて「毎日慣例として，少なくとも公共の場や親族以外の男たちの前ではヴェールを被るようになった」（*ibid* :14）．

＊65　van Reden 1997:174. ここでは Herodotus 7.233（前掲ヘロドトス『歴史（下)』146–47 頁）と Plutarch, 26.4（プルタルコス『プルタルコス英雄伝（上)』のペリクレスの項，村川堅太郎編訳，ちくま学芸文庫，296 頁）が参照されている．

＊66　二人のうちのひとりである，アキレウスが奴隷にした女性である．そのブリセイスは，トロイアの町リュルネソス出身で，ギリシア人による攻撃のさいアキレウスによって夫と三人の兄弟を殺害されたあと，アキレウスに褒美として与えられた（のちに彼女の父親はそれを知って首を吊って死ぬことになる）．『イリアス』では，ブリセイスへのじぶんの愛をアキレウスは主張する．［その一方で］ブリセイスの意見は記録に値するとみなされていなかった．だが，古代最高の叙事詩がたんなる強姦讃歌であることに居心地の悪さを感じていたのちの時代の詩人たちは，ブリセイスも以前からはるか彼方のアキレウスを愛していたという話をでっちあげ，それが戦争の発端だったかのように話の流れを操作したのである．

＊67　ホメロスの戦士たちは貴族からほど遠く，仮に貴族だったとしても，カルフーンが述べるように（Calhoun 1934:308）「最もゆるやかな意味において」であった．そのほとんどが地域の頭目か野心的な戦士の集合でしかなかったのである．

＊68　この主題についてのギリシア人による洗練化については Kurke 1997:112–13, 1999:197–98 をみよ．Seaford［リチャード・シーフォード］も参照のこと．「ホメロス的贈与には英雄的贈与者の人格が宿るが，

貨幣の類似物である人格は娼婦のみである．シェイクスピアにとって貨幣とは，「万人が共有する売春婦」である」（2002:156, 強調は原文．私見では Seaford はここで若干のまちがいを犯している．シェイクスピアが「万人の共有する淫売婦』と呼んだのは，その子宮が貨幣となる黄金を生み出す地球のことだった（*Timon of Athens* 4.3.42–5 小田島雄志訳『アテネのタイモン』白水社，1983 年，第 4 幕第 3 場）．

＊69　Seaford 2002. Seaford は Kurke についてのレビューのなかで，ギリシアの出典はこの点について，常に揺れていると指摘している．

＊70　Odyssey 11. 488–91（ホメロス『オデュッセイアー（上）』呉茂一訳，岩波文庫，1994 年，353 頁）のなかで，アキレウスが想像できる最も下等で惨めな人物として引き合いに出すのは，奴隷ではなくどの世帯にも属していない労働者にすぎない *thēs*［テース，傭人］であることは知られている．

＊71　自由民であるポルノイは，常に外国人または居留外国人の娘だった．場合によっては貴族たちの愛妾であった．

＊72　このあとにつづく諸々の逸話においても女たちがまったく登場しないことに読者は気づくだろう．ポレマルコスの妻がだれだったのか，わたしたちはなにも知らないのである．

＊73　少年愛が厳密には違法であったことをここでおもい起こそう．あるいはより正確を期するならば，男色において受動的な役割を甘受する側が違法になる．それをおこなえば，市民権を喪失する可能性があったのである．ほとんどの成人男性が少年と，そしてほとんどの少年が成人男性と恋愛関係にあったのだが，肉体関係は存在しないふりをして実行されていた．そのため，ほとんどだれもが過去の関係を告発される可能性を抱えていたのである．最も有名な例は，アイスキネスのティマルコス弾劾演説である（van Reden 2003:120–23, Dillon 2004:117–28 をみよ）．ローマでもまったくおなじジレンマが再浮上した．たとえばキケロは，自身のライバル，マルクス・アントニウスを，かつて男娼で生計を立てていたかどで告発している（Philippics 2.44–5）．のちにアウグストゥスとなるオクタウィアヌスにも流布していた噂があって，若い時分にユリウス・カエサル

をふくむ有力なパトロンたちに「操を売った」というものである（*Suetonius Augustus* 68 スエトニウス『ローマ皇帝伝（上）』国原吉之助，岩波文庫，166 頁）．

＊74　最も有名な例は，アテナイ，コリント，メガラである（Asheri 1969; St.　Croix 1981; Finley1981:156–57）．

＊75　この法律は *palintokia*［パリントキア］と呼ばれ，主としてプルタルコスによって知られている（Moralia 295D）［『モラリア』］，アリストテレスの失われた『メガラ人の憲法』から多くを参照しているようだ）．これについてはほとんどあらゆる側面が現在の研究のなかで論争の的になっている（Asheri 1969:14–6; Figueria 1985:149–56, Millet 1989: 21–22; Hudson 1992:31; Bryant 1994:100–44）．たとえばハドソンは，この出来事は前 540 年前後に起こったといわれているが，有利子貸出は当時そもそも存在していなかったので，この話全体がのちの時代のプロパガンダではないか，と論じている．こうしたことがあったのはたしかだが，ずっとのちのことであるとする人びともいる．興味深いことに，あらゆるギリシアについての文献が，これを最も急進的できわだってポピュリスト的な措置として扱っている．中世ヨーロッパのほとんどを通じて同様の措置がカトリックの標準的政策となっていったにもかかわらず，である．

＊76　この時代に，有利子貸付が存在していたかどうかさえはっきりしない．利子にかんするものらしい最古の言及は，前 475 年前後のものであり，確実に利子にかんするものである最古の言及は，おなじ世紀の後半のものである（Bogaert 1966, 1968; Finley 1981; Millett 1991a: 44–5; Hudson 1992）．

＊77　たとえば，困窮した「同胞」をクライアントや小作人にすることは許されるが，有利子貸付をしてはならないと明記する Leviticus 25:35–37（『旧約聖書』「レビ記」25 章 35-37 節）と比較しよう．

＊78　これは *Works and Days* (II 344–63)［『労働と日』松平千秋訳，岩波文庫］において，ヘシオドスが強調している．この問題にかんして，ヘシオドスはわたしたちの主要な情報源である．Paul Millett（1991a:30–5）は，この箇所についての徹底的な読解をおこなって，贈与と貸付のあいだの

区別のあいまいさをあかるみに出してくれている．Millett の著作 *Lending and Borrowing in Ancient Athens*（*op cit*）［『古代アテナイにおける貸借』］は，この問題についての基本書である．ギリシア経済研究は，いまだプリミティヴィスト・モダニスト論争と（いささか時代錯誤的に）呼ばれているものに，長いあいだ関心を集中させてきた．Millett は，断固としてプリミティヴィストの立場をとり，そのため他方の陣営から予想しうる激しい攻撃を受けた（たとえば Cohen 1995, Shipley 1997, 2001）．とはいえ議論のほとんどは，商業貸付の普及に関心を払っているので，わたしのここでの関心とはあまり重ならない．

＊79　この逸話が印象的であるのは，現代の読者が不公正または搾取的と感じるようなふるまいをナスレッディンがすることは，これ以外の箇所ではまずないからである．これらの逸話は常に，ナスレッディンとけちんぼである隣人の関係を焦点にしている．すなわち，けちんぼは必ずや悪事をたくらむことを知っていると聴衆は想定されているのである．

＊80　"Against Nicostratus" (Demosthenes 53)，わたしは Millet (1991a:53-9) に大幅にしたがっているが，Trevett 1992, Dillon 2002: 94-100, Harris 2006:261-63 にも依拠している．ニコストラトスの動機の解釈は，わたし自身のものである．たとえば Dillon は，アイギナ島における誘拐および人質の話全体がでっちあげではないかという疑惑をもっている．だが，もしそうなら，結局はアポロドロスがそのことに気づき，陪審員にそれを伝えるとは考えられないか．この文書は，ニコストラトスが貴族かどうかはっきり語っていないが，ある人間が快適な田舎の屋敷地を所有していながら金欠であることについて，最も妥当な説明はやはりこれである．その一方でアポロドロスは，卑しい出自のために同胞市民から軽蔑されるのではないかと恐れていることで知られていた．だから，惜しみない――ときにやりすぎともみなされていた――気前のよさでそれを埋め合わせようとしたのである（Ballin 1978; Trevett 1992 をみよ）．

＊81　アテナイ人は，少なくとも気高くふるまおうとするさいには，同胞の市民たちはたがいにかくふるまうべしと語っている．窮乏している市民に有利子で金銭を貸すことは，あきらかに非難されるべきふるまいとみなさ

れていた（Millett 1991a:26）．プラトン（Laws 742c, 921c 前掲『法律』（上）30頁），およびアリストテレス（Politics 1258c 前掲『政治学』57頁）にはじまり，この問題にふれた哲学者たちはみな，利子をモラルに反したものとして非難している．しかしだれもがこのように感じたわけではないのはあきらかである．この慣行の発祥地である中東とおなじく，この地でも（Hudson 1992），商業貸付（コマーシャルローン）の場合には利子を課すことはあきらかに道理にかなっていたが，消費貸付（コンシューマーローン）の場合，かんたんに濫用されてしまうことがジレンマとなった．

＊82　債務奴隷あるいは少なくとも負債懲役制度が，いずれの地かで完全に廃絶されたことがあったのかどうか，あきらかではない．そして債務危機は，アテナイ以外の都市では，一定の間隔をおいて起こりつづけたのである（Asheri 1969; St.Croix 1981）．アテナイにおいてさえ負債による隷属が完全に廃絶されていたわけでなかった，と考える人びと（Rhodes 1981: 118-27; Cairns 1991; Harris 2006: 249–80）もいる．アテナイやのちのローマのような帝国の首都は，その慣行を禁止するよりは貧者への資金援助のための社会的プログラムに貢納金を流し，それによって高利貸を不必要にすることで，債務危機とその結果として起こる社会不安の危険性を回避した，とする Millett（1991a:76）は，おそらく正しい．

＊83　Millett 1991b:189–92. ローマ帝国下のガリラヤでも（Goodman 1983:55），そしておそらくローマでも（Howgego 1992:13）同様であった．

＊84　母親殺害の復讐のためオレステスを追跡する復讐の女神たちは，血によって負債を取立てるのだと主張する（Aeschylus, Eumenides 260, 319「慈しみの女神たち」エウメニデス『ギリシア悲劇 1 アイスキュロス』呉茂一訳，ちくま文庫，291，294頁）．Millett（1991a:6–7）は多数の事例を集めている．Korver（1934, cf. Millet 1991:29–32）は，「贈与（ギフト）」と「貸与（ローン）」のあいだに形式的な区別が決して存在しないことを示している．この二つはたがいにたえず転化し合ってきたのである．

＊85　この二つはつながっていると考えられていた．ヘロドトスが，ペルシア人にとって最も恥ずべきことは嘘をつくことであり，それゆえ不誠実な

ふるまいを生むという理由から有利子の金貸しを禁止した，と論じていることは有名である（前掲『歴史（上）』110 頁）.

＊86　Plato *Republic* 331c（プラトン『国家（上）』藤沢令夫訳，岩波文庫，1979 年，30 頁）.

＊87　Plato *Republic* 345d（同上『国家（上）』，78–9 頁）．このわたしのここでの読解は，Marc Shell［マーク・シェル］(1978) の影響を強く受けている．シェルの論考は重要なものだが，古典学者たちは（少なくとも古典にかんしては）たがいの仕事からしか引用しないために無視されているのは，残念なことである.

＊88　ポレマルコスが引き合いに出しているのは，もちろん英雄的贈与および報復の論理である．だれかがあなたを助けるか，あるいは危害を加えた場合，あなたはおなじものを返すか，あるいは割り増しして返す．ポレマルコスは，それをおこなうことが最もかんたんなのは，戦争と銀行という二つの状況においてである，と述べている.

＊89　『国家』が書かれたのは前 380 年であり，これらの出来事が起きたのは前 388 年から 387 年のことである．日取りについて，そして，この問題をめぐる古代および現代の研究上の議論については，Thesleff 1989:5, DuBois 2003:153–54 をみよ．それらの文献は，これらの出来事が実際に起きたことについては合意している．プラトンが，海賊によって捕えらたのか，かつてのパトロンの怒りにふれて売り飛ばされたのか，戦争捕虜として捕縛されたのか（ちなみにプラトンの生誕地であるアイギナ島は当時アテナイと交戦状態にあった）については，完全にはあきらかではない．しかし境界線はあいまいである．興味深いことに，プラトンの若き同時代人である犬儒派のディオゲネスもほぼ同時期にアイギナ島への旅路で海賊に捕らえられている．ディオゲネスの場合，助けにくる者はいなかったわけだが（現世のあらゆる愛情を拒絶し，出会う者すべてを侮辱する傾向があったことを考えればおどろくべきことではない）．ディオゲネスは残りの人生をコリントで奴隷として送ることになった（Diogenes Laertius, 4.9 ディオゲネス・ラエルティオス『哲学者列伝（中）』加米彰俊訳，岩波文庫，1989 年，171–72 頁）．プラトン，アリストテレス，ディオゲネスは,

前 4 世紀の最も高名な三人の哲人だった．その三人のうち二人が競売にかけられた経験があったという事実は，これがだれにも現実に起こりえたということを示唆している．

＊90　プラトンは，この出来事を *Seventh Letter to Dion*（「第七書簡」『プラトン全集 14　エピノミス(法律後篇)・書簡集』水野有庸，長坂公一訳，岩波書店 , 1975 年）のなかで語っている．しかし，アンニケリスが登場するのは，Diogenes Laertius 3.19–20（同上『ギリシア哲学者列伝（上)』263–64 頁）にのみである．

＊91　Ihering 1877.

＊92　“*in rem*” すなわち “ 対物的 ” 権利［物権］は「全世界に対抗して」保持されると考えられている．「その権利を侵害するあらゆる行為を慎む義務があらゆる人びとにかかってくる」．これは，特定の個人や個人の集団に対して保持される「対人的（in personam)」権利と対立する（Digby&Harrison 1897:301)．Garnsey(2007: 177–78) によると，フランス民法典における所有権の「絶対的」性格，およびその他，典型的な近代の法律文書は，絶対的な私的所有権の概念と皇帝の絶対的な主権双方にかんして，直接ローマ法に遡及すると主張する Proudhon（1840 プルードン「所有とは何か」『アナキズム叢書　プルードン 3』長谷川進訳，三一書房，1976 年）は正しい．

＊93　ローマの財産所有（プロパティ）は権利ではないという考えは，Villey (1946) に端を発し，Tuck (1979 :7–13) や Tierney (1997) とともにイギリスの学者たちのあいだで主流となった．だが近年 Garnsey (2007: 177–95) が説得力のある主張をおこなっている．それによると，ローマの法律家たちは，人がそれを譲渡する権利を有し，裁判所でそれにかんするみずからの請求を防御するという意味で，財産所有は「権利（*ius*)」であると考えていた．これは主に「権利」の定義にかかわる興味深い議論だが，わたし自身の議論とはあまりかかわりがない．

＊94　「人と物との範例的な関係は所有である．だが，ローマ人たち自身はそれを定義したことがなかったようにおもわれる．彼らにとってそれは，物理的な事物それ自体に直接行使されるひとつの力関係――*potestas*［ポテ

スタース］の一形式――だったのである」(Samuel 2003: 302).

＊95　最初期のローマ法（前450年頃の十二表法）において，奴隷はいまだ人間ではあったが，価値の低い人間であった．奴隷に対する危害は，自由民の半額とされていた（十二表法第8表第10文）．dominium［ドミニウム］の概念が出現した共和政後期までには，奴隷は *res*［レース］すなわち物として定義され，奴隷に対する危害は，家畜への危害とおなじ法的地位にあった（Watson 1987:46）．

＊96　パターソンは以下のように指摘している．「ローマ人が，どうして人と物のあいだの関係という観念を発明しようと望んだのか，理解するのはむずかしい（それはほとんど形而上学的な観念であって，それ以外の領域にかんするローマ的思考法と折り合いがつかない）のだが（…）彼らがそのさい念頭においていた物とは，たいていの場合において，奴隷のことであったと考えれば，それは理解できる」（1982: 31 前掲『世界の奴隷制の歴史』79頁）．

＊97　それは十二表法ないし初期の法文書のなかには登場しない．

＊98　*dominus*［ドミヌス］が最初に出現するのは前3世紀においてであり，*dominium*［ドミニウム］はその少しあとになる（Birks 1985:26）．Keith Hopkins (1978）の推定によれば，共和制末期にはイタリアの人口の3割から4割が奴隷であった．おそらく，あらゆる既知の社会のなかで，最も高い割合であろう．

＊99　*Digest* 9.2.11 pr（『学説彙纂』第9巻第2章第11法文首節），Ulpian in the 18th book on the Edict（ウルピアヌス『告示注解』第18巻）．

＊100　これらの事例の出典はそれぞれ以下の通り．*Digest* 47.2. 36 pr（『学説彙纂』第47巻第2章第36法文前文），Ulpian in the 41st book on Sabinus（ウルピアヌス『市民法注解』第41巻）および *Digest* 9.2.33 pr（『学説彙纂』第9巻第2章第33法文首項），Paulus' second book to Plautius（パウルス『プラウティウス注解』第2巻）．

＊101　*domus* 対 *familia* については，Saller (1984) をみよ．*familia* という語，および起源をおなじくする，のちのさまざまなヨーロッパ諸語，フランス語の *famille*，英語の *family* などは，主として権威の単位を指していて，少

なくとも 18 世紀になるまで，必ずしも親族の単位のことではなかった（Stone 1968 ローレンス・ストーン『家族・性・結婚の社会史――1500–1800 年のイギリス』北本正章訳，勁草書房，1991 年）, Flandrin 1979, Duby 1982:220–23, Ozment 1983; Herlihy 1985）.

＊ 102　Westbrook（1999:207）は，実際に起こった三つの有名な事例を検討している．ここで父親の権威は，国家の権威と同一視されているようだ．父親が不当に（illegitimately）子どもを処刑したことがみつかれば，父親は罰を受ける可能性があった．

＊ 103　または債務者たちを奴隷とした．実際，十二表法の法律（第三表）自体，おそらくアル＝ワヒードが最初に指摘したとおり（Elwahed 1931: 81–2），それより残酷な慣行を改革するか穏健化する試みだったようだ．

＊ 104　奴隷を性的に自由にできることは「ギリシア＝ローマ時代の文献においてはあたりまえのこととして扱われている」とフィンリーは指摘している（1980:143; Saller 1987:98–9, Glancey 2006:50–7 をみよ）.

＊ 105　奴隷の育成がローマで広くおこなわれていたかどうか，活発な議論がおこなわれている．ある一般的な奴隷理論（たとえば Meillassoux 1996, Anderson 1974『古代から封建へ』青山吉信・尚樹啓太郎・高橋秀訳，刀水書房，1984 年）は，それに見合う利益がもたらされることはなかったこと，新たな奴隷の供給が断たれた場合，奴隷たちはたいてい農奴に転身したことを論じている．ここで，この議論に介入する理由があるとはおもえないが，概要については Bradley 1987 をみよ．

＊ 106　たしかに，ローマ市民がおたがいを奴隷にすることはできなかった．だが，めったに公言されることはなかったとはいえ，外国人，海賊，誘拐犯によって奴隷にされることはあった．

＊ 107　中国の皇帝である王莽（おうもう）［前 45– 後 23］はその点について非常に潔癖で，たとえばじぶんの息子のひとりが恣意的な理由で奴隷を殺害したことから，彼に死刑を言いわたした（Testart 1998:23）.

＊ 108　これはペトロニア法（*Lex Petronia*）と呼ばれている．具体的には，人気のある娯楽であった「猛獣との闘技（fight the wild beasts）」を奴隷に命じることを奴隷主に禁止した［ペトロニア法は後 19 年頃制定さ

れ，政務官の決定によらずにその奴隷を猛獣と闘わせた主人を殺人にかんする法（コルネリア法）によって制裁するべきことを規定した］．とはいえ「闘技（fight）」は，通常婉曲語法である．飢えたライオンと戦う者たちには，武器が与えられないか，あきらかに不十分なものしか与えられなかったのだから．奴隷主による奴隷の殺害，地下牢への監禁，その他の残酷なおこない，過剰な処罰が，禁じられるようになったのは，ようやくその 1 世紀後，ハドリアヌス帝の治下（後 117 年 –138 年）においてである．興味深いことに，奴隷主の権力の段階的な制限には，国家権力の増大，市民権の拡大と，多様な形態での負債による束縛（debt-bondage）の回帰、そして従属農民の創出がともなっている（Finley 1974:92–3; 1981:164–65）.

＊ 109　かくしてリウィウス（Livy 41.9.11 毛利晶訳『ローマ建国以来の歴史』4 巻，京都大学学術出版会，2014 年）は，前 177 年に，ローマ市民ではないイタリア人が市民となることを目的として，この方法で親族を奴隷として売ることを防ぐ法律を元老院が可決したと指摘している．

＊ 110　このいいまわしは大セネカの著作 (Controversias 4.7) のなかで保持され，なかでも Finley (1980:96) がそのことを指摘している．Butrica 2006: 210–23 において詳細に論じられている．

＊ 111　Wirszubski 1950. この語源については Benveniste 1963:262–72（バンヴェニスト『インド＝ヨーロッパ諸制度語彙集 I　経済・親族・社会』前田耕作監修，1986 年，言叢社，313–25 頁）をみよ．同様にアフリカでは，「自由（freedom）」は常になんらかの親族集団に加わることを意味していたと Kopytoff and Miers (1977) は強調している．奴隷だけがそういった社会関係から（わたしたちの用法で）「自由（free）」になるわけだ．

＊ 112　『ローマ法大全』におけるフロレンティヌス（1.5.4.1『学説彙纂』第一巻第五章第四法文第一節）より．最初の一文に出てくる「自然の（natural）」という語はのちの版で，おそらくは 4 世紀に追加されただけではないかと示唆する者もいる．しかしながら，奴隷とは自然に反して法制化された力の産物であるとする立場は，少なくともアリストテレス（Politics 1253b20–3 前掲『政治学』38 頁）が，この見解にあからさまに

異を唱えた 4 世紀にまでさかのぼる（Cambiano 1987 をみよ）.

＊ 113　すでにその世紀［13 世紀頃］において，アーゾ［アーゾ・ポルティウス（Azo Portius）. ボローニャの法学者，註釈学者の一人］やブラクトン［ヘンリー・ブラクトン（Henry de Bracton）. イギリスのローマ法学者］といった法律家たちは問いかけはじめている．これが本当なら，農奴でさえ自由な人間であるということにならないか？（Harding 1980:424 note 6; see also Buckland 1908:1, Watson 1987）

＊ 114　ウルピアヌスは書いている．「自然の法のもとで，だれもが自由に生まれついている」，そして奴隷制は人間全体に共通の法的慣行である「万民法（*ius gentium*）」の結果である，と．のちの法律家のなかには，財産はもともと共有されていたものであって，王国や財産などが生まれたのは「万民法（*ius gentium*）」のためであると論じている者もいる（(Digest 1.1.5). ［『学説彙纂』第 1 巻第 1 章第 5 法文］. Tuck（ 1979: 19) が記す通り，これらは散漫な思考だったが，のちに，12 世紀のローマ法復興において，グラティアヌスのような教会思想家たちによって体系化された.

＊ 115　*Princeps legibus solutus est*（「君主は法の束縛を受けない」）という成句は最初ウルピアヌスによって考案され，ユスティニアス法典（1.3 pr『学説彙纂』第 1 巻第 3 節第 31 法文）によってもくり返された．これは古代世界ではまったく新しい考えであった．たとえばギリシア人たちは，男たちはじぶんの女と子どもと奴隷に対してなんでも好きなことをしてよいが，自身の臣民をそのように搾取する支配者は僭主である，と主張していた．支配者は，臣民の生死にかかわる究極の権力を有する（近代の国家元首も赦免を与えるというかたちでそれを保持している）とする近代的主権の基本原理さえ，うたがいのまなざしをむけられたのである．同様に共和制下でキケロは，生殺与奪の権を有すると主張する支配者は「たとえ王と呼ばれることを彼らが好んだとしても」定義上，僭主であると論じている（*De Re Publica* 3.23, Westbrook 1999:204. キケロー「国家について」『キケロー選集 8　哲学 1』岡道男訳，岩波書店，1995 年，118 頁）.

＊ 116　The Chronicle of Walter of Guisborough (1957:216). Clanchy 1993:2–5 をみよ.

＊117　Aylmer 1980.

＊118　公正を期すると，古典的自由主義者ならば，消極的自由ではなく積極的自由という観念から（ないし哲学者がいうように「主観的権利（subjective rights）」が存在するということから）出発すれば，これが論理的な帰結となると主張するだろう――つまり，自由を，法や慣習がおこなってよいということをなんでもおこなうことを許容せねばならぬだけでなく，特別に禁止されていないことならばなんでもおこなうことを許容せねばならぬ他者の義務とみなすことである．さらに，それは巨大な解放的帰結をもたらしたのだ，と主張するだろう．この主張のうちに一片の真実があるのはたしかである．だが歴史的にみれば，これにはいくぶんかの副作用がともなっていた．つまるところ，所有にかんする諸々の基本的想定を受け入れることをだれも強要されることなく，おなじ結論にいたる道はそれ以外にも多数あるのだ．

＊119　Tuck 1979:49, cf. Tully 1993:252, Blackburn 1997:63-4.

＊120　この時代において，それは人種的劣位についての想定にもとづいて正当化されていたわけではなかったことに注意せよ．人種イデオロギーの到来はもっとあとのことであった．むしろ，アフリカ人の諸々の法律は正当であって，少なくともアフリカ人はそれによって拘束されるとみなすべし，という想定にもとづいていた．

＊121　わたしは賃労働の起源は歴史上の広範囲にわたる奴隷制であると論じてきた．たとえば Graeber 2006 をみよ．

＊122　C. B.　Macpherson（1962 C・B・マクファーソン『所有的個人主義の政治理論――ホッブズから』藤野渉ほか訳，合同出版，1980 年）が説明するように，新聞が「人権侵害」について報道するのは，政府が――たとえば強姦，拷問，殺害によって――犠牲者の人格または財産を侵害しているとみなしうる場合のみであるのは，まさにこのためである．その他の類似の文書と同様，世界人権宣言も，食事や住居への普遍的権利について語っている．しかし，政府が日常的な食料品の価格維持を停止して，たとえそれによって栄養失調が拡大するような場合，あるいは，政府がスラム街を解体したり，ホームレスを避難所から追い出したりするような場合で

も，それを政府による「人権侵害」と規定した文言はみあたらない．

＊123　この考えは，少なくともセネカまでさかのぼることができる．セネカは，後１世紀に，強制力がはたらくのは「肉体という牢獄」に対してのみであるがゆえに奴隷たちは精神において自由でありうる，と論じている（De beneficiis 3.20「恩恵について」『セネカ哲学全集２倫理論集Ⅱ』小川正廣訳，岩波書店，2006年，265–66頁）．これは，他者とのモラルにもとづく関係を築く能力としての自由から主人の［権］力の内面化としての自由への移行という重要な転換点であるようにおもわれる．

＊124　このことをはっきりと負債と関連づけた著者のひとりであるRoitman 2003:224をみよ．人類史における特異点としてのモノ（オブジェクト）については膨大な文献があるが，Hoskins 1999, Graeber 2001を参照せよ．

＊125　奴隷であること［奴隷制］がいかに異常な事態であったかについて，インフォーマントたちの証言が教えてくれる．それによれば，これがじぶんの運命になろうとはまったくおもいもよらぬことだったのである．

＊126　重要なことに，その瞬間には，有力な男の社会的存在のみが，奴隷に残された唯一の存在であった．王または有力者の葬儀でおこわれる奴隷の大量殺戮は，古代ガリア，シュメール，中国，アメリカ大陸で記録されている．

＊127　Iliad 9:342–44（ホメロス『イリアス（上）』松平千秋訳，岩波文庫，281頁）．

＊128　Evans-Pritchard 1948:36; cf., Sahlins 1981（「外来王あるいはフィジーのデュメジル」『歴史の島々』山本真鳥訳，法政大学出版局，1993年）．王と奴隷の同一化の好例についてはFeeley-Harnik 1982をみよ．もちろん，王たちが家族や友人，愛人などをもっていることは周知のことがらである．ここで重要なことは，それが常に問題ぶくみの事態とみなされることである．王は全臣民に対して等しく王でなくてはならないからだ．

＊129　自由主義の伝統へのローマ法の影響についていえば，貨幣ないし鋳貨は商業の補助のために発明されたとするアダム・スミスのモデルのようなものを提示した記録に残るかぎりでの最初期の著者が，またべつのローマの法律家であるパウルス（Paulus）だったことは非常に興味深い．

Digest 18.1.1.［『学説彙纂』第 18 巻第 1 章第 1 法文］

* 130　とはいえ，暴力が根絶されたというわけではいっさいない（このことに疑問をもつ人がいるなら，あらゆる所有権を無視しながら近所を散歩してみることをおすすめする．どれほどのスピードで武器がむけられるか，おもい知ることになるだろう）．

第八章

* 1　かの悪名高き冷笑家アンブローズ・ビアスはこう書いている．「負債(debt *n*.)　奴隷を監督する者が用いる鎖と鞭の代りをなす，巧妙に工夫された代用品」(*The Devil's Dictionary*, 1911 :49 西川正身編訳『新編悪魔の辞典』岩波文庫，1997 年，122 頁)．ニール・ブッシュのドア口にあらわれたタイ人の女性たちにとって，両親に売り飛ばされたことと，両親の負債の契約を返済するために働いていることのあいだにあるものは，2000 年前にそうであっただろうように，おおよそ法的文言の瑣末な違いでしかなかったはずである．
* 2　わたしの知るかぎり，この問いに正面から取り組んだ数少ない著者のひとりが Pierre Dockés(1979) である．Dockés は，この問題が国家権力と関係しているに違いないという説得力ある議論をおこなっている．すなわち，制度としての奴隷制は，カロリング朝のもとでわずかのあいだ復活し，それからまた消失するのである．少なくとも 19 世紀以降「封建制から資本制への移行」が画期的な社会的変化についての歴史的パラダイムとなったわけだが，それに対し，古代の奴隷制から封建制の移行については取り組む者がそれほどはいない．現在起きていることに近いのは，はるかにこちらの方であるにもかかわらずである．このことはとても興味深い．
* 3　Robin Blackburn は，*The Making of New World Slavery* (1997)［『新世界奴隷制の形成』］において，きわめて説得力ある議論をおこなっている．例外はいくつかあり，イタリアの都市国家がその顕著な例である．もちろんこの話は，ここでわたしが提示しているものよりはるかに複雑である．この反感［奴隷制に対する一般大衆の］の理由のひとつは，中世を通じてほとんど，ヨーロッパ人たちは奴隷収奪者からの受益者であるよりも被害

者であり，北アフリカや中東の市場で身を売られることの方が多かったことにある．

＊４　エーゲ海の硬貨には刻印が押され (stamped)，インドの硬貨には打刻印が押され (punched)，中国の硬貨は鋳造されていた (cast)．このことが示すしているのは，ここで問題にしていることが，たんに拡散や普及だけではないということである．たとえばインドの硬貨について，ある歴史家は次のように述べている．「打刻印の押された硬貨からひとつあきらかになるようにおもわれるのは，これを考案した人物がギリシアの硬貨を眼にしたことがなかったということである（…）あるいは目撃してはいても感銘を受けなかったということだろうか．打刻印の押された硬貨はまったく異なる治金術によって造出されているのである」(Schaps 2006:9)．

＊５　おそらく最初にこのことを指摘したのは Pruessner (1928) である．

＊６　アナトリア半島で活動した古アッシリア商人によって広く使用されたようである（Veenhof 1997）．

＊７　Powell (1978，1979，1999:14–8) は，この証拠資料についてすぐれた分析をおこなった．そこで強調されているのは，魚のフライや薪の束といった日常的な買い物を現金でおこなうならば必要とされただろう，少量の銀を測定できるほどの正確さをもった秤を，バビロニア人たちは生産していないということである．銀は大部分が商人間の取引において使われていたと，パウエルは結論している．それゆえ市場の販売人たちは，おそらく今日のアフリカや中央アジアの小規模な市場におけるように，長期にわたって信用を拡げることの可能な，信頼できる顧客リストを作成していたとおもわれる (たとえば Hart 1999:201，Nazpary 2001)．

＊８　Hudson 2002: 21–3. は，商人たちが，さもなくば手持ち資金の使用をできるかぎり遅らせるようにするであろうようなとき，時間が重要な要素となると仮定している［マイケル・ハドソンの当該論文の該当箇所から．「委託された商品への直接の支払いに加えて，時間の要素が問題になってきたに違いない．というのも，じぶん自身の事業に貨幣をつぎこむため，神殿ないし宮殿から委託された商品への支払いをできるかぎり遅延させようとするのはこのような交易の性質であるからだ」］．Renger 1984,

1994; Mieroop 2005 を参照.

＊9　ここでわたしが言及しているのは，古代や中世の地中海世界の *Commenda*［コンメンダ］［中世末期の西ヨーロッパ諸都市で海上商業をいとなむ共同出資企業で採用された出資関係の形態］に似た *Qirad*［キラード］［中世イスラーム世界におけ基本的な金融手段のひとつであり，投資家が実行者に資本を供与し，あらかじめ定められた比率で収益を分配する］や *Mudaraba*［ムダーラバ］［キラードとおおよそ同様の収益分配のための金融手段］の取り決めのことである (Udovitch 1970，Ray 1997).

＊10　Herodotus 1.138（前掲 ヘロドトス『歴史（上)』110 頁).

＊11　Herodotus 3.102–5（同上，『歴史（上)』352–54 頁).

＊12　Mieroop 2002:63，2005:29.　彼は，エンメテナ王の 1 年の穀物収入はおよそ 3700 万リットルだった，と指摘している．つまりエンメテナ王の要求する総計は，エンメテナ王自身の宮殿の年収の 1000 倍以上となる.

＊13　Lambert 1971; Lemche 1979:16.

＊14　この文献の最も詳細な要約については Hudson 1993.

＊15　Hudson 1993:20.

＊16　Grierson 1977:17.　Cerny 1954:907 からの引用.

＊17　Bleiberg 2002.

＊18　ある専門家は「わたしはファラオが布告した債務帳消し令を知らない」(Jasnow 2001:42) と断定的に主張し，「デモティック期」［前 650 年あたりから後 5 世紀ごろまでを指す］終盤まで債務による束縛があった証拠資料はないとさらに述べている．これはギリシアの資料が，それら双方について言及するようになる時代と重なっている.

＊19　VerSteeg 2002:199，Lorton 1977:42–4 参照.

＊20　これは，利子が公式に禁止されていた中世キリスト教およびイスラーム世界の双方において考案された法の抜け穴にある意味で似ている．本書第 10 章を参照せよ.

＊21　Diodorus Siculus 1．79.（ディオドロス・シケリオテス『ディオドロス神代地誌』飯尾都人訳編 ，龍渓書舎，107 頁）この点についてのギリシアとエジプトの出典の比較は，Westermann 1955:50–1 を参照.

＊22　有利子負債の普及の歴史は，まさに再構成の緒についたばかりである．それはエブラ［古代シリアの都市国家］（前2500年），古王国時代および中王国時代のエジプト，ミケーネ文明のギリシアでは出現していなかったが，青銅器時代後期のレバントとヒッタイト帝国が支配するアナトリア半島で徐々に普及した．これからみていくように，古典期ギリシアにはかなり遅れて，そしてドイツのような場所にはさらに遅れて到来している．

＊23　事実，中国の歴史研究分野では，この時代全体が「封建時代」として知られている．

＊24　『管子』．Schaps 2006:20からの引用．

＊25　Yung-Ti (2006) は，近年，そうでなかった［市場での売買のために携帯していたのではなかった］と主張しているが，確証することはできない．Thierry (1992:39–41) は端的にそうであった［携帯されていた］と想定して，計算単位かつ支払い手段としての使用の証拠資料をかなり提供しているが，売買に使われていたと示すものはない．

＊26　いずれにせよタカラガイは，より後年になると確実に硬貨と等価なものとして使用されるようになり，政府は定期的にその使用を禁止したり再導入したりした (Quiggin 1949, Swann 1950, Thierry 1992:39–41, Peng 1994)．タカラガイ貨幣は割符とともに，南西部の雲南地方では比較的最近まで通貨の一般的な形態として存続していた (B. Yang 2002)．詳細な研究も存在しているが，わたしの知るかぎり中国語によるもののみである．

＊27　Scheidel 2006:5.

＊28　Kan 1978:92，Martzloff 2006:178．ちなみに，この点にかんして，インカの *khipu*［キープ］システムの研究はそれ自体，非常に魅力的なものであると記しておきたい．この「結び目のついた紐」は，わたしたちなら金融的なものとみなすであろう義務と，儀礼的なものとみなすであろう義務の双方を記録するために使用されていた．多くのユーラシア大陸の言語のように，ケチュア語でも「負債」と「罪業 (sin)」は同義だからだ (Quitter & Urton 2002:270).

＊29　Yang (1971:5) は，有利子貸付について言及した信頼に足る最古の文献資料を前4世紀にみいだしている．Peng (1994:98–101) の指摘によれ

ば，残存している最古の記録(卜占と碑文)は貸付について言及していないが，だからといって［残存しない部分をふくむ記録全体が］貸付に言及していなかったと決めつける理由もない．彼はまた，入手可能な文献資料のほとんどを収集し，初期の諸時代において貸付についての言及を多数発見しているが，それらをまともに受けとめるべきかどうか確証する手段はないと結論づけた．しかしながら戦国時代になると，地域の高利貸とそのよくある悪用の証拠資料が豊富になってくるのである．

＊30　Yan tie lun I 2/4b2–6, in Gale (1967):12.

＊31　Guanzi (73 12)［『管子』］, Rickett (1998:397).

＊32　前100年頃には「洪水と旱魃が人びとを襲い（…）穀物をもつものは半額で売り，もたざるものは法外な高利で借りた．次いで，先祖代々の田畑の持ち主が変わった．息子や孫たちが，負債の支払いのために売り飛ばされる．商人たちは莫大な利潤を上げ，小商人たちさえ事業を立ち上げ前代未聞の儲けをうるのである」(Duyvendak 1928:32)．有利子貸付が最初に記録されるのは紀元前4世紀の中国だが，それ以前にも数多く存在していた(Yang 1971:5)．古代インドにおける負債による児童売買の似た事例については，Rhys Davids 1922:218をみよ．

第九章

＊1　Jaspers 1949（カール・ヤスパース『哲学入門』草薙正夫訳，新潮文庫）.

＊2　Parkes 1959:71.

＊3　あるいは，より正確を期すれば，この時代区分を，預言者(ムハンマド)の死の年である後632年に終了としてもいいだろう．

＊4　あきらかにヴェーダ的ヒンドゥー教は，それ以前である．わたしがここで言及しているのは，当時の仏教とジャイナ教への応答として形成されたと一般にみなされている，自覚的な宗教としてのヒンドゥー教である．

＊5　その年代は，かつてはもっと早い時期の前650年あるいは前700年頃に設定されていたが，近年の考古学がそれらに疑問を投げかけている．それでもリュディアの硬貨が最古のもののようにおもわれる．

＊6　Prakash & Singh 1968, Dhavalikar 1975, Kosambi 1981, Gupta & Hardaker

1985. インドにおける硬貨の発祥について，放射性炭素分析にもとづいて最近認められた年代は，前 400 年頃である (Erdosy 1988:115, 1995:113).

＊7　Kosambi［コーサンビー］(1981) は，それらの最古のものと，青銅器時代のハラッパー地方の諸都市のあいだの直接的なつながりの可能性を指摘している.「モヘンジョダロは精工な秤と貧弱な武器が示すように，もっぱら商業都市だったが，その破壊のあとでさえ商人たちは生き延びて，その正確な秤を使いつづけた」(*ibid*:91). ハラッパー文明が密接な接触をもっていたメソポタミアについて知られていることからすると，彼らが古来の交易手段を使いつづけていたと考えるのが妥当だろう. そして実に数世紀あとのものとはいえ，経文 (the Jakatas) のような現存する最古の文献資料のなかには「約束手形」がありふれた慣行として登場している (Rhys Davids 1901:16, Thapar, 1995:125, Fiser 2004:194). もちろんこの場合，それらの刻印は，重量の正確さの確認とそれ以上に切り取られていないことの証明を意図していたが，そこには古い信用の慣行からの感化があるのは確実である. のちに Kosambi が主張しているように，「それらの刻印は現在の手形の副署 (countersignatures)，あるいは金融業者によって清算された小切手に対応している」(1996:178–79).

＊8　中国の鋳貨にかんする最古の文献記録は，前 524 年に通貨制度を改革したある王国のものである. ということは，通貨制度がそれ以前にすでに存在したということ，おそらくそれがある程度の時間幅をもっているであろうと推測できる (Li 1985:372).

＊9　Schaps 2006:34. 近年の同様の議論は Schoenberger 2008.

＊10　もちろん最初の硬貨はきわめて高額単位のものであり，日常的な買物というよりは税金や封土権の支払い，家屋や家畜の購入に使われていた可能性が高い (Kraay 1964, Price 1983, Schaps 2004, Vickers 1985). たとえば，ギリシアにおいて実質的な市場社会がはじめて存在するようになったのは，前 5 世紀にそうだったように，一般市民が刻印された銀や銅の小さな硬貨を口のなかに入れて［硬貨を口のなかに入れて持ち運ぶ習慣があった］市場に出向くようになったときだったといえるだろう.

＊11　Cook (1958) によって最初に提唱されたこの説明は，以後支持を失っ

ていった（Price 1983, Kraay 1964, Wallace 1987, Schaps 2004:96–101, ただし Ingham 2004:100 を参照せよ）――この説明への反論は，人びとが硬貨をすすんで受け入れる市場がすでに存在しないかぎり兵士に硬貨で支払うことはできない，という論拠に主に依拠している．しかし，わたしにはこの論拠は弱いと感じられる．鋳貨の不在は貨幣や市場の不在を含意しないからである．たとえば，不揃いな銀貨がすでに通貨として広く使用されていたと論じる Balmuth 1967, 1971, 1975, 2001，あるいは日常的な通貨としては十分な数が足りなかったと論じる Le Rider (2001), Seaford (2004:318–37)，とくに Schaps (2004: 222–35) などの，この議論への参加者のほとんどが，市場での取引の大部分が信用にもとづいておこなわれていた可能性を大幅に考慮に入れている．いずれにせよ，すでに述べたとおり，国家がみずから，この硬貨こそ国家への義務［貢納など］として唯一受け入れ可能な支払い手段なり，と宣するだけで，実際にその硬貨を受け入れ可能な通貨に変えてしまうことなどお手のものであっただろう．

＊12　知られている最初期のギリシア人銀行家たちは，フェニキア人の末裔だった．利子という概念を最初にギリシアにもたらしたのが彼らである可能性はきわめて高い (Hudson 1992).

＊13　Elayi & Elayi 1993.

＊14　Starr 1977:113，Lee 2000 をみよ．

＊15　わたしたちが知るかぎり，交易大国がすぐれた芸術や哲学を生んでこなかったことは興味深い．

＊16　もちろんその重要な例外はスパルタである．スパルタは，独自の鋳貨を発行しようとしなかったが，貴族たちが厳しい軍隊的な生活様式を採用し，いついかなるときも戦争への訓練に怠りない，というようなシステムを発展させた．

＊17　アリストテレス自身，ギリシア国家の政体は，その軍隊のどの軍勢が主力であるかによってあらかじめわかると強調したさい，このつながりにふれている．騎兵への依存を強めれば（馬は非常に高価なので）貴族政となる．重歩兵への依存を強めれば（甲冑は安くはないので）寡頭政

となる．軽歩兵と海軍への依存を強めれば（投石具の扱いやボートを漕ぐことはだれにでもできるので）民主政となる (*Politics* 4.3.1289b33–44, 13.1297b16–24, 6.7.1321a6–14（アリストテレス『政治学』岩波文庫, 182 頁，211 頁，299 頁).

＊18　Keyt (1997:103) による *Politics* 1304b27–31（前掲『政治学』，239 頁）の要約.

＊19　トゥキュディデス (Thucydides 6.97.7)［『戦史』 I は，前 421 年に，2 万人が鉱山から逃亡したといっている．これはおそらく誇張されているだろうが，ほとんどの資料の見積もりによれば，この世紀の大部分を通じて，毎日鎖でしばられ過酷な環境で働いていた者たちが少なくとも 1 万人はいた (Robinson 1973).

＊20　Ingham 2004:99-100.

＊21　MacDonald 2006:43.

＊22　アレクサンドロスの軍隊の貨幣の必要性については Davies 1996:80, 83 をみよ．アレクサンドロスの兵站一般については Engels 1978 を参照せよ．12 万人という数字には，兵士だけでなく，従者，非戦闘従軍者，その他もふくまれる.

＊23　Green 1993:366.

＊24　ローマの制度は *nexum*［ネクスム］と呼ばれていたが，それがどのように機能していたか，はっきりとはわかっていない．つまり，一定期間の労働によって負債を返済する労働契約のような形態をとっていたのか，それとも，払い戻しするまで債務者――およびその子どもたち――が奴隷のような条件で奉仕するアフリカの人質制度（ポーン・システム）のようなものだったのか (その可能性については Testart 2002 を参照)．Buckler 1895, Brunt 1974, Cornell 1995:266–67, 330–32 を参照.

＊25　かくして，債務による束縛への蜂起を爆発させることになるスキャンダラスな話題のほとんどが，肉体的ないし性的な虐待の顕著な出来事に集中しているのである．もちろん，債務による拘束が廃止され，そのかわりに家庭内労働力が奴隷によって供給されるようになるや，このような虐待は，自明のものとして，受け入れ可能とみなされるようになった.

＊26　兵士に支払われた青銅器硬貨の最古のものは前400年前後に鋳造されたようだが (Scheidel 2006)，ローマ史家たちによれば，これは言い伝えにもとづく年代である．

＊27　わたしの議論は，モーゼス・フィンリーの以下の一節がすぐれて要約しているような従来の学問的知見にはっきりと対立している．「ギリシアおよびローマでは債務者階級が立ち上がったが近東ではそうではなかった」．それゆえ，ネヘミヤの改革などのような諸改革は，小規模で一時しのぎのものだったということになる．［しかし］近東の反乱は異なったかたちをとったのである．さらに，ギリシアおよびローマの解決策は，フィンリーが考えるものより，限定的かつ一時的なものだった．

＊28　Ioannatou 2006は好例である．前63年のカティリーナの陰謀は，負債を抱えた貴族と困窮農民の同盟であった．それ以降もつづいた共和政の負債と土地の再分配をめぐる運動にかんしては，Mitchell 1993をみよ．

＊29　Howgegoは，以下のように指摘している．「プリンキパトゥス［元首政．帝政ローマ初期の政治形態を指す］のもとで負債について耳にすることが少ないとしたら，政治的安定によって不満の表明の機会が排除されたからである．この議論は，公然たる蜂起が勃発したさいに負債が争点として再浮上していることによって支持されている」(1992:13).

＊30　Plutarch, Moralia, 828f-831a（プルタルコス『モラリア 10』伊藤照夫訳，京都大学学術出版会，2013年，8-9頁）．

＊31　いうまでもなく，膨大でありかつたがいに矛盾し合う文献が存在するが，おそらく最良の文献はBanaji (2001) であろう．そこでは，帝政末期には「負債は，雇用者が労働の供給に統制を及ぼすための本質的手段であり，それをもってして労働者の連帯を分断し所有者と被雇用者の関係を「個別化」していたのである」と強調されている (ibid:205)．興味深いことに，彼はこの状況をインドと比較している．

＊32　Kosambi 1966（コーサンビー『インド古代史』山崎利男訳，岩波書店，1966年），Sharma 1968, Misra 1976, Altekar 1977:109–38. それらをガナ・サンガ国（「多数の部族の集合」）と呼ぶ現代インドの歴史家たちは，それらが農奴や奴隷によって支持された戦士貴族制だったことを無視

する傾向がある．もちろん，ギリシアの都市国家についてもおなじように
みることができる．

＊33　いいかえると，それらの共和国はアテナイよりもスパルタに似ていた．奴隷もまた共同所有されていた (Chakravarti 1985: 48–49)．ここでもまた，それがどの程度一般的な通例であったのかについては疑問が残るが，この問題については支配的な学術的見解にしたがうことにする．

＊34　Arthasastra 2.12.37（カウティリヤ『実利論（上）』上村勝彦訳，岩波文庫，1984 年，145 頁）．すぐれた比較的見解については Schaps 2006:18 をみよ．

＊35　Thapar 2002:34, Dikshitar 1948.

＊36　もちろん税もまた存在し，通常，全収穫の 6 分の 1 から 4 分の 1 のあいだであった（Kosambi 1996:316; Sihag 2005）．しかし，税はまた財を市場にもたらす手段としても役立っていた．

＊37　Kosambi 1966:152–57（前掲『インド古代史』）．

＊38　そして賃労働も，である．この二つの現象は大部分が重なり合っていた．古代世界ではきわめてしばしばみられる事態である．この時代の文書で労働者を指すためによく使われる表現は *dasa-karmakara* すなわち「金めあての奴隷」である．そこでは，奴隷と労働者とは一緒に働くものであり，ほとんど識別しえないとみなされているのである (Chakravarti 1985)．奴隷の優勢については Sharma 1958，Rai 1981 をみよ．それがどの程度のものだったかは議論されているが，初期の仏教の文書には豊かな家族はふつう家庭内奴隷をもつものだという想定がみられる．だが，それが他の時代にはあてはまらないのは確実である．

＊39　打刻硬貨もまた，やがてアレクサンドロス大王によるインダス渓谷の短期間の征服，そしてアフガニスタンにおけるギリシア植民地確立のあと，エーゲ海式の硬貨にとってかわられ，最終的にはインド的伝統すべてが消滅することになった (Kosambi 1981, Gupta & Hardaker 1985)．

＊40　それは「石柱法勅 (Pillar Edict)」と呼ばれている (Norman 1975:16)．

＊41　この時代については，かなりの議論がおこなわれている．Schopen (1994) は，その 3 世紀後の後 1 世紀になるまで，仏教僧院が確実に存在

した証拠資料はほとんどみあたらないと述べている．これからみていく通り，この議論は貨幣化（マネタライゼーション）にも大いに関係してくる．

＊42　「民間商人は『実利論』第４巻第２章では，刺 *(kantaka)* すなわち国民的災難すれすれの公共の敵とみなされていた．たいていの人ならば目をつぶってもらえる過誤に対して，彼らとなると課税され罰金が課されていたのである」(Kosambi 1996:243).

＊43　僧侶志願者たちは，まず（逃亡奴隷でないことを誓約しなければならなかったと同時に）じぶん自身が債務者でないことをあきらかにしなくてはならなかった．ところが，僧院自体が金を貸すことができないとする規則はなかったのである．これからみていくように，農民に支払いやすい信用貸しの条件を提供することが，中国では慈善（チャリティ）の一形態とみなされるようになる．

＊44　おなじように仏教の僧侶たちは，回避できるならばできるかぎり，軍隊を眼にすることを許されていなかった (Pacittiya, 48–51).

＊45　Lewis 1990.

＊46　Wilbur 1943, Yates 2002.　戦国時代の秦は，階級にしたがって将校たちに奴隷を割り当てていただけでなく，商人，職人，「貧しく怠惰な者たち」がじぶん自身を「奴隷として差し押さえ」させることを許していた (Lewis 1990: 61–62).

＊47　Sheidel (2006, 2007, 2009) は，この問題について考察を重ね，中国の通貨が異例の形態をとったのは以下の二つの理由によると結論している．(1)（青銅硬貨を使用した）秦が内戦で（金（きん）を使用した）周を破り，保守主義がそれにつづいたという歴史のめぐり合わせ．(2) 高給の支払われる職業的軍隊の不在．これによって初期共和政ローマとおなじく，中国国家は農民からの徴募兵への支払いを青銅硬貨に限定することができたのである．ところが共和政ローマと異なって，中国国家は，それ以外の通貨形態になじんでいる諸国家にかこまれていなかった．

＊48　わたしたちの知るかぎり，運動の創始者という道をたどった最初の人物がピタゴラスであった．彼は秘密政治結社を創設し，しばらくのあいだ南イタリアにおけるギリシア人都市の政治権力の舵取りをおこなっていた．

＊49　Hadot 1995, 2002. 古代世界では，キリスト教も独自の禁欲的実践の形式を有していたために，哲学のひとつと認識されていた．

＊50　農家については，Graham 1979, 1994:67–100 を参照せよ．農家の思想家たちは，墨家の創始者である墨子（前 470 頃 – 前 391 年）とほぼ同時期にさかんに活動したようだ．農家は，主要には農業技術についての数々の論文を残して最終的に消滅したが，初期道教に巨大な影響を与えた．その後，後 184 年の黄巾の乱［後漢末の宗教反乱で，黄色の頭巾をつけて目印にしたので黄巾とよばれた］を端緒として数世紀にわたり道教が反乱農民たちが最も好む哲学となる．それ以降，道教にかわって反乱農民の好むイデオロギーとなったのはメシア的な仏教である．

＊51　Wei-Ming 1986, Graham 1989, Schwartz 1986.

＊52　伝説によると，ピタゴラス派の数学者のひとりが無理数の存在を発見すると，この学派の他のメンバーは，彼を航海につれだし，海に放り投げた．初期ピタゴラス主義（前 530–400 年）と現金経済の誕生の関係について，詳細な議論は，Seaford 2004: 266–75 をみよ．

＊53　少なくともマダガスカルにおけるわたし自身の経験では，そういうことである．

＊54　戦争も非常によく似ている．戦争もまた，じぶんが演じているのは，規則や狙いが並外れて透明であるゲームなのだと想像することが可能な領域である．大きな違いは，戦争では仲間の兵士への気配りがあるというところである．「自己利益 (self-interest)」という観念の起源については，第 11 章をみよ．

＊55　それとは無関係な「儀礼」や「礼儀」を意味する儒教用語の *li*［礼］と混同しないよう注意．のちに *li*［利］は「利子 (interest)」つまり「自己利益」だけでなく「利払い」を意味する語となった（たとえば Cartier 1988: 26–7）．このわたしの議論は，少しばかりふつうではないことを記しておこう．Schwartz（1975:145–51）は，孔子において「利益 (profit)」は純粋に侮蔑的な意味をもっていたが，それが墨子によってひっくり返されて再解釈されたと論じている．わたしがおもうに，孔子が当時の通念を代表している可能性は低い．孔子の著作はこの主題について最古のものだ

が，彼の立場はまちがいなくその死後数世紀にわたってマージナルなものだった．わたしは，孔子そしてもちろん孟子以前の一般的通念を反映していたのは，法家ではないかと考えている．

＊56 *Zhan Guo Ce*, no. 107, 7.175（『戦国策 I』常石義訳，平凡社，1966 年，172 頁）．

＊57 Annuals of Lü Buwei, 8/5.4（『呂氏春秋』有朋堂書店，1923 年，182-83 頁）．

＊58 「私利［自己利益］(*si li*)」，「戦略的優位 (*shi*)」，「公益 (*li min*)」といったキータームについての議論は Ames (1994) をみよ．

＊59 Book of Lord Shang 947–48（商鞅『商君書——中国流統治の学』守屋洋訳，徳間書店，1995 年），Duyvendak 1928:65.

＊60 Kosambi［コーサンビー］の翻訳 (1965: 142) による．ブリタニカ百科事典は「利益についての手引書 (handbook on profit)」(Cārvāka［チャールヴァーカ］の項目）の訳をとっている．Altekar (1977:3) では「富の科学 (the science of wealth)」である．

＊61 Nag & Dikshitar 1927:15. このようにマウリヤ朝の政策は根本的な矛盾にもとづいている，とコーサンビーは論じている．「まったくモラルのない王によって統治された，モラルと尊法精神に富んだ住民」(1996:237). だがこのような状況はそれ以前も以後も少しもめずらしいものではない．

＊62 Thucydides 5.85-113 (cf. 3.36–49（前掲『戦史（中）』久保正彰訳，352–63 頁）．この出来事が起こったのは前 416 年のことで，商鞅やカウティリヤが執筆していた頃とほぼ同時代である．注目すべきことに，トゥキュディデス自身のこのようなふるまいに対する反対意見は，必ずしもモラルの視点からのものではなく，それが帝国の「長期的な利益」にかなわないことを示そうとしている (Kallet 2001:19). トゥキュディデスの功利主義的な唯物論については Sahlins 2004 を参照．

＊63 Mozi 6:7B,（森田樹三郎訳『墨子』ちくま学芸文庫，2012 年，29–30 頁），in Hansen 2000:137.

＊64 Mencius 4.1（『孟子』），in Duyvendak 1928:76–77. もともと孔子のものである区別に彼は言及しているようだ．「子曰わく，君子は義に喩り，小

人は利に喩る」［すぐれた人物は，なにが正しいことのなのかを解するが，劣った人物は，なにが自分の利になるのかを解するにすぎない］(Analects 7.4.16（『論語』加地伸行訳注，講談社学術文庫，2009 年，90–1 頁).

＊65　墨家の道――公然と金融の論理に準拠する――を歩むものは，最も少なかった．わたしたちはすでにギリシアとインドにおいて，モラリティを負債として語る試みがいかにいきづまってしまったのかをみた．ヴェーダの原理さえ，おもてむきには負債からの解放であった．それはまた，すでにみた通り，イスラエルでも中心的主題であった．

＊66　Leenhardt 1979:164.

＊67　この解釈は枢軸時代の思想の「超越論的」性質を強調する傾向にある，この問題についての主要な学説に真っ向から対立するものである（たとえば Schwartz 1975, Eisenstadt 1982, 1984, 1986, Roetz 1993, Bellah 2005）.

＊68　いずれの場合も多数のヴァリエーションが加えられたとはいえ，ギリシアの体系は実際には火・空気［風］・水ではじまり，インドでは火・水・土ではじまった．中国では木・火・土・金・水の五元素だった．

＊69　キリスト教，少なくともそのアウグスティヌス的伝統においては，このことはきわめてはっきりしている．物質世界はいかなる意味においても神の一部ではない．神のある場所はそこではない．物質世界は，端的に神によって創造されたのである（*De civitate dei* 4.12（アウグスティヌス『神の国（上)』金子晴勇ほか訳，教文館，2014 年，195 頁)．この根本的な精神と自然の分離は――Henri Frankfort (1948:342–44) によると――ユダヤ・キリスト教に特徴的なものである．とはいえ，このおなじアウグスティヌス的伝統もまたプラトンに依拠しているのである．理性はその一方で――そうした事象を理解することを可能にする抽象的原理であり，完全に質料からは切り離されている抽象的原理として――神的なものを分有している，と主張するのであるから（ここにみられるアウグスティヌス自身の思想内の対立については Hoitenga1991:112-14 をみよ).

＊70　マーク・シェルの論考 “The Ring of Gyges［ギュゲスの指輪］” (1978) は，前章でのプラトンについての議論のなかで，すでに引用している．

Seaford 1998, 2004.

＊71　このことは，ミレトスが日常的取引に使えるほど低い額面の硬貨を生産した最初の都市，あるいは最初の都市のひとつだった，という事実にもとづいている (Kraay 1964:67).

＊72　ヘラクレイトスは近隣のイオニアの都市エフェソスの出身であり，ピタゴラスはイオニアのサモス島出身だった．イオニア地方がペルシア帝国に併合されたあと，かなりの数のイオニア人が南イタリアに逃亡したが，それ以来そこはギリシア哲学の中心地となった．ここでもまた，その地のギリシア人諸都市が徹底的に貨幣化された，まさにそのときと重なっている．アテナイがギリシア哲学の中心地となったのは，ようやく前 5 世紀のことである．前 5 世紀といえばまた，アテナイが軍事的覇権を拡張し，アテナイの「フクロウ」硬貨が東地中海世界の主要な国際通貨となった時代でもある．

＊73　あるいはシーフォード (Seaford 2004:208) が，アナクシマンドロスによる第一実体の描写を反響させながら指摘しているように，「識別可能で，永遠で，非人格的で，全包含的で，無限で，均質で，永久に可動的で，抽象的で，調整をおこなう実体であり，万物の目的であると同時に起源でもある」（ないし，少なくとも購入可能な「万物」）である．

＊74　Seaford 2004: 136–46，Picard 1975; Wallace 1987; Harris 2008a:10 をみよ．もちろん純粋な「信用貨幣 (fiduciary money)」とは，金属主義者（メタリスト）ならば「不換 (fiat)」ないし「名目 (token)」貨幣，ケインズ主義者ならば「表券貨幣 (chartal money)」と呼ぶもののことである．フィンリー (Finley 1980:141, 196) の議論とは反対に，古代のあらゆる貨幣は，程度の差はあれど信用を基盤としていた (fiduciary) のである．硬貨がその金や銀の質量の価格よりもたいていは高い額面価格で流通するのはなぜか，理解するのはやさしい．金銀の価格は変動する傾向にあるが，硬貨の額面価格がその金属含有量の価格を下回ったなら，硬貨はたちまち鋳つぶされ［売られ］てしまうであろうからである．

＊75　ローマ帝国やマウリヤ朝のような真の大国家の場合は最終的にはインフレに帰着したが，少なくとも 1 世紀のあいだ，その全面的影響が感じと

られることはなかった（Ingham 2002:101–04, Kessler & Temin 2008 をみよ．ローマの状況にかんするいくつかのすぐれた議論は Harris 2008b）．

＊76　Seaford 2004:138–39.

＊77　わたしはここで，ひとつには実体の概念にかんするマルセル・モースの議論によって触発されている (Allen 1998).

＊78　かくして，これからみていくように，硬貨は社会的慣習にすぎないとするアリストテレスの視点（*Nicomachean Ethics* 1133a29–31（前掲『ニコマコス倫理学（上)』，243–44 頁) は，古代世界ではきわめて少数派にとどまったのである．のちにそれが支配的になったのは中世になってからである．

＊79　彼は仏教の経典では，Payäsi［パーヤーシ］，ジャイナ教では Paesi［パーエーシ］として知られている（これら初期のインドの唯物論者についてのすぐれた議論は，Bronkhorst 2007:143–59 をみよ．カウティリヤも属しているといわれるのちの唯物論学派については，Chattopadhyaya 1994 を参照せよ）．ヤスパースはインドについてふれたさいに「懐疑主義と唯物論，詭弁派と虚無主義にいたるまでのあらゆる哲学的な可能性」（Jaspers 1951:135（前掲『哲学入門 』150 頁）が出現したことに着目した．意義深いリストであるが，「あらゆる」哲学のリストだからではなく，最も唯物論的な潮流のリストだから意義深いのである．

＊80　［プラトンの］『国家』においてそれは有無をいわさず却下された．すでに論じたように，インドでは，ヒンドゥー教的伝統だけがそれを受け入れたようだ．仏教徒，ジャイナ教徒，その他の対抗的哲学が，こうした観点を活用することはなかった．

＊81　キリストと同時代に執筆をしていたアレクサンドリアのフィロンは，エッセネ派についてこう語っている．「彼らのもとには，ただ 1 人の奴隷もおらず，全員が自由人としてたがいに親切をほどこしあう．そして彼らは，奴隷所有者を告発する．それは平等の法則を侵害する不正のゆえのみではなく，自然の掟を破壊する不敬虔のゆえである」（*Quod omnis probus liber sit* 79）（アレクサンドリアのフィロン「自由論」『観想的生活・自由論』土岐健治訳，教文館，2004 年，53 頁）もうひとつのユダヤ人集団

であるテラペウタイ派は，あらゆる所有の形態を拒絶し，奴隷制を「あらゆる人間を自由なものとして創造した自然に絶対的かつ全面的に反する事象」とみなしている（*De Vita Contemplativa* 70）［「観想的生活」前掲『観想的生活・自由論』23頁］．そのローマ法との類似は明白である．ユダヤ人の諸々の集団については，並外れて良好な記録が残っている．たとえば，トラキアやヌミディアに似たような教団が存在していたとしても，わたしたちが知ることはないだろう．

＊82　のちの伝説によると，仏陀の父親は王であり，仏陀は宮殿で育ったという．しかし，当時の釈迦族の「王」は，実際には選挙され交替もある立場であった (Kosambi 1965:96).

第一〇章

＊1　蛮族の後継者によって造出された硬貨は，一般的に金や銀をあまりふくんでいなかった．その結果，それを発行する王や貴族の領土内だけで流通する傾向があり，貿易の目的にはほとんど使い物にならなかった．

＊2　Dockés (1979:62–70) がこの状況のすぐれた概観を与えてくれている――字義通りに概観［上からの眺め］(overview) である．というのも現代フランスにおけるローマ人の奴隷制プランテーションの規模にかんする理解は，主に航空写真だけにもとづいているからである．時がたつにつれ，自由人共同体さえも，大部分が負債懲役制度やそれに類似したものに成り変わったか，農奴（ラテン語では *coloni*［コロニ］）として土地に緊縛されることになった．

＊3　これまでみてきた通り，コーサンビーはマガタ国を「貨幣化」のピークととらえている．R.S. Sharma (2001:119–62) の主張によれば，グプタ朝（後280から550年）においても鋳貨はいまだ普及していた．その後，ほとんどあらゆる場所で突然消滅した．とはいえ，流通する硬貨の総量がその時点までは減少していなかった点については正しいとしても，彼自身も指摘しているように (*ibid.* 143)，ガンジス平野の総人口はこの時代にほとんど3倍に増加しているのである．したがって，着実に衰弱はすすんでいたといえよう．

＊4　その概要については，R.S. Sharma 1965, Kane 1968 III:411–61, Chatterjee 1971をみよ．中世を通じて，それらの技術は洗練されていった，とSchopen (1994) は強調している．たとえば複利 (compoud interests) と一部返済 (partial repayments) を組み合わせるための簿記技術の発展などである．

＊5　僧院事業の規制にかんする諸々の文書記録は，細部に綿密な注意を払っている．金銭が貸し出されるさいに，証人の前で，どのように契約に署名，封印され，寺院に保管されるか．融資額の2倍にのぼる担保ないし抵当は，どのように委譲されねばならないか．「敬虔なる在家信徒 (devout lay brothers)」への投資管理の割当はどうあるべきか，などである (Schopen 1994).

＊6　*dinaras*［ディナラス］はアラビア語の*dinar*［ディナール］に由来しているが，その*dinar*はラテン語の*denarius*［デナリウス］から派生している．当時このような金額が，実際に硬貨で支払われたかどうかはっきりしていない．たとえば，初期の僧院の手引書（マニュアル）のひとつは，「無尽蔵の宝物院」に委譲され，ついで利子付きで貸し出されるであろう物品について，以下のように言及している．「硬貨の形態が精製ずみであろうが未精製であろうが，大量であろうが少量であろうが，純粋であろうが混ぜ物であろうが，あるいは，食器の形態で，それが加工済みであろうが未加工であろうが，ともかく金銀であること」(Mahasamghika Vinaya, in Gernet 1956 [1995:165]).

＊7　Fleet 1888: 260–62，Schopen 1994:532–33による翻訳．仏教のなかから出現したこの永遠性の強調のはらむアイロニーについては，ことさら指摘するまでもないだろう．仏教とは，現世へのあらゆる執着へのむなしさ［一時性］の認識にもとづく宗教だからである．

＊8　それらの商業貸付については，インド西部，カールの僧院の碑文 (Levi 1938: 145; Gernet 1956 [1995: 164]; Barreau 1961: 444–47)，のちのタミルの寺院の集会 (Ayyar 1982:40–68, R.S. Sharma 1965) に，記録されている．それらが商業貸付だったのか，あるいは，現在でもチベット，ブータン，モンゴルでおこなわれている，のちの仏教の慣行である*jisa*のよう

なものなのか，はっきりしない．*jisa* においては，特定の式典とか教育プロジェクトなどを支援したい個人や集団や親族が，たとえば 500 ルピーの「永劫の」貸付を受けると，それから毎年儀式を組織するために 800 ルピーを提供することになる．その責任は相続されるが，「貸付」は譲渡可能である (Miller 1961, Murphy 1961).

＊9　Kalhana, *Rajatarangini* 7.1091–98，Basham 1948, Riepe 1961:44n49 をみよ．これらの僧侶たちは，当時まだ存在していたアージーヴィカ教徒であったようだ．

＊10　プラーナ［古代ヒンドゥー教およびモラルの原理を表現した諸ジャンル文献の総称］による「カリ時代」の記述にかんする説明は Naskar 1996, R.S. Sharma 2001: 4–66 を参照せよ．カリ時代とは，おおよそアレクサンドロス大王の在位から中世前期にあたる時代に，のちのバラモンたちが言及するやり方であるようだ．つまり，インドの大部分を外来王朝が支配し，カースト・ヒエラルキーに対する大規模な反抗と拒絶の生じた不安定かつ混乱した時代を指している．

＊11　Manusmṛti 8.5.257. 重大なことに，他の人間たち［人類］への負債はこれらの文書からすっかり消えている．

＊12　Manusmṛti 8.5.270–72. 再生族の一員を侮辱した場合，シュードラの舌が切り落とされた．

＊13　R.S. Sharma 1958, 1987, Chauhan 2003.

＊14 「シュードラは，主人によって放免されたとしても隷属状態から解放されることはない．なぜならその状態こそが，彼にとって生得のものであるからだ．どうしてそれを彼から剥奪できようか？」(Manusmṛti, Yājñavalkya Smṛti 8.5.419) さらには，「購買によってだろうとなかろうと，シュードラは奴隷状態に貶められなくてはならない．シュードラは神のために，または他者への奉仕のために神によって創られたのだから」(8.5.413).

＊15　カウティリヤは，商業貸出には 60 パーセントまで，「幾多の森を抜ける旅をふくむ事業」には 120 パーセントまで，船による財物の輸送を伴うものには 2 倍まで許した（*Arthasastra* 3.11（上村勝彦訳『実利論（上)』

岩波文庫，278 頁），のちの法典 Yājñavalkya Smṛti 2.38 はこれにしたがっている）.

＊ 16　Yājñavalkya Smṛti 2.37, Manusmṛti 8.143, Viṣṇusmrti 5.6.2，Kane 1968 III:421 をみよ.

＊ 17　R.S. Sharma 1965:68. 同様に初期の法典では，債務不履行におちいった者はだれであれ債権者の世帯の奴隷あるいは家畜に生まれ変わる，と定められている．のちの中国の仏典は，さらに詳細に，8 文 (wen) を不履行にするごとに雄牛として 1 日をすごし，7 文を不履行にすると馬として 1 日をすごすことになる，としている (Zhuang Chun in Peng 1994: 244n17).

＊ 18　Dumont (1966 ルイ・デュモン『ホモ・ヒエラルキクス――カースト制とその意味』田中雅一・渡辺公三訳，みすず書房，2001 年).

＊ 19　Gyan Prakash (2003:184) は，植民地時代にかんしてこの点を指摘している．かつてのカースト・ヒエラルキーが負債による隷属の問題として扱われるようになりはじめると，同等の権利を有しているのだがその権利が一時的に「留保されている」存在へと従属者たちは変容したのである.

＊ 20　公正を期すと，負債を負った農民たちはまた，より多くの資源を自由にでき，それゆえ反乱を組織する力を有していたと主張することも可能である．中世インドの民衆蜂起について，わたしたちの知るところは少ない（とはいえ，Guha (1999)，Palat (1986, 1988:205–15), Kosambi 1996:392–93 などをみよ）．だが，ヨーロッパや中国に比べると，反乱の総数は相対的に少なかったようだ．中国では反乱は途絶えることがなかった.

＊ 21　「中国の歴史において，いったいどれほど反乱が起きたのか，だれも知らない．公式記録によると，後 613 年から 615 年のわずか 3 年のあいだに，数千の衝突が起きていた (Wei Z. AD 656 : ch. “Report of the Imperial Historians”)．パーソンズによると，1629 年から 1644 年のあいだに，中国では 234,815 回の蜂起が起き，平均すると 1 日あたり 43 の事件，1 時間あたり 1.8 回の暴動が生じている」(Deng 1999:220).

＊ 22　Deng (1999) にしたがっている.

＊23　Huang 1999:231.

＊24　こういった貸付は，食糧を備蓄していた国営穀倉の論理の拡張だったようにおもわれる．そのうちの一部は，価格を抑えるために戦略的な時期に売却され，一部は飢饉のさいに無料で配布され，一部は高利貸にかわるものとして低金利で貸し出された．

＊25　Huang, op cit; cf. Zhuoyun&Dull 1980:22-4. 王莽による複雑な通貨改革については，Peng 1994: 111-14 をみよ．

＊26　一般的に利率は最大20パーセントに設定され，複利は禁止されていた．中国政府は最終的に，利子は元金を超えることはならぬというインドの原理も採用している (Cartier 1988:28; Yang 1971:92-103).

＊27　Braudel 1979（F・ブローデル『物質文明・経済・資本主義』3巻1-2, 村上光彦訳，みすず書房，1996-199年）; Wallerstein 1991, 2001（ウォラーステイン『新しい学――21世紀の脱＝社会科学』山下範久訳，藤原書店，2001年）．

＊28　わたしは，ここでとくにBoy Bin Wong (1997, 2002 およびMielants 2001, 2007) の研究にしたがっている．たしかにブローデル信奉者のほとんどが，この原理を完全に体現していたのは明朝などのちの王朝のみであるとみなしている．それに対してわたしは過去にさかのぼって投影することが可能だと考えている．

＊29　だから，たとえば，市場それ自体は有益とみなされながらも，政府はまた，価格変動を防ぐために組織的に介入してもいたのである．商品の価格が下がると備蓄をおこない価格が上がると放出した．中国の歴史には，支配者と商人とが手を組んだ時期もあるが，たいてい大規模な民衆の抵抗に帰着している (Deng 1999:146).

＊30　生活水準を比較している膨大な文献の紹介については，Pomeranz 1998（ポメランツ『大分岐――中国，ヨーロッパ，そして近代世界経済の形成』川村稔訳，名古屋大学出版会，2015年）, Goldstone 2002 をみよ．その歴史のほとんどを通じて，インドもかつてはうまくいっていた方だった．

＊31　Zürcher 1958:282.

＊32　Gernet 1956 (1999: 241–42)．それにつづく議論については，Gernet 1960, Jan 1965, Kieschnick 1997, Benn 1998, 2007 をみよ．

＊33　Jan 1965:263 で引用されている Tsan-ning (919–1001 AD)．それ以外には，じぶんの肉体を贈与した菩薩や敬虔な王の歴史を参照している人たちもいる．たとえば，飢饉の時代に，数千の頭と目と唇と歯と舌をもった肉体の山に変身するために飛び降りて死に，その後 10 万年のあいだ，人間や動物がどれだけそれを喰らおうが，さらなる成長をやめなかった王など (Benn 2007:95, 108; cf. Ohnuma 2007)．

＊34　Tu Mu，Gernet 1956 (1995:245) のなかで引用．

＊35　現代西洋における「業の負債（カルミック・デット）」の大衆的な用法は，ニューエイジ的常套句（クリーシェ）となったため，このことは意外におもわれるかもしれない．だが，この決まり文句は，インド人よりはるかに欧米人の心の琴線にふれたようだ．インドの伝統における負債と罪業の密接な関係にもかかわらず，ほとんどの初期仏教の諸学派はこの概念を回避した．主にそれが自己の継続性を含意していたためである．自己とはうつろいやすいものであり，究極的には幻想とみなされていたのである．正量部 (Sammitiya) はその例外であり，不朽の自己を信じたために「人格主義者 (personalists)」と呼ばれた．彼らは不失 (avipranāśa) の観念を発展させ，それによって善行または悪行の結果である業（カルマ）は「負債が刻印された紙片のように持続する」としたのである．それは自己のなかの無意識の要素であり，ひとつの生からもうひとつの生へと受け継がれるものである (Lamotte 1997:22–4, 86–90, Lusthaus 2002 :209–10)．これを「不朽の約束手形」と比較してみせた有名な大乗仏教の哲人，龍樹（ナーガールジュナ）によってとりあげなられなければ，この思想はおそらく教団とともに消滅していただろう (Kalupahana 1991:54–5, 249, Pasadika 1997)．一方，龍樹の学派である中観派は，中国において三論宗となった．業の負債という思想は，とりわけ信行（後 540–594 年）が創設した三階教によって採用された (Hubbard 2001)．

＊36　「大乗法界無尽蔵法釈 (*Commentary on the Dharma of the Inexhaustible Storehouse of the Mahayana Universe*)」．これは Gernet (1956 [1995:246]) によりながらいくつかの変更を加え，Hubbard 2001 :265 で翻訳された

ものである．

＊37　In Hubbord 2001:266.

＊38　Dao Shi, Cole 1998:117 における引用．コールの著作は，この文献についてのすぐれた要約を与えてくれている（Ahern 1973, Teiser 1988, Knapp 2004, Oxfeld 2005 もみよ）．中世の文献のなかには，もっぱら母親に焦点を合わせているものもあれば，あるいは両親をともに焦点化しているものもある．興味深いことに，母親に対する無限で返済不可能な「母乳負債 (milk-debt)」という観念は，トルコにも出現している (White 2004: 75–6).

＊39　Baskind 2007:166 で引用されている *Sutra for the Recompense of Gratitude*．わたしの「40 億年間」は「カルパ (kalpa)」の翻訳であり，正確には 43 億 2000 万年となる．わたしはまた「彼ら (them)」を両親に，「彼女 (her)」を母親に改変した．なぜなら，この文脈は，みずからの肉体をまさに母親のために切り刻む男性にふれたものであるからだ．

＊40　質屋を発明したわけではないが，はじめて大規模に支援したのは中国の仏教徒だった．質屋の起源一般については，Hardaker 1892, Kuznets 1933 をみよ．とくに中国については Gernet 1956 [1995:170–73], Yang 1971:71–3, Whelan 1979．ヨーロッパにおける最初の「公営」質屋が，おなじような目的で修道院から生まれたことは，興味深い並行関係である．15 世紀イタリアでフランシスコ会が創設した「モンテ・ディ・ピエタ (*monti di pieta*)」［公益質屋］である（Peng 1994:245 もこの類似についてふれている）．

＊41　Gernet 1956 [1995:142–86], Ch'en 1964:262–65; Collins 1986:66–71; Peng 1994:243–45. やはりこの時代に増加していた道教の僧院は，貸付については禁止したようだ (Kohn 2002:76)．おそらくある程度は，違いを際立たせるためだったのであろう．

＊42　Gernet 1956 [1995:228] の次の一節は有名である．「無尽蔵の宝物庫への施主は，経済の領域における株主ではなく宗教の領域の株主である」．わたしの知るかぎり，これが資本主義の初期形態だったという前提を完全に受け入れた現代における唯一の研究者は，Randall Collins［ランドル・

コリンズ］(1986) である．彼は，中世ヨーロッパにも似たような「修道院資本主義」を見出している．公認されている中国の歴史記述は，最初の「資本主義の芽生え」をもっとのちの宋朝に見出す傾向がある．宋朝は，それ以外の諸王朝に比して，商人に対する敵対の度合いがはるかに低かった．そしてそのあと，明朝，清朝がつづいて，市場を完全に受容――ただし資本主義は断固とした拒絶――した．鍵となる問題は労働者の組織化であるが，唐朝の時代のそれはいまだ不透明である．参考になる統計があったとしても（実際にはないのだが），「農奴」，「奴隷」，「賃労働」といった言葉が，実際になにを意味していたか理解することは困難だからである．

＊43　Gernet 1956 [1995:116–39]．土地の開墾と僧院の奴隷については Ch'en 1964:269–71 をみよ．

＊44　「布告は次のように述べている．この寛大さの目的は貧者と孤児の救済であった．だが実際には救済などなく不節制と詐欺があるだけだった．これは正しい事業ではない，と」Gernet 1956 (1995:104–05, 211).

＊45　Gernet 1956 [1995:22].

＊46　Adamek 2005, Walsh 2007 をみよ．

＊47　真実，正義，自由といった抽象化が，しばしば女性として表象されるのは，おそらくそのためだろう．

＊48　マルコ・ポーロは，13 世紀，雲南の南部地区で，その慣行を観察している．「（…）彼らも他人と取引するさいには，まず円形もしくは方形の棒切れを取り出し，これを二分して各々がその半分をとり，あらかじめ二つとか三つとか，ないしはそれ以上の欲するだけの刻み目をこれにつけておき，相手が約束の物品をもたらしてくると，それと交換に貨幣そのほかの物を給付し，しかるのち，相手の所持する棒切れの半分を取り戻すという方法を用いるのである」(Benedetto 1931:193 マルコ・ポーロ『東方見聞録　1』愛宕松男訳，平凡社ライブラリー，2000 年，423 頁）．Yang 1971:92, Kan 1978, Peng 1994:320, 330, 508, Trombert 1995:12–5 もみよ．Kan によると，この種の割符は，文字に先行している．ある伝説いわく，黄帝の大臣であったおなじ男が，文字の契約と割符の契約を，同時に発明した (Trombert 1995:13).

＊49　Graham 1960:179.（『列子　2』福永光司訳注，平凡社，1991年，333頁）.

＊50　実際，この類似性は，古代においても気づかれていた．老子（『老子』27章）は「割符なしで数える者，錠前なしで扉を守ろうとする者」に言及している（『老子』蜂屋邦夫訳注，岩波文庫，125–26頁［ただし，ここでいわれている割符は本文においては計算棒である］）．「聖人は割符の左半分をもっていても，その履行を強制しない．徳のあるものは，割符を管理するだけで，徳のないものが割符の履行を強制する」との主張は最も有名である（第79章同上『老子』351頁）.

＊51　あるいは，金銭上の負債をモラル上の負債へと一息に変えてしまった，といった方がよいかもしれない．というのも，わたしたちがこの物語を知っているという事実そのものが，彼が最終的に報いられたということをふくみをもっているからである (Peng 1994:100)．割符を意味する符 (*fu*) という語が，「天命のしるしとして君主に与えられた吉兆」という意味でもあるのは重要だろう (Mathews 1931:283)．同様に Peng は，民衆の支援を獲得しようとする宰相についての『戦国策』の一節を書き留めている．「[馮驩［馮諼］馳せて薛へ往き，役人に債務のある民たちを集めさせると，みなやって来て，証文の割符を合わせた．割符がどれも合ったところで，起ち上がって，勝手にいいつけを変え，これらの債務を免除するいつわりの命を出し，割符を焼いてしまった．民たちは，孟嘗君の万歳をことほいだ」(*ibid*:100n9（『戦国策 I』常石茂訳，平凡社，1966年，247頁）．チベットにおけるこれと重なる逸話は Uebach 2008 をみよ.

＊52　イングランドでも似たようなことが起こっていた．初期の契約は，割符の模造品を半分に割るかたちでおこなわれていた．「年季奉公人 (indentured servant)」という表現は，この習慣に由来している．これらの奉公人たちは請負労働者だった．そしてこの語彙は，実のところ，契約に使われた割符上の「ぎざぎざ (indentation)」あるいは刻み目に由来している (Blackstone 1827 I:218).

＊53　L. Yang 1971:52; Peng 1994:329–31. Peng は鋭敏にも次のように指摘している．「現金を引き出すために割符を合わせるこの方法は，実際，

金銭を借用するうえで使われたプロセスから生まれた自然のなりゆきだった．ただし，貸付の時間的運動は空間的運動へと変容している」(1994:330).

＊54　それらは「櫃坊 (deposit shops)」と呼ばれていた── L. Yang (1971:78--80) は「原銀行 (proto-banks)」と呼んでいる．Peng (1994:323--27) は，これらの線に沿ったものが，唐朝の治下では，少なくとも商人と旅人のあいだで機能していたことに注目している．それでも政府は，銀行がその貨幣を再投資することを防ぐべく，厳しく統制していた．

＊55　この慣行は四川ではじまった．四川における現金形態は青銅ではなく鉄製で，そのためより扱いにくい独特のものであった．

＊56　Peng 1994:508, 515, 833. これらすべては，中世ヨーロッパの大部分で流通していた代理貨幣(トークン・マネー)によく似ている．

＊57　この見解の最も重要な提唱者は von Glahn（1994．ただし Peng [1994] も近い見解を示している）であり，一般に浸透しているかどうかはべつとして経済学者のあいだでは支配的なようだ．

＊58　この表の出典は，MacDonald 2006:65.

＊59　大変忌み嫌われていた秦朝のもとでの法家の支配を想起するさいに好まれるイメージのひとつは，彼らが真鍮の大釜をつくっていたというものである．その大釜にはそれぞれの法が眼に見えるようにはっきりと刻まれていていた．そうして罪人を生きたまま釜ゆでにしたのである．

＊60　改宗の過程については Bulliet 1979 (および Lapidus 2002:141–46) をみよ．Bulliet (ibid: 129) はまた，集団的な改宗の主要な効果として，信仰の保護者および拡張者としての政府という建前上の正当化をますますむなしくみせることになったことを強調している．カリフや政治的指導者に対する民衆的支持がふたたびあらわれたのは，十字軍，あるいはスペインにおける国土回復運動(レコンキスタ)のように，イスラーム自身があきらかに攻撃を受けている時代においてのみだった．もちろん，おなじ理由から，今日におけるほとんどのイスラーム世界でも同様のことがいえる．

＊61　「ほとんどの場合，下層民は頭目を通じて税を支払い，じぶんたちのことはじぶんたちで面倒をみていた．同様に，政府は税を受け取り，一定の保障(セキュリティ)を提供していたが，それ以外はじぶん自身にかかわることがらに専

念していた．すなわち，外敵との戦争，学芸の庇護，豪華な生活などである」(Pearson 1982:54).

＊62　このことわざは，ガザーリーの *Ihya'*, *kitab al-'Ilm*［『宗教諸学の再興』］284 にあらわれるのだが，預言者（ムハマンド）のものとされている．このあとにおなじような言明の長い一覧がつづく．「サイード・ビン・ムサイヤービはいった．「宗教的導師が君主を訪れるのをみたら，それは盗人なので，その者を避けたまえ」と，アル＝アウザーイはいった．「アラーにとって，役人を訪れる宗教的導師以上に，忌まわしい者はない」と，などなど」．このような態度は決して消えていない．たとえばイランのアヤトラ［シーア派の高僧］の圧倒的大多数は，「イスラーム国家」という思想に対し，それは不可避的に宗教を腐敗させるという理由で反対している．

＊63　Lombard 1947, Grierson 1960. このことはしばしば，硬貨の「品質低下」を拒絶する賢明な政策とみなされているが，カリフの署名であってもいかなる追加的価値をも賦課しないことを意味しているとも解釈することができる．一二九四年にバスラでおこなわれた中国式紙幣を使用する実験は，国家の信用によってのみ裏づけられた貨幣を受領しようとする者がだれもいなかったため失敗に終わった (Ashtor 1976:257).

＊64　MacDonald 2006:64. 徐々にこれは支えきれなくなり，ムスリム帝国は，より中世に典型的なイクター制 (*iqta'*)［10 世紀半ば以降のイスラーム王朝にみられる，マムルークなどの軍人に対する俸給のかわりに分け与えるという制度．分与地（イクター）からの収益の 3 分の 1 がその軍人ものとなった］を採用するようになった．このイクター制によって，軍人たちには特定の領土からの税収があてがわれたのである．

＊65　（たとえば満州人による，あるいはバルバドスおける）一時的で変則的な状況をのぞいて，それ以来も奴隷が兵士に用いられることはなかった．

＊66　(1) アッバース朝がウラマー集団を掌握しようとして失敗に終わった 832 年の「宗教裁判」．(2)825 年から 850 年に頂点を迎えた，カリフ領内の民衆のイスラームへの最大規模の大量改宗．(3)838 年とされることの多いアッバース朝軍隊内のトルコ人奴隷の兵士への格上げ．以上の 3 つの出来事が，ほぼ同時期に起きたことは重要である．

＊67　Elwahed 1931:111–35. 彼のいうように (ibid:127),「自由の譲渡不可能性は，イスラームの根本的かつ争う余地のない原理のひとつである.」父親には子どもを売り飛ばす権利はなく，個人にはみずからを売り飛ばす権利はない．あるいは，それがおこなわれたとしても，裁判所が，その結果生じる所有権を認めることはない．指摘しておきたいのだが，これはのちにヨーロッパで発展した「自然法」の志向性と正反対である．

＊68　これについては，ある論争が存在している．イスラームの経済運動に反対する現代ムスリム学者をふくむ学者たちのなかには，コーランのなかで無条件に非難されている *riba*［リーバ］は，もともと「利子 (interest)」一般を指していたわけではないと主張する者がいる（たとえば Rahman 1964, Kuran 1995）．それはイスラーム以前のアラビア半島でおこなわれていた，支払いの遅延に対し借りた金の 2 倍を罰金とする習慣のことをいっているのであって，それゆえ利子の全面的な糾弾は誤った解釈であるというわけだ．わたしはその議論に介入する立場にはないが，もしそうなら，徴利の禁止は草の根のイスラームが創出される過程の一部としてイラクで出現したのだと示唆することにもなり，わたしの議論一般を強化するだろう．

＊69　現存する最良の記録は，12 世紀エジプトのゲニザのユダヤ人商人共同体のものである．彼らはたがいのやりとりにおいても利子の禁止を守っていた．ひんぱんに利子の賦課のみてとれるひとつの局面は，強制という方法がひんぱんに援用される領域である．つまり，兵士たちに支払いをおこなうために――とくにユダヤ人やキリスト教徒の銀行家から（彼らに限定されていたわけではないが）――しばしば利子付きで大金を借りる王，高官，役人たちとの取引においてである．こういった非合法な貸出の要請に応えるのは危険な事業だったが，それを拒絶することの方がより危険だった（アッバース朝の例については，Fischel 1937 に主に依拠している Ray 1997: 68–70 をみよ）．

＊70　利子を課すことを堅く決意しているなら，そのために合法的な逃げ道（いわゆる *hiyal*［ヒヤル］）がいくらでもあった．たとえば，債務者の家屋を融資額で購入し，そこに住む債務者に家賃を請求したあとで，おなじ

金額で買い戻しさせる．債務者に月々一定の品物を購入させ，それを割引額で売却させる，などである．イスラーム法学派のなかには，これらをはっきり禁じていたものもあったが，不賛成を示すにとどまる学派もあった．こういった方法が広範囲にわたって利用されていたとかつては考えられていたが，それはほとんどの経済史家が，利子は信用の必然的要素であると考えていたからである．だが，近年の研究はそれらがとくに普及していたという証拠はないとしている（古い見解については Khan 1929，新しい見解については Ray 1997:58–9 をみよ）．

＊71　Mez 1922:448，Labib 1969:89 の引用から．市場においてだれもが小切手で支払っていた都市バスラは，その 1 世紀後にモンゴル人が政府発行の紙幣を導入しようとしたさいには頑強に抵抗した都市でもあった．ちなみに *sakk*［サック］という言葉は，英語の「小切手 (check)」の語源である．*sakk* の起源については議論の的である．Ashtor (1972:555) はビザンツ帝国，Chosky (1988) はペルシア起源を唱えている．

＊72　Goitein (1966, 1967, 1973) は，12 世紀エジプトにおけるユダヤ人商人のあいだの金融的慣行について，詳細な概要を与えてくれている．ほとんどすべての取引が大なり小なり信用を取り入れていた．今日使われているものに外形すらもきわめて類似している小切手も，広く用いられていた．だが，日常的取引でより盛んに用いられていたのは，金属の硬貨が入った密封された袋だった．

＊73　とはいえ政府は，どうやら小切手でときおり賃金を支払っていたようだ (Tag El-Din 2007:69)．わたしが政府の役割を小さく見積もっているのはたしかだ．たとえば政府による中央銀行創設の試みも存在したし，政府が商業の基準や規制を設定し強制すべきであるという原理への支持が，恒常的に存在していたのもまちがいない．しかしながら，それらが実施に移されることはめったになかったようにおもわれる．

＊74　Udovitch 1970:71–4.

＊75　Udovitch 1975:11 において Sarakhsi は，それにまつわる諸問題についてすぐれた議論をおこなっている．同様に Ray 1997: 59–60 もみよ．

＊76　このことは，ピエール・ブルデューの研究者にとっても興味深いに違

いない．ブルデューは，アルジェリアのカビル社会の研究にもとづいて，こういった社会における男性の名誉は，経済資本に似ているがそれより重要な「象徴資本」の一形式であるとする有名な議論をおこなった．それは，名誉を金銭に変えることはできるが，その逆は不可能である，ということである（Bourdieu 1977, 1990）．上記のテキストは，それにふれていないが，それはブルデュー自身の洞察だったのか，ブルデューのインフォーマントの共通感覚の反映だったのか，だれしも疑問に感じるだろう．

＊77　K.N. Chaudhuri (1985:197) にしたがっている．イスラーム拡大の原動力となったのはスーフィー信徒集団および法学者たちだった．商人の多くは，そのどちらか，あるいは両方であった．これにかんする学術文献はきわめて豊富である．Chaudhuri 1985, 1990; Risso 1995; Subrahmanyam 1996; Barendse 2002; Beaujard 2005.

＊78　Goody 1996:91

＊79　M. Lombard 2003:177–79.

＊80　バートンによる翻訳．1934 IV:2013（大場正史訳『バートン版　千夜一夜物語 7』ちくま文庫，13 頁）．

＊81　それに加えて役人たちは，個人的に銀行家を雇い，スフタジャ (*suftaja*) のような信用手段をフルに利用して，税支払いの振替と不正利得の隠蔽の双方をおこなっていた (Hodgson 1974 I:301, Udovitch 1975:8, Ray 1997:69–71).

＊82「ムハンマドにとって，この自然な市場の調整は宇宙の調整に対応している．夜が昼につづくように，そして潮が満ち引きするように，価格は上下する．かくて価格を調整することは，商人にとって不正であるだけでなく，物事の自然な秩序を乱すことになるのである」(Essid 1995:153).

＊83　たとえば自然災害などのきわめてかぎられた例外のみが認められた．そして学者たちの多くは，困窮者を直接救済する方が市場の諸力に介入するよりよいと主張した．Ghazanfar & Islahi 2003, Islahi 2004:31-32 を参照．価格形成にかんするムハンマドの見解は，Tuma 1965, Essid 1988, 1995 をみよ．

＊84　Hosseini 1998:672, 2003:37.「双方ともに，犬などの動物が骨を交換

することはない」と指摘している．

＊85　Hosseini 1998, 2003. アダム・スミスは，そのような工場をおとずれたことがあると述べているが，それは本当だろう．だが 18 工程の例が最初に登場したのは，その 20 年前，1755 年に発表されたフランスの『百科全書』第 5 巻における“Épingle”（ピン）の項目である．Hosseini はまた「スミスの蔵書のなかには中世ペルシア人（およびアラブ人）の学者の著作のラテン語訳がふくまれていた」(Hosseini 1998: 679) として，スミスが原典から直接剽窃したのではないかと示唆している．のちの経済理論にとってのイスラームの先行性にかんするそれ以外の重要な出典には以下がふくまれる．Rodison 1978, Islahi 1985, Essid 1988, Hosseini 1995, Ghazanfar 1991, 2000, 2003, Ghazanfar & Islahi 1997, 2003. 啓蒙主義のかなりの部分がイスラーム哲学にさかのぼることは，ますますあきらかになりつつある．たとえば，デカルトのコギトはイブン・シーナー（またの名をアヴィセンナ）に由来しているようにおもわれるし，持続的な共起の観察自体が因果関係を証明するわけではないというヒュームの重要な問題提起はガザーリーに登場している．そしてわたし自身，イマヌエル・カントによる魔法の鳥の口という啓蒙の定義を 14 世紀のペルシア人の詩人ルーミー［ペルシア 4 大詩人の一人で，神秘主義詩の最高詩人］のなかに発見した．

＊86　トゥースィーの Nasirean Ethic．Sun 2008:409 よりの引用．

＊87　Ghazanfar & Islahi 2003:58; Ghazanfar 2003:32–3.

＊88　たとえば，ガザーリーの倫理的原理のなかに「買い手は貧しい売人と交渉するさいには情け深くなくてはならず，富める売人と取引するさいには厳しくなくてはならない」および「富をもたぬ貧しい者にも売る意志をもたねばならず，返済を期待することなく信用をくり延べしてやらなくてはならない」といった文章をみいだすことができる（*Ghazali Ihya Ulm al Din*（『宗教諸学の再興』）II: 79–82，引用は Ghazanfar & Islahi 1997:22 より）――後者はもちろん「ルカによる福音書」6 章 35 節を想起させる．

＊89　Ghazanfar & Islahi 1997:27 におけるガザーリーの引用．

＊90　*Ibid*:32.

＊91　*Ibid*:32.

＊92　*Ibid*:35. 中世イスラームの郵便配達人については，Goitein 1964を参照せよ．ここにおけるガザーリーの立場は，アリストテレスの『ニコマコス倫理学』(1121b) を想起させるが，その影響を受けているのはまちがいない．貨幣とは交換の促進を意図した社会的慣習なので，それを高利貸に委ねることはもともとの目的に反している［というのがアリストテレスの議論である］．だが，その究極のねらいは大きく異なっている．貨幣とは基本的に尺度であり高利貸はそれを歪めるものであるとするトマス・アクィナスの議論，および「貨幣は交換の媒介であり目的ではない」というガンのヘンリクス［謹厳博士として知られる13世紀のスコラ哲学者］の議論に，それは近い――トマス・アクィナスはガザーリーから直接影響を受けているので，これは意外なことではないのだが (Ghazanfar 2000).

＊93　このことを，いくら強調してもしすぎにはならない．1980年代にレーガン政権は，有名な「ラッファー曲線」にもとづいて，減税は経済活動を刺激し政府歳入を増加させるとする減税論を主張した． これさえ，しばしばハルドゥーン=ラッファー曲線と呼ばれる．その一般原理が最初に提唱されたのは，1377年のイブン・ハルドゥーンによる *Muqaddimah*（森本公誠訳『歴史序説』岩波文庫）においてだからである．

＊94　「中東ブルジョワジー」の勃興についてはGoitein 1957をみよ．

＊95　「切り下げ (crying down)」は，事実上の増税となった．シリングで固定された税率に達するには，エキュの支払いを増やす必要が出てくるからである．賃金はポンド，シリング，ペンスで固定されているため，これもそれらの価値を上げる結果となり，たいてい大衆の支持を集めた．それとは対照的に「切り上げ (crying up)」の方は，計算単位の実質価値を低下させる結果となった．このことは，そのような単位で測定される王――またはその同盟者たち――の個人的な負債を減少させるうえで有益だった反面，賃金労働者の収入，およびなんらかの固定収入を下げることになり，しばしば大衆の抵抗に遭遇した．

＊96　Langholm 1979, Wood 2002:73–6.

＊97　徴利にかんする教父による文献は，Maloney 1983; Gordon 1989;

Moser 2000; Holman 2002:112–16, Jones 2004:25–30 を参照

＊98　*Matthew* 5:42「マタイによる福音書」5 章 42 節.

＊99　St Basil of Caesarea, *Homilia II in Psalmum* XIV (PG 29, 268–69).

＊100　op cit.

＊101　op cit.

＊102　Ambrose *De Officiis* 2.25.89.

＊103　Ambrose *De Tobia* 15:51. Nelson 1949:3–5, Gordon 1989:114–18 をみよ.

＊104　だがまったくいなかったわけでもなかった．当時の帝国への主な奴隷供給源は，戦争か負債のいずれかによって獲得された帝国外のゲルマン人蛮族だったことは注目に値する．

＊105　バシレイオスはこう述べている．「各自が個人の富から必要を満たす分をとったあとで，余り物を生活必需品にも事欠く人びとに与えるならば，富者も貧者もいなくなるだろう」(*Illiud Lucae* 49D)．バシレイオス自身は貴族の家に生まれたが，領地を売り払い，その利益を貧者に分配した．

＊106　*Homilia II in Psalmum XIV* (PG 29, 277C). 引照元は「箴言」19 章 17 節.

＊107　*Summa* 8.3.1.3.「恩寵はそれが無償で与えられるかぎりにおいては，負債という観念は排除される（…）いずれの仕方においても，神が被造物に対してなにかを負っているという意味で負債が語られるということはないのであ［る］」(『神学大全　第 14 冊　第 2–1 部 第 106– 第 114 問題』稲垣良典訳，創文社，1989 年，125–26 頁)．

＊108　Clavero (1986) は，このことを契約の本性にまつわる基本的な対立，それゆえヨーロッパ史における人間関係の法的基盤であるとみなしている．徴利およびその延長にある利潤（プロフィット）は非難を受けるが，封建的関係の基盤である地代（レント）が異議申し立てを受けることはない．

＊109　Gordon 1989:115. Cassiodorus (485–585) は，こう書いている．「商売とは，安く買うことができる物を高く売ろうとすることでなければ，なんだろうか？　それゆえ，神の正義についていかなる配慮もおこなわず，売り物に価値ではなく偽証を負わせる，これらの商人たちは，忌まわしい存在である．神は神殿より，その者どもを追放していわれた．「わが父の

家を盗人どもの巣窟にしてはならぬ」，と」（Langholm 1996:454 より）.

＊110　徴利にかんするユダヤ教の法的伝統については Stein 1953, 1955; Kirschenbaum 1985 をみよ.

＊111　Poliakov 1977:21.

＊112　Nelson (1949) は，キリスト教徒とユダヤ教徒の関係に適用するために，この「例外」が維持された，と考えているが，Noonan (1957:101–2) は，それは主として「異教徒と不信心者，特にサラセン人」にのみ適用されるために維持された，と主張している．彼らにさえ適用されなかった，と考える人びともいる.

＊113　担保がある場合は 52 パーセントまで，担保がない場合は 120 パーセントまで (Homer 1987:91).

＊114　もっぱら債務者のみを収監するという意味での債務者監獄がイングランドにあらわれたのは，1263 年以降のことだが，債務者の収監の歴史はもっと長い．結局，ユダヤ人の貸手が雇われて，仮想的な信用貨幣を鋳貨に変容させ，破産した債務者から彼らの家の銀製品を集め，それを王立造幣局に引き渡していたようだ．彼らはまた，債務不履行におちいった債務者からかなりの土地の権利を奪取したが，そのほとんどが貴族や修道院の手に渡ることになった (Singer 1964; Bowers 1983; Schofield & Mayhew 2002).

＊115　Roger of Wendower［ロジャー・オブ・ウェンドーバー］, Flowers of History 252–53．ロジャー［・オブ・ウェンドーバー］は，その犠牲者の名前はあげていない．のちのいくつかの版では，その名はアブラハムだが，イサクとするものもある.

＊116　Matthew Prior，Bolles 1837:13 で引用.

＊117　ついでにいえば，正義の起源を四肢切断におくニーチェの幻想がある．現実にはユダヤ人に対しておこなわれた残虐行為の主をユダヤ人に投影することがあった一方で，ニーチェの執筆していたのは，実際の「野蛮人」が，植民地税務当局への債務不履行のために，しばしば同様の拷問と手足の切断によって罰せられていた時代であった．たとえば，それがのちに，レオポルド二世のベルギー領コンゴにおける最も悪名高いスキャンダルに

なったのである.

＊118　Mundill (2002), Brand (2003).

＊119　Cohn 1972:80（ノーマン・コーン『千年王国の追求』江河徹訳，紀伊國屋出版，1978 年，74 頁).

＊120　Peter Cantor，Nelson 1949:10-1 で引用.

＊121　たとえばイングランドのユダヤ人が 1296 年についに追放されたさい，その資産を受け取ったのはカオールのある商会であった．とはいえ，ロンバルド人とカオール人も，長年にわたって王家の気まぐれに依存しており，ユダヤ人に比べてはなはだしい優位にあったわけではない．フランスでは，王たちは，ユダヤ人とロンバルド人たちを，交互に収奪し追放していたようだ (Poliakov 1977:42).

＊122　Noonan 1957:18-9; Le Goff 1990:23-7.

＊123「すでに述べたように，財の獲得術には 2 種類のもの——商いの術と家政術——がある．後者は必要欠くべからざるもので，かつ称えられてよいものだが，前者の交易術は咎められるのだが正当である．なぜならそれは自然に適ったものでなく，人間同士のあいだから財を得るからである．そうであるなら，ましてや金貸しの術は憎悪されるのになににもまして当然な理由がある．その術は，貨幣がそもそもなんのために案出されたかという目的とは裏腹に，貨幣そのものから財を得ているからである．すなわち貨幣は物との交換のために生じたものであった．それに対して利子は貨幣そのものを増やす．そこから利子はその名を得た．なぜなら親に似るものは子にほかならず，利子は貨幣から生まれた貨幣だからである．したがって財の獲得のうちでも，この種のものはもっとも自然に反するものである」(Aristotle, Politics 1258b（アリストテレス『政治学』牛田徳子訳，京都大学学術出版会，2001 年，36 頁).『ニコマコス倫理学』も同様に批判的である．徴利にかんするアリストテレス的伝統についても，最もすぐれた一般的分析は Langholm 1984 にある.

＊124　Noonan 1957:105-12; Langholm 1984:50.

＊125　このような失われた収入にあてられた術語は，*lucrum cessans*［ルークルム・ケサンス，「停止せる利益」ないし「期待利益の喪失」］である.

O'Brien 1920: 107–10, Noonan 1957:114–28, Langholm 1992:&0–1; 1998:75; Spufford 1989:260 をみよ．

＊126　ハンザ同盟のバルト海沿岸都市でも，ドイツ人商人がおなじことをおこなった．メディチ家の銀行の例は，de Roover 1946, 1963, Parks 2005 をみよ．

＊127　こうした事象の草分けであったヴェネツィアの状況は示唆的である．ヴェネツィアに商人ギルドはなく職人ギルドのみが存在していた．諸々のギルドは，本質的に政府に対抗する防衛として創設されたからである．そしてヴェネツィアでは商人たちこそが，すなわち政府であったのだ (MacKenney 1987; Mauro 1993:259–60)．

＊128　彼らは異端と男色双方のかどで告発された．Barber 1978 をみよ．

＊129　ヨーロッパの為替手形に対するイスラームの影響を「証明する」ことはできない．だが，地中海の両岸のあいだでおこなわれていた貿易総額にかんがみると，それを否定することは，むしろ奇妙であろう．ブローデル（Braudel 1995:816–17 前掲『地中海』第 2 巻）は，このアイデアはユダヤ人商人を通じてヨーロッパに届いたに違いない，と指摘している．周知のようにユダヤ人たちは，長期にわたってエジプトにおいてそれらを使用していた．

＊130　為替手形については，Usher 1914; de Roover 1967; Boyer-Xambeu, Deleplace, and Gillard 1994; Munro 2003b:542–46; Denzel 2006 をみよ．［ヨーロッパでは］無数の通貨が出回っており，それらすべてがいつでも「切り上げ（crying up)」や「切り下げ (crying down)」されたり，あるいは価値変動する可能性にさらされていた．さらに，為替手形の支払いを，支払い期限を数カ月後に控えたべつの為替手形を若干高額で切っておこなうことがいったん可能になると，商人たちにはまた，効率的に通貨投機をおこない，さらに諸々の徴利［高利貸］関連法を回避することを可能になった．これは「仮装交換 (dry exchange)」［実際に金銭を移転することなく，X 地から Y 地へ，Y 地から X 地へと送金するかたちをとる貸付］と呼ばれていた (de Roover 1944)．さらに，時間とともに教会がますます懐疑的になるにつれ，諸々の法的規制を回避するべつの金融上の創造性

が生まれていった．こういった商業的融資の利子率が，一般的に非常に低かったことは注目に値する．最高で 12 パーセントであり，消費者貸付ときわだった対照をなしている．これは，この種の取引におけるリスクが徐々に低下していく兆候である (金利の歴史については，Homer 1987 をみよ).

＊131　Lane 1934.

＊132　「奴隷労働の組織化，植民地の管理，帝国的統治，商業的制度，海運技術と航海，海軍砲術といった多くの点でイタリアの都市国家は，ポルトガルおよびスペイン帝国の直接の先駆者であった．イタリア人の貢献は，それらの形成に対して甚大なものがあり，イタリア人は大いにその利益の分け前にあずかったのである」(Brady 1997: 150).

＊133　彼らは，最初にギリシア人農奴を，ときには十字軍が捕虜にしたアラブ人を，そのあとはじめてアフリカ人を使用したようだ．とはいえこれは，ポルトガル人商人によってカナリア諸島などの大西洋の島々，そして最終的にはカリブ海諸島にもたらされた「経済的モデル」になった．

＊134　Scammell 1981:173–75.

＊135　Spufford 1988:14.

＊136　「冒険 (adventure)」という概念については，Auerbach 1946（アウエルバッハ『ミメーシス』篠田一士・川村二郎訳，ちくま学芸文庫），Nerlich 1978 をみよ．

＊137　Duby［デュビー］（1973）がこの点を強調している．「円卓 (round table)」とは，もともとは競技会の一種で，とりわけ 1300 年代にはアーサー王の宮廷を模倣してこういった競技会をおこなうことが一般的になっていた．騎士たちは，ガラハッド，ガウェイン，ボールスといった登場人物の役割を演じて競技会に入場しのである．

＊138　それはまた，技術的変化とりわけ石弓の発明と職業軍人の誕生が，戦闘における騎士の役割を徐々に時代遅れにしていく時代だった (Vance 1973).

＊139　Kelly 1937:10.

＊140　戦争動員が市場の創設に担った役割をギリシア＝ローマと中世

盛期の西ヨーロッパにおいて比較している，近年の説得的な解釈は，Schoenberger 2008 をみよ．

＊141　Wolf 1954.

＊142　この点を最初に指摘したのは Vance(1986:48) である．おそらくその 20 年後に，ドイツの詩人，ヴォルフラム・フォン・エッシェンバッハが執筆した『パルツィヴァール』において，この類似はいっそう明白となる．そこで騎士たちは，当時のヨーロッパ人には，交易を通じてのみ知られていた地域である「スペイン，北アフリカ，エジプト，シリア，バグダッド，アルメニア，インド，セイロンを自由に遍歴し」(Adolf 1957:113) ている．だがこれらの地域にかんするイスラーム系の出典は膨大な数にのぼる (Adolf 1947, 1957)．実際の商人たちがたまに登場しても，好感のもてる人格類型（キャラクター）であることは決してないという事実は，ほとんど重要ではないだろう．

＊143　Wagner, *Die Wibelungen: Weltgeschichte aus der Sage* (1848)——英語では “World History as Told in Saga”［この論文の抄訳はヴィーベルンゲン「伝説に発した世界史」日本ワーグナー協会編『ワーグナーヤールブーフ 1992』池上純一訳，東京書籍，1992 年］である．ワーグナーの主張についてのわたしの説明は，マーク・シェルの “Accounting for the Grail” (1992:37–8) と題された，やりすぎの部分もあるが，すばらしいもうひとつの小論からきている．ワーグナーの議論は実はより複雑であって，その焦点は神聖ローマ皇帝フリードリヒ一世によるイタリア都市国家征服の失敗と，財産は王からのみ流出しうるというフリードリヒの信条の放棄にあてられている．それに対し，わたしたちの関心は，金融的抽象化をそのうちに反響させている重商主義的な私有財産の勃興にむけられている．

＊144　シェルは，「聖杯 (Grail)」を，より古い「豊饒の角 (cornucopia)」という観念の変容，あるいは「小切手や信用を知るようになった」時代における尽きせぬ財布，とみなしている．彼はさらに，その伝説とテンプル騎士団との関連，そして（その名が「キリスト教徒」をあらわす）クレティアン・ド・トロワが，（まさにその理由で）改宗ユダヤ人だった可能性があることを指摘している．Wolfman もまた，その伝説がユダヤ教の出典

からとられたことを明記している (Shell 1992: 44–5).

＊145　中国さえもひんぱんに分裂し，分散していた．中世における，ほとんどすべての大帝国建設のプロジェクトが，職業軍人ではなく，アラブ人，モンゴル人，タタール人，トルコ人といった遊牧民の仕事であったのである．

＊146　*Nicomachean Ethics* 1133a29–31（アリストテレス『ニコマコス倫理学（上)』高田三郎訳，岩波文庫，244 頁).

＊147　ガザーリーは，郵便配達人だけでなく，わたしたちの相互関係を支配し規制する貨幣を社会の外部に立つ「統治者 (ruler)」とも比較している．ガザーリーから直接影響を受けているとおもわれるトマス・アクィナス (Ghazanfar 2000) については，貨幣とは人間の手によってかんたんに変更可能な「社会的慣習」であるとする，アリストテレスの議論を受け入れていることが興味深い．これは中世後期において，しばらくのあいだ，カトリックの支配的見解になった．

＊148　わたしが知るかぎり，この関連を指摘した唯一の学者は，フランスの日本仏教研究者ベルナール・フォールである．Faure 1998:798, 2000:225.

＊149　現金取引がより一般化するもっとのちには，この語は，むしろ英語における「手付金 (earnest money)」の意味になる，頭金として支払われる少額の現金を指すようになった．シンボラ *symbola* 一般については Beauchet 1897; Jones 1956:217; Shell 1978:32-35 をみよ．

＊150　Descat 1995:986.

＊151　Aristotle *On Interepretation* 1.16–7（アリストテレス「命題論」『アリストテレス全集　1』山本光雄訳，岩波書店，1971 年，85 頁)．Whitaker（2002:10）は，かくして，アリストテレスにとって「割符 (tally)，認可証 (token)，切符 (ticket) に与えられた意義が当事者間の同意 (agreement) に依存するように，言葉の意味は慣習によって定められている」と述べている．

＊152　*Nicomachean Ethics* 1133a29–31（前掲『ニコマコス倫理学（上)』243–44 頁).

＊153　しかし彼らは，これらの公式が，秘義によって開示される秘密の真実の本質を要約する，あるいは「集める (drew together)」と信じていた．「シンボロン (symbolon)」は，「集める，ひとつにまとめる，あるいは比較する」を意味する動詞 *symballein* から派生している．

＊154　Müri 1931, Meyer 1999. このようなシンボラ *symbola* について，わたしたちが有する唯一の知識は，キリスト教の出典からのものである．キリスト教徒たちは，のちに独自のシンボロンである「［使徒］信条 (Creed)」を採用し，それが中世を通じて「象徴（シンボル）」という語の，第一の指示対象でありつづけたのである (Ladner 1979).

＊155　あるいは偽ディオニュシオスである．本物のディオニュシオス・アレオパギタは，聖パウロによってキリスト教に改宗した 1 世紀のアテナイ人だった．偽ディオニュシオスの著作は，物質的創造からの魂の解放と，その魂と聖なるものとの再統合の過程としての哲学という新プラトン主義を，キリスト教の正説と和解させる試みである．残念なことに，彼の主著である *Symbolic Theology*［『象徴神学』］は失われてしまったが，現存する著作はすべて，ある程度は，その問題を扱っている．

＊156　In Barasch 1993:161.

＊157　Pseudo-Dionysius, *On the Celestial Hierarchy* 141A–C（ディオニュシオス・アレオパギタ「天上位階論」『中世思想原典集成３　後期ギリシア教父・ビザンティン思想』今義博訳，平凡社，1994 年，360 頁）．偽ディオニュシオスの象徴理論一般とその影響については，Barasch 1993:158–80, Goux 1990: 67, Gadamer 2004: 63–4 をみよ．

＊158　彼はそれらを，コミュニオン［聖体拝領］のように，「われわれに象徴という仕方で与えられた［贈り物］」と呼んでいる．*On the Celestial Hierarchy* 124A.（同上「天上位階論」356 頁）．

＊159　Mathews, 1931: 283．シンボロンの定義と比較してみよう．

A. *tally*, 割符，つまり２等分されたそれぞれ一方，あるいは趾骨，その他の物体の符合する断片．２名の客人たる友人あるいは２名の契約当事者が，それを割り，他方の提示者の身元の証拠として，各自，断片の一方を保管する．

B. おなじ目的をもとそれ以外の方法．たとえば封蝋への印璽．

(1) 身元の証明となるしるし（トークン）全般

(2) 保証

(3) しるし（トークン），とくに善意のしるし（トークン）．

Liddell and Scott 1940: 1676–77 にしたがっている．ただし事例は省略している．「趾骨 (kncklebone)」と「客人たる友人 (guest friend)」に対応するギリシア語の語彙については，英語に翻訳している．

＊160　Rotours 1952:6. 符（*fu*）（あるいはより一般的に「トークン」を指すものとして使用できる負債割符 (debt tallies) の別名である契（*qi*）については，Rotours 1952, Kaltenmark 1960, Kan 1978, Faure 2000:221–29: Falkenhausen 2005 をみよ．

＊161　ここには興味深い緊張が存在している．天命とは，ある意味では民意でもあり，中国の思想家たちは，どちらを強調するかについてさまざまな意見をもっていた．たとえば荀子は，君主の権威は人民の信頼にもとづいていると考えていた．彼はまた，割符の一致によって保証される人民の信頼は契約によって維持されるが，真に公正な君主の下では，社会的信頼はそうした道具が不要になるほどに揺るぎない，と論じている．

＊162　Kohn 2000:330. 日本については，Faure 2000:227

＊163　*Encyclopedia of Taoism*［『タオイズム百科事典』］において，それらは次のように説明されている．「天上の文字形式とみなされていた図表のこと．それを授けた神々の保持する天上の片割れとの符合から力をひきだす」(Bokenkamp 2008:35)．道教の符（*fu*）については Kaltenmark 1960; Seidel 1983; Strickmann 2002:190–91; Verellen 2006，仏教においてそれに類似するものについては，Faure 1998; Robson 2008 をみよ．

＊164　Sasso 1978. 大極図（陰陽の象徴）の起源は，いまだに不透明であり，議論が進行しているが，わたしが参考にした中国研究家たちは，これを妥当だと考えている．現代中国語における「象徴 (symbol)」を意味する汎語は符号 (*fúhào*) であり，それは符 (fu) から直接派生している．

＊165　「なぜイスラーム世界は近代資本主義を発展させなかったのか？」という議論に介入するかぎりでは，イスラーム世界は非人格的な信用のメカ

ニズムを発展させたことはなかった，という Udovitch (1975: 19–21) の議論と，利子と保険の禁止がより重要だった，とする Ray(1997: 39–40) の反論は，双方ともに重要だとおもわれる．相続法における差異が要因だったかもしれない，とする Ray の指摘も検討に値する．

＊166　Maitland 1908:54（F.W. メイトランド『イングランド憲法史』小山貞夫訳，創文社，1981 年）．

＊167　Davis 1904.

＊168　プラトン主義的な意味においては，近くの果樹の上でわたしたちが偶然に目にした個別の物理的な鳥が，どれも「鳥」という一般的観念（非物質的で抽象的で天使的である）のしるし（トークン）であるにすぎないのとちょうどおなじように，集合してひとつの法人 (corporation) を構成する物理的で死すべき肉体としての多様な個人は，抽象的で天使的なイデアとなる．カントーロヴィチ（Kantorowicz1957: 280–81『王の二つの身体（下）』小林公訳，ちくま学芸文庫版）は，法人という概念が可能になるまでには数多くの知的革新が必要だったと論じている．とりわけ aeon［アイオーン］ないし aevum［アエウム］，すなわち，永世という観念である．それは，ディオニュシオス・アレオパギタの著作の復興などにうながされて生まれた永遠に持続する時間という観念であり，完全に時間の外部にあって天使の住処であるとみなされていたアウグスティヌスの永遠性とは対立するものである．

＊169　Kantorowicz 1957:282–83（『王の二つの身体（下）』小林公訳，ちくま学芸文庫版，19–20 頁）．

＊170　たとえばイスラーム法は，擬制的人格 (fictive persons) という観念を発展させなかっただけでなく，ごく最近まで，法人を認識することにも断固として抵抗していた (Kuran 2005)．

＊171　主として Randall Collins［ランドル・コリンズ］(1986:52–8) である．彼はまた中国との比較もおこなっている．

＊172　Nerlich 1987:121–24 をみよ．

第一一章

＊1　イングランドの賃金については，Dyer 1989をみよ．イングランドの祝祭的生活については膨大な文献が存在しているが，最近のすぐれたものにHumphrey 2001がある．Silvia Federici［シルヴィア・フェデリーチ］（2004,『キャリバンと魔女』小田原琳・後藤あゆみ訳，以文社，2016年）は，近年，説得力のある総合的議論をおこなっている．

＊2　「価格革命」についての比較的近年の議論について簡潔に概観するためには，Hamilton 1934, Cipolla 1967, Flynn 1982, Goldstone 1984, 1991, Fisher 1989, Munro 2003a, 2007などをみよ．主な議論は，正貨総量の増加がインフレの原因となったと主張しつづけるマネタリストと，急激な人口増加の重要性を強調する人びととのあいだでおこなわれている．とはいえ，具体的な議論は，たいていの場合，それよりはるかに含蓄に富んでいる．

＊3　歴史家たちは「地金飢饉（bullion famines）」について語っている．操業中の鉱山のほとんどが枯渇し，東洋の奢侈品への支払いのためにヨーロッパから吸い上げられることのなかった金や銀はますます人目につかぬところに保管され，それが商業にあらゆる種類の困難をもたらすようになった，と．1460年代には，リスボンなどの諸都市における「正金（species）」の不足が深刻なものとなったため，大量の商品を積んだ商船は，しばしばなにも売らずに帰国しなければならなかった（Spufford 1988:339–62）．

＊4　Brook 1998. いうまでもなく，わたしはここでかなり単純化している．もうひとつの問題は地主制度の成長であり，そのために多くの小自作農が地主への支払い不能のため負債を抱えることとなった．国家から免税特権を受けるようになる皇帝の一族およびその他の特権的一族の構成員がますます増大する一方で，小自作農への課税はきわめて重くなったため，土地への課税を回避するための貸借権契約と引き換えにわが土地を有力者に売り飛ばさざるをえない，と多数の者が考えるほどまでになった．

＊5　中国の歴史家たちは，1430年代から1440年代のあいだに77件もの「鉱夫の反乱」をかぞえている（Harrison 1965:103–4; cf. Tong 1992:60-64; Gernet 1982:414）．1445年から1449年のあいだに，葉宗留という

名の指導者のもとで，銀鉱夫たちが，小作農民および人口過剰の福建および沙県の都市下層民と手を組んで反乱を起こしたとき，これらの脅威は深刻なものとなった．この反乱はさまざまな地方に飛び火し，いくつもの都市を掌握し，多くの地主階級を追放している．

＊6　Von Glahn (1996:70–82) が，この過程を記録している．Gernet (1982:415–16) は，1450年から1500年までのあいだに，ほとんどの税金が銀で支払い可能になった経緯について記している．このプロセスは，1530年から1581年のあいだに実行された税制改革である「一条鞭法」という方法で，最高潮に達した（Huang 1974，Arrighi, Hui, Hung and Seldon 2003: 272–73をみよ）．

＊7　Wong 1997, Pomeranz 2000（ポメランツ『大分岐——中国，ヨーロッパ，そして近代世界経済の形成』川北稔監訳，名古屋大学出版会，2015年），Arrighi 2007ほか，多くの人びとがこのことを指摘している．

＊8　Pomeranz 2000:273.（前掲『大分岐』訳281頁）．

＊9　中国における（金で測られた）銀の価値は，16世紀全体を通じてリスボンやアントワープにおけるそれのほぼ二倍でありつづけた（Flynn & Giráldez 1995, 2002）．

＊10　von Glahn 1996b:440; Atwell 1998.

＊11　Chalis 1978:157.

＊12　15世紀前半に中国は独自の「大航海時代」を迎えたが，それが大量征服と奴隷化に途をゆずることはなかった．

＊13　彼らがまちがっていた可能性はある．大量虐殺が直接起こらなかった地域でも概して人口は90パーセント減少しているのである．しかし多くの場所では，一世代かそこらのあとで人口は回復しはじめた．イスパニョーラ島，メキシコの多くの地域，ペルーの鉱山周辺における最終死亡率は，むしろ100パーセントに近かった．

＊14　Todorov 1984:137–38（ツヴェタン・トドロフ『他者の記号学——アメリカ大陸の征服』及川馥ほか訳，法政大学出版局，1986年，190–91頁）．原典は，Icazbalceta 2008:23–26.

＊15　ある歴史家の指摘によれば「16世紀終盤には銀が主体であった地金は，

スペイン領アメリカからヨーロッパにむけられた全輸出の 95 パーセント以上を占めていた．この富を押収する過程で先住民人口のほぼおなじ割合が滅ぼされた」(Stannard 1993:221).

＊16　Bernal Díaz 1963:43.（ベルナール・ディーアス・デル・カスティーリョ『メキシコ征服記　1』小林一宏訳，岩波書店，1986 年，71–2 頁）.

＊17　Bernal Díaz. 引用は Lockhart (1844 II:120) および Cohen (1963:412) による訳文の総合である．ただしそれらは各々，若干異なる原典にもとづいているようだ（同上『メキシコ征服記　3』9 頁）.

＊18　Bernal Díaz op cit（同上『メキシコ征服記　3』11 頁）.

＊19　Cortés 1868:141（エルナン・コルテス『コルテス報告書簡』伊藤昌輝訳，法政大学出版局，2015 年）.

＊20　ほとんどの征服者（コンキスタドール）たちには似たような逸話がある．バルボアは債権者から逃れるためにアメリカ大陸にやってきた．ピサロはペルー遠征の装備のために多額の借金を背負っていた．最初の敗北ののち，彼がパナマに戻らなかったのは債務者監獄を恐れたからだったのである．フランシス・デ・モテーホはホンジュラス遠征開始のための八〇〇〇ペソの借金のために，メキシコにおける財産をすべて抵当に入れなくてはならなかった．ペドロ・デ・アルバラードも多額の借金を背負うことになり，香料諸島と中国を征服する企てにすべてをつぎ込んだ．彼の死後，債権者たちは，ただちに彼の残した財産を競売にかけている.

＊21　e.g., Pagden 1986.

＊22　Gibson 1964:253. こういったことはどれも，不気味なほど今日の世界政治に似ている．たとえば，国連が貧しい国々に無償教育をあらゆる人びとに提供するよう勧告する一方で，（実は法的には国連の一部である）IMF はそのおなじ国々に，ローンを再融資する条件としての広範な「経済改革」の一部として，その正反対のこと，つまり学費を賦課することを主張している.

＊23　William Pietz（1985:8）にしたがっている．彼は初期の冒険商人による西アフリカについての証言を研究した．トドロフ（Todorov 1984:129–31 前掲『他者の記号学』）も，それときわめて類似した

征服者（コンキスタドール）たちの視点についてふれている.

＊24　たとえばフッガー家の分家の一つのように破産した者たちもいたが, このようなことはおどろくほどまれだった.

＊25　Martin Luther, *Von Kaufshandlung und Wucher,* 1524（マルティン・ルター「商業と高利」魚住昌良訳『世界の名著 18　ルター』中央公論社）, Nelson 1949:50 で引用.

＊26　ルターの時代において主要な問題は利子購買［チンスカフ］(*Zinskauf*) と呼ばれた慣行であった. それは, 法規上は賃貸された財産の地代であったが, 基本的には有利子貸付の偽装形態である.

＊27　Baker 1974:53–4. パウロへの言及は Romaus:13.7（「ローマの信徒への手紙」13 章 7 節）.

＊28　カルヴァンは次のように論じている.「申命記」が, 特定の状況において徴利を許可しているという事実は, 徴利が普遍的な「霊的法理」ではありえず, 古代イスラエルの具体的な状況のために創造された政治的法理であったことを示している. だからそれ以外の状況には該当しない, と.

＊29　そして実際, これこそが「資本（capital)」のもともとの意味なのである. この語自体「資産, 商品のストック, 貨幣量, あるいは利子のつく貨幣」を意味するラテン語の *capitale* にさかのぼる（Braudel 1992:232（フェルナン・ブローデル『物質文明・経済・資本主義　15–18 世紀 Ⅱ－1　交換のはたらき 1』山本淳一訳, みすず書房, 288 頁）. それは英語では, 16 世紀なかばに, 主としてイタリアの簿記技術からの借用語として登場したが (Cannan 1921, Richard 1926), 財産, 信用, 負債を清算したあとに残ったものを意味していた. 19 世紀になるまで, 英語の史資料は一般的に「ストック (stock)」を好んでいる. ひとつには「資本 (capital)」があまりにも高利貸しを連想させたからではないかと思われる.

＊30　結局のところ諸ネーションはたがいに徴利［高利貸］をおこなっていたのである. Nelson 1949:76.

＊31　ベン・ネルソンは, ある重要な本のなかでこのことを強調している. Ben Nelson, *The Idea of Usury: From Tribal Brotherhood to Universal Otherhood.*

＊32　Midelfort 1996:39.

＊33　Zmora 2006:6–8. 当時の公的融資は，主としてローカルな行政官の出身階層でもあった小貴族による有利子貸付の偽装形態だった．

＊34　教会の所有地については，Dixon 2002:91 をみよ．カジミールが賭け事でつくった負債については，Janssen 1910 IV:147．彼の負債総額は，1528 年には 50 万ギルダー，1541 年には 75 万ギルダーにも達した（Zmora 2006:13n55）．

＊35　彼はのちに，ヴェルツブルグ司教のものであった領地の公爵になるために，叛徒の側についたヴィルヘルム・フォン・ヘンネブルグ伯爵と共謀したかどで告発された．

＊36　"Report of the Margrave's Commander, Michel Gross from Trockau," in Scott & Scribner 1991:301. より．この金額は，執行ごとに 1 フロリン，四肢切断ごとに半フロリンという約束にもとづいている．カジミールがこの負債を返済したかどうかは，定かではない．

＊37　この反乱と弾圧に関連するいくつかのまとまった記述は，Seebohm 1877:141–45; Janssen 1910 IV:323–26; Blickle 1977; Endres 1979; Vice 1988; Robisheaux 1989:48–67, Sea 2007．カジミールは最終的に罰金の取立てをおこない，じぶんの臣下に賠償として 10 万 4000 ギルダーを要求した，といわれている．

＊38　Linebaugh(2008) は，マグナカルタの社会的起源についての論考のなかで，この種の現象にかんするみごとな分析をおこなっている．

＊39　平民への終わりなき強奪にもかかわらず，（公然と叛徒と協力した者さえふくむ）ドイツの王侯貴族のだれひとりとして，どのようなかたちでも責任を問われなかったことは示唆的である．

＊40　Muldrew 1993a, 1993b, 1996, 1998, 2001; cf. MacIntosh 1988; Zell 1996, Was¬wo 2004, Ingram 2006, Valenze 2006, Kitch 2007. わたし自身，Muldrew のほとんどの結論に強く賛同している．ただし，いくつか留保を加えたうえであるが．たとえば，マクファーソン（MacPherson 1962）の「所有的個人主義（possessive individualism）」の議論をマルドルーは拒絶しているが，その必要はないようにおもわれる．なぜなら，マ

クファーソンの議論は，公然の言説にはあらわれてこない，より深い構造の水準で起こっている変化ではないか，と考えられるからである（Graeber 1997 をみよ）.

＊41　Muldrew（2001:92）の推定によれば，1600 年代には，ロンドンの 8000 名の商人がイングランド全土の現金の 3 分の 1 を所有していた可能性がある.

＊42　Williamson 1889; Whiting 1971; Mathias 1979b; Valenze 2006:34–40.

＊43　金と銀が世帯資産に占める割合はごくわずかであった．明細目録は，平均すると 1 シリング硬貨 1 枚に対して信用が 15 シリングであったことをあきらかにしている (Muldrew 1998).

＊44　生計への権利 (a right to livelihood) というこの原理は，E・P・トムスン (Thompson 1971) が，18 世紀イングランドにおける「民衆のモラル・エコノミー」と呼んだものにとっての鍵である．Muldrew（1993a）は，こうした信用システム全体にこの考えを適用することが可能であるとみなしている.

＊45　Stout 1742: 74–75. このおなじ一節の一部が，Muldrew 1993a:178, 1998:152 で引用されている.

＊46　より正確を期すると，敬虔か（カルヴァン主義者の場合），善良な社会性か（古き祝祭的価値の名においてカルヴァン主義に反対する人びとの場合）の，どちらかであった．内戦に先立つ数年のあいだ，数多くの教区施政は「信心深い人物」と「善良な人物」とに分裂していたのである (Hunt 1983:146).

＊47　Shepherd 2000, Walker 1996.「ライフ・サイクル奉公（サービス）」と賃労働についてのわたし自身の見解については，これもまた Graeber 1997 をみよ.

＊48　Hill 1972:39–56, Wrightson & Levine 1979, Beier 1985.

＊49　Muldrew 2001:84.

＊50　テューダー朝における市場と祝祭とモラリティの関連について，古典的議論については Agnew (1986 ジャン－クリストフ・アグニュー『市場と劇場――資本主義・文化・表象の危機 1550–1750 年』中里壽明訳，平

凡社，1995年）をみよ．

＊51　Johnson 2004:56–58. 正義 (justice) の２つの概念については，Wrightson 1980．ボダンの論考は広く読まれていた．ボダンは，愛と友情は法秩序に先行する，とするトマス・アクィナスの見解に依拠しているが，それ自体アラブの出典を介してヨーロッパに届いたアリストテレスの『ニコマコス倫理学』にさかのぼる．イスラームの出典から直接影響を受けているかどうかは知るよしもないが，一般的な相互関係の度合いを考慮すると (Ghazanfar 2003)，その可能性は高い．

＊52　Gerard de Malynes's *Maintenance of Free Trade*［『自由貿易の維持』］(1622)，Muldrew 1998:98, および Muldrew 2001:83 で引用．

＊53　チョーサーには，このたぐいの話にあふれている．「バースの女房の話」では，結婚負債 (conjugal debt) について，多くが語られている（たとえば Cotter 1969）．あらゆる事象が負債として枠づけられるようになったのは，実際には 1400 年から 1600 年のあいだであった．おそらくそそれは，所有的個人主義の最初の兆候と旧来のモラル・パラダイムとを和解させようとする試みを反映している．かくして法史家の Guth (2008) は，この数世紀を「負債の時代」と呼んでいるが，それは 1600 年以降，「契約の時代」にとってかわった．

＊54　Davenant 1771:152.

＊55　Marshall Sahlins［マーシャル・サーリンズ］(1996, 2008) は，かねてよりホッブズの神学的ルーツを強調している．以下の分析のかなりの部分が，サーリンズの影響を受けている．

＊56　ホッブズ自身は，「自己利益 (self-interest)」という言葉を使用せず，「個別的 (particular)」，「私的 (private)」，「共通 (common)」の利益について語っている．

＊57　*De L'Esprit* 53，Hirschman 1977:45（アルバート・ハーシュマン『情念の政治経済学』佐々木毅，旦祐介訳，法政大学出版局，1985 年，41 頁）における引用から．商鞅の「利 (profit)」とエルヴェシウスの「利益 (interest)」を比較研究することは，それ自体，有益な歴史を提供するだろう．これらの２つは，おなじ概念ではない．

＊58　“interest”［利子／利益］（*interesse* を語源とする）は，14 世紀に，徴利の婉曲語法として一般的に使用されるようになった．しかし，それがわたしたちになじみのある，より一般的な意味で使用されるようになったのは 16 世紀のことである．ホッブズは「自己利益 (self-interest)」という言葉を使用せず，「私」と「共」の利益について語っている．しかしこの言葉は，マキアヴェッリの友人，フランチェスコ・グイチャルディーニの 1512 年の著作に登場し，すでに流通していた．そして 18 世紀に，常套句となった（Hirschman 1977（前掲『情念の政治経済学』），1992 をみよ．とくに後者の第 2 章「利益の概念について」）．Dumont 1981; Myers 1983, Heilbron 1998 も参照せよ）．

＊59　1800 年頃まで ”interesse” はフランス語において「資本」を意味する一般的な語であった，と Sée（1928:187）は記している．英語で好まれていた言葉は ”stock” である．アダム・スミスについては，実のところ，肉屋とパン屋についての有名な節で，アウグスティヌスの用法である「自己愛 (self-love)［自愛心］」に回帰していたことは興味深い（Wealth of Nations 1.2.2『国富論　I』26 頁）．

＊60　Beier 1985:159–63; cf. Dobb 1946:234. ジプシーと交際することも死刑に相当する罪であった．放浪罪の場合，浮浪者の告発を進んでおこなう人物を見つけることは司法にとって非常に困難だったため，結局その罪を公の場での鞭打ちにまで減じなくてはならなかった．

＊61　Walker 1996:244.

＊62　Helmholtz 1986, Brand 2002, Guth 2008.

＊63　Helmholz 1986, Muldrew 1998:255, Schofield & Mayhew 2002, Guth 2008.

＊64　Stout 1742:121.

＊65　「フリート監獄やマーシャルシー監獄のおぞましさは，1729 年に暴露された．貧しい債務者たちは「平民側」でひしめき合い，汚物と寄生虫にまみれ，無慈悲にも飢えと監獄熱の苦しみで死に瀕していた． 詐欺師と不運な債務者を区別しようという配慮などいっさい存在しない．金持ちの悪党――借金を返済できるのにしようとしない――は，贅沢と放蕩のなか

で快楽にふけることができたが，貧しい不運な同獄の囚人たちは「平民側」で飢えたまま腐っていった」(Hallam 1866 V:269–70).

＊66　共有地の囲い込みと私有財産の誕生，土地なき労働者となった幾多ものかつての農夫の追放，といったよりなじみのある「原始的蓄積」の物語が虚偽である，と主張したいわけではない．この物語のあまり知られていない側面に光を当てているだけなのである．テューダー朝とステュアート朝を実際に特徴づける要因として囲い込みの誕生がどれほどの重みをもっているのかについては，熱い議論が交わされているので，この点に光を当てることはとりわけ有益である（たとえば Wordie 1983）．諸共同体をたがいに対立させるための負債の活用は，中世後期に民衆が獲得したものを転覆し資本主義への道を拓くうえで魔女狩りが担った役割とおなじ流れに沿っている．後者については Silvia Federici 2004（シルヴィア・フェデリーチ『キャリヴァンと魔女――女性・身体・本源的蓄積（仮題）』小田原琳・後藤あゆみ訳、以文社近刊）がすばらしい議論をおこなっている．

＊67　「18 世紀には個人信用の評判は悪化していった．たかが日常的消費財の支払いに借金をすることは悪しきことである，とひんぱんにいわれるようになった．現金経済が称えられ，慎み深い家計と節約の美徳が賞揚されるようになった．その結果，小売信用，質屋，金貸しはすべて攻撃されるようになり，借手も貸手も標的になったのだ」(Hoppit 1990:312– 13).

＊68　*Wealth of Nations* 1.2.2（前掲『国富論　I』26 頁）.

＊69　Muldrew 1993:163 もこのことを指摘している．

＊70　*Theory of Moral Sentiments* 4.1.10（『道徳感情論（下）』岩波文庫，24 頁）.

＊71　「無駄に使ってしまうために借りる人はまもなく破滅するであろうし，また，この人に貸した人は自分の愚かさを後悔するのがふつうである．したがって，そのような目的のために借りたり貸したりするのは，野卑な高利貸は別として，どんな場合にも当事者双方の利益に反することである．また人びとは，そうした借手にもなれば貸手にもなる，という場合がたしかに起ることがあるけれども，すべての人は自分の利益について関心をもっているのだから，われわれが想像しがちなほど頻繁に起ってくるこ

とはありえない，と信じてよい.」（*Wealth of Nations* 2.4.2 前掲『国富論Ⅰ』549 頁）．スミスは小売信用の存在を認知することはあれど，それにどんな重要性も与えることはない．

＊72　Reeves 1999. Servet(1994, 2001) 同様，Reeves も多数のひとが貨幣の素材の多様性に気づいていたことを示している．たとえばプーフェンドルフは膨大な一覧を作成している．

＊73　金に価値をあてがうとき，わたしたちは端的にこのことを承認しているのである．ダイヤモンドと水についての古い中世の謎を解決するさいにも，たいていおなじ議論が引き合いにだされた．あらゆる面で有用である水がほとんど無価値なのに，なんの役にも立たないダイヤモンドがかくも高価であるのはなにゆえか？　ダイヤモンドとは水の永遠なる形式である，というのがお決まりの解答であった（その前提のすべてに反対したガリレオは，このような主張をおこなう者どもは彫像に変えられるべきである，と，あるとき主張している．そうすればだれもが満足するはずであると，ルネサンス特有のスタイルで論じているのである．なぜなら (1) 彼らは永遠のものとなるし，(2) 残りの人びとは，そのようなばかげた議論をこれ以上耳にしないですむからである）．Wennerlind 2003 をみよ．興味深いことに，ほとんどのヨーロッパの政府が 17 世紀には硬貨にする金銀を製造するために錬金術者を雇っていたと，そこで指摘されている．このような諸計画が最終的に失敗したときはじめて，政府は紙幣へと舵を切ったのである．

＊74　Kindleberger 1984; Boyer-Xambeu, Deleplace, & Gillard 1994; Ingham 2004:171. むしろこの方向性は株式市場の創設へとみちびかれていった．15 世紀のブルッヘとアントワープにあらわれた最初の公開株式取引所は，当時ほとんど存在していなかった合弁事業 (joint-stock ventures) の株式取引ではなく，為替手形の「割引」によってはじまったのである．

＊75　所有しているものを貸出するだけの「原始的銀行業務 (primitive banking)」と，ある種の部分準備金制度（fractional reserve system）——つまり保有分以上に貸出することで実質的に貨幣を創造する——制度にもとづく「近代的銀行業務 (modern banking)」という区分を最初に導入し

たのはUsher（1934, 1943）である．このことが，いまやわたしたちが「近代的銀行業務」とは異なるなにかに移行したということの，もうひとつの理由であろう――以下をみよ．

＊76　Spufford 1988:258．Usher 1943:239-42から引かれている．当座預金入金票は使用されていたが，信用にもとづく民間銀行券の登場はずっとあとのことである．それは17世紀および18世紀に銀行家としての活動もおこなっていたロンドンの金匠（ゴールドスミス）から出現しているのである．

＊77　Munro 2003bは有益な要約をおこなっている．

＊78　MacDonald 2006:156.

＊79　Tomas de Mercado in Flynn 1978:400.

＊80　Flynn 1979; Braudel 1992:522–23（ブローデル『物質文明・経済・資本主義　15–18世紀　Ⅱ－2　交換のはたらき2』山本淳一訳，みすず書房，1988年）; Stein & Stein 2000: 501- 05, 960–62; Tortella & Comín 2002. をみよ．流通するフーロス *juros* の額は，1516年には360万デュカだったが，1598年には8040デュカに達した．

＊81　この立場の最も有名な唱道者はニコラス・バーボン (Nicholas Barbon 1690) であった．バーボンの議論によれば，「貨幣とは法によって形成された価値」であって，インチや時間，液体のオンスなどといった尺度とまったくおなじである．彼はまたほとんどの貨幣はいずれにせよ信用であると強調した．

＊82　Locke 1691:144（ジョン・ロック「貨幣の価値に関する再考察」『利子・貨幣論』田中 正司・竹本洋訳，東京大学出版会，1978年，232頁）．Caffentzis 1989:46–7においても引用されている．Caffentzisの著作はこの論争とその含意についていまだに最も示唆に富んだ概要である．Perlman & McCann 1998:117–20; Letwin 2003:71–8; Valenze 2006:40-‐3と比較すること．

＊83　マルクス主義的伝統における唯物論が根源的な新機軸といったものではないことを，わたしたちは忘れがちである．すなわち，マルクスは，ニーチェとおなじように，諸々のブルジョア的前提を（もっとも彼の場合べつのたぐいの前提だったが）とりあげて，それらをそのもとの提案者た

ちを激怒させるような方向に押し進めたのである．ともあれ，現在わたしたちが「史的唯物論」と呼ぶものは，実際にはマルクスのそのプロジェクトに対し，エンゲルスのつけ加えたものであると考えてもまちがいではない．その背景においても感受性においてもエンゲルスはブルジョアそのものであった（彼はケルン証券取引所の支柱だった）．

＊84　Macaulay 1886:485. もともとのエッセイは 1711 年 3 月 1 日に Spectator 誌上で発表された．

＊85　『ファウスト』第 2 部第 1 幕．その詳細な分析については Shell 1992, Binswanger 1994 をみよ．この錬金術との関連性は意義深い．1300 年にマルコ・ポーロは，ただの紙切れを黄金と等しく価値あるものに変貌させる能力にかけて，中国の帝国は「錬金術を習得しているようだ」と述べているが，それはあきらかに冗談のつもりだった，ところが 17 世紀には，ヨーロッパのほとんどの君主が，卑金属から黄金を生成させんとして実際に錬金術者を雇っていたのである．紙幣の採用は，それらの失敗からはじめて導入されたのである (Wennerlend 2003).

＊86　といっても貨幣への疑念が存在しなかったというわけではない．ただしそれらは，モラルおよび形而上学の問題に焦点化する傾向があった（たとえば「時間泥棒」）．

＊87　これは 1927 年におけるテキサス大学での講演での発言とされている．しかし実際にこの箇所は，近年の書籍やとくにインターネット上においてはてしなく引用されているとはいえ，おおよそ 1975 年あたり以前のものとしては確認できない．最初の二行は実際にはイギリスの投資アドバイザー，L・L・B・アンガスの 1937 年の言葉のようだ．「近代銀行制度は無から貨幣を造出する．この過程はおそらく，これまで発明されたなかで最も驚嘆すべき手品かもしれない．銀行は実際に，近代の帳簿記入通貨（ledger-entry currency）を膨張させ，鋳造し，それを溶解する［鋳つぶす］ことができる」(Angas 1937: 20-1)．引用のそれ以外の部分は，おそらく後年の発明である．それにスタンプ卿が，このようなことを公刊された著作で示唆したこともない．イングランド銀行初代頭取ウィリアム・パターソンのものとされる似たような一節「銀行はそれが無から創造した

あらゆる利益の恩恵を受けた」も，1930 年代になってからのものであり，確実に典拠が怪しい．

＊88　株式会社は植民地時代の開始期に有名な東インド会社およびその関連植民地企業とともに創設されたが，産業革命の時代にはその大部分が消滅した．そしてそれらが復活するのは 19 世紀終わりになってようやくのことであり，最初は主としてアメリカとドイツにおいてであった．Giovanni Arrighi［ジョヴァンニ・アリギ］（1994『長い 20 世紀』土佐弘之監訳，作品社，2009 年）が指摘するように，イギリス資本主義の最盛期を特徴づけるのは小規模会社と高等金融である．近代の官僚主義的企業資本主義を導入したのは，大英帝国の後継をねらうヘゲモニー闘争に 20 世紀前半をついやしたアメリカとドイツであった．

＊89　MacKay 1854:52（チャールズ・マッケイ『狂気とバブル』塩野未佳，宮口尚子訳，PanRolling，2004 年，53 頁）．

＊90　MacKay 1854:53–54（前掲書 54 頁）．

＊91　Spyer 1997.

＊92　Prakash 2003:209–16.

＊93　Hardenburg & Casement 1913. この逸話について，最もみごとでありかつ洞察に充ちた分析をおこなったのが Mick Taussig［ミック［マイケル］・タウシグ］(1984, 1987) である．

＊94　Encyclopedia Britannica, 11th edition (1911「プトゥマヨ (Putumayo)」『ブリタニカ百科事典　第 11 版』)，.

＊95　Taussig［タウシグ］(1984:482) の指摘するように，後年「食人」という言葉で実際になにを指していたのか，その会社の社長がたずねられたさい，インディアンが他のだれかとの交易を拒むということだといった．

＊96　これがヤン・ムーリエ＝ブータン (Yann Moulier-Boutang 1997) が，その重要な著作で詳細にわたり証明している点である．だが残念なことに英訳は存在しない．

＊97　Davies 1975:59.“Indentured［契約］”は，”indentations［刻み目］”または割符の上の切り込みに由来している．割符は，大方の年季奉公人など読み書きができない人びとにとって契約として広範に使用されていたか

らである（Blackstone 1827 I:218）.

＊98　イマニュエル・ウォーラーステイン（Immanuel Wallerstein 1974 川北稔訳『近代世界システム 1――農業資本主義と「ヨーロッパ世界経済」の成立』名古屋大学出版会，2013 年）は，この「再版農奴制」について古典となった分析を提供している.

＊99　ちなみにこのことは，階級横断的に該当する．卑しい牛の乳搾りから，「侍女」の見習い，騎士見習いなどにいたるまで，こうした奉仕については，だれもが従事するものとみなされていたのである．ついでにいうと，年季奉公契約が 17 世紀に大きく飛躍しなかった理由のひとつがこれである．それは契約雇用期間を 1 年から 5 年，7 年へと延長させただけだったのであるから．中世という時代においてさえ成人の日雇い労働者がいたが，彼らはしばしばたんなる犯罪者と同一視されていた.

＊100　ある意味，「プロレタリアート」という言葉そのものが，このことを暗示している．この語は「子を有する者」を意味するローマ時代の言葉からとられている.

＊101　C.L.R. James 1938（C・L・R・ジェームズ『ブラック・ジャコバン――トゥサン・ルヴェルチュールとハイチ革命』青木芳夫訳，大村書店，2002 年）; Eric Williams 1944（エリック・ウィリアムス『資本主義と奴隷制――経済史から見た黒人奴隷制の発生と崩壊』山本伸訳，明石書店，2004 年）.

＊102　「賃金支払いにおける，現金の使用を節約するための数多くの方策が，経営者には利用可能であった．その方策とは，長い間隔をおいてはじめて可能となる支払い，他者に要求する権利を与えるという形態での支払い（現物支払い，商店などからの購入券や引換券，私募債や引換券の供与）である」Mathias 1979a:95.

＊103　その完全な一覧はこのようなものとなる．“cabbage, chips, waxers, sweepings, sockings, wast¬ages, blessing, lays, dead men, onces, pri¬mage, furthing, dunnage, portage, wines, vails, tinge, buggings, colting, rumps, birrs, fents, thrums, potching, scrapings, poake, coltage, extra, tret, tare, largess, the con, nobbings, knockdown, boot, tommy, trimmings, poll, gleanings, lops, tops, bontages, keepy back, pin money"（Linebaugh 1993:449．Linebaugh 1982, Rule 1986:115–17 も参照せよ）．

＊104 Tebbutt 1983:49. 質屋全般については Hardaker 1892, Hudson 1982, Caskey 1994, Fitzpatrick 2001.

＊105 Linebaugh 1993: 371–404.

＊106 たいてい，もうこんなことはあきらかに該当しないので，今日わたしたちはまったく異なる世界に生きているのだ，と結論されるのである．マルクス自身は「政治経済学批判」，つまり彼の時代の経済学の理論と実践について書いているつもりだった，とここで読者に想起させておくことは有益かもしれない．

＊107 異なる出典をもとにしたこの逸話のいくつかのバージョンを提供している，ベルナル・ディアス (Díaz 1844 II:396) の Lockhart による翻訳を参照せよ．

＊108 Clenninden 1991:144.

＊109 このような理由で，Testart は，賭博師がじぶん自身を賭ける賭博による奴隷化と，（たとえそれが賭け事から生まれた負債によるものであれ）負債による奴隷化とを区別している．「賭け事に直接じぶん自身を賭ける賭博師の心性は，生存のために自己を売り飛ばそうとする貧しい者の心性より，戦争で命を失ったり奴隷として捉えられる危険を冒す，戦士の心性に近い」(Testart 2002:180)．

＊110 ちなみにこのことが，赤字 (deficit) について，それをモラリティに反していると非難することが根本的に不誠実な理由である．近代貨幣とは実質的に国債（政府の負債）にほかならず，赤字がなくなるとしたらその結果は壊滅的である．たしかに貨幣は銀行によって私的に創造されることも可能であるが，これには限界があらわれるだろう．1990 年代後半にクリントン政権が財政黒字を計上するようになったさい，アラン・グリーンスパン率いる合衆国の金融エリートがパニックにおちいったのはそのためである．ブッシュ政権による減税は，まさに赤字の維持をとくにねらっていたようにおもわれる．

＊111 Wallerstein 1989.

＊112　Jefferson, 1988:600.

＊113　ブリテンで最初の破産法が通過したのは 1542 年のことである.

＊114　ファウストが借用書によって負債を支払うよう皇帝に助言したさい, 具体的にゲーテがこのように考えていたことはまちがいない. ついに支払い期限がやってきたときファウストの身になにが起きたか, だれもが知っている.

＊115　Sonenscher (2007) はこれらの議論について長大で詳細をきわめる歴史を執筆している.

＊116　ここに宗教的な要素をみいだすこともできるだろう. アウグストゥスの時代に中東のカルト宗教集団が信じていたのは, 空から降ってくる炎の到来がさしせまっており地球を焼き尽くしてしまであろうという考えであった. 当時, それ以上に起こりそうにもないことはなかったようだ. 2000 年ものあいだ, 彼らは世界の一角を支配するにとどまっていたが, どうすればそれを実現できるのか, ついにその方法をつかみとったというわけだ. だがそれでも, これはあきらかに, より大きなパターンの一部なのである.

第一二章

＊1　この日付の重要性を最初にわたしに教えてくれたのは, 同業の人類学者 Chris Gregory［クリス・グレゴリー］(1998: 265–96) である (Hudson 2003a もみよ). 1934 年以来, 合衆国市民は, 金（きん）をドル建ての現金に引き換えることができないでいる. ここからの分析は, グレゴリーおよびハドソンの双方から着想をえている.

＊2　どちらかというと少額の地金をあげている, もっともらしくみえるヴァージョンは以下で閲覧可能. www.rediff.com/money/2001/nov/17wtc.htm. より娯楽的で虚構度の高いヴァージョンは www.rense.com/general73/confess.htm.

＊3　The Federal Reserve Bank of New York: the Key to the Gold Vault" (newyorkfed.org/education/addpub/goldvaul.pdf).

＊4　余談ではあるが, 当時, タワー直下のアーケード街には数々の高級宝石

店があってそこにあった金が実際に消えてしまった，という新聞報道を読んだことをわたしはおぼえている．おそらく救助隊員がくすねたと考えられていたが，状況にかんがみて真剣な異議申し立てはなかったようだ．少なくとも，この問題がそれ以上調査されたことを耳にしていない．起訴されなかったことはいうまでもない．

＊5　William Greider［ウィリアム・グレイダー］が，みずからの連邦準備制度にかんするすぐれた歴史書を *The Secrets of the Temple*［『神殿の秘密』］と題したことは，偶然ではない．実際に職員の多数が，内々ではこのように表現している．グレイダーが引用するひとつの事例は次のようなものである．「連邦準備制度は，まさに教会のようだ．（…）法王たる理事，枢機卿団たる知事と銀行頭取，教皇補佐たる幹部職員．民間金融機関が，平信徒に対応する．（…）そこにはイエズス会，フランシスコ会，ドミニコ会といった異なる宗教思想の教団すらあるが，ただわたしたちがそれらを，プラグマティスト，マネタリスト，新ケインズ主義者などと呼んでいるだけの違いだ」（*ibid*:54）．

＊6　これは，とくに新しい主張ではない．たとえば Mielants 2007（エリック・ミラン『資本主義の起源と「西洋の勃興」』山下範久訳，藤原書店，2011 年）の最近の仕事などのブローデル学派（世界システム論）に，部分的には依拠している．ニクソンの時代以来の関連性を展開する，より古典的なマルクス主義的見解としては，MacDonald & Gastman 2001, MacDonald 2006 をみよ．

＊7　Senator Fullbright, in McDermott 2008:190.

＊8　わたしは，このことがアメリカ合衆国憲法（第 1 条第 8 節第 5 項）［「貨幣を鋳造し，その価値および外国貨幣の価値を規制し，度量衡の標準を定めること」］の意図と真っ向から対立していることを注記しておこう．同条文は，連邦議会のみが「貨幣を鋳造し（…）その価値を規制」する権限を有すると規定している．この規定が中央銀行の創設に反対していたジェファソン派の要請であることはまちがいない．合衆国はいまでも法律のこの条文を守っている．合衆国の硬貨は財務省が直接発行しているのである．合衆国の紙幣は財務長官によって署名されているが，財務省ではなく連邦

準備制度によって発行されている．紙幣は厳密にいうと銀行券だが，イングランド銀行同様にただひとつの銀行が発行の独占権を与えられている．

＊9 連邦準備制度がどう機能しているか知らない人のために［述べておく］．制度的にはいくつかの階梯が存在している．通常，財務省が国債を公開し，連邦準備制度がそれを買い上げる．ついで連邦準備制度は，このようにして作られた貨幣を，他の銀行に特別な低金利（「プライム・レート」）で貸付するのだが，そうすることでそれらの銀行は金利を上げて貸すことができるようになる．この銀行システムの規制者としての権限によって，連邦準備制度は部分準備率（fractional reserve rate）も設定する．銀行が連邦準備制度から借りるドルごとに，あるいは預金額ごとに，あるいは資産として計上できる金額ごとに，どれだけのドルを「貸す」（実際には，作る）ことができるか，というレートである．建て前としてはそれは10対1であるが，さまざまな法の抜け道によって銀行はもっと高く設定することが可能である．

＊10 そこから，連邦準備制度による金準備とは本当にはなにを目的としているのか，という興味深い問いがあらわれる．

＊11 貨幣創造における中央銀行の正確な役割は，現在の政治論争において大いに問題になっている．連邦準備制度は政府による政策の延長である，またはあるべきだと主張する者もいれば，事実上，投資家階級の自律した代弁者であると主張する者もいる．貨幣創造におけるその役割，および部分準備銀行（fractional reserve banking）の地位については，新古典派的アプローチを代表するポール・クルーグマンと，現代金融理論［現代貨幣理論］（MMT）アプローチの唱道者であるスティーヴ・キーンのあいだの最近の論争が示すように，活発な論議の的である．イングランド銀行は「現代経済における貨幣創造 (Money Creation in Modern Economy)」と題された最近の報告書をもって，この論争に介入した．おどろくべきことに，MMTの立場が，そこではっきりと支持されている．ほとんどの貨幣が実際には民間金融機関によって創造されているのであって，部分準備制度は銀行がそれをおこなう権限を制限していない，というのがそれである．これはきわめて劇的な表明である．本質的に，緊縮プログラム正当化のため

に使用されたほとんどすべての言語が端的に誤っていることの承認なのであるから.

＊12　とはいえ，これまで利用されたことはないものの，実は合衆国政府が貨幣を発行できる方法がひとつある．高額硬貨の発行である．貨幣を「鋳造(コイン)」できるのは連邦政府のみであると憲法が規定しているため，紙幣は連邦準備制度によって発行されても，金属通貨は財務省によって依然として直接に発行されている．現在政府が発行している最高額の硬貨は一ドル硬貨だが，たとえば一兆ドルに値する「プラチナ硬貨」を発行し，それによって負債を即金で支払うことは不可能であるとする法的根拠はない．実際，これは，2010 年の債務危機のあいだに，現代金融理論の唱道者によって提案され，メディアで議論された．だがオバマ政権によって真剣にとりあげられることはなかった.

＊13　おそらく近年における合衆国のグローバル・パワーにとっての最大の妥協は，非常に密集し洗練された防空のため合衆国空軍が自由に侵入できるかどうか確実でない地域が一箇所存在するということである．すなわち台湾に面する中国の領土である．もちろん，ウサマ・ビン・ラディンを吹き飛ばすことができずにいることは，この権力にとっての最も顕著な限界である.

＊14　あるいは，合衆国株式市場に資金を投入することは，最終的には同様の効果がある．Hudson（2003a:7 マイケル・ハドソン『超帝国主義国家アメリカの内幕』広津倫子訳，徳間書店，2002 年［日本語版には対応箇所はない］）が指摘しているように，「アメリカの外交官たちは，米企業の支配権を買収すること，あるいは金(きん)に回帰することさえも，非友好的な行為とみなされると明言した」．それゆえ，いっそう非友好的な行為とみなされるだろうドルからの完全撤退を望むのでもないかぎり，代替案はない.

＊15　Hudson 2003a:12.（同上）.

＊16　多くの人びとが指摘したように，この頃にユーロに方向転換したイラク，イラン，北朝鮮の三カ国こそが，まさにブッシュによって「悪の枢軸」と名指しされた国々であった．もちろんここで，その因果関係を指摘することができよう．フランスやドイツといったユーロ圏の主要国が一様

に戦争に反対した一方で，アメリカの同盟国がイギリスなどのユーロ懐疑派から集められたこともみすごせない．

＊17　ドルと帝国の関係について，いくつかの代表的見解を記しておくと，保守，新古典派の見解には Ferguson (2001, 2004)，ポストケインズ主義的見解には Hudson (2003)，マルクス主義には Brenner (2002) がある．

＊18　石油の売買がドル建てであるという事実が本当にアメリカに通貨発行益（シニョリッジ）を与えているのかについて，主流と異端の経済学者のあいだで，いくつかの論争が起こっている．当面の目的にとって真に重要なのは，アメリカの政策立案者たちが，そのことが象徴的に重要であると感じているようにみえること，それを変えようとするあらゆる試みに抵抗しているということである

＊19　CIA さえそのような取り決めを，あたりまえのように「奴隷制」と呼んでいる．厳密にいえば，負債懲役制は「奴隷制」ではないのだが．

＊20　これを本文 546 頁の赤字／軍事費のグラフと比較してみること．この曲線はほとんど同一になっている．

＊21　以下をみよ．dailybail.com/home/china-warns-us-about-debt-monetization.html2009 年 12 月 22 日閲覧．この話は，『ウォールストリートジャーナル』の記事，「負債を貨幣化してはならない——ダラス連邦準備銀行総裁が語るインフレ・リスクと銀行の独立 (Don't Monetize the Debt: The president of the Dallas Fed on inflation risk and central bank independence)」にもとづいている (Mary Anastasia O'Grady, WSJ, May 23, 2009)．いまや「負債の貨幣化」は，最も一般的な用法において，負債の支払いのために「紙幣を印刷する」ことの同義であることを追記しておこう．この用法はほとんど普遍的なものとなっているが，負債それ自体を貨幣に変えるという本来の意味ではない．イングランド銀行は，国債支払いのために紙幣を印刷したわけではない．国債自体を貨幣に変えたのである．ここでもまた，貨幣の本性そのものについて，深淵な議論が進行している．

＊22　この協定はときに第二のブレトンウッズと呼ばれる (Dooley, Folkerts-Landau & Garber 2004, 2009)．少なくとも 1990 年代以降，事実上，アジアの商品を合衆国に安価で輸出するために，ドルの価値を人為的に高く

し，東アジア，とりわけ中国の通貨を人為的に低くしておくために，さまざまな非公式な手段を使うための協定である．1970年代以降，合衆国の実質賃金が継続的に停滞か後退してきたことを考えると，これと消費者債務の蓄積だけが，合衆国の生活水準が急速に低下しなかった理由である．

＊23　鄭和については，Dreyer 2006, Wade 2004, Wake 1997をみよ．朝貢貿易一般については，Moses 1976, Yü 1967, Hamashita 1994, 2003; Di Cosmo & Wyatt 2005を参照せよ．

＊24　ここでの議論は，Arrighi, Hui, Hung and Selden 2003にしたがっている．その論点のいくつかは，アリギの最後の著作 *Adam Smith in Beijing* 2007（中山智香子監訳『北京のアダム・スミス――21世紀の諸系譜』作品社，2011年）のうちに反響していた．

＊25　たとえばジョヴァンニ・アリギは，合衆国は自国の負債を貢納制に転換しようとしたが最終的には維持不可能であったと論じている．「1990年代のアメリカ経済の復活および成長するアメリカ経済への世界経済の継続的な依存が，世界史上類のないアメリカの対外債務の増大に依拠し続けていたという事実である．こうした状況は，アメリカが世界の他地域との経常収支を決済するために毎日必要とする20億ドル以上の額（とその会計処理）を，純粋な貢物，つまり「みかじめ料」に変えるのでもなければ，ほんの少しのあいだでさえつづかない．だが…こうした貢物から新たな，それも歴史上はじめての真に普遍的な帝国の基礎を引き出そうというアメリカの試みはみじめにも失敗し，1920年と1930年代以来のグローバルな政治的不安定という状況を生み出している．」（2007 164 同上訳書，232–33頁）アリギの議論によれば，2008年の金融危機を引き起こしたのはまさにこの試みであった．

＊26　もちろん日本は例外である．それ以前に，日本が第一世界の地位とでもいうべきものに到達していたからである．

＊27　Keynes 1936:345（ケインズ『雇用，利子および貨幣の一般理論』間宮陽介訳，ワイド版岩波文庫，2012年，184頁）．

＊28　www.irle.berkeley.edu/events/spring08/feller/ を参照．

＊29　ここで鍵となった立法は，すべての連邦利息制限法を無効にした

1980年の「預貯金取扱金融機関規制緩和・通貨管理法(Depository Institutions Deregulation and Monetary Control Act)」だった．おもてむきは，1970年代後半の激しいインフレへの応答ということだったわけだが，もちろん，インフレが抑制されたあとでも過去4半世紀ものあいだ，それらの利息制限法が復活をみることはなかった．この法は，州の定める最高利子は現状維持にとどめる一方，クレジットカード会社などの機関は，どこで営業しようとも登記をおこなった州法にしたがうことができるようにしていた．ほとんどの機関が最高利率に限度のないサウスダコタ州で登記したのは，まさにそのためである．

＊30　最初の言い回しは，トーマス・フリードマン(Thomas Friedman 1999)による『レクサスとオリーブの木(*The Lexus and the Olive Tree*)』(『レクサスとオリーブの木――グローバリゼーションの正体』東江一紀，服部清美訳，草思社，2002年）という題名の，気取った空疎な本からである．2番目は，その同名の表題のランディ・マーティンRandy Martin (2002)の著作からである．

＊31　アメリカでは，こういった「普遍的他者性」は，なによりも人種差別によって達成された．合衆国におけるほとんどの小売業が，民族集団にもとづいて経営されているのはそのためである．たとえば韓国人の食糧雑貨商やドライクリーニング屋は同民族のあいだで融資し合うが，顧客との社会的な隔たりは大きいので，外部に信用を拡張すること，さらには基本的な信頼関係を期待することさえ問題外である．彼ら自身，じぶんたちにサービスを提供する電気技師，錠前師，あらゆる種類の請負人は，少なくとも彼らを騙そうとしているとみなしているからである．基本的に，人種的ないし民族的分断線を横断する市場は，だれもがアマレク人であるかのように想定される場所になってしまうのである．

＊32　Gilder 1981:266（ジョージ・ギルダー『富と貧困――供給重視の経済学』斎藤精一郎訳，日本放送出版社，1981年，411頁)，Cooper 2008:7の引用から．クーパーの小論は，負債帝国主義――ハドソンに影響されての造語であると思われる――と福音主義キリスト教の関係についての才気あふれる研究で，心から推奨したい．Naylor 1985もみよ．

＊33　Robertson 1992:153. これについても Cooper, *op cit.* の引用より.

＊34　Atwood 2008:42（マーガレット・アトウッド『負債と報い――豊かさの影』佐藤アヤ子訳，岩波書店，43-4 頁）.

＊35　ついでながらこれは，欲求充足を先送りできないため借金浸けになったという貧困層に対するよくある批判への最良の応答である．それは人間性についてなにも理解していない経済論理が，「消費者」の実際の動機にかんする理解を歪曲するやり口のひとつなのである．合理的に考えれば，貯蓄の利子は年間ほぼ 4 パーセントであり，クレジットカードは 20 パーセントを利子として課すので，消費者はいざというときのために貯金して，十分な蓄えができるまで不必要な買い物は先送りし，どうしても必要な時にだけ借金するべきであろう．ところが，そのように行動する人びとはほとんどいない．だが，それが（ぴかぴかの新品のドレスが欲しくてがまんできない）思慮のなさのためであることはまれで，実際には人間関係が想像上の「消費者購買行動」のように延期することができないからなのである．要するに，ある人の娘が五歳なのは一度だけで，ある人の祖父が生きられるのはあと数年なのだ.

＊36　この主題については実に多数の書物があるので言及はためらわれるが，Anya Kamentz, *Generation Debt* (2006), Brett William, *Social History of the Credit Trap* (2004) という二つの傑出した例をあげておく．負債をめぐる要求が階級闘争の一形態であるという大きな見取り図は，「ミッドナイト・ノーツ・コレクティヴ」から影響を受けている．彼らは逆説的なかたちで，次のように論じている．「ネオリベラリズムは，信用の領域において，資本と労働者階級のあいだの新たな闘争の次元をひらいた」(2009:7)（ミッドナイト・ノーツ・コレクティヴとその友人たち『金融恐慌からコモンズへ――資本主義の現在的批判のために』高祖岩三郎ほか訳，以文社，2009 年）．わたしは，ある程度この分析にしたがうが，数多くのマルクス主義の文献の足枷となっている，人間の生を「労働力の再生産」としてとらえる経済主義的枠組みとは決別したい．「生存を超えた生」の強調は，ヴァネーゲン (Vaneigem 1967) からの遠い影響もあるとおもうが，大部分はわたし自身の価値論に端を発するものである (Graeber 2001).

＊37　Elyachar 2002:510.

＊38　たとえば "India's micro-finance suicide epidemic," Soutik Biswas, BBC News South Asia，2010年12月16日をみよ．bbc.co.uk/news/world-south-asia-11997571

＊39　わたしはこのことを，活動家としての行動を通じて数多くの機会を直接に観察してきた．たとえば警察は嬉々として貿易サミットを閉鎖するわけだが，それはたんに抗議者たちがじぶん自身の力でそれを達成したと感じさせる機会を与えないためだけにおこなわれるのである．

＊40　実際には，それは主要に，利潤分配という考えに口先では賛同するものの，実際にはそれ以外の銀行とほとんどおなじように運営される「無利子」の銀行協定からなる．問題は，利潤を分配する銀行がより標準的な銀行と同一の市場で競合しているなら，じぶんの事業の高収益を予想している人びとは固定金利型ローンを提供する銀行に引き寄せられ，利潤分配にむかうのは低収益を予想する人びとだけになることである (Kuran 1995:162)．無利子銀行への移行がうまくいくには，すべての銀行がそうならなければならない．

＊41　カリフ制のもとでは貨幣供給を保証するため．中国では市場を安定させ資本家の独占を防ぐ目的での制度的介入を通じて．のちにアメリカ合衆国とその他の北大西洋の共和国では自国の負債の貨幣化を通じて．

＊42　たしかに，わたしが第五章で示したように，経済生活は常に諸原理のあいだの対立となるものであり，だからいくぶんかは非一貫したものであるといえる．実のところ，わたしには，それが悪いこととはおもえない．少なくとも，それは無限に生産的である．暴力から生まれる歪みは独特な陰険さを生むという印象をわたしに与えるのである．

＊43　von Mises 1949:540–41. ドイツ語原文は，1940年に発表されたが，おそらくその1年か2年前に執筆されていた．

＊44　Ferguson 2007:iv（ニーアル・ファーガソン『マネーの進化論』仙名紀訳，ハヤカワノンフィクション文庫，2015年，41頁）．

＊45　ここでは，じぶんの経験を通して述べることができる．わたしは友人たちにはワーカホリックとして知られており（それは当然彼らの頭痛の種

ともなる），じぶん自身，このようなふるまいは，よくいって病的であり，いかなる意味においても，よりよい人間をつくることはないことを承知しているのである．

参 考 文 献

Abraham, Roy Clive. 1933. *The Tiv People*. Lagos: Government Printer.

Abu Lughod, Janet. 1989. *Before European Hegemony* Oxford: Oxford University Press（佐藤次高・斯波義信・高山博・三浦徹 訳『ヨーロッパ覇権以前――もうひとつの世界システム』上・下巻，岩波書店，2014）.

Adamek, Wendi L. 2005. “The Impossibility of the Given: Representations of Merit and Emptiness in Medieval Chinese Buddhism.” *History of Religions* 45 (2): 135-80.

Adams, Robert McC,.C.Lamberg-Karlovsky, William L.Moran.1974. “The Mesopotamian Social Landscape: The View from the Frontier.” *Bulletin of the American Schools Of Oriental Research. Supplementary Studies* No. 20, Reconstructing Complex Societies: An Archaeological Colloquium, pp.1-20.

Adkins, Arthur W. H.1972. *Moral Values and Political Behaviour in Ancient Greece: From Homer to the End of the Fifth Century.* New York: Norton.

Adolf, Helen.1947. “New Light on Oriental Sources for Wolfram's Parzival and Other Grail Romances.” PMLA 62 (2): 306-24.

———.1957. “Christendom and Islam in the Middle Ages: New Light on ‘Grail Stone' and “Hidden Host.” *Speculum* 32.(I): 103-15.

Afigbo, Adiele Eberechukwu.1971. “The Aro of southeastern Nigeria: a socio-historical analysis of legends of Their origins.” *African Notes* 6:31-46.

Aglietta, M.and Orlean, A.1992.*La Violence de la monnaie*. Paris:Presses Universitaires de France（井上泰夫・斉藤日出治 訳『貨幣の暴力――金融危機のレギュラシオン・アプローチ』法政大学出版局 ,1991）.

———.1995. *Souveraineté, légitimité de la monnaie*. Paris: Association d'Économie Financiére (Cahiers finance, éthique, confiance).

———.1998. *La Monnaie souveraine*. Paris: Odile Jacob（坂口明義 監訳 中野佳裕・中原隆幸 訳『貨幣主権論』藤原書店，2012）.

Aglietta, M., et al. 1998. “Introduction.” In: *La monnaie souveraine* (M.Aglietta & A.Orléan, eds.), pp. 9-31. Paris: Odile Jacob（坂口明義 監訳 中野佳裕・中原隆幸 訳『貨幣主権論』藤原書店，2012）.

Aglietta, M., & Orlēan, A. (Eds.). 1995. *Souveraineté, légitimité de la monnaie*. Paris: Association d'Économie Financiére (Cahiers finance, éthique, confiance)（坂口明義 監訳 中野佳裕・中原隆幸 訳『貨幣主権論』藤原書店, 2012）.

Agnew, Jean-Christophe.1986.*Worlds Apart:The Market and the Theater in Anglo-American Thought*. Cambridge: Cambridge University Press（中里寿明 訳『市場と劇場——資本主義・文化・表象の危機 1550—1750 年』平凡社 ,1995）.

Ahern, Emily. 1973. *The Cult of the Dead in a Chinese Village*. Stanford: Stanford University Press.

Akiga Sai, B.1939. *Akiga's story; the Tiv tribe as seen by one of its members. Translated and annotated by Rupert East*. London, New York, Published for the International African Institute by the Oxford University Press.

Akiga Sai, Bohannan, P. 1954. "The 'Descent' of the Tiv from lbenda Hill" (translated by Paul Bohannan.) *Africa: Journal of the International African Institute* 24 (4): 295-310.

Akin, David and Joel Robbins,.1998. "An Introduction to Melanesian Currencies: Agencies, Identity, and Social Reproduction". In *Money and Modernity: State and Local Currencies in Melanesia* (David Akin and Joel Robbins, ed.), pp. 1-40. Pittsburgh: University of Pittsburgh press.

Alexander, John B.l938. "A Babylonian Year of Jubilee?" *Journal of Biblical Literature* 57: 55-79.

Allen, N. J. l998. "The category of substance: a Maussian theme revisited." In Marcel Mauss: A Centenary Tribute (Wendy James, N. J. Allen, eds.), pp. 175-191. London: Berghahn Books.

Altekar, Anant Sadashiv. 1977. *State and Government in Ancient India*. Delhi: Motilal Banarsidass.

———.1983.*The Position of Women in Hindu Civilization*. Delhi: Motilal Banarsidass.

Althabe, Gérard. 1968. "La circulation monētaire dans un Village Betsimisaraka." *Tany Gasy* 8:35-46.

Ames, Roger.1994. *The Art of Rulership: A Study of Ancient Chinese Political Thought*. Albany: State University of New York Press.

Anderson, Perry. 1974. *Passages from Antiquity to Feudalism*. London: Verso Press（青山吉信・尚樹啓太郎・高橋秀 訳『古代から封建へ』刀水書房 ,1984）

Angas, Lawrence Lee Bazley. 1937. *Slump Ahead in Bonds*. New York: Somerset Pub. Co.

Arnaud, Daniel. 1973. "La prostitution sacrée en Mésopotamie, un mythe

historique? ” *Revue de l'histoire des religions* 183:111-15.

Arrighi, Giovanni. 1994. *The Long Twentieth Century: Money, Power, and the Origins of Our Times*. London: Verso.（土佐弘之 監訳，柄谷利恵子・境井孝行・永田尚見 訳『長い 20 世紀――資本、権力、そして現代の系譜』作品社，2009）

———.2007. *Adam Smith in Beijing: Lineages of the Twenty-First Century*. London: Verso.（中山智香子 監訳，山下範久 解説『北京のアダム・スミス――21 世紀の諸系譜』作品社，2011）

Arrighi, Giovanni, Po-Keung Hui, Ho-Fung Hung and Mark Selden,. 2003. “Historical Capitalism, East and West” . In *The Resurgence of East Asia: 500, 150, and 50 year Perspectives*.(Giovanni Arrighi, Takeshi Hamashita and Mark Selden, eds.) London: Routledge, pp.259-333.

Asheri, David. 1969. “Leggi greche sul problema dei debiti.” *Studii classici e orientali* 18:5-122.

Ashtor, Eliahu. 1972. “Banking instruments between the Muslim East and the Christian West.” *Journal of European Economic History* 1: 559-573.

———.1976. *A Social and Economic History of the Middle East*. Berkeley: University of California Press.

Assante, Julia. 2003. “From Whores to Hierodules: The Historiographic Invention of Mesopotamian Female Sex Professionals.” In *Ancient Art and Its Historiography* (edited A.A.Donahue and Mark D. Fullerton), 13-47. Cambridge: Cambridge University Press.

Atwood, Margaret. 2008. *Payback: Debt and the Shadow Side of Wealth*. London: Blooms bury（佐藤アヤ子 訳『負債と報い――豊かさの影』岩波書店 ,2012).

Auerbach, Erich. 1946 [2003]. *Mimesis: The Representation of Reality in Western Literature*. Princeton: Princeton University Press（篠田一士・川村二郎 訳『ミメーシス』上・下巻，ちくま学芸文庫，1994).

Aydan, Ertan. 2003. *The Peculiarities of Turkish Revolutionary Ideology in the 1930s: the ülüku version of Kemalism*, 1933-1936. Ph.D. disseration, Bilkent University, Ankara (http://www.thesis.bilkent.edu.tr/ooo2416.pdf).

Aylmer, G. E. 1980. “The Meaning of Property in Seventeenth-Century England.” *Past and Present* 86:87-97.

Ayyar, P. V. Jagadisa. 1982. *South Indian Shrines: Ilustrated*, New Delhi: Apex.

Bahrani, Zainab. 2001. *Women of Babylon: Gender and Representation in Mesopotamia*. London: Routledge.

Baker, J. Wayne. 1974. "Heinrich Bullinger and the Idea of Usury." *The Sixteenth Century Journal* 5 (1): 49-70.

Baker, Jennifer. 2005. *Securing the commonwealth: debt, speculation, and writing in the making of early America*. Baltimore: Johns Hopkins University Press.

Ballin, Theodore N. 1978. 'A Commentary on [Demosthenes] 50.' Doctoral Dissertation: University of Washington, Seattle.

Balmuth, Miriam S. 1967. "The Monetary Forerunners of Coinage in Phoenicia and Palestine" , in Aryeh Kindler,ed., *International Numismatic Convention, Jerusalem*, 27-31 December 1963: *The Patterns of Monetary Development in Phoenicia and Palestine in Antiquity*, Proceedings (Shocken, Tel Aviv), pp. 25 - 32.

———.1971. "Remarks on the Appearance of the Earliest Coins" , in David G. Mitten, John Griffiths Pedley, and Jane Ayer Scott, eds., *Studies Presented to George M. A Hanfmann* (Philipp von Zabern, Mainz), pp. 1-7.

———.1975. "The Critical Moment: the Transition from Currency to Coinage in the Eastern Mediterranean." *World Archeology* 6: 293-9.

———.2001. Hacksilber to Coinage: New Insights into the Monetary History of the Near East and Greece. *Numismatic studies* No. 24. New York: American Numismatic Society,

Banaji, Jairus. 2001. *Agrarian Change in late antiquity: gold, labour, and aristocratic dominance*. Oxford: Oxford University Press.

Barasch, Moshe. 1993. *Icon: studies in the history of an idea*. New York: NYU Press.

Barber, Malcolm. 1978. *The Trial of the Templars*. Cambridge: Cambridge University Press.

Barendse, Rene J. 2002. *The Arabian Seas: The Indian Ocean World of the Seventeenth Century*. Armonk: M. E. Sharpe.

Barnes, Robert Harrison and Ruth Barnes. 1989. "Barter and Money in an Indonesian Village Economy." *Man (New Series)* 24 (3): 399-418

Barreau, Andre. 1961. "Indian and Ancient Chinese Buddhism: Institutions Analogous to the Jisa." *Comparative Studies in Society and History* 3 (4): 443-51.

Barth, Frederick. 1969. "Economic Spheres in Darfur." Themes in Economic Anthropology, ASA Monographs no. 6, pp. 149-74. London: Tavistock.

Basham, Arthur Llewellyn. 1948. "Harsa of Kashmir and the Iconoclast Ascetics." *Bulletin of the School of Oriental and African Studies, University of London* 12 (3/4): 668-99.

Baskind, James. 2007. "Mortification Practices in the Obaku School." In *Essays on East Asian Religion and Culture, Festschrift in honour of Nishiwaki Tsuneki on the occasion of his 65th birthday* (edited by Christian Wittern and Shi Lishan). Kyoto: Kyoto University.

Bataille, George. 1993. "The Accursed Share Volume III, Sovereignty, Part One: 'What I Understand by Sovereignty;" pp. 197-257. In *The Accursed Share Volumes II & III*, New York: Zone Books（湯浅博雄・酒井健・中地義和 訳『至高性―呪われた部分：普遍経済論の試み第３巻』人文書院，1990）.

Baxter, W. T. 1989. "Early accounting: The tally and checkerboard." *Accounting Historians Journal* 16 (2): 43-83

Beard, Mary and John Henderson. 1997. "With This Body I Thee Worship: Sacred Prostitution in Antiquity." *Gender & History* 9: 480-503.

Beattie, John. 1960. *Bunyoro: an African Kingdom*. New York: Holt, Rinehart and Winston.

Beauchet, Ludovic. 1897. *Histoire du droit privé de la République athénienne*. Paris: Chevalier Maresoq.

Beaujard, Philippe. 2005. "The Indian Ocean in Eurasian and African World-Systems before the Sixteenth Century." *Journal of World History* 16 (4): 411-65.

Begg, David, Stanley Fischer, and Rudiger Dornbusch. 2005. *Economics* (Eighth Edition). Maidenhead, Berkshire: McGraw-Hill.

Beier, A. Lee. 1985. *Masterless men: the vagrancy problem in England 1560-1640*. London: Routledge.

Bell, Stephanie. 1999. "Do taxes and bonds finance government spending?" *Journal of Economic Issues* 34: 603-20.

———.2000. "The role of the state and the hierarchy of money." *Cambridge Journal of Economics* 25: 149-63.

Bell, Stephanie and John F. Henry. 2001. "Hospitality versus Exchange: the Limits of Monetary Economics." *Review of Social Economics* 54 (2): 203-26.

Bellah, Robert N. 2005. "What is Axial About the Axial Age?" *Archives of European Sociology* 46 (1): 69-87.

Belo, Jane. 1936. "A Study of the Balinese Family." *American Anthropologist* 38 (1):12-31.

Benedetto, Luigi Foscolo. 1931. *The Travels of Marco Polo the Venetian* (Aldo Ricci's

translation). London: Routledge（マルコ・ポーロ『東方見聞録　1』愛宕松男訳，平凡社，ライブラリー，2000年）.

Benn, James A. 1998. "Where Text Meets Flesh: Burning the Body as an Apocryphal Practice in Chinese Buddhism." *History of Religions* 37 (4): 295-322.

———. 2007. *Burning for the Buddha: Self-Immolation in Chinese Buddhism*. Honolulu: University of Hawaii Press.

Benveniste, Ernile. 1963. *Indo-European Language and Society* (2 volumes). London: Faber & Faber（蔵持不二也ほか訳『インド・ヨーロッパ人の諸制度語彙集』Ｉ，言叢社，1986）.

———.1972. "Don et échange dans le vocabulaire indo-européen." In *Problèmes de linguistique générale* (Paris: Galimard).

Berndt, Ronald M. 1951. "Ceremonial Exchange in Western Arnhem Land." *Southwestern journal of Anthropology* 7 (2): 156-76.

Binswanger, Hans Christoph. 1994. *Money and Magic: A Critique of the Modern Economy in the Light of Goethe's Faust*. Chicago: University of Chicago Press.（清水健次 訳『金と魔術――『ファウスト』と近代経済』法政大学出版局，1992）.

Birks, Peter. 1985. "The Roman Law Concept of Dominium and the Idea of Absolute Owner ship." *Acta Juridica* 7: 1-37.

Bishop, Ryan and Lilian S. Robinson. 1998. *Night Market: Sexual Cultures and the Thai Economic Miracle*. New York: Routledge.

Blackburn, Robin. 1997. *The Making of New World Slavery: From the Baroque to the Modern*, 1492-1800. London: Verso.

Blackstone, Sir William. 1827. *Commentaries on the laws of England*. London: E. Duyckinck（石川彝 訳『大英律 初篇』第１・２・３巻，勝島万助 発行，1887）.

Blanc, Louis. 1839. *L'organisation du travail*. Paris: Au Bureau de Nouveau Monde.

Blau, Peter. 1964. *Exchange and Power in Social Life*. New York: Wiley（間場寿一・居安正・塩原勉 訳『交換と権力――社会過程の弁証法社会学』新曜社，1974）.

Blaxter, Lorraine. 1971. "Rendre service and Jalouisie." In *Gifts and Poison* (F. G. Bailey, ed.). London: Basil Blackwell, pp. 119-30.

Bleiberg, Edward. 2002. "Loans, Credit and Interest in Ancient Egypt." In *Debt and Economic Renewal in the Ancient Near East* (Hudson, Michael and Marc Van

de Mieroop, eds.), pp. 257-76. Bethesda: CDL Press.

Blickle, Peter. 1977. *The Revolution of 1525: The German Peasant's War from a New Perspective*. (Thomas Brady and Erik Midelfort, translators.) Baltimore: Johns Hopkins（前間良爾・田中真造 訳『1525年の革命——ドイツ農民戦争の社会構造史的研究』刀水書房，1988）.

Bloch, Marc. 1961. *Feudal Society*. (2 volumes). Chicago: University of Chicago Press（堀米庸三監訳『封建社会』岩波書店，1995）.

Bogaert, Raymond. 1966. *Les Origines antiques de la banque de dépôt*. Leiden: Sijthoff.

———.1968. *Banques et banquiers dans les cités grecques*. Leiden. Sijthoff

Bohannan, Laura. 1952. "A Genealogical Charter." *Africa: Journal of the International African Institute* 22:301-15.

——— .1958. "Political Aspects of Tiv Social Organization." In *Tribes Without Rulers* (John Middleton and David Tait, eds.), pp. 33-66. London: Routledge & Kegan Paul.

——— .1964. *Return to Laughter, An Anthropological Novel*. (As "Elenore Bowen Smith"). New York: Praeger.

Bohannan, Paul. 1954. "The Migration and Expansion of the Tiv." *Africa: Journal of the International African Institute* 24 (1): 2-16.

———.1955. "Some Principles of Exchange and Investment among the Tiv." *American Anthropologist* 57:60-67.

———.1957. *Justice and Judgment among the Tiv*. London: Oxford University Press.

———.1958. "Extra-processual events in Tiv Political Institutions." *American Anthropologist* 60:1-12

———.1959. "The Impact of Money on an African Subsistence Economy." *Journal of Economic History* 19:491-503.

Bohannan, Paul and Laura Bohannan. 1953. *The Tiv of Central Nigeria*. London: International African Institute.

———.1968. *Tiv Economy*. Evanston: Northwestern University Press.

———.1969. *A Source Notebook on Tiv Religion*. 5 volumes. New Haven: Human Relations Area Files.

Boianovsky, Mauro. 1993. "Böhm-Baewerk, Irving Fisher, and the Term 'Veil of Money.' " *History of Political Economy* 25 (4):725-38

Bokenkamp, Stephen R. 2008. "*Fu*: Talisman, Tally, Charm." In *The Encyclopedia of Taoism* (Fabrizio Pregadio, editor), pp. 35-38. London: Routledge.

Bolles, John Augustus. 1837. *A treatise on usury and usury laws*. Boston: James

Munroe.

Boon, James. 1977. *The anthropological romance of Bali, 1597-1972: dynamic perspectives in marriage and caste, politics, and religion*. Cambridge: Cambridge University Press.

Bottéro, Jean. 1961. "Desordre économique et annulation des dettes en Mesopotamie à l' epoque paleo-babylonienne." *Journal of the Economic and Social History of the Orient* 4:113-64.

———.1992. *Everyday Life in Ancient Mesopotamia*. (Translated by Antonia Nevil1.) Baltimore: Johns Hopkins.

Bourdieu, Pierre. 1965. "The Sentiment of Honor in Kabyle Society." In J. G. Peristiany, editor, *Honour and Shame: the Values of Mediterranean Society*. London: Trinity Press, pp. 191-242.

———.1977. *Outline of a Theory of Practice*. Cambridge: Cambridge University Press（今村仁司・港道隆 訳『実践感覚』新装（1）（2），みすず書房，2001）.

———.1990. *The Logic of Practice* (Translated by Richard Nice.) Cambridge: Polity Press.

Bowers, Richard H. 1983. "From Rolls to Riches: King' s Clerks and Moneylending in Thirteenth-Century England." *Speculum* 58 (1): 60-71.

Boyer-Xambeu, Marie-Thérèse, Ghislain Deleplace, and Lucien Gillard. 1994. *Private Money & Public Currencies: the 16th Century challenge*. (Azizeh Azodi, translator). Armonk: M. E. Sharpe.

Bradley, Keith R. 1987. "On the Roman Slave Supply and Slavebreeding." In *Classical Slavery* (M. I. Finley, ed.), pp. 42-64. London: Routledge.

Brady, Thomas A., Jr. 1997. "The Rise of Merchant Empires, 1400-1700. A European Counterpoint." In *The political economy of merchant empires* (James D. Tracy, ed.), pp. 117-60. Cambridge: Cambridge University Press.

Brand, Paul. 2002. "Aspects of the Law of Debt, 1189-1307." In *Credit and debt in medieval England, c.1180-c.1350* (Schofield, Phillipp R. and N. J. Mayhew, eds.), pp. 19-4I. London: Oxbow.

———.2003. "The Jewish Community of England in the Records of the English Royal Government." In *The Jews in medieval Britain: historical, literary, and archaeological perspective* (Patricia Skinner, ed.), pp. 73-96. Woodbridge: Boyden and Brewer.

Braudel, Fernand. 1979. *Civilisation matérielle, économie et capitalisme, XVe-XVIIIe siècle, 3: Le temps du monde*. Paris: A. Colin（村上光彦 訳『物質文明・経済・資本主義 15-18 世紀 世界時間』（3-1）（3-2），みすず書房，1996-1999）.

———.1992. *Civilization and Capitalism, 15th-18th Century: The wheels of commerce*. Berkeley: University of California Press 山本淳一訳『物質文明・経済・資本主義 , 15-18 世紀』（2-1）（2-2），みすず書房，1986-88）.

———.1995. *The Mediterranean and the Mediterranean world in the age of Philip II* (twovolumes). Berkeley: University of California press.

Brenner, Robert. 2002. T*he Boom and the Bubble: The US in the World Economy*. London and New York: Verso（石黒雅男・渡辺雅男 訳『ブームとバブル——世界経済のなかのアメリカ』こぶし書房，2005）.

Briant, Paul. 2006. *From Cyrus to Alexander: A History of the Persian Empire*. New York: Eisenbrauns.

Brock, Roger. 1994. "The Labour of Women in Classical Athens." *The Classical Quarterly* (new series) 44 (2): 336-46.

Bronkhorst, Johannes. 2007. *Greater Magadha: Studies in the Culture of Early India*. Leiden: Brill.

Brook, Timothy. 1998. *The Confusions of Pleasure: commerce and Culture in Ming China*. Berkeley: University of California Press.

Brunt, P. A. 1974. *Social Conficts in the Roman Republic*. New York: Norton.

Bryant, Joseph M. 1996. *Moral Codes and Social Structure in Ancient Greece: A Sociology of Greek Ethics from Homer to the Epicureans and Stoics*. Albany: SUNY.

Bücher, Karl. 1907. *Industrial Evolution*. (S. Morley Wickett, trans.) New York: Holt.

Buckland, William Warwick. 1908. *The Roman Law of Slavery*. Cambridge: Cambridge University Press.

Buckler, W. H. 1895. *The Origin and History of Contract in Roman Law down to the End of the Republican Period*. London: C. J. Clay & Sons.

Bulliet, Richard W. 1979. *Conversion to Islam in the Medieval Period: An Essay in Qúantitative History*. Cambridge: Harvard University Press.

Burton, Sir Richard F. 1934. *The Book of a Thousand Nights and a Night* (6 volumes). New York: Heritage Press（大場正史 訳『千夜一夜物語 バートン版』（1）-（11），ちくま文庫，2003-2004）.

Butrica, James L. 2006. "Some Myths and Anomalies in the Study of Roman Sexuality." *In Same-Sex Desire and Love in Greco-Roman Antiquity and in the Classical Tradition of the West* (Beert C. Verstraete and Vernon Provencal, eds.), pp. 209-70. Berkeley: University of California Press.

Byrne, Frances. 1971. "Tribes and Tribalism in early Ireland." *Ériu* 22: 128-66.

———.1973. *Irish Kings and High Kings*. London: Batsford.

Caffentzis, Consrantine George. 1989. *Clipped Coins, Abused Words, and Civil Government: John Locke's Philosophy of Money*. New York: Autonomedia.

Cairns, Francis. 1991. "The 'Laws of Eretria' ("IG" XII. 9 1273 and 1274): Epigraphic, Legal, Historical, and Political Aspects." *Phoenix* 45 (4): 296-313.

Calhoun, George W. 1934. "Classes and Masters in Homer." *Classical Philology* 29:192-206, 301-16.

Cambiano, Guiseppe. 1987. "Aristotle and the Anonymous Opponents of Slavery." In *Classical Slavery* (M. I. Finley, ed.), pp. 28-53. London: Frank Cass.

Campbell, John Kennedy. 1964. *Honour, family and Patronage: A Study oflnstitutions and Moral Values in a Greek Mountain Community*. Oxford: Oxford University Press.

Cannan, Edwin. 1921. "Early History of the Term Capital." *Quarterly Journal of Economics* 35 (3): 469-81.

Cardascia, Guillaume. 1959. "L' adoption matrimonlale à Babylone et à Nuzi." *Revue historique de droit français et étranger* 37: 1-16.

———.1969. *Les lois assyriennes*. Littératures Anciennes du Proche-Orient 2. Paris: Cert.

Cartier, Michel. 1988. "Dette et propriété en Chine." In *Lien de Vie: Noued Mortel: les representations de la dette en Chine, au Japan, et dans le monde Indien* (Charles Malamoud, ed.), pp. 17-29. Paris: Editions de l' Ecole des Hautes Études en Science Sociales.

Case, Karl E., Ray C. Fair, Manfred Gärtner, and Ken Heather. 1996. *Economics*. London: Prentice Hall.

Caskey, John P. 1994. Fringe Banking: *Check-Cashing Outlets, Pawnshops, and the Poor*. New York: Russell Sage Foundation.

Cerny, Jaroslav. 1954. "Prices and wages in Egypt in the Ramesside period." *Cahiers d'histoire mondiale* 4: 903-21.

Chakravarti, Uma. 1985. "Of dasas and karmakaras: servile labor in ancient India." In *Chains of Servitude: Bondage and Slavery in India* (Utsa Patnaik, Manjari Dingwaney, eds.), pp. 35-75. Reno: University of Nevada Press.

Chapman, Anne. 1980. "Barter as a Universal Mode of Exchange." *L'Homme* 22. (3): 33-83.

Charles-Edwards, T. M. 1978. "Honour and Status in Some Irish and Welsh Prose Tales." *Eriu* 29: 123-41.

———.1993. *Early Irish and Welsh kinship*. Oxford: Oxford University Press.

Chatterjee, Heramba. 1971. *The Law of Debt in Ancient India*. Calcutta: Sanskrit College.

Chattopadhyaya, Debiprasad. 1994. *Caruaka/Lokayata: An Anthology of Source Materials and Some Recent Studies*. New Delhi: Mrinal Kanti Gangopadhyaya.

Chaudhuri, Kirti N. 1985. *Trade and Civilisation in the Indian Ocean: An Economic History from the Rise of Islam to 1750*. Cambridge: Cambridge Universiry Press.

———.1990. *Asia Before Europe: Economy and Civilization of the Indian Ocean from the Rise of Islam to 1750*. Cambridge: Cambridge University Press.

Chauhan, Gian Ghand. 2003. *An Economic history of early medieval northern India*. New Delhi: Atlantic Publishers.

Ch' en, Kenneth K.S. 1964. *Buddhism in China: A Historical Survey*. Princeton: Princeton University Press.

Choksy, Jamsheed K. 1988. "Loan and sales contracts in ancient and early medieval Iran." *Indo-Iranian Journal* 31(3: 191-218.

Cipolla, Carlo M. 1967. *Money, Prices and Civilisation in the Mediterranean World: Fifth to Seventeenth Centuries*. Princeton: Princeton University Press.

Clanchy, M. T. 1993. *From memory to written record, England 1066-137*. Oxford: Blackweii.

Clarence-Smith, William G. 2008. "Islamic Abolitionism in the Western Indian Ocean from c. 1800." Presented at the conference, *Slavery and the Slave Trades in the Indian Ocean and Arab Worlds: Global Connections and Disconnections*, Yale University,November7-8,2008.http://www.yale.edu/glc/indian?ocean/clarence?smith.pdf.

Clavero, Bartolomé. 1986. "The jurisprudence on usury as a social paradigm in the history of Europe." In *Historische Soziologie der Rechtswissenschaft* (Erik Volkmar Heyen, editor), pp. 23-36. Frankfurt: Vittorio Klostermann.

Codere, Helen. 1950. *Fighting with Property: A Study of Kwakiutl Potlatching and Warfare 1792-1930*. Monograph 18. New York: American Ethnological Society.

Cohen, David. 1987. "Seclusion, Separation and the status of women in classical Athens." *Greece and Rome* 36.(1): 1-I5

Cohen, Edward E. 1995. Review of 'Lending and Borrowing in Ancient Athens', Bryn Mawr Classical Review 3 (4):(http: //hegel. lib. ncsu.edu/stacks/serials/bmcr/bmcr-v3no4 - Cohen-lending)

Cohn, Norman. 1972. *The pursuit of the millennium: revolutionary millenarians and mystical anarchists of the Middle Ages*. New York: Oxford University Press（江河徹 訳『千年王国の追求』紀伊國屋書店，1978）.

Cole, Alan. 1998. *Mothers and sons in Chinese Buddhism*. Palo Alto: Stanford University Press.

Coleman, Janet. 1985. "Dominium in 13th and 14rh Century Political Thought and its 17th Century Heirs: John of Paris and Locke." *Political Studies* 33: 73-100.

———.1988. "Property and Poverty." In *The Cambridge History of Medieval Political Thought, c1350-1450* (J. H. Barnes, ed.), pp. 607-648. Cambridge: Cambridge University Press.

Collins, Randall. 1986. *Weberian Social Theory*. Cambridge: Cambridge University Press.

———.1989. *The Sociology of Philosophies: A Global Theory of lntellectual Change*. Cambridge: Harvard University Press.

Cook, Robert Manuel. 1958. "Speculations on the Origins of Coinage." *Historia* 7: 257-67.

Cooper, Frederick. 1979. "The Problem of Slavery in African studies." *Journal of African History* 20:103-25.

Cooper, Jerrold S. 1986. *Sumerian and Akkadian Royal Inscriptions, Volume I: Presargonic Inscriptions*. New Haven: American Oriental Society.

———.2002. "Virginity in Ancient Mesopotamia." *Compte rendu,Rencontre Assyriologique Internationale* 47: 91-112.

Cooper, Melinda. 2006. "The Unborn Born Again: Neo-lmperialism, the Evangelical Right and the Culture of Life." *Postmodern Culture* (PMC) 17.1: #3.

———.2008. *Life as surplus: biotechnology and capitalism in the neoliberal era*. Seattle: University of Washington Press.

Cornell, Tim, 1995. *The beginnings of Rome: Italy and Rome from the Bronze Age to the Punic Wars (c.1000-264 BC)*. London: Routledge.

Cortés, Hernan. 1868. *The fifth letter of Hernan Cortes to the Emperor Charles V: containing an account of his expedition to Honduras*. London: Hakluyt Society.

Cotter, James Finn. 1969. "The Wife of Bath and the Conjugal Debt." *English Language Notes* 6: 169-72

Covarrubias, Miguel. 1937. *Island of Bali*. London: Kegan Paul（関本紀美子 訳『バリ島』平凡社，1991）.

Curtin, Phillip D. 1969. *The Atlantic Slave Trade: A Census*. Madison: University of Wisconsin Press.

Curtin, Phillip D., and Jan Vansina,. 1964. "Sources of the Nineteenth Century Atlantic Slave Trade." *Journal of African History* 5 (2): 185-208.

Custers, Peter. 2006. *Questioning Globalized Militarism: Nuclear and Military Production and Critical Economic Theory*. Monmouth: Merlin Press.

Dandamaev, Muhammed. 1984. *Slavery in Babylonia, from Nabopolasser to Alexander the Great (626-331BC)*. De Kalb: Northern Illinois University Press.

Darnton, Robert. 1984. *The Great Cat Massacre*. New York: Vintage Books（海保眞夫・鷲見洋一 訳『猫の大虐殺』岩波現代文庫 , 2007).

Davenant, Charles. 1771. "Discourses on the Public Revenues and on Trade. Discourse II: Concerning Credit, and the Means and Methods by which it may be restored." In *The political and commercial works of that celebrated writer Charles D'Avenant: relating to the trade and revenue of England, the Plantation trade, the East-India trade and African trade* (Sir Charles Whitworth, ed.), pp. 150-206. London: R. Horsefeld.

Davidson, Paul. 2006. "Keynes and Money." In *A Handbook of Alternative Monetary Economics* (Philp Arestis and Malcolm Sawyer, eds.), pp. 139-153. Cheltenham:Edward Elgar.

Davies, Glynn. 1996. *A History of Money*. Cardiff: University of Wales Press.

Davies, Kenneth Gordon. 1975. *The North Atlantic world in the seventeenth century*. St. Paul: University of Minnesota Press.

Davis, John. 1904. *Corporations*. New York: Capricorn.

Delâge, Denys. 1993. *Bitter Feast: Amerindians and Europeans in Northeastern North America*, 1600-64. Vancouver: University of British Columbia Press.

Deleuze, Giles and Felix Guattari. 1972. *Anti-Oedipe*. Trarnslated into English as *Anti-Œdipus*. (Robert Hurley, Mark Seem and Helen R. Lane, translators.) New York: Continuum, 2004（宇野邦一 訳『アンチ・オイディプス 資本主義と分裂症』上・下巻, 河出書房新社, 2006).

Deng, Gang. 1999. *The Premodern Chinese Economy: Structural Equilibrium and Capitalist Stagnation*. London: Routledge.

Denzel, Markus A. 2006. "The European bill of exchange." Paper presented at the XIV International Economic History Congress, Helsinki, Finland, 21 to 25 August 2006. http://www. helsinki.fi/iehc2006/papers1/Denzel2.pdf

Derrida, Jacques. 2000. *Of Hospitality: Anne Dufourmantelle Invites Jacques Derrida to Respond*. (Trans. Rachel Bowlby), Stanford: Stanford University Press（廣瀬浩司 訳『歓待について――パリのゼミナールの

記録』産業図書 , 1999).

———.2001. *Acts of Religion*. London: Routledge.

Descat, Raymond. 1995. “L’ économie antique et la cité grecque: Un modèle en question.” Annales. Histoire, Sciences Sociales, 50e Année, No. 5: 961-89.

Dhavalikar, Madhukar Keshav. 1975. “The Beginning of Coinage in India.” *World Archaeology* 6 (3):330-38.

Di Cosmo, Nicola & Don J. Wyatt, editors. 2005. *Political frontiers, ethnic boundaries, and human geographies in Chinese history*. London: Routledge Curzon.

Diakonoff, Igor. 1982. “The Structure of Near Eastern Society before the Middle of the 2nd Millennium BC.” *Oikumene* 3: 7-100.

Diaz, Bernal. 1844. *The memoirs of the conquistador Bernal Diaz del Castillo, Written by Himself, Containing a True and Full Account of the Discovery and Conquest of Mexico and New Spain*. (John Ingram Lockhart, translator.) Boston: J. Hatchard and Son.

———.1963. *The Conquest of New Spain*. (J. M. Cohen, translator.) New York: Penguin Books（小林一宏訳『メキシコ征服記』(全３巻), 岩波書店, 1986-7 年).

Digby, Kenelm Edward, and William Montagu Harrison. 1897. *An Introduction to the History of the Law of Real Property with Original Authorities*. Fifth Edition. Oxford: Clarendon Press.

Dighe, Ranjit, editor. 2002. *The historian’s Wizard of Oz: reading L. Frank Baum's classic as a political and monetary allegory*. Westport: Greenwood Publishing Group.

Dike, K. Onwuka and Felicia Ekejiuba. 1990. *The Aro of south-eastern Nigeria, 1650-1980: a study of socio-economic formation and transformation in Nigeria*. Ibadan: University Press.

Dikshitar, V. R. Ramachandra. 1948. *War in Ancient India*. Delhi: Motilal Banarsidass.

Dillon, John M. 2004. *Morality and Custom in Ancient Greece*. Bloomington: Indiana University Press.

Dixon, C. Scott. 2002: *The Reformation and Rural Society: The Parishes of Brandenburg Ansbach-Kulmbach, 1528-1603*. Cambridge: Cambridge University Press.

Dockés, Pierre. 1979. *Medieval Slavery and Liberation* (Arthur Goldhammer, translator). Chicago: University of Chicago Press.

Doherty, Charles. 1980. "Exchange and Trade in Early Medieval Ireland." *Journal of the Royal Society of Antiquaries of Ireland* 110: 67-89.

Donzelot, Jacques. 1994. *L'invention du social: essai sur le déclin des passions politiques*. Paris: Seuil.

Dorward, David C. 1976. "Precolonial Tiv Trade and Cloth Currency." *International Journal of African Historical Studies* 9 (4):576-591.

Douglas, Mary. 1951. "A form of polyandry among the Lele of the Kasai." *Africa: Journal of the International African Institute* 21 (1):1-12. (As Mary Tew.)

———.1958. "Raffia Cloth Distribution in the Lele Economy." *Africa: Journal of the International African Institute* 28 (2): 109-122.

———.1960. "Blood-Debts and Clientship Among the Lele." *Journal of the Royal Anthropological Institute of Great Britain and Ireland* 90 (1): 1-28.

———.1962. "The Lele Compared with the Bushong: A Study in Economic Backwardness." In *Markets in Africa* (Paul Bohannan and George Dalton, editors), pp. 211-213. Chicago: Northwestern University Press.

———.1963. *The Lele of the Kasai*. London: Oxford University Press.

———.1964. "Matriliny and Pawnship in Central Africa." *Africa: Journal of the International African Institute* 34 (4): 301 - 313.

———.1966. *Purity and Danger: An Analysis of Concepts of Pollution and Taboo*. London: Routledge and Kegan Paul（塚本利明 訳『汚穢と禁忌』ちくま学芸文庫 , 2009）.

———.1982. *In the Active Voice*. London: Routledge and Kegan Paul.

———.1999. "Sorcery Accusations Unleashed: the Lele Revisited, 1987." *Africa: Journal of the International African Institute* 69 (2): 177-193.

Downes, Rupert Major. 1933. *The Tiv Tribe*. Kaduna: Government Printer.

———.1977. *Tiv Religion*. Ibadan: Ibadan University Press.

Dreyer, Edward L. 2006. *Zheng He: China and the Oceans in the Early Ming Dynasty*, 1405-1433. Library of World Biography (editor, Peter N. Stearns). New York: Pearson Longman, 2006.

Driver, Godfrey Rolles. and John C. Miles. 1935. *The Assyrian Laws*. Oxford: Clarendon Press.

Dubois, Page. 2003. *Slaves and Other Objects*. Chicago: University of Chicago Press.

Duby, Georges. 1973. *Guerriers et paysans, VIIe-XIIe sècle: Premier essor de*

l'économie européenne. Paris: Gallimard.

———.1980. *The Three Orders: Feudal Society Imagined* (translated by Arthur Goldhammer). Chicago: University of Chicago Press.

———.1982. *Rural Economy and the Country Life in the Medieval West*. New York: Routledge and Kegan Paul.

Duffy, Seán, Ailbhe MacShamhráin, and James Moynes, editors. 2005. *Medieval Ireland: an encyclopedia*. Dublin: CRC Press.

Duggan, E. de C. 1932. "Notes on the Munshi Tribe." *Journal of the African Society* 31: 173-82

Dumont, Louis. 1966. *Homo Hierarchicus: Essai sur le systéme des castes*. Paris: Gallimard（田中雅一・渡辺公三 訳『ホモ・ヒエラルキクス――カースト体系とその意味』みすず書房 , 2001）.

———.1981. *From Mandeville to Marx: the Genesis and Triumph of Economic Ideology*. Chicago: University of Chicago Press.

———.1992. *Essays on Individualism: Modern Ideology in Anthropological Perspective*. Chicago: University of Chicago Press（渡辺公三・浅野房一 訳『個人主義論考――近代イデオロギーについての人類学的展望』言叢社 , 1993）.

Duyvendak, Jam Julius Lodewijk. 1928. *The Book of Lord Shang*. London: Arthur Probsthain.

Dyer, Christopher. 1989. *Standards of living in the later Middle Ages: social change in England, c. 1200-1520*. Cambridge: Cambridge University Press.

Einaudi, Luigi. 1936. "The Theory of Imaginary Money from Charlemagne to the French Revolution" , in F. C. Lane and J. C. Riemersma (eds.), *Enterprise and Secular Change*, London: Allen & Unwin, 1956.

Einzig, Paul. 1949. *Primitive Money in its Ethnological, Historical, and Ethnographic Aspects*. New York: Pergamon Press.

Eisenstadt, Shmuel N. 1982. "The Axial Age: The Emergence of Transcendental Visions and the Rise of Clerics." *European Journal of Sociology* 23(2): 294-314.

———.1984. "Heterodoxies and Dynamics of Civilizations." *Proceedings of the American Philosophical Society* 128 (2): 104-13.

———.1986. *The Origins and Diversity of Axial Age Civilizations*. Albany: State University of New York Press.

Ekejiuba, Felicia Ifeoma. 1972. "The Aro trade system in the nineteenth century." *Ikenga* 1 (1):11-26, 1 (2):10-21.

Elayi, Josette and A. G. Elayi. 1993. T*résors de monnaies phéniciennes et circulation monétaire (Ve-IVe siècle avant J.-C.)*. Paris: Gabalda.

Ellis, Thomas Peter. 1926. *Welsh Tribal Law, and Custom in the Middle Ages*. Oxford: Oxford University Press.

Eltis, David, Stephen D. Behrent, David Richardson, Herbert S. Klein. 2000. *The Transatlantic Slave Trade: A Database*. Cambridge: Cambridge University Press.

Elwahed, Ali Abd. 1931. *Contribution a une théorie sociologique de l'esclavage. Étude des situations génératrices de, l'esclavage. Avec appendice sur l'esclavage de la femme et bibliographie critique*. Paris: Éditions Albert Mechelinck.

Elyachar, Julia. 2002. "Empowerment Money: The World Bank, Non-Governmental Organizations, and the Value of Culture in Egypt." ?*Public Culture* 14 (3): 493-513

———.2005. *Markets of Dispossession: NGOs, Economic Development, and the State in Cairo*. Durham: Duke University Press.

Endres, Rudolf. 1979. "The Peasant War in Franconia." In *The German Peasant War of 1525——New Viewpoints* (Bob Scribner & Gerhard Benecke, eds.), pp. 63-83. London: Allen & Unwin.

Engels, Donald W. 1978. *Alexander the Great and the Logistics of the Macedonian Army*. Berkeley: University of California Press.

Equiano, Olaudah 1789. *The Interesting Narrative of the Life of Olaudah Equiano: or, Gustavus Vassa, the African*. Modern Library Edition, New York, 2004.

Erdosy, George. 1988. *Urbanisation in Early Historic India*. Oxford: British Archaeological Reports.

———.1995. "City states in North India and Pakistan at the time of the Buddha." In *The archaeology of early historic South Asia: the emergence of cities and states* (Frank Allichin and George Erdosy, eds.), pp. 99-122. Cambridge: Cambridge University Press.

Essid, Yassine. 1988. "Islamic Economic Thought." In *Preclassical Economic Thought: From the Greeks to the Scottish Enlightenment* (edited by Todd Lowry), pp. 77-102. Boston: Kluwer.

———.1995. *A critique of the origins of Islamic economic thought*. Leiden: E. J. Brill.

Evans-Pritchard, E. E. 1931. "An Alternative Term for 'Bride-Price'." *Man* 31: 36-39.

———.1940. *The Nuer: a Description of the Modes of Livelihood and Political Institutions of a Nilotic People*. Oxford: Clarendon Press（向井元子 訳『ヌアー族——ナイル系一民族の生業形態と政治制度の調査記録』岩波書店，1978 年）.

———.1948. *The Divine Kingship of the Shilluk of the Nilotic Sudan. The Frazer Lecture*

for 1948. Cambridge: Cambridge University Press.

———.1951. *Kinship and Marriage among the Nuer*. Oxford: Clarendon Press（長島信弘・向井元子 訳『ヌアー族の親族と結婚』岩波書店 , 1985）.

Falkenhausen, Lothar von. 2005. "The E Jun Qi Metal Tallies: Inscribed Texts and Ritual Contexts." In *Text and Ritual in Early China* (edited by Martin Kern), PP.79-123. Seattle: University of Washington Press.

Falkenstein, Adam. 1954. "'La cite-temple sumérienne." *Cahiers d'histoire mondiale* 1: 784-814.

Falola, Toyin and Paul E. Lovejoy, editors. 1994. *Pawnship in Africa: Debt Bondage in Historical Perspective*. Boulder: University of Colorado Press.

Fardon, Richard. 1985. "Sisters, Wives, Wards and Daughters: A Transformational Analysis of the Political Organization of the Tiv and their Neighbors. Part I: The Tiv. *Africa: Journal of the International African Institute* 54 (4): 2-21.

———.1986. "Sisters, Wives, Wards and Daughters: A Transformational Analysis of thc Political Organization of thc Tiv and their Neighbors. Part II: The Transformations." *Africa: Journal of the International African Institute* 55 (I): 77-91.

Faure, Bernard. 1998. "The Buddhist Icon and the Modern Gaze." *Critical Inquiry* 24 (3): 768-813.

———.2000. *Visions of Power: Imagining Medieval Japanese Buddhism*. Princeton: Princ eton University Press.

Fahazmanesh, Sasan. 2006. *Money and Exchange: Folktales and Reality*. New York: Rout ledge.

Federal Reserve Bank of New York. 2008. "'The Key to the Gold Vault." www. newyorkfed. org/education/addpub/goldvaul.pdf.

Federici, Silvia. 2004. *Caliban and the Witch: Women, the Body and Primitive Accumulation*. New York: Autonomedia（小田原琳・後藤あゆみ訳『キャリバンと魔女』以文社, 近刊予定）.

Feeley-Harnik, Gillian. 1982. "The King's Men in Madagascar: Slavery, Citizenship and Sakalava Monarchy." *Africa: Journal of the International African Institute* 52 (2): 31-50.

Fenton, William N. 1978 "Northern Iroquois Culture Patterns." In *Handbook of the North American Indians, Volume 15, Northeast* (W. Sturtevant and B. Trigger, eds.), pp. 296-321. Washington D.C.: Smithsonian Institute Press.

Ferguson, Niall. 2001. *The Cash Nexus: Money and Power in the Modern World, 1700-2000*. London: Allen Lane.

———.2004. *Colossus: the price of America's empire*. London: Penguin.

———.2007. *The Ascent of Money: A Financial History of the World*. London: Penguin（仙名紀 訳『マネーの進化史』ハヤカワノンフィクション文庫, 2015）.

Finkelstein, Jacob J. 1961. "Ammisaduqa' s Edict and the Babylonian 'Law Codes.' " *Journal of Cuneiform Studies* 15: 91-104.

———.1965. "Some New Misharum Material and Its Implications." *Assyriological Studies* 16: 233-46.

———.1966. "Sex Offenses in Sumerian Laws." *Journal of the American Oriental Society* 86:355-372.

Finley, Moses I. 1954. *The World of Odysseus*. New York: Viking Press（下田立行 訳『オデュッセウスの世界』岩波文庫 , 1994）.

———.1960. *Slavery in classical antiquity: views and controversies*. Cambridge: W. Heffer & Sons.

———.1963. *The ancient Greeks: an introduction to their life and thought*. New York: Viking Press（山形和美 訳『古代ギリシア人』法政大学出版局 叢書・ウニベルシタス , 1989）.

———.1964. "Between Slavery and Freedom" *Comparative Studies in Society and History* 6 (3): 233-249.

———.1974. *The Ancient Economy*. Berkeley: University of California Press.

———.1980. *Ancient Slavery and Modern Ideology*. London: Penguin.

———.1981. *Economy and Society in Ancient Greece*. New York: Penguin.

———.1983. *Politics in the Ancient World*. Cambridge: Cambridge University Press.

———.1985. *Studies in land and credit in ancient Athens, 500-2OO B.C.: the horos inscriptions*. New Brunswick: Transaction Publishers.

Firth, Raymond. 1959. *Economics of the New Zealand Maori*. Wellington, New Zealand: R. E.Owen.

Fischel, Walter J. 1937. *Jews in the Economic and Political Life of Medieval Islam*. London: Royal Asiatic Society.

Fiser, Ivo. 2004. "The Problem of the Setthi in Buddhist Jatakas." In *Trade in Early India* (Ranabir Chakravarti, ed.), pp. 166-198. Oxford: Oxford University Press.

Fisher, Douglas. 1989. "The Price Revolution: A Monetary Interpretation." *Journal of Economic History* 49 (1):884-902.

Fitzparrick, Jim. 2001. *Three Brass Balls: the Story of the Irish Pawnshop*. Dublin: Collins Press.

Flandrin, Jea-Louis. 1979. *Families in Former Times*. Cambridge: Cambridge

University Press.

Fleet, John Faithful. 1888. *Inscriptions of the Earlv Gupta Kings and Their Successors, Corpus Inscriptionium Indicarum, vol. III*. Calcutta: Government printer.

Flynn, Dennis. 1978. “A New Perspective on the Spanish Price Revolution: The Monetary Approach to the Balance of Payments.” *Explorations in Economic History* 15:388-406.

———.1979. “Spanish-American Silver and World Markers in the Sixteenth Century.” *Economic Forum* 10: 46-71.

———.1982. “The Population Thesis View of Sixteenth-Century Inflation Versus Economics and History.” In *Munzpragung, Geldumlauf und Wechselkurse/ Mintage, Monetary Circulation and Exchange Rates. Akten der C7-Section des 8th International Economic History Congress Budapest 1982*. (F. Irsigler and E. H.G. Van Cauwenberghe, eds.), pp. 361-82. Trier: THF-Verlag.

Flynn, Dennis and Arturo Giráldez. 1995. “Born with a ‘Silver Spoon’ : the Origin of World Trade in 1571.” *Journal of World History* VI (2): 201-11.

———.2002. “Cycles of Silver: Global Economic Unity through the Mid-Eighteenth Century.” *Journal of World History*, vol.13, no 2, PP.391-427.

Forstater, Mathew. 2005. ‘Taxation and Primitive Accumulation: The Case of Colonial Africa,’ *Research in Political Economy*, 22, 51-64.

———.2006. ‘Taxation: Additional Evidence from the History of Thought, Economic History, and Economic Policy,’ in M. Setterfield (ed.), *Complexity, Endogenous Money, and Exogenous Interest Rates*, Chetlenham, UK: Edward Elgar.

Frankfort, Henri. 1948. *Kingship and the Gods: A Study of Ancient Near Eastern Religion as the Integration of Society and Nature*. Chicago: University of Chicago Press.

Freuchen, Peter. 1961. *Book of the Eskimo*. Cleveland, Ohio: World Publishing Co.

Friedman, Thomas L. 1999. *The Lexus and the Olive Tree*. New York: Farrar, Strauss and Giroux（東江一紀・服部清美 訳『レクサスとオリーブの木――グローバリゼーションの正体』上・下巻 , 草思社 , 2000).

Gadamer, Hans-Georg. 2004. *Truth and Method* (Joel Weinsheimer; Donald G Marshall, translators). London: Continuum（轡田 收ほか訳『真理と方法――哲学的解釈学の要綱』(1)(2)(3), 法政大学出版局 叢書・ウニベルシタス , 1986-2012).

Gale, Esson McDowell. 1967. *Discourse on Salt and Iron: a debate on state control of commerce and industry in ancient China* (by Huan K'uan). Taipei: Ch'eng-Wen.

Galey, Jean-Claude. 1983. “Creditors, Kings and Death: determinations and implications of bondage in Tehri-Gathwal (Indian Himalayas).” In *Debts and Debtors* (Charles Malamoud, ed.), pp. 67-124. London: Vikas.

Gallant, Thomas W. 2000. “Honor, Masculinity, and Ritual Knife Fighting in Nineteenth Century Greece.” *American Historical Review* 105 (2): 359-82.

Gardiner, Geoffrey. 2004. “The Primacy of Trade Debts in the Development of Money.” In *Credit and State Theories of Money: The Contributions of A. Mitchell Innes* (L. Randall Wray, ed.). Cheltingham, Edward Elgar.

Garnsey, Peter. 1996. *Ideas of Slavery from Aristotle to Augustine*, Cambridge: Cambridge University Press.

———.2007. *Thinking about Property: From Antiquity to the Age of Revolution*. Cambridge: Cambridge University Press.

Gates, Hill. 1989. “The Commoditization of Women in China.” *Signs* 14 (4): 799-832.

Geertz, Clifford. 1973. “Deep play : notes on the Balinese cockfight.” In *The Interpretation of Culture*. New York: Basic Books（吉田禎吾・柳川啓一・中牧弘允・板橋作美 訳『文化の解釈学』(2)，岩波現代選書，1987）.

Geertz, Hildred, and Clifford Geertz. 1975. *Kinship in Bali*. Chicago: University of Chicago Press（吉田禎吾・鏡味治也 訳『バリの親族体系』みすず書房，1989）.

Gernet, Jacques. 1956. *Les aspects econmiques du bouddhisme dans la societe chinoise du Ve au Xe siècle*. Paris: Ecole francaise d' Extreme-Orient. English version: Centuries (Franciscus Verellen, translator). New York: Columbia University Press, 1995.

———.1960. “Les suicides par le feu chez les bouddhiques chinoises de Ve au Xe siecle,” *Melange publies par l'Institut des Hautes Études* II: 527-58.

———.1982. *A History of Chinese Civilization*. Cambridge: Cambridge University Press.

Gerriets, Marilyn. 1978. *Money and Clientship in the Ancient Irish Laws*. Ph.D. dissertation, University of Toronto.

———.1981. “The Organization of Exchange in Early Christian Ireland.” *Journal of Economic History* 41 (1): 171-76.

———.1985. “Money in Early Christian Ireland according to the Irish Laws.” *Comparative Studies in Society and History* 27 (2): 323-39.

———.1987. “Kinship and Exchange in Pre-Viking Ireland.” *Cambridge Medieval Celtic Studies* 13: 39-72.

Getz, Trevor R. 2003. "Mechanisms of Slave Acquisition and Exchange in Late Eighteenth Century Anomabu: Reconsidering a Cross-Section of the Atlantic Slave Trade." *African Economic History* 31: 75-89

Ghazanfar, Shaikh M.,. 1991. "Scholastic Economics and Arab Scholars: The 'Great Gap' Thesis Reconsidered." *Diogenes: International Review, of Humane Sciences*; No.154: 117-33.

———.2000. "The Economic Thought of Abu Hamid Al-Ghazali and St. Thomas Aquinas:Some Comparative Parallels and Links." *History of Political Economy*, 32 (4): 857-888.

———.2003. "*Medieval Islamic economic thought: filling the "great gap" in European economics*." New York: Routledge.

Ghazanfar, Shaikh M., and Abdul Azim Islahi,. 1997. *The Economic Thought of al-Ghazali (450-505 A.H. / 1058-1111 A.D.)* Jeddah: Scientific Publishing Centre King Abdulaziz University.

———.2003. "Explorations in Medieval Arab-Islamic Thought: Some Aspects of Ibn Taimiyah's Economics." In *Medieval Islamic economic thought: filing the "great gap"in European economics* (S. Ghazanfar, editor), pp. 53-71. New York: Routledge.

Gibson, Charles. 1964. *The Aztecs under Spanish rule: a history of the Indians of the Valley of Mexico, 1519-1810*. Stanford: Stanford University Press.

Gilder, George. 1981. *Wealth and Poverty*. New York: Basic Books（斎藤精一郎 訳『富と貧困――供給重視の経済学』日本放送出版協会 , 1981）.

———.1990. *Microcosm: the quantum revolution in economics and technology*. New York: Simon & Schuster.

Glahn, Richard von. 1996a. *Fountain of Fortune: Money and Monetary Policy in China, 1000-1700*. Berkeley: University of California Press.

———.1996b. "Myth and Reality of China's Seventeenth Century Monetary Crisis." *Journal of Economic History* 56, no 2, PP. 429-54.

Glancey, Jennifer A. 2006. *Slavery in Early Christianity*. Oxford: Oxford University Press.

Gluckman, Max. 1971. *Politics, Law, and Ritual in Tribal Society*. London: Basil Blackwell.

Goldstone, Jack A. 1984. "Urbanization and Inflation: Lessons from the English Price Revolution of the Sixteenth and Seventeenth Centuries." *American Journal of Sociology* 89 (5): 1122-60.

———.1991. "Monetary Versus Velocity Interpretations of the 'Price Revolution':

A Comment." *Journal of Economic History* 51 (1): 176-81

———.2002, "Efflorescences and Economic Growth in World History: Rethinking the 'Rise of the West' and the Industrial Revolution." *Journal of World History* 13 (2): 323-89.

Goodman, Martin. 1983. *State and Society in Roman Galilee, A.D. 132-212*. London: Valentine Mitchell.

Goody, Jack. 1976. *Production and reproduction: a comparative study of the domestic domain*. Cambridge: Cambridge University Press.

———.1983. *Development of Marriage and the Family in Europe*. Cambridge: Cambridge University Press.

———.1990. *The Oriental, the Ancient, and the Primitive: Systems of Marriage and the Family in the pre-Industrial Societies of Eurasia*. Cambridge: Cambridge University Press.

———.1996. *The East in the West*. Cambridge: Cambridge University Press.

Goody, Jack and Stanley J. Tambiah. 1973. *Bridewealth and Dowry*. Cambridge: Cambridge University Press.

Goitein, Shelomo Dov. 1954. "From the Mediterranean to India: Documents on the Trade to India, South Arabia, and East Africa from the Eleventh to Twelfth Centuries." *Speculum* 29: 181-97.

———.1957. "The Rise and Fall of the Middle Eastern bourgeoisie in early Islamic times." *Journal of World History* 3: 583-603.

———.1964. "The commercial mail service in medieval Islam." *Journal of the American Oriental Society* 84: 118-23.

———.1966. "Banker's Accounts from the Eleventh Century A.D." *Journal of the Economic and Social History of the Orient* 9: 28-66.

———.1967. *A Mediterranean Society, The Jewish Communities of the Arab World as Portrayed in the Documents of the Cairo Geniza*. Berkeley: University of California. Press.

———.1973. *Letters of Medieval Jewish Traders*. Princeton: Princeton University Press.

Gordon, Barry. 1981. "Lending at interest: some Jewish, Greek, and Christian approaches, 800 BC-AD 100." *History of Political Economy* 14 (3):406-26.

———.1989. *The economic problem in biblical and patristic thought*. Leiden: E. J. Brill.

Gough, Kathleen. 1971. "Nuer Kinship: a Reexamination." In *The Translation of Culture: Essays to E. E. Evans-Pritchard* (T. Beidelman, ed.), pp. 79-123.

London: Tavistock Publications.

Goux, Jean-Joseph. 1990. *Symbolic Economies: After Marx and Freud* (Jennifer Curtiss Gage, translator.) Ithaca: Cornell University Press.

Graeber, David. 1997. "Manners, Deference and Private Property: the Generalization of Avoidance in Early Modern Europe." *Comparative Studies in Society and History* 39 (4): 694-728.

———.2001. *Toward an Anthropological Theory of Value: The False Coin of Our Own Dreams*. New York: Palgrave.

———.2005. "Fetishism and Social Creativity, or Fetishes are Gods in Process of Construction." *Anthropological Theory* 5 (4): 407-38.

———.2006. "Turning Modes of Production Inside Out: Or, Why Capitalism is a Transformation of Slavery (Short version)." *Critique of Anthropology* 26 (1): 61-81.

———.2007. *Possibilities: Essays on Hierarchy, Rebellion and Desire*. Oakland: AK Press.

———.2009. "Debt, Violence, and Impersonal Markets: Polanyian Meditations." In *Market and Society: The Great Transformation today* (Chris Hann and Keith Hart, eds.), pp. 106-132. Cambridge: Cambridge University Press.

Graham, Angus Charles. 1960. *The Book of Lieh-Tzu*. London: John Murray.

———.1979. "The Nung-Chia 'School of the Tillers' and the Origin of Peasant Utopianism in China." *Bulletin of the School of Oriental and African Studies, University of London*, Vol. 42 no.1, pp. 66-100.

———.1989. *Disputers of the Tao: Philosophical Argument in Ancient China*. La Salle, Illinois: Open Court Press.

———.1994. Studies in Chinese philosophy and philosophical literature. *SUNY series in Chinese philosophy and culture. Albany: SUNY.*

Grahl, John. 2000. "Money as Sovereignty: the Economics of Michel Aglietta." *New Political Economy* 5 (1): 291-316.

Grandell, Axel. 1977. "The reckoning board and tally stick." *Accounting Historians Journal* 4 (1): 101-05.

Gray, Robert F. 1968. "Sonjo Bride-Price and the Question of African 'Wife Purchase.'" *American Anthropologist* 62: 34-47.

Greengus. Samuel. 1966. "Old Babylonian Marriage Ceremonies and Rites." *Journal of Cuneiform Studies* 20: 57-72.

———.1969. "The Old Babylonian marriage contract." *Journal of the American Oriental Society* 89: 505-32.

———.1975. "Sisterhood Adoption at Nuzi and the 'Wife-Sister' in Genesis." *Hebrew Union College Annual* 46: 5-31.

———.1990. "Bridewealth in Sumerian sources." *Hebrew, Union College Annual* 61: 25-88. Gregory, Christopher A. 1982. *Gifts and Commodities*. New York: Academic Press.

———.1998. *Savage Money: The Anthropology and Politics of Commodity Exchange*. Amsterdam: Harwood Academic Publishers.

Green, Peter. 1993. *Alexander to Actium: the historical evolution of the Hellenistic age*. Berkeley: University of California Press.

Greider, William. 1989. *Secrets of the Temple: How the Federal Reserve Runs the Country*. New York: Simon & Schuster.

Gregory, Christopher.A., 1982, *Gifts and Commodities*. London, Academic Press.

Grierson, Phillip. 1959. "Commerce in the Dark Ages: a critique of the evidence." *Transactions of the Royal Historical Society,* 5th series 9: 123-40.

———.1960. "The monetary reforms of 'Abd a1-Malik: their metrological basis and their financial repercussions." *Journal of the Economic and Social History of the Orient* 3: 241-64.

———.1977. *The Origins of Money*. London: Athlone Press.

———.1978. "The Origins of Money." In *Research in Economic Anthropology Vol. I*. Greenwich: Journal of the Anthropological Institute Press.

———.1979. *Dark Age Numismatics*. London: Variorium Reprints.

Grosz, Katarzyna. 1983. "Bridewealth and Dowry in Nuzi." In *Images of Women in Antiquity* (A. Cameron and A. Kuhrt, eds.), pp. 193-206. Detroit: Wayne State University Press.

———.1989. "Some aspects of the position of women in Nuzi." In *Women's Earliest Records From Ancient Egypt and Western Asia* (Barbara S. Lesko ed.), pp. 167-180. Atlanta: Scholar's Press.

Gudeman, Stephen. 2001. *The Anthropology of Economy*. London: Blackwell.

Guha, Ranjanit. 1999. *Elementary Aspects of Peasant Insurgency in Colonial India*. Durham: Duke University Press.

Guisborough, William of. 1954. *The Chronicle of William of Guisborough*. (H. Rothwell, ed.) London: Camden.

Gupta, Parameshwari Lal and T. R. Hardaker,. 1985. *Indian Silver Punchmarked Coins: Magadha-Maurya Karshapana Series*. Nashik: Indian Institute of Research in Numismatic Studies.

Guth, Delloyd J. 2008. "The Age of Debt: the Reformation and English Law."

In *Tudor Rule and Revolution: Essays for G. A. Elton from His American Friends* (Delloyd J. Guth and John W. McKenna, eds.), pp. 69-86. Cambridge: Cambridge University Press.

Guyer, Jane I. 1994. "Brideprice." In The Encyclopedia of Social History (Peter N. Stearns, ed.), page 84. London: Taylor & Francis.

———.2004. *Marginal Gains: Monetary Transactions in Atlantic Africa*. Chicago: University of Chicago Press.

Hadot, Pierre. 1995. *Philosophy as a Way of Life: Spiritual Exercises from Socrates to Foucault*. (Michael Chase, translator). Oxford: Blackwell.

———.2002. *What Is Ancient Philosophy?* Cambridge: Belknap Press.

Hallam, Henry. 1866. *The constitutional history of England, from the accession of Henry VII to the death of George II*. London: Widdelton.

Halperin, David. 1990. "The Democratic Body: Prostitution and Citizenship in Classical Athens." In *One Hundred Years of Homosexuality and Other Essays On Greek Love* (David Halperin, ed.), pp. 88-112. New York: Routledge.

Hamashita, Takeshi. 1994. "Tribute Trade System and Modern Asia." In *Japanese Industrialization and the Asian Economy* (A. J. H. Latham and H. Kawakatsu, eds), pp. 91-107. London and New York: Routledge.

———.2003. "Tribute and treaties: maritime Asia and treaty port networks in the era of negotiations, 1800-1900." In *The resurgence of East Asia: 500, 150 and 50 year perspectives* (Giovanni Arrighi, et al, eds.), pp. 15-70. London; New York: Routledge.

Hamilton, Earl J. 1934. *American Treasure and the Price Revolution in Spain, 1501-1650*. Cambridge: Harvard University Press.

Hardaker, Alfred. 1892. *A Brief History of Pawnbroking*. London: Jackson, Ruston and Keeson.

Hardenburg, Walter Ernest, and Sir Roger Casement. 1913. *The Putumayo: the devil's paradise ; travels in the Peruvian Amazon region and an account of the atrocities committed upon the Indians therein*. London: T. F. Unwin.

Harding, Alan. 1980. "Political Liberty in the Middle Ages." *Speculum* 55 (3): 423-43.

Harrill, J. Albert. 1998. *The manumission of slaves in early Christianity*. Tübingen: Mohr Siebek.

Harris, Edward M. 2006. *Democracy and the Rule of Law in Classical Athens: Essays on Law, society, and Politics*. Cambridge: Cambridge University Press.

Harris, William Vernon, editor. 2006. "A Revisionist View of Roman Money."

Journal of Roman Studies 96: 1-24.

———.2008a. "Introduction." In *The monetary systems of the Greeks and Romans* (W. V. Harris, ed.), pp. 1-12. Oxford: Oxford University Press.

———.2008b. "The Nature of Roman Money." In *The monetary systems of the Greeks and Romans* (W. V. Harris, ed.), pp. 174-207. Oxford: Oxford University Press.

Harris, Rosemary. 1972. "The History of Trade at Ikom, Eastern Nigeria." *Africa: Journal of the International African Institute* Vol. 42, (2): 122-39.

Harrison, James P. 1965.. "Communist Interpretations of the Chinese Peasant Wars." *The China Quarterly,* no. 24. pp. 92-118.

Hart, Keith. 1986. "Heads or Tails? Two Sides of the Coin." *Man* (N.S.) 21: 637-56.

———.1999. *The Memory Bank: Money in an Unequal World*. London: Perpetua Books.

Hawtrey, Ralph G. 1928. *Currency and Credit*. 3rd edition. London: Longmans, Green and Co.

Hayward, Jack. 1959. "Solidarity: The Social History of all Idea in Nineteenth Century France," *International Review of Social History* 4: 261-84.

Heady, Patrick. 2005. "Barter." In *Handbook of Economic Anthropology* (James Carrier, ed.), pp. 262-74. Cheltenham: Edward Elgar.

Hébert, Jean-Claude. 1958. "La Parenté à Plaisanterie à Madagascar: Étude d' Ethnologie Juridique." *Bulletin de Madagascar* No. 142-143 (April-May 1958): 122-258.

Heilbron, Johan. 1998. "French Moralists and the Anthropology of the Modern Era: On the Genesis of the Notions of 'Interest' and 'Commercial Society.' " In *The rise of the social sciences and the formation of modernity: conceptual change in context, 1750-1850* (Björn Wiitrock, Johan Heilbron, & Lars Magnusson, eds.), pp. 77-106. Dordrecht: Kluwer Academic Publishers.

Heinsohn, Gunnar and Otto Steiger. 1989. "The Veil of Barter: The Solution to 'The Task of Obtaining Representations of an Economy in which Money is Essentia1." In *Inflation and Income Distribution in Capitalist Crisis: Essays in Memory of Sidney Weintraub*. Edited by J. A. Kregel, New York: NYU Press, pp. 175-202.

Helmholz, Richard H. 1986. "Usury and the Medieval English Church Courts." *Speculum* 56:364-80

Herbert, Eugenia W. 2003. *Red Gold of Africa: Copper in Precolonial History and*

Culture. Madison: University of Wisconsin Press.

Herlihy, David. 1985. *Medieval Households*. Cambridge: Harvard University Press.

Herzfeld, Michael. 1980. "Honour and Shame: Problems in the Comparative Analysis of Moral Systems." Man 15:339-51.

———.1985. *The Poetics of Manhood*. Princeton: Princeton University Press.

Hezser, Catherine. 2003. "The Impact of Household Slaves on the Jewish Family in Roman Palestine." *Journal for the Study of Judaism* 34 (4): 375-424.

Hildebrand, Bruno. 1864. "Natural-, Geld- und Creditwirtschaft." *Jahrbuch National ökonomie* 1864.

Hill, Christopher. 1972. *The World Turned Upside Down*. New York: Penguin.

Hirschman, Albert o. 1977. T*he Passions and the Interests: Political Arguments for Capitalism Before its Triumph*. Princeton: Princeton University Press（佐々木毅・旦祐介 訳『情念の政治経済学』法政大学出版局 叢書・ウニベルシタス ,1985）.

———.1992. *Rival Views of market society and other recent essays*. Cambridge: Harvard University Press.

Hocart, Alfred M. 1936. *Kings and Councillors: an essay in the comparative anatomy of human society*. Chicago: University of Chicago Press.

Hodgson, Marshall G. S. 1974. *The Venture of Islam: Conscience and History in a World Civilization*. Chicago: University of Chicago Press.

Hoitenga, Dewey J. 1991. *Faith and reason from Plato to Plantinga: an introduction to Reformed epistemology*. Albany: SUNY Press.

Holman, Susan R. 2002. *The hungry are dying: beggars and bishops in Roman Cappadocia*. New York: Oxford University Press.

Homans, George. 1958. "Social Behavior as Exchange." *American Journal of Sociology* 63 (6): 597-606.

Homer, Sydney. 1987. *A History of Interest Rates* (2nd edition). New Brunswick: Rutgers University Press.

Hopkins, Keith. 1978. *Conquerors and Slaves: Sociological Studies in Roman History*. Cambridge: Cambridge University Press.

Hoppit, Julian. 1990. "Attitudes to Credit in Britain, 168-1790." *The Historical Journal* 33 (2): 305-22.

Hoskins, Janet. 1999. *Biographical Objects: How Things Tell the Stories of People's Lives*. New York: Routledge.

Hosseini, Hamid S. 1995. "Understanding the market mechanism before Adam Smith: economic thought in Medieval Islam." *History of Political Economy* 27

(3): 539-61.

———.1998. "Seeking the roots of Adam Smith' s division of labor in medieval Persia." *History of Political Economy* 30 (4): 653-81.

———.2003. "Contributions of Medieval Muslim Scholars to the History of Economics and their Impact: A Refutation of the Schumpeterian Great Gap." In *The Blackwell Companion to Contemporary Economics, III: A Companion to the History of Economic Thought* (Warren J. Samuels, Jeff Biddle, and John Bryan Davis, eds), pp. 28-45. London: Wiley-Blackwell.

Houston, Walter J. 2006. *Contending for Justice: Ideologies and Theologies of Social Justice in the Old Testament*. London: T & T Clark.

Howel, King. 2006. *Ancient laws and institutes of Wales: Laws Supposed to Be Enacted by Howel the Good*. Clark, New Jersey: The Lawbook Exchange, Ltd.

Howell, Paul P. 1954. *A Manual of Nuer Law*. International Africa Institute. London: Oxford University Press.

Howgego, Christopher. 1992. "The Supply and Use of Money in the Roman World 200 B.C. to A.D. 300." *Journal of Roman Studies* 82: 1-31

Huang, Ray. 1974. *Taxation and Governmental Finance in Sixteenth-Century China*. Cambridge: Cambridge University Press.

———.1999. *Broadening the horizons of Chinese history: discourses, syntheses, and comparisons*. Amonk: M. E. Sharpe.

Hubbard, Jamie. 2001. *Absolute Delusion, Perfect Buddhahood: The Rise and Fall of a Chinese Heresy*. Honolulu: University of Hawaii.

Hubert, Henri and Marcel Mauss. 1964. *Sacrifice: Its Nature and Function*. Translated by W. D. Halls. London: Cohen and West（小関藤一郎 訳『供犠』法政大学出版局 叢書・ウニベルスタシス ,1983）.

Hudson, Kenneth. 1982. *Pawnbroking: An Aspect of British Social History*. London: The Bodley Head（北川信也 訳『質屋の世界――イギリス社会史の一側面』リブロポート , 1985）.

Hudson, Michael. 1992. "Did the Phoenicians Introduce the Idea of Interest to Greece and Italy-And if So, When?" In *Greece Between East and West: 10th-8th Centuries BC* (Günter Kopcke and Isabelle Tokumaru, eds.), pp. 128-43. Mainz: Verlag Philipp von Zabern.

———.1993. "The Lost Tradition of Biblical Debt Cancellations." Research paper presented at the Hentry George School of Social Science, 1992. (http://www.michael-hudson.com/articles/debt/Hudson,LostTradition.pdf.)

———.2002. "Reconstructuring the Origins of Interest-Bearing Debt and the

Logic of Clean slates." In *Debt and Economic Renewal in the Ancient Near East* (Hudson, Michael and Marc Van de Mieroop, eds.), pp. 7-58. Bethesda: CDL Press.

———.2003a. *Super Imperialism: The Origins and Fundamentals of U.S World Dominance*. London:Pluto Press（『超帝国主義国家とアメリカの内幕』徳間書店，2002 年）.

———.2003b. "The creditary/monetarist debate in historical perspective." *The State, the Market, and Euro: chartalism versus metallism in the theory of money*. (edited by Stephanie Bell and Edward Nell), pp. 39-76. Cheltenham: Edward Elgar Press.

———.2004a. "The archeology of money: debt vs. barter theories of money." In *Credit and State Theories of Money* (Randall Wray, ed.), pp. 99-127. Cheltenham: Edward Elgar Press.

———.2004b. "The Development of Money-of-Account in Sumer's Temples." In *Creating Economic Order: Record-Keeping, Standardization and the Development of Accounting in the Ancient Near East* (Michael Hudson and Cornelia Wunsch, eds.), pp. 303-29. Baltimore: CDL Press.

Hudson, Michael and Marc Van de Mieroop, editors. 2002 *Debt and Economic Renewal in the ancient Near East*. Bethesda, MD: CDL Press.

Humphries, Caroline. 1985. "Barter and Economic Disintegration." *Man* 20: 48-72.

———.1994. "Fair Dealing, Just Rewards: the Ethics of Barter in North-East Nepal." In *Barter, Exchange, and Value: An Anthropological Approach* (Caroline Humphrey and Stephen Hugh-Jones, eds.), pp. 107-41. Cambridge: Cambridge University Press.

Humphrey, Chris. 2001. *The politics of carnival: festive misrule in medieval England*. Manchester: Manchester University Press.

Hunt, William. 1983. *The Puritan moment: the coming of revolution in an English county*. Cambridge: Harvard University Press.

Hutchinson, Sharon. 1996. *Nuer Dilemmas: Coping with Money, War, and the State*. Berkeley: University of California Press.

Ibn Battuta. 1354 [1929]. *Travels in Asia and Africa, 1325-1354* (translated by H. A. R. Gibb). London: Routledge and Kegan Paul.

Icazbalceta, Joaquin Garcia. 2008. Memoriales de Fray Toribio de Motolinia. Charleston: BiblioBazaar.

Ihering, Rudolf von. 1877. *Geist des Romischen Rechts auf den verschieden en Stufen*

seiner Entwicklung.(Republished 2003 by Adamant Media Corporation, Berlin.)

Ilwof, Franz. 1882. *Tauschhandel und Geldsurrogate in alter und neuer Zeit*. Graz.

Ingham, Geoffrey. 1996. "Money as a Social Relation." *Review of Social Economy* 54 (4): 507-29.

———.1999. "Capitalism, Money, and Banking: a critique of recent historical sociology." *British Journal of Sociology* 5 (1): 76-96.

———.2000. "Babylonian Madness' : on the historical and sociological origins of money." in *What is Money?* (edited by John Smithin), New York: Routledge, pp. 16-41.

———.2004. *The Nature of Money*. Cambridge: Polity Press.

Ingram, Jill Phillips. 2006. *Idioms of Self-Interest: Credit, Identity and Property in English Renaissance Literature*. New York: Routledge.

Inkori, Joseph E. 1982. "The Import of Firearms into West Africa, 1750 to 1807: a quantative analysis." In *Forced Migration: The Impact of the Export Slave Trade on African Societies* (J. E. Inkori, ed.), pp 126-53. London: Hutchinson University Library.

Innes, A. Mitchell. 1913. "What is Money." *Banking Law Journal* (May1913): 377-408.

———.1914. "The Credit Theory of Money." *Banking Law, Journal* (January 1914): 151-168.

Ioannatou, Marina. 2006. *Affaires d'argent dans la correspondance de Cicéron: l'aristocratie sénatoriale face à ses dettes*. Paris: De Boccard.

Isichei, Elizabeth. 1976. *A History of the Igbo People*. London: Basingstoke.

Islahi, Abdul Azim. 1985. "Ibn Taimiyah's Concept of Market Mechanism." *Journal of Research in Islamic Economics* (2): 55-65.

———.2004. *Contributions of Muslim Scholars to Economic Thought and Analysis* (II-905 A. H./632.-1500 A.D.) Jeddah: Islamic Research Center.

Jacob, Guy. 1987. "Gallieni et '1'impot moralisateur' a Madagascar: théorie, pratiques et conséquences (1901-1905)." *Revue Francaise d'Histoire d'Outre-mer* 74 (277): 431-73.

James, C. L. R. 1938. *The Black Jacobins: Toussaint L'Ouverture and the San Domingo Revolution*. London: Secker and Warbung.

Jan, Yun-hua,. 1964. "Buddhist Self-Immolation in Medieval China." *History of Religions* (4) 2: 243-68.

Janssen, Johannes. 1910. *A History of the German People at the Close of the Middle Ages*. (A. M. Christie, translator.) London: Kegan Paul.

Jasnow, Richard Lewis. 2001. "Pre-demotic Pharaonic sources." In *Security for debt in Ancient Near Eastern law* (Westbrook, R. & Jasnow, R, eds.), pp. 35-45. Leiden, Boston & Köln: Brill.

Jaspers, Karl. 1949. *Vom Ursprung und Ziel der Geschichte*. München: Piper Verlag（重田英世 訳『ヤスパース選集第９：歴史の起源と目標』理想社 ,1964).

———.1951. Way to Wisdom: An Introduction to Philosophy. New Haven: Yale University Press（草薙正夫 訳『哲学入門』新潮文庫 ,1954).

Jefferson, Thomas. 1988. *Political Writings*. (Joyce Oldham Appleby, Terence Ball, eds.). Cambridge: Cambridge University Press.

Jenkinson, C. Hilary. 1911. "Exchequer Tallies." *Archaeologia* 62: 367-380.

———.1924. "Medieval Tallies, Public and Private." *Archaeologia* 74: 289-324.

Jevons, W. Stanley. 1871. *Theory of Political Economy*. New York: Macmillan & Co（小泉信三訳『経済学純理』同文館，1919）.

———.1875. *Money and the Mechanism of Exchange*. New York: Appleton and Company（松本幸輝久訳『貨幣及び交換機構』日本図書，1948）.

Jobert, Bruno. 2003. "De la solidarité aux solidarités dans la rhétorique politique française." In C. Becc and G. Procacci, ed., *De la responsabilité solidaire*, pp. 69-83. Paris: Syllepses.

Johnson, Lynn. 2004. "Friendship, Coercion, and Interest: Debating the Foundations of Justice in Early Modern England." *Journal of Early Modern History* 8 (1): 46-64.

Johnson, Simon. 2009. "The Quiet Coup." Atlantic Monthly, May 2009, http://www.the atlantic.com/doc/200905/imf-advice.

Jones, David. 2004. *Reforming the morality of usury: a study of differences that separated the Protestant reformers*. Lanham: University Press of America.

Jones, G. I. 1939. "Who are the Aro?" *Nigerian Field* 8: 100-03.

———.1958. "Native and Trade Currencies in Southern Nigeria during the Eighteenth and Nineteenth Centuries." *Africa: Journal of the International African Institute* 28 (1): 43-56.

———.1968. "The Political Organization of Old Calabar." In *Efik Traders of Old Calabar* (D. Forde, ed.). London: International African Institute.

Jones, J. Walter. 1956. *The Law and Legal Theory of the Greeks*. Oxford: Clarendon Press.

Jordan, Kay E. 2003. *From Sacred Servant to Profane Prostitute: A History of the Changing Legal Status of Devadasis in India, 1857-1947.* New Delhi: Manohar.

Just, Roger. 1989. *Women in Athenian Law and Life*. London: Routledge

———.2001. "On the Ontological Status of Honour." In *An anthropology of indirect communication* (Joy Hendry, C. W. Watson, editors), pp. 34-50. ASA Monographs 37. London: Routledge.

Kahneman, Daniel. 2003. "A Psychological Perspective on Economics." *American Economic Review* 93 (2): 162-68

Kallet, Lisa. 2001. *Money and the corrosion of power in Thucydides: the Sicilian expedition and its aftermath*. Berkeley: University of California Press.

Kaltenmark, Max. 1960. "Ling pao: Notes sur un terme du taoîsme religieux." *Mélanges publiés par l'Institut des Hautes Études Chinoises* 2: 559-88.

Kalupahana, David. 1991. *Mulamadhyamakakarika of Nagarjuna: the Philosophy of the Middie Way*. Delhi: Motilal Banarsidas.

Kamentz, Anya. 2006. *Generation Debt: Why Now is A Terrible Time to Be Young*. New York: Riverhead Books.

Kan, Lao. 1978. "The Early Use of the Tally in China." In *Ancient China: Studies in Early Civilization* (edited by David T. Roy and Tsuen-hsuin Tsien), pp. 91-98. Hong Kong: Chinese University Press.s

Kane, Pandurang Vaman. 1973. *History of Dharmasastra Volume III*. Poona: Bhandarkar Oriental Research Institute.

Kantorowicz, Ernst H. 1957. *The King's Two Bodies: a Study in Medieval Political Theology*. Princeton: Princeton University Press（小松公 訳『王の二つの身体』上・下巻 , ちくま学芸文庫 , 2003）.

Karatani, Kojin. 2003. *Transcritique: On Kant and Marx*. Cambridge: MIT Press（柄谷行人 著『トランスクリティーク カントとマルクス』岩波現代文庫 , 2010）.

Keil, Charles. 1979. *Tiv Song*. Chicago: University of Chicago Press.

Keith, Arthur Berriedale. 1925. *The Religion and Philosophy of the Veda and Upanishads*. Cambridge: Harvard University Press.

Kelly, Amy. 1937. "Eleanor of Aquitaine and Her Courts of Love." *Speculum* 12 (1): 3-19

Kelly, Fergus. 1988. *A Guide to Early Irish Law*. Dublin: Dublin Institute for Advanced Studies.

Kessler, David & Peter Temin. 2008. "Money and Prices in the Early Roman Empire." In *The monetary systems of the Greeks and Romans* (W. V. Harris, ed.), pp. 137-60. Oxford: Oxford University Press.

Keuls, Eva. 1985. *The Reign of the Phallus: Sexual Politics in Ancient Athens*. Cambridge: Harper & Row（中村哲郎・下田立行・久保田忠利 訳『ファロスの王国——古代ギリシアの性の政治学』(1)(2), 岩波書店, 1989）.

Keynes, John Maynard. 1930. *A Treatise on Money*. London: MacMillan（小泉明・長沢惟恭 訳『ケインズ全集５　貨幣論１ 貨幣の純粋理論』東洋経済新報社，1979年）.

———.1936. *The General Theory of Employment, Interest and Money*（間宮陽介 訳『雇用・利子、お金の一般理論』ワイド版岩波文庫，2012）.

Keyt, David. 1997. *Aristotle: Politics Books VII and VIII*. Oxford: Clarendon Press.

Khan, Mir Siadat Ali, 1929. "The Mohammedan Laws against Usury and How They Are Evaded." *Journal of Comparative Legislation and International Law*, Third Series 11 (4): 233-24

Kieschnick, John. 1997. *The eminent monk: Buddhist ideals in medieval Chinese hagiography*. Honolulu: University of Hawaii Press.

Kim, Henry S. 2001. "Archaic Coinage as Evidence for the Use of Money," in, A. Meadows and K. Shipton, eds., *Money and Its Uses in the Ancient Greek World*, Oxford: Oxford University Press, 7-21.

———.2002. "Small Change and the Moneyed Economy." In *Money, Labour and Land: Approaches to the economies of ancient Greece* (Paul Cartledge, Edward E. Cohen and Lin Foxhall, eds.). New York: Routledge.

Kindleberger, Charles P. 1984. *A Financial History of Western Europe*. London: MacMillan.

———.1986. *Manias, Panics, and Crashes: A History of Financial Crises*. London: MacMillan（高遠裕子 訳『熱狂、恐慌、崩壊――金融危機の歴史』日本経済新聞出版社，2014）.

Kirschenbaum, Aaron. 1985. "Jewish and Christian Theories of Usury in the Middle Ages" *The Jewish Quarterly Review*75 (1): 270-89.1111

Kitch, Aaron. 2007. "The Character of Credit and the Problem of Belief in Middleton's City Comedies" *Studies in English Literature* 47 (2): 403-26.

Klein, Martin A. 2000. "The Slave Trade and Decentralized Societies." *Journal of African History* 41 (1): 49-65.

Knapp, Georg Friedrich, 1905. *Staatliche Theorie des Gelde*. Leipzing: Dunker and Humblot [English edition, *The State Theory of Money*. London: MacMillan, 1925（宮田喜代蔵 訳『貨幣国定学説』有明書房，1988）.

Knapp, Keith N. 2004. "Reverent Caring: the parent-son relation in early medieval tales of filial offspring" In *Filial Piety in Chinese Thought and History* (Alan Kam-leung Chan, and Sur-hoon Tan, eds.), pp. 44-70. London: Routledge.

Ko, Dorothy, JaHyun Kim Haboush, and Joan R. Piggott, editors. 2003. *Women*

and Confucian cultures in premodern China, Korea, and Japan. Berkeley: University of California Press

Kohn, Livia. 2000. *Daoism handbook*. Leiden: E. J. Brill.

———.2002. *Monastic life in medieval Daoism: a cross-cultural perspective*. Honolulu: University of Hawaii Press.

Kopytoff, Igor and Suzanne Miers. 1977. "African 'Slavery' as an Institution of Marginality." In *Slavery in Africa: Historical and Anthropological Perspectives* (edited by Suzanne Miers and Igor Kopytoff), pp. 1-84. Madison: University of Wisconsin Press.

Korver, Jan. 1934. *Die terminologie van het crediet-wezen en het Grieksch*. Amsterdam: H. J. Paris.

Kosambi, Damodar Dharmanand. 1965. *The Culture and Civilisation of Ancient India in Historical Outline*. London: Routledge & Kegan Paul.

———.1966. *Ancient India: A History Of Its Culture And Civilization*. New York: Pantheon Books（山崎利男 訳『インド古代史』岩波書店，1966）.

———.1981. *Indian Numismatics*. Hyderabad: Orient Longman.

———.1996. *An introduction to the study of Indian history*. Bombay: Popular Prakashan.

Kraan, Alfons van der. 1983. "Bali: Slavery and Slave Trade." In *Slavery, Bondage and Dependence in Southeast Asia* (Anthony Reid, ed.), pp. 315-40. New York: St. Martin's Press

Kraay, Colin M. 1964. "Hoards, Small Change and the Origin of Coinage," *Journal of Hellenic Studies*, 84, pp. 76-91.

Kramer, Samuel Noah. 1963. *The Sumerians: Their History, Culture, and Character*. Chicago: University of Chicago Press.

———.1969. *The Sacred Marriage: Aspects of Faith, Myth and Ritual in Ancient Sumer.* Bloomington: Indiana University Press（小川英雄・森雅子 訳『聖婚――古代シュメールの信仰・神話・儀礼』新地書房，1989）.

Kropotkin, Peter. 1902. *Mutual Aid: A Factor of Evolution*. London: William Heinemann（大杉栄 訳『相互扶助論　増補修訂版』同時代社，2012）.

Kulischer, Joseph. 1926. *Allgemeine Wirtschaftsgeschichte des Mittelalters und der Neuzeit*. Munich.

Kuran, Timur. 1995. "Islamic Economics and the Islamic Subeconomy." *Journal of Economic Perspectives* 9 (4): 155-73.

———.2005. "The Absence of the Corporation in Islamic Law: Origins and Persistence." *American Journal of Comparative Law* 53 (4): 785-834.

Kurke, Leslie.. 1995. "Pindar and the Prostitutes, or Reading Ancient 'Pornography.'" *Arion*, Third Series 4 (2): 49-7.

———.1997. "Inventing the 'Hetaira': Sex, Politics, and Discursive Conflict in Archaic Greece." *Classical Antiquity* 16 (1):106-50

———.2002. *Coins, bodies, games, and gold: the politics of meaning in archaic Greece*. Princeton: Princeton University Press.

Kuznets, Solomon. 1933. "Pawnbroking." In *Encyclopaedia of the Social Sciences* (Edwin R. A. Seligman, ed.), VII:38. New York: MacMillan.

Labib, Subhi Y. 1969. "Capitalism in Medieval Islam." *The Journal of Economic History* 29 (1):79-96.

Ladner, Gerhardt B. 1979. "Medieval and Modern Understanding of Symbolism: A Comparison." *Speculum* 54 (2): 223-56.

Lafitau, Joseph François. 1974. *Customs of the American Indians Compared with the Customs of Primitive Times* (edited and translated by William N. Fenton and Elizabeth L. Moore). Toronto: Champlain Society.

LaFleur, William R,. 1986. *The karma of words: Buddhism and the literary arts in medieval Japan*. Berkeley: University of California Press.

Lafont, Bertrand. 1987. "Les filles du roi de Mari." In *La femme dans le Proche-orient antique* (J -M. Durand, editor), pp. 113-23. Paris: ERC.

Lambert, Maurice. 1971. "Une Inscription nouvelle d'Entemena prince de Lagash." *Revue du Louvre* 21:231-36.

Lambert, Wilfried G. 1992. "Prostitution." In *Aussenseiter und Randgruppen: Beitrage zu einer Sozialgeschichte des Alten Orients* (edited V. Haas), 127-57. Konstanz: Universitatsverlag

Lamotte, Etienne. 1997. *Karmasiddhi Prakarana: The Treatise on Action by Vasubandhu*. Freemont: Asian Humanities Press.

Lane, Frederic Chapin. 1934. *Venetian ships and shipbuilders of the Renaissance*. Baltimore: Johns Hopkins.

Langholm, Odd. 1979. *Price and Value in the Aristotelian Tradition*. Oslo: Universitetsfor lager.

———.1984. *The Aristotelian Analysis of Usury*. Bergen: Universitetsforlaget.

———.1992. *Economics in the Medieval Schools: Wealth, Exchange, Value, Money and usury According to the Paris Theological Tradition*, 1200-1350: 29 (Studien Und Texte Zur Geistesgeschichte Des Mittelalters). Leiden: E. J. Brill.

———.1996. "The Medieval Schoolmen, 1200-1400." In *Ancient and Medieval Economic Ideas and Concepts of Social Justice* (edited by S. Todd Lowry and

Barry Gordon), pp. 439-502: Leiden: E. J. Brill.

———.1998. T*he Legacy of Scholasticism in Economic Thought: Antecedents of Choice and Power*. Cambridge: Cambridge University Press.

———.2002. T*he Merchant in the Confessional: Trade and Price in the Pre-Reformation Penitential Handbooks*. Leiden: E. J. Brill.

Lapidus, Ira. 1995. "State and Religion in Islamic Societies." *Past and Present* 151: 3-27.

———.2002. *A History of Islamic Societies* (2nd ed.) Cambridge: Cambridge University Press.

Larson, Pier. 2000. *History and Memory in the Age of Enslavement: Becoming Merina in Highland Madagascar, 1770-1822*. Portsmouth: Heinemann.

Latham, A. J. H. 1971. "Currency, Credit and Capitalism on the Cross River in the Precolonial Era." *Journal of African History*12. (4): 599-605.

———.1973. *Old Calabar 1600-1891: The Impact of the International Economy Upon a Traditional Society*. Oxford: Clarendon Press.

———.1990. "The Pre-Colonial Economy; The Lower Cross Region." In *A History of the Cross River Region of Nigeria*. (Monday B. Abasiattai, ed.), pp. 70-89. Calabar: University of Calabar press.

Laum, Bernard. 1924. *Heiliges Geld: Eine historische Untersuchung ueber den sakralen Ursprung des Geldes*. Tübingen: J. C. B. Mohr.

Law, Robin. 1994. "On Pawning and Enslavement for Debt in the Pre-Colonial Slave Coaast." *Pawnship in Africa: Debt Bondage in Historical Perspective* (Falola, Toyin and Paul E. Lovejoy, eds.), pp. 61-82. Boulder: University of Colorado Press.

Le Guin, Ursula. 1974. *The Disposessed*. New York: Avon（佐藤高子 訳『所有せざる人々』早川書房 , 1980).

Leach, Edmund R. 1961. *Rethinking Anthropology*. London: Athlone Press（青木保・井上兼行 訳『人類学再考』思索社, 1990).

———.1983. "The kula: an alternative view." In *The Kula: New Perspectives on Massim Exchange* (Jerry Leach, ed.), pp. 529-38. Cambridge: Cambridge University Press.

Le Goff, Jacques. 1990. *Your Money or Your Life: Economy and Religion in the Middle Ages*. (Translated by Patricia Ranum.) New York: Zone Books.（渡辺香根夫 訳『中世の高利貸——金も命も』法政大学出版局, 1989).

Le Rider, George: 2001. *La naissance de la monnaie: pratiques monétaires de l'Orient ancient*. Paris: Presses universitaires de France.

Lee, Ian. 2000. "Entella: the silver coinage of the Campanian mercenaries and the site of the first Carthaginian mint, 410-409 BC." *Numismatic Chronicle* 160: 1-66.

Leenhardt, Maurice. 1967. *Do Kamo: Person and Myth in the Melanesian World*. Chicago: University of Chicago Press（坂井信三 訳『ド・カモ——メラネシア世界の人格と神話』せりか書房 , 1990）, .

Lemche, Niels Peter. 1975. "The 'Hebrew Slave' : Comments on the Slave Law, Ex. Xxi 2-11." *Vetus Testamentum* 25: 129-44.

———.1976. "The Manumission of Slaves: The Fallow Year, The Sabbatical Year, The Jobel Year." *Vetus Testamentum* 26: 38-59.

———.1979. *Andurarum and Misharum*: Comments on the Problems of Social Edicts and their Application in the Ancient Near East," *Journal of Near Eastern Studies* 38:11-18.

———.1985. *Ancient Israel: A New History of Israelite Society*. Sheffield: Sheffield Academic Press.

Lerner, Abba P. 1947. "Money as a Creature of the State." *American Economic Review, Papers and Proceedings* 37 (2): 312-17.

Lerner, Gerda. 1983. "Women and Slavery." *Slavery and Abolition: A Journal of Comparative Studies* 4 (3):173-98.

———.1980. "The Origin of Prostitution in Ancient Mesopotamia." *Signs* 11 (2): 236-54.

———.1989. *The Creation of Patriarchy*. New York: Oxford University Press（奥田暁子 訳『男性支配の起源と歴史』三一書房, 1996）.

Letwin, William. 2003. *Origins of Scientific Economics: English Economic Thought*, 1660-1776. London: Routledge.

Lévi, Sylvain. 1898. *La Doctrine du Sacrifice dans les Brâhmanas*. Paris: Ernest Leroux.

———.1938. *L'Inde civilisatrice*. Paris: Institut de Civilisation Indienne.

Levi-Strauss, Claude. 1943. "Guerre et commerce chez les Indiens d' Amérique du Sud." *Renaissance*. Paris: Ecole Libre des Hautes Études, vol, I, fascicule 1 et 2（原毅彦訳「南アメリカのインディオにおける戦争と交易」『GS 4』U.P.U, 1986）.

———.1963. *Structural Anthropology*. (C. Jacobson and B. G. Schoepf, translators.) New York: Basic Books（荒川幾男・生松敬三・川田順造・佐々木明・田島節夫『構造人類学』みすず書房 , 1972）.

Lévy-Bruhl, Lucien. 1923. *Primitive Mentality*. London: Allen & Unwin.

Lewis, Mark Edward. 1990. *Sanctioned Violence in Early China*. Albany: State University of New York Press.

Li, Xueqin. 1985. *Eastern Zhou and Qin Civilizations*. (translated by K. C. Chang). New Haven: Yale University Press.

Liddell. Henry George and Robert Scott. 1940. *A Greek-English Lexicon, revised and augmented throughout by Sir Henry Stuart Jones with the assistance of Roderick McKenzie*. Oxford. Clarendon Press.

Lindholm, Charles. 1982. *Generosity and jealousy: the Swat Pukhtun of Northern Pakistan*. New York: Columbia University Press,

Linebaugh, Peter. 1982. "Labour History without the Labour Process: A Note on John Gast and His Times." *Social History* 7 (3): 319-28.

———.1993. *The London Hanged: Crime and Civil Society in the Eighteenth Century*. Cambridge: Cambridge University Press.

———.2008. *The Magna Carta Manifesto: Liberties and Commons for All*. Berkeley:University of California Press.

Littlefield, Henry. 1963. "The Wizard of Oz: Parable on Populism." *American Quarterly* 16 (1):47-98.

Llewellyn-Jones, Lloyd. 2003. *Aphrodite's Tortoise: the veiled woman of ancient Greece*. Swansea: Classical Press of Wales

Locke, John. 1680-1690. *Two Treatises on Government*. Cambridge:Cambridge University Press edition, 1988（加藤節 訳『完訳　統治二論』岩波文庫, 2010）.

———.1691. "Further Considerations Concerning Raising the Value of Money." In *The Works of John Locke* Volume 5, pp. 131-206. London: W. Otridge & Son, 1812（田中正司・竹本洋訳「貨幣の価値に関する再考察」『利子・貨幣論』（初期イギリス経済学古典選集 4）東京大学出版会, 1978 年）.

Loizos, Peter.1977. "Politics and patronage in a Cypriot village, 1920-1970." In Ernest Gellner and John Waterbury, editors, Patrons and Clients (London: Duckworth), pp. 115-35.

Lombard, Maurice. 1947. 'Les bases monétaires d' une suprématie économique: l' or musulman du VIIe au XIe siècle', *Annales* 2:143-60.

———.2003. *The Golden Age of Islam*. Princeton: Markus Wiener Publishers.

Loraux, Nicole. 1993. *The Children of Athena: Athenian Ideas About Citizenship and the Division Between the Sexes*. Princeton: Princeton University Press.

Lorton, David. 1977. "The Treatment of Criminals in Ancient Egypt: Through the New King-dom." *Journal of the Economic and Social History of the Orient* 20 (1):

2-64.

Lovejoy, Paul F. and David Richardson. 1999. "Trust, Pawnship, and Atlantic History: The institutional foundations of the Old Calabar slave trade." *American Historical Review* 104: 333-55.

———.2001. "The Business of Slaying: Pawnship in Western Africa, c. 1600-1810." *Journal of African History* 42 (1) 67-84.

———.2004. " 'This Horrid Hole': Royal Authority, Commerce and Credit at Bonny, 1690-1840." *Journal of African History* 45 (3): 363-92.

Lusthaus, Dan. 2002. *Buddhist phenomenology: a philosophical investigation of Yogācāra Buddhism and the Ch?eng Wei-shih lun*. Volume 13 of Curzon critical studies in Buddhism. New York: Routledge.

Macaulay, Baron Thomas Babington. 1886. *The history of England, from the accession of James the Second*. London: Longmans, Green and co.

MacDonald, James. 2006. *A free nation deep in debt: the financial roots of democracy*. Princeton: Princeton University Press.

MacDonald, Scott B. and Albert L. Gastmann. 2001. *A History of Credit & Power in the western World*. New Brunswick: Transaction Publishers.

Maclntosh, Marjorie K. 1988. "Money Lending on the Periphery of London, 1300-1600." *Albion* 20 (4): 557-71

Mackay, Charles. 1854. M*emoirs of extraordinary popular delusions, and the madness of crowds, Volumes 1-2*. London: G. Routledge and sons（塩野未佳・宮口尚子訳『狂気とバブル――なぜ人は集団になると愚行に走るのか』パンローリング，2004).

MacKenney, Richard. 1987. *Tradesmen and Traders: The World of the Guilds in Venice and Europe* (c.1250–c.1650). Totowa: Barnes & Noble.

MacPherson, Crawford Brough, 1962. *The political theory of possessive individualism; Hobbes to Locke*. Oxford: Clarendon Press（藤野渉ほか 訳『所有的個人主義の政治理論』合同出版，1980).

Maekawa, Kazuya. 1973-74. "The development of the É-MÍ in Lagash during Early Dynastic III." *Mesopotamia* 8-9: 77-144.

Maitland, Frederick William. 1908. *The Constitutional History of England: A Course of Lectures Delivered*. Cambridge: Cambridge University Press（小山貞夫訳『イングランド憲法史』創文社, 1981）.

Malamoud, Charles. 1983. "The Theology of Debt in Brahmanism." In *Debts and Debtors* (Charles Malamoud, ed.), pp. 21-40. London: Vices.

———.1988. "Présentation." *In Lien de vie, noeud mortel. Les représentations de la*

dette en Chine, au Japon et dans le monde indien (Charles Malamoud, ed.), pp. 7-15. Paris: EHESS.

———.1998. "Le paiement des actes rituals dans l'Inde védique." In *La Monnaie Suzerain* (Michael Aglietta and André Orlean, eds.), pp. 35-54. Paris: Editions Odile Jacob（坂口明義監訳「ヴェーダ――インドにおける祭式的行為への支払い」中野佳裕・中原隆幸訳『貨幣主権論』藤原書店，2012）.

Malinowski, Bronislaw. 1922. *Argonauts of the Western Pacific: An Account of Native Enterprise and Adventure in the Archipelagoes of Melanesian New Guinea*. London: Rouetledge（増田義郎 訳『西太平洋の遠洋航海者――メラネシアのニュー・ギニア諸島における、住民たちの事業と冒険の報告』講談社学術文庫, 2010).

Maloney, Robert P. 1983. "The Teaching of the Fathers on Usury: An Historical Study on the Development of Christian Thinking." *Vigiliae Christianae* 27 (4):241-65.

Mann, Bruce H. 2002. *Republic of Debtors: Bankruptcy in the Age of American Independence*. Cambridge: Harvard University Press.

Martin, Randy. 2002. *The Financialization of Everyday Life*. Philadelphia: Temple University Press.

Martzloff, Jean-Claude. 2006. *A history of chinese mathematics*. Berlin: Springer Verlag.

Marx, Karl. 1853. "The British Rule in India." *New-York Daily Tribune*, June 25, 1853（大内兵衛・細川嘉六監訳「イギリスのインド支配」『マルクス＝エンゲルス全集第9巻』大月書店，1962）.

———.1857 [1973]. *The Grundrisse*. New York: Harper and Row（資本論草稿翻訳委員会『マルクス資本論草稿集1 1857-58年の経済草稿第1、第2分冊』大月書店，1981, 1993年）.

———.1858 [1965]. *Pre-Capitalist Economic Formations*. (Jack Cohen, trans.) New York: International Publishers（「資本主義に先行する諸形態」手島正毅訳『資本主義的生産に先行する諸形態』国民文庫，1966）.

———.1867 [1967]. *Capital*. New York: New World Paperbacks. 3 volumes（向坂逸郎 訳『資本論』(1)—(9), 岩波文庫 , 1969-70）.

Mathews, Robert Henry. 1931. *Mathews'Chinese-English dictionary*. Cambridge: Harvard University Press.

Mathias, Peter. 1979a. "Capital, Credit, and Enterprise in the Industrial Revolution." In The transformation of England: essays in *the economic and social history of England in the eighteenth century* (Peter Mathias, ed.), pp. 88-

115. London: Taylor & Francis.

———.1979b. "The People's Money in the Eighteenth Century: The Royal Mint, Trade Tokens and the Economy." In *The transformation of England: essays in the economic and social history of England in the eighteenth century* (Peter Mathias, ed.), pp. 190-208. London: Taylor & Francis.

Maunder, Peter, Danny Myers, Nancy Wall, Roger LeRoy Miller. 1991. *Economics Explained* (Third Edition). London: Harper Collins.

Mauro, Frédéric. 1993. "Merchant Communities, *1350-1750*." In *The Rise of merchant empire: long-distance trade in the early modern world*, 1350-1750 (James D. Tracy, ed.), pp. 255-86. Cambridge: Cambridge University Press.

Mauss, Marcel. 1924. Essai sur le don. Forme et raison de l' echange dans les sociétés archaïques." *Annee sociologique*, 1 (series 2):30-186（森山工訳『贈与論他二篇』岩波文庫，2014）.

———.1925. "Commentaires sur un texte de Posidonius. Le suicide, contre-prestation supreme." *Revue celtique* 42: 324-9.

———.1947. *Manuel d'ethnographie*. Paris: Payot.

Meillassoux, Claude. 1996. *The Anthropology of Slavery: The Womb of Iron and Gold* (Alide Dasnois, translator). Chicago: University of Chicago Press.

Menefee, Samuel Pyeatt. 1981. *Wives for Sale: an Ethnographic Study of British Popular Divorce*. Oxford: Blackwell.

Mendelsohn, Isaac. 1949. *Slavery in the Ancient Near East: A Comparative Study of Slavery in Babylonia, Assyria, Syria and Palestine from the Middle of the Third Millennium to the End of the First Millennium*. Westport: Greenwood Press.

Menger, Karl. 1892. "On the origins of money." *Economic Journal* 2 no 6, pp. 239-55.

Meyer, Marvin W. 1999. T*he ancient mysteries: a sourcebook: sacred texts of the mystery religions of the ancient Mediterranean world*. Philadelphia: University of Pennsylvania Press.

Midelfort, H. C. Erik. 1996. *Mad princes of renaissance Germany*. Charlottesville: University of Virginia Press.

Midnight Notes Collective. 2009. "Promissory Notes: From Crises to Commons." (http://www. midnightnotes.org/Promissory_Notes.pdf)（高祖岩三郎・木下ちがや・酒井隆史 訳『金融恐慌からコモンズへ——資本主義の現在的批判のために』以文社，2009）.

Mielants, Eric. 2001. "Europe and China Compared." *Review*, XXV, no. 4, pp. 401-49.

———.2007. *The Origins of Capitalism and the "Rise of the West."* Philadelphia: Temple University Press（『資本主義の起源と「西洋の勃興」』山下範久訳，藤原書店，2011）.

Mieroop, Marc Van De. 2002. "A History of Near Eastern Debt?" In *Debt and Economic Renewal in the Ancient Near East* (Hudson, Michael and Marc Van de Mieroop, eds.), pp. 59-95. Bethesda: CDL.

———.2005. "The Invention of Interest: Sumerian Loans." In *The Origins of Value: The Financial Innovations That Created Modern Capital Markets* (William N. Goetzmann and K. Geert Rouwenhorst, eds.), pp. 17-30. Oxford: Oxford University Press.

Mez, Adam. 1932. *Die Renaissance des Islams*. Heidelberg: C. Winter.

Miller, Joseph. 1988. *Way of Death: Merchant Capitalism and the Angolan Slave Trade 1730-1830*. Madison: University of Wisconsin Press.

Miller, Robert J. 1961. "Monastic Economy: The Jisa Mechanism." *Comparative Studies in Society and History* 3 (4): 427-38.

Miller, William. 1993. *Humiliation: and other essays on honor, social discomfort, and violence*. Ithaca: Cornell University Press.

———.2006. *An Eye for an Eye*. Ithaca: Cornell University Press.

Millett, Paul. 1989. "Patronage and its Avoidance." In *Patronage in Ancient Society* (A. Wallace-Hadrill, ed.), pp. 15-47. London: Routledge.

———.1991a. *Lending and Borrowing in Classical Athens*. Cambridge: Cambridge University Press.

———.1991b. "Sale, Credit and Exchange in Athenian Law and Society." In *Nomos* (P. Cartiledge, P. C. Millett and S. C. Todd, eds.), pp. 167-94. Cambridge: Cambridge University Press.

Millon, Francis. 1955. *When money grew, on trees: a study of cacao in ancient Mesoamerica*. Ph.D dissertation, Columbia University.

Mises, Ludwig von. 1949. *Human Action: A Treatise on Economics*. New Haven: Yale University Press（村田稔雄 訳『ヒューマン・アクション――人間行為の経済学』春秋社，2008）.

Misra, Shive Nandan. 1976. *Ancient Indian Republics: from the Earliest Times to the 6th Century A.D.* Delhi: Upper India Publishing House.

Mitamura, Taisuke. 1970. *Chinese eunuchs: the Structure of an intimate politics*. Rutland: Charles E. Tuttle Company.

Mitchell, Richard E. 1993. "Demands for Land Redistribution and Debt Reduction

in the Roman Republic." In *Social Justice in the Ancient World* (K. D. Irani and Morris Silver, eds.), pp. 199-214. Westport: Greenwood Press.

Morgan, Lewis Henry. 1851. *League of the Ho-de-no-sau-nee, or Iroquois*. Secaucus: Citadel Press.

———.1877. *Ancient Society*. New York: Henry Holt（荒畑寒村 訳『改版 古代社会』角川書店，1971）.

———.1881. *Houses and House-Life of the American Aborigines*. [1965 edition] Chicago: University of Chicago Press（古代社会研究会 訳『アメリカ先住民のすまい』岩波文庫，1990）.

Moser, Thomas. 2000. "The Idea of Usury in Patristic Literature." In *The canon in the history of economics: critical essays* (edited by Michalēs Psalidopoulos), pp. 24-44. London: Routledge.

Moses, Larry W. 1976. "T'ang tribute relations with the Inner Asian barbarian." In *Essays on T'ang society: the interplay of social, political and economic forces* (Perry, John C. and Bardwell L. Smith, eds.), pp. 61 89. Leiden: Brill.

Moulier-Boutang, Yann. 1997. *De l'esclavage au salariat: économie historique du salariat bridé*. Paris: Presses universitaires de France.

Muhlenberger, Steven, and Phil Paine. 1997. "Democracy in, Ancient India." World History of Democracysite, [http://www.nipissingu.ca/department/history/histdem].

Muldrew, Craig. 1993a. "Interpreting the Market: The Ethics of Credit and Community Relations in Early Modern England." *Social History* 18 (2): 163-83.

———.1993b. "Credit and the Courts: Debt Litigation in a Seventeenth-Century Urban Community." *The Economic History Review*, New Series, 46 (1): 23-38.

———.1996. "The Culture of Reconciliation: Community and the Settlement of Economic Disputes in Early Modern England." *The Historical Journal* 39 (4): 915-942.

———.1998. *The Economy of Obligation: The Culture of Credit and Social Relations in Early Modern England*. New York: Palgrave.

———.2001. "'Hard Food for Midas': Cash and its Social Value in Early Modern England." *Past and Present* 170: 78-120.

Mundill, Robin R. 2002. *England's Jewish Solution: Experiment and Expulsion, 1262-1290*. Cambridge: Cambridge University Press.

Munn, Nancy. 1986. T*he Fame of Gawa: A Symbolic Study of Value Transformation in a Massim (Papua New Guinea) Society*. Cambridge, Cambridge University

Press.

Munro, John H. 2003a. "The Monetary Origins of the 'Price Revolution' : South German Silver Mining, Merchant Banking, and Venetian Commerce, 1470-1540." In *Global Connections and Monetary History, 1470-1800* (D. Flynn, A. Girāldez, and R. Von Glahn eds.), pp. 1-34. Burlington: Ashgate.

———.2003b. "The Medieval Origins of the Financial Revolution: Usury, Rents, and Negotiability." *International History Review*, 25 (3): 505-562.

———.2007. "Review of Earl J. Hamilton, *American Treasure and the Price Revolution in Spain, 1501-1650*." EH.Net Economic History Services, Jan 15 2007. URL: http://eh.net/bookreviews/library/munro.

Müri, Walter. 1931. *Symbolon: Wort- und sachgeschichtliche Studie*. Bern: Beilage zum Jahresbericht über das städtische Gymnasium Bern.

Murphy, George. 1961. "[Buddhist Monastic Economy : The Jisa Mechanism] : Comment." *Comparative Studies in Society and History* 3 (4): 439-42.

Myers, Milton L. 1983. *The Soul of Modern Economic Man: Ideas of Self-Interest, Thomas Hobbes to Adam Smith*. Chicago: University of Chicago Press.

Nag, Kalidas and V. R. Ramachandra Dikshitar.1927. "The Diplomatic Theories of Ancient India and the Arthashastra." *Journal of Indian History* 6 (1): 15-35.

Nakarmura, Kyōko Motomachi. 1996. M*iraculous stories from the Japanese Buddhist tradi tion: the Nihon ryōiki of the monk Kyōkai*. London: Routledge.

Naskar, Satyendra Nath. 1996. *Foreign impact on Indian life and culture (c. 326 B.C. to c. 300 A.D.)* New Delhi: Abhinav Publications.

Naylor, Robin Thomas. 1985. *Dominion of debt: centre, periphery and the international economic order*. London: Black Rose Books.

Nazpary, Jomo. 2001. *Post-Soviet Chaos: Violence and Dispossession in Kazakhstan*. London: Pluto.

Nelson, Benjamin. 1949. *The Idea of Usury: From Tribal Brotherhood to Universal Otherhood*. Oxford: 0xford University Press.

Nerlich, Michael. 1987. *Ideology of adventure: studies in modern consciousness, 1100-1750*. (translation by Ruth Crowley). Minneapolis: University of Minnesota Press.

Nicholls, David. 2003. *God and Government in an "Age of Reason."* New York: Routledge.

Noah, Monday Efiong. 1990. "Social and Political Developments: The Lower Cross Region, 1600-1900." In *A History of the Cross River Region of Nigeria*. (Abasiattai, Monday B., ed.), pp. 90-108. Calabar: University of Calabar

Press.

Nolan, Patrick. 1926. *A Monetary History of Ireland*. London: King.

Noonan, John T. 1957. *The Scholastic Analysis of Usury*. Cambridge: Harvard University Press.

Norman, K. R. 1975. "Asóka and Capital Punishment: Notes on a Portion of Asoka's Fourth Pillar Edict, with an Appendix on the Accusative Absolute Construction." *The Journal of the Royal Asiatic Society of Great Britain and Ireland* I : 16-24.

North, Robert. 1954. *Sociology of the Biblical Jubilee*. Rome: Pontifical Biblical Institute.

Northrup, David. 1978. *Trade Without Rulers: Pre-Colonial Economic Development in South Eastern Nigeria*. Oxford: Clarendon Press.

———.1995. *Indentured labor in the age of imperialism*, 1834-1922. Cambridge: Cambridge University Press.

Nwaka, Geoffrey I. 1978. "Secret Societies and Colonial Change: A Nigerian Example (So-ciété secrètes et politique colonial: un exemple nigerian)." Cahiers d'Études Africaines, Vol. 18(69/70): 187-200.

Nwauwa, Apollos Okwuchi. 1991. "Integrating Arochukwu into the Regional Chronological Structure." *History in Africa* 18: 297-310.

O' Brien, George. 1920. *An Essay on Medieval Economic Teaching*. London: Longmans, Green & Co.

Ohnuma, Reiko. 2007. *Head, eyes, flesh, and blood: giving away the body in Indian Buddhist literature*. New York: Columbia University Press.

Olivelle, Patrick. 1993. *The Asrama System: The History and Hermeneutics of a Religious Institution*. Oxford: Oxford University Press.

———.2005. *Manu's Code of Law: A Critical Edition and Translation of the Mānava Dharmaśāstra*. Oxford: Oxford University Press.

———.2006. "Explorations in the Early History of Dharmaśāstra." In *Between the Empires: Society in India 300 BC to 400 CE* (Patrick Olivelle, ed.), pp. 169-90. New York: Oxford University Press.

———.2009. "Dharmaśāstra: A Literary History." In *The Cambridge Handbook of Law and Hinduism* (T. Lubin and D. Davis, eds.), pp. 112-43. Cambridge: Cambridge University Press.

Oliver, Douglas. 1955. *A Solomon Island Society*. Cambridge: Harvard University Press.

Onvlee, Louis. 1980. "The Significance of Livestock on Sumba." In *The Flow of Life: Essays on Eastern Indonesia* (James J. Fox, ed.), pp. 195-207. Cambridge: Harvard University Press.

Oppenheim, Leo. 1964. *Ancient Mesopotamia: Portrait of a Dead Civilization*. Chicago: University of Chicago Press.

Orléan, André. 1998. "La monnaie autoréférentielle." In: M. Aglietta & A. Orlēan (editors), *La monnaie souveraine*, pp. 359-86. Paris: Odile Jacob（坂口明義監訳 中野佳裕・中野隆幸訳「自己準拠貨幣」『貨幣主権論』藤原書店，2012）.

Orlove, Benjamin. 1986. "Barter and Cash Sale on Lake Titicaca: A Test of Competing Approaches." *Current Anthropology* 27 (2): 85-106.

Orr, Leslie C. 2000. *Donors, Devotees, and Daughters of God: Temple Women in Medieval Tamilnadu*. Oxford: Oxford University Press.

Ottenberg, Simon. 1958. "Ibo Oracles and Intergroup Relations." *Southwestern Journal of Anthropology* 14 (3): 295-317.

Ottenberg, Simon and Phoebe Ottenberg. 1962. "Afikpo Markets: 1900-1960." In *Markets in Africa* (Paul Bohannan and George Dalton, eds.), pp. 118-69. Chicago: Northwestern University Press.

Ottenberg, Simon and Linda Knudsen. 1985. "Leopard Society Masquerades: Symbolism and Diffusion." *African Arts* 18 (2): 37-44.

Oxfeld, Ellen. 2004. " 'When You Drink Water, Think of its Source': Morality, Status, and Reinvention in Chinese Funerals." *Journal of Asian Studies* 63 (4): 961-90.

Ozment, Steven. 1983. *When Fathers Ruled*. Harvard University Press, Cambridge: Cambridge University Press.

Pagden, Anthony. 1986. *The Fall of Natural Man: the American Indian and the origins of comparative ethnology*. Cambridge: Cambridge University Press.

Palat, Ravi Arvind. 1986. "Popular Revolts and the State in Medieval South India: A Study of the Vijayanagara Empire *(1360-1565)*," *Bijdragen tot de taal-, Land-, en Volkenkunde*, CXII, pp. 128-44.

———.1988. *From World-Empire to World-Economy: Southeastern India and the Emergence of the Indian Ocean World-Economy (1350-1650)*. Ph. D. Dissertation, State University of New York at Binghamton.

Parker, Arthur. 1926. *An Analytical History of the Seneca Indians*. Researches and Transactions of the New York State Archaeological Association. Rochester, NY.

Parker, David B. 1994. "The Rise and Fall of The Wonderful Wizard of Oz as a

'Parable on Populism." *Journal of the Georgia Association of Historians* 15: 49-63.

Parkes, Henry Bamford. 1959. *Gods and Men: The Origins of Western Culture*. New York: Vintage Books.

Parkin, Michael and David King. 1995. *Economics (Second Edition)*. London: Addison-Wesley Publishers.

Parks, Time. 2005. *Medici Money: Banking, Metaphysics, and Art in Fifteenth-Century Florence*. New York: Norton.

Partridge, Charles. 1905. *Cross River Natives: Being Some Notes on the Primitive Pagans of Obubura Hill District, Southern Nigeria*. London: Hutchinson & Co.

Pasadika, Bhikkhu. 1997. "The concept of avipranāśa in Nāgārjuna." In *Recent Researches in Buddhist Studies: Essays in Honour of Y. Karunadasa*, pp. 516-23. Kuala Lumpur: Y. Karunadasa Felicitation Committee. & Chi Ying Foundation.

Pateman, Carole. 1988. *The Sexual Contract*. Stanford: Stanford University Press.

Patterson, Orlando. 1982. *Slavery and Social Death: A Comparative Study*. Cambridge: Harvard University Press（奥田暁子 訳『世界の奴隷制の歴史』明石書店 ,2001）.

Pearson, Michael N. 1982. "Premodern Muslim Political Systems." *Journal of the American Oriental Society* vol. 102 (no.1):47-58.

Peng, Xinwei. 1994. *A monetary history of China (Zhongguo Huobi Shi)*. Two Volumes. (Edward H. Kaplan, translator). Bellingham: Western Washington University.

Perkins, 2006, *Conffesions of Economie Hit man*, Western Washington University.

Perlman, Mark and Charles Robert McCann. 1998. *The pillars of economic understanding: ideas and traditions*. Ann Arbor: University of Michigan Press.

Peters, E. L. 1967. "Some Structural Aspects of the Feud Among the Camel-Herding Bedouins of Cyrenaica." Africa 37: 261-82.

Phillips, William D. 1985. Slavery From Roman Times to the Early Transatlantic Trade. Minneapolis: University of Minnesota Press.

Picard, Olivier. 1975. "La 'fiduciarité' des monnaies métalliques en Grèce." Bulletin de la Société Française de Numismatique 34 (10: 604-09.

Pietz, William. 1985.. "The Problem of the Fetish I." RES: *Journal of Anthropology and Aesthetics* 9:5-17.

Pigou, Arthur Cecil. 1949. *The Veil of Money*. London: Macmillan.

Polanyi, Karl. 1949. The Great Transformation. New York: Rinehart（野口建彦・

栖原学 訳『「新訳」大転換：市場社会の形成と崩壊』東洋経済新報社，2009).

———.1957a. "Aristotle Discovers the Economy." In K. Polanyi, C. Arensberg and H. Pearson (eds.), *Trade and Market in the Early Empires*, pp. 64-94. Glencoe: The Free Press（玉野井芳郎・平野健一郎編訳，石井薄，木畑洋一，長尾史郎，吉沢黄成訳「アリストテレスによる経済の発見」『経済の文明史』ちくま学芸文庫，2003).

———.1957b. "The economy as an instituted process." In K. Polanyi, C. Arensberg and H. Pearson (eds.), *Trade and Market in the Early Empires*, pp. 243-69 Glencoe:The Free Press.

———.1968. "The Semantics of Money Uses." In *Primitive, Archaic, and Modern Economies: Essays of Karl Polanyi*. (George Dalton, ed.) New York: Anchor.

Poliakov, Léon. 1977. *Jewish bankers and the Holy See from the thirteenth to the seventeenth century*. London: Routledge.

Pomeranz, Kenneth. 2000. *The Great Divergence: China, Europe, and the Making of the Modern World Economy*. Princeton: Princeton University Press（川北稔監訳『大分岐——中国，ヨーロッパ，そして近代世界経済の形成』名古屋大学出版会，2015).

Powell, Marvin A. 1978. "A Contribution to the History of Money in Mesopotamia prior to the Invention of Coinage." In *Festschrift Lubor Matous* (B. Hruska and G. Comoroczy, eds.) Budapest) II, pp. 211-43.

———.1979. "Ancient Mesopotamian Weight Metrology: Methods, Problems and Perspectives." In *Studies in Honor of Tom B. Jones* (M. A. Powell and R. H. Sack, eds.), pp. 71-109. Amsterdam: Kevelaer/Neukirchen-Vluyn.

———.1999. "*Wir mussen unsere nisch Nutzen*: Monies, Motives and Methods in Babylonian economics." In T*rade and Finance in Ancient Mesopotamia, Proceedings of the First Mos Symposium* (Ledien 1997), (J. G. Derksen, editior), pp. 5-24. Istanbul: Nederlands Historich-Archeologisch Instiuut.

Prakash, Gyan. 2003. *Bonded Histories: Genealogies of Labor Servitude in Colonial India*. Cambridge: Cambridge University Press.

Prakash, Satya and Rajendra Singh,. 1968. *Coinage in Ancient India* New Delhi: Research Institute of Ancient Scientific Studies.

Price, Jacob M. 1980. *Capital and Credit in British Overseas Trade: the View from the Chesapeake, 1700-1776*. Cambridge: Harvard University Press.

———.1989. "What Did Merchants Do? Reflections on British Overseas Trade, 1660-1790." *The Journal of Economic History* 49 (2): 267-84.

———.1991. "Credit in the Slave Trade and Plantation Economies." In Barbara

L. Solow, editor, *Slavery and the Rise of the Atlantic System*, pp. 313-17. Cambridge: Cambridge University Press.

Price, Martin Jessop. 1983. "Thoughts on the beginnings of coinage." In *Studies in Numismatic Method Presented to Philip Grierson* (C.N,L. Brooke et al., eds.), pp. 1-10. Cambridge: Cambridge University Press.

Proudhon, Pierre-Joseph. 1840. *Qu'est-ce que la propriété? Recherche sur le principe du droit et du gouvernement*. Premier mémoire. Paris: J.-F. Brocard（長谷川進訳「所有とは何か」『アナキズム叢書　プルードン 3』三一書房，1976）.

Puett, Michael J. 2002. *To Become a God: Cosmology, Sacrifice, and Self-Divinization in Early China*. Cambridge: Harvard University Press.

Quiggin, A. Hingston. 1949. *A Survey of primitive money; the beginning of currency London*: Methuen.

Quilter, Jeffrey and Gary Urton. 2002. *Narrative threads: accounting and recounting in Andean Khipu*. Austin: University of Texas.

Radford, R. A. 1945. "The Economic Organization of a POW Camp." *Economica* 12 (48): 189-201

Raglan, FitzRoy Richard Somerset, Baron. 1931. "Bride Price." *Man* 3I:75.

Rahman, Fashur. 1964. "Riba and Interest." *Islamic Studies* 3:1-43.

Rai, G. K. 1981. *Involuntary Labour in Ancient India*. Allahabad: Chaitanya Press.

Ray, Nicholas Dylan. 1997. "The Medieval Islamic System of Credit and Banking: Legal and Historical Considerations." *Arab Law Quarterly* 12 (1): 43-90.

Reden, Sitta von. 1997. "Money, Law and Exchange: Coinage in the Greek Polis." *Journal of Hellenic Studies* 117: 154-76.

———.2003. *Exchange in Ancient Greece*. London: Duckworth.

Reeves, Eileen. 1999. "As Good as Gold: The Mobile Earth and Early Modern Economics." *Journal of the Warburg and Courtauld Institutes* 62: 126-66.

Reid, Anthony. 1983. *Slavery, Bondage and Dependence in Southeast Asia*. New York: St. Martin' s Press.

Renger, Johannes. 1984. "Patterns of Non-Institutional Trade and Non-Commercial. Exchange in Ancient Mesopotamia at the Beginning of the Second Millennium B.C." In *Circulation of Goods in Non-palatial Contexts in the Ancient Near East* (A. Archi, ed.), pp. 31-123. Rome: Edizioni dell'Ateneo

———.1994. "On Economic Structures in Ancient Mesopotamia." *Orientalia* 18:157-208.

Retours, Robert de. 1952. "Les insignes en deux parties (fou) sous la dynastie des T'ang (618-907)." *T'oung Pao* 41 (1/3): 1-148.

Rhys Davids, Caroline A. F. 1901. "Economic Conditions in Ancient India." *The Economic Journal* 11 (43): 305-20

———.1922. "Economic Conditions According to Early Buddhist Literature." In *The Cambridge History of India Volume I: Ancient India* (E. J. Rapson, ed.), pp. 198-219. Cambridge: Cambridge University Press.

Richard, R. D. 1926. "Early History of the Term Capital." *Quarterly Journal of Economics* 40 (2): 329-38.

Richards, Audrey. 1939. *Land, Labour and Diet in Northern Rhodesia*. London: Oxford University Press.

Richter, Daniel K. 1983. "War and Culture: the Iroquois Experience." *William and Mary Quarterly*, 3d Series, 40:528-559.

Rickett, W. Allyn. 1998. *Guanzi: Political, Economic, and Philosophical Essays from Early China* (2 volumes). Princeton: Princeton University Press.

Riepe, Dale Maurice. 1961. *The Naturalistic Tradition in Indian Thought*. Seattle: University of Washington Press

Risso, Patricia. 1995. *Merchants and Faith: Muslim Commerce and Culture in the Indian Ocean*. Boulder: Westview Press.

Robertson, Pat. 1992. *The Secret Kingdom*. Dallas and London: Word Publishing（角笛出版翻訳委員会 訳『神の 10 の法則――あなたに本当の成功と幸福をもたらす』角笛出版 , 2005）.

Robinson, Rachel Sargent. 1973. *The size of the slave population at Athens during the fifth and fourth centuries before Christ*. Westport: Greenwood Press.

Robisheaux, Thomas. 1989. *Rural society and the search for order in early modern Germany*. Cambridge: Cambridge University Press.

Rockoff, Hugh. 1990. "The 'Wizard of Oz' as a Monetary Allegory." *Journal of Political Economy* 98 (4): 739-60.

Rodinson, Maxine. 1978. Islam and Capitalism. Austin: University of Texas Press.

Roetz, Heiner. 1993. *Confucian ethics of the axial age: a reconstruction under the aspect of the breakthrough toward postconventional thinking*. Albany: SUNY.

Rohrlich, Ruby. 1980. "State Formation in Sumer and the Subjugation of Women." *Feminist Studies* 6 (1): 76-102.

Roitman, Janet. 2003. "Unsanctioned Wealth; or, the Productivity of Debt in Northern Cameroon." *Public Culture* 15 (2): 211-37.

Roover, Raymond de. 1944. "What is Dry Exchange? A Contribution to the Study of English Mercantilism." *Journal of Political Economy* 52: 250-66

———.1946. "The Medici Bank." *Journal of Economic History* 6: 24-52, 153-72.

———.1948. *Money, Banking, and Credit in Mediaeval Bruges*. Cambridge: Mediaeval Academy of America.

———.1963. *The Rise and Decline of the Medici Bank: 1397-1494*. New York: W.W. Norton.

———.1967. "The Scholastics, Usury and Foreign Exchange." *Business History Review*, 41 (3): 257-71.

Rospabé, Philippe. 1993. "Don Archaïque et Monnaie Sauvage." In *MAUSS: Ce Que Donner Vuet Dire: Don et Intéret*. Paris: Éditions la découverte, pp. 33-59.

———.1995. *La Dette de Vie: aux origines de la monnaie sauvage*. Paris: Editions la Découverte/MAUSS.

Rotours, Robert de. 1952. "Les insignes en deux parties (fou) sous la dynastic des T' ang (618-907)." *T'oung Pao* 41: 1-148.

Ruel, Malcolm. 1969. *Leopards and Leaders*. London: Tavistock

Rule, John. 1986. *The Labouring Classes in Early Industrial England*, 1750-1850. London: Longman.

Saggs, Henry William Frederick. 1962. *The Greatness That Was Babylon*. New York: Mentor Books.

Sahlins, Marshall. 1972. *Stone Age Economics*. Chicago: Aldine（山内昶 訳『石器時代の経済学 新装版』法政大学出版局 叢書・ウニベルスタシス , 2012）.

———.1981. "The stranger-king or Dumézil among the Fijians." *Journal of Pacific History* 107-32（「外来王 , またはフィジーのデュメジル」『歴史の島々』法政大学出版局 , 1993）.

———.1988. "Cosmologies of Capitalism." *Proceedings of the British Academy* 74:1-51.

———.1996. "The Sadness of Sweetness: The Native Anthropology of Western Cosmology." *Current Anthropology*, Vol. 37 (3): 395-428（山本真鳥 訳「甘さの悲しみ——西欧的宇宙論の自文化人類学」上・下『思想』(881)・(883), 岩波書店 , 1997-8）.

———.2004. *Apologies to Thucydides: Understanding History as Culture and Vice Versa*. Chicago: University of Chicago Press.

———.2008. *The Western Illusion of Human Nature*. Chicago: Prickly Paradigm Press.

Saller, Richard P. 1984. " 'Familia, Domus' and the Roman Conception of the Family." *Phoenix* 38 (4): 336-355.

———.1987. "Slavery and the Roman family." In *Classical Slavery* (Moses Finley, editor), pp. 82-110. London: Frank Cass.

Samuel, Geoffrey. 2003. "Property, Obligations: Continental and Comparative Perspectives." In *New Perspectives on Property Law, Human Rights, and the Home* (Alastair Hudson, editor), pp. 295-318. London: Cavendish Publications.

Samuelson, Paul A. 1948. *Economics*. New York: McGraw Hill（都留重人 訳『サムエルソン経済学』上・下巻，岩波書店，1992-3).

———.1958. "An exact consumption-1oan model of interest with or without the social contrivance of money." In *The Collected Scientific Papers of Paul A. Samuelson*, volume 1 (J. Stiglitz, ed.), pp. 219-33. Cambridge: MIT Press.

Sarthou-Lajous, Nathalie. 1997. *L'ethique de la dette*. Paris: Presses Universitaires de France.

Sasso, Michael. 1978. "What is the Ho-Tu?" *History of Religions* 17 (314): 399-416.

Scammel, Jeffrey Vaughan. 1981. *The world encompassed: the first European maritime empires c.800-1650*. London: Taylor & Frances.

Schaps, David. 2004. *The Invention of Coinage and the Monetization of Ancient Greece*. Ann Arbor: University of Michigan Press,

———.2006. "The Invention of Coinage in Lydia, in India, and in China." Helsinki: XIV International Economic History Congress.

Scheidel, Waiter. 2006. "The Divergent Evolution of Coinage in Eastern and Western Eurasia." Princeton/Stanford Working Papers in Classics (April 2006): www.princeton. edu/ ~ pswpc/pdfs/scheide1/040603.pdf

———.2007. "The Monetary Systems of the Han and Roman Empires." (available at http://www.princeton. edu/ ~ pswpc/pdfs/scheide1/110505.pdf).

———.2009. *Rome and China: Comparative Perspectives on Ancient World Empires*. Oxford: Oxford University Press.

Schlemmer, Bernard. 1983. *Le Menabe: histoire d'une colonization*. Paris: ORSTOM.

Schneider, Jane. 1971. "Of Vigilance and Virgins: Honor, Shame, and Access to Resources in Mediterranean Societies." *Ethnology* 10:1-24.

Schoenberger, Erica. 2008. "The Origins of the Market Economy: State Power, Territorial Control, and Modes of War Fighting." *Comparative Studies in Society and History* 50 (3): 663-91.

Schofield, Phillipp R. and N. J. Mayhew, editors. 2002. *Credit and debt in medieval England, c.1180-c.1350*. London: Oxbow.

Schopen, Gregory. 1994. "Doing Business for the Lord: Lending on Interest and Written Loan Contracts in the Mūlasarvāstivāda-vinaya." *Journal of the American Oriental Society* 114 (4): 527-54.

———.1995. "Monastic Law Meets the Real World: A Monk's Continuing Right to Inherit Family Property in Classical India." *History of Religions* 35 (2): 101-23.

———.1997. *Bones, stones, and Buddhist monks: collected papers on the archaeology, epigraphy, and texts of monastic Buddhism in India*. Honolulu: University of Hawaii Press.

———.2004. *Buddhist monks and business matters: still more papers on monastic Buddhism in India*. Honolulu: University of Hawaii Press.

Schumpeter, Joseph. 1934. *History of Economic Analysis*. New York: Oxford University Press（東畑精一・福岡正夫 訳『経済分析の歴史』上・中・下巻 , 岩波書店 , 2005-6）.

Schwartz, Benjamin I. 1975. "The Age of Transcendence." *Daedalus* 104:1-7.

———.1986. *The World of Thought in Ancient China*. Cambridge: Harvard University Press.

Scott, Tom, and Bob Scribner, eds. 1991. *The German Peasants' War: A History in Documents*. Atlantic Highlands: Humanities Press.

Sea, Thomas F. 2007. "The German Princes' Responses to the Peasants' Revolt of 1525." *Central European History* 40 (2): 219-40.

Seaford, Richard. 1994. *Reciprocity and Ritual. Homer and Tragedy in the Developing City State*. Oxford: Oxford University Press.

———.1998. "Tragic Money." *Journal of Hellenic Studies* 110: 76-90.

———.2002. "Review: Reading Money: Leslie Kurke on the Politics of Meaning in Archaic Greece." *Arion*, Third Series 9 (3):145-65.

———.2004. *Money and the Early Greek Mind: Homer, Philosophy, Tragedy*. Cambridge: Cambridge University Press.

Sée, Henri Eugène. 1928. *Modern capitalism: its origin and evolution*. New York: Adelphi（土屋宗太郎・泉倭雄 訳『近代資本主義の起源』創元文庫 , 1954）.

Seebohm, Frederic. 1877. *The Era of the Protestant Revolution*. London: Longmans, Green.

Seidel, Anna. 1983. "Imperial Treasures and Taoist Sacraments: Taoist Roots in Apocrypha." In *Tantric and Taoist Studies in Honor of Rolf A*. Stein (Michel Strickmann, ed.), 11, pp. 291-371. Bruxelles: Institute Beige des Hautes Études Chinoises.

Servet, Jean-Michel. 1981. "Primitive Order and Archaic Trade. Part 1" *Economy and Society* 10 (4): 423-50.

———.1982. "Primitive Order add Archaic Trade. Part II." *Economy and Society* 11 (1): 22-59.

———.1994. “La fable du troc,” numero spécial de la revue *XVIIIe siècle, Economie et politique* (sous la direction Gerard Klotz, Catherine Larrere et Pierre Retat), n° 26: 103-15

———.1998. “Demonétarisation et remonétarisation en Afrique-Occidentale et Équatoriale (XIXe-XXe siècles).” In *La Monnaie souveraine* (Aglietta and Orleans, eds.), pp. 289-324. Paris: Odile Jacob.

———.2001. “Le troc primitif, un mythe fondateur d'une approche économiste de la momnaie.” *Revue numismatique* 2001: 15-32.

Sharma, J. P. 1968. *Republics in Ancient India: c 1500- C. 500 BC*. Leiden: E. J. Brill

Sharma, Ram Sharan. 1958. *Sudras in Ancient India*. Delhi: Mohtial Banarsidas.

———.1965. “Usury in Medieval India (A.D. 400-1200).” *Comparative Studies in Society and History* 8 (1): 56-77.

———.1987. *Urban Decay in India c.300- c.1000*. Delhi: Munshiram. Manoharlal.

———.2001. *Early medieval Indian society: a study in feudalisation*. Hyderbad: Orient Longman.

Shell, Marc. 1978. *The Economy of Literature*. Baltimore: Johns Hopkins University Press.

———.1992. *Money, Language, and Thought*. Baltimore: Johns Hopkins University Press（佐々木俊三・鈴木亮三ほか訳「『貨幣・言語・思想――中世から現代までの文学の経済と哲学の経済』序および第五章」『東北学院大学教養学部論集』東北学院大学学術研究会，2005）.

Sheridan, R. B. 1958. “The Commercial and Financial Organization of the British Slave Trade, 1750-1807.” *The Economic History Review*, New Series 11 (2): 249-63.

Silver, Morris. 1985. *Economic structures of the ancient Near East*. London: Taylor & Francis.

Singer, Sholom A. 1964. “The Expulsion of the Jews from England in 1290.” *The Jewish Quarterly Review*, New Series, 55 (2): 117-36.

Skinner, Quentin. 1998. *Liberty before Liberalism*. Cambridge: Cambridge University Press（梅津順一 訳『自由主義に先立つ自由』聖学院大学出版会，2001）.

Smith, Adam. 1761. *Theory of moral sentiments*. Cambridge: Cambridge University Press (2002 edition)（水田洋 訳『道徳感情論』（上・下）岩波文庫，2003）.

———.1762. *Lectures on Jurisprudence*. Glasgow Edition of the Works and Correspondence of Adam Smith Vol. 5. Indianapolis: Liberty Fund (1982 edition).（高島善哉・水田洋 訳『グラスゴウ大学講義』日本評論社，1949）.

———.1776. *An Inquiry into the nature and causes of the wealth of nations*. Oxford: Clarendon Press (1976 ed.)（大河内一男 監訳，玉野井芳郎・田添京二・大河内暁男 訳『国富論』1-4, 中公クラシックス，2010）.

Smith, Edwin, and Andrew Murray Dale. 1968. *The Ila Speaking Peoples Of Northern Rhodesia*. Two Volumes. London: Kessinger.

Smith, Timothy. 1983. "Wampum as Primitive Valuables." *Research in Economic Anthropology* 5: 225-46.

Snell, F. J. 1919. *The Customs of Old England*. London: Methuen.

Solow, Barbara. 1987. "Capitalism and Slavery in the Exceedingly Long Run." *Journal of Interdisciplinary History* 17 (4) : 711-37.

Sonenscher, Michael. 2007. *Before the Deluge: Public Debt, Inequality, and the Intellectual Origins of the French Revolution*. Princeton: Princeton University Press.

Spufford, Peter. 1989. *Money and Its Use in Medieval Europe*. Cambridge: Cambridge University Press

Spyer, Patricia. 1997. "The Eroticism of Debt: Pearl Divers, Traders, and Sea Wives in the Aru Islands of Eastern Indonesia." *American Ethnologist* 24 (3): 515-38.

Ste. Croix, Geoffrey Ernest Maurice De. 1981. *The Class Struggle in the Ancient Greek World: from the Archaic Age to the Arab Conquests*. Ithaca: Cornell University Press.

Stannard, David E. 1993. *American holocaust: the conquest of the New World*. New York: Oxford University Press.

Starr, Chester G. 1977. T*he Economic and Social Growth of Early Greece. 800-500 BC*. New York: 0xford University Press.

Stein, Siegfried. 1953. "Laws of Interest in the Old Testament." *Journal of Theological Studies* 4: 161-70.

———.1955." The Development of the Jewish Law of Interest from the Biblical Period to the Expulsion of the Jews from England." *Historia Judaica* 17:3-40.

Stein, Stanley J., and Barbara H. Stein. 2000. *Silver, trade, and war: Spain and America in the making of early modern Europe*. Baltimore: Johns Hopkins.

Steinkeller, Piotr. 1981. "The Renting of Fields in early Mesopotamia and the Development of the Concept of 'Interest' in Sumerian." *Journal of the Economic and Social History of the Orient* 24: 113-45.

———.2003. "Money-Lending Practices in Ur III Babylonia: the question of economic motivation." In *Debt and Economic Renewal in the Ancient Near East*

(Hudson, Michael and Marc Van de Mieroop, eds.), PP. 109-37. Bethesda: CDL.

Stiglitz, Joseph, and John Driffill. 2000. *Economics*. New York: W. W. Norton.

Stol, Marten. 1995. "Women in Mesopotamia." *Journal of the Economic and Social History of the Orient* 38 (2): 123-44.

Stone, Lawrence. 1968. *The Family, Sex and Marriage in England 1500-1800*. London: Unwin（北本正章 訳『家族・性・結婚の社会史 ――1500 年～ 1800 年のイギリス』勁草書房，1991）.

———.1990. *Road to Divorce: England 1530-1987*. Oxford: 0xford University Press.

Stone, Willard E. 2005. "The Tally: An Ancient Accounting Instrument." *Abacus* 11 (1): 49-57.

Stout, William. 1742 [1967]. *The Autobiography of William Stout of Lancaster 1665-1752*. (John Duncan Marshall, ed.) Manchester: Manchester University Press.

Strickmann, Michel. 2002. *Chinese magical medicine*. Stanford: Stanford University Press.

Subrahmanyam, Sanjay. 1996. "Of Imarat and Tijarat: Asian Merchants and State Power in the Western Indian Ocean, 1400 to 1750." *Comparative Studies in Society and History* Vo1. 37 no 4, PP. 750-80.

Sun, Guang-Zhen. 2008. "Fragment: Nasir ad-Din Tusi on social cooperation and the division of labor: Fragment from The Nasirean Ethics." *Journal of Institutional Economics* 4 (3): 403-13.

Sutton, David. 2004. "Anthropology's value(s)." *Anthropological Theory* 4(3): 373-79.

Swann, Nancy Lee. 1950. *Food and Money in Ancient China: The earliest economic history of China to A. D. 25. Han Shu 24 with related texts. Han Shu 91 and Shih-chi 129*. Princeton: Princeton University Press.

Tag El-Din, Saif I. 2007. "Capital and Money Markets of Muslims: The Emerging Experience in Theory and Practice." Kyoto Bulletin of Islamic Area Studies, 1-2: 54-71.

Tambiah, Stanley J. 1973. "Dowry and Bridewealth and the Property Rights of Women in South Asia." In *Bridewealth and Dowry* (Jack Goody and S. J. Tambiah, eds.), pp. 59-169. Cambridge: Cambridge University Press.

———.1989. "Bridewealth and Dowry Revisited: The Position of Women in Sub-Saharan Africa and North India." *Current Anthropology* 30 (4): 413-34.

Tambo, David C. 1976. "The Sokoto Caliphate Slave Trade in the Nineteenth

Century." *International Journal of African Historical Studies* 9 (2): 187-217.

Taussig, Michael. 1984. "Culture of Terror-Space of Death. Roger Casement's Putumayo Report and the Explanation of Torture." *Comparative Studies in Society and History* 26 (3): 467-97（大島康典・中田英樹ほか訳「暴力の文化——死の空間——ロジャー・ケースメントのプトゥマイヨ報告と拷問の解釈をめぐって」『現代思想』24（11），青土社，1996）.

———.1987. *Shamanism, Colonialism, and the Wild Man*. Chicago: University of Chicago Press.

Taylor, Quentin P. 2005. "Money and Politics in the Land of Oz." *The Independent Review* 9 (3): 413-26.

Tebbutt, Melanie. 1983. *Making Ends Meet: Pawnbroking and Working-Class Credit*. New York: St. Martin' s Press.

Teiser, Stephen F. 1988. *The Ghost Festival in Medieval China*. Princeton: Princeton University Press.

Testart, Alain. 1997. "Le mise en gage de personnes: sociologie comparative d' une institution." Archives Européenes de Sociologie 38: 38-67.

———.1998. "Pourquoi la condition de 1'esclave s'ameliore-t-elle en regime despotique? *Revue francaise de sociologie* 39 (I): 3-38

———.2000. "L' Esclavage pour dettes en Asie Orientale." *Moussons* 2: 3-29.

———.2001. *Esclave, la dette et le pouvoir: études de sociologie comparative*. Paris: Errance

———.2002. "The extent and significance of debt slavery." *Revue Française de Sociologie* 43: 173-204.

Testart, Alain, Valerie Lécrivain, Dimitri Karadimas and Nicolas Govoroff. 2001. "Prix de la fiancée et esclavage pour dettes: Un exemple de loi sociologique." *Études rurales* No. 159/160: 9-33.

Thapar, Romila. 1995. "The First Millennium BC in Northern India." In *Recent perspectives of early Indian history* (R. Thapar, ed.) pp. 87-150. New Delhi: Book Review Trust.

———.2002. "The Role of the Army in the Exercise of Power in Ancient India." In *Army and power in the ancient world. Volume 37 of Heidelberger althistorische Beiträge und epigraphische Studien* (Ángelos Chaniótis, Pierre Ducre, eds.), pp. 25-39. Heidelberg: Franz Steiner Verlag.

Thesleff, Holgar. 1989. "Platonic Chronology." *Phronesis* 34 (1): 1-26.

Théret, Bruno. 1992. *Régimes économiques de l'ordre politique : esquisse d'une théorie régulationniste des limites de l'Etat*. Paris: Presses Universitaires de France,（神

田修悦・中原隆幸・宇仁宏幸・須田文明訳『租税国家のレギュラシオン――政治的秩序における経済体制』世界書院 , 2001).

―――.1995. *L'État, la finance et le social. Souveraineté nationale et construction européenne* (direction de publication). Paris: Éditions la Découverte.

―――.1999. "The Socio-Cultural Dimensions of the Currency: lmplications for the Transition to the Euro." *Journal of Consumer Policy* 22: 51-79.

―――.2007. *La monnaie dévoiée par ses crises* (direction de publication). Paris: Editions del' EHESS, 2 volumes: volume 1, "Monnaies métalliques, volume 2." Monnaies autoréférentielles. Les autres monnaies en Allemagne et en Russie au XXéme siécle

―――.2008. "Les trios ētats de la monnaie: approche interdisciplinaire du fair monētaire." Revue Economique 59 (4): 813-42.

Thierry, François. 1992. *Monnaies de Chine*.Paris: Bibliothéque nationale.

―――.2001. "Sur les spécifités fondamentales de la monnaie chinoise." In *Aux origines de la monnaie* (Alain Testart, ed.), pp. 109-44. Paris: Éeditions Errance.

Thomas, Keith. 1972. *Religion and the Decline of Magic: Studies in popular beliefs in sixteenth and seventeenth century England*. New York: Scribners（荒木正純 訳『宗教と魔術の衰退』法政大学出版局 叢書・ウニベルスタシス, 1993).

Thompson, Edward Palmer. 1971. "The Moral Economy of the English Crowd in the 18th Century." *Past&Present* 50: 76-136.

Thurnwald, Richard C. 1916. "Banaro Society: Social 0rganization and Kinship System of a Tribe in the Interior of New Guinea." *Memoirs of the American Anthropological Association* 8:251-391.

Tierney, Brian. 1997. T*he Idea of Natural Rights: Studies on Natural Rights, Natural Law and Church Law 1150-1625*. (Emory University Studies in Law and Religion, number 5). Atlanta: Scholars Press.

Todorov, Tzvetan. 1984. *The conquest of America: the question of the other*. Chicago: University of Chicago Press（及川馥・大谷尚文・菊地良夫 訳『他者の記号学――アメリカ大陸の征服』法政大学出版局 叢書・ウニベルスタシス , 1986).

Tong, James W. 1992. *Disorder Under Heaven: Collective Violence in the Ming Dynasty*. Stanford: Stanford University Press.

Tortella, Gabriel and Francisco Comîn 2002. "Fiscal and Monetary Institutions in Spain, 1600-1900." In *Transferring wealth and power from the old to the new world: monetary and fiscal institutions in the 17th through the 19th century* (Michael

D. Bordo and Robert Cortés Conde, eds), pp. 140-86. Cambridge: Cambridge University Press.

Trawick, Margaret. 1992. *Notes on Love in a Tamil Family*. Berkeley: University of California Press.

Trevett, Jeremy. 1992. *Apollodoros the Son of Pasion*. Oxford: Clarendon Press.

———.2001. "Coinage and Democracy at Athens," in A. Meadows and K. Shipton, eds., *Money and Its Uses in the Ancient Greek World* (Oxford: 0xford University Press), pp. 23-34

Trombert, Erie. 1995. *Le crédit á Dunhuang: Vie matérielle et société en Chine mediévale*. Paris: Ihec/Inst.Hautes Etudes.

Tseayo, Justin lyorbee. 1975. *Confict and Incorporation in Nigera: the Integration of the Tiv*. Zaria Nigeria: Gaskiya.

Tuck, Richard. 1979. *Natural rights theories: their origin and development*. Cambridge: Cambridge University Press.

Tull, Herman Wayne. 1989. *The Vedic Origins of Karma: cosmos as man in ancient Indian myth and ritual*. Albany: SUNY.

Tully, James. 1993. *An Approach to Political Philosophy: Locke in Contexts*. Cambridge: Cambridge University Press.

Tuma, Elias .1965. "Early Arab Economic Policies, 1st/7th-4th/10th Centuries." *Islamic Studies* 4 (1): 1-23.

Uchendo, Victor. 1967. "Some Principles of Haggling in Peasant Markets." *Economic Development and Cultural Change* 16 (1): 37-50.

Udovitch, Abraham L. 1970. *Partnership and Profit in Medieval Islam*. Princeton: Princeton University Press.

———.1975. "Reflections on the Institutions of Credit and Banking in the Medieval Islamic Near East." *Studia Islamica* 41: 5-21.

Uebach, Helga. 2008. "From Red Tally to Yellow Paper: the official introduction of paper in Tibetan administration in 744/745." *Revue d'Etudes Tibétaines* 14: 57-69.

Usher, Abbot Payson. 1914. "The Origin of the Bill of Exchange." *Journal of Political Economy* 22: 566-76.

———.1934. "The Origins of Banking: The Primitive Bank of Deposit, 1200-1600." *Economic History Review* 4 (4): 399-428.

———.1943. *The Early History of Deposit Banking in Mediterranean Europe*. Cambridge: Harvard University Press.

Valenze, Deborah M. 2006. *The social life of money in the English past*. Cambridge:

Cambridge University Press.
Valeri, Valerio. 1994. "Buying Women but no Selling Them: Gift and Commodity Exchange in Huaulu Alliance." *Man* (n.s.) 29:1-26.
———.2001. "Feasts." *In Fragments from Forests and Libraries*, pp. 1-27. Durham: Carolina Academic Press.
Van Der Toorn, Karel. 1989. "Female Prostitution in Payment of Vows in Ancient Israel." *Journal of Biblical Literature* 108 (2): 193-205.
Vance, Eugene. 1973. "Signs of the City: Medieval Poetry as Detour." *New Literary History* 4 (3): 557-74
———.1986. "Chrétien's Yvain and the Ideologies of Change and Exchange." *Yale French Studies* 70: 42-62.
Vaneigem, Raoul. 1967. *Traité de savoir-vivre á l'usage des jeunes générations*. Paris, Gallimard.
Veenhof, Karl. 1997. " 'Modern' Features in Old Assyrian Trade." *Journal of the Economic and Social History of the Orient* 40: 336-66.
Verellen, Franciscus. 2006. "The Dynamic Design: Ritual and Contemplative Graphics in Daoist Scriptures." In *Daoism in History: Essays in Honor of Liu Rs'un-yan* (Quanlen Liu, Benjamin Penny, eds.), pp. 159-82. London: Routledge.
Verlinden, Charles. 1970. *The Beginnings of Modern Colonization. Eleven Essays with an Introduction*. Ithaca: Cornell University Press.
VerSteeg, Russ. 2000. *Early Mesopotamian Law*. Durham: Carolina Academic Press.
———.2002. *Law in Ancient Egypt*. Durham: Carolina Academic Press.
Veyne, Paul-Marie. 1979. "Mythe et réalité de l'autarcie á Rome." *Revue des études anciennes* 81: 261-80.
Vice, Roy L. 1988. "Leadership and Structure of the Tauber Band during the Peasants' War in Franconia." *Central European History* 24 (2): 175-95.
Vickers, Adrian. 1996. *Bali: a paradise created*. Singapore: Periplus Editions（中谷文美 訳『演出された「楽園」——バリ島の光と影』新曜社, 2000).
Vickers, Michael J. 1985. "Early Greek Coinage, a Reassessment." *Numismatic Chronicle* 145:1-44.
Vijaisri, Priyadarshini. 2004. *Recasting the Devadadi: Patterns of Sacred Prostitution in Colonial South India*. New Delhi: Kanishka.
Villey, Michel. 1946. "L' Idee du droit subjectif et les systemes juridiques romains." Revue historique de droit, series 4: 201-227.

Vondeling, Jan. 1961. *Eranos* (with a summary in English). Amsterdam: Gron.

Wade, Geoffrey. 2004. "The Zheng He Voyages: A Reassessment." *Asia Research Institute Working Paper Series* No. 31, Oct 2004

Wake, Christopher. 1997. "The Great Ocean-going Ships of Southern China in the Age of Chinese Maritime Voyaging to India, Twelfth to Fifteenth Centuries," *International Journal of Maritime History* 9 (2): 51-81

Walker, Garthene. 1996. "Expanding the Boundaries of Female Honour in Early Modern England." *Transactions of the Royal Historical Society*, Sixth Series, 8:235-45.

Walker, James Broom. 1875. "Notes on the Politics, Religion, and Commerce of Old Calabar." *The Journal of the Anthropological Institute of Great Britain and Ireland* 6: 119-24.

Wallace, Robert B. 1987. "The Origin of Electrum Coinage." *American Journal of Archaeology* 91: 385-97.

Wallace-Hadrill, Andrew, editor .1989. *Patronage in Ancient Society* (Leicesrer-Nottingham Studies in Ancient Society, Volume 1). London: Routledge.

Wallerstein, Immanuel. 1974. *The Modern World System, volume I*. New York: Academic Press（川北稔 訳『近代世界システム .1 ――農業資本主義と「ヨーロッパ世界経済」の成立』名古屋大学出版会, 2013).

———.1989. "The French Revolution as a World-Historical Event." *Social Research* 56 (1):33-52.

———.1991. "Braudel on Capitalism, or Everything Upside Down." *Journal of Modern History* 63 (2): 354-61.

———.2001. *The End of the World as We Know, It: Social Science for the Twenty-First Century*. Minneapolis: University of Minnesota Press（山下範久訳『新しい学 21 世紀の脱＝社会科学』藤原書店，2001).

Walsh, Michael J. 2007. "The Economics of Salvation: Toward a Theory of Exchange in Chinese Buddhism." *Journal of the American Academy of Religion* 75 (2): 353-82

Warburton, David. 2000. "Befofe the IMF: The Economic Implications of Unintentional Structural Adjustment in Ancient Egypt." *Journal of the Economic and Social History of the Orient* 43 (2): 65-131.

———.2001. "State and economy in ancient Egypt." In *World System History: the social science of long-term Change* (Robert Denemark, Jonathan Friedman, Barry Gills, and George Modelski, eds), pp. 169-84. New York: Routledge.

Wartburg, Marie Louise von. 1995. "Production de sucre de canne ā Chypre." In

Coloniser au Moyen Age (Michel Balard and Alain Ducellier, eds.), Paris: A. Colon, pp. 126-31.

Waswo, Richard. 1996. "Shakespeare and the Formation of the Modern Economy." *Surfaces* Vol.6.217(v.I.oA), http://www.pum.umontreal.ca/revues/surfaces/vo16/waswo. html.

———.2004. "Crises of Credit: Monetary and Erotic Economies in the Jacobean Theater." In *Plotting early modern London: new essays on Jacobean City comedy* (Dieter Mehl, Angela Stock, Anne-Julia Zwierlein, editors), pp. 55-74. London: Ashgate Publishing.

Watson, Alan. 1987. *Roman Slave Low*. Baltimore: Johns Hopkins University Press.

Watson, James L. 1980. "Transactions in People: The Chinese Market in Slaves, Servants, and Heirs." In *Asian and African Systems of Slavery* (James L. Watson, ed.), pp. 223-50. Cambridge: Cambridge University Press.

Weber, Max. 1924. *Gesammelte Aufsätze zur Soziale-und Wirtschaftegeschichte. Tubingen*. English version: *The Agrarian Sociology of Ancient Civilizations*. (R. I. Frank, trans.) London: Verso（渡辺金一・弓削達訳『古代社会経済史——古代農業事情』東洋経済新報社 , 1959）.

———.1961. *General Economic History*. New York: Collier Books（黒正巌・青山秀夫 訳『一般社会経済史要論』上・下巻, 岩波書店, 1954-5）.

———.1978. *Economy and Society: An Outline of Interpretive Sociology*. (Ephrain Fischoff, trans.) Berkeley: University of California Press（訳書としてドイツ語版から部分訳として世良晃志郎『支配の社会学』1961,『都市の類型学』1964,『支配の累計学』1970,『法社会学』1974, 武藤一雄・薗田宗人・薗田垣訳『宗教社会学』1976. いずれも創文社刊）.

Wennerlind, Carl. 2003. "Credit-money as the Philosopher's Stone: Alchemy and the Coinage Problem in Seventeenth-century England." *History Of Political Economy* 35:234-61.

Westbrook, Raymond. 1971. "Jubilee Laws." *Israel Law Review* 6: 209-26.

———.1984. "The enforcement of morals in Mesopotamian law." *Journal of the American Oriental Society* 104: 753-56.

———.1988. *Old Babylonian Marriage Law*. Archlv für Orientforschung, Beiheft 23. Horn: F. Burger.

———.1990. "Adultery in Ancient Near Eastern Law." *Revue biblique* 97: 542-80

———.1991. *Property and the Family in Biblical Law*. Sheffield: Sheffield Academic Press.

———.1995. "Slave and Master in Ancient Near Eastern Law." *Chicago-Kent Law*

Review 70: 1631-76.

———.1999. “Vitae Necisque Potestas.” *Historia: Zeitschrift für Alte Geschichte* 48 (2): 203-23.

Westenholz, Joan Goodnick. 1989. “Tamar, *Qedesa, Qadistu,* and Sacred Prostitution in Mesopotamia.” *Harvard Theological Review* 82: 245-65.

Westermann, William L. 1955. *The Slave Systems of Greek and Roman Antiquity*. Philadelphia: American Philosophical Society.

Whelan, T. S. 1979. *The Pawnshop in China*. Ann Arbor: Centre for Chinese Studies, University of Michigan

Whitaker, C. W. A. 2002. *Aristotle's De interpretatione: contradiction and dialectic*. Oxford: Oxford University Press.

White, Jenny Barbara. 2004. *Money makes us relatives: women's labor in urban Turkey*. London: Routledge.

Whiting, John Roger Scott. 1971. *Trade Tokens: A Social and Economic History*. London: Newton Abbot.

Wiedemann, Thomas. 1981. *Greek and Roman Slavery*. New York: Routledge.

Wiener, Margaret J. 1995. *Visible and invisible realms: power, magic, and colonial conquest in Bali*. Chicago: University of Chicago Press.

Wilbur, C. Martin. 1943. *Slavery in China during the Former Ham Dynasty*. Anthropological Series, volume 34. Chicago: Chicago Field Museum of Natural History.

Wilcke, Claus. 1985. “Familiengründung im alten Babylonien.” In *Geschlechtsreife und Legitimation zur Zeugung* (E.W Müller, ed.), pp. 213-17. Freiburg and München: Alber.

Williams, Brett. 2004. *Debt for Sale: A Social History of the Credit Trap*. Philadelphia: University of Pennsylvania Press.

Williams, Carl O. 1937. *Thraldom in Ancient Iceland: A Chapter in the History of Class Rule*. Chicago: University of Chicago Press.

Williams, Erie. 1944.*Capitalism and Slavery*. Chapel Hill: University of North Carolina Press（山本仲監訳『資本主義と奴隷性——世界史から見た黒人奴隷性の発生と崩壊』明石書店，2004).

Williamson, George Charles. 1889. *Trade tokens issued in the seventeenth century in England, wales, and Ireland, by cor1porations, merchants, tradesmen, etc. Illustrated by numerous plates and woodcuts, and containing notes of family, heraldic, and topographical interest respecting the various issuers of the tokens*. London: E. Stock.

Wilson, Monica Hunter. 1951. "Witch Beliefs and Social Structure." *The American Journal of Sociology* 56 (4): 307-31

Wink, André. 2002. *Al-Hind: Early medieval India and the expansion of Islam, 7th-11th centuries*. Leiden: E. J. Brill.

Wirszubski, Chaim. 1950. *Libertas as a Political Ideal at Rome During the Late Republic and Early Principate*. Cambridge: Cambridge University Press.

Wolf, Robert L. 1954. "The Mortgage and Redemption of an Emperor' s Son: Castile and the Latin Empire of Constantinople." *Speculum* 29: 45-85.

Wong, Roy Bin. 1997. *China Transformed: Historical Change and the Limits of European Experience*. Ithaca: Cornell University Press.

———.2002. "Between Nation and World: Braudelian Regions in Asia." *Review* 26 (1): 1-45（今澤紀子 訳「国家と世界のあいだ――アジアにおけるブローデルの<地域>」『思想』岩波書店，1921）.

Wood, Diana. 2002. *Medieval Economic Thought*. Cambridge: Cambridge University Press.

Wordie, J. R. 1983. "The Chronology of English Enclosure, 1500-1914." Economic History Review, 2nd ser. 26:483-505.

Wray, L. Randall. 1990. *Money and Credit in Capitalist Economies*. Aldershot: Edward Elgar.

———.1998. *Understanding Modern Money: the key to full employment and price stability*. Edward Elgar: Cheltenham.

———.1999. "An Irreverent Overview of the History of Money from the Beginning of the Beginning to the Present." *Journal of Post Keynesian Economics*. 21 (4): 679-87

———.2000. *Credit and State Theories of Money*. Cheltenham: Edward Elgar.

Wright, David P. 2009. *Inventing God's Law: How the Covenant Code of the Bible Used and Revised the Laws of Hammurabi*. Oxford: Oxford University Press.

Wrightson, Keith. 1980. "Two concepts of order: justices, constables and jurymen in seventeenth-century England." in *An Ungovernable People: The English and their Law in the Seventeenth and Eighteenth Centuries* (John Brewer and John Styles, eds.), pp. 21-46. London: Hutchinson.

Wrightson, Keith, and David Levine. 1979 *Poverty and Piety in an English Village*. Cambridge: Cambridge University Press.

Xu, Zhuoyun, and Jack L. Dull. 1980. *Han agriculture: the formation of early Chinese agrarian economy, 206 B.C.-A.D. 220*. Seattle: University of Washington Press.

Yang, Bin. 2002. "Horses, Silver, and Cowries: Yunnan in Global Perspective."

Journal of World History, vol. 15 no 3:281-322.

Yang, Lien-sheng. 1971. *Money and Credit in China: A Short History.* Harvard-Yenching Institute Monographs 12. Cambridge: Harvard University Press.

Yates, Robin D. S. 2002. "Slavery in Early China: A Socio-Cultural Approach." *Journal of East Asian Archaeology* 3 (1/2): 283-31.

Yoffee, Norman. 1998. "The Economics of Ritual at Late Babylonian Kish." *Journal of the Economic and Social History of the Orient* 41 (3): 312-43.

Yü, Ying-shih. 1967. *Trade and Expansion in Han China. A Study in the Structure in Sino Barbarian Economic Relations.* Berkeley: University of California Press.

Yung-Ti, Li. 2006. "On the Function of Cowries in Shang and Western Zhou China." *Journal of East Asian Archaeology* 5: 1-26.

Zell, Michael. 1996. "Credit in the Pre-Industrial English Woollen Industry." T*he Economic History Review*, New Series, 49 (4): 667-91

Zmora, Hillay. 2006. "The Princely State and the Noble Family: Conflict and Co-operation in the Margraviates Ansbach-Kulmbach in the Early Sixteenth Century." *The Historical Journal* 49: 1-21.

Zürcher, Erik. 1958. *The Buddhist conquest of China: the spread and adaptation of Buddhism in early medieval China.* Volume II of Sinica Leidensia. Leiden: E. J. Brill.

著・訳者紹介

著　者

デヴィッド・グレーバー（David Graeber）
1961年，ニューヨークに生まれる．文化人類学者・アクティヴィスト．ロンドン・スクール・オブ・エコノミックス人類学教授．2020年9月，滞在先のイタリア・ヴェネツィアにて逝去．訳書に，『アナーキスト人類学のための断章』（以文社，2006年），『官僚制のユートピア』（以文社，2017年），『民主主義の非西洋起源について』（以文社，2020年），『ブルシット・ジョブ』（岩波書店，2020年），『価値論』（以文社，2022年）など．デヴィッド・ウェングロウとの共著に『万物の黎明』（光文社，2023年）がある．未訳の著書として，*Lost People: Magic and the Legacy of Slavery in Madagascar*（Indiana University Press, 2007）．*Direct Action: An Ethnography*（AK Press, 2007）．*On Kings*（HAU, 2016, 以文社より刊行予定）など多数．

訳　者

酒井隆史（さかい たかし）
大阪府立大学教授．専攻は社会思想史，都市形成史．主要著作に，『賢人と奴隷とバカ』（亜紀書房，2023年），『ブルシット・ジョブの謎』（講談社現代新書，2021年），『完全版　自由論』（河出文庫，2019年），『暴力の哲学』（河出文庫，2016年），『通天閣』（青土社，2011年）．訳書に，デヴィッド・グレーバー＆デヴィッド・ウェングロウ『万物の黎明』，デヴィッド・グレーバー『官僚制のユートピア』，同『ブルシット・ジョブ』（共訳），ピーター・フレイズ『四つの未来』（以文社，2023年），マイケル・ハート、アントニオ・ネグリ『〈帝国〉』（以文社，2003年，共訳），マイク・デイヴィス『スラムの惑星』（明石書店，2010年，監訳）など．

高祖岩三郎（こうそ いわさぶろう）
翻訳家・批評家．1980年渡米，ニューヨーク在住．地球的な反資本主義／反国家工作にかかわると同時に，翻訳・執筆活動に従事．著書に，*Radiation and Revolution*, Duke University Press Books, 2020.『ニューヨーク烈伝』（青土社，2006年），『新しいアナキズムの系譜学』（河出書房新社，2009年），『死にゆく都市，回帰する巷』（以文社，2010年）など．訳書に，Kojin Karatani, *Transcritique*（MIT Press），Arata Isozaki, *Japan-ness Architecture*（MIT Press），デヴィッド・グレーバー『アナーキスト人類学のための断章』などがある．

佐々木夏子（ささき なつこ）
1976年生まれ．立教大学大学院文学研究科比較文明学専攻博士課程前期課程修了．2007年よりフランス在住，現地で翻訳業に従事．訳書に，エリザベス・ラッシュ『海がやってくる』（河出書房新社，2021年）．

負債論 ——貨幣と暴力の 5000 年

2016 年 11 月 15 日　初版第 1 刷発行
2024 年　4 月 15 日　初版第 7 刷発行

著 者　デヴィッド・グレーバー
監 訳　酒 井 隆 史
訳 者　高祖岩三郎　佐々木夏子
発行者　前 瀬 宗 祐
発行所　以　文　社
〒 101-0051 東京都千代田区神田神保町 2-12
TEL 03-6272-6536　FAX 03-6272-6538
http://www.ibunsha.co.jp/
印刷・製本：中央精版印刷

ISBN978-4-7531-0334-8

Printed in Japan

——既刊書から

官僚制のユートピア——テクノロジー，構造的愚かさ，リベラリズムの鉄則
デヴィッド・グレーバー 著
酒井隆史 訳　　　　四六判・388 頁・本体価格 3500 円

「規制緩和」という政府による経済的介入の縮小政策が，むしろより多くの規制、官僚、警察官を生みだし、そして「自由な」市場経済を維持するためには、それまで以上のお役所仕事が必要になるという逆説．本書は，現代を「全面的官僚制化の時代」と批判的に名指しつつ，私たちはなぜ官僚制に魅せられてしまうのか，という地点まで降りていく．傑出した現代社会批評．

アナーキスト人類学のための断章
デヴィッド・グレーバー 著
高祖岩三郎 訳　　　　四六判・200 頁　本体価格 2200 円

アナキズムと人類学の結合から編み出される，よりよき世界を創るための基礎的な心構えと数多のアイデア．グレーバーによる小マニフェスト集．

「アナーキスト的理論化とは，他者の基本姿勢の過ちを証明する必要性にもとづくのではなく，それらがお互いに強化しあうような企画（プロジェクト）を見出そうとする運動なのである」．

民主主義の非西洋起源について——「あいだ」の空間の民主主義
デヴィッド・グレーバー 著
片岡大右 訳　　　　四六判・192 頁　本体価格 2400 円

豊穣なる人類学的・歴史的知見から「民主主義」の盲点を鮮やかに突く！『負債論』そして『ブルシット・ジョブ』で話題沸騰中の著者による通念を根底から覆す政治哲学．すなわち，「民主主義はアテネで発明されたのではない」．この価値転覆的な認識をもとに私たちはいかに「民主主義」と出会い直し，その創造をふたたび手にできるのか．フランス語版をベースにした日本オリジナル編集版．

価値論——人類学からの総合的視座の構築
デヴィッド・グレーバー 著
藤倉達郎 訳　　　　A5 判・592 頁　本体価格 4800 円

つねに世の「常識」とされるものの根幹にある思考パターンの転覆を試みてきたデヴィッド・グレーバーが，自身の博士論文の出版を後回しにしてまで取り組んだ「最初の主著」であり，袋小路に入り込んでいる社会理論がそこから抜け出すために仕掛けられた「価値の総合理論」．「意味の体系（この世界を理解したい）」と「欲望の理論（このような状況を実現したい）」を，そしてカール・マルクスとマルセル・モースを架橋する，のちに複数の怪物的な著作として結実したグレーバー思想の源流．